工商管理经典译丛
市场营销系列
Business Administration
Classics · marketing



# 营销调研

## 应用导向

# Marketing Research

## An Applied Orientation

第 6 版

Sixth Edition

纳雷希 · 马尔霍特拉 (Naresh K. Malhotra)
— 著 —

熊 伟 郭晓凌
— 译 —

中国人民大学出版社
· 北 京 ·

# 译者序

随着全球经济一体化的加速和市场竞争的加剧，商业企业在全球市场上进行品牌建设、客户关系管理、渠道治理、产品研发、宣传推广等营销活动时普遍认识到营销调研的重要性，它们越来越关心如何获取、处理、分析市场信息，以及如何运用及时、相关和准确的信息为全球市场的营销决策提供支持。特别是在当今这个大数据时代，已经有技术手段获取海量监测数据，营销调研和决策科学化的手段、技术与方法成为企业在全球市场上洞察客户、精准决策、赢得竞争力的关键能力和必由之路。

本书是知名营销调研专家、美国佐治亚理工学院 DuPree 管理学院马尔霍特拉教授的力作，至今已经出版了近十种不同语言的版本，是全球大学采用最多的营销调研教材之一。对外经济贸易大学国际商学院自 20 世纪 80 年代开始为研究生开设营销调研课程，1997 年设立市场营销本科专业之后，更是将营销调研设置为专业基础必修课。21 世纪初，随着中国正式加入世界贸易组织，市场营销学系顺应企业国际化的管理需要，将课程名称由营销调研改为商务调研，并在全校通识课平台上开设，受到了各个专业学生的广泛欢迎。

本人从 20 世纪 90 年代初开始讲授营销调研这门课，在 20 多年的教学工作中使用过若干不同版本的英文原版教材。相较之下，本书比较突出的特点有二：一是应用导向。本书章节的顺序及内容的选择既贴合营销调研的实际，又适合组织课程教学，同时兼顾学术性、应用性和管理导向。二是体验式学习。书中包含大量调研实例、针对性和综合性案例、各类练习题等内容，充分展现了调研的实践性，使学生有机会在实践中学习，提高学习的趣味性和效果。因此，本书比较适合市场营销以及企业管理专业的本科生和专业硕士的营销调研、商务调研等管理研究及方法类课程，是一本很好的教材和参考书。

本书第 6 版在第 5 版的基础上除更新了部分实例、材料和章后案例外，还增添了下列新内容，保持并强化了本书应用导向和体验式学习的特色。

(1) 追踪调研理论和方法的前沿，更加注重理论联系实际并加大研究和分析的深度。第 6 版新增了“结构方程模型与路径分析”一章，使得本书涵盖了所有常用的数据分析技术；新增了综合性案例，后附问题；全书案例及问题的设计考虑了苏格拉底式提问、批判性读写、高层次思考等标准，有助于深化读者的学习和思考。

(2) 进一步强化读者体验。第 6 版在每一章的后面都使用了概念图，通过这种向下分支的层级结构把概念连接起来，使读者更加方便地学习本章的概念和理论，并且通过概念图中的箭头了解和学习这些概念之间的流向和关系。第 6 版还新增了戴尔公司的连续案例，此案例采用了实际的问卷和一家著名调研公司收集的真实数据。由于此案例贯穿全书，读者可以通过对这个案例的学习探索各章之间的联系，从而描绘营销调研的全过程。

(3) 进一步强化实践应用和项目管理导向。第 6 版新增了带有真实问卷和数据的案例，这些数据都是由调研公司在实际调研中获得的，有助于读者直接获得实际调研的感受。

考虑到国内高校教学的学时和便利、当前的调研实践和技术阶段、常用统计处理软件的快速升级以及翻译版的篇幅限制，经与版权方及中国人民大学出版社协商，本书翻译版对原书内容进行了删减，其中部分删除的内容放在中国人民大学出版社网站（http：//www.crup.com.cn）上，读者可免费下载。

本书第6版的翻译工作得到了我的同事郭晓凌教授和国际商学院企业管理专业研究生的大力帮助。周珊、徐晓静、王书君、陈岚、李杰、许焕捷、严丽莉、林中蔷、马永佳、韩碧、郑丽娟、武雪梅、葛倩倩和李胜男分别翻译了第2～15章，郭晓凌教授翻译了第16～22章，严丽莉、连超鹏翻译了第23章，周珊、杨蕾翻译了第24章，郑丽娟和林中蔷翻译了全书的案例，本人翻译了前言、第1章，并对全书进行统校、修改和定稿。

在此向参与本书翻译工作的同事和同学表示感谢！没有大家的通力合作和辛苦坚持，就不可能完成如此繁重的翻译工作。同时，本书第6版的翻译借鉴了北京大学光华管理学院涂平教授原书第5版的翻译版，在此向涂平教授致谢！还要感谢20多年来上过我的营销调研和商务调研课程的学生，是他们对课程的积极参与和意见建议，给了我把握这门课程的能力和翻译这部教材的动力。

熊　伟

# 前言

营销调研是市场营销的重要组成部分，其任务是评估信息需求，并为管理者提供相关、准确、可靠、有效和实时的信息以帮助他们制定管理决策。企业可以通过营销调研保持竞争力，避免在不健全的信息基础上决策失误，增加成本。

如果你从事市场营销工作，那么了解消费者、供应商、渠道伙伴、员工、竞争者和市场环境就是你制定有效营销方案的基础，而你可以通过营销调研了解这些信息。本书和营销调研课程将会帮助你在市场营销的事业上获得成功。

即便不从事市场营销工作，你所任职的企业和组织也会使用营销调研信息制定决策，你需要了解如何获得这些信息，以及如何评估其相关性、准确性和有用性。我们在本书中介绍的调研过程是通用的，可以应用于管理的任何领域，不仅是市场营销，只是我们用来说明的背景是市场营销。因此，无论你从事什么工作，本书和营销调研课程都将会帮助你提高工作效率。

调研最好是在干中学，本书强调了自己动手、实际操作的方法。你会在各章的专栏中看到营销调研是如何影响管理决策的。我们希望这本教材帮助你理解营销调研的基本原理，并运用到真实的营销场景中。

## 第6版的修订之处

第6版的修订主要基于教师和学生调查、对本书的评价和建议，主要的修改包括：

1. 更新。包括从第1章开始贯穿全书的资料更新。

2. 新增一章。新增第22章“结构方程模型与路径分析”，这使得本书涵盖了所有常用的数据分析技术。这一章以直观的视角解释了结构方程模型与路径分析，用简单易懂的方式介绍了分析技术，保持了本教材的应用和管理导向。

3. 新增概念图。每章后面新增概念图，采用向下分支的层级结构把相关概念连接起来，用带标记的箭头标明流向和关系。

4. 新增戴尔公司的连续案例。戴尔公司的连续案例采用了实际的问卷和一家著名调研公司收集的真实数据。此案例贯穿全书，可以使读者了解各章之间的联系，描绘营销调研的全过程。

5. 新增和更新案例。增加了一些新的案例，删除了一些旧的案例，保留的案例也酌情进行了更新。

## 整合学习方案

如果能够利用下列特色工具，你会发现本书十分有趣。

1. 均衡导向。我们平衡了学术导向与高度应用和管理导向，突出营销调研者如何运用概念和技术以及管理者如何应用调研结果改善营销实践。我们在每一章都会介绍真实的营销调研公司。

2. 真实的例子。真实的例子（调研实例）描述了营销调研公司是如何在调研结果的基础上解决管理问题、制定管理决策的。

3. 实际操作方法。每一章中你都会发现很多真实场景。“调研活动”教你在互联网上开展调研，并且发挥营销调研者和营销管理者的作用；“调研体验”让你在每一章中体验真实或者虚拟的调研；“调研决策”则假设你是一个咨询顾问，要在真实的营销情境中提出营销调研决策和营销管理决策的建议。

4. 连续项目。我做过一个百货商店的调研项目，本书将该项目放在每一章中作为一个连续的例子。你可以通过开展研究和分析来参与其中。

5. 强调批判性思维。你可以通过每章的问答题、练习题等来练习批判性思维技能，包括苏格拉底式提问、批判性读写、高层次思考以及批判性思考。

6. 概念图。每章后面的概念图可以帮助你将相互关联的概念可视化。

7. 广泛涉及互联网。我们将向你展示将互联网融入营销调研的每个步骤，你将会有很多机会开展网上调研。

8. 强调国际化。本书各章或者设有“国际营销调研”一节，或者提供一个介绍国际营销中数据分析技术的例子。第24章还介绍了国际营销调研中的先进理念。

9. 强调商业伦理。商业伦理问题在营销调研中普遍存在，本书各章或者设有“营销调研中的商业伦理问题”一节，或者提供一个可能会引起伦理问题的数据分析技术的例子。我们将从客户、营销调研人员、被调查者和公众四个利益相关者的角度讨论商业伦理问题。

10. 聚焦技术。技术发展决定了营销调研的方式，对此问题的讨论贯穿全书。

11. 聚焦当前。贯穿全书的还有营销调研在当今管理问题中的应用，如顾客价值、满意度、忠诚度、品牌资产和管理、创新等。

12. 戴尔公司的连续案例。

13. 真实调研：开展一个营销调研项目。如果你希望开展一个营销调研项目，可以参考我们给出的步骤。

14. 丰富的习题和活动。本书每章都有丰富的习题和活动，包括问答题、练习题、角色扮演、实地调查和小组讨论。

## 使用提示

- 读书。学习从读书开始。一定要先看一下每一章的学习目标和本章概述，这样你就能知道这一章里有什么内容。有些学生错误地认为这一步不重要。别跳过这一步。

- 复习关键术语与概念。阅读它们，确信你理解了每一个概念。这些概念通常是测验和考试题的内容。
- 完成问答题。试着不去看正文回答这些问题。做完之后再看你是否都做对了。对于那些回答不了的问题，到正文中找正确答案。
- 做题。挑一些你觉得有趣的习题，花点时间思考一下从这些习题中发掘出的问题和概念。如果能够从更深的层次分析这些概念，你就会从做题中发现乐趣。
- 分析案例。连续案例对全书的内容进行了非常好的总结，阅读案例，回答后面的问题。

## 如何准备考试

如果你按照上面的提示做了，就差不多准备好考试了。你所要做的只是复习一下关键术语与概念、浏览一下正文。如果你觉得准备不足，下面这些活动可以帮到你。

- 读书。
- 复习概念图。
- 复习关键术语与概念。
- 回答问答题。
- 阅读本章概述。
- 阅读本章小结。
- 找到关键术语与概念，阅读上下文，确保理解它们的意思。
- 阅读每一章，关注每一段的主题句，这句话对这一段的内容做了很好的总结。
- 再次阅读本章小结。

# 目 录

## 第1篇 导论与营销调研的初始阶段



## 第2篇 调研设计的制定

## 第3篇 数据的收集、准备、分析与报告

# 第1篇　导论与营销调研的初始阶段



第1篇将对营销调研进行定义和分类，阐述营销调研过程的六个步骤，讨论营销调研的性质、内容及其在决策支持系统中的作用。本篇还会介绍调研行业以及这个领域中令人鼓舞的就业机会。我们会详细讨论营销调研的第1步，也是最重要的一步，即定义调研问题。接着，我们会介绍营销调研的第2步，即针对定义的调研问题设计调研框架，并详细讨论调研框架的各个组成部分。这两章对营销决策者和调研人员都将有所帮助。

# 第1章 营销调研概论

营销调研人员必须具备咨询技巧、专业技术能力和优秀的管理水平。他们的任务是为识别营销问题和确定解决方案提供信息，以便采取适当的行动。

——Burke公司董事长、首席执行官迈克尔·鲍姆加德纳（Michael Baumgardner）

## 学习目标

1. 定义营销调研，区分识别问题的调研和解决问题的调研。
2. 描述开展营销调研的框架和营销调研过程的六个步骤。
3. 理解营销调研的性质和内容，及其在设计和实施成功的营销计划中的作用。
4. 解释开展营销调研的决策是如何制定的。
5. 讨论调研行业以及各类调研服务供应商，包括内部、外部、完整服务和有限服务供应商。
6. 描述营销调研所提供的就业机会，以及这一行业所要求的专业背景和技能。
7. 解释营销调研在为决策支持系统提供数据、模型和软件方面的作用。
8. 领悟营销调研的国际化视野，了解国际营销调研的复杂性。
9. 了解与营销调研相关的伦理问题，以及调研各方对自己、彼此、调研项目所应担负的责任。

## 本章概述

营销调研是市场营销最重要也是最有意思的一个方面。本章将给出营销调研的正式定义，并将营销调研划分为两类：识别问题的调研和解决问题的调研。本章会提供一些调研实例来说明营销调研的基本概念，描述营销调研的过程及其六个步骤；讨论营销调研的性质，强调它在为营销决策提供信息方面所起的作用；概括介绍组成调研行业的调研服务供应商，以及这些供应商的选择指南。对高质量营销调研的需求带来了很多令人欣喜的职业机会，本章将会对此进行介绍，并指出营销调研是营销信息系统和决策支持系统的有机组成部分。

为了说明营销调研的过程，本章引入了一个百货商店顾客调研项目作为贯穿全书的案例，该案例是作者本人主持的一个调研项目。第6版扩充了该项目，增加了一些问题，还提供了所需的数据，本书每一章都有该调研项目的部分内容。本章还将介绍国际营销调研的相关内容，提出与营销调研相关的伦理问题，以及调研各方对自己、彼此、调研项目所应担负的责任，并在随后各章中对这些问题进行更加系统、详细的讨论。本章还有“调研活动”等内容，包括一些在网上和实地进行营销调研的练习，这些内容和练习也将贯穿全书。也许进行概述最好的方法就是举几个例子，让大家体会一下各种不同性质的营销调研。

## 1.1 营销调研的定义

美国营销学会将营销调研定义为：

> **营销调研**（marketing research）是营销人员通过信息联系消费者、顾客和公众的一种职能。这些信息用于识别和定义营销机会和问题，制定、完善和评估营销活动，监控营销绩效，改善对营销过程的理解。
>
> 营销调研明确提出解决这些问题所需要的信息，设计收集信息的方法，管理和执行数据收集过程，分析结果，并且就调研结论及意义进行沟通。[1]

美国营销学会的网站 MarketingPower（www. marketingpower. com），向营销专业人员提供职业机会、最佳营销实践、行业趋势等方面的信息。本书强调制定决策需要信息支持的观点，将营销调研定义如下：

> 营销调研是系统、客观地识别、收集、分析、传递和运用信息，以发现营销问题和机会，并改善相关的营销决策。

这个定义中的几个方面值得注意。首先，营销调研是系统的。因此，营销调研过程中的所有阶段都需要制定系统的计划，每个阶段采用的调研方法都必须可靠，认真做好记录，并且尽可能提前规划。营销调研采用科学的方法收集和分析数据，来验证之前提出的概念或假设。

营销调研是客观公正的，努力提供反映真实情况的准确信息。尽管调研总是会受到调研人员观念的影响，但是不应该被调研人员或管理层的个人或政治偏见左右。那些出于个人或者政治利益、有意得出预设结论的调研，都是违反职业道德的。每一位调研人员的座右铭都应该是："实事求是，如实告知。"

营销调研包括识别、收集、分析、传递和运用信息，每一步都很重要。首先识别和定义营销调研问题或机会，然后决定需要调查哪些信息。由于每一个营销机会都可以转化成需要开展调研的问题，我们会交替使用"问题"和"机会"这两个概念。接下来，就需要寻找相关的信息源，并对各种复杂的数据收集方法的适用性进行评估。然后，用最合适的方法收集、分析和解读数据，并进行推论。最后，得出结果，进行解释，提出建议，使得营销人员可以直接运用这些信息制定营销决策，并采取行动。下一节我们通过划分不同类型的营销调研，进一步说明营销调研的定义。[2]

## 1.2 营销调研的分类

根据定义，企业开展营销调研出于两种原因：（1）识别营销问题；（2）解决营销问题。以此为基础，可以把营销调研分为两类：识别问题的调研和解决问题的调研，如图 1-1 所示。

**识别问题的调研**（problem-identification research）是帮助识别那些表面上可能不太明显但确实存在的营销问题，或是未来可能出现的营销问题，例如，识别市场潜力、市场份额、品牌

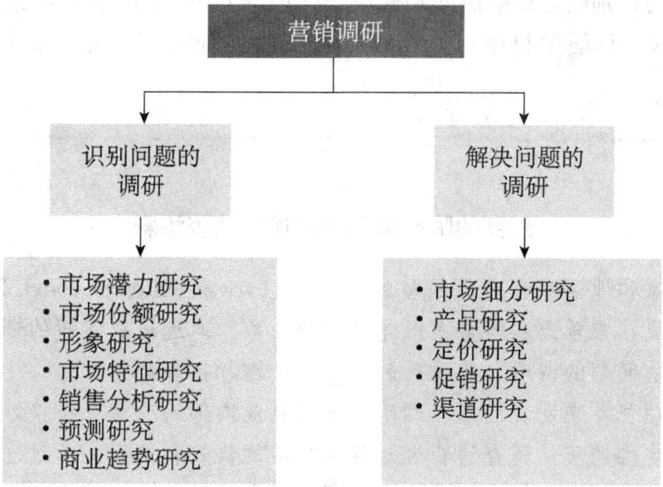


**图 1-1　营销调研的分类**

及企业形象、市场特征、销售分析、短期预测、长期预测、商业趋势等。一项关于企业开展营销调研的调查表明，97%的企业开展了识别市场潜力、市场份额和市场特征的研究，90%的企业还开展了识别其他问题的研究。这类调研提供营销环境信息，帮助企业诊断营销问题。例如，市场潜力下降表明企业可能难以实现其增长目标；而如果市场潜力增长，但企业的市场份额却在下降，同样也有问题。识别经济、社会、文化趋势，例如消费者行为的变化，可能会帮助企业发现潜在的问题或机会。[3]

一旦发现了问题和机会，企业就需要开展**解决问题的调研**（problem-solving research）以找到解决问题的方案。这类调研的结论可以用来制定决策，解决具体的营销问题。大多数企业都开展过解决问题的调研。[4]表 1-1 列出了这类调研研究的各种问题，包括市场细分、产品、定价、促销和渠道研究。

**表 1-1　解决问题的调研**

| | |
|---|---|
| **市场细分研究**<br>确定市场细分的标准<br>评估不同子市场的市场潜力及其反应<br>选择目标市场，研究其生活方式、人口统计学特征、媒体及产品形象特征 | |
| **产品研究**<br>产品概念测试<br>产品设计优化<br>包装测试<br>产品改进<br>品牌定位及重新定位<br>试销<br>控制门店测试 | **促销研究**<br>促销预算优化<br>销售促进关系<br>促销组合优化<br>文案决策<br>媒体决策<br>广告创意测试<br>优惠券兑换确定<br>广告效果评估 |
| **定价研究**<br>价格在品牌选择中的重要性<br>定价政策<br>产品线定价<br>需求的价格弹性<br>对价格变化的反应 | **渠道研究**<br>分销方式<br>渠道成员的态度<br>批发和零售的市场覆盖面<br>渠道加价<br>零售和批发门店选址 |

将营销调研分为识别问题和解决问题两类，在理论上和实践上都是有意义的。这两类调研联系紧密，一个具体的调研项目中可能同时结合了两类研究。下面是家乐氏（Kellogg's）的例子。

**调研实例**

**红红的脆坚果为家乐氏的销售添彩**

在180多个国家和地区都有产品销售的家乐氏（www.kelloggs.com）2009年销售量大幅下降。面对巨大挑战，家乐氏亟须重振低迷的谷物业务。通过识别问题的调研，家乐氏发现了问题；同时通过解决问题的调研，家乐氏制定了几个增加销售量的方案。

家乐氏通过几项任务来发现问题。调研人员同企业内部的决策者交谈，访谈行业专家，进行数据分析，开展定性调研，调查消费者对谷物食品的认知和偏好。通过这些研究他们发现了一些重要线索：目前产品的目标市场是儿童，百吉饼和松饼被认为是大家喜爱的早餐食品，高价迫使一些消费者转向其他普通品牌。调研还揭示了一些其他问题，如成年顾客需要可以快速备好的快餐食品。这些都帮助家乐氏发现了问题，那就是：公司在推出新产品以满足成人市场的需求方面没有什么创意。

发现问题之后，家乐氏开始着手解决问题。通过在商场拦截调查成年顾客，公司开发和测试了几款新口味的谷物食品。基于这一结果，家乐氏推出了几款适合成年顾客口味的新产品。例如2008年推出了一款黑莓口味的营养谷物棒，推出时还伴随着广告攻势和店内促销活动。

通过创造性的识别问题的调研以及随后的解决问题的调研，家乐氏不仅提高了销售量，还提高了除早餐食品之外其他谷物食品的消费量。[5]

识别问题的调研和解决问题的调研不仅像家乐氏案例中显示的那样联系紧密，而且遵循同样的营销调研过程。

## 1.3 营销调研过程

**营销调研过程**（marketing research process）包括六个步骤，每个步骤都将会在后面的章节中详细讨论，这里只做简单介绍。

### 第1步：定义调研问题

任何一个营销调研项目的第1步都是定义调研问题，调研人员应该考虑研究的目的、相关背景信息、信息需求以及这些信息在决策中的运用。定义调研问题需要与决策者进行讨论，访谈行业专家，分析二手数据，可能的话还可以开展一些定性调研，如召开座谈会。调研问题一旦准确界定，就可以正确设计和实施调研了（见第2章）。

### 第2步：设计调研框架

设计调研框架包括确定调研目标或理论框架、分析模型、调研问题、假设并辨别信息需求。这一步需要同管理层和行业专家讨论，分析二手数据，开展定性调研，考虑其他一些实际的问题（见第 2 章）。

## 第 3 步：进行调研设计

调研设计是营销调研项目的框架或蓝图，描述了获取所需信息的详细过程，其目的是设计一项可以验证假设的研究，确定调研问题可能的答案，并为决策提供所需的信息。开展探索性研究、准确定义变量、设计适用的量表也是调研设计的任务。如何从调查对象那里获得数据（例如，通过开展调查或者实验）也必须说明，进而设计问卷和选择调查对象的抽样方案。正式的调研设计包括下列步骤：

1. 确定信息需求；
2. 分析二手数据；
3. 进行定性调研；
4. 确定收集数据的定量方法（调查、观察和实验）；
5. 选择量表，进行测量；
6. 进行问卷设计；
7. 确定抽样过程和样本容量；
8. 制定数据分析计划。

这些步骤将在第 3～12 章中详细讨论。

## 第 4 步：实地调查与数据收集

数据收集需要由在现场开展调研的工作人员来执行，他们通过实地访谈（入户、商场拦截或计算机辅助访谈）、在办公室进行电话访谈（传统电话访谈或计算机辅助电话访谈）、邮件（传统邮件和固定样本组邮件调查）或电子方式（电子邮件或互联网）进行调查。严格选拔、培训、监督和评价实地调查人员有助于降低数据收集误差（见第 13 章）。

## 第 5 步：数据准备与分析

数据准备包括数据的编辑、编码、录入和核实。每一份问卷或观察表都要经过检查和编辑，如有必要还需要更正。问卷中每一个问题的每一个回答都要用数字或字母编码表示，问卷中的数据通过键盘录入磁带或磁盘，或者直接输入计算机。通过数据分析可得出营销调研问题各个部分的相关信息，并为管理决策问题提供支持（见第 14～21 章）。

## 第 6 步：报告准备与演示

整个调研项目应该以书面报告的形式记录和说明具体的调研问题、调研框架、调研设计、数据收集和数据分析过程，展示结果和主要的研究结论。研究结论应该以易于理解的方式展现，以便管理层用于决策过程。另外，还应该借助图表向管理层做口头报告，使报告更加清晰并产生更大影响（见第 23 章）。除此之外，也可以把调研结果和报告公布在网上，让世界各地的管理者都能够了解。

尽管我们把调研过程描述成一系列步骤，但是应该注意到这些步骤是相互依存、不断重复的。因此，调研人员在执行每一步骤的时候，不仅应该回顾之前的步骤，还应该前瞻之后的步骤。

## 1.4 营销调研在营销决策中的作用

图 1-2 所示的基本营销范式，有助于更好地理解营销调研的性质和作用。

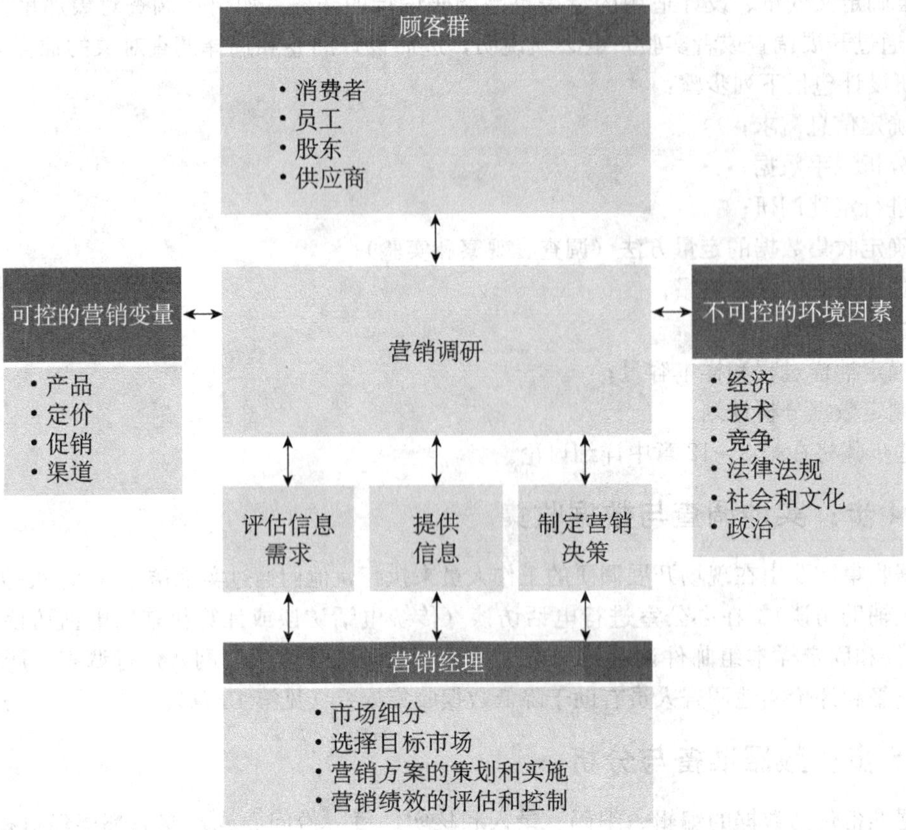


**图 1-2 营销调研的作用**

营销的重点在于识别并且满足顾客的需求。为了确定顾客需求，实施可以满足这些需求的营销战略和项目，营销经理需要信息。他们需要关于顾客、竞争者以及其他市场因素的信息。近年来，企业获取更多、更好信息的需求增加了。随着企业经营的全国化和国际化，它们需要了解更广阔市场和远方市场的信息；随着消费者越来越富裕和成熟，营销经理需要更好地了解消费者会对产品和其他营销策略做出什么反应；随着竞争越来越激烈，营销经理需要了解关于营销工具有效性的信息；随着环境变化越来越快，营销经理需要时效性更强的信息。[6]

营销调研的任务是评估信息需求，向管理层提供相关、准确、可靠、有效、及时和可操作的信息。当今竞争激烈的市场环境和决策错误代价的不断增加，要求营销调研提供可靠的信息，因为有效的决策不是基于感觉和直觉，甚至不能基于单纯的判断。缺乏可靠的信息可能会导致错误决策。

在识别和满足顾客需求的过程中，营销经理要做很多战略和战术决策。如图 1-2 所示，他们需要做出决策以评估潜在机会，选择目标市场，进行市场细分，策划和实施营销方案，评估和控制营销绩效。产品、定价、促销和渠道这些可控营销变量的交互作用使得这些决策变得复杂。经济、技术、法律法规、政治、竞争、社会和文化等不可控的环境因素，更增加了这些决策的复杂性。另外，还有一个因素就是消费者、员工、股东和供应商等各类群体的复杂性。营销调研帮助营销经理将营销变量、环境和顾客群体联系起来，通过提供营销变量、环境和顾客群体的相关信息来消除一些不确定性。如果缺乏相关信息，就无法可靠准确地预测消费者对于营销活动的反应。持续开展的营销调研可以提供这些可控和不可控变量以及消费者的信息，有助于营销经理提高决策的有效性。[7]

传统上，营销调研人员负责评估信息需求并提供相关信息，而营销经理制定营销决策。应该强调的是，在企业内部，营销经理不是独立于其他管理职能独自开展工作的，营销导向体现的是一种满足消费者需求和获得长期利益的跨职能视角。因此，营销调研应该联系组织内部其他可能与调研项目相关的管理职能，如制造、研发、财务和会计等。

营销决策和营销调研的结合越来越紧密。[8] Power Decisions（www. Powerdecisions. com）是一家聚焦于营销战略的市场调查公司，它运用市场调查和决策分析工具，帮助客户获取正确的营销调研信息，从而发现有效的营销战略解决方案，并因此获利。Power Decisions 研究、评估客户，帮助客户进入市场并提高市场份额。图 1－3 展示了 Power Decisions 的方法论。

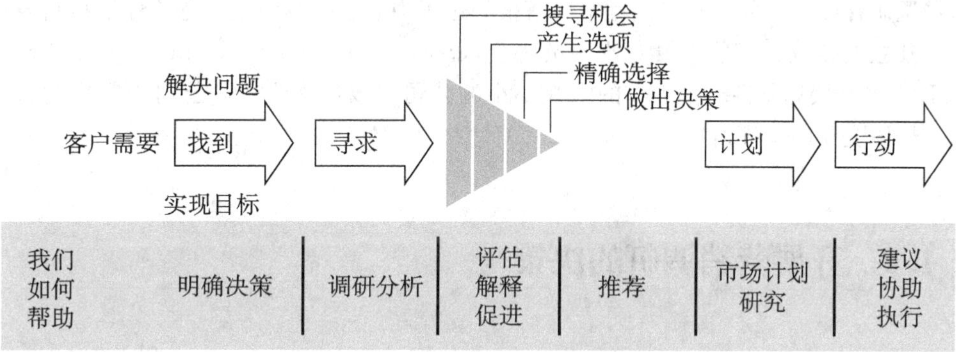


**图 1－3　Power Decisions 的方法论**

一家食品加工企业找到 Power Decisions，希望寻找市场机会并开发自己的品牌。这家企业广受尊重，一直采用零售商品牌，以物美价廉而闻名，在美国西部市场有很高的地位，顶级食品连锁店都销售它的蔬菜罐头。然而，采用零售商品牌固然提高了价格竞争力，但是降低了利润。因此，这家企业希望打造自有品牌，提高利润率。

Power Decisions 实施了一项为期 18 个月的多阶段调研，目的是帮助这家食品企业找到最适合的产品种类。它开展了一项消费者产品概念测试研究，包括以下步骤：

- 审核和评估了 40 多个产品类别，得到了一个备选的产品清单。
- 开展消费者调查，找出那些消费者满意度低但是很感兴趣的罐头食品。
- 进行权衡分析，找到最有可能获得成功的价格-质量组合。
- 在最终产品测试环节，与客户的研发团队密切合作，确保消费者调查中发现的产品属性能够真正反映到最终产品的开发中。

最后一步是设计品牌名称和包装，启动广告攻势，进行市场试销。新品牌的食品含有消费者最喜欢的成分，成功地以较高的价格推向了市场。新品牌很快就获得了行业和消费者的认可，随后还扩展到了其他产品和批发市场。

正如 Power Decisions 的案例所表现出的，营销调研可以使管理层掌握更多的信息。同时，营销调研在获取竞争性情报方面也能够起到特殊的作用。[9]

## 1.5 营销调研和竞争性情报

**竞争性情报**（competitive intelligence，CI）工作可以定义为更好地了解企业竞争者及竞争环境以提高市场竞争力的过程。这一过程必须是符合商业伦理的，通过利用数据库和其他公开信息源，开展合乎道德的营销调研活动，合法地收集和分析竞争者的能力、弱点和未来计划等方面的信息。

竞争性情报可以使各种规模的企业的高管在充分了解相关信息的基础上，制定营销、研发、投资和长期战略等各项决策。有效的竞争性情报工作是一个持续的过程，包括合乎法律和道德地收集信息、不刻意规避不好的结论、有控制地向决策者提供有关情报。竞争性情报是正在兴起的知识经济的主要组成部分。通过分析竞争对手的行动，竞争性情报能够使企业主动参与市场的发展，而不仅仅是被动地对市场的变化做出反应。

营销调研在收集、分析和提供竞争性情报的过程中起着核心作用，竞争性情报自身已经演进成一个独立的领域。竞争情报专业人员协会（Society of Competitive Intelligence Professionals，SCIP）由开展竞争性情报工作的大大小小的公司组成，这些专业公司为客户的管理层提供价值、环境变化的预警信息。

## 1.6 开展营销调研的决策

营销调研的好处很多，但不一定总要真的去调研。开展营销调研的决策需要考虑许多因素，包括成本效益分析、可用于调研的资源、可用于实施调研结论的资源，以及管理层对待调研的态度。如果调研发现的信息其期望价值高于开展调研项目所需的成本，就应该开展营销调研。一般来说，管理层制定的决策越重要，他们面临的不确定性和风险就越高，调研获得的信息价值也就越大。有一些规范的方法可用于评估营销调研项目预期价值和成本。虽然大多数情况下，调研的价值大于成本，但也有例外。例如，某馅饼制造商想了解顾客在便利店的购买行为，但是我们并不建议它开展大规模的调研，因为便利店的销量不足其总销量的1%，而且未来5年也不会有大的变化。

资源总是有限的，特别是预算和时间。如果预算和时间不足，调研项目就可能不会开展。与其由于资源不足勉强进行一个凑合的调研，还不如不做。同样，企业可能会缺乏资源去实施营销调研提出的策略建议，这种情况下，耗费资源开展调研也没有意义。如果管理层对调研的态度不积极，调研报告可能就会被尘封。然而也有例外。我们为一家连锁零售企业做过一个调研项目，管理层对项目很不友好，但调研是其母公司委托和资助的。尽管调研结果反映了一些负面的情况，连锁企业管理层也表示反对，但母公司还是采纳了我们的调研建议。

还有一些情况，可能也不必开展营销调研。如果所需信息在企业内部已经存在，或者调研涉及的决策已经制定，或者调研为了政治目的，那么信息的价值就会大大降低，调研项目一般也就不会开展了。一旦做出了开展营销调研的决定，管理层就会依靠营销调研服务机构获取他们所需的专业信息。[10]

## 1.7 营销调研行业

营销调研行业是由提供营销调研服务的机构组成的，营销调研的服务供应商提供营销决策所需的大量信息。大多数大型营销调研服务机构都有很多负责营销调研不同领域的分公司或部门，但是仍有必要对营销调研机构进行划分。广泛而言，营销调研机构可以分为内部和外部两类（见图1-4）。**内部机构**（internal supplier）是企业内部的营销调研部门。很多企业，特别是大公司，从汽车企业（通用汽车、福特、克莱斯勒）到消费品企业（宝洁、高露洁、可口可乐），再到银行（摩根大通、美国银行），都在企业内部设有营销调研部门。在不同企业的组织结构中，调研部门的位置有很大的差别。一个极端的例子是调研职能非常集中并处于公司总部；另一个极端的例子是分散结构，营销调研的职能由各个部门负责，营销调研人员分属不同的部门，这些部门可能是按照产品、顾客或者地理区域划分的，调研人员通常向部门经理汇报，而不是向公司一级的管理层汇报。此外，在两种极端情况之间，还有其他不同类型的组织。尽管近年来有集中化和精简营销调研部门的趋势，最佳的组织方式还是取决于企业的营销调研需求，以及企业内部营销和其他职能之间的关系。内部机构通常依靠外部机构完成那些专门的营销调研任务。

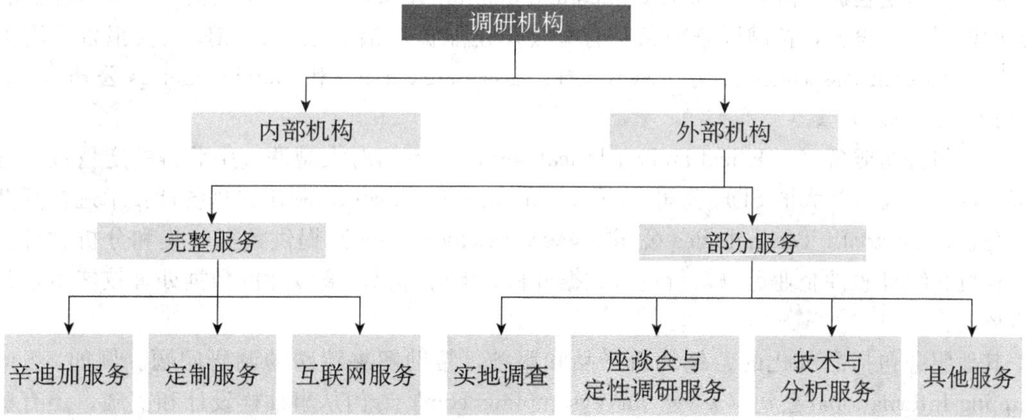


**图1-4 营销调研机构及其服务**

**外部机构**（external supplier）是为企业提供营销调研数据的外部公司。这些外部机构，从一个人或几个人的小公司到大型的跨国公司，共同构成了**营销调研行业**（marketing research industry）。外部机构可以分为完整服务供应商和部分服务供应商。[11]

**完整服务供应商**（full-service supplier）提供全程营销调研服务，从定义调研问题、确定调研方法、设计问卷、设计抽样方案、收集数据、分析数据、解释调研结果，直到撰写报告和演示。它们提供的服务还可以进一步分为辛迪加服务、定制服务和互联网服务（见图1-4）。

**辛迪加服务**（syndicated service）收集有商业价值的信息，可供多个客户订阅。它们主要通过抽样调查、购买固定样本组和媒体样本组、扫描仪和审计等收集信息。例如，尼尔森媒体调查公司（www.nielsenmedia.com）的尼尔森电视指数（Nielsen Television Index）提供收看特定电视节目的家庭的数量及其人口统计学特征信息。尼尔森公司（www.nielsen.com）还提供超市收银台电子扫描仪生成的销售追踪数据。NPD集团（www.npd.com）拥有美国最大的消费者固定样本组。第4章将会讨论更多辛迪加服务的细节。[12]

**定制服务**（customized service）提供为客户量身定制的各种营销调研服务，每一个项目都是单独实施的。Burke 公司（www. burke. com）、Synovate 公司（www. synovate. com）和 TNS公司（www. tns-global. com）都提供这类服务。

**互联网服务**（internet service）由众多营销调研公司提供，包括一些专门在互联网上开展营销调研的公司。例如，位于康涅狄格州西港市的 Greenfield 咨询公司（www. greenfieldgroup. com）的子公司 Greenfield Online Research Center 公司（www. greenfieldonline. com）提供广泛的、定制的针对消费者市场、行业市场和专业市场的定性和定量在线研究。它采用大型专有数据库，在公司网站上开展研究。Jupiter Research 公司（www. jupiterresearch. com）也提供针对在线消费者行为和互动技术的研究和咨询服务。

**部分服务供应商**（limited-service supplier）专门从事营销调研过程中一个或几个阶段的工作。这类供应商提供的服务可以分为实地调查、座谈会与定性调研服务、技术与分析服务以及其他服务。

**实地调查**（field service）通过邮寄问卷、面谈、电话访谈或者网络访谈收集数据。专门从事访谈工作的公司称作实地调查机构（field service organizations），这些机构既有可能是本地运营的独立小公司，也有可能是大型跨国公司。一些公司在全美范围内拥有很多访谈设备，可以在购物中心开展购物者访谈，例如 Field Facts 公司（www. fieldfacts. com）和 Field Work Chicago 公司（www. fieldwork. com）。

**座谈会与定性调研服务**（focus groups and qualitative service）为座谈会、一对一深访和其他定性调研提供设备，招聘调查对象。有些公司还能提供诸如主持人和座谈会报告等附加服务，例如 Jackson Associates 公司（www. jacksonassociates. com）和 Opinion Suites 公司（www. opinionsuites. com）。

**技术与分析服务**（technical and analytical service）专门对大型调查中获得的定量数据进行分析。例如，亚特兰大的 SDR 公司（www. sdr-consulting. com）利用先进统计技术进行复杂的数据分析，Sawtooth Technologies 公司（www. sawtooth. com）提供数据收集和分析软件。借助计算机和统计软件企业可以自行进行数据分析，但外部供应商专业的数据处理技能也还是很有市场的。

其他服务包括品牌化的营销调研产品和服务，帮助解决特殊的调研问题。例如，Survey Sampling International 公司（www. surveysampling. com）专门从事抽样设计和实施。还有些公司专门开展少数族裔（西班牙裔、非洲裔和多元文化群体）的营销调研，例如，Hispanic Consumer Research 公司（www. hispanic-consumer-research. com）和 Multicultural Insights 公司（www. multicultural-insights. com）。

无论是选择完整服务供应商还是部分服务供应商，都需要遵循一定的原则。

## 1.8 选择调研供应商

企业如果不能在内部完成所有调研任务，就必须选择外部机构开展调研项目中的部分工作，可以从行业出版物、专业目录和口碑等信息来源中整理编制一个调研供应商名单。在确定选择外部供应商的标准时，企业应该问问自己寻求外部支持的原因。例如，一家需要调查一个项目的小企业使用外部资源，在经济上就很合算。有的企业可能因为没有技术能力，或者是因为利益冲突无法自己完成某些调研工作，就会交给外部供应商去做。

在制定选择外部机构的标准时，企业应该记住一些基本原则：供应商的声誉如何？能否按时完成项目？在职业道德方面的口碑如何？有没有灵活性？调研项目的质量高不高？有哪些方面的项目经验？经验是否丰富？是否做过类似的项目？它们的调研人员是否具备技术和非技术方面的专业能力？换句话说，除了专业技术能力，承担任务的调研人员是否对客户的需要足够敏锐，能否认同客户的调研理念？有没有营销调研协会（Marketing Research Association，www. mra-net. org）颁发的调研专业资格证书？能否和客户进行良好的沟通？企业还可以在一些著名的营销调研专业协会网站（例如 www. esomra. org）上找到有资质的营销调研供应商名单。

在选择外部调研供应商，特别是实施大项目的时候，经常采用竞争性招标的方式。通常，委托外部供应商调研的企业会发布方案征集书（request for proposal，RFP）、信息征集书（request for information，RFI）、申请书（request for application，RFA）、招标邀请书（invitation to bid，ITB），或者打电话邀请调研供应商投标。企业可以在谷歌上用“RFP”或者“营销调研”搜索找到真实的方案征集书。一些营销调研公司，如 Marketing Research Services 公司（www. mrsi. com）在自己的网站上公布了一个方案征集书的模板，客户可以下载作为发布自己的方案征集书的参考。在决定委托谁进行调研的时候，不能只考虑谁价格最低，还必须考虑方案的完整性以及前面讨论过的各项标准。另外，在一个项目接着一个项目的情况下，最好同调研供应商签订长期合同。记住，报价最低的方案并不总是最好的选择，竞争性投标在比较价格的同时，还应该比较质量。在项目开始之前，最好签订书面的标书或者合同。关于营销调研供应商的决策，就如同其他管理决策一样，都需要基于可靠的信息。

互联网在寻找能够提供特殊调研服务的供应商方面非常有效。利用像雅虎这样的搜索引擎，就能够找到一些营销调研公司，还可以很方便地在它们的网站上找到其他相关信息。很多调研公司的网站上都有公司历史、服务、客户和员工的信息。例如，www. greenbook. org 列出了数千个市场调查公司，使用者可以很容易地搜索和找到其中具体的公司。同营销咨询公司和公关公司一样，营销调研公司也提供就业机会。

## 1.9 营销调研的就业情况

像尼尔森公司、Burke 公司和 Kantar 集团这样的营销调研公司，有很多有前途的就业机会。同样有就业机会的还有商业企业和非商业机构的内部调研部门，如宝洁、可口可乐、通用汽车、美国联邦贸易委员会、美国人口普查局。广告公司（如天联国际（BBDO）、智威汤逊（J. Walter Thompson Worldwide）、扬·罗必凯公司（Young & Rubicam））也开展了相当多的营销调研，需要雇用这个领域的专业人员。与营销调研相关的工作职位有营销调研副总裁、调研总监、调研总监助理、项目经理、统计/数据处理专家、高级分析师、分析师、初级分析师、实地调查主管和运作督导。图 1-5 列举了营销调研领域的工作职位，并且描述了这些职位相应的职责。[13]

| |
|---|
| 1. 营销调研副总裁：这是营销调研的高级职位，负责整个企业营销调研的运行，是企业最高管理层的成员，负责为企业营销调研制定目标。<br>2. 调研总监：这也是一个高级职位，全面负责企业所有营销调研项目的开发和执行。<br>3. 调研总监助理：这是调研总监的行政助理，负责督导其他营销调研人员的工作。<br>4. （高级）项目经理：全面负责调研项目的设计、实施和管理工作。<br>5. 统计/数据处理专家：作为统计技术的理论和应用专家，负责实验设计、数据处理和分析工作。<br>6. 高级分析师：参与调研项目开发，指导项目的运作执行。高级分析师需要和分析师、初级分析师、其他人员密切合作，进行调研设计和数据收集。高级分析师还需要负责最终调研报告的撰写。另外，项目进度和成本控制也是高级分析师的主要职责。<br>7. 分析师：处理调研项目执行过程中的具体工作，进行问卷设计和预测试以及初步的数据分析。<br>8. 初级分析师：负责处理一些常规调研工作，如二手数据分析、问卷编辑和编码以及简单的统计分析。<br>9. 实地调查主管：负责选拔、培训、监督和评估访谈人员和实地调查人员。<br>10. 运作督导：负责监督实地调查、数据编辑和编码等工作的运作，也有可能参与编程和数据分析工作。 |

**图1-5 营销调研工作描述**

工商管理学士学位获得者最常见的入门级营销调研职位是运作督导，负责监督那些已经设计好的工作，如实地调查、问卷编辑和编码等，也有可能参与编程和数据分析工作。营销调研行业越来越愿意雇用有硕士学位的人，这些有 MBA 或同等学位的人可能会被聘为项目经理。在 TNS 这样的调研公司中，项目经理同客户经理一起管理营销调研项目的日常运作。调研公司中学士学位获得者典型的入门职位是初级分析师，硕士学位获得者则是分析师。初级分析师和分析师需要学习相关的行业知识，接受营销调研经理这样的高级人员的培训。初级分析师需要接受培训，准备承担分析师的职责，包括与营销部门和销售团队合作制定产品宣传目标等工作。分析师的职责包括检查数据的准确性，把即将开展的调研与现有的规范进行对比，以及分析原始和二手数据，进行市场预测。

这些工作岗位表明，营销调研需要各种背景和能力的人。统计/数据处理专家、分析师这样的技术专家显然需要很强的统计能力和数据处理方面的背景。其他职位，例如调研总监，需要管理其他人的工作，因此要求拥有更多的通用技能。

若要了解其他营销调研职位及目前的薪酬，可以访问 www. marektresearchcareers. com。营销调研专业人员年度调查（www. marektresearchcareers. com）为那些有兴趣在营销调研领域就业的人发布了一些重要的趋势信息。

为了在营销调研领域就业，你应该做好如下准备：

- 尽可能选修所有的市场营销课程；
- 选修统计和定量方法的相关课程；
- 掌握网络和计算机技能，编程语言方面的知识也能够给你加分；
- 选修心理学和消费者行为学课程；
- 掌握有效的书面和口头沟通技巧；
- 具备创造性思维能力，创造力和常识会使你成为营销调研领域的翘楚。

营销调研人员应该受过良好的教育，能够理解决策者面临的问题，并且凭借其广阔的视野来解决问题。[14]

## 1.10 营销调研在营销信息系统和决策支持系统中的作用

我们将营销调研定义为系统、客观地识别、收集、分析、传递和运用信息，以发现营销问题和机会，并改善相关的营销决策。[15]通过营销调研、企业内部记录和营销情报等信息源获得的信息，一同构成了企业的**营销信息系统**（marketing information system，MIS）。营销信息系统包括一系列规范的过程，包括持续产生、分析、分类以及向营销决策者传递信息。注意营销信息系统的定义与营销调研的定义很类似，仅有一点不同，那就是营销信息系统需要持续提供信息，而不是临时开展专门的研究工作。营销信息系统的设计聚焦于每一位决策者的职责、风格和信息需求，整合和提交从发票、营销情报和营销调研等不同信息源收集到的信息，为决策做好准备。营销信息系统比临时开展的营销调研项目能够获得更多的信息。然而，由于营销信息系统是固定结构的，不易调整，因此它能够提供的信息数量、性质和用途都有一定的局限。

为了克服营销信息系统的局限性，**决策支持系统**（decision support system，DSS）可以使决策者与数据库和分析模型直接交互。决策支持系统是由硬件、通信网络、数据库、模型库、软件库和用户（决策者）整合而成的系统，可以为决策收集和解释信息。营销调研为数据库提供调研数据，为模型库提供营销模型和分析技术，为软件库提供分析营销数据的专门程序。决策支持系统与营销信息系统有一些不同之处（见图1-6）。[16]决策支持系统将模型运用和分析技术与营销信息系统中传统的数据存取与检索功能结合起来，因此更容易在互动模式下使用，该系统也可以根据环境变化和使用者的决策方式进行调整。[17]决策支持系统除了提高效率，还可以通过假设分析（what if analysis）提高决策的有效性。决策支持系统可以进一步开发成专家系统（expert system），利用人工智能实现专家判断。

| 营销信息系统 | 决策支持系统 |
| --- | --- |
| • 结构化问题 | • 非结构化问题 |
| • 使用报告 | • 使用模型 |
| • 固定结构 | • 用户友好的交互 |
| • 有限的信息显示 | • 适应性 |
| • 通过处理原始数据改善决策 | • 通过假设分析改善决策 |

**图1-6 营销信息系统与决策支持系统的对比**

## 1.11 百货商店顾客调研项目

我们曾经开展了一个百货商店顾客调研项目（也称百货商店项目），在本书中此项目将作为一个说明概念和分析数据的连续案例贯穿全书。这个项目的目的是评估大型百货商店西尔斯（Sears）相对其直接和间接竞争者的相对优势和劣势。此调研项目的目的是帮助西尔斯制定营销方案，提升不断下滑的销量和利润。此案例中涉及的10个主要竞争者包括高端百货商店（如萨克斯第五大道（Saks Fifth Avenue）、尼曼·马库斯（Neiman-Marcus））、全国连锁店（如杰西潘尼（JCPenny））、折扣店（如凯马特、沃尔玛）和一些区域连锁店（如科尔士（Kohl's））。调研过程中设计了问卷，在一座大城市抽取了271个家庭的样本，开展了入户访谈。问卷中的打分问题都采用6点量表形式（调查对象需要在数字1～6中进行选择），并且收集下列信息：

1. 对这10家商店的熟悉程度。
2. 家庭成员在每一家商店购物的频率。
3. 选择百货商店时考虑的8个因素中每个因素的相对重要性：商品质量、商品种类、退换货政策、人员服务、价格、地理位置、店内布局、信用和支付政策。
4. 对这10家商店的上述8个因素进行评分。
5. 对每一家商店的偏好进行评分。
6. 对这10家商店排序（从最喜欢到最不喜欢）。
7. 根据认同程度对21个生活方式问题打分。
8. 标准人口特征问题（年龄、教育水平等）。
9. 姓名、住址和电话号码。

这项研究帮助西尔斯了解消费者对这10家百货商店的认知和偏好，找到影响消费者选择商店的因素以及商品种类方面的竞争劣势，设计克服这些劣势的营销方案。最后，帮助西尔斯制定定位战略，并树立起理想的商店形象。

## 1.12 国际营销调研

美国市场占全球营销调研总支出的40%，欧洲占40%，日本占10%。欧洲的调研大多数在英国、德国、法国、意大利和西班牙进行。亚太地区的市场领袖是日本，排在后面的是澳大利亚、中国和韩国。在中美洲和南美洲，营销调研支出最高的是巴西和墨西哥。[18]随着市场全球化，营销调研也必将真正国际化，并且这一趋势必将持续下去。开展国际营销调研的美国公司包括尼尔森、IMS Health、Information Resources和Kantar集团，其他国家的公司有德国的Infratest和GfK等。

开展国际营销调研（为真正的国际产品进行调研）、国外调研（在委托调研企业所在国之外的国家进行调研）或者多国调研（在企业有经营活动的所有国家或者所有重要国家进行调研），比国内营销调研复杂得多。所有这类调研，包括跨文化研究，都将在每一章的“国际营销调研”这一标题之下讨论。所要调研的国家、文化单位或者国际市场，都会影响营销调研过程6个步骤的实施。这些环境因素及其对营销调研的影响，将会在随后的章节中详述。此外，第24章还会专门讨论这个问题。

今天，企业的全球化已是大势所趋。无论是开始网上业务，还是在外国开展实体运营，企业都必须开展营销调研，以便在全球化进程中考虑有关的环境因素。很多企业没有考虑自己所在国和目标国之间的差异，结果导致了灾难性的结果。

网络公司也会遇到问题。网页上的内容经常“水土不服”，例如，墨西哥一家汽车制造商的网页上显示，一个徒步旅行者站在一辆汽车旁边。可是在墨西哥，徒步旅行者都是穷人，没有汽车。在印度这样的地方，网页内容还要适应多语言环境，有些地方有多达20种不同的语言。企业必须考虑这些环境因素，才能在其他国家的市场上赢得市场和顾客。

尽管国际营销调研非常复杂，但在美国，它比国内营销调研的增长更加迅速，主要原因是美国很多产品的市场接近饱和。这些产品在其他国家的市场仍处于发展初期，而营销调研在渗透这些市场时可以发挥关键作用，正如星巴克在日本取得的成功。

**调研实例**

### 星巴克：在日本的振兴

星巴克于1996年开始在东京的银座店高价出售杯装咖啡，在此之前这完全是不可思议的。作为一家美日合资企业，星巴克日本公司通过店内设计和不断的品牌理念传播营造精致的氛围，吸引精致、现代的日本女性，从前这些女性一般是不会去咖啡店的。当然，星巴克的成功源自通过开展营销调研准确地理解了复杂的营销问题。

星巴克刚进入日本市场的时候，需要详细评估各种可行方案。东京一家营销调研和咨询公司 Intage（www.intage.com.jp）为它进行了消费者行为和偏好分析。调查使用了 Intage 设在东京市中心的集中测试设施和邮寄问卷方法，还采用了调研公司的“商务信息服务”提供的资源。这次调查为星巴克提供了一些重要信息。星巴克了解到，它的目标顾客群愿意花250日元（2.08美元）买一杯意式浓咖啡，花280日元（2.33美元）买一杯拿铁咖啡。调查同时发现，顾客还希望菜单上有丰富的食品，包括三明治和沙拉。调查使星巴克了解了顾客可以接受的价格范围、品种之间的价格差异以及包装偏好，这些对日本星巴克的成功起到了重要作用。到2009年，星巴克在47个国家和地区开了4 500多家咖啡店。[19]

## 1.13　营销调研中的商业伦理问题

营销调研会涉及重要的商业伦理问题。正如之前所述，营销调研通常由商业企业开展（也就是为了盈利目的），它们或是独立的调研机构（外部供应商），或是企业内部的调研部门（内部供应商）。大多数营销调研是为了商业企业客户开展的。追求利润的动机经常会让调研人员或者客户在营销调研的客观性和专业性上做出让步。

营销调研通常有四个利益相关方：（1）营销调研人员；（2）客户；（3）被调查者；（4）公众。这些利益相关者彼此之间以及对调研项目都负有一定的责任，美国市场营销与民意调查理事会（Council for Markting and Opinion Research）网站（www.cmor.org）上可以查阅到被调查者权利条款。当这些利益相关者的利益发生冲突，或者他们中有人不负责任的时候，就会出现商业伦理问题。[20]例如，如果调研人员不遵守营销调研的步骤，或者客户在其广告中歪曲了调研结果，伦理规范就被破坏了。在营销调研过程的每一个步骤中都有可能出现商业伦理问题（见表1-2）。伦理问题最佳的解决途径就是各个利益相关方都能行为得体。像美国营销学会职业准则这样的行为准则，可以用来规范行为，帮助解决伦理困境。

**表1-2　营销和调研过程中的商业伦理问题概览**

Ⅰ. 定义调研问题
- 用调查作为销售和募捐的幌子
- 调研人员或客户的私人安排
- 开展一项不必要的研究

Ⅱ. 设计调研框架
- 把为某些客户和项目开发的研究模型和调研结果用在其他项目上
- 征集项目计划书，以图免费获取调研技术和方法

续表

| |
|---|
| Ⅲ. 进行调研设计<br>● 设计的调研方案更适合调研人员，而非基于客户的需要<br>● 使用不适用或者从可疑来源收集到的二手数据<br>● 隐瞒调研目的<br>● 不公平地要求调研人员让步<br>● 没有保持被调查者的匿名性<br>● 不尊重被调查者的隐私<br>● 误导被调查者<br>● 隐瞒对被调查者的观察<br>● 为难被调查者，或给他们施加压力<br>● 使用信度和效度不良的测量量表<br>● 设计超长的问卷和超级敏感的问题，进行搭便车调查<br>● 采用不恰当的抽样方法和样本量 |
| Ⅳ. 实地调查<br>● 让被调查者感觉不舒服<br>● 使用不可接受的实地调查方法 |
| Ⅴ. 数据准备与分析<br>● 识别并删除不理想的数据<br>● 在条件不满足的情况下仍然使用某种统计分析方法<br>● 解释分析结果，得出不正确的结论或给出不正确的建议 |
| Ⅵ. 报告准备与演示<br>● 报告不完整<br>● 报告有偏差<br>● 报告不正确 |

互联网对营销调研人员有很多用处，与客户公司、竞争者和所在行业以及营销、经济、政府和环境相关的各种信息，都可以通过常用的搜索引擎收集到，例如 Alta Vista（www. altavista. com）、AOL Search（www. search. aol. com）、Ask Jeevs（www. askjeevs. com）、FAST search（www. alltheweb. com）、Google（www. google. com）、Lycos（www. lycos. com）、MSN Search（www. msn. com）、Netscape Search（www. netscape. com）、WebCrawler（www. webcrawler. com）和 Yahoo!（www. yahoo. com）。

KnowThis（www. knowthis. com）是一个虚拟营销图书馆的特殊搜索引擎。电子公告栏、新闻组和博客都是网上营销调研重要的信息源，可以通过博客获得多方面的信息以及招募被调查者。通过大多数搜索引擎都可以找到博客，Blog Search Engine（www. blogsearchengine. com）这样的引擎则是专门用于搜索博客的。

互联网还可以帮助寻找营销调研领域的工作。Research Info（www. researchinfo. com）提供调研就业信息公告栏，可以发布招聘或者求职的广告帖。互联网已经迅速成为识别、收集、分析和分配营销调研信息的有效工具。我们会在本书通篇展示互联网是如何促进营销调研的六个步骤的。

---

**调研决策**

## 新秀丽：在箱子里

**情境**

新秀丽是世界上最大的行李箱设计、制造和分销商之一，其产品使用新秀丽、美旅等几个高品质品牌销售，是高度分散的全球行李箱市场的领导者。通过积极的产品开发和营销活动，总裁和首席执行官马塞洛·博托蒂（Marcello Bottoli）希望把公司的市场份额从 36%提高到 40%。马塞洛·博托蒂意识到新产品开发的重要性，因此新秀丽必须持续向市场推出成功的新产品。

**营销调研决策**

1. 为了成功地向市场推出新产品并且提高市场份额，新秀丽应该开展何种营销调研？
2. 上述营销调研在帮助马塞洛·博托蒂提高新秀丽的市场份额方面能够起到什么作用？

**营销管理决策**

1. 马塞洛·博托蒂应该如何制定积极的营销战略？
2. 上述营销调研及其调研结果将会如何影响你向马塞洛·博托蒂建议的营销管理决策？[21]

## 本章小结

营销调研是包括识别、收集、分析、传递和运用信息，识别和解决营销问题的系统而客观的过程。通常，营销调研可以划分为识别问题的调研和解决问题的调研。营销调研过程由六个必须系统完成的步骤组成，图 1－7 是营销调研过程的概念图。营销调研的作用是评估信息需求，提供相关信息，改善营销决策。然而，是否要开展营销调研也不总是明确的，还需要认真考虑。

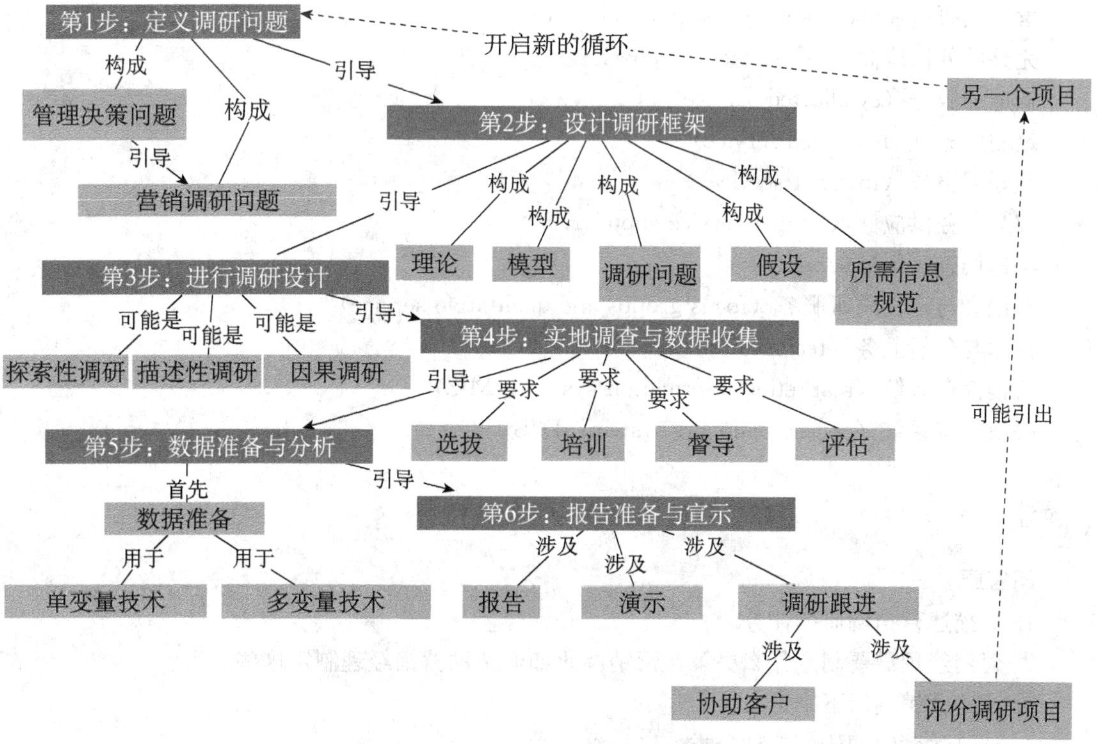


**图 1－7 营销调研过程的概念图**

营销调研可以在企业内部进行，或者向营销调研行业中的外部供应商采购。完整服务供应商提供全程营销调研服务，从定义调研问题一直到撰写报告和演示。它们提供的服务还可以进一步分为辛迪加服务、定制服务和互联网服务。部分服务供应商专门从事营销调研过程中一个或几个阶段的工作，他们提供的服务可以分为实地调查、座谈会与定性调研服务、技术与分析服务以及其他服务。

由于对营销调研的大量需求，在营销调研公司、商业企业和非商业机构、设有营销调研部门的各类机构和广告公司中，都有很有吸引力的就业机会。营销调研获得的信息已经成为企业MIS和DSS的组成部分。营销调研为企业DSS的数据库提供调研数据，为模型库提供营销模型和分析技术，为软件库提供分析营销数据的专门程序。国际营销调研比国内营销调研要复杂得多，调研人员必须考虑所研究的国际市场的环境因素。营销调研的商业伦理问题通常涉及四个利益相关方：（1）营销调研人员；（2）客户；（3）被调查者；（4）公众。营销调研过程的各个阶段都可以使用互联网。SPSS软件包可以极大地便利营销调研。

## 关键术语与概念

营销调研（marketing research）
识别问题的调研（problem-identification research）
解决问题的调研（problem-solving research）
营销调研过程（marketing research process）
竞争性情报（competitive intelligence）
内部机构（internal supplier）
外部机构（external supplier）
营销调研行业（marketing research industry）
完整服务供应商（full-service supplier）
辛迪加服务（syndicated service）
定制服务（customized service）
互联网服务（Internet service）
部分服务供应商（limited-service supplier）
实地调查（field service）
座谈会与定性调研服务（focus groups and qualitative service）
技术与分析服务（technical and analytical service）
营销信息系统（marketing information system，MIS）
决策支持系统（decision support system，DSS）

## 练习

**问答题**

1. 试描述营销调研的任务。
2. 营销经理需要制定什么决策？营销调研如何帮助营销经理制定这些决策？
3. 试给营销调研下个定义。
4. 试描述营销调研的一种分类。
5. 试描述营销调研过程的步骤。
6. 开展调研的决策应该如何做出？
7. 试解释对营销调研服务及供应商进行分类的一种方式。

8. 什么是辛迪加服务？

9. 完整服务供应商和部分服务供应商之间的主要区别是什么？

10. 什么是技术与分析服务？

11. 试列举出选择外部营销调研供应商的 5 条原则。

12. 在营销调研领域有哪些就业机会？

13. 试讨论营销调研中与营销调研人员、客户和被调查者相关的商业伦理问题。

14. 什么是 MIS？

15. DSS 与 MIS 的区别是什么？

**练习题**

1. 浏览报刊上的最新文章，找出 5 个识别问题的调研的例子和 5 个解决问题的调研的例子。

2. 为下列每一个组织设计一种有用的营销调研：

(1) 学校的书店。

(2) 你所在城市的公共交通部门。

(3) 你所在地区的大型百货商店。

(4) 学校附近的餐馆。

(5) 大城市里的动物园。

## 活动

**角色扮演**

1. 你是一家大型银行的调研总监。你准备招聘一名初级分析师，负责收集和分析二手数据（这些数据已经由相关机构收集好了）。请一位同学扮演这一职位的求职者，你对他进行面试。这位求职者是否具备必要的背景和技能？然后，你们交换角色再演一遍。

2. 你是一家大型调研公司的项目总监。你刚刚接到一个电话，一个愤怒的被调查者认为访谈人员在她不方便的时间给她打电话，侵犯了她的个人隐私。这位被调查者表达了她对商业伦理问题的关注。请一位同学扮演这位被调查者，你回应她的关注并且安抚她。

**实地调查**

1. 阅读当地和全国性报纸，列出营销调研领域就业机会的清单。

2. 采访一位在营销调研公司工作的人。这个人对于营销调研领域的就业机会有什么看法？就你的采访撰写一份报告。

3. 采访一位在一家大型企业的营销调研部门工作的人。这个人对于营销调研领域的就业机会有什么看法？就你的采访撰写一份报告。

说明：实地调查第 2 题和第 3 题中的采访可以是面对面访谈、电话访谈或者在线访谈。

**小组讨论**

组成一个 4～5 人的小组，讨论下列问题：

1. 一家大型商业企业中营销调研部门最佳的组织结构是怎样的？

2. 对一个寻找营销调研领域工作的人来说，理想的教育背景是什么？有没有可能获得这样的背景？

3. 营销调研中是否应该强制执行商业伦理标准？如果是，又如何执行？

## 连续案例：戴尔

阅读书末附录A中戴尔的案例，以及提供的调查问卷。讨论以下问题：

1. 为了帮助戴尔建立及维持其在个人电脑市场的领先地位，营销调研可以起到什么作用？
2. 戴尔应该开展哪些识别问题的调研？
3. 戴尔应该开展哪些解决问题的调研？
4. 你想应聘戴尔公司的营销调研职位吗？为什么？

# 第2章 定义调研问题与设计调研框架

定义调研问题是营销调研项目中最重要的任务，同样也是最难的一个问题。

——TNS公司全球客户高级副总裁肯·艾泰德（Ken Athaide）

## 学习目标

1. 理解定义调研问题的重要性和过程。

2. 描述定义调研问题过程中的相关任务，包括跟决策者的讨论、对行业专业人士的访谈、二手数据的分析和定性调研。

3. 讨论影响定义调研问题的环境因素，包括过去的信息和对未来的预测、资源和限制、目标、购买者行为、法律环境、经济环境以及营销和技术能力。

4. 清楚管理决策问题和营销调研问题之间的区别。

5. 解释一个定义明确的营销调研问题的结构，包括宽泛的陈述和具体的组成部分。

6. 详细讨论确定的调研框架的各个组成部分：客观/理论框架、分析模型、调研问题、假设和所需信息。

7. 充分了解和理解在国际市场营销中定义调研问题和设计调研框架过程的复杂性。

8. 理解在定义调研问题和设计调研框架中会产生的商业伦理问题和冲突。

## 本章概述

本章包括第1章提到的六个营销调研步骤中的两个：定义调研问题和根据问题设计调研框架。定义调研问题是最重要的步骤，因为只有当问题被清楚且精确地定义出来时，整个调研项目才可能正确进行。不仅如此，定义调研问题还能给整个调研项目定出方向。在这一章中，除了通过定义出任务所包含的和必须考虑的因素，让读者去感受定义调研问题的复杂性，我们还详细讨论了设计调研框架的各个部分：客观/理论框架、分析模型、调研问题、假设、所需信息。接着探讨了在国际营销调研中定义调研问题和设计调研框架时需要特别注意的问题。最后，本章提及了营销调研过程中需要考虑的几个商业伦理问题。

## 2.1 定义调研问题的重要性

尽管一个营销调研项目中各个步骤都很重要，但是定义调研问题是其中最重要的。诚如第

1章所提到的，对于营销调研来说，问题和机遇是相通的。**问题定义**（problem definition）包括对营销调研问题的宽泛陈述和描述问题的具体组成部分。只有当营销调研问题被清楚地定义时，研究才能正确地设计和运行。一个营销调研项目的所有任务当中，没有哪一个比定义一个正确的调研问题在满足顾客的需求中表现得更加重要。如果从一开始问题就被误解或者错误地定义，那么此后投入的所有精力、时间和金钱都将是一种浪费。[1]彼得·德鲁克（Peter Drucker）说，那些严重的错误不是由一个错误的答案造成的，而是因为问了一个错误的问题引发的。应该牢牢记住这一点，不正确的问题定义是营销调研项目失败的一个主要原因。更进一步说，更好的沟通和在问题定义中更多的投入是最常被提及的用于增强研究作用的方法。这些都指向一个结论，明确定义营销调研问题的重要性不能被忽视。

## 2.2 定义调研问题和设计调研框架的过程

如图2-1所示，定义调研问题的相关任务包括与决策者讨论、对行业专业人士和其他知识丰富的人进行访谈、分析二手数据，有时还需要进行定性调研。这些任务帮助调研人员通过分析环境背景来了解问题的背景。某些关键的环境因素应该被评估。以调研问题的定义为基础，就可以设计正确的调研框架了。一个框架包括客观/理论框架、分析模型、调研问题、假设和所需信息。我们先讨论相关的任务。

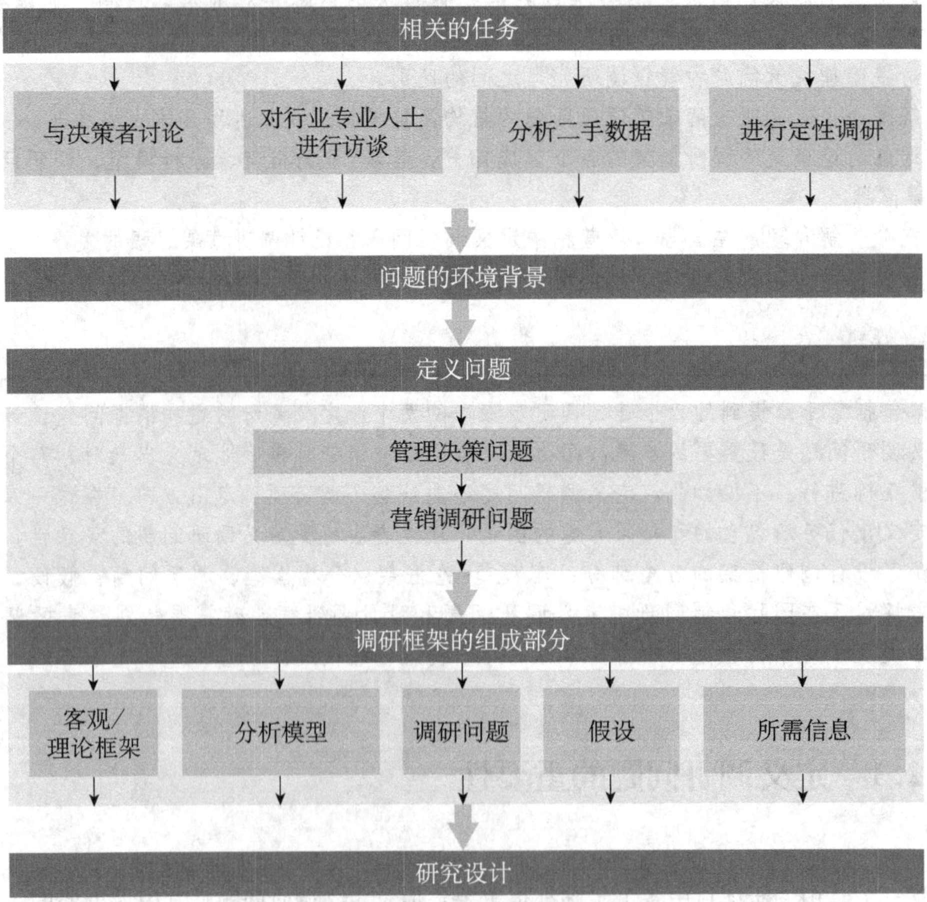


**图2-1 定义调研问题和设计调研框架的过程**

## 2.3　相关的任务

### 与决策者讨论

与决策者讨论是很重要的。决策者需要理解调研的可能性和局限性。[2]调研给管理决策提供了相关的信息，但是它无法提供解决方案，因为还需要管理者的判断。调研人员需要去理解做决策的管理者所面对的问题的本质以及他们想要从调研中得到的信息。

为了定义管理问题，调研人员必须拥有相当的技巧来与管理决策者互动。一些因素会使互动变得复杂。例如，有时和决策者接触可能会比较困难，一些组织对会见管理高层设置了很复杂的程序。在项目的前期调研人员或者调研部门所处的地位可能会使得和关键的决策者见面很困难。除此之外，项目可能拥有不止一位关键决策者，而和他们一一见面或者集体见面都会很难。尽管存在这些问题，调研人员直接和关键决策者接触还是非常有必要的。[3]

**问题审查**（problem audit）为调研人员与决策者互动和识别出问题的潜在原因提供了一个非常有用的框架。问题审查是为了了解营销问题本质和根源的全面性检查。[4]问题审查包含跟决策者讨论以下问题，我们以麦当劳为例：

1. 跟决策有关的事件，或者说问题的历史。快餐行业的长期领导者麦当劳，2003 年和 2004 年在一些关键市场的份额开始被竞争者，比如汉堡王、温迪和赛百味蚕食。当这些竞争者开始开发新产品和开展强势的促销活动时，这一问题变得越来越明显，而恰恰这个时候，麦当劳的营销活动也表现不佳。

2. 向决策者提供可选择的行动方案。在这个阶段，可供选择的方案可能并不完备，定性调研能发现更多的新的备选方案。可供麦当劳管理者选择的行动方案有：引进新的三明治和菜式、减价、开设更多的餐厅、开展特别的促销活动和增加广告投放量。

3. 用来评估可选择的行动方案的标准。比如，新产品可以用销售量、市场份额、利润率、投资报酬率等进行衡量。麦当劳则会以对市场占有率和利润的贡献大小作为评估备选方案的标准。

4. 研究后可能得到的、潜在的方案。研究结果可能是麦当劳需要采取一个战略性的营销反应。

5. 回答决策者问题所需的信息。所需的信息包含麦当劳和主要竞争对手营销组合（产品、价格、促销和分销）之间的比较，主要是为了得出麦当劳的相对优势和劣势。

6. 在决策过程中，决策者使用这些信息的方法。关键决策者会根据研究结果和他们的直觉判断为麦当劳制定战略。

7. 与决策有关的企业文化。[5]在一些公司中，决策过程十分重要；在有些公司中，决策者的个人性格则更加重要。是否意识到企业文化的区别可能会成为决定调研人员能否影响营销战略决策的重要因素。麦当劳的企业文化遵从的是委员会式的决策方法：重要的决策应该由所有的关键决策者一起完成。

在大多数情况下，决策者只对问题有一个模糊的概念，所以实施问题审查是很有必要的。比如，决策者知道公司在丧失市场份额，但是不知道为什么，因为决策者倾向于了解表面症状而非原因。无法完成销售预期、市场份额和利润减少这些都是症状。调研人员应该论述潜在的原因，而不仅仅是陈述表面的症状。如市场份额的减少有可能是因为竞争对手一个绝妙的促销活动、公司产品的分销渠道不足或者其他因素。只有当这些潜在的原因被识别出来，问题才能够成功地被定义。

确定根本原因可以大大方便问题的定义。可以由客户组织中的一个或多个人作为调研人员和决策者之间的联络者，为了取得成果，决策者和调研人员应该做到七个C：

1. 沟通（communication）：调研人员与决策者之间自由的思想交流是必不可少的。
2. 合作（cooperation）：营销调研是一个团队项目，双方（决策者和调研人员）必须进行合作。
3. 信任（confidence）：决策者和调研人员应遵循相互信任的原则。
4. 真诚（candor）：不应有任何隐藏的议程，提倡积极、开放的态度。
5. 亲密（closeness）：调研人员和决策者之间的关系应该是温暖亲密的。
6. 持续（continuity）：决策者和调研人员必须不断互动，而不是偶尔互动。
7. 创新（creativity）：决策者和调研人员之间的相互作用应具有创造性，而不是程式化的。

## 对行业专业人士进行访谈

除了跟决策者进行讨论，跟行业专业人士、在公司和行业方面有丰富知识的其他人进行探讨对定义调研问题也有帮助。[6]这些专业人士既可以是公司内部的也可以是公司外部的。如果把专业的定义放宽一些，还包括那些十分了解需要调查的问题的人，这些访谈称为**经验调查**（experience survey）或者**关键报告人技术**（key-informant technique）。这种工具的一个变化形式是**关键用户调查**（lead-user survey）：从技术的关键用户处获得信息。一般来说，专业人士的信息往往通过非结构化的个人访谈方式，而不是正式的问卷获得。需要访谈的话题的顺序、应该询问的问题不应该事先就决定好，而是在访谈时视情况而定。这样访谈会更有灵活性，也能更好地获得专业人士的见解。对专业人士进行访谈的目的是定义调研问题，而不是得出结论性的结果。在向专业人士征求意见时，可能会有两个困难：

1. 一些声称知识渊博、想要积极参加的人可能根本就不具备专业素质。
2. 可能很难找到那些不在客户组织内部的专业人士并获得他们的帮助。

由于这些原因，对专业人士的访谈对工业公司或者有科技背景的产品的研究更加有帮助，因为这些公司或者产品比较容易发现和接触到专业人士。当信息很难从其他地方获得时对专业人士进行访谈的方法也非常有用，比如那些全新推出的产品。通过行业网站和网络群组（比如groups. google. com）能够接触到知识丰富的专业人士。还可以寻找相关的帖子，探究新闻群组的信息和问答。专业人士在改变和重新定位现有产品方面能够提供有价值的见解，就像健怡樱桃可乐（Diet Cherry Coke）的重新定位所展示的那样。

---

**调研实例**

### 健怡樱桃可乐的重新定位

可口可乐（www. coca-cola. com）是世界领先的非酒精饮料制造商、营销商和分销商，在200多个国家和地区拥有2 800多种饮料产品。但健怡樱桃可乐的销量逐渐下降，远低于销售高峰期超过800万瓶的规模。可口可乐灌装系统已开始削减健怡樱桃可乐的配额。面对这个问题，可口可乐必须确定销量下降的原因。咨询过行业专业人士以后，真正的问题被确定了：健怡樱桃可乐没有正确定位。这些专业人士强调，品牌形象是一个影响软饮料销量的关键因素，但健怡樱桃可乐被认为是传统的、守旧的，与樱桃可乐的形象不一致。因此，营销调研的问题被确定为衡量形象和定位健怡樱桃可乐。随后进行的研究证实了行业专业人士的判断，并提供了一些有益的见解。

根据研究结果，该产品被重新定位，以使其更契合樱桃可乐的形象。其目标市场是年轻人，产品包装变得更加符合他们的审美，以大胆、前卫的设计吸引年轻人群。最后，健怡樱桃可乐与普通可乐放在一起，作为针对年轻人的宣传赠品。健怡樱桃可乐定位为年轻人的软饮料，瞄准青少年市场后，销量大增。销售报告显示的上升趋势应归功于行业专业人士帮助确定了真正的问题。[7]

健怡樱桃可乐的例子显示了行业专业人士的关键作用。然而，从决策者处获得的信息和行业专业人士的观点应与现有的二手数据相互补充。

## 分析二手数据

**二手数据**（secondary data）是为了手头的问题以外的原因收集的数据。**原始数据**（primary data）则是调研人员为了手头的问题专门收集的数据。二手数据包括来自商业和政府的信息、来自商业营销调研公司的信息和来自计算机信息数据库的信息。二手数据很便宜，而且能够很快地获得背景信息。对现有的二手数据进行分析是定义营销问题的一个关键步骤：充分分析过二手数据之后才开始收集原始数据。考虑到二手数据的重要性，第 4 章会详细讨论，二手数据和原始数据之间的差别也会进一步探讨。

用二手数据分析补充定性调研是非常有帮助的。

## 进行定性调研

仅从决策者、行业专业人士处，以及二手数据中获得信息对定义调研问题来说还不够充分。有些时候，定性调研对了解问题及其潜在的因素是很必要的。**定性调研**（qualitative research）是非结构化、探索性的，以小样本为基础，能够充分利用最新的定性调研工具，比如座谈会（小组讨论）、文字联想（要求被采访者回答看到刺激文字的第一反应）和深度访谈（一对一采访，为了探查出被采访者最细致的想法）。其他的探索性研究工具，比如试点调查和案例分析，也可以用来获得问题的见解。跟大范围的调查比起来，**试点调查**（pilot survey）没那么结构化，包括更多的开放性问题，样本容量也小得多。**案例分析**（case study）是指对精选出的与问题有关的案例进行透彻分析。案例对象可以是消费者、商店、公司或者一些单位，比如超市、网站等。这些数据可从公司、外部的二手数据和对感兴趣的人开展篇幅较长的非结构化的会谈中得到。在百货商店项目中，通过比较 5 个最差的商店和 5 个最好的商店，可以得出影响商店业绩的很有价值的见解。

探索性调研会在第 3 章详细叙述，定性调研则会在第 5 章讲解。

**调研实例**

**宝洁：窥探消费者的隐私**

宝洁公司是汰渍洗衣粉、帮宝适纸尿裤、佳洁士牙膏的制造商，曾派遣摄制组进入世界各地的 80 个家庭，希望能捕捉到沉闷的日常事务和工作中的亮点。宝洁公司认为，此举将产生很多宝贵的见解，而这是以往较为传统的方法——座谈会、面谈、登门调查——可能无法得到的。人们和营销调研人员交谈时往往出现选择性记忆的现象。例如，他们可能会说，他们每天早上都刷牙或者每天只吃几片薯片，而事实上他们常常忘了刷牙、整包整包地吃薯片。

宝洁公司希望录像能帮助它获得全部真相。该研究在英国、意大利、德国和中国的家庭开展。家庭同意参加后，一两个工作人员在早上起床时到达家里，一直待到晚上睡觉，通常为期4天。为了尽可能不引人注目，摄制组人员可能在某些时段离开房间，让摄像机单独在房间或让被访者自拍。当然也有基本规则。如果朋友过来，主人必须告诉他们，他们正在拍摄。拍摄的主题和内容也事先洽谈好：大多数卧室和浴室活动不录。一家伦敦小型调研公司 Everyday Lives（www. edlglobal. net）负责执行宝洁的这个计划。

当然，宝洁公司根据这种研究获得的信息开发了迎合市场的创新产品。例如，顾客家中的一些影像显示，职场妈妈面临的最大挑战之一是忙碌的早晨。不仅要帮孩子做好上学准备，完成其他零碎的事情，还要确保出门时自己的状态良好。因此，宝洁公司将营销调研问题定义为确定多功能产品的潜力，即通过简化化妆程序帮助这部分客户。随后的调研导致许多多功能产品出现，诸如封面女郎（CoverGirl）遮瑕霜，它是保湿、粉底、防晒多效合一的产品。[8]

定性调研所得到的见解，跟与决策者和行业专业人士的访谈以及二手数据相结合，能够很好地帮助调研人员了解问题的环境背景。

## 2.4 问题的环境背景

要想了解营销调研问题的背景，调研人员必须了解客户的公司和所在行业。特别要指出的是，调研人员还要分析那些影响营销调研问题的因素。这些因素即**问题的环境背景**（environmental context of the problem），包含过去的信息和对未来的预测、资源和限制、目标、购买者行为、法律环境、经济环境、营销和技术能力的信息，如图 2-2 所示。下面我们简略地讨论每个因素。[9]

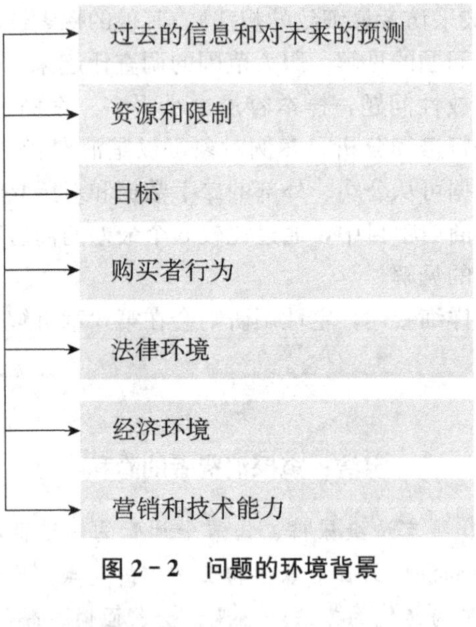


**图 2-2 问题的环境背景**

### 过去的信息和对未来的预测

掌握关于销售额、市场份额、利润率、科技、人口、人口统计学数据和生活方式的过去的信息和对未来的预测可帮助调研人员了解潜在的营销调研问题。这样的分析会上升到公司和行业的高度。比如，如果一个公司的销量下降，但是行业的销量上升，那么这个问题会比行业的销量也下降的情况复杂。在前一种情况下，问题的原因很可能主要来源于公司。[10]

过去的信息和对未来的预测在发现潜在的机遇和问题方面是很有价值的。

## 资源和限制

为了使营销调研问题界定在一个正确的范围，把可以使用的资源（比如资金、研究技巧）和组织限制（比如预算和时间）纳入考虑是很有必要的。一个大范围的项目可能要花费 10 万美元，如果预算只有 4 万美元，该项目肯定无法得到管理层的同意。很多情况下，营销调研问题的范围会被缩减到预算的限制之内。因此，在百货商店的案例中只能够把调研限制在地理上的大市场，而不是全国范围。

经常出现这样的情况，预算的一点增加就可以很大地扩大项目的范围。这样能够在相当程度上增加项目的实用性，同时增加获得管理层认同的可能性。当需要很快做出决策的时候，时间限制也很重要。[11]玩具生产商费雪必须在六周内完成六个主要城市（芝加哥、弗雷斯诺、堪萨斯城、纽约、费城、圣迭戈）的商场拦截调查。为什么这么着急？因为结果必须赶在即将召开的董事会会议之前出来，董事会将对一个新产品推介做出重要决定。[12]

其他限制，比如客户公司的员工、组织的结构和文化或者决策的类型，在决定调研项目的范围时也需要考虑。但是，这些限制不能够削弱调研对决策者的价值或者牺牲整个调研过程的完整性。如果调研项目值得去做，那么它就值得去做好。在一些资源太有限以至于无法做出高质量调研项目的情况下，公司最好不要展开正式的营销调研。出于这个原因，确认好资源和限制是很有必要的，当仔细检查组织和决策者的目标后，任务就能够更好地被理解。

## 目标

决策是为了实现**目标**（objective）。管理决策问题的形成源于对两种目标的清楚了解：(1) 组织目标；(2) 决策者的个人目标。项目要想获得成功，就必须同时满足组织和决策者的目标。但这不是个容易完成的任务。

决策者很少精确地表述个人或者组织的目标。相反，很多目标会以缺乏可操作性的语言表述出来，比如“提高公司形象”。直接询问决策者也不太可能揭示出所有相关的目标。调研人员需要运用技巧提取这些目标。一个非常有效的方法是向决策者提出很多关于问题的可能的解决方案，然后问他们是否会遵循这些行动方案。如果他们说不，那么需要进一步去探查没有被提到的目标。

## 购买者行为

**购买者行为**（buyer behavior）是环境背景的核心组成部分。在大多数的营销决策中，问题最终会回到营销人员预测购买者对特定行动的反应上。对潜在购买者行为的理解，对定义营销调研问题提供了很好的见解。应该考虑的购买者行为因素包括：

1. 购买者和非购买者的数目及地理位置。
2. 人口统计学和心理学特征。
3. 产品消费习惯和对相关产品类别的消费情况。
4. 媒体消费行为和对于促销的反应。
5. 价格敏感程度。
6. 零售渠道。

7. 购买者偏好。

下面的案例展示了了解购买者行为如何帮助调研人员找到问题的潜在原因。

**调研实例**

**“Got Milk?”如何争取到销售量**

牛奶的销售额20世纪80年代至90年代初下降了，所以牛奶业需要找到一种办法来增加销售额。加利福尼亚州牛奶加工委员会雇用了一家广告公司，而这家广告公司又雇用了M/A/R/C调研公司（www.marcresearch.com）用电话追踪采访加利福尼亚州超过11岁的孩子。为了确定牛奶销售量低的原因，调研公司想了解消费者购买牛奶的原因。通过广泛的座谈会、登门调查和电话调查，M/A/R/C理解了消费者牛奶消费行为的原因。这项调研显示了人们是如何使用牛奶的、是什么让他们想要牛奶的、他们用牛奶搭配什么食物以及在缺少牛奶时他们会如何。调查发现，88%的牛奶是在美国国内消费的，牛奶不是主要饮料，但它常与诸如谷物、糕点等食物组合使用。然而，当没有牛奶时，人们会非常想念它。其广告公司与Goodby, Silverstein & Partner合作制定了围绕消费者行为的系列广告，推出了著名的“牛奶胡子”运动和“Got Milk?”标志。这些富有创意的广告是真正吸引眼球的点子，许多名人都拥有了著名的白胡须。通过营销调研和广告活动，牛奶销售继续稳定增加。而且“Got Milk?”已成为美国文化的一部分，一些消费者甚至表示，他们的孩子带着饼干走进厨房就是为了“一杯牛奶”。[13]

牛奶消费量的减少也许是因为社会和文化环境的变化，包括了人口统计学趋势和消费者口味的变化。法律环境和经济环境也有可能影响消费者行为和营销调研问题的定义。

## 法律环境

**法律环境**（legal environment）包括公共政策、法律、政府部门和影响与规范社会中各种组织和个人的社会团体。涉及法律的重要领域有专利、品牌、技术使用费、贸易合同、税收和关税。美国联邦法律对营销组合的每个元素都有影响。除此之外，法律还规范具体的行业。法律环境对定义营销调研问题有重要影响，经济环境同样也有。

## 经济环境

环境背景的另一个重要组成部分是**经济环境**（economic environment）。经济环境包括购买力、总收入、可支配收入、价格、存款、信用额度和总体的经济形势。经济的总体情况（快速增长、缓慢增长、衰退、膨胀性萧条）会影响消费者和企业赊购大件商品的意愿。所以，经济环境对定义营销调研问题有重要的意义。

## 营销和技术能力

公司在营销组合每个因素上的专业程度与它的营销和技术能力，会影响营销调研项目的性质和范围。如果企业缺乏必需的生产和营销能力，引入一个新的需要成熟技术的产品将不可行。

一个公司的营销和技术能力很大程度上决定了营销的项目和战略。在更广泛的层面上，科技环境的其他因素必须加以考虑。科技的进步，比如说不断发展的计算机技术，对营销调研有巨大的影响。举例来说，计算机使得超市能够每天监测消费者对商品的需求，还使得调研人员能够得到有效的数据。这种数据获得方式速度快、准确度高，能够在促销阶段随时监测市场份额的变化。

环境方面的许多因素可以通过互联网进行研究。通过搜索引擎可以找到过去的资料和趋势预测的信息；通过公司主页可以获取客户的特定信息。投资者通讯解决方案（Investor Communication Solutions，www.broadridge.com）是一种有效的调研公司的途径，在该网站上可以找到财务报告、公司新闻、公司简介和年度报告。最后，还可以去一些网站，如雅虎商业、雅虎金融或 www.quicken.com 找到分析师对各公司的评价。邓白氏（www.dnb.com）创建的公司信息库等，企业可以通过订阅，也可通过一次性购买报告书来访问。

### 环境背景和定义问题

在掌握了问题的环境背景，并对其有足够了解之后，调研人员就可以定义管理决策问题和营销调研问题了。在互联网悉心培育下，消费者在 21 世纪越来越见多识广，价值意识也越来越强。品牌形象和品牌忠诚度将对购买行为产生重大影响，知名品牌将继续获得超额利润和消费者的青睐。

## 2.5　管理决策问题和营销调研问题

**管理决策问题**（management decision problem）询问的是决策者需要做什么，**营销调研问题**（marketing research problem）则询问需要什么信息，以及如何能够最好地获得信息（见表 2-1）。调研可以提供必要的信息，以得到一个有理有据的决策。[14] 管理决策问题是行动导向的。它包括决策者能够采取的所有可能的行动。如何应对市场份额的流失问题？是否应该对市场进行不同的细分？是否应该推出一个新产品？促销预算是否应该增加？营销调研问题则是信息导向的。它包含确定需要哪些信息以及如何有效和高效地获得信息。总而言之，管理决策问题以症状为主，营销调研问题重点关注的则是根本原因。

**表 2-1　管理决策问题与营销调研问题**

| 管理决策问题 | 营销调研问题 |
|---|---|
| 决策者需要做什么 | 需要什么信息、信息如何获得 |
| 行动导向的 | 信息导向的 |
| 注重表面症状 | 注重根本原因 |

举个例子，面对某一产品线市场份额流失的情况，决策者的决策问题是如何弥补这方面的损失。备选行动方案包括改进现有产品、推出新产品、改变营销组合的其他要素和调整细分市场。假设决策者（DM）和调研人员（R）认为这个问题是由于不适当的市场细分导致的，希望在这个问题上获得有关信息。调研问题便成为识别和评估另外一种细分市场的方法。请注意，此过程是互动的。百货商店的案例进一步说明了管理决策问题和营销调研问题之间的区别，以及问题定义过程的互动性。

**调研项目**

**定义问题**

DM：我们商店的客流量在下降。

R：你怎么看这个问题？

DM：呃，这反映在我们的销售量和市场份额上。

R：为什么你认为商店的客流量在下降？

DM：我希望我知道！

R：竞争者的情况怎么样？

DM：我觉得在某些方面我们比竞争者好，某些方面又比他们差。

R：客户是怎么看你们商店的？

DM：我想大部分人都觉得不错，尽管我们有一些不足。

经过同决策者和其他关键经理的谈话、对二手数据的分析和定性分析，问题被定义如下：

1. 管理决策问题：如何增加和改善西尔斯的客流量？

2. 营销调研问题：在考虑影响商店客流量的因素下，考察西尔斯和其他主要竞争者的有关优势和劣势。

---

下面进一步对管理决策问题和营销调研问题进行区分：

| 管理决策问题 | 营销调研问题 |
|---|---|
| 是否应该推出一个新产品？ | 要确定新产品的消费者偏好和购买意向 |
| 是否应该更换广告？ | 要确定当前广告活动的成效 |
| 是否应该提高价格？ | 要确定需求的价格弹性 |
| | 要了解价格水平的变动对销量和利润的影响 |

虽然有所不同，但是营销调研问题必须和管理决策问题紧密联系在一起。概念图是一个把营销调研问题与管理决策问题联系起来的好办法。**概念图**（conceptual map）包括以下三个组成部分：

- 管理层意愿（采取行动）。
- 因此，我们应该研究（主题）。
- 因此，我们可以解释（问题）。

概念图的第1行说明问题和项目。这是管理决策问题。第2行说明需要调研什么主题。第3行包含应该调研的问题——谁/如何/为什么需要加以解释。因此，第2行和第3行定义了营销调研问题。一个概念图的例子如下：

- 管理层意愿（开发新程序，保留90%无线服务的重度用户以及未来2年的销售额增加10%）。
- 因此，我们应该研究（重度用户的忠诚度）。
- 因此，我们能够解释（哪些将是影响在未来2年内保留这些客户的最重要变量）。

该例子显示了管理决策问题和宽泛的营销调研问题如何密切相关。现在的问题是重点关注某个细分的客户群体（重度用户），以及这些客户群体的行为（未来2年忠诚于该公司）。衡量的结果是“保留90%的重度用户”，以及公司的目标（销售额在未来2年增加10%）。对管理决策问题和营销调研问题之间的联系与区分的理解有助于我们了解应该如何定义调研问题。

## 2.6 定义调研问题

在定义调研问题时要遵守的一般规则包括：(1) 允许调研人员取得所有需要解决的管理决

策问题的信息；（2）指导调研人员对项目进行研究。调研人员在定义问题时会犯两类常见的错误。

第一类错误是在调研问题时定义过于宽泛。一个宽泛的定义无法为项目的后续步骤提供明确的指导方针。过于宽泛地定义调研问题的例子如：（1）制定品牌营销策略；（2）提高公司的竞争地位；（3）提高公司的形象。这些关于问题或调研设计的建议方法不够具体。

第二类错误正好相反：调研问题定义过窄。狭窄的焦点可能会对某些措施造成障碍，尤其是那些并不明显或富有创意的措施。它也可能会影响调研人员发现管理决策问题的重要组成部分。例如，一个大型消费品公司开展了一个项目，管理决策问题是如何应对竞争对手发起的降价。最初由该公司调研人员确定了行动的备选方案：（1）以同样幅度降低公司产品的价格；（2）维持价格，但大量增加广告；（3）适当降低价格，幅度小于竞争对手，并适当增加广告。这些备选方案似乎都没有什么希望。外部营销调研专业人士认为，问题应被重新定义为提高市场占有率和产品的盈利能力。定性调研显示，在盲测中，消费者无法区分不同品牌的产品。此外，消费者依靠价格作为衡量产品质量的指标。这些调查结果催生了创造性的方案：提高现有品牌的价格，推出两个新品牌——一个在价格上匹配竞争对手，另外一个在定价上低于竞争对手。这项战略的实施直接带来市场份额和利润的增加。

先对营销调研问题做宽泛的、一般化的陈述，再确定问题的具体组成部分有助于减少犯上述两类错误的可能性（见图 2-3）。**宽泛的陈述**（broad statement）可以提供看待问题的视角，能很好地防范第二类错误。**具体组成部分**（specific components）则聚焦于问题的关键方面，并就如何进一步开展工作提出明确指引，从而减少了犯第一类错误的可能性。适当的调研问题定义举例如下。

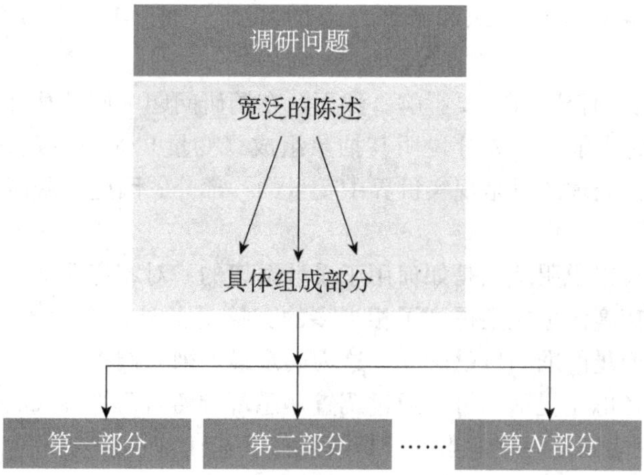


**图 2-3　正确地定义调研问题**

**调研项目**

**调研问题的定义**

在百货商店项目中，调研问题是，通过跟其他主要竞争对手比较来确定在影响商店客流量的因素方面西尔斯的优势和劣势。具体来说，研究包含以下问题的相关信息。

1. 家庭在选择百货商店时使用哪些判断标准？
2. 家庭如何使用问题 1 中的标准来评价西尔斯？

3. 想要买特定商品时，家庭会选择哪个商店？
4. 在特定商品系列上，西尔斯和其他竞争者各自的市场份额是多少？
5. 西尔斯消费者的人口统计学和心理学特征是什么？这些跟西尔斯的竞争对手是否一样？
6. 店铺的评价标准和顾客的特质是否能够解释客流量的高低？

## 2.7 调研框架的组成部分

在设计调研框架的过程中，我们绝不能忽视目标——产出。产出的框架应包括以下组成部分：客观/理论框架，分析模型，调研问题，假设，以及所需信息（见图 2-1）。下面分别讨论这些组成部分。

### 客观/理论框架

一般而言，营销调研应有客观证据及理论支持。**理论**（theory）是一个概念框架，建立在假定正确并指导数据收集的基本陈述的基础上。通过来自二手来源的信息，可以收集**客观证据**（objective evidence）（不含偏见的证据，并有实证研究结果支持）。通过查阅书籍、期刊、专著中的学术资料，可能会发现可用于指导调研的适当理论。调研人员应依靠理论来确定要调研哪些变量。此外，理论还应说明如何操作和测量变量，以及如何设计和选择调研样本。理论也可以作为调研人员组织和解释结果的基础。“任何东西都没有一个好理论来得实在。”[15]

理论也对基础调研的程序有重要影响。然而，在调研问题中使用某种理论会对调研人员提出创造力的要求。理论可能无法充分说明其抽象组成（变量）如何体现在现实世界中。此外，理论是不完整的。它们处理的只是现实世界中变量的一部分。因此，调研人员还必须确定和审查其他非理论变量。[16]

百货商店的案例可以说明理论是如何用于设计框架的。对零售业文献的回顾显示，基于选择标准得出的百货商店客流量模型得到了相当多的支持。[17]此外，多达 42 个选择标准已经收录在文献中，运用这些变量的准则也已确立。这为确定最终列入调查表的 8 个特征提供了最初的选择范围。理论上的考虑还提示，可以通过调查熟悉百货商店购物方式的受访者得出购买者行为。客观/理论框架可为制定一个适当的分析模型打下基础。

### 分析模型

**分析模型**（analytical model）是一组以特定方式相互关联的变量，用于表示某些实际系统或过程的整体或局部。模型可以有许多不同的形式，最常见的是语言、图像和数学模型。在**语言模型**（verbal model）中，变量和它们的关系表现为文字形式。这种模式可能只是一个理论的主要原则的复述。**图像模型**（graphical model）是可视化的。它们被用来区分变量，并显示关系的方向，但无法提供数值结果。它们是合乎逻辑的建立数学模型的初步。**数学模型**（mathematical model）通常以方程的形式明确指出变量之间的关系。这些模型可作为调研设计的指南，并具有操作性强的优点。[18]不同的模型将在百货商店项目的例子中加以说明。

**调研项目**

### 建　模

**语言模型**

一个消费者首次接触一家百货商店时，能够用各种各样的选择标准衡量这个商店。根据评价，消费者形成了对商店的偏好程度。如果偏好足够强，消费者将光顾商店。

**图像模型**

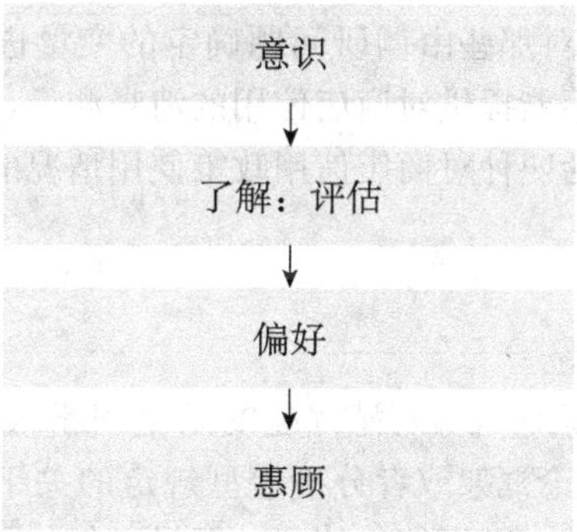


**数学模型**

$$y = a_0 + \sum_{i=1}^{n} a_i x_i$$

式中，$y$ 为偏好程度；$a_0$，$a_i$ 为需要统计估计的模型参数；$x_i$ 为构成选择商店标准的因素。

从这个例子可以看出，语言、图像和数学模型以不同的方式描述了同样的客观/理论框架。客观/理论可以通过图形（图像模型）明确表示出来，为了易于统计估计和检验又用方程形式（数学模型）来体现。图像模型对于概念化解决某一问题的办法十分有效。

## 调研问题

**调研问题**（research question，RQ）是关于问题的具体组成部分的精练陈述。虽然这一问题的各个组成部分能够具体地定义问题，但要设计框架还需要进一步的细节。每个组成部分的问题要向下分解成子组成部分或调研问题。调研问题旨在寻求解决每个组成部分时所需的具体信息。如果调研问题能够成功阐明问题组成部分，之后得到的信息应该对决策者很有帮助。调研问题的确定不仅要以问题定义为指导，还要以采用的客观/理论框架和分析模型为指导。对于给定问题的某个组成部分，像百货商店项目的情况一样，可能存在几个调研问题。

**调研项目**

### 调研问题

调研问题的第五个组成部分是西尔斯顾客的心理特征。在心理特征背景下，需要询问西尔斯顾客几个调研问题。

- 他们对商店忠诚吗？
- 他们是信用卡的重度使用者吗？
- 与竞争商店的顾客相比，他们是不是更加在意外在形象？

- 他们的外出就餐是否会与购物行为结合起来？

精确地定义变量及决定它们的操作将进一步精练调研问题。比如，西尔斯的信用政策的使用该怎么测量？可以通过如下几种方式来进行：

1. 顾客是否拥有一张西尔斯信用卡？
2. 顾客是否使用西尔斯信用卡？
3. 在特定时期，顾客使用西尔斯信用卡的次数。
4. 在特定时期，顾客刷西尔斯信用卡的金额。

---

客观/理论框架和分析模型对那些由调研问题确定的变量进行操作及测量至关重要。然而在百货商店项目中，文献综述不能提供对商店信用的清晰测量，数学模型却可以结合其他任何测量方法。因此，在调研中包括四种对商店信用政策使用情况的测量。调研问题可以更进一步精练为一个或多个假设。

## 假设

**假设**（hypothesis，H）是调研人员对感兴趣的某个因素或者现象的未证实的陈述或者建议。例如，它可以是由客观/理论框架或者分析模型规定的关于两个或多个变量相互关系的初步论述。假设通常是调研问题的一种可能的答案。假设不仅仅是对探求的问题进行回答，还是对关系或主题的论述，所以超越了调研问题。调研问题是疑问性的，假设却是陈述性的，并且可以由实证检验（见第15章）。假设的一个重要作用就是提出应该包含在调研设计中的那些变量。图2-4描述了营销调研问题组成部分、调研问题、假设之间的关系，以及客观/理论框架与分析模型的影响，接下来的百货商店项目也对此做出了说明。[19]

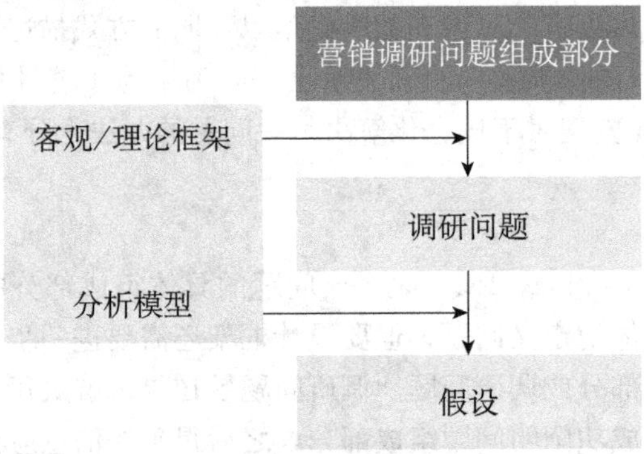


**图2-4 调研问题和假设的形成**

---

**调研项目**

### 假设

接下来的假设与商店忠诚度调研问题有关[20]：

H1：对商店忠诚的顾客缺乏对消费环境的了解。

H2：相比不忠诚的顾客，对商店忠诚的顾客不愿意冒风险。

这些假设指导着研究，确保在调研设计中包含测量消费环境知识和风险偏好的变量。

---

遗憾的是，不可能将所有情况都设成假设，同样有时会缺乏足够的信息来形成假设。有时，一个最合理的假设论述可能是对调研问题没有价值的重述。比如：

RQ：西尔斯的顾客展现出忠诚度了吗？

H：西尔斯的顾客都忠诚。

假设是解决问题方案中重要的一部分。就像百货商店项目中的 H1、H2 一样，当假设以可操作的术语描述时，就为收集和分析什么数据、怎样收集和分析数据提供了指导。当使用符号标记可操作的假设时，它们就是通常所说的统计假设。在接下来的这个例子中我们可以看到，与一个调研问题相关的假设可能不止一种。

**调研实例**

### 令人舒适的食物

在不稳定的全球环境之中，没有什么比熟悉的、让人信任的食物更加使人舒服了。对于生活状态不尽相同的人们，食物都能提供舒适感吗？比如，鸡汤会使人们在下雨天或者感冒时觉得更加舒服吗？部分原因是他们在成长的过程中可能在相同的情况下喝过鸡汤。对舒适食物进行营销调研，具体的调研问题和相关假设如下：

RQ1：什么食物被认为是舒适的食物？

H1：土豆片被认为是舒适的食物。

H2：冰激凌被认为是舒适的食物。

RQ2：人们什么时候吃舒适的食物？

H3：人们心情很好的时候吃舒适的食物。

H4：人们心情很差的时候吃舒适的食物。

RQ3：人们为什么会喜爱舒适的食物？

H5：人们喜爱与他们的个性相符的舒适食物。

H6：人们喜爱舒适的食物因为过去的联系。

为了找出什么是最受喜爱的舒适食物以及为什么这些食物会成为舒适食物，我们进行了一个覆盖全美、有 411 个人参加的深度电话采访。根据定性的答案，我们又发起了一个更大规模的有 1 005 人参加的电话调查。

结果显示，美国人最喜爱的舒适食物是土豆片，接下来是冰激凌、饼干和糖果。因此，H1 和 H2 都是正确的。很多被调查者同时认为像肉、汤和蔬菜这些自然、家常以及“健康”的食物是舒适食物。这些食物给人们提供的心理上的舒适感对人们选择食物具有非常大的影响，就像快餐。

人们心情好时比心情差时更倾向于选择吃舒适的食物：喜悦（86%）、庆祝（74%）、忧郁（39%）、厌烦（52%）、孤独（39%）。因此，H3 比 H4 更准确。

同时结果也显示，产品过去的关联记忆和个性证明是食物为什么会成为舒适食物的两个主要原因，因此 H5 和 H6 都正确。食物经常使人们记起生活中一些特殊的事件，这也是他们感到舒适的原因。同时，有些食物跟人们的个性相符，这有助于彰显他们的身份。例如，强壮的男人主要吃肉和土豆，这也解释了为什么大部分男人不喜欢吃更健康的豆制品。

在相关性和个性的标准上，对食物背后的心理因素了解越多，商人就越能更好地建立新品牌，更好地对已经考虑了舒适食物并有着品牌个性的现存品牌进行包装和广告。比如，菲多利 Baked Lays 的低脂肪土豆片就非常成功。菲多利将土豆片吃起来很有趣的事实同美国那些在意健康的人的理念结合起来，推出新品牌的口号：“吃的是乐趣而不是脂肪”。这个有趣的产品在延续了舒适感的同时通过其低脂肪含量降低了人们的愧疚感。[21]

## 所需信息

通过仔细考虑问题的具体组成部分、分析框架和模型、调研问题和假设，调研人员可以确定在营销调研项目中应该收集哪些信息。对问题的组成部分逐一执行上述操作，并列出需要收集的所有信息的清单是非常有用的。让我们结合百货商店项目说明这一过程。

**调研项目**

**确认所需的信息**

**第一部分**

这个部分包括家庭选择百货商店的标准。基于本章前面的内容，调研人员确定如下因素作为选择的标准：商品质量、商品种类、退换货政策、人员服务、价格、地理位置、店内布局、信用和支付政策。被调查者应该被问到每个因素对他们做出选择的影响权重如何。

**第二部分**

这个部分主要关心竞争情况。通过与管理层讨论，调研人员选择9个百货商店作为西尔斯的竞争对手。根据选择的8个标准，被调查者应该被问到对西尔斯和它的9个竞争对手的评价。

**第三部分**

这个部分的重点是明确的商品类别。调研人员选择了14种不同类别的商品，包括女式正装、女式运动服、睡衣、塑形产品、基础商品、男士服装、化妆品、珠宝、鞋、床单、毛巾、家具、寝具和窗帘。被调查者应该被询问他们是否在每个商店里面均购买这些商品。

**第四部分**

不需要从被调查者那得到额外的信息。

**第五部分**

需要从被调查者那得到标准人口统计学特征信息。基于本章前面阐述的流程，调研人员选择了如下相关的心理测量特征：商店忠诚度、信用情况、外表意识和购物与用餐结合情况。这些变量的信息也需要从被调查者那获得。

**第六部分**

不需要从被调查者那得到额外的信息。

**项目活动**

回顾本章中对西尔斯项目的讨论。

1. 根据西尔斯面对的管理决策问题，你认为营销调研问题的定义是否合适？请说明理由。
2. 开发一种不同的描述顾客怎样选择百货商店的图像模型。
3. 对应营销调研问题中第一、二、三、四、六部分，提出两个调研问题和两个假设。

## 2.8 国际营销调研

要精确定义营销调研问题，国际营销调研比国内营销调研更难。由于对开展调研的国家的环境因素不熟悉，理解问题的环境背景及揭示问题产生的原因将变得很困难。

很多国际营销努力失败不是因为没有进行调研，而是因为没有考虑到相关环境因素。一般来说，这会导致问题定义得太过狭窄。比如，考虑软饮料的消费。在印度，水是在就餐时饮用的，软饮料一般是在有客人时或者特定场合时准备的。因此，在印度增加某软饮料品牌的市场份额这个管理决策问题将会转化为一个不同于美国的营销调研问题。在定义问题之前，调研人员必须检查并分离出**自我参照标准**（self-reference criterion，SRC）的影响。接下来的几个步骤会帮助调研人员在国际营销背景下处理好环境和文化差异对定义问题的影响[22]：

步骤1：根据国内环境和文化因素定义营销调研问题。包括辨别有关美国文化的特性、经济、价值观、需求和习惯。

步骤2：根据国外环境和文化因素定义营销调研问题。不要做任何判断。这涉及辨别所在国家市场文化的相关特性、经济、价值观、需求和习惯。这个任务需要熟悉国外环境的调研人员。

步骤3：分离出自我参照标准对问题的影响。仔细检查，看它是怎样将问题复杂化的。检查步骤1和步骤2的不同之处。自我参照标准可以视为造成这些差异的原因。

步骤4：排除自我参照标准的影响，对问题重新定义，并且按国外市场的情况来描述。如果步骤3中的差异很明显，应该小心谨慎地考虑自我参照标准的影响。

考虑一个比较宽泛的问题，可口可乐公司试图提高在印度软饮料市场的渗透力度。步骤1，需要考虑在美国提高市场渗透力的问题。事实上美国所有的家庭都消费软饮料，问题就是增加已经存在的消费者的软饮料消费量。此外，软饮料经常在就餐和口渴的情况下饮用。所以，提高市场渗透力的问题在于如何使消费者在就餐及其他情况下饮用更多软饮料。然而，在印度（步骤2），家庭消费软饮料少很多，而且就餐时不喝软饮料。因此，在步骤3，自我参照标准可以识别成美国的软饮料概念就是通用的适合所有用餐场合的饮料。步骤4，在印度背景下，问题可以定义为如何使更多的印度消费者消费软饮料（可口可乐的产品）和如何使个人消费软饮料（可口可乐的产品）变得更加频繁。

在开发客观/理论框架、模型、调研问题和假设的时候，一定要记得环境因素带来的差异。尤其是社会文化环境的差异，它可能导致感觉、态度、偏好和选择行为产生差异。例如，在不同的文化中时间观念有很明显的区别。在拉丁美洲和中东，人们不像西方人那样有较强的时间观念，这影响了他们对诸如冷冻食品和熟食之类的方便食物的偏好。在定义问题和设计调研框架时，调研人员需要考虑影响消费和购买行为的潜在因素。这对于识别正确的调研问题、假设和所需信息来说至关重要。

## 2.9　营销调研中的商业伦理问题

如果定义调研问题和设计调研框架的过程妥协于客户（决策者）或者调研人员的个人目的，就会产生伦理问题。当决策者怀有像得到升职或者只为证明一个已经做好的决定这样的隐藏目的时，以上所说的过程就将受到负面影响。决策者应该是坦诚的，并且有义务向调研人员提供有助于正确定义调研问题的所有相关信息。同样，从道德上调研人员定义调研问题时也应该考虑到使客户而不是调研公司得到最大利益。有时这意味着调研公司的利益屈从客户利益，这将导致伦理困境。

**调研实例**

## 道德还是更多的利润?

一家大型电子产品公司（比如飞利浦）为了提高市场占有率，雇用了一个营销调研公司进行一项大规模的市场细分研究。调研人员按照本章所提的步骤，认为问题不是市场细分而是配送。这家公司似乎缺乏一个高效的配送系统，这限制了公司市场占有率的提高。但是，解决配送问题只需一个很简单的解决方案，这将极大地降低项目成本及调研公司的利润。调研人员应该怎么做呢？调研公司应该做客户想做的项目还是客户需要的项目？职业道德准则指出调研公司有向客户指出实际问题的义务。如果讨论完配送问题以后，客户仍然想做市场细分研究，那么调研公司可以没有顾虑地进行，因为调研人员不知道客户行为背后的具体动机是什么。[23]

有些伦理问题与设定调研框架相关。当客户招标不是为了委托调研项目，而是为了获得调研公司的一些免费的专业意见时，违反伦理的情形就发生了。如果客户拒绝调研公司的提议，除非客户已经为方案付费，否则他就不应该实施其中具体的方案。同样，调研公司道德上有义务开发合适的解决方案。如果方案用到了另外一个背景下的模型，那公司需要跟客户进行沟通。比如，如果调研人员在一个银行的项目中准备使用顾客满意度模型，这个模型来自之前为一个保险公司做过的顾客满意度调查，那么这个信息应该告诉客户。调研公司开发的模型和解决方案归保险公司所有，没有其允许，客户不能使用。

正如之前所讨论的一样，如果客户和调研人员都能遵守7C：沟通、合作、信任、真诚、亲密、持续和创新，那么这些伦理问题就可以得到圆满解决。这样就能建立相互信任的关系，也能发现任何不道德的行为趋势。

**调研决策**

## 家乐氏的成功之路

### 情境

家乐氏是世界谷类加工食品制造行业的领导者，也是饼干、糕点、谷物棒、冷冻华夫饼、肉制品、坚果和蛋筒等方便食品制造行业的领导者。其年销售额超过1 000亿美元，市场占有率超过30%。家乐氏的董事长兼首席执行官戴维·麦凯（David Mackay）以成为家乐氏公司的一员而感到骄傲。公司在推动自己长期业务增长的同时满足了顾客和社会的需要。

拥有这么高的市场占有率，人们可能会觉得家乐氏的地位是无法动摇的。但是家乐氏面临过市场的低迷，它的谷类加工食品的销量一直下降，甚至到急需摆脱困境的地步。因此家乐氏开展了营销调研以找到问题并拿出几种解决方案来增加谷类加工食品的销量。

为了找到问题所在，家乐氏采取了一系列措施。调研人员开始与公司管理层对话、访问行业专业人士、分析二手数据并进行了一些定性调研。早期的调研得出了一些重要结论：产品的目标对象一直是儿童，百吉饼和松饼是最受欢迎的早餐食品，较高的价格使得消费者转而去买其他品牌的食物。在调研期间，其他一些信息逐渐清晰：成年顾客想要可以快速备好的快餐食品。

### 营销调研决策

1. 家乐氏面对的管理决策问题是什么？
2. 定义一个家乐氏需要处理的合适的营销调研问题。

3. 讨论你已经识别出的营销调研问题在帮助戴维·麦凯增加家乐氏销量时起的作用。

**营销管理决策**

1. 戴维·麦凯想知道家乐氏应该做些什么改变才能增加其市场占有率，他应该制定怎样的营销战略？

2. 上述营销调研及其调研结果将会如何影响你向戴维·麦凯建议的营销管理决策？[24]

## 本章小结

调研项目最重要的一步就是定义调研问题，同时也是很困难的一步，因为管理层通常没有办法确定实际的问题，或者对这些问题只有一个很模糊的概念。调研人员就充当着帮助管理层识别和分解问题的角色。图 2-5 是定义问题的一个概念图。

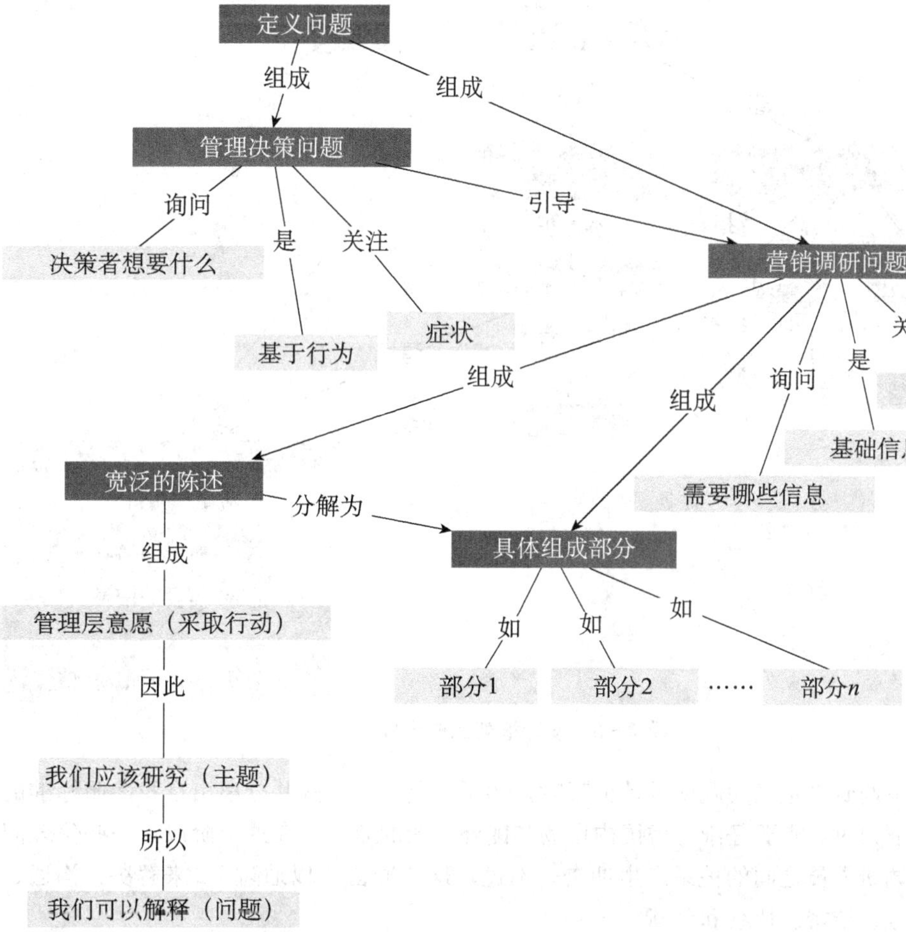


**图 2-5　定义问题的概念图**

定义调研问题的工作有：与包括关键决策者在内的管理层讨论、访问行业专业人士、分析二手数据和进行定性调研。这些工作应该指向对问题环境背景的理解。我们应该分析问题的环境背景并评估一些必要因素，包括过去的信息和对未来的预测、资源和限制、目标、购买者行为、法律环境、经济环境，以及营销和技术能力。

分析环境背景有助于识别管理决策问题，随后管理决策问题将转化为营销调研问题。管理决策问题是要解决决策者需要做什么，而营销调研问题是要解决需要一些什么信息以及怎样才能高效地获得这些信息。调研人员应该避免将营销调研问题定义得太宽或者太窄。一个合理的方法是先对问题做宽泛的陈述，再识别出它的具体组成部分。

营销调研过程的第二个步骤是对问题设计出一个调研框架。调研框架由客观/理论框架、分析模型、调研问题、假设和所需信息组成。调研框架的开发不仅要基于客观和经验证据，还要从理论出发。分析模型能很好地总结出相关变量以及它们之间的相互联系。其中，最常见的模型是语言模型、图像模型和数学模型。调研问题是有关问题具体部分的精练陈述，主要解决问题组成部分需要哪些具体的信息。调研问题进一步精练可以形成假设。最后，在给出问题定义、调研问题和假设的条件下，应当确认所需信息。图2-6是为问题设计调研框架的概念图。

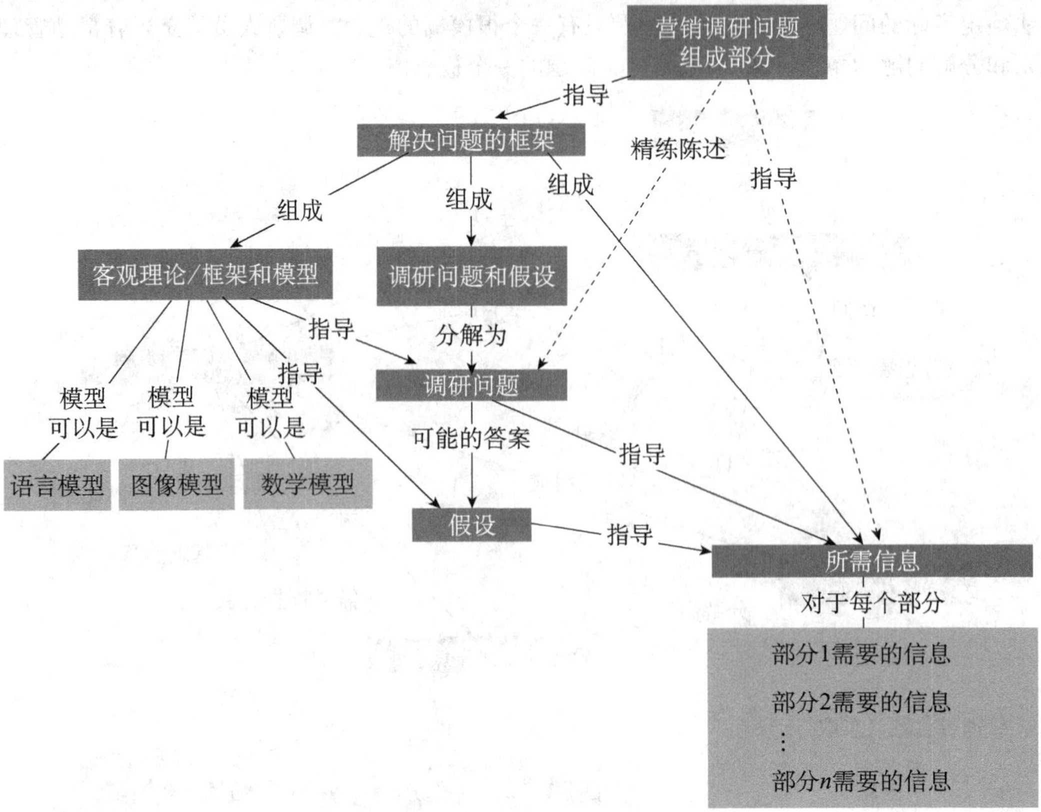


**图2-6 设计框架的概念图**

在国际营销调研中定义问题或设计框架时，调研人员必须检查并分离出自我参照标准的影响。确定调研框架时，需要仔细考虑国内市场和国外市场的差异。在这个阶段，一些伦理问题将会对客户和调研人员之间的关系产生冲击。不过，这些冲击可以通过7C来解决：沟通、合作、信任、真诚、亲密、持续和创新。

## 关键术语与概念

问题定义（problem definition）
问题审查（problem audit）
经验调查（experience survey）
关键报告人技术（key-informant technique）

关键用户调查（lead-user survey）
二手数据（secondary data）
原始数据（primary data）
定性调研（qualitative research）
试点调查（pilot survey）
案例研究（case study）
问题的环境背景（environmental context of the problem）
目标（objective）
购买者行为（buyers behavior）
法律环境（legal environment）
经济环境（economic environment）
管理决策问题（management decision problem）
营销调研问题（marketing research problem）
概念图（conceptual map）
广泛问题（broad statement）
具体组成部分（specific component）
理论（theory）
客观证据（objective evidence）
分析模型（analytical model）
语言模型（verbal model）
图像模型（graphical model）
数学模型（mathematical model）
调研问题（research question）
假设（hypothesis）
自我参考标准（self-reference criterion）

## 练习

**问答题**

1. 建立营销调研项目的第一步是什么？
2. 为什么定义合理的营销调研问题非常重要？
3. 管理层对实际问题的陈述经常不是很清楚的原因是什么？
4. 调研人员在定义问题过程中的作用是什么？
5. 问题审查是什么？
6. 症状和问题的区别是什么？一个有经验的调研人员怎样区别两者并识别出真正的问题？
7. 管理决策问题和营销调研问题的不同之处是什么？
8. 定义营销调研问题时面对的最常见的错误类型是什么？怎样才能减少这类错误出现的概率？
9. 调研问题与问题的组成部分有什么联系？
10. 调研问题跟假设有什么不同？
11. 每个调研项目都需要一系列假设吗？为什么？
12. 分析模型最常见的形式有哪些？

13. 给出一个分析模型的例子，要求包含所有三种主要类型。

**练习题**

1. 陈述下列管理决策问题对应的营销调研问题。

(1) 是否应该引进一个新产品?

(2) 一个运作了三年的广告活动是否需要改变?

(3) 一个现有的产品线是否需要增加店内的促销活动?

(4) 新产品将采用什么样的价格策略?

(5) 为了激励销售人员，是否需要改变薪酬体系?

2. 说明下列营销调研问题可能为管理决策问题提供哪些有用信息。

(1) 估计一个大都市中百货商店的销售额和市场占有率。

(2) 为一个新产品确定设计的特征使之有可能得到最大的市场占有率。

(3) 评估备选电视广告的有效性。

(4) 评估现有的和计划中的销售领域的销售潜力与工作量。

(5) 为每条生产线上的每个产品进行定价，从而最大限度地增加生产线的销售量。

3. 识别营销决策者面对的五种症状并分别给出可能的原因。

4. 为百货商店项目的第一个组成部分确定相关的调研问题并提出合适的假设。（提示：关注本章百货商店项目的第五个组成部分。）

5. 假设你正为达美航空公司做一个项目。根据二手数据，确定乘客选择航空公司时会考虑的特质或因素。

## 活动

**角色扮演**

1. 由一个同学扮演一家本地软饮料公司的决策制定者（决策者），该公司预期推出一款柠檬口味的软饮料。这个产品将定位为“改变步调”软饮料，适合所有软饮料饮用者，包括特别喜欢喝可乐的人。你扮演一个调研人员，与决策者讨论并确定管理决策问题，再将管理决策问题转化为调研问题。决策者同意你的定义吗？为你确定的调研问题设计一个调研框架。

2. 你是美国航空公司的营销副总裁，希望提高公司的市场占有率。写下美国航空公司的相关目标。作为一个决策者，你的个人目标是什么?

**实地调查**

1. 访问大学校园里或附近的一家书店、餐馆或者其他商业机构，与其决策者讨论。你能找出一个富有成效的营销调研问题吗?

2. 基于上题描述的现场访问，根据你定义的问题提出分析模型、调研问题和合理的假设。与之前你访问的决策者一起讨论。

**小组讨论**

1. 组成一个5～6人的小组讨论如下陈述：“对一个成功的营销调研问题来说，正确地分辨和合理地定义营销调研问题比复杂的研究技术更重要。”你们小组意见一致吗?

2. 我们都知道可口可乐公司曾将它拥有99年历史的旗舰品牌改为新可口可乐，随后又改回经典可口可乐。组成一个4人小组，尽可能多地阅读关于这个营销失败案例的相关材料。确定可口可乐决策层面临的决策问题。成立一个调研小组，定义营销调研问题和它的组成部分。

3. 组成一个5～6人的小组讨论如下陈述：“不应该混合理论研究和应用研究。因此，坚持应用营销调研问题必须基于理论是不正确的。”

## 连续案例：戴尔

阅读书末附录 A 中戴尔的案例，以及提供的调查问卷。讨论以下问题：

1. 在互联网上搜索戴尔的资料，简单地描述戴尔公司问题的环境背景。

2. 假设戴尔正追求维持和稳固它在个人电脑市场上的领导地位，定义它所面临的管理决策问题。

3. 为你定义的管理决策问题定义一个合适的营销调研问题。

4. 用一个图像模型来描述消费者对电脑品牌的选择。

5. 提出三个调研问题，结合每个问题提出一个或多个假设。

# 第 2 篇　调研设计的制定



定义调研问题（第 1 步）和设计调研框架（第 2 步）后，需要进行调研设计（第 3 步）。本篇将详细介绍探索性调研设计、描述性调研设计和因果调研设计。探索性调研设计包括二手数据和定性调研的内容；描述性调研主要采用询问调查法与观察法；因果调研设计主要采用实验法。本篇描述了测量的主要尺度，以及常用的比较、非比较量表技术；提供了问卷设计的指导方针，并解释了抽样的过程、技术和统计因素。

# 第3章 调研设计

调研设计是营销调研项目的灵魂。它为如何开展调研提供框架，并指导数据收集、分析和报告准备工作。

——Sethburg Communications 公司所有者兼首席咨询师赛斯·金斯伯格（Seth Ginsburg）

## 学习目标

1. 定义调研设计，对调研设计进行分类，解释探索性调研设计和结论性调研设计的不同。
2. 比较基本的调研设计类型：探索性调研设计、描述性调研设计和因果调研设计。
3. 描述调研设计中的主要误差来源，包括随机抽样误差和各种非抽样误差。
4. 讨论如何协调整个调研项目中的管理问题，尤其是预算与排期。
5. 描述营销调研计划中的各要素，并说明它是如何指导营销调研过程的。
6. 解释国际营销调研中调研设计的形成过程。
7. 理解调研设计形成过程中的伦理问题和冲突。

## 本章概述

第2章我们讨论了如何定义调研问题以及如何设计恰当的调研框架。这两步对于整个营销调研项目的成功起到至关重要的作用。一旦这两步完成了，调研人员就应当着重规划详细的调研设计从而设计正式的调研项目（见第2章图2-1）。

本章对调研设计进行了定义和分类。我们对两种主要的调研设计进行描述：探索性调研设计与结论性调研设计。结论性调研设计可进一步分为描述性调研设计与因果调研设计。接着对描述性调研设计中的横截面设计与纵向设计进行讨论，考察两者的区别并确定误差的来源。然后对调研项目的预算与排期进行讨论，并提出撰写营销调研计划书的指导方针。本章对国际营销调研中调研设计时应进行的特殊考虑也予以了讨论。在营销调研中产生的一些伦理问题也在本章中有所涉及。

## 3.1 调研设计：定义

**调研设计**（research design）是开展营销调研项目时的指导框架或计划。它详细描述了获取用于分析及解决营销调研问题所需信息的必要程序。解决问题的大致方法已经确定，调研设计负责将其具体化，详述执行这一方法的细节。调研设计是执行调研项目的基础。一个好的调研设计将为营销调研项目的效率和效果提供保证。一般而言，调研设计包括以下组成部分或任务：

1. 确定所需信息（见第2章）。
2. 确定探索性、描述性、因果调研设计（见第3～7章）。
3. 详细说明测量与设计量表的程序（见第8～9章）。
4. 设计问卷或合适的数据收集表，并进行预调查（见第10章）。
5. 详细说明抽样过程和样本容量（见第11～12章）。
6. 制定数据分析计划（见第14章）。

每个组成部分在后面的章节会有详细讨论。首先，让我们了解不同类型的调研设计。

## 3.2 调研设计：分类

调研设计可大致分为探索性调研设计和结论性调研设计（见图3-1）。表3-1概括了两者的不同之处。**探索性调研**（exploratory research）主要为需要解决问题的调研人员提供看法与见解。[1]探索性调研用于更准确地定义问题、确定相关行动方案，或者是更周到地考虑提出调研方法。这一阶段对所需信息的界定不是很严格，采用的调研方法也是灵活且非结构化的。例如，通过对行业专业人士访谈进行调研；为了获得深入的见解而选取小且不具有代表性的样本；选取性质为定性数据的原始数据并用相应的定性方法进行分析。鉴于探索性调研过程的这些特征，其调研结果应当视为试探性的初步结果，或是进一步调研的参考。一般说来，这样的调研之后会有进一步的探索性调研或结论性调研。有时，所执行的整个调研就仅是探索性调研，甚至仅是定性调研。在这种情况下，应当谨慎地使用所得到的结果。

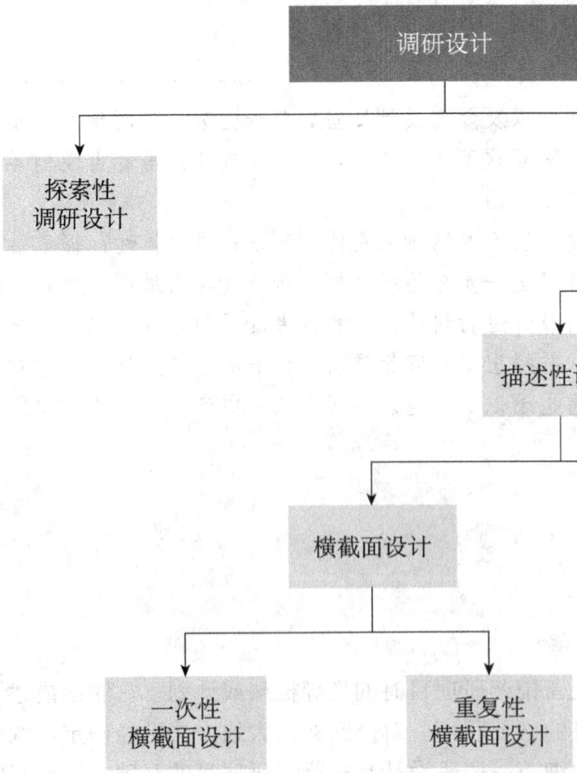


**图3-1 营销调研设计分类**

**表 3-1 探索性调研与结论性调研的区别**

| 项目 | 探索性调研 | 结论性调研 |
|---|---|---|
| 目标 | 提出看法与见解 | 检验特定的假设和验证关系 |
| 特征 | 所需信息的定义较宽泛；调研过程灵活且非结构化；样本小且不具有代表性；定性的原始数据分析 | 清晰地定义所需信息；调研过程正式且结构化；样本大且有代表性；数据分析是定量的 |
| 发现/结论 | 尝试性的 | 结论性的 |
| 成果 | 通常会有进一步的探索性调研或结论性调研 | 结果作为管理决策的依据 |

结论性调研可以验证探索性调研得到的观点。探索性调研发现了社会公益事业的重要性，抽样调查（结论性调研）确定了这一发现并表明公共教育是被调查者（占33%）最为关心的问题。结论性调研的目的是验证特定的假设和特定的相互关系，这就要求调研人员详细说明所需信息。[2]**结论性调研**（conclusive research）通常比探索性调研更加正式和结构化。它选取有代表性的大样本进行调研，对所得到的数据倾向于定量分析。从这一调研中得到的结果从性质上来说是结论性的，因此可以作为管理决策的依据。如图3-1所示，结论性调研可以是描述性调研或因果调研，描述性调研又可分为横截面设计或纵向设计。这些分类中的每一项都会有进一步的讨论，下面从探索性调研开始。

## 3.3 探索性调研

顾名思义，探索性调研的目的是通过对某个问题或情况的探索提出看法与见解（见表3-2）。探索性调研可用于以下目的：

- 更准确地阐述或定义一个问题。
- 确定备选的行动方案。
- 提出假设。
- 分离主要变量及其相互关系以便进一步验证。[3]
- 得到解决问题的思路。
- 确定进一步调研的重点。

**表 3-2 几种调研设计的对比**

| 项目 | 探索性调研 | 描述性调研 | 因果调研 |
|---|---|---|---|
| 目标 | 提出看法和见解 | 描述市场特征或功能 | 确定因果关系 |
| 特征 | 灵活，多变；通常在整个调研设计的起始端 | 以预先提出特定假设为特点；计划好的结构化设计 | 操纵一个或多个自变量衡量对因变量的影响；控制其他变量 |
| 方法 | 专业人士调查；试点调查；案例分析；二手数据的定性分析；定性调研 | 二手数据定量分析；调查法；固定样本；观察数据和其他数据 | 实验法 |

一般来说，在调研人员没有足够信息进行进一步调研的情况下，探索性调研是十分有意义的。探索性调研在方法运用上有着灵活多变的特征，这是由于其并不采用正式的调研方案和程序。它很少采用结构化问卷、大样本以及概率抽样方法。然而，在探索性调研的进行过程中，

调研人员要善于捕捉新想法和新观点。一旦发现一个新想法或新观点，他们就会以此为方向继续探索。直到对所有的可能都进行了充分探索或发现了另一个方向，现有方向的探索才会停止。因此，随着新线索的发现，调研重点也会不断改变。由此可见，调研人员的创造性和智慧在探索性调研过程中起着极其重要的作用。但是好的探索性调研不仅取决于调研人员的能力，很大程度上还受益于以下方法的使用：

- 专业人士调查（见第2章中的讨论）。
- 试点调查（见第2章中的讨论）。
- 案例分析（见第2章中的讨论）。
- 二手数据的定性分析（见第4章中的讨论）。
- 定性调研（见第5章中的讨论）。

我们已经讨论了探索性调研在定义问题和确定调研框架中的作用。与探索性调研优缺点相关的进一步讨论将在第4章和第5章中进行。为了帮助读者了解探索性调研的实际应用，我们仍以百货商店项目为例加以说明，此项目采用了以下探索性调研方法：

- 回顾学术文献和行业资料，以确定影响消费者光顾的相关百货商店特点（选择标准）以及人口统计学、心理学方面的因素。
- 访谈零售专业人士以确定变化趋势，如新的零售模式以及消费者新的购物模式（例如，网上购物）。
- 对照分析同一连锁店中5家最好的店和5家最差的店，进而得到影响商店业绩的因素。
- 以专题座谈的形式确定消费者在选择百货商店时认为重要的因素。

## 3.4 描述性调研

顾名思义，**描述性调研**（descriptive research）的主要目的是描述某些事物——通常是市场的特征或功能（见表3-2）。进行描述性调研有以下目的：

1. 描述相关群体的特征，如消费者、销售人员、组织、市场区域。例如，我们可以描述在诸如萨克斯第五大道和尼曼·马库斯等豪华百货商店经常购物的消费者群体的特征。

2. 估计在特定群体中有某一行为的人群比例。例如，我们可能会对经常在豪华百货商店购物的消费者中经常光顾打折商店的人感兴趣。

3. 确定对产品特征的感知。例如，从影响选择百货商店的标准中的重要因素方面来说，消费者是如何看待各个百货商店的？

4. 确定与营销变量相关的程度。例如，在百货商店购物与在外面吃饭的相关程度有多大？

5. 进行具体的预测。例如，达拉斯（具体的地区）地区尼曼·马库斯（具体的商店）时尚服装（具体的产品种类）的零售额将是多少？

描述性调研假定调研人员对问题情境已有较多的预备知识。[4]在进行描述性调研之前，相关的社会问题已经通过探索性调研找到了。事实上，探索性调研和描述性调研主要的区别就在于后者有预先表述特定假设的特征。在描述性调研中，所需的信息是被清晰界定的。因此，描述性调研具有预先计划性且是结构化的。它通常选取有代表性的大样本进行调研。正式的调研设计指定收集信息来源的方法以及从这些来源收集数据的方法。描述性调研要求明确界定调研中的6W——“谁（who）、什么（what）、何时（when）、何地（where）、为什么（why）、如何

(way)”(有趣的是新闻记者采用同样的方法来描述情况)。我们用百货商店客流量的例子说明这一点。

**调研项目**

**6W**

1. 谁(who)——应当考虑谁是一家商店的顾客?有如下几种可能:

a. 无论购物与否所有到商店的人

b. 在商店购买任何东西的人

c. 每月至少在商店购物一次的人

d. 家中主要负责到商店购物的人

2. 什么(what)——应当从调查对象那里获取什么信息?可以获得的各种信息包括:

a. 为特定产品种类光顾不同百货商店的频率

b. 从重要的选择标准出发,对各个百货商店的评价

c. 与待检验的特定假设相关的信息

d. 心理特征和生活方式、媒体消费习惯以及人口统计学特征

3. 何时(when)——应当何时从调查对象那里获取信息?合适的选择包括:

a. 购物前

b. 购物时

c. 购物刚刚完成之时

d. 购物完成后一段时间,这样消费者有时间来评价其购物经历

4. 何地(where)——应当在何地接触调查对象以获取信息?有以下可能:

a. 在商店中

b. 在商店外,但在购物中心内

c. 在停车场

d. 在家中

5. 为什么(why)——我们为什么要从调查对象那里获取信息?为什么要进行营销调研项目?可能的原因如下:

a. 提高商店的形象

b. 增加消费者的惠顾次数和市场份额

c. 改变产品组合

d. 开展一次合适的促销活动

e. 为新店选址进行决策

6. 如何(way)——我们如何从调查对象那里获取信息?可能的方式如下:

a. 观察调查对象的行为

b. 人员调查

c. 电话调查

d. 邮件调查

e. 电子(电子邮件或互联网)调查

上述问题以及其他相似的问题都是应当涉及的，直到所要获取的信息已被清晰地确定。

总之，与探索性调研相比，描述性调研的特征体现为清晰的问题陈述、特定假设以及所需的具体信息。包含人员访谈的百货商店项目就是描述性调研的一个例子。描述性调研的其他例子如下：

- 市场调查：描述市场规模、消费者购买力、可获取的经销商以及消费者特征。
- 市场份额调查：确定公司及其竞争对手的总销售额、市场份额比例。
- 销售分析调查：从地理区域、产品线、客户的类型和规模等角度描述销售情况。
- 形象调查：确定消费者对公司及其产品的认知。
- 产品使用调查：描述消费模式。
- 分销调查：确定物流模式以及经销商的数目和地理位置。
- 定价调查：描述价格变动的范围和频率，以及消费者对价格变化可能的反应。
- 广告调查：描述媒体消费习惯以及特定电视节目和杂志的受众特征。

大量的营销调研都用到描述性调研，主要包括以下方法：

- 与定性方式相对的二手数据的定量调研（见第4章）。
- 调查法（见第6章）。
- 固定样本（见第4章和第6章）。
- 观察数据与其他数据（见第6章）。

表3-2中所列的方法是常用方法，实践中调研人员并不局限于这些方法。例如，调查法可以采用探索性（开放式的）问题，因果调研（实验法）有时采用调查法实施。

## 横截面设计

横截面设计是营销调研中最常用的描述性调研设计。**横截面设计**（cross-sectional design）需要一次性地从特定人口样本总体中收集信息。它们可以是一次性横截面设计或重复性横截面设计（见图3-1）。在**一次性横截面设计**（single cross-sectional design）中，仅从目标总体中抽取一个调查对象样本，从这一样本中也只收集一次信息。这种设计也称抽样调查调研设计。

在**重复性横截面设计**（multiple cross-sectional design）中，有两个或两个以上调查对象样本，从每个样本中只抽取一次信息。通常，不同样本的信息是在很长间隔后的不同时间获取的。重复性横截面设计可以在群体层面进行比较，但不可以在个体层面比较。这是因为在不同的时点选取的样本不同，没有办法比较同一个体在不同时期的指标。重复性横截面设计中比较特别的一种是队列分析。

## 队列分析

**队列分析**（cohort analysis）由有恰当时间间隔的一系列调查构成，其中队列是基本的分析单位。一个队列是在相同的时间间隔内经历同一事件的一组调查对象。[5] 举例来说，一个出生（年龄）队列是指一组在同一时期出生的人，如1951—1960年出生的人。队列分析是指在两个或两个以上的时点对一个或更多队列进行测量的调研。

队列分析时不太可能发生的是，时期1中的调查样本也出现在时期2的调查样本中。例如，在30年中每隔10年选择8～19岁的群体作为年龄队列，考察他们的软饮料消费量。换言之，从8～19岁的群体中每隔10年抽取不同的样本。所抽取的样本独立于调研中以前抽取的任何一个8～19岁的群体样本。显然，曾被抽取的人不会再被囊括在年龄队列中，因为他们在接下来的抽样中已经长大了。这一调研的结果表明，这一队列的软饮料消费量随着时间推移在增长。在其他年龄队列（20～29岁、30～39岁、40～49岁和50岁以上）中也有相似的发现。

而且各队列的软饮料消费量并没有随着队列年龄的增长而下降。这一结果可以在表 3－3 中直观地看到，沿着对角线就可以看出各个年龄队列在不同时期的软饮料消费量。通常认为软饮料的消费量将随着美国的老龄化而下降，而队列分析结果与此相悖。这一错误认知是建立在一次性横截面设计调研的基础上的。请注意，如果将表 3－3 作为一次性横截面设计调研（按列查看）单独来看，软饮料的消费量确实随着年龄的增长而减少，这就导致了错误认知。[6]

队列分析还可用于预测竞选中投票意向的变化。著名的调研公司如 Harris Interactive 和盖洛普（www.gallup.com）精于政治意见方面的调研，它们定期调查选民队列（在一段时期具有相似投票模式的选民）中选民的投票偏好，据此预测选票结果。因此，队列分析是一个重要的横截面设计。除横截面设计外，另一种描述性设计是纵向设计。

**表 3－3　各年龄队列的软饮料消费量（日消费百分比）**

| 年龄（岁） | 1950 年 | 1960 年 | 1969 年 | 1979 年 | |
|---|---|---|---|---|---|
| 8～19 | 52.9 | 62.6 | 73.2 | 81.0 | |
| 20～29 | 45.2 | 60.7 | 76.0 | 75.8 | C8 |
| 30～39 | 33.9 | 46.6 | 67.7 | 71.4 | C7 |
| 40～49 | 23.2 | 40.8 | 58.6 | 67.8 | C6 |
| 50＋ | 18.1 | 28.8 | 50.0 | 51.9 | C5 |
| | | C1 | C2 | C3 | C4 |

| | |
|---|---|
| C1：1900 年之前出生的队列 | C5：1931—1940 年出生的队列 |
| C2：1901—1910 年出生的队列 | C6：1941—1949 年出生的队列 |
| C3：1911—1920 年出生的队列 | C7：1950—1959 年出生的队列 |
| C4：1921—1930 年出生的队列 | C8：1960—1969 年出生的队列 |

## 纵向设计

在**纵向设计**（longitudinal design）中，人口总体的固定样本（或样本组）里的同一组变量会被重复测量。纵向设计与横截面设计不同，其样本或样本组随着时间的推移不发生改变。换言之，随着时间的推移对同样的人进行调研并对同样的变量进行测量。相比之下，典型的横截面设计是在某一时点上对感兴趣的变量进行一次快照，而纵向设计是提供一系列画面，它们对情境和随时间推移发生的变化进行深刻描述。例如："阿富汗战争后，美国人对乔治·W. 布什（George W. Bush）的政绩的评价如何？"对这一问题的调研就可以采用横截面设计。而纵向设计将用于处理这样的问题："在阿富汗战争期间，美国人对乔治·W. 布什政绩的评价有何改变？"

有时，固定样本或真正固定样本一词与纵向设计一词意义相同。**固定样本**（panel）通常是由家庭调查对象样本组成的，他们同意在较长时期内的某些特定时间段提供信息。辛迪加公司负责维持固定样本，向样本成员赠送礼物、优惠券、信息或现金作为对其参与调研的报酬。第 4 章将进一步讨论固定样本。

从固定样本获取的数据不仅提供了市场份额的长期信息，而且可以帮助调研人员观察市场份额随时间推移的变化。[7]正如下一部分所解释的，这些变化是从横截面数据中得不到的。

## 纵向设计与横截面设计的相对优缺点

表 3－4 总结了纵向设计与横截面设计的相对优缺点。相对于横截面设计，纵向设计的主要优点在于其可以从个体层面（即个体调查对象）的角度洞察变化。实现这一点的关键是纵向设计针对同一样本反复测量相同的变量。

表 3-4 纵向设计与横截面设计的相对优缺点

| 评价标准 | 横截面设计 | 纵向设计 |
|---|---|---|
| 发现变化 | — | + |
| 收集大量数据 | — | + |
| 准确性 | — | + |
| 样本代表性 | + | — |
| 回答误差 | + | — |

注：+表示相对另一种设计具有优势，—表示具有劣势。

表 3-5 和表 3-6 说明了横截面数据在时间变化方面是如何误导调研人员的。表 3-5 中的横截面数据显示，时段 1 和时段 2 中品牌 A、B、C 的购买情况是相同的。每次调查中均有 20%的调查对象购买品牌 A，30%购买品牌 B，50%购买品牌 C。表 3-6 中的纵向数据以品牌转换的形式说明了调研期间的重要变化。例如，在时段 1 购买了品牌 A 的调查对象中只有 50%（100/200）在时段 2 还购买品牌 A。品牌 B 和品牌 C 的相应品牌重复购买比例分别是 33.3%（100/300）和 55%（275/500）。因此，在这一时段，品牌 C 的忠诚度最高，而品牌 B 的忠诚度最低。表 3-6 提供了与品牌忠诚度和品牌转换相关的有价值信息。（这种表格被称为更新表或品牌转换矩阵。[8]）

表 3-5 横截面数据不能表现变化

| 购买的品牌 | 时间段 | |
|---|---|---|
| | 调查时段 1 | 调查时段 2 |
| 品牌 A | 200 | 200 |
| 品牌 B | 300 | 300 |
| 品牌 C | 500 | 500 |
| 合计 | 1 000 | 1 000 |

表 3-6 纵向数据可以表现重要变化

| 时段 1 购买品牌 | 时段 2 购买的品牌 | | | |
|---|---|---|---|---|
| | 品牌 A | 品牌 B | 品牌 C | 合计 |
| 品牌 A | 100 | 50 | 50 | 200 |
| 品牌 B | 25 | 100 | 175 | 300 |
| 品牌 C | 75 | 150 | 275 | 500 |
| 合计 | 200 | 300 | 500 | 1 000 |

纵向数据使调研人员可以观察到个体行为的变化，并将其与营销变量联系起来，如广告、包装、定价和分销等方面的变化。由于反复测量的是相同的调查对象，因此可以排除样本变化引起的变动。这样一来，小的变化也很明显。

固定样本的另一优点是可以收集到数量相对较多的数据。由于固定样本的成员通常可以因其参与获得一定的报酬，他们往往愿意参加时间长且费心的访谈。固定样本数据还有一个优点，就是它比横截面数据更加准确。典型的横截面数据需要调查对象回忆过去购买的商品和购买行为，由于记忆的原因这些数据可能会不准确。固定样本数据依赖购买日记的连续记录，而较少依赖调查对象的回忆。固定样本与横截面数据对零售额估计的对比显示，前者数据估计得更加准确。[9]

固定样本的主要缺点是调查对象可能会缺乏代表性，造成这一点的原因可能是：

1. 拒绝合作。许多个人或家庭由于不希望受到固定样本运作的打扰而拒绝参加。固定样本要求成员做好购买记录，而这一要求的合作率为 60%甚至更低。

2. 退出。同意加入固定样本的成员也可能由于搬家或丧失兴趣而不断退出。这一比例每年高达 20%。[10]

3. 报酬。报酬可能会使某些特定类型的人被吸引，这会使样本失去总体代表性。

固定样本的另一缺点是回答误差。在新成员的首次回答中往往有误差。他们倾向于增加被测量的行为，如购买食物。这一误差会随着调查对象对固定样本不再感到新奇而减少，所以除去新成员的首次数据可以减少这一误差。固定样本老成员的回答也会有误差，这是由于他们相信自己是专家或希望答案看起来好看或被认为是“正确”的答案。误差产生的原因还有厌烦、疲劳以及不完整的购物日记或问卷录入。[11]

## 3.5　因果调研

**因果调研**（causal research）用于获取因果关系的证据。营销经理总是依据所假定的因果关系做出决策。这些假设可能未被证实，应当通过正式的调研对因果关系的有效性予以检验。[12]例如，降低价格会引起销量和市场份额增加，这一常识性假设在特定的竞争环境下不一定正确。因果调研适用于以下目的：

1. 理解哪些变量是现象的起因（自变量）以及哪些变量是现象的结果（因变量）。

2. 确定原因变量和所预测的结果之间关系的性质。

同描述性调研一样，因果调研也需要预先确定结构化设计。虽然描述性调研可以确定变量间的关联程度，但它并不适合检验因果关系。因果调研设计可用于检验因果关系，但需要在一个相对可控的环境中对自变量或因变量进行操纵。相对可控的环境是指尽可能多地控制或抑制影响因变量的其他变量。这种操纵下对一个或更多因变量的影响会用于推断因果关系。因果调研的主要方法是实验法。[13]

由于因果调研复杂而重要，我们将用单独的一章（第 7 章）对其进行讨论。但在此我们会给出一些实例。在百货商店的项目中，一名调研人员希望确定销售人员的存在和帮助（自变量）是否会影响厨房用具的销售（因变量）。选择某一特定连锁店中可比的两个厨房用具柜台作为两组测试对象，即构成因果调研。连续 4 周，受过训练的销售人员只出现在两组中的一组，而不出现在另一组。对两组的销售额进行监测，同时控制其他变量。比较两组的销售额就可以看到销售人员对商场厨房用具销售额的影响。或者，调研人员可以选择一组在两个可比的时段中进行控制：销售人员出现在一个时段中而不出现在另一个时段中。来看一个例子——微软的调研。

**调研实例**

**微软：易用性调研**

微软经常对其产品进行易用性调研，此举是为了改进和开发产品组合，使其更有利于客户的使用。易用性调研的目的是通过使产品更容易掌握和记忆从而让用户在使用中感到更舒适。微软的易用性调研小组是这一努力的重要组成部分。这一小组组建于 1988 年，设立的目的是将用户的反馈融入产品设计流程和最终产品中。

Office 系列软件取得成功（高认知度和高销量）的关键在于此产品是由易用性调研小组精

心设计和测试的。在一个受控实验中，一组计算机用户使用 Office 新版本，另两组匹配的小组使用以前的 Office 版本，让这三组用户对产品使用的容易度、功能和改善用户体验的能力进行打分。Office 新版本在所有指标上的得分都高于以前的版本，这样，新版本才最终被推出。[14]

在微软的实验中，自变量是 Office 软件套装，经操纵后它有 3 个水平，即 Office 的 3 个版本。因变量是使用容易度、功能和改善用户体验的能力。其他变量的影响，如用户的专业水平和 Office 的使用经验，是需要被控制的。虽然这个例子将因果调研区别于其他类型的调研，但我们不能孤立地看待因果调研。相反，探索性调研、描述性调研和因果调研常常是互补的。

## 3.6 探索性调研、描述性调研与因果调研之间的关系

我们已经对探索性调研、描述性调研和因果调研这几个调研设计的主要类型进行了讨论，但它们之间的区别并不是绝对的。一个营销调研项目可能包括多个类型的调研设计，进而满足不同的目的。应当采用哪种调研设计组合取决于问题的性质。我们提供以下关于选择调研设计的指导方针：

1. 当问题情境的信息很少时，先使用探索性调研是可取的。探索性调研适用于需要更准确地定义问题、确定备选行动方案、提出调研问题和假设、分离主要变量以及区分因变量和自变量。

2. 探索性调研是整个调研设计框架的第一步。在大部分情况下，探索性调研后紧随的是描述性调研或因果调研。例如，通过探索性调研提出的假设应当采用描述性调研或因果调研进行统计检验。

3. 没有必要使每个调研设计都从探索性调研开始。这取决于问题定义的准确程度以及调研人员对于解决问题的方法的确定程度。一个调研设计可以从描述性调研或因果调研开始。例如，每季度的客户满意度调查既不需要每次都从探索性调研开始，也不需要每次都包括探索性调研。

4. 虽然探索性调研通常是调研设计的第一步，但并不总是如此。探索性调研也可能在描述性调研或者因果调研之后。例如，描述性调研或因果调研的结果让经理们感到很难解释，那么探索性调研可以提供更多的见解来帮助他们理解。

下面通过百货商店项目对探索性调研、描述性调研与因果调研之间的关系作进一步的说明。

**调研项目**

**探索和描述商店的顾客光顾情况**

在百货商店顾客调查项目中，探索性调研是最先进行的，其中包括二手数据分析和定性调研，这是为了定义调研问题并拟定合适的调研框架。接下来开展了采用专门设计的问卷和人员调查形式的描述性调研。

假设一年后再次进行顾客光顾调查以确定是否有什么变化发生。此时，探索性调研可能就是没必要的，调研设计可以直接从描述性调研开始。

假定一年后又一次进行调查并有了一些意外的发现。管理者很疑惑为什么店内的销售人员增加而店内的服务水平却下降了。此时应当以小组讨论形式的描述性调研对这一意想不到的发现进行探讨。小组讨论可能会有这样的结论：虽然店内的销售人员很容易找到，但他们看起来并不十分友好或乐于提供帮助。这说明有必要对销售人员进行培训。

**项目活动**

1. 当顾客的年龄从30岁增至40岁、50岁、60岁时，他们在百货商店的购物行为会有什么变化？假如西尔斯对这一变化感兴趣，应当采用哪种调研？

2. 西尔斯应当如何应用因果调研？列举两个适合采用这一调研类型的场景。

---

百货商店项目的例子采用了探索性调研和描述性调研，没有采用因果调研。这反映出这样的事实：商业性营销调研中探索性调研与描述性调研使用较多，而因果调研使用较少。但是，也可以将探索性调研、描述性调研与因果调研结合起来一起使用。下面花旗银行的调研就是这样的例子。

---

**调研实例**

### 花旗集团的探索性调研、描述性调研与因果调研

花旗集团（www.citigroup.com）在100多个国家和地区提供一系列金融产品和服务并成为行业的领先者。为了保持其市场领先者的地位，花旗集团必须不断地对目标客户群进行调研，以便更好地满足他们的需求。作为花旗集团子公司之一的花旗银行（www.citibank.com），其营销调研很典型，主要用于测量客户的产品认知度，监测他们对产品的满意度，追踪产品的使用情况，并在出现问题时及时诊断。为了完成这些任务，花旗银行广泛使用探索性调研、描述性调研和因果调研。

为特定的客户群提供专门的财务一揽子计划通常是很有效的，在开发专为老年人设计的一款产品时，花旗银行按照以下7个步骤进行营销调研设计。

第1步：组建一个工作小组以便更好地定义市场营销参数，其参数应能够满足花旗银行各支行的需求。最终决策是包括55岁及以上、经济状况高于平均水平的美国退休人员。

第2步：通过对成年人或老年人市场的二手数据分析开展探索性调研，并对竞争对手的产品进行调研。同时还开展了小组座谈的探索性定性调研，目的是确定市场需求以及对现有产品的满意度。本例的老年人之间存在很大差异。这些差异是由经济状况、相对年龄、配偶是否健在等因素造成的。

第3步：探索性调研的下一步是头脑风暴，提出许多不同的针对目标市场的财务一揽子计划的构想。在本例中，共有10种构想。

第4步：验证第3步中产生的10种构想的可行性。这些构想需要通过以下一系列问题的考察才能进入下一阶段。

- 构想能否以一种便于目标群体理解的方式进行说明？
- 构想是否与花旗银行的总体战略相匹配？
- 构想的产品是否有可获得的关于某特定目标市场的描述？
- 调研是否可以说明构想的产品与目标市场的需求有相吻合的潜在趋势，这一构想对市场是否有吸引力？
- 是否存在执行这个项目的可行的战略及战术？

- 项目带来的财务影响及成本是否经过了仔细的评估，并且与公司实际是相一致的？

在本例中，头脑风暴中产生的构想只有一个通过了上述所有考察进入第5步。

第5步：制定一个有创造性的工作计划。这个计划要侧重于规划产品的竞争优势，同时描述产品的特征。

第6步：探索性调研完成后，针对目标人群进行商场拦截调查，这是描述性调研的一种形式。如果调查显示列出的产品特征太多，则要去掉一些竞争产品普遍具有的特征。

第7步：花旗银行在6个分公司中针对目标群体进行产品试销。试销是因果研究的一种形式。如果试销成功，产品将推向全美。[15]

互联网使调研设计的执行更加便利。在探索性调研阶段，论坛、聊天室或新闻组等形式都可以用来与参与其中的任何人讨论某一议题。新闻组关注特定的话题，其作用与布告板类似。互联网使用者在新闻组上阅读他人发布的信息并留下自己的回答或意见。新闻组和聊天室都可以用于建立很多正式的专题组，通过这些专题组与专家或目标群体交流就可以获取某一专题的初步信息。

许多描述性调研都会用到二手数据，这将在第4章进行描述；第6章将对调查进行讨论；固定样本则会在第4章和第6章讨论。互联网作为一个重要的信息来源渠道，对于找到二手数据以及收集结论性调研需要的初步数据来说都是很有帮助的。

无论使用哪种调研设计，调研人员都应当尽量减少潜在的误差来源。

## 3.7 潜在的误差来源

一些潜在的误差来源会影响调研设计。一个好的调研设计会努力控制误差的各种来源。这些误差在以后各章中会有详细讨论，在此进行简要的介绍。

**总误差**（total error）是指目标变量的总体真实平均值与营销调研项目中观测到的平均值之间的差异。例如，人口普查显示，目标总体的平均年收入为75 871美元，而营销调研项目根据抽样调查估计出的数值为67 157美元。如图3-2所示，总误差由随机抽样误差和非抽样误差组成。

### 随机抽样误差

**随机抽样误差**（random sampling error）产生于所选取的特定样本不能完全代表感兴趣的总体。随机抽样误差是总体的真实平均值与原始样本真实平均值之间的差异。例如，目标总体的年收入为75 871美元，而原始样本的数值只有71 382美元，后者来自邮件固定样本并被认为是准确的。随机抽样误差将在第11章和第12章作进一步讨论。

### 非抽样误差

**非抽样误差**（nonsampling error）不是因抽样导致的，它可能是随机的或非随机的。导致非抽样误差的原因有很多，包括由问题定义、调研方法、测量尺度、问卷设计、访谈方法以及数据准备与分析等原因造成的误差。例如，调研人员设计了一份糟糕的问卷，其中的很多问题会引导调查对象做出有偏差的回答。非抽样误差包括无应答误差和回答误差。

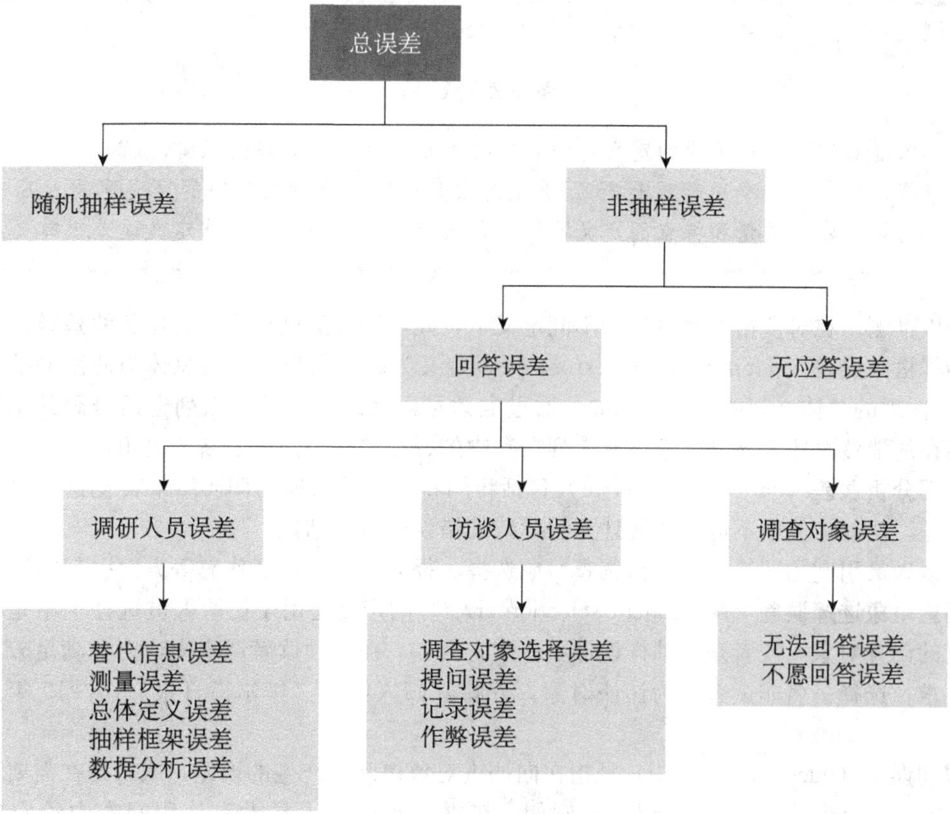


**图 3-2　营销调研设计中潜在的误差来源**

**无应答误差**（nonresponse error）产生于样本中的一些调查对象不回答问题。造成无应答的主要原因是拒绝回答或不在家（见第 12 章）。无应答将造成净样本或最终样本的规模或构成与原始样本不同。无应答误差的定义是原始样本中变量的真实平均值与净样本真实平均值的差异。例如，原始样本的平均年收入为 71 382 美元，而净样本的数值为 69 467 美元，两个数据都是根据被认为是真实的邮件固定样本记录得到的。

**回答误差**（response error）产生于调查对象的回答不准确或者回答被错误地记录或分析。回答误差的定义是净样本中变量的真实平均值与营销调研项目得到的观测平均值之间的差异。例如，净样本的平均年收入为 69 467 美元，而营销调研项目中的观测数值为 67 157 美元。调研人员、访谈人员和调查对象都可能引起回答误差。[16]

调研人员引起的回答误差包括替代信息、测量、总体定义、抽样框架以及数据分析等方面引起的误差。

**替代信息误差**（surrogate information error）可以定义为营销调研问题所需信息与调研人员收集到的信息之间的差异。例如，没能获得消费者选择某一新品牌的信息（营销调研项目所需的信息），却得到消费者偏好的信息，这是由于调研人员不容易观察到选择过程。

**测量误差**（measurement error）可以定义为所寻求的信息与调研人员在测量过程中产生的信息之间的差异。在测量消费者偏好时，调研人员使用的是测量认知的量表而不是测量偏好的量表。

**总体定义误差**（population definition error）可以定义为与调研问题真正相关的总体和调研人员定义的总体之间的差异。恰当地定义总体并不是一件简单的事，下面的例子可以说明这一点。

**调研实例**

## 多富才算富裕

富裕家庭有以下4种不同的定义：(1) 年收入5万美元或更多的家庭；(2) 年收入排名前20%的家庭；(3) 家庭净资产高于25万美元的家庭；(4) 比对照家庭的可支配收入高出30%的家庭。富裕家庭的数量和特点因定义不同变化很大，这说明避免总体定义误差很有必要。[17]

可以推测，在对富裕家庭总体的不同定义下，此项研究的结果也会有显著的差异。

**抽样框架误差**（sampling frame error）可以定义为调研人员定义的总体与使用的抽样框架（清单）体现的总体之间的差异。例如，通过电话号码名录产生的一系列电话号码并不能准确代表潜在的消费总体，这是由于还有未列在其中的、无法接通的以及新号码用户。

**数据分析误差**（data analysis error）包括将问卷的原始数据向调研结果转化这一过程中产生的误差。例如，使用不恰当的统计方法导致的错误解释和结论。

访谈人员引起的回答误差包括调查对象选择、提问、记录以及作弊等方面引起的误差。

**调查对象选择误差**（respondent selection error）的产生是由于访谈人员选择了不是抽样设计指定的调查对象，或者是与抽样设计不一致。例如，在一项读者调查中，为了满足较困难的定额要求，选择一名非读者作为访谈对象，并将其归入阅读《华尔街日报》15～19年这一组群体中。

**提问误差**（questioning error）是指在向调查对象提问时产生的误差，或者是在需要更多信息而没有进一步询问时产生的误差。例如，在提问时访谈人员没有使用问卷中给定的确切词语。

**记录误差**（recording error）的产生是指在倾听、解释和记录调查对象回答的过程中产生的偏差。例如，调查对象的回答是中立的（未决定的），而访谈人员将其误解为积极的回答（将会购买新品牌）。

**作弊误差**（cheating error）的产生是由于访谈人员编造部分或全部的访谈回答。例如，访谈人员没有询问与调查对象债务相关的敏感问题，后来基于自己的评估填写了回答。

调查对象引起的回答误差包括无法回答误差以及不愿回答误差。

**无法回答误差**（inability error）是由于调查对象不能够提供准确回答造成的。调查对象可能会因为不熟悉、疲惫、厌倦、错误的回忆、问题形式、问题内容以及其他因素提供不准确的回答。例如，一名被调查者不能回忆起4周前购买的酸奶品牌。

**不愿回答误差**（unwillingness error）是由于调查个体不愿意提供准确信息造成的。被调查者可能会因为想提供被社会认可的回答、避免尴尬或取悦访谈人员而故意提供不真实的想法。例如，为了给访谈人员留下印象而谎称自己读过《时代》杂志。

这些误差的来源在后面的章节有详细讨论，此处强调的是这一事实——存在许多导致误差的来源。在拟定调研设计时，调研人员应当努力将总误差最小化，而不是仅考虑某一特定来源的误差。这一忠告尤其要说给那些通常用大样本来控制抽样误差的学生和没有经验的调研人员。增加样本容量的确可以减少抽样误差，但它也可能因增加访谈人员而增加非抽样误差。

非抽样误差可能比抽样误差问题更大。抽样误差可以计算，但许多非抽样误差很难估计。而且，人们发现非抽样误差往往是总误差的主要成分，而随机抽样误差的占比则相对较小。[18]总误差是很重要的。而某一特定类型的误差只有当它会增加总误差时，才是重要的。

有时，调研人员故意增加某类型的误差而减少其他类型的误差，以此达到减少总误差的目的。例如，假设正在进行一项邮件调查，内容是确定消费者在百货商店购买时装的消费偏好。目前已经选择了大样本来减少抽样误差，期望的应答率是30%。在给定的项目预算约束下，大样本的选择不允许对邮件进行追踪。然而，过去的经验表明，通过一次追踪应答率可以提高到45%，两次则可以提高到55%。在给定的调查主题下，在重要变量上未回答者可能和回答者的答案有较大差异。因此，减少样本容量使预算可以对邮件问卷进行追踪是可取的方案。虽然减少样本容量会增加随机抽样误差，但两次追踪带来的无应答误差的减少可以弥补这一点。

一旦形成合适的调研设计，调研人员就应当准备项目的预算和排期，它们都是为客户提供的计划书中所必需涵盖的。

## 3.8 项目预算与排期

在可以合理控制总误差的前提下确定了调研设计后，就应当制定项目预算与排期的决策。**预算与排期**（budgeting and scheduling）有助于确保营销调研项目在财务、时间、人力资源及其他资源允许的情况下完成。只有详细说明完成每项任务所需的时间以及每项任务的成本，才能有效率地管理调研项目。**关键路径法**（critical path method，CPM）是一个有用的项目管理方法，它将调研项目分解为各项活动，确定这些活动的次序，并估计每项活动需要的时间，进而就可以确定关键路径。这些活动和所需时间的估计值可以列示在网状流程图中。所谓关键路径，即一旦耽搁就会使整个项目延迟的一系列活动。

关键路径法的改进版本是**计划评审技术**（program evaluation and review technique，PERT）它是一种基于概率的确认和测量项目完成时间不确定性的进度安排方法。[19] **图形评审技术**（graphical evaluation and review technique，GERT）是一种更高级的方法，此方法中完成任务的概率和活动成本都以网状图的形式表示。

## 3.9 营销调研计划书

一旦调研设计形成，且项目的预算和排期已经完成，就应当准备调研计划书。**营销调研计划书**（marketing research proposal）包含项目的主要内容，它是调研人员与管理者之间的合同。调研计划涵盖营销调研过程中的所有阶段。它描述了调研问题、调研方法、调研设计，以及如何收集、分析和报告数据。调研计划书还要估算完成项目的成本和时间进度。虽然调研计划书的形式有很多，但大多数会阐述营销调研过程的所有步骤并包括以下内容：

1. 执行摘要。计划书的开头应当有一个包括各部分要点的摘要，起到概述整个调研计划的作用。

2. 背景。讨论调研问题的背景，包括环境背景。

3. 问题定义/调研目的。通常，问题的陈述应当包含在计划书中，其中包括问题的具体组成部分。倘若问题陈述尚未提出（如在识别问题的调研中），应当明确说明营销调研项目的目的。

4. 问题的调研方法。计划中应当提供对相关学术文献或行业文献的回顾，包括一些分析模型。如果调研问题、假设以及影响调研设计的因素均已被确认，就应当包含在计划中。

5. 调研设计。说明采用的是探索性调研、描述性调研还是因果调研。提供的信息应当包含以下内容：(1) 得到的信息类型；(2) 问卷填写的方法（邮件、电话、人员或电子访谈）；(3) 量表技术；(4) 问卷性质（所问问题的类型、长度、平均访谈时间）；(5) 抽样计划和样本规模。

6. 实地调查/数据收集。计划书应说明如何收集数据以及谁来收集数据。如果实地调查转包给另一家公司，应在计划书中进行说明。确保数据收集质量的控制体系也应在计划书中予以描述。

7. 数据分析。数据分析的实施方式（简单的列联表分析、一元分析、多元分析）以及解释结果的具体描述方式都应在计划书中说明。

8. 报告。计划书应该详细说明是否需要提交中期报告以及在什么阶段提交，最终的报告以什么形式提交，以及是否会有关于结果的正式汇报。

9. 成本和时间。计划书应包含一份根据各个阶段细化的项目成本和时间表，也应该包含关键路径或计划评审技术表。在大型项目中，还需要事先制定报酬计划。

10. 附录。附录中应当包含所有统计信息或仅有部分人感兴趣的其他信息。

准备一份调研计划书具有以下益处：它可以确保调研人员与管理层在项目性质上达成一致，并有助于向管理层推销调研计划。由于在准备计划书的同时细化了该计划，这也将有助于调研人员构思与执行营销调研项目。

## 3.10 国际营销调研

实施一项国际营销调研时，最重要的就是明白由于环境的不同（见第24章），一项适合特定国家的调研设计可能对另一个国家并不适用。例如，在美国和沙特阿拉伯调研不同家庭对家用电器的态度由什么决定这一问题，在美国执行探索性调研时，对男女主人均进行小组访谈是比较合适的，然而在沙特阿拉伯这样做就不合适。由于特定的传统文化，沙特阿拉伯女性在丈夫不在场的情况下并不能自由参与。因此，同时对男女主人实施一对一的深度访谈将更有效。

**调研实例**

**本地化是王道**

欧洲消费者营销调研公司 GfK（www.gfk.it）实施过一项耗时两年，分两部分进行以分析欧洲年轻人及探寻文化发展新趋势的调研。这项调研主要调查欧洲年轻人关心什么，以及各国营销人员如何投其所好。探索性调研以访谈小组的形式开展，首先实施一项调研确定欧洲年轻人最为关心的事物。在访谈小组中通过实施一项描述性的纵向设计调研来量化。调查通过两部分来完成，覆盖16个欧洲国家，包括丹麦、挪威、瑞典、英国、德国、意大利以及法国等。

在每个国家中，各选择四组回答者：14～16岁女孩，14～16岁男孩，17～20岁女孩，17～20岁男孩。这项描述性调研被设计为在私下面对面的情况下执行。这是因为对欧洲年轻人来说，私下访谈会让其感觉更为舒适，能够提供更多的有效回答。此项目总共523个年轻人参与。2年后，其中的305人再次参与了调研。

结果显示，欧洲年轻人的品位及观念在过去几年中明显发生了改变，尤其是最近两年。而且发现年轻人并不信任大公司。家的概念也并不仅仅是家庭成员和住所，也包含财产以及社区，尤其是朋友。家象征着安逸和温暖。欧洲年轻人周一到周六并不能经常见到家人，朋友起到了家人的作用。除此之外，他们会在经常出现于他们身边的品牌上花费颇多，并认为存在越是久远的品牌，越值得保留。

麦当劳开发出的针对这一市场的国际化广告正得益于这一调研结果。麦当劳新的战略并不聚焦在其公司规模上，而是将广告本地化，使它的汉堡包看起来像欧洲本地，更易被年轻人接受。麦当劳非常注重其品牌的持久性和稳定性。其一贯的主题就是营造一个可以供年轻人聚会、价格低廉并非常有趣的环境。结果是其在欧洲年轻人市场中的占有率得到了提升，欧洲市场营业额已占全球营业额的35%。[20]

在许多国家，尤其是发展中国家，消费者固定样本尚未形成，这给描述性的纵向设计调研带来了困难；同样，许多国家由于缺乏营销基础设施（如零售、批发、广告以及促销），无法执行包含现场实验的因果调研。在进行调研设计时，调研人员必须尽力确保从不同国家获取的二手数据和原始数据有可比性。在收集原始数据的过程中，定性调研、调查法、量表技术、问卷设计以及抽样考虑等因素尤为重要。

## 3.11 营销调研中的商业伦理问题

调研设计阶段，不但要考虑调研人员和客户的利益，而且必须考虑被调查者的权利。虽然在调研设计中，通常被调查者和其他利益相关者（客户与调研人员）并没有直接的合同，但在使用诸如隐蔽摄像或录音的过程中就产生了伦理冲突。

采用哪种调研设计类型（如描述性或因果调研、横截面设计或纵向设计）的基本问题也涉及伦理问题。例如，在调研牙膏购买的品牌转换问题时，纵向设计调研是正确评价调查对象品牌选择变化的唯一方法。某调研公司并没有执行足够的纵向设计调研，却试图证明横截面设计是可行的。这道德吗？

调研人员必须确保所采用的调研设计能为已确认的营销调研问题提供所需信息。客户不应该曲解项目，应告知调研人员工作过程中必须面对的各种约束条件，并避免提出不合理要求。最后，客户不应当通过对未来的调研合同做出虚假承诺来诱使调研公司对目前的项目做出不合理的让步。

同样重要的是，对被调查者的责任决不能忽视。调研人员设计调研时，应保证不侵犯被调查者的安全权利、隐私权利或选择权利。而且，客户决不能滥用权利危及被调查者的匿名权。这些与调查对象相关的问题会在第4～7章中有进一步的详细讨论。

**调研决策**

**美国全国运动汽车竞赛协会（NASCAR）：改变低端形象**

**情境**

汽车引擎的咆哮声、汽车竞赛迷的尖叫声、心脏的加速跳动，这一切都是NASCAR给人们带来兴奋的表现。NASCAR是一个与众不同的组织，尽管它给全美的运动汽车竞赛迷们带来了兴奋与激动，但在人们的认知中它却有着这样的固化形象：只吸引那些南方的低收入体力劳动者。NASCAR的首席执行官布雷恩·弗朗斯（Brain France）希望增加观众并改变这一固化的低端形象。

NASCAR进行了探索性调研，目的是确定它渗透非竞赛市场、吸引更年轻群体以及在全美范围内建立品牌形象的途径。大量的访谈小组调研显示：（1）NASCAR有着农村运动的品牌形象；（2）这一品牌形象并不一定是消极的；（3）人们对支持运动的公司有着正面的积极认知。

**营销调研决策**

1. 你认为NASCAR采用的调研设计合适吗？为什么？

2. 你推荐的调研设计是什么？

3. 针对你推荐的调研设计类型，讨论其在实现布雷恩·弗朗斯改变NASCAR品牌形象的目标中起到的作用。

**营销管理决策**

1. 布雷恩·弗朗斯意识到为NASCAR树立合适的品牌形象是非常关键的。然而，他不确定的是这一品牌形象是怎样的。你将给他什么建议？

2. 讨论你之前推荐的调研方法以及调研结果是如何影响你向布雷恩·弗朗斯提出品牌形象建议这一行为过程的。[21]

## 本章小结

调研设计是进行营销调研项目的框架或蓝图。它对如何执行调研项目进行具体说明。调研设计大体上可分为探索性调研设计和结论性调研设计。探索性调研的主要目的是为问题提供见解；结论性调研的目的是验证特定的假设和检验特定的关系。结论性调研的结果可以为管理决策的制定提供依据。结论性调研可以是描述性的，也可以是因果关系的。图3-3是调研设计的概念图。

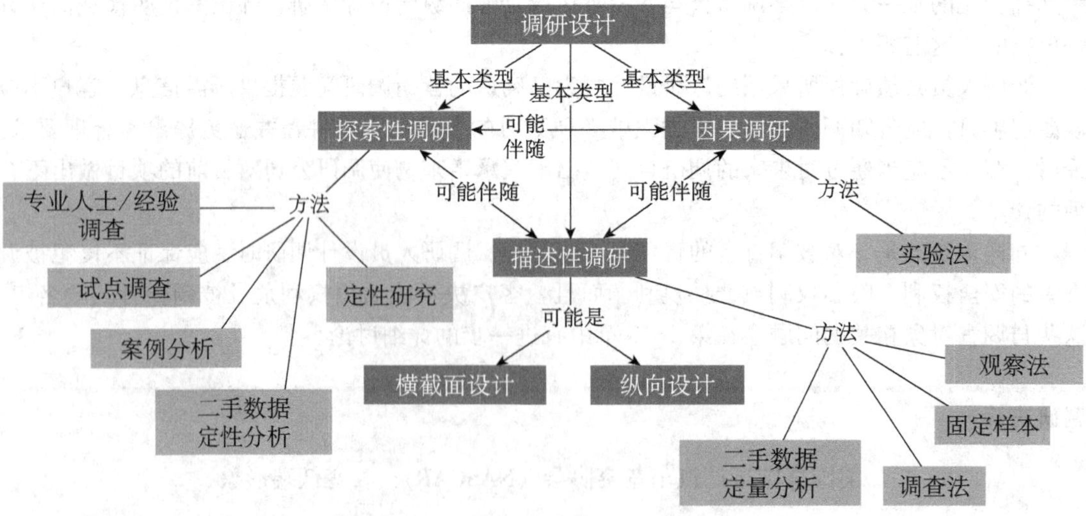


**图3-3 调研设计概念图**

描述性调研的主要目的是描述市场特征或功能。描述性调研设计要求对调研中的“谁”“什么”“何时”“何地”“为什么”“如何”进行清楚的界定。描述性调研可进一步分成横截面设计调研和纵向设计调研。横截面设计是指在一个时点上从总体中的样本获取信息；纵向设计是对一个固定样本进行重复测量。因果调研设计的主要目的是得到因果关系的证据。

调研设计由六个要素组成。误差与其中任何一个要素都相关。总误差包括随机抽样误差和非抽样误差。非抽样误差包括无应答误差和回答误差。回答误差包括来自调研人员、访谈人员和调查对象的误差。调研人员应当准备营销调研计划书，它包括营销调研过程的所有组成部分。在国际营销调研中进行调研设计时，需要做出大量的努力以保证从不同的国家获取的二手数据和原始数据的等同性与可比性。

关于伦理问题，调研人员必须保证采用的调研设计能提供所需信息，而且是客户需要的。客户应当具备不歪曲项目真实状况的诚实品质，客户应当告知调研人员必须面临的情况且不得提出不合理的要求。调研人员应当保证调查对象的安全权利、隐私权利和选择权利。

## 关键术语与概念

调研设计（research design）
探索性调研（exploratory research）
结论性调研（conclusive research）
描述性调研（descriptive research）
横截面设计（cross-sectional design）
一次性横截面设计（single cross-sectional design）
重复性横截面设计（multiple cross-sectional design）
队列分析（cohort analysis）
纵向设计（longitudinal design）
固定样本（panel）
因果调研（causal research）
总误差（total error）
随机抽样误差（random sampling error）
非抽样误差（nonsampling error）
无应答误差（nonresponse error）
回答误差（response error）
替代信息误差（surrogate information error）
测量误差（measurement error）
总体定义误差（population definition error）
抽样框架误差（sampling frame error）
数据分析误差（data analysis error）
调查对象选择误差（respondent selection error）
提问误差（questioning error）
记录误差（recording error）
作弊误差（cheating error）
无法回答误差（inability error）
不愿回答误差（unwillingness error）
预算与排期（budgeting and scheduling）
关键路径法（critical path method）

计划评审技术（program evaluation and review technique）
图形评审技术（graphical evaluation and review technique）
营销调研计划书（marketing research proposal）

## 练习

### 问答题

1. 用自己的话定义调研设计。
2. 形成调研设计方案与找出问题解决方法有什么不同？
3. 区分探索性调研与结论性调研。
4. 进行描述性调研的主要目的是什么？
5. 列举描述性调研的6W并分别举例说明。
6. 对比横截面设计和纵向设计。
7. 描述队列分析，为什么它比较特别？
8. 讨论固定样本的优点和缺点。
9. 什么是因果调研设计？其目的是什么？
10. 探索性调研、描述性调研、因果调研之间的关系是怎样的？
11. 列举调研设计的主要内容。
12. 可影响调研设计的潜在误差来源有哪些？
13. 为什么最小化总误差，而不是最小化任何某一特定来源的误差很重要？

### 练习题

1. Sweet Cookies公司正计划增加一条新的饼干生产线，并估算市场容量。这种饼干是巧克力加菠萝的混合口味，定位于高端市场。讨论可能采用的描述性调研的6W。

2. 用数学等式的形式表达下面的每个误差类型。

（1）总误差。

（2）随机抽样误差。

（3）无应答误差。

（4）回答误差。

3. Welcome公司是位于美国南部主要大城市的一家快餐连锁店。过去两年，公司销售额的增长非常缓慢。管理层决定在菜单上增加一些新品种，但首先他们想知道关于消费者及其偏好的更多信息。

（1）列出两个假设。

（2）哪种调研设计是合适的？为什么？

## 活动

### 角色扮演

1. 假设你是Sweet Cookies公司的营销经理（见练习题1），你的同伴是与公司合作的调研公司，与其讨论以下问题：

（1）管理决策问题。

（2）营销调研问题。

（3）调研设计。

2. 你是一个营销调研项目的经理，目标是确定不同的广告水平对消费者行为的影响。根据这个项目的结果，你将对下一年不同产品的广告预算给出建议。你的上级将要求你为自己的建议提供有力的依据，所以你的调研设计需要尽可能完善。然而，你的资源（时间、资金和人力）是有限的。请组建一个调研项目来解决这一问题。重点关注将采用哪种类型的调研设计、为什么以及将如何开展调研。

**实地调查**

采访一些营销调研机构，询问它们在过去一年中采用的调研设计种类以及所针对问题的性质。将你的发现写成一份报告。

**小组讨论**

1. 以小组的形式讨论如下陈述："如果调研预算有限，可以不进行探索性调研。"

2. 以小组的形式讨论如下陈述："调研人员应当努力为每个营销调研项目提出最优的设计。"

3. "在一个调研项目中有许多潜在的误差来源。控制所有的误差来源是不可能的。因此，营销调研包含许多误差，我们不能相信调研结果。"以小组的形式讨论这一陈述。你的小组是否形成了一致意见？

## 连续案例：戴尔

阅读书末附录A中戴尔的案例，以及提供的调查问卷。讨论以下问题：

1. 戴尔如何采用探索性调研来了解家庭消费者是怎样购买个人电脑及相关设备的？

2. 阐述戴尔进行描述性调研的一种方式。

3. 阐述戴尔进行因果调研的一种方式。

4. 戴尔希望确定消费者对于最近推出的一款超薄平板电脑的反应。你认为应该使用哪种调研设计？

## 案例分析

### 美国职业橄榄球大联盟：职业运动之王

美国职业橄榄球大联盟被认为是美国所有职业运动组织中最优秀的。1920年，11支球队组建了美国职业橄榄球协会；1922年，更名为美国职业橄榄球大联盟（简称联盟）。联盟现在由来自美国各地的32支球队组成，分为两个联会（AFC和NFC），有四个分区。联盟管理和推广比赛，制定和执行规则，并调整球队的所有权。联盟的收入大多来自赞助、经营许可，以及出售全国转播权。由于很受广告商的欢迎，可以说它是非常成功的。球队独立运营，按一定比例分享联盟收入。2006年联盟的收入达到了58.6亿美元，球员的平均薪酬达到了140万美元。

球员们非常硬朗、强壮，在球场上争抢非常激烈，但卸下头盔他们柔软的一面就会呈现出来。营销调研已经证实了公益营销对企业形象有积极影响。联盟在提供公共服务上有着多年的传统，也为各种社会公益事业做出了积极的贡献。增强团队凝聚力以及互相帮助是队伍的基本理念，同时也是联盟宗旨的外延。联盟的球员坚信这一点并鼓励其他人也参与其中，无论是时间还是金钱，或是其他什么东西——甚至是非常细微的一个手势，对他人来说可能都有着不同的意义。

访谈小组和调查显示，社区参与对一个依赖社区支持的组织是非常重要的。在这方面联盟有着非常丰富的资源，32支队伍每支都拥有自创的社区关系。联盟传播与公共关系部执行副总裁乔·布朗（Joe Browne）说，他们将联盟的公共服务视为对他们的客户也就是那些参与并在电视上观看比赛的球迷的回报。近些年来，联盟与很多非营利和慈善组织合作，每支队伍从事不同的慈善工作，比如费城老鹰队建造了社区球场，每年老鹰队都会从全球比赛和商业事务中抽出一部分时间在费城地区建造球场；新英格兰爱国者队给需要帮助的人分发感恩节晚餐；匹兹堡钢人队探望老年人。球员们的慈善工作各不相同。

1974年，联盟与联合之路（United Way）建立了合作关系，后者是一个拥有1 300多个地方组织的全国性组织，致力于对社区生活进行持久的改善。这一合作关系到今天仍在持续，并且鼓励球迷们回报社会。基于此，联合之路所募的款项从8亿美元增至40亿美元。联盟与联合之路不断发展壮大，通过为贫困大众提供基金和相关活动每年能够影响3 000万人。联盟正在进行一项广告运动，力图提醒球迷，球员也是普通人，他们也希望能为自己工作、生活的社区多做一些善事。通过将人们对联盟的贡献、认知、意愿以及意图和行为的测试结果与基准值进行对比，可以反映出这项广告活动的效果。

基于营销调研，联盟的营销策略有两大支柱：橄榄球和社区。橄榄球赛事是其产品，这一点联盟做得非常棒。社区意味着为社区对队伍的支持和喜爱做出回报。社区支持力是非常巨大的，每个赛季将有1 800万张球票售出，每周有将近1.2亿人次在电视上观看联盟赛事。另外，社区对超级碗也产生了重大影响，超级碗是每年收视率最高的赛事。电视广告极大范围和强大的影响力帮助联盟的“加入团队”倡议收获了极好的开端，成千上万的热情球迷打电话告诉球队他们已经准备好加入了。联盟相信慈善以及做一名善良的企业公民是在商场中获得成功的必要条件。这也使整个组织变得更为强大。通过回报客户，联盟表达了对他们的关心。

联盟对社区的影响已经不限于有比赛的星期天和星期一晚上。这是由于球迷与球队之间已经结成了一条特殊的纽带。客户认知和态度调查一直显示出球迷们对联盟非常敬重，联盟也努力去保持这一积极的印象。它明白如果不能保持住这种印象的话，日后联盟就无法成为一种能量，成为美国传统精神的代表。

乔·布朗将人们和联盟之间比作恋爱关系，联盟和球队也会对爱他们的球迷予以回报。联盟通过多种活动实现这些回报，比如通过联盟慈善基金、联盟橄榄球基金以及“9·11”后由联盟建立起来的旨在帮助那些在纽约和华盛顿牺牲亲人的家庭的大灾难缓解基金。球场上获得的慈善金、对球员的罚款也被用来建立多种基金。球迷可以参与联盟网站中的拍卖活动，所有收益都将用于慈善事业。就像公共事务部主管贝丝·科尔顿（Beth Colleton）所说，联盟代表了品质、传统和正直，所有这些都是对美国精神的诠释。没有谁能像联盟一样俘获美国人的激情，这种激情在过去的每个赛季都在不断点燃善意的能量。

**结论**

联盟通过营销调研建立起巨大的正能量和影响力，从而改变了社会。联盟的公共服务意识以及联盟球员通过多种社会倡议和活动参与公共服务，均证实了无论是联盟对社会负责任的态度还是其对社会巨大的影响，都来自营销调研的支持。不断依靠营销调研，完全可以帮助联盟保持其在职业运动中的王者地位。

**问题**

1. 橄榄球是一项男性主导的运动。讨论营销调研如何帮助联盟更为有效地开发女性市场。
2. 联盟将增强针对女性的渗透力。界定这一管理决策问题。
3. 指出联盟将要面对的主要竞争。
4. 为问题2中的管理决策问题定义一个合适的营销调研问题。
5. 开发一套合适的问卷，每个问题均包含合适的假设。

6. 针对问卷，你认为哪种类型的调研最为合适。

**资料来源**

1. "In a League of It's Own," www.economist.com/business/displaystory.cfm? story _ id=6859210, accessed February 6, 2009.

2. "NFL Team Values/Revenues, Ranked," www.forbes.com/lists/2006/30/06nfl _ NFL-Team-Valuations _ land.html, accessed January 2, 2008.

3. "NFL Studies What Women Want," www.reuters.com/article/MediaMarketing06/idUSN2933923020061129, accessed January 2, 2008.

4. "Making Sure Ads Play to Women, Too," www.boston.com/sports/football/patriots/articles/2004/01/28/making _ sure _ ads _ play _ to _ women _ too/? page=1, accessed January 2, 2008.

5. "Why the NFL Struggles to Attract Female Fans," www.dmwmedia.com/news/2006/12/05/why-the-nflstruggles-to-attract-female-fans, accessed January 2, 2008.

# 第4章 探索性调研设计：二手数据

对于二手数据分析的可靠研究是为定义或者探索调研问题提供有用的背景、视角和线索的一种经济的方法。

——Scarborough Research 总裁、首席执行官罗伯特·科恩（Robert L. Cohen）博士

## 学习目标

1. 定义二手数据的性质和范围，区分原始数据和二手数据。
2. 分析二手数据的优点和缺点，以及它们在营销调研过程中各个不同步骤的用处。
3. 使用格式、误差、及时性、目的、性质和可靠性这些标准评价二手数据。
4. 详细描述二手数据的不同来源，包括公共材料、计算机数据库和辛迪加服务这些形式的内部来源和外部来源。
5. 详细讨论二手数据的辛迪加来源，包括询问调查、购买和媒体固定样本组、电子扫描仪服务所获得的家庭/消费者数据，以及与零售商、批发商和工业/服务企业相关的机构数据。
6. 解释使用多种来源的二手数据的需要，并描述单一来源数据。
7. 讨论二手数据在电脑地图中的应用。
8. 识别并评价在国际营销调研中有用的二手数据的来源。
9. 理解二手数据使用中所涉及的道德问题。

## 本章概述

第1章讨论了作为营销调研信息的一个来源——互联网。对二手数据的分析可以帮助我们定义营销调研问题并且设计调研的框架（见第2章）。此外，在为了收集原始数据的调研设计制定出来之前（见第3章），调研人员应该分析相关的二手数据。在某些项目中，特别是在那些预算有限的项目中，调研可能主要局限于分析二手数据，因为一些常规的问题仅通过二手数据就可以解决。

本章讨论了原始数据与二手数据的区别，分析了二手数据的优点和缺点，提出了评价二手数据的标准，并且对二手数据进行了分类。本章还描述了内部二手数据和外部二手数据的主要来源，例如公共材料、在线和脱机数据库与辛迪加服务。我们还分析了二手数据在电脑地图中的应用，讨论了国际营销调研中有用的二手数据来源，并且识别了在使用二手数据时可能产生的一些伦理问题。[1]

## 4.1　原始数据与二手数据

**原始数据**（primary data）是调研人员为了解决所面临的问题专门收集的数据。原始数据的收集涉及营销调研过程的所有六个步骤（见第 1 章）。获取原始数据可能是昂贵且耗时的。在第 1 章中所举的百货商店项目就是一个收集原始数据的例子。

**二手数据**（secondary data）是为了一些目的已经收集的数据，并不是为了目前所面临的问题专门收集的。这些数据可以快速且低成本地获得。在百货商店项目中，家庭用于选择百货商店标准的二手数据是从营销杂志（*Journal of Retailing*，*Journal of Marketing*，*Journal of the Academy of Marketing Science*，*Journal of Marketing Research*）中获得的。前面的章节也提供了其他一些关于二手数据的例子。表 4－1 总结了原始数据与二手数据之间的差别。与原始数据相比，二手数据的收集更加迅速和容易，能够在短时间内以相对低的成本获得。

原始数据和二手数据之间的这些区别使得二手数据具有明显的优势和劣势。

**表 4－1　原始数据与二手数据的比较**

| | 原始数据 | 二手数据 |
|---|---|---|
| 收集目的 | 为了目前的问题 | 为了其他问题 |
| 收集过程 | 需要很多投入 | 快速而且容易 |
| 收集成本 | 高 | 相对较低 |
| 收集时间 | 长 | 短 |

## 4.2　二手数据的优点和使用

从前面的讨论可以看出，二手数据与原始数据相比有一些优点。二手数据可以很容易地得到，成本相对较低，并且可以迅速获得。一些二手数据，例如由美国人口普查局（U. S. Bureau of the Census）提供的二手数据，包含一些公司无法通过收集原始数据获得的信息。虽然仅使用二手数据不能为非常规的问题提供所有的答案，但这些数据在许多不同的方面都是有用的。[2] 二手数据可以帮助你：

1. 明确问题。
2. 更好地定义问题。
3. 寻找到问题的调研方法。
4. 形成合适的调研设计（例如，通过识别关键变量）。
5. 回答特定的调研问题以及检验一些假设。
6. 更深刻地解释原始数据。

通过分析二手数据的这些优点和用途，我们得出下面的一般规则：

对可以获得的二手数据的检验是收集原始数据的先决条件。从二手数据开始，直到二手数据来源已经得到完全使用或者可以获得的边际回报很小，再使用原始数据。

遵守这条规则可以得到丰厚的回报。本章的例子表明对二手数据的分析可以提供有价值的见解，并且为使用原始数据分析奠定基础。但是，调研人员在使用二手数据的时候应该谨慎，因为二手数据也有一些缺点。

## 4.3 二手数据的缺点

因为二手数据是为了其他特定目的，而不是为了目前面临的问题收集的，所以其对于目前问题的有用性在一些重要方面可能会有局限，包括相关性和准确性。收集二手数据的目标、性质和方法可能不适合当前的情形。而且，二手数据可能缺乏准确性，或者不是完全及时和可靠的。在使用二手数据之前，对一些因素进行评估是很重要的。这些因素将在下面的部分详细讨论。

**调研活动**

**耐克：庆祝明星代言**

用搜索引擎和图书馆的在线数据库上网搜索，以获取在营销中用明星作广告代言人的信息。

如果你要进行一项营销调研来确定耐克广告中明星代言人的有效性，你将调查什么类型的二手数据？

如果你是耐克的营销总监，你将怎样利用明星代言的相关二手数据来决定是否与明星续约？

## 4.4 评价二手数据的标准

可使用表4-2中的标准对二手数据的质量进行常规评价，这些标准在下面的部分会进行讨论。

**表4-2 评价二手数据的标准**

| 标准 | 主要内容 | 评价 |
| --- | --- | --- |
| 规范/方法 | 数据收集方法 | 数据应该可靠、有效，并且能够用于分析所面对的问题 |
| | 应答率 | |
| | 数据的质量 | |
| | 抽样技术 | |
| | 样本规模 | |
| | 问卷设计 | |
| | 现场工作 | |
| | 数据分析 | |
| 误差/精确度 | 检查误差：方法、调研设计、抽样、数据收集、数据分析、报告等方面 | 通过比较不同来源的数据评价精确度 |

续表

| 标准 | 主要内容 | 评价 |
|---|---|---|
| 及时性 | 数据收集和发布之间的时滞 | 辛迪加公司定期更新普查数据 |
| | 更新的频率 | |
| 目的 | 为什么要收集这些数据 | 目的决定数据的相关性 |
| 性质 | 关键变量的定义 | 如果可能的话，重构数据以增加其有用性 |
| | 测量单位 | |
| | 使用的分类 | |
| | 关系检验 | |
| 可靠性 | 数据来源的专业化、可信度、声誉和诚信度 | 应该从原始的而不是间接的来源获得数据 |

## 规范/方法：收集数据的方法

收集数据所使用的规范或方法应该经过严格的审查以发现偏差的可能来源。这种方法的考虑包括样本的规模和性质、应答率和质量、问卷设计和管理、现场工作的流程、数据分析和报告程序。这些检查提供了数据可靠性和有效性的信息，可以帮助判断这些数据是否适合当前面临的问题。检验与二手数据相关的误差、及时性、目的、性质和可依赖度可以进一步判断数据的可靠性和有效性。

## 误差/精确度：数据的准确性

调研人员必须判断数据对于目前的调研目的来说是否足够准确。二手数据可能不准确，或者有许多误差，包括在项目的调研方法、调研设计、抽样、数据收集、分析和报告阶段的误差。此外，评价二手数据的准确性是很困难的，因为调研人员没有参与这个调研。解决此问题的一种方式是寻找数据的多种来源，并且使用标准统计程序比较这些数据。

二手数据的准确性可能不同，特别是当它们和变化的现象相关时。此外，不同来源的数据可能相互之间是不一致的。在这些情况下，调研人员应该通过试点调查或者使用其他合适的方法来验证二手数据的准确性。通常情况下，如果能发挥创造力，这样做不需要太大的花费或付出太大的努力。

**调研实例**

**准确测量电子商务的收入**

为了确定电子商务的销售额，许多调研公司譬如 Forrester Research、ComScore、尼尔森在线和美国商务部合作开展调研。这四家机构都有自己独特的收集和分析数据的方法来报告结果。Forrester Research 在每个月的前 9 个工作日对 5 000 名在线消费者进行民意测试，并对这些调查结果进行调整用以代表美国人口。不同于 Forrester Research，尼尔森在线每月调查一个由 36 000 名互联网用户组成的更大样本，追踪这些消费者在线消费的金额。美国商务部也有所不同，它随机抽取 11 000 个商家来填写关于在线销售的调查表。ComScore 采用一种被动回复系统，收集 150 万名被公司的服务器追踪其互联网活动的互联网消费者的数据。

Forrester Research 报告的在线销售额为 1 750 亿美元，美国商务部报告的为 1 270 亿美元，ComScore 报告的为 1 228 亿美元。不同于 Forrester Research，美国商务部和 ComScore 把旅行服务、票务服务和拍卖的销售额剔除了。在线销售额如此巨大的差异，给电子商务公司带来了困难，甚至连美联储前主席本·伯南克（Ben Bernanke）也把它作为一个主要的问题来解决。对不同来源的电子零售数字进行比较，能使营销调研人员对数据中存在的误差程度有一定的认识。[3]

## 及时性：数据是什么时候收集的

二手数据可能不是及时获得的，并且数据收集和发布之间的时间间隔较长。许多普查数据都有这种问题。此外，对于目前的问题而言，数据的更新往往不够迅速。营销调研需要及时的数据，因此，如果数据过时，价值就会降低。例如，虽然2000年的人口普查数据很全面，但它们可能不适用自普查后人口变化很快的大都市。幸运的是，一些营销调研公司会定期更新普查数据，并且在辛迪加的基础上及时共享信息。

## 目的：数据的目的

数据的收集是有特定目的的，我们提出的最基本问题就是了解当初收集这些数据的目的。收集数据的目的将决定这些信息的相关性和有用性。因特定的目的而收集的数据可能不适用于另一种情形。正如本章稍后会详细解释的那样，收集**扫描仪销量追踪数据**（scanner volume tracking data）的目的在于检查品牌的总体流量，包括市场份额的变化。例如，关于橙汁销售的数据可能对于理解家庭如何选择具体品牌的研究具有一定价值。

## 性质：数据的内容

应该对数据的性质或内容进行检验，并特别注意关键变量的定义、测量单位、使用的分类方法和所检验的关系。如果关键变量没有被定义或者调研人员对其定义前后不一致，数据的有用性就会下降，例如，考虑关于消费者对电视节目偏好的二手数据。为了使用这些信息，就需要知道消费者对电视节目的偏好是如何定义的，是最常看的节目、最需要看的节目、使人放松的娱乐节目、信息量最大的节目，还是为社区提供最好服务的节目？

同样，二手数据的单位可能不适合当前的问题。例如，收入可以通过个人、家族、家庭或者支出单位进行衡量，并且可以是总额或者是税后净值，应该根据不同研究的需要进行分类。如果调研人员对家庭年收入总额超过90 000美元的高收入消费者感兴趣，那么按低于15 000美元、15 001～35 000美元、35 001～50 000美元、50 000美元以上的标准分类的数据就没有太大的用处。决定变量的测量，如收入，可能是一项复杂的工作。最后，在评价数据的性质时应考虑所研究的内容。例如，如果是对实际行为感兴趣，那么依据自我陈述的态度推断出的行为数据就只有有限的用处。有时也可能需要重新整理可用的数据，例如转换测量单位，以使数据对于当前的问题更有用。

## 可靠性：数据有多可靠？

对数据可靠性的总体认识可能来自对数据来源的专业性、可信度、声誉和诚信度的检验。这些信息可以通过向使用过此来源信息的人获得。应该带着怀疑的态度去看待为了促销、提高特别的兴趣或进行宣传而发布的数据。而对于匿名的或者尝试隐藏数据收集方法和程序的细节而发布的数据也应该采取同样的态度。而且，检验二手数据是来自原始来源（即产生数据的来源），还是来自可获得来源（即再次处理后生成的），是很有必要的。例如，**人口普查**（census of population）是一个原始来源，而《美国统计摘要》（*Statistical Abstracts of the United States*）

是一个可获得来源。一般来说，二手数据应该从原始来源中获得，而不是可获得来源。至少有两个理由支持这个原则。第一，原始来源详细地说明了数据收集方法的细节。第二，原始来源可能比可获得来源更准确和完整。

**调研实例**

**在二手数据上高飞**

*Money* 杂志公布了一项消费者所认为的航空公司最重要的特质的调查结果。按重要性排序，这些特质分别是安全性、价格、行李处理服务、正点情况、客户服务、预约和购票的便捷性、舒适度、常客回馈计划以及食物。而后，*Money* 杂志根据这些特质给出了美国最大的 10 家航空公司的排名。

这篇文章可能成为美国航空公司进行营销调研的有用的二手数据来源，以识别它们服务中需要改善的特质。然而，在用这些数据前，美国航空公司需要根据一些标准来评估它们。

首要问题是，文章中用来收集数据的方法需要检验。文章详细阐述了调查中运用的方法。*Money* 杂志用了一个包括 1 017 名常客的调查来确定航空公司的重要特质。这个调查的结果有 3%的误差。美国航空公司需要确定 1 017 个个体是否可以概括总体，3%的误差是否可接受。另外，美国航空公司还需要估计什么类型的回应或者不回应将会出现在数据收集或者分析的过程中。

这些数据的及时性和调研的目的可能会对美国航空公司决定是否利用这篇文章作为二手数据的来源有重要意义。这个调查是在 2008 年达美航空公司和西北航空公司合并之前进行的。也许航空公司乘客的标准在这些事件后已经改变了，而这也将降低其有用性。调查的目的是一个流行的商业杂志将遵循这些标准来评估航空公司，其结果不可能对任何特定的航空公司有偏差，因为杂志没从任何航空公司获取既得利益。

美国航空公司可能也需要考虑数据的真实性和可靠性。比如，它们需要考虑精选数据的标准是怎样确定的。比如价格是依据每千米的费用来衡量的。但如果美国航空公司不想以那种方式来制定价格，那么就可能对它们没用。就真实性而言，美国航空公司可能需要研究 *Money* 杂志及其雇来执行这次调查的 ICR 公司的声誉。美国航空公司也需要考虑 *Money* 杂志在它的调查中用过二手数据这个事实。例如，它用过一些美国国家运输安全委员会（National Transportation Safety Board）关于航空公司意外事故数据的报告及美国联邦航空管理局（Federal Aviation Administration）的事故报告来为这 10 家航空公司的安全性排序。从原始来源处获取信息总会比较好。因此，美国航空公司可能会想从这些报告中获取信息然后自己进行安全性的排名，这可能会比从 *Money* 杂志的报告中获取信息更可靠。

*Money* 杂志的文章可能会是美国航空公司营销调研方案的有用起始点。例如，它对清楚阐明问题的定义很有用处。然而，由于这篇文章在及时性、真实性和可靠性方面的局限，它的原始数据需要由其他研究的数据进行补充。[4]

## 4.5　二手数据的分类

图 4－1 列示了二手数据的分类。二手数据可以分为内部数据和外部数据。**内部数据**（internal data）是来自进行调研的机构的数据。这种信息可能是以直接使用的形式出现的现有数据，例如由管理决策支持系统提供的常规信息。另外，这种信息可能存在于组织内部，但需要经过一定的加工才对调研人员有用。例如，在销售发票中可以发现不同的信息。但这些信息可能不容易获得，需要进一步加工。**外部数据**（external data）来自组织以外的来源。这些数据可能存在于公开的资料、电脑数据库或辛迪加服务提供的可用信息中。在收集外部的二手数据之前，对内部二手数据进行分析将会很有用处。

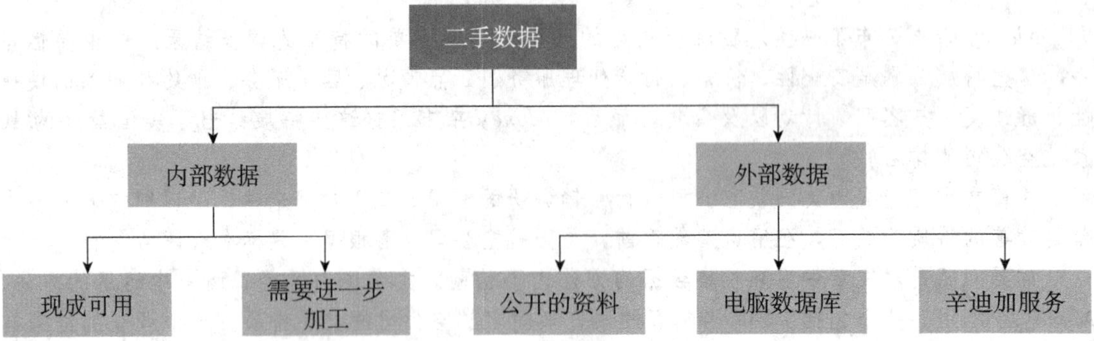


**图 4-1　二手数据的分类**

## 4.6　内部二手数据

内部数据应该是二手数据搜索的起点。因为大多数组织拥有大量的内部信息，所以一些数据可以随时获得并且提供有用的观点。例如，销售和成本数据可以在常规会计过程中得到。当内部数据显示锐步的网上销售额只占其总销售额的0.7%并且引起零售商的反感时，公司决定停止网上销售。此外，通过加工常规收集到的销售数据就能产生各种有用的信息，正如百货商店的例子所示。

**调研项目**

**内部二手数据**

百货商店项目对内部二手数据进行了大量的分析，并对此提出了一些很好的观点。例如，对销售额进行分析可以得到：

- 按产品线分类的销售额。
- 按主要部门分类的销售额（如男装、家用器皿）。
- 按商店分类的销售额。
- 按地理区域分类的销售额。
- 按现金和信用卡消费分类的销售额。
- 按特定时间段分类的销售额。
- 按购买规模分类的销售额。
- 这些分类中的许多销售趋势。

内部二手数据有两个重要的优点：容易获得并且成本低廉。事实上，内部二手数据通常是成本最低的营销调研信息的来源，但这些数据往往得不到充分利用。这种现象正在随着数据库营销的不断普及而改变。

## 数据库营销

**数据库营销**（database marketing）涉及使用电脑来捕捉和追踪消费者特征和购买细节。这些二手数据可作为营销方案的基础或者是消费者行为信息的内部来源。对许多公司而言，创立数据库的第一步是把原始的销售信息，如销售电话记录中或销售发票中的信息转入电脑中。然后这个消费者的购买信息将与由 Donnelley Marketing 和 Experian 之类的辛迪加服务公司提供的其人口统计学和心理学信息相结合。这些信息可以用于分析在业务关系中消费者的活动。关于重度使用者和轻度使用者的特征、使用关系变化的迹象或重要的“消费者生命周期”时间，例如周年纪念日，可以被确认。这些数据库为培育、扩展和维护客户关系提供了基本的工具。[5]

---

**调研实例**

**来自辛迪加服务公司的个人/家庭标准数据**

**人口数据**

- 识别（姓名，地址，电话）。
- 性别。
- 婚姻状况。
- 家庭成员的姓名。
- 年龄（包括家庭成员的年龄）。
- 收入。
- 职业。
- 子女数量。
- 自购居所。
- 居住期限。
- 自有车辆数量。

**心理、生活方式数据**

- 对高尔夫球的兴趣。
- 对滑雪的兴趣。
- 对读书的兴趣。
- 对跑步的兴趣。
- 对骑单车的兴趣。
- 对宠物的兴趣。
- 对钓鱼的兴趣。
- 对电子设备的兴趣。
- 对有线电视的兴趣。

另外也有像邓白氏（www. dnb. com）、美国商业信息（American Business Information）这样的公司，收集业务中的人口数据。

---

**客户关系管理**（customer relationship management）是数据库驱动营销的一种独特类型。作为客户关系管理系统的一部分，克莱斯勒建立了许多所谓的个人信息中心。这些个人信息中心正如其名，为车主提供了与营销调研团队直接连接的个性化网页。这些个人信息中心收集关于买车的各方面信息，使得公司有能力进行定制化营销。如果一个潜在购买者在他的网络调查中表示出了对微型面包车的关注，公司会在给他的产品介绍中覆盖相关信息。这些信息会告诉顾客克莱斯勒的微型面包车与竞争对手相比有什么优点。克莱斯勒相信当一个潜在顾客第一次与公司接触时客户关系就已经开始建立了，并且当顾客购买汽车时还没有结束。基于这一点，该公司使用客户关系管理系统不断地追踪购买者和潜在购买者的看法和愿望。客户关系管理使得该公司可以在汽车市场保持领导地位。2007年，私人股权公司 Cerberus Capital Management 用大约74亿美元收购了克莱斯勒，相当于戴姆勒1998年所支付的370亿美元的1/5。[6]

数据库营销可以产生相对成熟和有目的的营销方案，正如下面的例子所示。

---

**调研实例**

### 卡特彼勒：数据库营销的支柱

除了它们有名的挖掘机，卡特彼勒（Caterpillar）每年还生产价值20亿美元的在公路上随处可见的18轮大型卡车的引擎。这些卡车通常由卡车制造商定制，这些制造商如 Peterbilt 实际上是组装者。最开始的时候，卡特彼勒没有数据库，它的管理者有许多的问题：哪些卡车车队是我们没有宣传到的？哪个车队应该测试我们的新引擎？我们怎样制定一个可以衡量的营销战略？我们怎样应对未来销售的衰退？

为了回答这些问题，艾伦·韦伯（Alan Weber）和弗兰克·韦福斯（Frank Weyforth）两位数据库营销专家削减了卡特彼勒一个项目的营销预算。他们将省下的钱分给260个卡特彼勒的销售人员并要求："只要你能将顾客的名字和其他数据输入数据库，就可以得到报酬。"这招很有效。一开始实施，他们就得到了58 000名顾客和11 000个10车以上车队的数据。

卡特彼勒有4个互不兼容的数据库。为了获取数据，这个团队整合了内部数据库，并增加了全国机动车承运人名录、邓白氏和TRW的数据、贸易刊物名单。在这项工作进行了2年以后，卡特彼勒拥有了关于110 000名顾客、8 000个中等车队和34 000个大型车队的资料，包括美国所有的重型卡车。然后开始建模。利用这些数据，它制作了SIC编码、卡车主假期、引擎模型、卡车数量和装载目录。卡特彼勒能够预测哪些非顾客最有可能进行采购，并把顾客分组，编成了83个大型组和34个中型组。

当这些数据可用时，估计了客户的终身价值。销售、服务、使用和引擎模型的整合决定了顾客的价值。从这个分析中，可以确定最有价值的顾客和值得瞄准的潜在客户。

韦伯和韦福斯开发了一系列可以用来发送给每个顾客和潜在客户的不同的信息。被重点保留的信息与被设计用于赢得客户的信息不同。在拥有新数据库的第一年，卡特彼勒与500家车队签约，平均向每个车队以15 000美元一个的价格卖出了50～100个引擎。总的增加的销售额中可以归功于新数据库系统的将近5亿美元。卡特彼勒成功推出了两种新的引擎，这是其原目标的一部分。卡特彼勒的市场份额增加了5%并且持续增长。[7]

---

大多数大型组织拥有内联网，这给内部二手数据的搜索和获得提供了极大的便利。例如，宝洁就开发了功能强大的内联网应用，它的经理可以使用关键词搜索过去的和现有的调研以及各种各样的与市场相关的信息。一旦成功定位信息，可以在线查看。敏感的信息需要特定的权限才能访问。

## 4.7　公开的外部二手数据源

公开的外部二手数据源包括联邦、州和地方政府，非营利组织（如商会），行业协会和专业组织，商业出版商，投资经纪公司和专业的营销调研机构。实际上，可以获得的数据多到让调研人员招架不住。因此，对公开的来源进行分类十分重要（见图4－2）。公开的外部来源基本上可以分为普通商业数据和政府数据。普通商业来源由指南、目录、索引和非官方统计数据组成。政府来源大致分为普查数据和其他出版物。

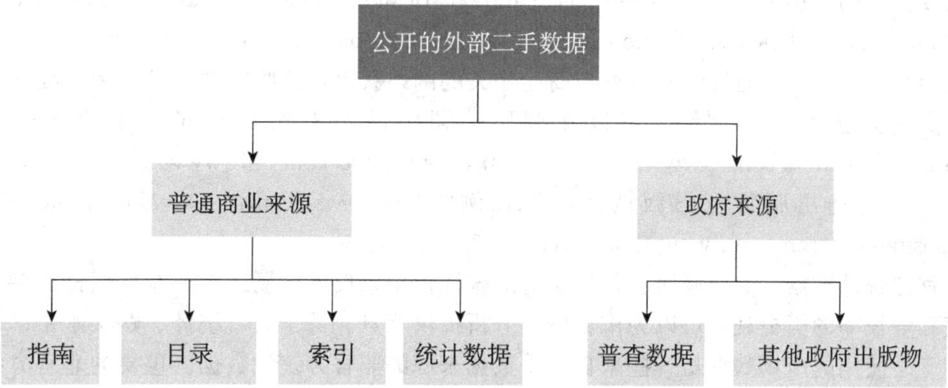


**图4－2　公开的外部二手数据源的分类**

### 普通商业数据

企业以数据、期刊、通讯、报纸、杂志、报告和行业文献等形式提供了大量信息。穆迪（www.moodys.com）和标准普尔（www.standardandpoors.com）提供了关于美国和其他国家公司的信息。另外一个关于工业品牌和贸易信息的有用来源是托马斯网（www.thomasnet.com）。有价值的营销和营销调研信息可以从www.secondarydata.com上获得。

各种与商业有关的网站可以为美国企业提供销售线索、邮件列表、业务概况和信用等级。许多网站提供的关于商业的信息都是关于特定的行业。例如，你可以从www.marketingtools.com上获得美国人口统计学和营销工具出版物的全文。所有的美国市场营销协会的刊物都可以通过使用关键词在www.marketingpower.com上搜索。《大英百科全书》（www.britannica.com）免费提供全部32卷的在线阅读。关于美国制造商和主要决策者的数据可以通过Harris Infosource（www.harrisinfo.com）获得。另一个较好的来源是USAData.com。指南、索引和目录可以帮助从普通商业数据中定位有用的信息。一些来源还可以用于搜寻统计数据。下面是这些不同类型来源的简单介绍。

**指南**　指南是标准化的或者重复性的信息的最好来源。它可以帮助确定目录、行业协会和行业出版物这些其他的重要来源。指南是调研人员应该考虑的首要来源之一。下列这些指南都十分有用：American Marketing Association Bibliography Series，Business Information Sources，Data Sources for Business and Market Analysis和Encyclopedia of Business Information Sources，均可以在互联网上找到。@BRINT（www.brint.com）是一个带有评论的关于业务技术管理和知识管理网站的指南。

**目录**　目录有助于识别出收集特定数据的个人或组织。以下是一些重要的目录：Directories in Print，Consultants and Consulting Organizations Directory，Encyclopedia of Associations，FINDEX：The Directory of Market Research Reports，Fortune 500 Directory，Million Dollar Directory：Leading Public and Private Companies，Standard Directory of Advertisers 和 Thomas Register of American Manufacturers，它们同样可以在互联网上找到，例如，通过 www.google.com/dirhp 上的 Google directory 和 dir.yahoo.com 上的 Yahoo!directory。

**索引** 使用索引可以就某一特定话题在几种不同的出版物中定位信息。因此，索引可以提高调研过程的效率。你可以在互联网上找到索引，例如 www.lii.org 上的 Librarian's Internet Index。CI Resource Index（www.ciseek.com）包含有竞争性情报信息的网址，其中有几个用于百货商店项目。

索引在很大程度上为直接查找相关文献提供了方便。一些学术和商业来源的索引是可用的。比较有用的索引有 Business Periodical Index，Business Index，Predicasts F&S Index：United States，Social Sciences Citation Index，Wall Street Journal Index。

美国商业数据可以通过访问各种与商业相关的网站获得，这些网站提供了销售线索和邮寄名单、商业分析和信用评级。可以在调研公司的网站上找到不同行业的报告，比如 www.jupiterresearch.com，www.forrester.com，www.idc.com 和 www.greenfield.com。此外，另一些普通出版物也出版调研结果，例如 www.wsj.com，www.businessweek.com，www.business20.com，www.nytimes.com。

**非官方统计数据** 商业调研往往涉及应用统计数据来反映市场或者产业的因素。关于产业参与度和增长率的历史观点可以为市场份额分析提供背景。关于人口统计、购买水平、电视收视率和产品使用的市场数据是一些来自二手数据来源的非官方统计数据。重要的非官方统计数据来源包括 A Guide to Consumer Markets，Predicasts Basebook，Predicasts Forecasts，Sales and Marketing Management Survey of Buying Power，Standard & Poor's Statistical Service，Standard Rate and Data Service。

## 政府数据

美国政府也会提供大量的二手数据，可以分为普查数据和其他政府出版物。[8]

**普查数据** 美国人口普查局是全世界最大的统计数据来源。它每月的目录列出并描述了它的各种出版物。[9]但是，使用更方便的是 Guide to Economic Census。其普查数据在各种营销调研项目中都可以用到。由美国人口普查局收集的人口数据包括关于家庭类型、性别、年龄、婚姻状况和种族的信息。与汽车所有权、住房特征、工作状态和职业相关的消费细节仅仅是可用信息类别的一小部分。使得这些人口信息对于营销人员特别有价值的是这些数据可以根据不同的详细程度进行地理分类。这些数据可以按照不同要求进行汇总：城市街区、街区群体、普查小区、大都市统计区、综合大都市统计区、地区（东北部、中西部、南部和西部），或者可以进行国家层面的整合。普查小区有 4 000 人以上并且由当地社区定义。在城市地区，大都市统计区是拥有至少 50 000 人，并且包括中心城市。此外，普查数据可以按不同方式分类，例如行政区、城市、地方和州。

普查数据的质量高且特别详细。此外，人们可以以少量费用从美国人口普查局购买数据考贝。[10]许多私人来源在普查年份之间以更细化的地理水平更新普查数据。[11]重要的普查数据包括住房普查、制造商普查、人口普查、零售贸易普查、服务业普查、批发贸易普查。

**其他政府出版物** 除了普查数据，美国联邦政府还收集并出版了大量的统计数据。比较有用的出版物有 Business America，Business Conditions Digest，Business Statistics，Index to Publications，Statistical Abstract of the United States，Survey of Current Business。

更广泛的商业统计数据可以从 FedStats（www. fedstats. gov）和 Stat-USA（www. stat-usa. gov）获得。FedStats 汇编了超过 100 个代理商的统计信息。普查局的信息可以从美国商务部（www. doc. gov）得到或直接从 www. census. gov 获得。美国劳工部统计局提供了许多有用的信息，尤其是消费支出调查（www. bls. gov）。从美国经济分析局（www. bea. doc. gov）可以获得广泛的经济统计数据。关于上市公司的信息可以从包含美国证券交易委员会（www. sec. gov/edgar. shtml）备案的公司信息 EDGAR 数据库中获得。关于小企业的信息可以从 www. sbaonline. sba. gov 获得。关于地方政府组织的两个最重要的信息源是 U. S. Government Manual 和 Congressional Directory，都可以从 www. gpoaccess. gov 上找到。这些官方网站可以为营销调研人员提供有价值的信息。

大多数发布的信息同样以电脑数据库的形式存在。

## 4.8　电脑数据库

电脑数据库包含已经被处理成可以用电脑读取及传输的信息。进入 21 世纪，数据库和提供这些服务的供应商的数量激增。[12]因此，对电脑数据库进行分类很有必要。

### 电脑数据库的分类

如图 4 - 3 所示，电脑数据库可以分为在线数据库、互联网数据库和脱机数据库。**在线数据库**（online database）由通过通信网络与电脑相连的中心数据库组成。**互联网数据库**（internet database）可从互联网上获取、检索和分析，还可以下载并存储到电脑或者辅助的存储设备里。[13]**脱机数据库**（offline database）将信息存储在 CD - ROM 上，不必使用外部通信网络，用户就能够在本地使用。例如，美国人口普查局把电脑数据文档刻在 CD - ROM 上，其中包括按普查小区或者邮政编码分类的详细信息。在百货商店的项目中，曾在抽样时使用过这类信息。[14]正如下面的例子所示，许多供应商以不同的形式提供数据。

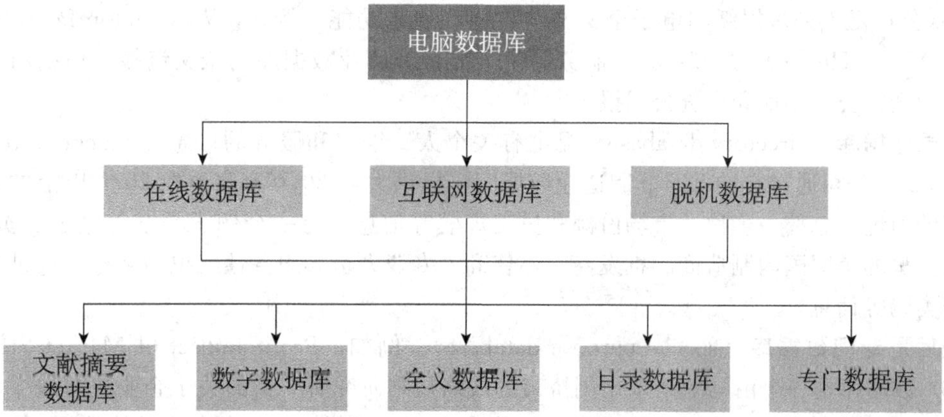


**图 4 - 3　计算机数据的分类**

**调研实例**

**InfoUSA：包罗万象**

InfoUSA 是销售和营销支持数据的主要提供者。该公司从多处收集数据，包括：

- 黄页和白页目录。
- 美国各县的法庭及州政府的数据。
- 权威杂志及报纸。
- 年度报告。
- 10－K报表和美国证券交易委员会提供的文件。
- 新登记和合并的企业。
- 邮政信息。

这些基本数据库包含2.1亿名美国消费者和1 400万家美国企业的信息，可用于确定销售机会、邮寄名单、产品测试和互联网上的资料传递。[15]

---

在线数据库、互联网数据库和脱机数据库可以进一步分类为文献摘要、数字、全文、目录和专门数据库。**文献摘要数据库**（bibliographic database）由期刊、杂志、报纸、市场营销调查研究、技术报告、政府文件等相关文章的引用信息构成。[16]它们通常为所引用的文章提供摘录或概要。文献摘要数据库包括ABI/Inform和Predicasts Terminal System等。另一个由Dialog公司提供的文献摘要数据库Management Contents用于协助百货商店项目的文献收集。

**数字数据库**（numeric database）包含数字和统计信息，例如调查和时间序列数据。经济和行业数据以时间序列形式存在，它们测量了相同变量随着时间变化的不同取值。这些数据在评价市场潜力、制定销售预测或者设定销售配额时非常有用。美国统计指数（American Statistics Index，ASI）提供了联邦政府统计出版物的摘要和索引。全球金融数据（www. globalfinancialdata. com）提供了债券、股票和汇率的历史数据。

最新的商业普查数据是数字数据库的另一个例子。一些来源提供了在最新的普查中收集到的最新的、本年度的和5年预测的人口统计数据。包括普查小区、邮政编码在内的许多地理分类计划都可以作为在这些数据库中进行搜索的关键词。Claritas（www. claritas. com）是一个提供每年最新人口信息的公司。

**全文数据库**（full-text database）包括构成数据库的源文件的全文。Vu/Text Information Systems公司提供许多报纸的电子全文文本传递和检索功能（例如，Washington Post，Boston Globe，Miami Herald）。LexisNexis服务提供了数百个商业数据库的全文链接，包括所选择的报纸、期刊、公司年报和投资公司报告。

**目录数据库**（directory database）提供有关个人、组织和服务的信息。Economic Information Systems公司通过它的EIS非制造业数据库，提供大约20万家雇员在20人以上的非制造业组织的地址、总部、名称、市场份额和员工规模等信息。另一个例子是全美电子黄页目录，其含有大量的美国国内制造商、批发商、零售商、专业人员和服务性组织的名称、地址和北美行业分类码等信息。

最后是**专门数据库**（special-purpose database）。例如，Profit Impact of Market Strategies（PIMS）数据库是一个由马萨诸塞州剑桥市的战略规划研究所编辑的关于企业战略研究和分析的及时更新的数据库。这个数据库覆盖250多家公司，提供2 000多个业务的数据。[17]事实上，几乎所有主要大学的图书馆都保留着管理相关文献的电脑数据库，学生可免费使用。

虽然电脑数据库数量大、形式多样，但其中没有用处的数据库数量也大得惊人，使得要准确找到一个特定的数据库很困难。那么，怎么找到特定的文献摘要、数字、全文、目录或者专门数据库呢？可以借助数据库目录的帮助。

### 数据库目录

有大量的数据库信息源，也许获得数据库信息的最好方法是查询数据库目录。Gale Directory of Databases（www. gale. cengage. com）每 6 个月出版一次。第 1 卷包含在线数据库，第 2 卷包含 CD-ROM 和其他脱机数据库。其他定期更新的有用的目录有：

- Directory of On-line Databases Santa Monica，CA：Cuadra Associates，Inc.（www. cuadra. com）。
- Encyclopedia of Information System and Services Detroit：Gale Research Company。

## 4.9 二手数据的辛迪加服务

除了已出版的数据或电脑数据库中的有关数据，辛迪加服务是构成外部二手数据的另一个主要来源。**辛迪加服务**（syndicated service）也称辛迪加来源（syndicated sources），是收集和出售有商业价值的公共数据以满足许多客户共享信息需求的公司。这些数据并不是为了某个特定客户的营销调研问题而收集的，但这些为客户公司提供的数据和报告可以定制以满足特定需求。例如，可以按客户的销售区域或产品线来编写报告。使用辛迪加服务通常比收集原始数据的成本低。图 4-4 列出了对辛迪加服务的分类。辛迪加服务可以在测量单位（家庭/消费者或机构）的基础上继续分类。家庭/消费者数据可以通过调查、购买/媒体固定样本组或电子扫描仪服务收集。通过调查得到的信息包括价值观和生活方式、广告评估，或者关于偏好、购买、消费和其他方面的行为的一般性调查。固定样本组重点收集关于购买或媒体消费的信息。电子扫描仪服务可以只提供扫描仪数据，也可以提供与固定样本组相连接的扫描仪数据，或同时与固定样本组和有线电视固定样本组相连接的扫描仪数据。当把机构作为测量单位时，数据可以从零售商、批发商或者工业品公司获得。表 4-3 是对部分辛迪加服务的总结。

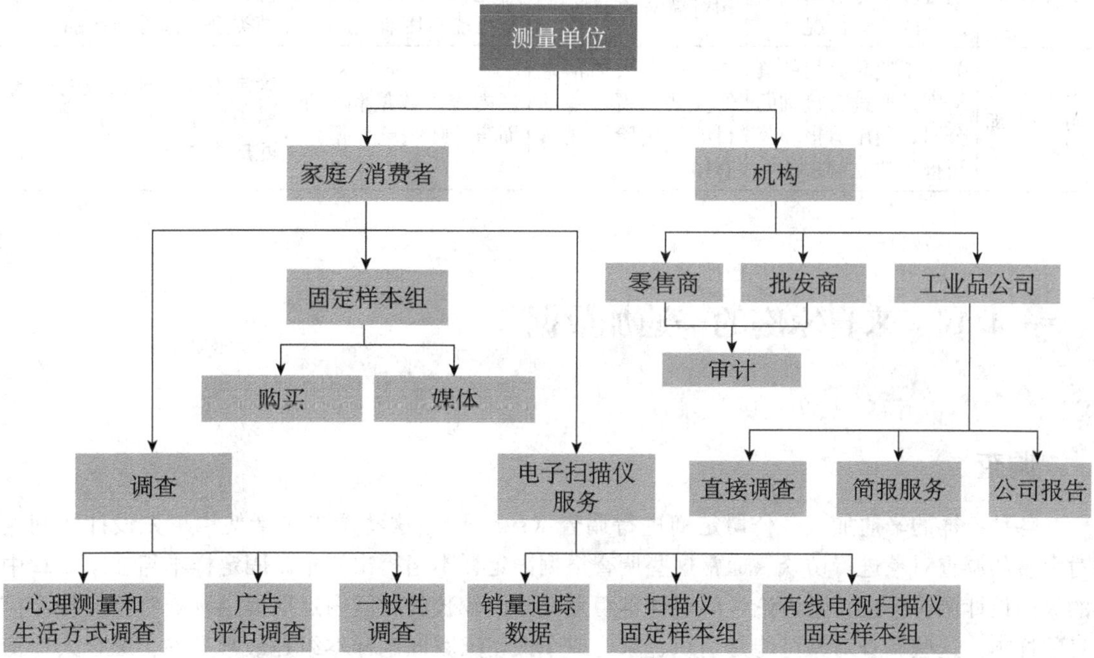


**图 4-4 辛迪加服务的分类**

**表 4-3　部分辛迪加服务概括**

| 类型 | 特点 | 优点 | 缺点 | 用途 |
|---|---|---|---|---|
| 调查 | 定期进行调查 | 是获取数据最灵活的方式，提供关于潜在动机的信息 | 调查人员误差，调查对象误差 | 市场细分，广告主题选择和广告效果评估 |
| 购买固定样本组 | 家庭在较长时期内定期提供特定信息；要求调查对象在特定行为发生时将其记录下来 | 所记录的购买行为能够与人口统计学/心理测量的特征相联系 | 可能缺乏代表性，调查对象的反应可能有偏差，调查对象参与时间过长 | 预测销售量、市场份额和趋势，描述消费者特征、品牌忠诚度和品牌转换行为，评价所测试的试销、广告和分销效果 |
| 媒体固定样本组 | 电子设备自动记录样本的行为，辅之以日记的补充 | 所记录的购买行为能够与人口统计学/心理测量的特征相联系 | 可能缺乏代表性，调查对象的反应可能有偏差，调查对象参与时间过长 | 确定广告收视率，选择媒体节目或播放时间，描述受众特征 |
| 销量追踪数据 | 通过超市的电子扫描仪记录家庭购买行为 | 数据反映了实际购买情况，及时，成本低 | 数据可能不具有代表性，在记录购买行为时可能出现误差，将购买行为同价格之外的营销组合联系起来可能有困难 | 价格追踪，建立模型，评价店内促销的有效性 |
| 有线电视扫描仪固定样本组 | 装有有线电视的家庭的扫描仪固定样本组 | 数据反映了实际购买情况，有利于样本控制，能够把固定样本组数据同家庭特征联系起来 | 数据可能不具有代表性，数据的质量受到限制 | 促销组合分析，文案测试，新产品测试及定位 |
| 审计服务 | 通过检查实物记录或进行存货分析来确定产品的流动情况 | 为零售和批发提供相对简洁的信息 | 覆盖面可能不完全，与竞争行为数据相匹配可能有困难 | 测量消费品销售量和市场份额、竞争行为，分析分销类型，追踪新产品 |
| 工业品公司辛迪加服务 | 关于工业品公司的资料库是通过直接询问公司、利用剪报和公司报告建立起来的 | 是工业品公司信息的重要来源，在项目的初始阶段尤其有用 | 就内容、数量和质量而言，还缺乏数据 | 确定不同地理区域的市场潜力，定义销售区域，分配广告预算 |

## 4.10　来自家庭的辛迪加数据

### 调查

各种各样的辛迪加服务公司定期进行**调查**（survey），这些调查包括使用事先设计的问卷对大量的调查对象进行访谈。通常这些调查根据固定样本组得出样本。固定样本组在第3章中的纵向设计调研中进行了讨论。固定样本组是在一段较长的时间内定期提供调查对象的特定信息的样本。这些调查对象可能是组织、家庭或个人，家庭固定样本组是最常见的。综合人口信息、生活方式和产品所有权数据仅仅在每个被调查者同意进入该固定样本组的时候才被收集。

固定样本组是调查对象的集合，调研组织可以基于固定样本组成员的相关背景特征来归纳具有代表性或针对性的样本。固定样本组调查的回应率，包括邮件固定样本组调查的回应率，能够通过随机抽样程序显著提高，这是因为作出承诺的固定样本组成员通常会参与调查。

**辛迪加固定样本组调查**（syndicated panel survey）在一段时间内对同一组被调查者进行测量，但不一定是针对相同的变量。大量的被调查者的集合被招募加入固定样本组，可以从样本库中抽取不同的被调查者子样本参与不同的调查。任何的调查技术都可能用到，包括电话访谈、人员访谈、邮件访谈、电子访谈。调查的内容和话题各异，涵盖的范围广泛。也有综合固定样本组（omnibus panels），这些固定样本组被用于不同时间点来实现横截面设计，一般是针对不同的调查。例如，eNation 包含 5 个由 1 000 名使用 Synovate's Global Opinion Panels 的美国成年人组成的每周更新的综合固定样本组。Synovate 还有其他综合固定样本组，包括每周两个全国电话调查总共 2 000 名被调查者在内的 TelNation。综合固定样本组与在第 3 章中讨论的使用纵向设计的固定样本组不同。在纵向设计中，对于相同变量的重复估计可以基于相同的样本。这种固定样本组又称为真实固定样本组（true panels），以区别于综合固定样本组。调查可以根据其内容大致分类为心理测量和生活方式调查、广告评估调查和一般性调查。

**心理测量和生活方式调查　心理测量**（psychographic）是指对个人的心理特征和基于心理的生活方式的测量。**生活方式**（lifestyle）是指一个社会或其某一阶层的独特的生活模式。总的来说，这类测量指标一般被称为行为、兴趣和意见（AIO）。下面提供了一个应用实例。

---

**调研实例**

### 金宝汤确保 AIO 在它的食谱中

Yankelovich 调研和咨询服务公司提供一个名为 Yankelovich 监测的调查，它包括生活方式和社会趋势方面的数据。这个调查在每年的同一时间进行，其全国性的样本包括 2 500 名成年人、16 岁或者年龄更大一点的青年，其中有一个由 300 名在校大学生组成的特殊样本。其样本是以最新的人口普查数据为依据的。访谈人员亲自在被调查者家里进行，需要约 1.5 小时来完成。另外，问卷需要被调查者在事后花 1 小时左右的时间来完成，然后以电子邮件的形式返回。广告公司运用 Yankelovich 监测来识别生活方式和广告主题设计中的趋势变化。当监测系统显示一个成年人需要食物来填饱肚子时，金宝汤（Campbell，campbellsoup. com）会在它的许多商业广告中，利用它的赞助对象 NFL 和明星库尔特・沃纳、多诺万・麦克纳布来介绍它的 Chunky 汤。虽然年青人很喜爱 Chunky 汤，但金宝汤也希望占领成年人市场。其 2006 年冬奥会的广告是要显示运动员通过喝金宝汤的产品来保持身体的温度和舒适度。奥运会金牌获得者萨拉・休斯是金宝汤 Labels for Education 项目的代言人。[18]

---

SRI 咨询公司、SRI 国际的合伙人和斯坦福研究所（www. future. sri. com）每年进行一次消费者调查，目的是对消费者进行价值观与生活方式（VALS-2）类型的细分[19]，并提供关于消费者生活方式某一方面的特定信息。GfK 公司（www. gfkamerica. com）实施了一个有 5 000 名参加过休闲运动和娱乐活动的消费者的年度调查。一些公司以家庭、邮政编码为单位进行调查，以汇编人口和心理测量信息，然后据此收费。对于那些努力获取内部产生的数据来进行数据库营销的客户公司来说，这些信息特别有价值。

**广告评估调查　广告评估**（advertising evaluation）**调查**的目的是评估印刷和广播媒体广告的有效性。这一领域的著名调查有盖洛普和 Robinson 公司的期刊影响服务（MIRS）。在 MIRS

中，通过在广泛分散的样本中使用杂志来进行广告测试。这个系统通过灵活的设计选择来提供标准化的测量。测试广告可能是自然地在杂志中出现或是作为插页插入的。它提供了对于回忆、说服和广告反应的强大的、有效的测量。其结果对于大量做广告的客户，例如宝洁、通用汽车、西尔斯、百事、麦当劳等，尤其重要。这些公司十分关心它们的广告支出效果。[20]

效果评估对于电视广告而言更为重要，可以通过采用招募观众的方法或在家观看的方法来对电视广告进行评估。前一种方法是招募被调查者并将他们带到一个集中观看的场所，例如电影院或流动观察室。被调查者观看广告并提供有关广告产品和广告本身的理解、态度、偏好的数据。在家观看的方法是指消费者在家中正常的观看环境下评估广告。可以在网络范围或者局部市场范围内投放广告，对新广告进行预测试，然后对观众进行调查，评估广告的有效性。MIRS综合使用这些方法对电视广告进行测试。

这些方法也可以测试在其他媒体如杂志、电视台、报纸和直接邮件上投放的广告。Experian Simmons（www.smrb.com）使用了一个大样本进行了四个不同的调查来监测杂志、电视、报纸和广播媒体的曝光率。Mediamark（www.mediamark.com）是另一家可以提供关于家庭的媒体、产品和服务消费的信息的公司。它的Starch Readership Survey擅长评估印刷媒体的受众，每年为消费者、企业和工业出版物的近1 000个问题评估曝光率和读者水平，还会对超过100 000名被调查者进行个人访谈。

在最近出版的杂志中刊登被调查者能看到的广告是正在使用的一个识别方法。每个人都会被问到每个广告。根据对每个广告的回答，被调查者被分入下面四个识别水平的一个：（1）非读者，没有见过广告；（2）注意者，记得广告；（3）关联者，见过广告并且记得其品牌或广告主的名字；（4）深度阅读者，阅读了广告中50%或以上的文字部分。

这些数据按每个杂志中的每个广告汇总。Starch可以生成整体受众比例、每一美元广告的受众（基于现有的广告率）、产品目录里的广告排名。这种类型的数据可以用来比较现在或过去的广告和产品目录的平均值。这些信息对于在印刷媒体上大量做广告的公司评估其广告的有效性非常有用，如美国航空公司、古驰和通用汽车。

**一般性调查** 如果是为了多个目的，包括了解购买和消费行为，通常会进行一般性调查。例如，Harris Interactive公司的ShopperInsight是一个全国性的涵盖26 000名家庭购物者的网络调查，询问这些购物者为什么选择某一特定的超市、商店或仓储式商店。购物者根据选择零售商的30个关键影响因素对他们的购物经历打分，包括从交款、等待、排队到商店的清洁程度、时间和趣味性。此外，还对每个超市、商店或仓储式商店的45个品类的产品定价和可选品种等属性进行评估。这些调查结果可以帮助沃尔玛这样的零售商衡量其优势和不足。例如，最近的调查结果进一步强化了沃尔玛的每日低价战略，而不是对某些特定商品频繁开展促销活动。调查结果显示，沃尔玛的价格比其最直接的竞争对手塔吉特（Target）低了3.8%。

**调查的用途** 基于可以获得的数据的多样性，调查数据有许多用途。它们和心理测量、生活方式数据一样，可用于市场细分，也可以用来描述消费者的特征。它对于确定产品形象、测量和定位，以及进行价格感知分析也很有用。其他重要的用途包括广告主题选择和广告效果评估。

**调查的优缺点** 调查是从被调查者处获得数据最灵活的方法。调研人员需要侧重于人口的某一细分部分，例如青少年、度假别墅主人、30～40岁的家庭主妇。调查是获得关于消费者的动机、态度和偏好信息的主要途径。在访谈中可以询问各种问题，也可以使用视觉手段、包装、产品或其他小道具。经过适当的分析，调查数据能够以多种方式被处理，这样调研人员就能够看到群体间的差异性，检验如年龄或收入等自变量的影响，甚至还能够预测未来的行为。

调查数据也有局限性。调研人员不得不依赖调查对象的自述，而人们所说的和他们实际所做的通常会有差距。如果被调查者的记忆有误或故意给出期望的结果，就会产生误差。此外，样本可能会有偏差，问题可能表达不当，访谈人员可能介绍情况不恰当或者管理有误，都会导致结果的扭曲。

## 购买/媒体固定样本组

通常，从购买/媒体固定样本组得到的数据能够弥补调查数据的局限。与为了进行调查而建立的固定样本组不同，购买/媒体固定样本组的显著特点是被调查者的特定行为在发生的时候被记录。以前，将发生的行为记在日记里，每隔1～4周将日记返还给调研机构。后来纸质日记逐渐被电子日记替代。现在，大部分固定样本组都是在线的，以电子方式将行为记录下来（由被调查者录入，或由电子设备自动录入）。固定样本组的成员因为参加调查收到礼物、优惠券、信息或者现金作为报酬。购买固定样本组和媒体固定样本组所记录的信息内容有所不同。

**购买固定样本组**　在**购买固定样本组**（purchase panel）中，被调查者要记录各种产品的购买情况。

其他保有购买固定样本组的调研机构包括 NFO World Group（www. nfow. com）。该集团拥有数个固定样本组，包括一个大型的交互固定样本组。它的特定样本组，例如婴儿固定样本组，提供了特定的目标市场信息。每个季度大约有 2 000 名孕妇和 2 000 名产后妈妈加入 NFO World Group 的婴儿固定样本组。

**媒体固定样本组**　**媒体固定样本组**（media panel）用电子设备自动记录观看行为，进而补充日记或在线样本组。最有名的是尼尔森公司的电视固定样本组。尼尔森公司全国收视率评估的核心是一个称为尼尔森人员测量仪的电子测量系统。尼尔森公司在随机抽取的大约 11 000 个能够代表美国人口的家庭样本中安装测量仪。每个样本家庭的每台电视上都安装一个人员测量仪来测量两项指标——看什么节目和谁在看。每天的收视数据被存储在监测记录仪中，每晚由尼尔森公司的电脑自动读取。尼尔森公司在佛罗里达的运营中心每晚对这些信息进行处理以供第二天向电视业和其他顾客提供。

为了测量当地电视节目的观众，尼尔森公司使用电视日记、小册子来收集受测者观看电视的信息，日记要求受测者不仅要写下谁看了节目，还要写下他们所观看的节目和频道。一旦日记记满，受测者就把它们寄回尼尔森，同时这些信息将被传送到电脑以计算收视率。

利用这些数据，尼尔森估计了有电视的家庭观看某一节目的数量和百分比。还可以按10个人口统计学和社会经济特征，例如家庭收入、户主的教育水平、户主的职业、家庭的规模、孩子的年龄、妇女的年龄和地理区位等，对信息进行细化。尼尔森电视收视率对于 AT&T、家乐氏、杰西潘尼、皮尔斯伯里和联合利华等公司选择在哪些特定电视节目中播放它们的广告很有帮助。[21]

2007年4月，尼尔森引进一种新的商业分钟收视率，进而允许广告代理商、广告主和程序员使用个性化的按分钟计算的全国广告收视率，这是将美国国内所有电视节目按人口群组分组得到的。该公司的另一个指标是尼尔森家庭音像指数，即 NHI。该指数于1980年推出，提供对有线电视、付费电视、VCR、DVD、卫星电视和其他电视新技术的检测，通过人员测量仪、播放设备检测仪和纸质日记收集数据。

除了尼尔森电视收视率，还有其他服务提供媒体固定样本组数据。Arbitron（www. arbitron. com）拥有当地的和区域性的广播和电视日记固定样本组。Arbitron 的便携式人员测量仪是一种基于固定样本组的多媒体测量技术，包括检测电视、广播、卫星广播和互联网。[22]在 ScanAmerica 个人收视记录评级系统中，电子仪器自动收集每个被测家庭里的电视的细节测量数据。

Simmons Market Research Bureau（www. smrb. com）的 TV Behavior Graphics 是一个行为定位系统，基于消费者对广播和有线电视节目的看法识别其产品和服务的最佳前景。该系统是通过将尼尔森全国电视指数和 Simmons 全国消费者调查进行整合开发出来的。它由一个细分的多集群系统组成，该系统基于消费者的电视观看行为将他们分成不同的小组。这个由顶尖的广告代理商和电视媒体使用的系统可以订购。辛迪加服务公司同样为广播收集相同类型的观众数据。广播观众数据通常每年使用日记收集 2～4 次。

随着互联网的普及，辛迪加服务同样用于互联网这种媒体。尼尔森在线从超过 50 000 个家庭和工作用户处追踪和收集了实时互联网使用信息。它报告了网站和电子商务活动的内容：对属性、区域和特定网址的访问次数，按网址和目录的排名，时间和频率统计，沟通模式和电子商务交易。它还报告了横幅广告的有关内容：对横幅的观众响应、创意内容、频率和选址。该服务是和尼尔森合作开展的。

**购买/媒体固定样本组的用途** 购买固定样本组提供的信息有助于预测销售、估计市场份额、评估品牌忠诚度和品牌转换行为、确定特定用户群的特征、测量促销效果以及控制试销。媒体固定样本组产生的信息有助于确定广播和电视网络的广告率、选择适当的节目，以及分析受众。广告主、媒体策划和购买者会发现固定样本组的信息特别有用。

**购买/媒体固定样本组的优缺点** 与抽样调查相比，购买/媒体固定样本组有其特定的优点。[23]固定样本组能够提供纵向数据（能够从同一被调查者处反复获得数据）。愿意加入固定样本组的人会比抽样得到的被调查者提供数量更多、质量更高的数据。在购买固定样本组中，信息在购买时即被记录，排除了记忆可能产生的偏差。[24]因为排除了人为误差，电子设备记录的信息会更准确。

购买/媒体固定样本组的缺点包括缺乏代表性、被调查者参与时间过长以及存在反应偏差。许多固定样本组并不能代表美国全体人口。如包括少数族裔和低教育水平人群在内的一些群体在样本中的比例经常偏低。拒绝回答和样本组成员的流失常导致这一问题进一步复杂化。被调查者参与时间过长，就必须更换（见第 7 章）。因为如果总是在同一固定样本组里，被调查者会改变他们的行为，这样就会产生应答误差。人工输入的购买或者媒体数据也有可能发生记录误差（见第 3 章）。

## 电子扫描仪服务

虽然调查、购买/媒体固定样本组所提供的信息很有用，但电子扫描仪服务越来越受欢迎。**扫描仪数据**（scanner data）反映了营销调研行业中技术的一些最新发展。商品经过激光扫描，扫描仪读取印刷在商品上的条形码（通用产品代码或 UPC），这样就可以收集到扫描仪数据。然后，条形码与存储在电脑里的商品现价相连，从而形成一份销售小票。印在小票上的信息包括所有购买产品的描述和价格。现在许多零售商店使用结账扫描仪，使得包装商品的营销调研发生了彻底变革。

有 3 种扫描仪数据可供使用：销量追踪数据、扫描仪固定样本组数据和有线电视扫描仪固定样本组数据。**销量追踪数据**（volume tracking data）是基于从结账扫描仪记录上收集的销售数据提供的关于购买的品牌、规格、价格和种类的信息。这些信息是从全美范围内安装了扫描仪的超市样本中收集到的。提供销量追踪数据的电子扫描仪服务的包括 National Scan Track 和 InfoScan。InfoScan 追踪服务每周从美国的 32 000 家超市、商店和大型仓储店收集扫描仪数据，提供有关销量、市场份额、分销、价格和促销的详细信息。[25]

在**扫描仪固定样本组**（scanner panel）中，每个家庭成员得到一张可以被收银台的电子扫描仪识别的身份卡。每次购物时，扫描仪固定样本组的成员在收银台出示身份卡。这样，消费者的身份可以和购买的产品以及购物时间相匹配，并且公司可以建立其购物记录。另外，有些公司也给每个样本组成员一个手持扫描仪，其可以在家扫描所购物品。尼尔森的消费者固定样本组称为 Homescan，记录了全球的 300 000 个家庭的购买行为。消费者使用手持扫描仪扫描购买产品的条形码，记录每个产品的价格、促销情况和数量。手持扫描仪内的数据会传送给尼尔森，尼尔森用来自扫描仪的信息和从消费者处收集的其他信息，确定消费者的人口统计学特征、购买的数量和频率、购物次数和花费、支付的价格和使用情况等。根据尼尔森的消费者固定样本组的数据，55%的被调查者一个月内会数次购买家用便餐食品。[26]

扫描仪的另一种更为先进的应用是**有线电视扫描仪固定样本组**（scanner panels with cable TV），它将扫描仪固定样本组同有线电视产业发展的新技术结合起来。这些固定样本组中的家庭处于其所在市场的有线电视系统中，利用有线电视，调研人员把不同的广告分配至固定样本组成员家庭中。例如，一半的家庭在下午 6 点看到试验广告 A，另一半家庭看到试验广告 B。这使得调研人员能够在一种相对自然的环境中进行可控的试验。Information Resources 的行为扫描系统就包含一个这样的固定样本组。[27]

**扫描仪数据的用途**　扫描仪数据可以用于许多目的。[28]全国销量追踪数据能够用于追踪销售、定价、分销、建模、分析早期预警信号。有线电视扫描仪固定样本组能够用于测试新产品、重新定位产品、分析促销组合和进行广告决策（包括预算、文案、媒体和定价等）。这些固定样本组为营销调研人员提供了独特的可控环境来操作营销变量。

**扫描仪数据的优缺点**　与调查和购买固定样本组相比，扫描仪数据有明显优点，因为它们反映的购买行为排除了访谈、记录、记忆和专业人士偏差的影响。通过扫描得到的购买记录是完整的，不因价格敏感度而发生偏倚，这是因为并不要求固定样本组成员关注价格水平及其变化。此外，诸如定价、促销和陈列等店内变量也是数据集的一部分。数据可以及时并迅速获得。最后，有线电视扫描仪固定样本组提供了一个高度可控的试验环境。

扫描仪数据的一个主要缺点是缺乏代表性。可能不能依据全国销量追踪数据对总人口进行推断，因为只有大型超市拥有扫描仪。一些渠道被排除在外了，如食品仓库和群众采购员。同样，扫描仪的地理覆盖面也是有限的。

扫描仪数据的质量还会受到一些因素的限制。并不是所有的产品都能被扫描。例如，店员可能会使用登记簿登记重物，以免将其举起。如果一件物品没有一次扫描成功，店员可能会键入价格而忽略条形码。有时，顾客购买了几种不同口味的同一种商品，但店员只是扫描了其中一件，然后键入购买数量。这些都会导致交易记录不准确。至于有线电视扫描仪固定样本组，系统提供的信息是关于使用中的电视机，而不是实际的观看行为。虽然扫描仪数据提供了行为和销售的信息，但它们并不提供关于特定选择背后的态度、偏好和原因的信息。

## 4.11　来自组织机构的辛迪加数据

### 零售商和批发商审计

如图 4－4 所示，辛迪加数据来自零售商、批发商和工业品公司。从零售商和批发商获取数据的最常用的方法是审计。**审计**（audit）是指访问零售商和批发商的审计员通过检查实物记录或者分析存货，对产品流通情况进行正式的检查和确认。参加审计的零售商和批发商从审计服务公司得到基本报告，并支付报酬。审计数据着重于从销售渠道出售的产品或服务，或者销售渠道本身的特点，如下面的例子所示。随着扫描仪数据的发展，对审计的需要大大下降了。尽管仍然进行审计，但许多审计已不再使用人工收集数据，而是利用电脑化的信息。

一个传统审计的例子是尼尔森便利店追踪项目，该项目对30个当地市场的便利店进行零售审计。另一个例子是GfK Audits & Surveys（www.gfkauditsandsurveys.com）的National Retail Census提供的对于零售和服务网点的所有类型的产品分销渠道的测量。这个调查从1953年开始，每年在全美范围内超过500个不同地理区域进行，使用概率抽样调查将近30 000家商店。该审计由个人到商店执行，是美国最大的年度产品可用性衡量调查。为了保证快速准确，店内审计员用手持电脑获取条形码信息。尼尔森便利店追踪项目可以把其他渠道的数据整合在一起，包括食品店、杂货店和大型仓储商店。批发审计服务与零售审计类似，可以监测仓库货物的提取。参加审计的经营者包括连锁超市、批发商和冷冻食品仓库，通常占当地总量的80%以上。

**审计数据的用途** 零售和批发审计数据的用途包括：（1）确定整个市场的规模以及不同类型销售渠道、地区或城市的销售额分布；（2）评估品牌份额和竞争行为；（3）确定货架空间分配和存货问题；（4）分析分销问题；（5）估计市场潜力和进行销售预测；（6）根据销售量计划和监督促销费用的分配。因此，审计数据对于获取百货商店项目中有关问题的环境信息很有帮助。

**审计数据的优缺点** 审计提供了相对准确的关于许多不同产品在批发和零售层次上流动情况的信息。另外，可以根据许多重要变量，如品牌、销售渠道的类型和市场规模分别提供信息。

但是，审计的覆盖面是有限的，并未将所有的市场或者经营者都包括在内。此外，审计信息可能不够及时或不够新，特别是同扫描仪数据相比而言。通常在审计周期完结和报告发布之间存在两个月的间隔。除此之外，审计数据不像扫描仪数据那样能够同消费者特征相联系。实际上，如何将审计数据同广告费用和其他营销努力相联系也是一个问题。现在电子（在线）审计克服了某些局限，如下面的例子所示。

---

**调研实例**

### 追踪网上购物的在线审计

从2009年起，Ashford.com开始提供大范围可选择的廉价的手表和饰品。很明显，对于网络零售商来说，假期是一个特别重要的时段，许多人会为了假期进行网上购物，销售额会很快上升。Ashford.com能够使用消费者怎样购物，以及花费多少的电子审计数据。

尼尔森在线构建了一个假日电子商务指数，使用8种方法来测量网上购物。相比于从顾客那里收集关于顾客的描述性特征，尼尔森在线更倾向于从顾客光顾的商店处收集数据。因为所有的订单都放到了网上，所有商店的电脑都能够很容易地追踪已购买的情况。这种电脑追踪行为后来发展为从商店处收集采购信息，进而发展成了一种报告形式。这个调查表明Ashford.com的大部分顾客都是在上班时间从网站上购物。这种趋势适用于所有的网站，因为46%的假期在线购物是在上班时间进行的，同时54%的假期在线购物是在顾客家里进行的。尼尔森在线确定Ashford.com的顾客会在一天中的午餐时间，或者更短的10～15分钟的休息时间购物。

另外，尼尔森在线证实了因为假期的临近整个网站的在线销售在12月的第一个星期会大幅上涨。Ashford.com的销售额在这个时段上升了385%，因而，相对于其他网络公司，它们已经做得相当好了。这个信息告诉Ashford.com应该确保自己的网站在工作日也照常运行，工作日也需要促销活动。另外，该公司可能希望在网站上做广告，像《华尔街日报》和其他公司网站是登广告的好地方。像Ashford.com之类的网上零售商必须利用电子审计和其他类型的营销调研的优势来为网上客户提供需要的产品。[29]

### 行业服务

**行业服务**（industry service）提供关于工业品公司、商业企业和其他机构的辛迪加数据。这些辛迪加服务还收集北美行业分类系统（NAICS）中几乎每个行业的财务、运营和雇用数据。这些数据是通过直接询问、利用剪报服务和公司报告收集到的。与消费品公司相比，工业品公司可利用的辛迪加数据的范围和来源要少一些。现有的服务包括邓白氏的International Business Locator，《财富》数据库（包括《财富》500强、《财富》1 000强、全球500强和最快速增长公司数据库，以及提供公司概况数据的标准普尔信息服务。

邓白氏的International Business Locator提供200多个国家和地区的2 800万家上市/私营公司的在线信息。找到一家公司后，该系统可以提供关键业务信息，包括完整的地址信息、根据北美行业分类系统分类的业务内容、业务规模（销售额、净资产、员工数）、主要投资人的名字、总部所在地、国内和（或）全球母公司。

**行业服务的用途** 行业服务提供的信息有助于销售管理决策，包括识别前景、定义范围、设定配额和按地区测算市场潜力。它还能够帮助确定广告决策，例如确定预期目标、分配广告预算、评估广告效果。这类信息还有助于细分市场，并为重要的细分市场设计特定的产品和服务。

**行业服务的优缺点** 行业服务是工业品公司二手数据的一个重要来源。它们提供的信息在营销项目的初始阶段很有价值。但是，行业服务在信息的性质、内容、数量和质量方面有一定的局限性。

## 4.12 整合不同来源的信息：单一来源数据

将从不同来源获取的二手数据整合起来，能够使它们互相补充。整合不同来源数据的结果就是单一来源数据（single-source data）。单一来源数据研究追踪个人看电视、阅读和购物的习惯。在招募到一个家庭试验固定样本组之后，调研公司给每个家庭的电视机装上测量仪并定期调查家庭成员的阅览情况。同时，他们将日用品购买情况用条形码扫描仪记录下来。为获得背景信息，大部分系统也追踪记录零售数据，如销售额、广告和促销数据。因此，单一来源数据提供关于家庭变量和营销变量的综合信息，其中家庭变量包括媒体消费和购买，营销变量包括产品销售额、价格、广告、促销和店内营销措施。[30]

Information Resources从全美范围内具有代表性的家庭固定样本组中收集消费者的购买信息，这个家庭固定样本组大约招募了70 000户家庭，覆盖了全国、地区和个人的不同市场水平。它聚焦推动品牌和品类业绩的消费者动态，给营销人员提供战略指导。这些家庭的多渠道购买信息由电子手段追踪完成。固定样本组中的家庭使用一个简单的称为Scankey的在家扫描仪器记录他们在所有渠道的购买行为。固定样本组成员不要求记录任何偶然信息，除非是制造商给的优惠。价格下降由扫描仪记录，功能和陈设由Information Resources的店内人员记录，这样就保证了销售记录的准确和无偏。单一销售数据的其他例子包括 CACI Marketing Systems，MRI Cable Report 和 PRIZM。MRI Cable Report 整合了关于人口和产品使用的有线电视信息，PRIZM 整合了普查数据、关于购物和生活方式的消费者询问调查以及识别细分市场的采购数据。

## 电脑地图

**电脑地图**（computer mapping）将地理信息与人口统计学信息、公司销售数据或其他专有信息整合起来，制成主题地图。营销人员现在经常根据这些用不同色彩做标记的地图进行决策。地图系统允许用户下载按地理分类的详细人口统计学信息。然后用户可以生成一张地图，比如根据户主年龄在 35～45 岁之间、年收入大于或等于 5 万美元的家庭的相对密度，用色块给达拉斯的周围地区做上标记。系统允许用户把专有信息添加到下载的数据中。

---

**调研实例**

**Clartias：为威瑞森的营销调研加码**

威瑞森公司总部设立在纽约，是传输宽带和其他有线及无线通信服务领域的领头羊，服务于 8 000 多万来自世界各地的客户。

公司的主管最近决定将本地电话服务与无线、互联网和长途服务相结合，为此它需要为建设一个无线和有线网络结合的组合寻找最好的顾客和最合适的市场。同时，公司也要留心政府对使用电话客户的数据的限制，以此来保证其他通信市场的销售。

威瑞森公司向 Claritas 公司求助如何制定市场营销方案。于是 Claritas 公司向它提供了地理人口统计工具、专利调查以及深入的市场分析等。而 Claritas 行业专门化的调查——Convergency Audit，则为其提供关于使用长途、寻呼方式、互联网和手机服务的顾客的详细档案。

来自 Claritas 公司的系统 PRIZM 以人口统计学和生活方式特征，把威瑞森公司的顾客按不同的电话服务分为各个不同的目标群体。威瑞森公司也使用 Compass 的营销分析系统来分析它的无线网络市场，然后确定出最有可能购买无线服务的市场。

威瑞森公司从 62 个 PRIZM 群体中确定了融有线和无线网络于一身的 19 个群体，随后使用 Compass 系统按目标群体的集中程度对它的无线市场进行排名。在阿肯色州的小石城、北卡罗来纳州的夏洛特和佛罗里达州的杰克逊维尔等地，威瑞森公司进行直接的捆绑式服务营销活动。“在两天之内，我们把 54 个市场按优先顺序进行排序，以使我们在如何走出第一步的问题上有一个很好的行动方案。”一位战略营销经理说，“Claritas 给了我们一个看待我们不同市场中的相同点和不同点的逻辑思路。”[31]

---

另一个二手数据的应用见购买力指数。

## 购买力指数

《销售和营销管理》杂志的年度购买力调查（www. surveyofbuyingpower. com）为帮助分析每一个美国市场提供了数据，这些市场包括城市、乡村、城际或是州。它拥有美国每个县和媒体市场的统计数据、排名，并突出了按年龄、种族、城市、郡和州分类的人口统计学特征，它还拥有关于零售消费的信息，并突出了这些区域中的未来增长。所有的排名被分成了 323 个大都市市场（按美国人口普查局定义的地理区域分割）和 210 个媒体市场（按尼尔森媒体调查公司确定的电视或广播市场标准划分）。所有设备都由 Claritas 公司提供。

该调查中存在独特的统计数据。有效购买收入是对可支配收入的衡量。而购买力指数是在考虑了人口、有效购买收入和零售额之后决定的衡量一个市场的购买能力的独特衡量方式。该指数越高越好。

## 4.13　国际营销调研

有多种多样的二手数据可用于国际营销调研。[32] 与国内营销调研的情况一样，国际市场营销调研的问题不是数据太少，而是数据太多，因此将各种来源进行分类很有必要。国际二手数据可以通过国内官方和非官方来源得到（见图 4－5）。最重要的官方来源有美国商务部（www.commerce.gov）、美国国际开发署（www.usaid.gov）、美国中小企业管理局（www.sba.gov）、美国进出口银行（www.exim.gov）、美国农业部（www.usda.gov）、美国国务院（www.state.gov）、美国劳工部（www.dol.gov）和新泽西港口管理局（www.panynj.gov）。美国商务部不仅提供大量的出版物，还提供多种其他服务，例如国外购买者项目、中介服务、贸易访问、出口合同清单服务、国外商务服务和出口商的海关统计服务。美国国家贸易数据库（www.stat-usa.gov）提供关于在全球范围内出口和进口的有用信息。另一个非常有用的来源是美国中央情报局世界概况（www.cia.gov）。

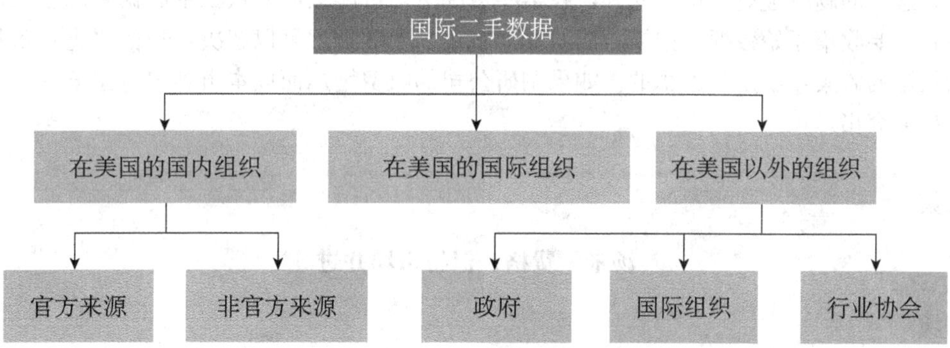


**图 4－5　国际二手数据来源**

非官方组织，包括位于美国的国际组织，同样能够提供关于国际市场的信息。这些数据来源包括联合国（www.un.org）、经济合作与发展组织（www.oecd.org）、国际货币基金组织（www.imf.org）、世界银行（www.worldbank.org）、国际商会（www.iccwbo.org）、欧盟驻美办事处（www.eurunion.org）和日本对外贸易组织（www.jetro.org）。此外，所在地来源的二手数据还可以从外国政府、位于国外的国际组织、行业协会以及私营服务机构如辛迪加公司处获得。下面的网址提供了有用的国家信息：

- www.nla.gov.au（澳大利亚）。
- www.insee.fr（法国）。
- www.stat.go.jp/english（日本）。
- www.ssb.no（挪威）。
- www.statistics.gov.uk（英国）。

当进行文献回顾时，可以使用目录、索引、书籍、商务参考资料、杂志和报纸。

国际调研项目二手数据的评估比国内调研项目更为重要。对某一特定数据的统一计量，如GDP，因为测量单位的定义不同，不同的来源可能给出不同的数值。各国的测量单位可能不同。例如在法国，工人每年自动获得第13个月的月薪作为奖金，因而其测量概念不同于其他国家。[33]二手数据的准确性在各国之间也有差异。来自高度工业化国家如美国的数据似乎比来自发展中国家的数据更准确。商业和收入的统计会受到税收结构和避税的影响。人口普查会因数据收集的频率和年份而变化。许多辛迪加公司正在开发大型国际二手数据来源。

## 4.14 营销调研中的商业伦理问题

调研人员应在伦理上保证二手数据与现有问题是相关的，并且是有用的。应该用本章前面已经讨论过的标准对二手数据进行评估。只有在合适时才能使用这些数据。用合乎道德的程序收集数据同样重要。如果数据的收集伤害了被调查者或者侵犯了他们的隐私，就是不符合道德的。如果二手数据的使用者对与其利益或者观点不一致的数据过于挑剔，同样也会产生伦理问题。

由于二手数据的局限性，为了获得解决管理决策问题所需要的信息，常常有必要收集原始数据。当所调研的问题需要收集原始数据时，如果只使用二手数据，就会引起伦理方面的问题。如果客户只为项目支付固定费用，而且所提交的项目计划书并没有很详细地描述数据收集的方法，这一问题就会更严重。此外，在某些情况下，可能只需要从二手数据来源获取所需信息，没有必要收集原始数据。如果所调研的问题用二手数据就可以解决，却偏要进行价格昂贵的原始数据的收集，就是不道德的。如果调研公司的收费增加而成本由客户承担，这些道德问题就会更加突出。

---

**调研决策**

**汤米·费格：保持市场并进**

**情境**

汤米·费格（Tommy Hilfiger）经历了从柏油路到高尔夫球场的岁月。以他名字命名的休闲服受到广大说唱歌手、摇滚歌手、青少年、体育明星和球迷们的欢迎，现在还包括许多女性。汤米·费格公司设计、生产、制造与销售男女运动装和牛仔装，同时也包括专业运动服和童装，以及一些饰品。汤米·费格也提供像香水、皮带、寝具、家具和化妆品之类的产品。如此庞大的服装帝国，难怪汤米·费格的首席执行官兼董事长弗莱德·盖林（Fred Gehring）总是忙于确定公司没有遗忘做生意最重要的本质，即满足顾客的需求！

销售服装从来不是件容易的事。“即使你已经准确地确认了你的顾客需要什么，所有事情也可能会在一夜之间改变。”服装专家理查德·罗默（Richard Romer）说道。他是纽约一家为服装生产商提供信用保护和借贷服务的公司——CIT Group/Commercial Service 的执行副总裁。“基本上，服装样式每年都会变化；长袖到短袖，又回到长袖。”由于服装市场具有不稳定的编目者和经销商不断地变化等特征，各公司通常需要重新评估它们的目标市场，然后改进它们的公司、产品以及目录。

**营销调研决策**

1. 汤米·费格应该参考什么来源的二手数据，以保持对服装潮流趋势的了解？

2. 什么来源的辛迪加数据是有用的？

3. 讨论一下你推荐的这类调研在保持弗莱德·盖林和汤米·费格公司对服装潮流最新趋势的了解方面起到什么作用。

**营销管理决策**

1. 为了提升汤米·费格公司对潮流敏感型顾客的吸引力，弗莱德·盖林应该进行什么样的营销活动？

2. 你建议的二手数据和你提供的一系列信息如何影响你推荐给费莱德·盖林的营销管理策略？讨论这一问题。[34]

## 本章小结

与为调研人员现有的问题而专门收集的原始数据不同，二手数据最初是为了别的目的而收集的。二手数据可以迅速地获得，而且成本相对较低。但是它们也有局限性，应该仔细评估以确定其是否适用于现有的问题。评估标准包括规范、误差、及时性、目的、性质和可靠性。

大量的信息存在于组织内部，这些信息构成了内部二手数据。外部数据是由组织之外的来源产生的。这些数据以出版（或印刷）物、在线数据库、互联网数据库、脱机数据库或者辛迪加服务的形式存在。公开的外部来源可以大致分为普通商业数据和政府数据。普通商业数据包括指南、目录、索引和统计数据。政府数据可以大致分为普查数据和其他政府出版物数据。电脑数据库有在线、互联网和脱机几种形式。这些数据库可以进一步分为文献摘要、数字、全文、目录或者专门数据库。图 4－6 是一个二手数据的概念图。

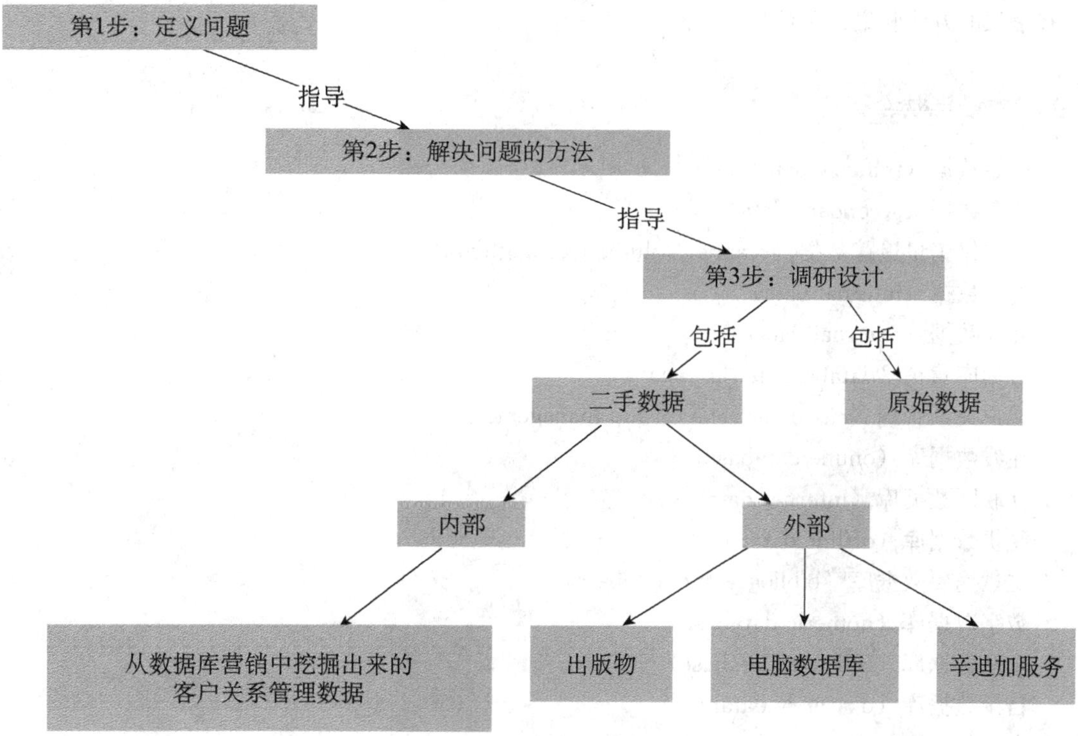


**图 4－6　二手数据的概念图**

辛迪加服务或来源是收集和出售为多个客户服务的通用数据集的公司。辛迪加服务可以根据测量单位（家庭/消费者及机构）对来源进行分类。家庭/消费者数据可以通过调查、购买/媒体固定样本组或者电子扫描仪服务来获得。当以机构作为测量单位时，数据可以从零售商、批发商或者工业品公司获得，最好能将不同来源获取的二手数据整合起来。图4－7是辛迪加数据的概念图。

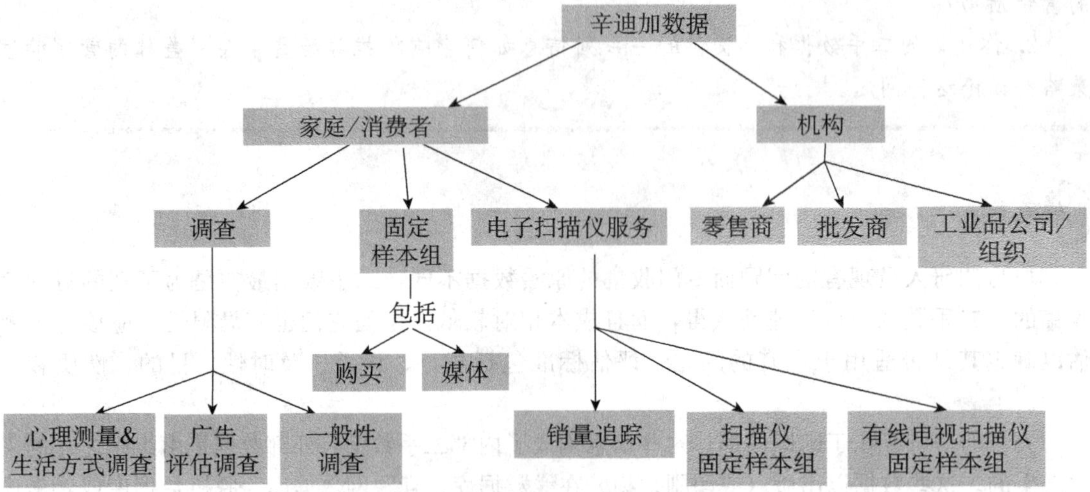


**图4－7　辛迪加数据的概念图**

二手数据的几个专门来源可用于进行国际营销调研。但是，在此过程中对二手数据的评估变得更加重要，因为这些数据的有用性和准确性的差异很大。可能面临的道德困境包括收集不必要的原始数据、当需要原始数据时只使用二手数据、使用不当的二手数据，以及利用在道德上有争议的方法收集二手数据。

## 关键术语与概念

原始数据（primary data）
二手数据（secondary data）
扫描仪销量追踪数据（scanner volume tracking data）
内部数据（internal data）
外部数据（external data）
数据库营销（database marketing）
客户关系管理（customer relationship management）
在线数据库（online database）
互联网数据库（internet database）
脱机数据库（offline database）
文献摘要数据库（bibliographic database）
数字数据库（numeric database）
全文数据库（full-text database）
目录数据库（directory database）
专门数据库（special-purpose database）
辛迪加服务（来源）（syndicated service（sources））

询问调查（survey）
辛迪加固定样本组调查（syndicated panel survey）
心理测量（psychographic）
生活方式（lifestyle）
购买固定样本组（purchase panel）
媒体固定样本组（media panel）
扫描仪数据（scanner data）
销量追踪数据（volume tracking data）
扫描仪固定样本组（scanner panel）
有线电视扫描仪固定样本组（scanner panels with cable TV）
审计（audit）
行业服务（industry service）
单一来源数据（single-source data）
电脑地图（computer mapping）

## 练习

### 问答题

1. 原始数据和二手数据的区别是什么？
2. 为什么在获取原始数据之前获取二手数据更重要？
3. 区分内部二手数据和外部二手数据。
4. 二手数据的优点是什么？
5. 二手数据的缺点是什么？
6. 评估二手数据的标准是什么？
7. 列举各种公开的二手数据来源。
8. 电脑数据库有哪些形式？
9. 电脑数据库的优点是什么？
10. 列出并描述各种二手数据的辛迪加来源。
11. 通过调查收集的信息有哪些特征？
12. 怎样对调查进行分类？
13. 解释什么是固定样本组。购买固定样本组和媒体固定样本组之间有什么区别？
14. 与调查相比，购买固定样本组和媒体固定样本组有什么相对优势？
15. 通过电子扫描仪服务能收集哪几种数据？
16. 描述扫描仪数据的用途。
17. 什么是审计？描述审计的用途、优点和缺点。
18. 描述行业服务提供的信息。
19. 为什么最好使用二手数据的多种来源？

### 练习题

1. 从二手数据来源获取最近 5 年汽车行业的销售数据以及主要汽车制造商的销售数据（提示：见第 23 章的表 23－1）。

2. 选择一个行业。利用二手数据来源获取去年的行业销售数据以及行业中主要厂商的销售数据。估计每一个主要厂商的市场份额。从另一个来源获取关于这些厂商所占市场份额的信息。这两种估计一致吗？

## 活动

**角色扮演**

1. 假设你是一家本地银行的营销调研经理，管理层要求你评估所在大都市区的支票账户的需求潜力。你将查阅哪些二手数据来源？你预期从每种来源获得什么信息？请一组同学来扮演决策者，向他们解释二手数据在这个项目中的作用。

2. 假设你是宝洁公司负责洗衣粉的产品经理。你将如何利用来自商店审计的信息？请另外一名同学扮演营销副总裁的角色，向他解释与洗衣粉有关的商店审计信息。

**实地调查**

1. 访问一家本地图书馆。写一份报告，解释你将如何利用图书馆为一项评估高仕（Cross）圆珠笔的需求潜力的营销调研项目收集二手数据。请详细描述。

**小组讨论**

1. 组成一个小组，讨论政府普查数据作为二手数据的主要来源的重要性和缺陷。

2. 组成一个小组，讨论不断增长的电脑数据库的使用。

3. 组成一个小组，讨论尼尔森电视指数如何影响广告主为在某一特定时间播放的广告支付的费用。

## 连续案例：戴尔

阅读书末附录A中戴尔的案例，以及提供的调查问卷。讨论以下问题：

1. 在互联网上搜索关于戴尔和其他电脑厂商在美国的市场份额的最新信息。

2. 在互联网上搜索关于戴尔的营销战略的信息。你同意戴尔的营销战略吗？为什么？

3. 访问美国人口普查局的网站（www. census. gov）。如果戴尔正在试图提高其对美国家庭的渗透，美国人口普查局的哪些信息对戴尔来讲是有用的？

4. 如果戴尔正在试图加强其对美国家庭的渗透，来自辛迪加公司的哪些信息会对戴尔有用？

5. 戴尔要怎样使用来自辛迪加服务的生活方式信息？

6. 哪些关于消费者技术使用的信息是可以从辛迪加公司得到的？戴尔怎样使用这些信息？（提示：访问 www. npd. com，并且在行业选项下面选择消费者技术。）

7. 来自 www. nielsen-online. com 的哪些信息能够帮助戴尔评估其网站的效果？

## 案例分析

### 梅奥诊所：用营销调研保持健康

威廉·梅奥（William Mayo）和查尔斯·梅奥（Charles Mayo）于19世纪80年代在明尼苏达州的罗切斯特开始行医。很快，他们就成为公认的极有才华的外科医生。他们的病人太多了，这使他们开始考虑扩展他们的事业。在世纪之交，梅奥兄弟开始邀请其他人加入他们的事业。梅奥兄弟建立的这个合伙企业成为美国第一个医学实践的民间团体。1919年，梅奥兄弟把他们的合伙企业变成了名为梅奥基金的非营利慈善组织。所有超出经营费用的收益都捐赠给教育、研究和病人护理。梅奥诊所（www. mayoclinic. org）一直以这种方式运作。梅奥诊所的核心价值观是“把病人的需要放在第一位”，它的使命是“梅奥将通过综合临床实践、教育和研究，每天对每个病人提供最好的照顾”。

截至2008年，有超过3 300名医师和科学家、超过52 000名专职医护人员在罗切斯特的原梅奥诊所与佛罗里达州的杰克逊维尔和亚利桑那州的凤凰/斯科茨代尔的新诊所工作。这3个诊所每年总共能治疗超过50万人。从梅奥兄弟1919年的捐赠起，慈善事业就在梅奥诊所的运作中深深地扎下了根。2006年，有87 000名捐赠者通过捐款和捐赠的方式提供了2.3亿美元。这些捐款被用于大量的研究和教育，同时用于梅奥的资本扩张。梅奥2006年的总收入是62.9亿美元，高于2005年的58.1亿美元。目前的活动获得的净收入是1.174亿美元，少于2005年的1.959亿美元。病人护理是最主要的收入形式，在2006年带来了53亿美元的收入。梅奥诊所继续把大量的资金投入教育和研究。在2006年，梅奥将3.14亿美元用于教育和研究。

在梅奥诊所，由于病人对其的正面评价，它的大部分业务都是口碑介绍来的。这源于梅奥诊所所提供的护理和它所创造的环境。梅奥诊所专注于无微不至的关怀、更好的方法和创新，同时注重护理的环境。营销调研显示，诊所的环境是病人经历中的一个重要部分。因此，梅奥打破了朴素、静态的模式，取而代之的是舒缓的音乐和雅致的气氛。他们认为这改善了病人的体验，并且帮助他们更快痊愈。

多年来，梅奥诊所没有打广告，却变成了一个公众都信任的名字。作为一个研究中心、一个专业护理提供商和一个医学院，它有良好的声誉。在解释梅奥诊所的成功和它如何成为人们在需要护理时的第一选择时，梅奥诊所公共事业部的负责人约翰·拉·福吉（John la Forgia）说，梅奥诊所与其他诊所和医生的一个关键区别是它能够诊断和治疗其他诊所和医生不能处理的疾病。然后，病人会告诉别人他的故事，这样就为梅奥诊所创造了巨大的商誉和口碑。

帮助梅奥诊所得到强大的品牌认证的是它对于营销调研的重视。营销调研的很大一部分被用于品牌管理。营销调研用来持续监测梅奥诊所的消费者认知和评价。根据约翰·拉·福吉所说，梅奥诊所的品牌管理办公室有两个基本职能，一是收集外部看法；二是当医生向新领域发展时，为他们提供对于品牌的理解。一个品牌资产的调研项目发现，梅奥诊所被认为是全美最好的诊所。它还发现，有84%的公众知道梅奥诊所，并且把卓越、关怀、共鸣这些词语和它联系在一起。

梅奥诊所的战略的另一个方面就是对品牌的提升。为此，梅奥诊所使用营销调研来监测其病人、公众、捐赠者、医务人员和其他顾客的想法。一项营销调研显示，顾客对于健康护理组织的选择取决于他们对备选的医疗组织以下几个突出属性的评价：医生、医疗技术、护士护理、医疗设施、管理、道德。从那以后，梅奥诊所就试图强化这些因素。

在服务行业，维持良好信誉和名誉在很大程度上依赖于服务交付的方式。因此，对于梅奥诊所来说最重要的是，保持产品的交付和保持梅奥在美国公众心目中的健康护理提供者形象。梅奥诊所的营销人员说，要保持品牌的强盛，在很大程度上依赖于病人每天的体验。营销调研有助于强化对病人需求的识别进而开发医疗项目来满足这些需求。

**结论**

通过毫不动摇地专注于病人护理、医学科学的尖端研究，加之依靠营销调研，梅奥诊所已经能够在人们的心中留下一个特别的位置，并且建立了一个强大的品牌形象。

**问题**

1. 梅奥诊所想要更进一步地强化其品牌形象和资产。定义其管理决策问题。
2. 根据你在第1题中定义的管理决策问题定义其营销调研问题。
3. 应该采取哪种类型的调研设计？为什么？

4. 描述哪种来源的二手数据在确定顾客对健康护理设备的偏好时会有用。

## 资料来源


1. www. mayoclinic. org，accessed February 20，2009.

2. www. wikipedia. org，accessed February 20，2009.

3. Misty Hathaway and Kent Seltman，“International Market Research at the Mayo Clinic,” *Marketing Health Services*（Winter 2001）：19.

4. Daniel Fell，“Taking U. S. Health Services Overseas,” *Marketing Health Services*（Summer 2002）：21.

# 第5章 探索性调研设计：定性调研

我拥有数学学位，却是定性调研的热衷者，因为定性调研包含丰富的见解。我的收获均来自设计良好的定性调研。

——福特信贷全球消费者观察理事玛丽·科洛普（Mary Klupp）

## 学习目标

1. 能够从目标、样本、数据收集、数据分析和结果这几个方面解释定性调研和定量调研的区别。
2. 理解定性调研的各种形式，包括直接法——座谈会和深度访谈，以及间接法——影射法。
3. 详细描述座谈会，重点说明如何计划和执行座谈会，座谈会的优势、劣势和应用。
4. 详细描述深度访谈，说明其优势、劣势和应用。
5. 详细描述影射法，比较联想法、完成法、构筑法和表达法。
6. 讨论在国际环境中进行定性调研应该考虑的情形。
7. 理解定性调研涉及的伦理问题。

## 本章概述

正如二手资料数据分析一样（见第4章），定性调研是探索性调研（见第3章）的主要方法之一。调研人员通过开展定性调研来提出问题或者开发一套理论方法（见第2章）。在开发理论方法的过程中，定性调研常常用于设立假设和确认研究中需要包括的变量。如果调研中没有进行结论性调研或者定量调研，那么定性调研和二手数据分析将成为调研项目的主要组成部分。这种情况在许多B2B的营销调研项目中出现。本章讨论了定性调研和定量调研的差异以及它们在营销调研中的作用。本章将定性调研进行分类，并且详细描述了主要的定性调研方法：座谈会和深度访谈。同样，本章还讲述了称为影射法的一种定性调研间接法，它包括联想法、完成法、构筑法、表达法。对定性数据的分析我们也进行了详细说明。本章还讨论了在国际市场上进行定性调研需要考虑的因素以及定性调研中的伦理问题。

## 5.1 原始数据：定性调研和定量调研的对比

第4章中我们提出，原始数据是调研人员针对某一问题的特定目的而获得的数据资料。正如图5-1所示，原始数据可以是定性数据也可以是定量数据。定性数据和定量数据的区别同我们在第3章中所讲的探索性调研和结论性调研之间的区别相似。表5-1对两种方法的不同进行了总结。[1]

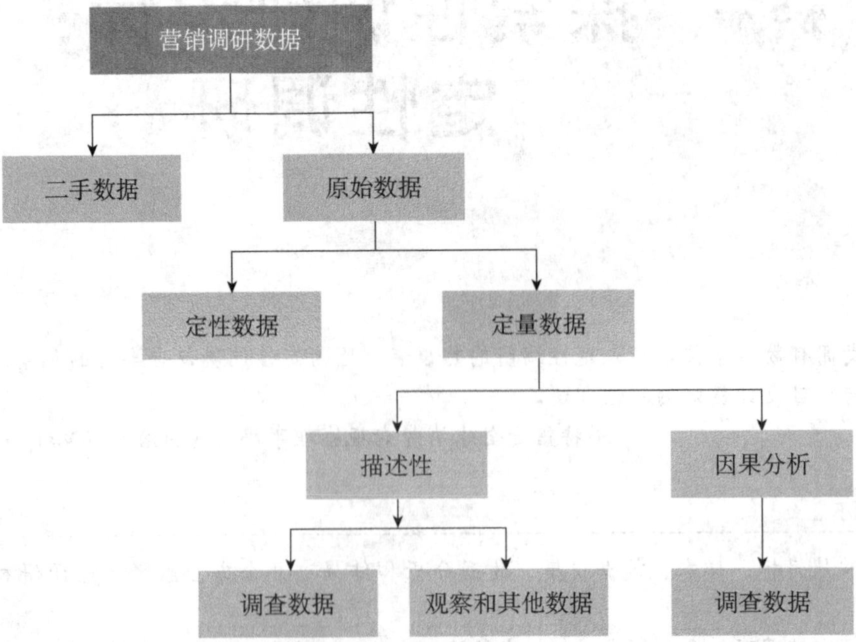


**图5-1　营销调研数据的分类**

**定性调研**（qualitative research）提供了有关问题背景的见解和理解，而**定量调研**（quantitative research）是通过某种形式的统计分析来提供定量数据。当一个新的营销调研问题出现时，在定量调研之前必须进行适当的定性调研。有时，定性调研用于解释从定量调研中获得的结论。然而，当定性调研的结论被当作结论性的研究成果，或者用定性调研的结论来推断所研究的总体时，它就被错误地使用了。[2]在营销调研中，一个正确的原则是：应该视定性调研和定量调研相互补充，而不是相互对立。[3]通过定性调研咨询组织（www.qrca.org）可以找到定性调研人员，这一机构是目前世界上最大的独立的定性调研咨询机构。

**表5-1　定性调研和定量调研的对比**

| 项目 | 定性调研 | 定量调研 |
|---|---|---|
| 目的 | 获得有关潜在原因和动机的定性理解 | 获得定量数据并用定量分析结果推断总体 |
| 样本 | 少量的没有代表性的样本 | 大量有代表性的样本 |
| 数据收集 | 非结构化 | 结构化 |
| 数据分析 | 非统计分析 | 统计分析 |
| 结果 | 提供初步的理解 | 提供最后的行动方案 |

定量调研的坚定拥护者艾尔弗雷德·波利茨（Alfred Politz）和定性调研的坚定拥护者欧内斯特·迪希特（Ernest Dichter）一直在争论这两种方法的优劣。波利茨强调大样本容量的重要性，迪希特却回答说："但是，波利茨，10 000乘以0还是0。"正如迪希特所说，当感兴趣的行为没有被很好地理解时，仅仅进行定量调研只能带来无意义的结果。定性调研和定量调研相结合能提供丰富的见解，能促进制定成功的营销战略。

## 5.2　采取定性调研方法的原因

采取定性调研方法的原因有很多。在现实中，通过完全结构化或者正式的方法从被调查者处获得信息，并不总是可行或者并不总是理想的（见第 3 章）。人们可能不愿意或者不能回答某些问题。人们对于涉及隐私，令人尴尬或对自尊、地位有负面影响的敏感问题，不愿意如实地回答。这些敏感问题包括："你最近购买卫生巾了吗?""你是否购买过缓解神经紧张的药?"此外，人们也许无法准确回答那些涉及其潜意识的问题。价值观、情感以及行为动机等潜意识中的东西会被外在世界的理性和其他自尊防御掩饰起来。例如，一个人也许是为了克服自卑感而购买一台昂贵的跑车。然而，如果问他"你为什么要买这辆跑车"，他也许会回答"我认为它值得买""我的旧车坏了""我需要给顾客和客户留下好印象"。在这样的情况下，通过定性调研能够很好地获得期望的数据。对于挖掘出哪种感觉对顾客最重要来说，定性调研很有用。[4]

## 5.3　定性调研方法的分类

图 5－2 展示了定性调研的分类。根据被调查者是否了解调研项目的真正目的，定性调研方法可以划分为直接法和间接法。**直接法**（direct approach）不掩饰调研项目的目的，项目的目的将告知被调查者，或者能够从所问的问题中明显得出。座谈会和深度访谈是直接法的主要内容。相反，**间接法**（indirect approach）并不告知调研项目的目的。常用的间接法是影射法，它包括联想法、完成法、构筑法和表达法。接下来将详细介绍每一种方法。

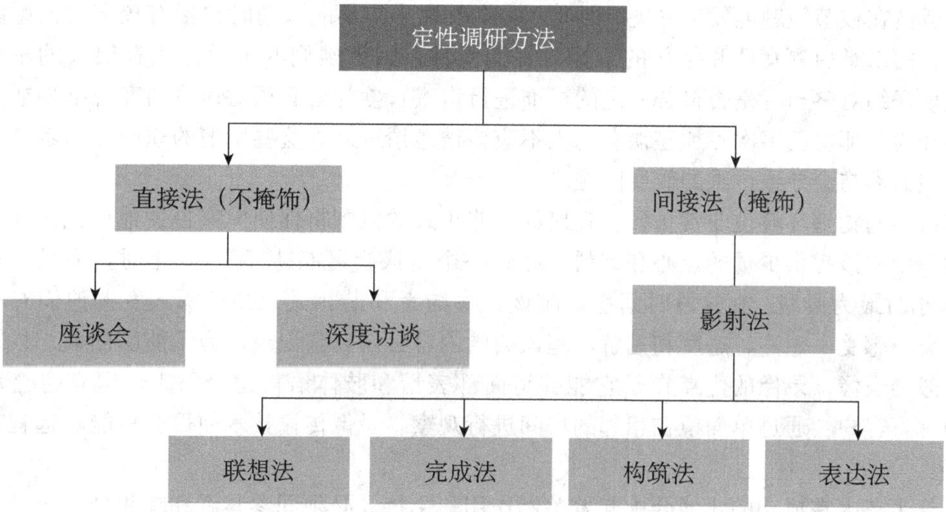


**图 5－2　定性调研方法的分类**

## 5.4 座谈会

**座谈会**（focus group）是由经过训练的主持人以非结构化和自然的方式对一小群被调查者进行的访谈。主持人引导讨论，座谈会的主要目的是从适当的目标市场抽取一组人，通过倾听他们讨论调研人员感兴趣的话题来获得相关见解。这一方法的价值在于通过这样一种自由的小组讨论得到一些意想不到的发现。

座谈会是定性调研中最重要的方法。这种方法很受欢迎，很多营销调研人员将座谈会当作定性调研的代名词。[5]现在，美国有成百上千的机构每周进行数次座谈会，一次典型的座谈会需要花费 4 000 美元。鉴于该种方法的重要性和普遍性，我们下面详细讲述座谈会的特征。[6]

### 座谈会的特征

表 5-2 对座谈会的特征进行了总结。一般来说，座谈会的人数为 8～12 人。少于 8 人的小组很难形成维持成功会议应有的动力和小组活力。同时，多于 12 人的小组可能会过分吵闹，难以形成紧凑和自然的讨论。[7]

**表 5-2　座谈会的特征**

| | |
|---|---|
| 小组规模 | 8～12 人 |
| 小组构成 | 同质的；筛选被试 |
| 访谈的物理环境 | 轻松、非正式的气氛 |
| 访谈持续的时间 | 1～3 小时 |
| 记录 | 使用录音带和录像带 |
| 主持人 | 富有洞察力、善于沟通的主持人 |

座谈会的成员应该具有同质的人口统计学特征和社会经济特征。小组成员之间的同质性可以避免成员在枝节问题上发生冲突。[8]因此，一个女性小组不应该同时包括有孩子的已婚家庭主妇、年轻的未婚白领女性和年长的离婚或丧偶女性，因为她们的生活方式有很大的不同。另外，应该仔细对参与者是否符合一定的标准进行审查。参与者必须对讨论的客观事物或问题有足够的经验。那些已多次参加座谈会的人不应该被邀请进来，这些所谓的职业受访者是非典型的，他们的参与会导致严重的效度问题。[9]

座谈会的物理环境也非常重要。轻松的、非正式的氛围将促使大家自发地讨论。在会前和会议过程中应该提供少量的点心和饮料。尽管一个座谈会可能持续 1～3 小时，但是一般来说 1.5～2 小时最为典型。在这段时间里，应该让参与者和谐相处，并且深入发掘他们对有关主题的信念、感受、想法、态度和见解。座谈会的内容必须完整记录，为了能够回放、抄写和分析，一般会录像。录像的优点在于它能够将面部表情和肢体语言记录下来，但它也会增加成本。通常，客户会通过单面镜在相邻的房间进行观察。录像传输技术使得客户能够远程观察会议现场。

会议主持人在成功的座谈会中起着关键作用。主持人必须同参与者和睦相处，推动讨论不断进行，鼓励参与者发表自己的见解。另外，主持人应该有技巧、有经验，对相关的讨论主题有一定的了解，并且能够理解小组活力的实质。

## 计划和召开座谈会

图 5－3 描述了计划和召开座谈会的步骤。首先，计划座谈会需要确定营销调研项目的目的。在很多案例中，问题在这一阶段之前就已经定义好了，如果是这样，就需要仔细研究问题的宽泛的陈述和具体组成部分。根据定义的问题，定性调研的目标就能够清晰详细地确定，正如百货商店项目所示。

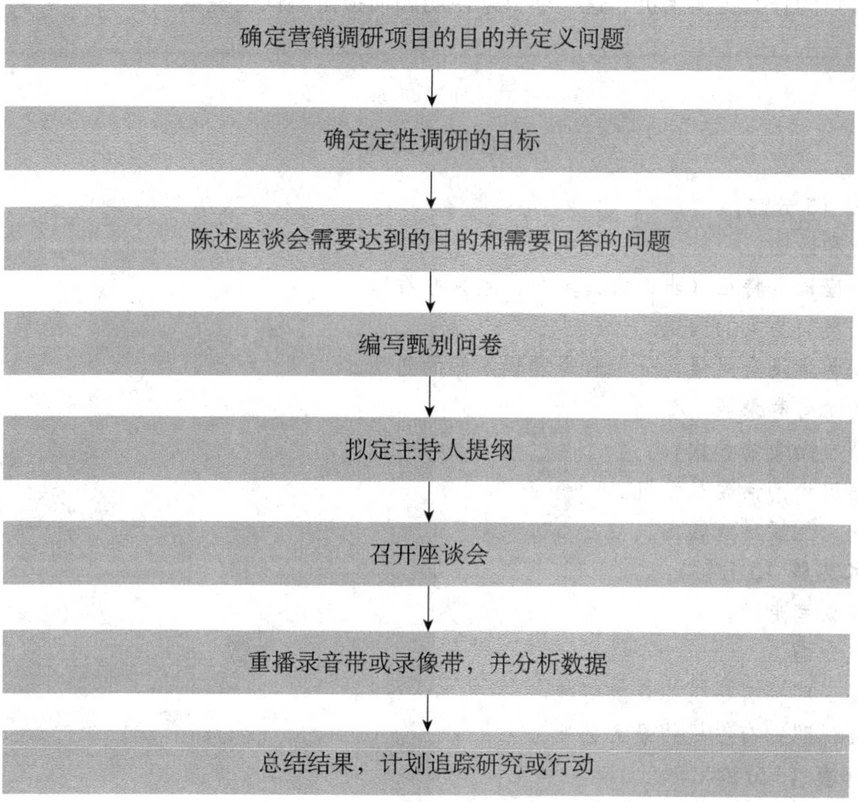


**图 5－3　计划和召开座谈会的步骤**

---

**调研项目**

**定性调研目标**

在百货商店项目中，定性调研的目标如下：

1. 确定家庭在选择百货商店时所考虑的相关因素（决策标准）。
2. 确定关于特定产品类别消费者所认为的竞争商店。
3. 确定可能影响消费者光顾商场的心理特征。
4. 确定其他任何与光顾商场有关的消费者行为因素。

---

值得注意的是，这些目的和我们在第 2 章定义百货商店项目的调研问题部分是密切相关的。无论是座谈会、深度访谈还是影射法，在执行任何定性调研之前，我们都必须确定目标。

下一步是确定座谈会访谈目的的详细清单。这可以采取将调研人员想要知道的问题列表的形式。接下来，编写甄别问卷来筛选潜在的参与者。通常，要从甄别问卷中获得的信息包括产品熟知度、产品知识、使用行为、对参加座谈会的态度以及标准的人口统计学特征。

接着，需要拟定一份主持人在座谈会中使用的详细提纲。这需要调研人员、客户、主持人做深入讨论。主持人必须能够抓住参与者提及的重要观点，因此主持人必须了解客户的业务、座谈会的目的以及座谈会结果如何被使用。使用主持人提纲能够减少座谈会所固有的一些信度问题，例如，不同的主持人了解的不同内容所导致的信度问题。鉴于主持人提纲的重要性，我们通过“客户为什么更换手机”这一项目来说明如何拟定座谈会提纲。[10]

---

**调研实例**

## 座谈会提纲

**开场白（5分钟）**

- 欢迎和致谢。
- 说明座谈会特征（非正式、多向、兼收并蓄）。
- 询问显而易见的问题。
- 强调答案没有对错之分，只是发现人们的想法。
- 说明录音和录像。
- 介绍自助食物和饮料。
- 说明讨论的话题是手机。
- 询问有无疑惑或顾虑。

**介绍和热身（3分钟）**

- 在会议室走动。
- 自我介绍。
- 简要说明拥有手机的最大好处。
- 简要说明拥有手机的最大坏处。

**手机环境（5分钟）**

- 你外出时会携带什么？
- 让我们从你总是带着的东西开始。
- 你经常带着的东西是什么？

**手机使用（10分钟）**

- 我想了解你通常是如何使用手机的。
- 通常一周内你会拨打或接听多少个电话？
- 你通常拨打什么类型的电话？
- 你最常接听什么类型的电话？
- 如果我们把你的手机拿走，你的生活会有什么变化？

**过去购买手机的情况（15分钟）**

- 回想一下你现在正在使用的手机，我将询问两件事情。
- 首先，你挑选手机的过程是怎样的？其次，你选择手机的标准是什么？

**过去挑选手机的过程**

- 首先，回想一下你挑选手机的过程，不是回忆你想要的功能，而是如何挑选手机。

**过去挑选手机的标准**

- 现在告诉我你实际想要通过手机获得什么？

**手机的使用功能（10 分钟）**

- 想一想手机的功能有哪些。写下你能想到的所有手机功能——任何手机能做的事情以及任何你想要改变的设置等。
- 我们将用 1 分钟的时间讨论哪些功能是你实际使用的，但是首先我想要知道你的手机的所有功能。
- 哪些功能你使用过，哪怕只有一次？
- 哪些设置你只改变过一次，并且很高兴你能够改变它？
- 为什么？
- 哪些功能你经常使用？
- 为什么？

**希望手机具备的功能（3 分钟）**

- 哪些功能是你的手机不具备，但你希望拥有？

**更换手机的动机（10 分钟）**

- 你被邀请参加座谈会是因为你至少换过一次手机。
- 是什么导致你更换手机？
- 手机的更换是否和你更换服务运营商或者续约有关，例如你同无线服务运营商之间的合约到期了？
- 你认为人们更换手机的理由有哪些？

**过去升级手机的原因（10 分钟）**

- 你被邀请参加座谈会是因为你至少升级过一次手机。
- 是什么原因让你想要换一部更好的手机？
- 做出这一决策你所考虑的因素是什么？
- 最重要的因素是什么？

**过去升级手机的障碍（5 分钟）**

- 从第一次想换手机到你真正行动购买新手机之间有多长？
- 你没有立即更换手机的原因有哪些？
- 暂时没有更换手机的主要原因是什么？

**未来升级手机的原因和障碍（15 分钟）**

- 未来的情况怎么样——你打算何时更换手机？
- 是什么促使你这么做？
- 是否存在致命的功能缺陷使你立即更换手机？
- 你想如何选择下一部手机？
- 你希望下一部手机拥有什么功能？

**结束（10 分钟）**

- 最后，我希望用几分钟充分发挥你的想象力——提出新观点。
- 不要担心观点好不好。
- 我唯一禁止的词语是“免费”。
- 假设一个手机制造商希望你明天更换手机，它需要做什么？
- 说出所有出现在你脑海中的东西——明显的、深层的、严肃的、可笑的。
- 感谢参与者并结束会议。

在拟定了详细的座谈会提纲之后，需要招募参与者并召开座谈会。在座谈中，主持人必须做到：(1) 同参与者建立融洽的关系；(2) 陈述小组讨论的规则；(3) 设立目标；(4) 探索答案并促使在相关领域形成激烈的讨论；(5) 尝试总结小组的发言，并确定达成共识的程度。

在小组讨论之后，主持人或者分析员将回顾和分析结果。分析结果不仅包括报告特定的评论和结论，同时还要寻找一致的回答、新的观点、面部表情和肢体语言所表达的关注点，以及其他从所有的参与者身上能够或者不能得到肯定的假设。

由于参与者的人数很少，在座谈会的报告中并不常使用频率和百分比。报告中通常包括这样一些表达，例如"大多数参与者认为"或者"参与者在这个问题上存在分歧"。对座谈会的细致研究和解释是下一步骤——采取行动——的基础。在消费者研究的案例中，这通常意味着开展进一步的研究。

## 座谈会的其他形式

除了标准的过程，座谈会还可以使用其他一些形式。

- 双向座谈会 (two-way focus group)。这种形式允许目标组的一方听取和了解相关组的见解。此方法的一种应用是，医生观察一组关节炎病人，听取他们对期望的治疗方式的讨论。然后，将这些医生组成一个小组进行座谈。
- 双主持人座谈会 (dual-moderator group)。这是一种有两名主持人的座谈会。其中一名主持人负责推动会议顺利进行，另一名主持人负责保证特定的问题得到讨论。
- 对立主持人座谈会 (dueling-moderator group)。这一形式中也有两名主持人，但是他们对所讨论的问题持对立观点。这使得调研人员能够探索争议问题的两个方面。
- 调查对象-主持人座谈会 (respondent-moderator group)。在这种形式中，主持人要求所选择的参与者暂时扮演主持人的角色来促进小组活力。
- 客户参与座谈会 (client-participant group)。有客户一方的人员参加的座谈会。他们的主要目标是提供说明以使会议进程更为有效。
- 微型座谈会 (mini-group)。这一类型的座谈会由一名主持人和4～5名调查对象组成。与标准的8～12人座谈会相比，当调研人员感兴趣的问题需要更加广泛深入的探索时，宜采用此种形式。
- 电话座谈会 (telesession group)。一种使用电话会议技术，通过电话来执行的座谈会。
- 在线座谈会 (electronic group interviewing)。使用键盘和其他电子设备记录会议的意见。当主持人想让座谈会参与者讨论某一特定问题时，参与者通过键盘使用0～10或者0～100的等级来表达自己的观点，并且结果能够立刻在大屏幕上显示出来。在线座谈会是座谈会的一种重要形式，其与传统座谈会的区别见表5-3。

**表5-3 在线座谈会和传统座谈会**

| 项目 | 在线座谈会 | 传统座谈会 |
|---|---|---|
| 小组规模 | 4～6人 | 8～12人 |
| 小组成员 | 遍布全世界 | 来自本地 |
| 时间长度 | 1～1.5小时 | 1～3小时 |
| 物理环境 | 调研人员无法控制 | 处于调研人员的控制之中 |
| 参与者身份 | 很难核实 | 容易核实 |
| 参与者的参与程度 | 参与者可能同时参加其他任务 | 参与程度能够监控 |
| 参与者的招募 | 容易（通过在线、邮件、固定样本组或传统方法招募） | 通过传统方式招募（电话、邮件、邮件固定样本组） |
| 小组互动 | 有限 | 具有协同、滚雪球（从众）效应 |

续表

| 项目 | 在线座谈会 | 传统座谈会 |
| --- | --- | --- |
| 参与者的开放程度 | 由于不是面对面的接触，更为坦诚 | 除了敏感话题，其他都坦诚 |
| 非语言沟通 | 无法观察到肢体语言，情绪通过符号表达 | 肢体语言和情绪容易观察到 |
| 物理刺激的使用 | 限于在网上能够呈现的刺激 | 可以使用多种刺激（产品、广告、演示等） |
| 记录 | 可以立刻获得 | 费时且成本高 |
| 观察者与主持人的沟通 | 可以在不同的屏幕上进行沟通 | 观察者可以通过向主持人递纸条进行沟通 |
| 主持人独特的功能 | 打字，计算机使用，熟悉聊天室的俚语 | 观察性的功能 |
| 所需时间 | 组织和完成只需几天 | 组织和完成需要很多天 |
| 客户旅行费用 | 无 | 昂贵 |
| 客户的参与度 | 有限 | 参与度高 |
| 座谈会的基本成本 | 成本更低 | 由于设备租赁、食物、录像带和会议记录的准备，成本更高 |

下面我们将总结座谈会的优点和缺点。

## 座谈会的优点

相对于其他数据收集方法来说，座谈会有一些优势，可以用“10S”来概括[11]：

1. 协同（synergism）。比起个体单独回答，将一组人安排在一起能够获得更为广泛的信息、见解和观点。

2. 滚雪球效应（snowballing）。在座谈会中常常发生从众效应，也就是说一个人的评价会引发其他参与者的一系列连锁反应。

3. 刺激（stimulation）。在简短的介绍之后，随着对于讨论话题热度的增加，被调查者想要表达自己的观点和感受。

4. 安全（security）。由于参与者的感受同其他小组成员相似，所以他们感到舒适并愿意表达自己的观点和感受。

5. 自发（spontaneity）。由于并不要求参与者回答特定的问题，他们的回答是自发的、非常规的，能够准确地表达自己的观点。

6. 意外（serendipity）。与个人访谈相比，座谈会中更可能产生意料之外的观点。

7. 专业（specialization）。由于参与者经过了一番筛选，通常受过良好训练，因而更加专业。

8. 科学审查（scientific scrutiny）。能够对座谈会的数据收集过程进行严格的审查，观察者可以观看会议，并可以将其记录下来以备以后分析。

9. 结构化（structure）。座谈会中，话题的覆盖范围和深度是灵活的。

10. 速度（speed）。可以同时访问很多参与者，数据的收集和分析过程相对较快。

## 座谈会的缺点

座谈会的缺点可以用“5M”来概括：

1. 误用（misuse）。当座谈会被当作结论性调研而不是探索性调研时，它的结果将被误用和滥用。

2. 误判（misjudge）。相对于其他数据收集方法来说，座谈会的结论更容易被错误判断。座谈会的研究特别容易受到客户和调研人员偏见的影响。

3. 控制（moderation）。座谈会很难控制。具备期望的技能的主持人很少，而访谈结果的质量又在很大程度上依赖于主持人的能力。

4. 混乱（messy）。参与者回答的非结构性特点使编码、分析和解释变得困难。座谈会的数据较为混乱。

5. 不具代表性（misrepresentation）。座谈会的结论并不能代表总体特征，并且不可以进行推论。因此，座谈会的结论不应该作为决策的唯一基础。

如果适当地执行和使用座谈会，它可以有很多应用。

### 座谈会的应用

座谈会可以广泛地应用于营利性、非营利性等各种类型的组织。[12]它几乎可以用于所有需要获得初步理解和见解的情况。下面我们将讨论一些此方法的应用。

座谈会法能够用于下列实际问题：

1. 理解消费者关于某一产品类别的感知、偏好和行为。
2. 获得对新产品概念的印象。
3. 产生关于老产品的新观点。
4. 为广告发掘创造性概念和文案素材。
5. 确定价格区间。
6. 获得消费者对特定营销项目的初步反应。

座谈会在方法上的应用包括：

1. 更准确地定义调研问题。
2. 形成行动的备选方案。
3. 针对调研问题开发解决方案。
4. 获得能够帮助构思消费者问卷的信息。
5. 形成能够通过定量分析验证的假设。
6. 解释先前获得的定量分析结果。

## 5.5 深度访谈

**深度访谈**（depth interview）是另一种获得定性数据的方法。下面我们将描述执行深度访谈的一般过程，然后对一些特殊方法进行说明，除此之外，我们还会对深度访谈的优点、缺点和应用进行讨论。

### 深度访谈的特征

正如座谈会一样，深度访谈是获取数据的非结构化的直接法，但是和座谈会不同的是，深度访谈是一对一进行的。深度访谈是一种非结构化的、直接的人员访谈，由具备熟练技能的访谈者对单个被访者进行提问，获得有关某一话题的潜在动机、信念、态度和感受。[13]

深度访谈的时间一般为30分钟到1小时。在百货商店项目的案例中，访谈者首先从一个一般性问题开始，例如："您到百货商店购物的感受如何？"然后，访谈者鼓励被访者自由谈论他对百货商店的感受。在问完第一个问题之后，访谈者转而使用非结构化的形式。接下来的访谈方向是由被访者的最初回答、访谈者的深入探究以及被访者的回答所决定的。假设被访者对

第一个问题的回答是“购物不再有趣了”，那么访谈者接下来可能会问“为什么购物不再有趣了”。如果获得的回答（“购物的乐趣已经消失了”）并不能揭示原因，那么访谈者可能会问一个更加深入的问题，例如“以前为什么有趣以及什么发生了改变？”

尽管访谈者试图遵循一个大致的提纲，但是问题的特定用词以及问题提出的顺序都受到被访者回答的影响。对于获得有意义的回答以及揭示隐藏的问题，追问很重要。追问可以通过询问这样的问题来完成，例如：“你为什么这么说？”“那很有趣，你能告诉我更多一些吗？”或者是“你是否愿意再补充一些？”[14] 我们将在第 13 章进一步讨论追问。

## 深度访谈的方法

目前使用较为普遍的深度访谈法有三种：梯式提问、隐藏式提问和象征意义分析。在**梯式提问**（laddering）方法中，提问的线索是从产品特征到使用者特征。这种方法使调研人员能够了解消费者的意义网络。梯式提问为探索影响消费者购买决策的深层潜在心理和情绪原因提供了方法。当想要确定一个人购买某种商品的原因时，调研人员想要知道的不仅仅是简单的“质量”和“便宜”。因此，为了解深层的潜在动机，需要使用梯式提问方法。

梯式提问方法要求对访谈者的特殊追问技巧进行培训，以便能够描绘出被访者对目标产品有关观点的心理地图（mental map）。最终的目标是将相似的被访者的心理地图结合在一起，以此得出人们购买特定产品的原因。追问用于发现被访者最初的回答没有透露的内容。当询问他们为什么喜欢一种产品时，最初的回答往往和属性相关，例如颜色、口味、价格、大小和产品名称。通过“爬梯”，能够发现每一种属性、结果以及潜在动机的价值，以此来揭示购买产品的真正原因。梯式提问的线索是从产品特征到使用者特征。根据被访者最初的回答，提出“为什么”的问题能够得到更多有用的信息。例如：

问题：“您为什么购买美宝莲的化妆品？”
回答：“我购买美宝莲的化妆品，因为它是一个好品牌且价格合理。”
问题：“为什么价格合理的化妆品对您这么重要？”
回答：“购买质量好且不贵的产品让我自我感觉很好，因为我花钱理智。”

**隐藏式提问**（hidden issue questioning）关注的不是社会公认价值观，而是个人的“痛点”；不是一般的生活方式，而是深刻感受个人关注。**象征意义分析**（symbolic analysis）试图通过将被访者的回答与其相反面进行对比，来分析被访者的回答的象征性意义。为了解是什么，调研人员试图了解它的反面是什么。一种被调查的产品的逻辑反面是该产品没有的功能、属性和产品不属于的类型。下面的案例将对这三种方法加以说明。

---

**调研实例**

**航空公司隐藏的问题和隐藏的维度**

在这项调研中，调研人员针对男性中层管理者对航空公司的态度进行调查。

**梯式提问**

针对每一航空公司的特性（例如宽敞的飞机）进行调查（为什么你喜欢选择宽敞的飞机旅行）以确定为什么重要（我能完成更多的工作），然后追问原因（我有更多的成就感，我感觉良好）等。梯式提问表明，管理者喜欢先进的座位预订系统、宽敞的飞机和更舒适的头等舱座位（产品特征）。这使得他们能够在飞行中完成更多的工作，进而带来成就感和更强烈的自尊感（使用者特征）。这种方法表明像美国航空公司过去采取的增强管理者自尊的“你是老板”

的广告活动是值得考虑的。

**隐藏式提问**

询问被访者有关梦想、工作和社会生活的问题来确定隐藏的生活问题。结果表明富有魅力的、有历史底蕴的、精英的、竞争性的活动，例如Grand Prix汽车赛、击剑等都是管理者感兴趣的。像德国汉莎航空公司以第一次世界大战的“红男爵”作为代言人的广告一样，这些兴趣能够通过类似形式得到强化。

**象征意义分析**

这类问题包括“如果你不能再乘飞机，那会怎么样”。大多数回答都是“没有了飞机，我只能依靠邮件、书信和电话”，这表明航空公司向管理者出售的是面对面的交流。因此，有效的广告将是像联邦快递对每一个包裹的保证一样，航空公司对管理者作出承诺。

通过这些方法获得的信息能够有效帮助航空公司定位和设计合适的广告及沟通战略。随着石油价格的提高，对航空公司来说，市场环境面临很大的挑战。美国航空公司通过使用这些方法，开展了一项超值AA商务计划，为管理者提供比其他航空公司更为多样、有更多选择、更具灵活性的服务。诸如这样的项目帮助美国航空公司避免了像美国联合航空、达美航空、西北航空一样申请破产保护。[15]

在深度访谈中，访谈者的角色至关重要。访谈者应该：(1) 避免出现权威感，让被访者感到轻松；(2) 客观公正，但不能个人主观化；(3) 以一种寻求信息的方式提问；(4) 不要接受简单的“是”或“否”的答案；(5) 追问被访者。

## 深度访谈的优点和缺点

相比于座谈会来说，深度访谈能够发掘更深层次的观点。另外，深度访谈能够将答案和回答者一一对应，而在座谈会中，常常很难确定某一特定回答是由哪一位调查对象提出的。深度访谈能够产生信息的自由交换，这在座谈会中不可能做到，因为在深度访谈中不存在社会压力使小组意见一致。

深度访谈也具有座谈会的很多缺点，有时更加严重。能够实施深度访谈的熟练的访谈者要价高，并且很难找到。深度访谈的非结构化使得访谈结果易受到访谈者的影响，访谈结果的质量和完整性在很大程度上由访谈者的技巧所决定。获得的数据资料很难分析和解释，因此通常需要专业的心理学家的帮助。深度访谈的时间长度和高成本意味着一个项目中能够进行的深度访谈数目很少。表5-4对座谈会和深度访谈进行了对比。虽然深度访谈有这些缺点，它仍然有一些应用。

**表5-4 座谈会和深度访谈的比较**

| 项目 | 座谈会 | 深度访谈 |
|---|---|---|
| 小组协同与互动 | + | − |
| 同伴压力/小组影响 | − | + |
| 客户参与度 | + | − |
| 创新想法的产生 | + | − |
| 对个体的深入追问 | − | + |
| 发掘隐藏的动机 | − | + |
| 敏感话题的讨论 | − | + |
| 访问竞争对手 | − | + |

续表

| 项目 | 座谈会 | 深度访谈 |
|---|---|---|
| 访问专业人士 | − | + |
| 日程安排 | − | + |
| 信息量 | + | − |
| 对主持人和解释的要求 | + | − |
| 每位被访者的成本 | + | − |
| 时间（访谈和分析） | + | − |

说明：+表示相对于另一种方法有优势，−表示有劣势。

### 深度访谈的应用

与座谈会相似，深度访谈主要用于为了获得对相关问题观点和理解的探索性调研。然而，和座谈会不一样的是，深度访谈在营销调研中并不常见。但是，深度访谈能够有效地应用于特殊的问题，例如下列问题[16]：

1. 对被访者的细节追问（购买汽车）。
2. 对于私密、敏感或者尴尬话题的讨论（个人财务状况、松动的假牙）。
3. 存在强烈社会规范的情形，以及被访者易受小组回答影响（大学生对运动的态度）的情形。
4. 对复杂行为的细致理解（百货商店购物）。
5. 访问专业人士（行业营销调研）。
6. 访问竞争者，他们不可能在小组环境中披露信息（旅行社对航空捆绑旅行项目的感知）。
7. 产品消费经历是感性的，受心情和情绪的影响（香水、沐浴液）。

## 5.6 影射法

座谈会和深度访谈都是直接法，在这两种方法中，被访者知道调研的真正目的或者调研目的对他们来说是显而易见的。影射法和这两种方法不同，它试图掩饰调研目的。

**影射法**（projective technique）是一种非结构化的、采取间接形式提问的方法，它鼓励被访者反映自己对所关注问题的潜在动机、信念、态度或感受。[17]在影射法中，被访者被要求解释他人的行为而不是描述自己的行为。在解释他人行为时，被访者间接地反映出自身对该情形的动机、信念、态度或感受。因此，通过分析被访者对非结构化的模糊和不明确的场景的反应，可以发现被访者的态度。影射法是以临床心理学为基础的，研究表明场景越是不明确，被访者就越能反映出更多的情绪、需求、动机、态度和价值观。[18]在心理学中，影射法被划分为联想法、完成法、构筑法和表达法。接下来将对每一种分类进行讨论。[19]

### 联想法

**联想法**（association technique）是指向被访者展示一种刺激物，要求他们回答首先出现在脑海中的东西。其中最有名的是**字词联想法**（word association）。在字词联想法中，向被访者提供一张字词清单，每次一个，要求被访者说出脑海中出现的第一个词。所感兴趣的词汇称为测试词汇，它散布在字词清单中，这些字词中还包括中立的或其他的词汇，它们用来掩饰调研目的。例如，在百货商店项目中，测试字词也许包括“位置”“停车场”“购物”“质量”“价格”等。被访者对每个字词的回答被逐字记录下来，并且回答需要计时以确定犹豫不决或者推理得出结果（规定超过3秒的回答为犹豫不决）的被访者。由访谈者而不是被访者，记录结果。这样可以控制被访者写下回答所需要花费的时间。

这种方法的潜在假设是：联想能够揭示出被访者有关感兴趣话题的内在感受。分析师通过计算得到：(1) 一个词在回答中出现的频率；(2) 给出答案所需要的时间；(3) 在合理的时间内未对测试词汇给予回答的被访者的数目。那些不回答的人被认为是情绪涉入程度很高，因此阻碍了其对问题的回答。通常，我们将联想划分为赞同的、不赞同的和中立的。个体的回答模式和细节用于决定个体对感兴趣话题的潜在态度或感受，如下例所示。

**调研实例**

### 污渍处理

调研人员用字词联想法研究女性对洗涤剂的态度。下面列出了一系列刺激词语和两位年龄与家庭地位相似的女性的回答。两位女性的回答截然不同，表明她们的人格特征和对家务劳动的态度有差异。M女士的联想表明她对污渍屈服了。她认为污渍是不可避免的，所以不想做过多的事来处理污渍。她不会努力做清洁工作，并且从家庭中得不到快乐。C女士同样认为污渍是不可避免的，但是她更有活力、务实、不情绪化。她积极地同污渍作战，并将肥皂和水作为她的武器。

| 刺激词汇 | M女士 | C女士 |
|---|---|---|
| 清洁日 | 每天 | 熨烫 |
| 清新 | 甜的 | 干净的 |
| 纯净 | 空气 | 污染的 |
| 擦洗 | 不做，丈夫做 | 清洁 |
| 污秽 | 邻居 | 脏 |
| 泡沫 | 洗澡 | 肥皂和水 |
| 家庭 | 争吵 | 孩子 |
| 毛巾 | 脏 | 洗 |

结果表明洗涤剂市场可以以态度为基础对市场进行细分。宝洁作为洗涤剂市场的领导者，提供了很多不同品牌的洗涤剂。和上述讨论相似的研究发现帮助宝洁公司合理地将其不同洗涤剂品牌投放于不同的态度细分市场，结果带来了销量的增加。例如，通过关注香味，宝洁公司将Gain洗衣粉的销售额提高了10亿多美元。这使得Gain仅次于汰渍，稳居市场第二，这两个品牌合计占据了44%的市场份额。[20]

标准的字词联想法可以做一些调整。调研人员也许会要求被调查者说出最先想到的两个、三个或者四个词语，而不仅仅是一个。与自由联想不同，这一方法可以用于控制测试。在控制测试中，可以询问被调查者“当我提到高质量商品时，首先出现在脑海中的百货商店有哪些”。更多具体的信息可以通过完成法获得，它是联想法的自然延伸。

## 完成法

**完成法**（completion technique）要求被调查者完成一个不完整的刺激情境。在营销调研中常见的完成法有句子完成法和故事完成法。

**句子完成法**（sentence completion）和字词联想法相似，向被调查者提供不完整的句子并要求他们完成这些句子。一般来说，要求被调查者使用首先出现在脑海中的词汇或短语，正如百货商店项目中所示。

---

**调研项目**

**句子完成法**

在百货商店顾客调查中，可以使用下列不完整的句子：

- 一个来西尔斯购物的人是……
- 一个收到梅西百货礼券的人可能是……
- 杰西潘尼最受……的欢迎。
- 当我想要去百货商店购物时，我……

---

这个例子说明，相对于字词联想法来说，句子完成法有一个优点，就是能够向被调查者提供更为直接的刺激。相比于字词联想法，句子完成法也许提供了有关被调查者感受的更多信息。然而，句子完成法并不具备掩饰性，很多被调查者能够猜测到调研目的。句子完成法的变形是段落完成法，要求被调查者完成一个给定开头给定刺激短语的段落。句子完成法和段落完成法的进一步扩展就是故事完成法。

**故事完成法**（story completion）向被调查者提供故事的一部分——该部分足以引起对特定话题的直接注意，却并不揭示结尾。被调查者要用自己的话进行总结。被调查者对故事的完善将揭示出他们的潜在感受和情绪。

## 构筑法

**构筑法**（construction technique）和完成法紧密相关。构筑法要求被调查者以故事、对话或描述的形式构筑一个回答。相对于完成法，在构筑法中，调研人员最初向被调查者提供的结构更少。两种主要的构筑法是：(1) 图片法；(2) 漫画测试。

**图片法**（picture response technique）的根源可以追溯到主题统觉测试（thematic apperception test，TAT），它包括普通事件和不寻常事件的图片。在这些图片中，有一些图片中的人物或目标对象被清晰地描绘出来，一些相对来说较模糊。被调查者被要求根据图片来讲故事。被调查者对图片的解释体现了个体的人格特征。例如，一个人可以用冲动的、创造性的、无想象力的等来形容。将其称为“主题统觉测试”的原因是主题是在被调查者对图片的感性解释的基础上引申出来的。

在营销调研中使用图片法时，向被调查者展示图片，并要求其通过故事描绘图片。所得描述用于评估被调查者对该话题的态度，并且对被调查者进行描述。这一方法可以变形，例如要求被调查者带 12～15 幅图片参加调查，对每一幅图片的主要内容进行描述。对图片的描述揭示了被调查者潜在的价值观、态度和信仰。第二种图片法的变形是照片分类，向被调查者提供一系列不同类型的人物照片，要求被调查者通过将照片进行分类，观察其如何将照片中的人物与所使用品牌相联系。例如，对于维萨的照片分类表明信用卡使用者具有普通的女性外貌。因此，维萨通过重新建立了同足球的联系吸引了更多的男性顾客。第三种图片法的变形要求被调查者通过画图或绘画来表达自己对正在调查的某个品牌或客观对象的感受。下面我们通过一些消费者偏好高脂肪高热量食物的例子来对图片法进行说明。

**调研实例**

**给我个双层汉堡包和可乐**

清淡和健康食品的狂热者似乎在某一人群中慢慢消失。对于直接提问，消费者不愿意说他们想要那些不健康的食物。然而，在一项图片测试中却有不同发现。在该测试中被调查者被要求对一张一个人在吃高脂肪高热量食物的图片进行描述，很多被调查者为图片中人物的行为辩解，他们解释说每天的生活压力导致人们从淡而无味的食品转向含有丰富佐料的享受食品，因为它使得生活更加有意义。

很多企业利用这一发现，通过推出包含大量脂肪和热量的产品来获利。非凡农庄（Pepperidge Farm）最近试图进入享受食品市场，它开发了一款高热量的软饼，其中40%的热量来自脂肪。这款产品是该公司的第三大畅销产品。

像麦当劳这样的快餐同样在新菜单中推出了含有极高脂肪和热量的新产品。麦当劳的新产品包括含有奶酪和番茄酱的炸鸡芝士三明治和两块煎饼夹香肠的早餐。[21]

在**漫画测试**（cartoon test）中，漫画人物在与问题相关的特定场合中出现。要求被调查者说明一个漫画人物将如何回应另一个漫画人物的评价。被调查者的回答揭示了其对该情形的感受、信念和态度。漫画测试比图片法更容易管理和分析。如图 5-4 所示。

图 5-4

## 表达法

**表达法**（expressive technique）向被调查者提供一个语言或者视觉场景，要求将别人的感受和态度同场景联系起来。被调查者不仅要表达自己的感受或意见，还要表达别人的感受或意见。角色扮演和第三者法是两种主要的表达法。

**角色扮演**（role playing）要求被调查者扮演某一角色或者采取某种行为。调研人员假设被调查者会将自己的感受反映到角色中，通过分析结果来解释他们的感受，正如百货商店项目所示。[22]

**调研实例**

**什么是隐私？**

通过座谈会发现隐私成为公寓居住者最为关注的问题后，公寓开发商开始关注人们怎样看待隐私。Cossette Communication Group 公司（www. cossette. com）使用角色扮演法获得了需要的信息。被调查者被要求扮演建筑师的角色，使用提供的木板设计自己的公寓。在公寓设计完成之后，向被调查者询问一系列的研究问题。这些问题涉及被调查者如何看待隐私。例如，询问被调查者房间需要多大的空间，以及墙壁的隔音效果需要达到什么程度才能使他们感到隐私不被侵犯。这家营销调研公司认为，相对于直接询问调查对象在特定场景中会如何表现，让被调查者参与角色扮演的活动，然后再询问为什么这么做更为有效。"我们让被调查者向我们展示隐私对他们意味着什么，而不是假设他们能够通过语言告诉我们隐私意味着什么。"此调研结果在设计和建造公寓方面帮助了开发商，且居住者将感到更加舒适和安全。房间与房间之间的墙壁隔音效果更好了。另外，房间与房间之间的间隔更大，而不是直接相邻，这样居住者不会感到隐私受到侵犯。建筑公司从 Cossette 公司创造性的研究方法中受益颇多，由于感到隐私能够很好地受到保护，顾客的满意度不断增加。[23]

**第三者法**（third-person technique）向被调查者提供一个言语或者视觉场景，并且询问被调查者有关第三者的信念和态度，而不是直接表达个人的信念和态度。第三者可以是朋友、邻居、同事或者某一"典型"的人。调研人员假设被调查者在描述第三者行为时将揭示自身的信念和态度。要求被调查者以第三者的身份做出回答将减轻其给出社会期望答案的压力。

## 影射法的优点和缺点

相对于非结构化的直接法（座谈会和深度访谈），影射法有一个主要优点：它能够得到在被调查者知道调研目的时，不愿意或无法做出的回答。有时，在直接提问时，被调查者可能有意或无意地作出错误理解、错误解释或误导调研人员。此时，影射法能够通过掩饰调研目的来提升回答的有效性。当问题是有关私人的或敏感的时，影射法的效果更为显著。同样，当潜在动机、信念和态度处于潜意识层次时，影射法同样有用。[24]

影射法具有很多非结构化直接法的缺点，甚至更为严重。这些方法一般要求访谈者训练有素，还需要经验丰富的解释人员对结果进行分析。因此，这些方法都较昂贵。另外，这些方法具有解释偏差等重大风险。除联想法之外，所有的方法都是开放式的，这使得分析和解释更加困难和主观化。一些影射法，例如角色扮演，要求被调查者参与到不寻常的行为中。在这些情境中，调研人员假设同意参与的被调查者本身在某些地方不同寻常，因此被调查者也许并不能代表调查样本。

## 影射法的应用

相对于非结构化直接法（座谈会和深度访谈）来说，影射法的使用较少。联想法是个例外，它常常用于测试品牌名称，偶尔用于测量对特殊产品、品牌、包装或广告的态度。遵循下列建议将提高影射法的应用效果：

1. 当所需要的信息无法通过直接法准确获得时，应当使用影射法。
2. 将影射法用于为了获得初步见解和理解的探索性调研。
3. 由于影射法的复杂性，不能单独使用。

因此，应该将影射法获得的结果同使用其他更具有代表性样本的方法所得到的结果进行对比。表5-5对座谈会、深度访谈和影射法进行了对比。根据对比结果，各种定性方法不应该看作互相排斥的。它们常常结合使用，以获得有价值的信息。

**表5-5　座谈会、深度访谈和影射法的对比**

| 项目 | 座谈会 | 深度访谈 | 影射法 |
|---|---|---|---|
| 结构化程度 | 相对较高 | 中等 | 相对较低 |
| 对被调查者的追问程度 | 低 | 高 | 中等 |
| 主持人偏见 | 中等 | 相对较高 | 相对较低 |
| 解释偏见 | 相对较低 | 中等 | 相对较高 |
| 对潜在信息的发掘程度 | 低 | 中高 | 高 |
| 对创新信息的发掘程度 | 高 | 中等 | 低 |
| 敏感信息的获得 | 低 | 中等 | 高 |
| 不寻常行为/提问 | 无 | 少 | 有 |
| 整体的有用性 | 非常有用 | 有用 | 部分有用 |

## 5.7　定性数据的分析

定量调研以数字及其代表意义为分析单位，与此相比，定性数据的分析以字词作为分析单位，并且只有极少的统一的规则与标准过程。定性调研的目标是破译、检查和解释数据中出现的有意义的模式或主题。模式和主题的意义取决于目前的研究问题。

在分析定性数据时，一般需要遵循三个步骤。[25]

1. 数据压缩：调研人员选择强调、精简或者放弃某一方面的数据。

2. 数据呈现：调研人员通过诸如图表、矩阵等工具直观解释数据。这有利于阐明数据的模式和内在联系。

3. 总结并核实：调研人员对所分析数据的意义进行考察，并且评估其对目前所调研问题的启示。

这三个步骤将在下面的案例中进行说明。

**调研实例**

**有效的校园新闻传播方式的定性分析**

假设调研人员以毕业大学生为样本，通过座谈会就以下问题获得定性数据：你认为向大学生传播重要的校园新闻最有效的方式有哪些？

根据之前所说的步骤，在收集了数据之后，调研人员首先希望选择数据的哪些方面与所调研的问题相关。为了达到这一目的，调研人员将突出强调关键词或在座谈会记录中清晰阐明调研问题的关键部分。例如，调研人员决定要考虑：(1) 被调查者对过去接收重要新闻的方式的回顾；(2) 被调查者所认为的最有效的传播方式；(3) 被调查者为什么认为这是最有效的传播方式。调查记录将被编码以反映感兴趣问题的不同类别。在对数据进行编码之后，调研人员可以获得直观的数据展示，以获得更为清晰的结论。如表5-6所说明的一样：

表 5-6　调查记录表

| 被调查者 | (1) 过去的传播方式 | (2) 最有效的方式 | (3) 原因 |
|---|---|---|---|
| A | 邮件<br>非正式交换<br>电话 | 邮件 | 绝大多数新闻需要即时传播 |
| B | 邮件<br>学生报纸<br>校园网站 | 邮件<br>校园网站 | 容易保存，以后使用方便 |
| C | 非正式交换<br>电话<br>校园邮箱 | 校园邮箱 | 在校园内操作<br>在家无法上网 |

为了能从这些数据中得出结论，不仅需要知道被调查者所认为的最有效的传播方式，同样也需要知道原因。例如，通过询问为什么，我们看到对于为什么调查对象C不认为邮件是最有效的传播方式的原因符合逻辑。另外，即便被调查者A和B同时认为邮件是一种有效的传播信息的方式，原因却不一样。这类见解很难通过使用调查或实验的定性调研获得。

## 定性数据分析软件

定性分析软件可用于帮助对定性数据进行分析。它主要包括六种：文字处理软件、字词查询软件、文本管理软件、编码和查询软件、以编码为基础的理论构建软件和概念网络构建软件。需要记住的是，尽管这些分析软件能够帮助加工有关文本段落，但是它们不能决定有意义的编码分类或者定义重要的主题和因素；这些步骤应该由调研人员负责。另外，由于购买和学会如何使用软件需要花费大量的时间和金钱，调研人员应该根据项目的规模来决定是否需要购买分析软件。

如果决定购买和使用一种分析软件来帮助进行定性分析，那么需要注意的是，不同的软件具有不同的功能，包括：

1. 编码。计算机程序能够帮助你划分数据的段落并对关键词编码。

2. 注释与说明。计算机程序能够让你在数据中插入注释，这能帮助你为数据赋予含义。

3. 数据链接。计算机程序能够帮助你保持与数据库不同部分的联系，包括记录、编码和备忘录。

4. 搜索和查询。计算机程序能够帮助搜索特定字词或者字符串。

5. 概念/理论开发。计算机程序能够通过使用既定的规则假设检验或者通过建立语义网络来开发理论。

6. 数据展示。计算机程序能够通过屏幕甚至是多个屏幕来展示结果。

7. 图表编辑。计算机程序能够帮助设计和编辑由结点及链接组成的图。

流行的分析软件有XSight，NVivo（www. Qsrinter-national. com），ATLAS. ti（www. atlasti. com），CATPACII（www. terraresearch. com），Ethnograph（www. qualisresearch. com）。这些网站提供了有关分析软件的信息和软件的演示文稿。

## 5.8 国际营销调研

由于调研人员对所要调查的国外产品市场通常不熟悉，因此定性调研在国际营销调研中很重要。在跨国研究的最初阶段，定性调研能够提供对有关问题的见解，并且通过形成相关的调研问题、假设、模型与特征来开发一种能够影响调研设计的方法。因此，定性调研能够揭示国外市场同国内市场的差别。座谈会在很多情况下都能够使用，特别是在工业化国家。然而，其他国家的行业标准和规范与美国不同。例如，在墨西哥，允许招募者邀请家人和朋友参加座谈会。在一些国家，比如印度和玻利维亚，由于缺乏合适的机构，座谈会在饭店举行并且有闭路监控。主持人不仅需要接受座谈会方法的培训，还需要熟悉当地的语言、文化以及社会交往的模式。座谈会的结果不仅来自语言内容，还应该来自非语言线索，比如语调的抑扬、表情和动作。[26]

座谈会的规模也有差异。例如，在亚洲，由7位被调查者组成的小组互动水平最高。在一些地区，例如中东或者远东，人们对于在组织环境中讨论自己的感受表示质疑。在其他国家，例如日本，人们认为在公开场合否定别人的观点是很不礼貌的。在一些情况下，需要使用深度访谈。另外，产生的定性数据需要在文化的背景下进行解释。

定性调研方法的一些一般性缺点在国际背景下也许更为严重。通常在国外很难招聘到训练有素的主持人和访谈者/调查人员。编码、分析和解释过程同样给国际定性调研带来困难。

## 5.9 营销调研中的商业伦理问题

当开展定性调研时，同被调查者和一般大众有关的伦理问题是最重要的。这些问题包括掩饰调研目的、使用欺骗性方法、对讨论进行录像和录音、被调查者的舒适程度和定性调研结果的误用。[27]

所有间接法都要求至少在一定程度上掩饰调研目的。通常使用虚构的故事掩饰真正的目的。这将侵犯调查对象的知情权并且还会导致心理伤害。例如，在对完成法的一系列问题作答之后，被调查者发现他们将时间都花在了一些无关紧要的问题上，例如讨论一种新的橙汁饮料应该采取什么颜色的包装罐，而事实上他们是被招募参加一项营养调研项目的，此时，被调查者会感到沮丧。为了减少这种负面影响，应该告诉被调查者掩饰调研目的是避免回答偏见。在完成了调研任务之后，需要召开事后说明会，告知被调查者研究的真正目的并且提供评价或提问的机会。应当避免使用侵犯被调查者的隐私权以及知情权的欺骗性方法，例如，允许客户扮成帮忙的同事来观察座谈会或深度访谈。

对座谈会或深度访谈进行录像或记录将涉及伦理问题。在被调查者不知情或者未经其允许的情况下进行录像或录音将引发伦理问题。指导方针是：必须事先告知被调查者，并在开始之前，最好是招募时，获得被调查者的同意。另外，在会谈结束后，要求被调查者签订一份书面声明，明确表示同意使用录像或录音。这份声明需要表明调研的真正目的以及所有可以获得该录像或录音的人员名单。如果某一被调查者不同意，那么应该完全删除录像或录影带上此人的身份和评论。

另外一个需要关心的问题是被调查者的舒适程度。在定性调研中，特别是在深度访谈中，不应该在某一点上逼问被调查者，使其感到不舒服。要对主持人或访谈者进行部分限制以尊重被调查者。如果一名被调查者感到不舒服，并且不想回答有关某一特定话题的更多问题，访谈者不应该过分追问。最后一个方面与一般大众有关，它涉及将定性调研结果用于可疑目的的伦理问题。

## 调研决策

### 莲花发展有限公司：建立自己的网站

**情境**

迈克·霍丁（Mike Rhodin）是莲花公司（Lotus Development Corporation，www.Lotus.com）的总裁兼首席执行官，而莲花是 IBM 旗下的众多品牌之一。莲花公司认识到个人和企业需要共同工作，因此利用实用的管理知识、电子商务和其他通过网络将世界各地的想法、思想者、购买者、销售者和社会组织联系起来的突破性方式，莲花公司重新定义了商务运作这一概念。2009 年，莲花公司通过直接和广泛的商业伙伴渠道将自己的产品投放到超过 80 个国家或地区。该公司还提供很多专业咨询、专业支持和教育服务。为了能够领先竞争者，霍丁希望提高该公司网站的访问量，并且希望莲花公司成为能够最好地满足顾客需求的网站。

莲花公司每 4 个月举行一次顾客座谈会和商业伙伴座谈会，以确定用户对其网站的反馈。这种常规的座谈会基于这样一个事实：网站是一种生命周期很短的产品，它需要持续关注和不断更新。座谈会对莲花公司的网站和其他公司的网站进行了评估。座谈会的一些目标包括确定网络用户决定访问网站的因素、确定使网络用户常常回访网站的因素和确定用户的技术能力。

座谈会的使用使得莲花公司能够积极地获得一些信息，而这些信息在被动的情况下是无法获得的。被动的计数能够跟踪网站访问者的数量以及实际使用网站的访问者数量。例如，莲花公司能够检测到使用属于某一特定产品的聊天室的访问者数量。然而，仅仅知道访问者的数量并不能为公司揭示关于访问者增加或减少的原因。座谈会正是获得这些信息的方法。

通过座谈会，莲花公司认识到客户希望得到更好的浏览导航和更高的稳定性。在过去，公司的重点在于保证信息能够快速地传递给客户，然而座谈会的结果表明公司需要进一步改善网站，使网站访问者能更加容易地获得所有信息。

**营销调研决策**

1. 你认为莲花公司对座谈会的使用是否恰当？
2. 你建议使用何种类型的调研设计？为什么？
3. 为了使迈克·霍丁设计出有效的网站，讨论你建议采取的调研设计的类型所扮演的角色。

**营销管理决策**

1. 为增加访问量，并改善访问者的体验？
2. 你建议使用的调研设计和调研结果如何影响你推荐给迈克·霍丁的营销管理决策？讨论这一问题。[28]

## 本章小结

定性调研和定量调研应该是互补的。定性调研包括直接法和间接法。在直接法中，被调查者能够了解调研的真正目的，而在间接法中，调研目的被掩盖起来。主要的直接法有座谈会和深度访谈。座谈会以小组形式进行，深度访谈则是以一对一的形式展开。座谈会是使用最为广泛的定性调研方法。

间接法也称影射法，它的目标是影射出被调查者对于模糊情境的动机、信念、态度和感受。影射法可以分为联想法（字词联想法）、完成法（句子完成法、故事完成法）、构筑法（图片法和漫画测试）和表达法（角色扮演、第三者法）。当通过直接法被调查者不愿意或者不能提供需要的信息时，影射法特别有效。图 5-5 是定性调研的概念图。

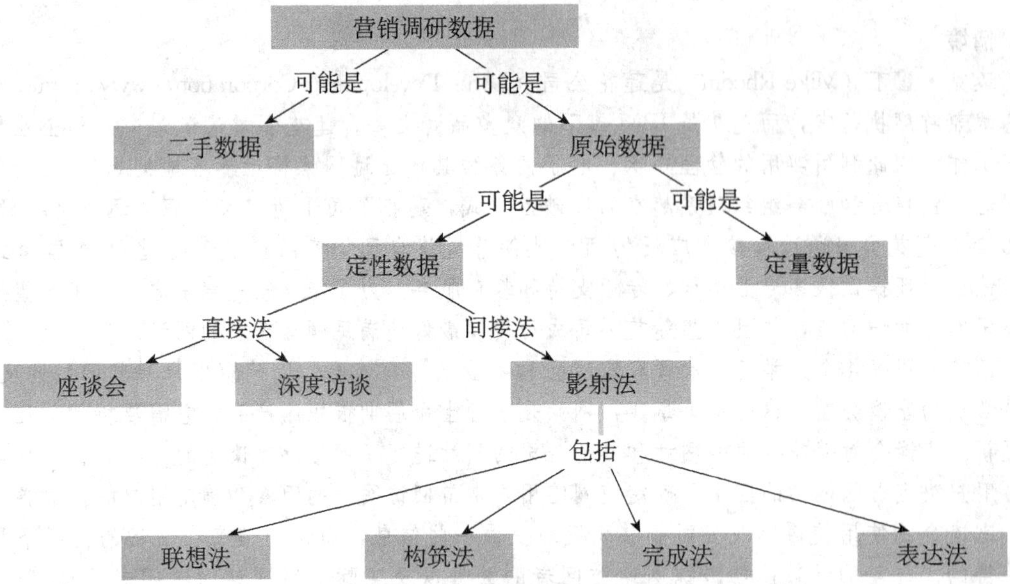


**图 5-5　定性调研的概念图**

定性调研能够揭示国内市场和国外市场的显著差异。应当使用座谈会还是深度访谈以及如何解释调查发现，在很大程度上取决于文化差异。当开展定性调研时，调研人员和委托方都应该尊重被调查者，包括保护匿名调查对象、遵守所有声明和承诺、以不伤害被调查者或不给其造成尴尬的方式开展定性调研。座谈会、深度访谈和影射法同样可以通过互联网开展。微型计算机和大型主机可以用于筛选和面试被调查者以及对定性数据进行编码和分析。

## 关键术语与概念

定性调研（qualitative research）
定量调研（quantitative research）
直接法（direct approach）
间接法（indirect approach）
座谈会（focus group）
深度访谈（depth interview）
梯式提问（laddering）
隐藏式提问（hidden issue questioning）
象征意义分析（symbolic analysis）
影射法（projective technique）
联想法（association technique）

字词联想法（word association）
完成法（completion technique）
句子完成法（sentence completion）
故事完成法（story completion）
构筑法（construction technique）
图片法（picture response technique）
漫画测试（cartoon test）
表达法（expressive technique）
角色扮演（role playing）
第三者法（third-person technique）

## 练习

**问答题**

1. 定性调研方法和定量调研方法有什么主要不同？
2. 什么是定性调研？如何进行定性调研？
3. 直接法和间接法的区别是什么？请各举一例。
4. 为什么座谈会是使用最为广泛的方法？
5. 为什么座谈会的主持人对于获取高质量的调研结果很重要？
6. 座谈会主持人应具备的关键能力是什么？
7. 为什么调研人员反对使用职业受访者？
8. 举出两种座谈会被误用的方式。
9. 双主持人座谈会和对立主持人座谈会的区别是什么？
10. 什么是电话座谈会？这种方法的优点和缺点分别是什么？
11. 什么是深度访谈？深度访谈在什么情况下较适用？
12. 深度访谈的主要优点是什么？
13. 什么是影射法？影射法的四种类型是什么？
14. 描述联想法。举例说明联想法特别有用的情况。
15. 什么时候应该采用影射法？

**练习题**

1. 根据本章介绍的方法，制定一个召开座谈会的计划，以确定消费者对进口手机的态度和喜好。具体描述座谈会的目标，编制一份甄别问卷并拟定主持人提纲。

2. 假设巴斯金·罗宾斯公司（Baskin Robbins）想要知道为什么有的人不常吃冰激凌，以此为目的进行一次漫画测试。

## 活动

**角色扮演**

1. 假设你是一位营销调研顾问，受聘为一家创新的德式快餐店组织一次座谈会。你将邀请什么人参加座谈会？你会使用什么筛选标准？你会提出什么问题？

2. 作为一名营销调研人员，你将如何说服你的上级（由另一位同学扮演）在完成定性调研后，不要省略定量调研。

**实地调查**

1. 假设校园体育中心正试着确定为什么越来越多的同学不使用体育设施。请组织一系列座谈会来确定需要做什么来吸引更多的学生来体育中心。在座谈会结果的基础上，形成有关假设。

2. 假设一家化妆品公司想要提高其产品在女学生中的市场渗透率。该公司聘请你作为顾问，以获得有关女学生对于该公司化妆品的态度、购买情况和使用情况的信息。请至少进行五次深度访谈，同时也采用构筑法获取信息。这两种方法得出的结果一致吗？如果不一致，请解释原因。

**小组讨论**

1. 5～6人为一组，讨论定性调研是否科学。

2. 以小组的形式讨论如下陈述："如果座谈会的结论符合预期，那么委托方应该实行定量调研。"

3. 5～6人为一组，讨论如下陈述："定量调研比定性调研重要，因为它带来了统计信息和结论性结果。"

## 连续案例：戴尔

阅读书末附录A中戴尔的案例，以及提供的调查问卷。讨论以下问题：

1. 为了解在个人购买电脑过程中的消费者决策制定过程，使用座谈会是否有效？并解释。

2. 为了理解电脑购买中消费者的决策制定过程，草拟一份座谈会提纲。

3. 对于戴尔来说，为了提高其电脑在美国家庭市场的渗透率，使用影射法是否有效？你会建议使用哪一种影射法？

4. 使用字词联想法测量消费者联想，了解可能影响个人购买电脑的态度的消费者联想。

5. 设计句子完成法来发掘个人购买电脑的潜在动机。

## 案例分析

### 耐克：将运动员、运动成绩和品牌联系在一起

耐克是世界上最大的运动鞋、运动衣和其他运动装备销售商，大约拥有30%的世界市场份额。耐克通过其自有品牌以及下属品牌销售产品，耐克公司通过其独立的分销商、特许经营者和子公司组合，在近120个国家和地区销售产品，从1963年资产仅为8 000美元的公司，发展成资产达到几百亿美元的大公司。

耐克在广告、宣传和销售促进上的花费每年超过10亿美元。为了使这些资金能够合理地使用，耐克公司进行了营销调研。耐克的营销能够很快适应消费者的变化，以及世界运动的变化。耐克的运用营销调研发现了未来发展的方向。例如，耐克的营销从更多关注传统运动（篮球、跑步）转向更多关注其他运动，尽管这些运动目前并不广泛。营销调研表明：在橄榄球运动员当中，耐克的认知度很低。因此，耐克决定在这方面提高。耐克认为其优势如果能够运用到其他领域，将获得更好的效果，例如那些品牌认知度低的领域。

耐克那动感的标志在世界上得到认可，是其几十年努力和创新的结果。1973年第一位运动员穿上了耐克的运动鞋。在早期，耐克就认识到将产品同运动员联系在一起是非常重要的。这样的合作有助于将运动员的杰出表现同品牌认知联系在一起。通过座谈会和调研，耐克发现大众市场的偏好会受到一小部分顶级运动员偏好的影响。在认识到了这一点之后，耐克开始在

名人宣传上花费数百万美元。这样一种同运动员之间的联系同样有助于耐克公司进行定位。它传递了这样一种信息：耐克公司的目标就是给世界上的每一位运动员都带来创新。耐克同样通过满足运动员个人目标来设计新产品。

美国品牌管理委员会（U. S. Brand Managemet）副主席特雷弗·爱德华（Trevor Edward）在解释耐克公司名人宣传战略的时候说，那些为耐克品牌做过宣传的体育明星，例如罗纳尔多、迈克尔·乔丹、泰格·伍兹，都在某些方面代表着卓越。然而，运动员同样拥有普通人的一面，例如他们对胜利的渴望，以及谦虚的态度。所有这些都传递着耐克的品牌信息；这些不仅有利于塑造品牌，也有助于定义耐克品牌并确定其象征意义。

耐克公司同样认识到，为了能够实现其极高的发展目标，它必须能够吸引不同的细分市场。基于营销调研，耐克公司将市场分为三个不同的市场：运动员、运动参与者以及那些受到运动文化影响的消费者。第一个细分市场是专业的运动员，第二个细分市场是指那些参加运动，但是并没有把自己视为专业运动员的人。第三个细分市场是由那些影响他人，同时又受到世界运动影响的人组成。这三个不同的细分市场的组成是不同的，耐克分别采取不同的策略。

耐克一直都是营销调研的热衷者，这体现在其对欧洲市场的进军上。为了能够深入了解欧洲消费者，耐克决定关注不同的运动。美国人喜欢垒球、橄榄球、篮球，欧洲人最偏爱的是足球。因此，耐克将焦点放在主要的运动赛事（世界杯和奥运会）和知名运动员上，这些都和欧洲消费者相关。座谈会和调研发现：对于耐克运动鞋来说，最好的定位是它能够提高运动员的运动成绩。通过大量的广告，耐克将其产品认知从时尚转为运动成绩，在这一过程中，其销售有了巨大的提高。

耐克的另一个战略是针对特定市场设计一个独特的产品生产线。耐克使用营销调研确定某个特定细分市场的生活方式和产品使用特征。例如，Presto 产品生产线是为年轻人的生活方式设计的。耐克关注生活方式，并且围绕有某种生活方式的群体设计产品。同样，耐克运用营销调研确定同目标市场进行交流的最有效方式。

正是由于这些方法的使用，耐克的标志才能被97%的美国人认识，其销售量才能如此突飞猛进。然而，耐克面临一个新的问题：它失去了其小型、创新型的传统形象。在未来它同样面临如何保持品牌资产和品牌意义的障碍。继续进行营销调研将会帮助耐克应对这些调整，将品牌同顶级的运动员及其运动成绩联系在一起，有助于提升品牌形象。

### 结论

耐克通过营销调研，将其品牌打造成世界知名品牌。名人宣传、进军欧洲以及将品牌同足球运动员紧密联系都是耐克为了发展其品牌所采取的战略。在未来，随着耐克向新市场扩张，以及投资于更多的新机会，它仍然会继续依赖营销调研，仍然会继续将运动员、运动成绩和品牌联系在一起。

### 问题

1. 耐克想要扩大其运动鞋的市场份额，为其定义管理决策问题。
2. 定义一个你发现的，同管理决策问题相关的合适的营销调研问题。
3. 通过一个图表模型解释消费者对运动鞋品牌的选择。
4. 定性调研能如何加强耐克的品牌形象？需要使用哪一种定性调研方法？解释原因。

### 资料来源

1. www. nike. com，accessed February 15，2009.

2. Hoover's，A D&B Company，http：//premium. hoovers. com. gate. lib. buffalo. edu/subscribe/co/factsheet. xhtml?ID=rcthcf hfshkyjc，accessed May 31，2007.

第6章

# 描述性调研设计：询问调查法与观察法

做好描述性调研的关键在于要清楚地知道你所评测的对象，并选择一种询问调查法——通过这种方法，被调查者愿意积极配合并有效地提供完整准确的信息。

——Burke公司首席运营官杰夫·米勒（Jeff Miller）

## 学习目标

1. 对询问调查法进行讨论和归类，描述诸如电话、人员、邮件和电子调查等不同的询问调查法。

2. 识别评价询问调查法的标准，比较不同的询问调查法，并指出针对某一特定调研项目哪种方法是最适合的。

3. 对营销调研人员所用的不同的观察法进行解释和归类，描述人员观察、机械观察、审计、内容分析和追踪分析的特点等。

4. 识别评价观察法的标准，比较不同的观察法，并指出针对某一特定调研哪种方法是最适合的。

5. 指出观察法的优缺点并将其与询问调查法做比较。

6. 讨论在国际营销背景下实施各种询问调查法和观察法需要考虑的问题。

7. 认识在开展询问调查和观察时涉及的伦理问题。

## 本章概述

前面我们阐明了一旦定义了调研问题（营销调研的第1步），设计了调研框架（营销调研的第2步），调研人员就需要进行调研设计（营销调研的第3步）。正如我们在第3章中所讨论的，调研设计的主要类型有探索性设计和结论性设计。探索性调研设计一般以利用二手数据分析（第4章）和定性调研（第5章）为主要方法。结论性设计又可以分为因果性的和描述性的。我们将在第7章阐述因果调研设计。

在本章，我们着重阐述描述性调研设计所用到的主要方法：询问调查法和观察法。正如第3章所述，描述性调研的主要目的是描述事物（通常是一些市场特性和功能）。询问调查法可以根据其实施的模式划分为如下几类：传统电话调查、电脑辅助电话调查、登门调查、商场拦截调查、电脑辅助人员调查、邮件调查、邮件固定样本组、电子邮件调查和网络调查。我们对这些调查方法进行了阐述，并且给出了关于所有调查方法的相对评价。接下来，我们要学习主要的观察法——人员观察、机械观察、审计、内容分析和追踪分析，并讨论各种观察法的相对优缺点。还要讨论在对国际市场实施各种询问调查法和观察法时需要考虑的问题。在询问调查法和观察法中出现的一些商业伦理问题也需要注意。

## 6.1　询问调查法

**询问调查法**（survey method）是基于对被调查者的询问来获取信息的。通常会向被调查者询问关于他们行为、倾向、态度、认知、动机、人口统计学和生活方式特征的问题。这些问题有可能是以口头、书面或电子的方式给出的，回答也可能是通过其中任何一种方式得到的。通常这些问题都是结构化的。结构化在此指的是数据收集过程的标准化程度。在**结构化的数据收集**（structured data collection）中，需要预先设置好正式的问题和答题的顺序，因此属于直接法。调研是直接法还是间接法取决于被调查者是否知道调研的真实目的。正如第5章所述，因为被调查者知道或是可以从问题中看出调查的目的，所以直接法是不需要掩饰的。

结构化的直接调查这一最普遍的数据收集方法涉及问卷的使用。在一份典型的问卷中，大部分题都是**固定选项问题**（fixed-alternative question），被调查者只需从中选出预设好的答案。例如，下列问题就是为了评测顾客对百货商店态度而设计的：

| | 不同意 | | | | 同意 |
|---|---|---|---|---|---|
| 在百货商店购物很愉快 | 1 | 2 | 3 | 4 | 5 |

询问调查法有几个优点：第一，问卷简单易操作。第二，因为回答限于已有备选答案，所以所获数据是可靠的。采用固定选项可以减少由于被调查者本身差异引起的不同结果。第三，编码、分析和理解这些数据相对简单。[1]

其缺点在于被调查者可能不愿意或是没有能力提供想要的信息。以与激励因素相关的问题为例，被调查者自己没有意识到其选择某特定品牌或在某家特定百货商店购物的动机是什么，所以，他们就无法准确地回答激励是什么。当问及一些敏感或是私人的信息时，被调查者可能不愿意回答。同样，结构化的问题和固定选项可能对诸如信念和感觉之类的调查是无效的。最后，恰当地组织问题语言也并非易事（见第10章）。尽管存在以上缺陷，在营销调研收集原始数据方面，询问调查法仍然是最常用的。

询问调查法可以根据问卷的模式进行分类，这些分类模式有助于区分不同的调查方法。

## 6.2　以实施方式分类的询问调查法

问卷调查可以通过以下四种方式来实现：（1）电话调查；（2）人员调查；（3）邮件调查；（4）电子调查（见图6-1）。电话调查又可进一步分为传统电话调查和以电脑为辅助的电话调查。人员调查可以在家里进行，也可以在商场拦截互动。邮件调查可以采用普通邮件调查的方式也可以采用固定样本组的方式。电子调查可以通过发电子邮件和网络的形式来实现。这些方法中最常用的是电话调查，其次是人员调查和邮件调查。电子调查的方法，尤其是网络调查法正在快速发展中。下面我们就来逐一介绍这些方法。

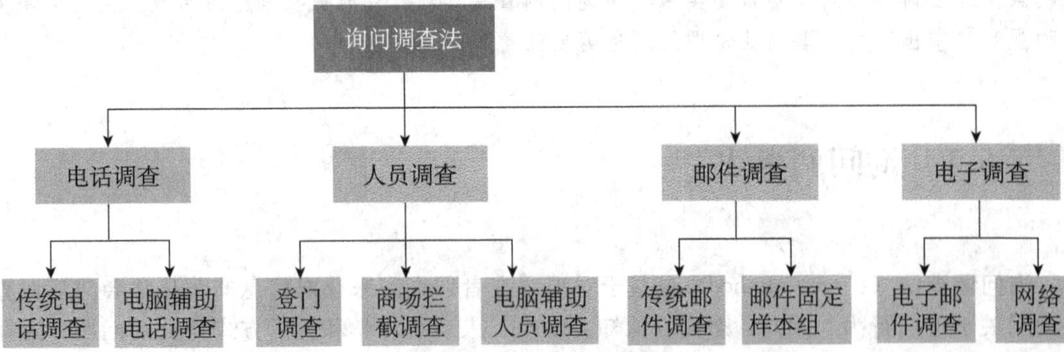


**图6-1 询问调查法的分类**

## 6.3 电话调查

如上所述，电话调查可以分为传统型和电脑辅助型。

### 传统电话调查

传统电话调查就是打电话给样本中的被调查者，询问他们一系列问题。调查人员在纸质问卷上勾出答案。先进的远程交流技术使得在某一中心地点开展全国性的电话调查变得切实可行，所以近年来本地电话调查的使用量下降。[2]

### 电脑辅助电话调查

在一个中心点做电脑辅助电话调查比传统电话调查流行得多。电脑辅助电话调查用电子化的问卷对通过电话对被调查者实施询问调查。调查人员需要戴着耳麦坐在终端电脑前。电脑替代了纸笔，耳麦替代了电话。一发指令，电脑就会开始拨号。调查开始时，调查人员只需读电脑屏幕上的问题并直接将被调查者的回答存入电脑的记忆库。

电脑会为调查人员提供系统性的指导。每次屏幕上只会出现一个问题。电脑会评测答案的一致性和准确性，然后根据这些答案生成个性化的问卷。整个数据采集的过程自然而顺利，调查的时间缩短了，数据的质量提高了，还取消了诸如问卷编码、数据录入这些数据收集步骤。因为直接将答案录入电脑，所以更新的数据报告或是分析结果也几乎可以同时出来。

## 6.4 人员调查

人员调查可以分为登门调查、商场拦截调查和电脑辅助人员调查。

### 登门调查

进行登门调查时，被调查者在自己家中接受面对面的调查。调查人员的任务就是接触被调查者，问他们问题并记录回答。近年来，由于登门调查的高成本，已经越来越少地采用这种方法了。但是这种方法还是会被使用，尤其是在辛迪加公司（见第 4 章）中，例如对媒体市场的调查。

### 商场拦截调查

在商场拦截调查中，调查人员会拦截正在购物的被调查者，并将他带至商场内的调查设施处。然后填写与登门调查一样的问卷。商场拦截调查的优点在于，让被调查者接近调查人员会比调查人员去找被调查者更有效。[3] 这种方法日益流行，并且在商场内已设有数百个永久性调查点。

### 电脑辅助人员调查

在第三种人员调查法——电脑辅助人员调查中，被调查者要坐在电脑终端前，用鼠标或键盘回答屏幕上的问题。目前有几种易于被被调查者理解的用户友好型电子软件包，这些软件包一般还设有帮助界面和错误提示。彩色的屏幕和屏幕内外的激励都有助于提高被调查者完成问卷的兴趣和投入度。因为在调查中，调查人员会像主持人一样给被调查者提供所需要的支持，所以将此方法归为人员调查法。此方法可用于在商场、产品鉴别会、会议及交易会展上收集信息。

## 6.5　邮件调查

第三种询问调查法是邮件调查，可以通过传统邮件或邮寄固定样本组实现。

### 传统邮件调查

传统邮件调查会以邮寄方式将问卷寄给预先选好的被调查者。典型的调查包由外包信封、说明信、问卷、寄回信封和激励组成。被调查者填完问卷并将其寄回。调查人员和被调查者之间没有口头交流。[4]

但是，在开始收集数据前，至少需要广泛地识别被调查者，所以首要任务就是获取有效的邮寄名单。邮寄名单可以通过电话簿、客户名册、协会会员名单、公开发布的名单或是邮寄名单提供商等渠道获得。[5] 无论是何种名单，它都要和目标人群密切相关。调查人员还需要对邮件调查包的各种要素做出决策（见表 6－1）。邮件调查用途广泛，可用于测量顾客偏好，正如以下例子所证实。

**表 6－1　邮件调查包的相关决策**

| | |
|---|---|
| **外包信封** | |
| 规格，颜色，寄回地址 | |
| 邮资 | |
| 投寄方式 | |
| **说明信** | |
| 调查机构 | 签名 |
| 个性化定制 | 附言 |
| 需求类型 | |

续表

| | |
|---|---|
| **问卷** | |
| 长度 | 布局 |
| 内容 | 颜色 |
| 尺寸 | 格式 |
| 复制品 | 被调查者匿名 |
| **寄回信封** | |
| 信封类型 | |
| 邮资 | |
| **激励** | |
| 金钱性的或非金钱性的 | |
| 预付的或承诺的 | |

**调研实例**

**熔铸在一起**

铸币艺术博物馆（www.mintmuseum.org）是美国东南部先进文化机构的代表之一。由于最近该地区人口的变化，博物馆开始思考，如果将各种各样的为数众多的藏品展示给公众是艺术传播的最好方式，那么目标公众又是谁呢？而且博物馆还希望新建一个铸币设计制造博物馆，但又不确定这是不是公众想要的，以及公众能否理解这个概念，所以它聘请了亚特兰大互动研究所。

为了获取博物馆想要的信息，互动研究所开发了一项分为两阶段的调研。调研的目的是要测量公众对目前的博物馆及铸币设计制造博物馆计划的认知、使用和态度。调研的第一阶段是定性的，由5个小组构成。第二阶段是定量的，在此阶段中，大概向10 000个社区居民寄发了详细的问卷，回收了1 300份。

结果显示人们认为博物馆是很不错的。被调查者还感到现有藏品种类太过分散，没有展示出清楚的主题。人们支持铸币设计制造博物馆的新想法，但是认为需要大的教学机构来告诉公众究竟应该怎样参与这些设计制造活动。价格和停车是现今妨碍公众来参观的两大障碍，所以在设计新建筑的时候要考虑到这些。虽然5～7美元的门票是可接受的，但是人们表示，如果新博物馆的门票涨价，他们就不会去了。调研还显示，为了鼓励更多的人参观，博物馆应该考虑提供这两个地方的通票。这些调研结论中的许多实施了。基于调研结果，博物馆决定将藏品与美国文化主题结合，还将按照时间顺序来陈列。其中偶尔有一些欧洲的藏品，但是大部分藏品来自美国。门票的最高价为每人6美元，一张票在同一天内可以在铸币艺术博物馆和铸币设计制造博物馆两个地方使用。[6]

## 邮寄固定样本组

前文介绍过邮寄固定样本组。**邮寄固定样本组**（mail panel）由大量具有全国代表性的样本家庭组成，这些家庭愿意参与周期性的问卷调查和产品测试并且得到各种物质激励。固定样本组的名单每年都会更新。因为这些人员都有过承诺，所以应答率能够接近80%。固定样本组意见样本由Synovate提供，由600 000多个美国和60 000多个加拿大代表性家庭组成。有几个营销调研公司从邮寄固定样本组过渡到固定样本组网络调查。NFO Group宣称每200个家庭中就有一个是其固定样本组网络调查的成员。

邮寄固定样本组可从同一被调查者那重复地收集信息，可用于长周期设计的实施。

## 6.6　电子调查

如上所述，电子调查可通过电子邮件和互联网或网页实现。

### 电子邮件调查

实施电子邮件调查需要获取一份电子邮件地址名单。调查以电子邮件信息的形式写出，通过互联网发送出去。电子邮件调查以纯文本（ASCII）形式展示问卷，无论被调查者能否打开网页，都可以通过电子邮件地址来接收和回复问卷。被调查者通过在设计好的位置点击“回答”来回复开放式或封闭式的问题。被调查者同时也是数据录入者和表格编制者。

电子邮件调查也有其局限性。由于电子邮件系统技术上的限制，问卷不能运用跳过、逻辑检查和随机排列等程序。ASCII 纯文本的智能局限性表现在无法阻止被调查者在只能选一个答案处同时选“是”和“否”。跳转提示（例如：“若第 5 题回答是，则跳至第 9 题”）必须有和纸质问卷一样有说明。这些因素会降低电子邮件调查数据的质量并要求之后清理调查信息。另一个限制就是有些软件系统会限制电子邮件的长度。

### 网络调查

与电子邮件调查相比，互联网或网页调查用**超文本标记语言**（hypertext markup language，HTML）写出并张贴在网站上。这种方法可以通过营销调研公司提供的潜在被调查者名单或是通过网络特定名单在网上招募被调查者，也可以通过传统方式（邮件、电话）招募。被调查者登录既定网站完成问卷。被调查者有时是碰巧登录到了有问卷的网站（或许是其他流行网站）然后被邀请参与。与邮件调查相比，网络调查有这样几个优点：不是用文本文件，而是用 HTML 来构建按钮、复选框和数据录入区的，避免了被调查者在单选题处选择多个答案，或是在无须作答处回答；跳转模式可以和电脑辅助电话调查与人员调查一样自动运行；即时确认输入答案的有效性；可以在调查中采用如图表、图像、动画和与别的网站链接等附加刺激物。答案会被采集到一个数据库。经过处理，运用于图表或统计分析包。所有这些因素都会提高获取数据的质量。从结果来看，由网络调查所得到的结果与传统调查的结果是比较接近的。

网络固定样本组调查被普遍采用，而且是获取网络样本的有效来源（在第 11 章中会讨论更多细节）。事实上，许多营销调研公司和辛迪加公司已经用网络固定样本组调查代替了传统邮件固定样木组调查。与邮件组调查相比，构建和维护网络固定样本组调查更省时省钱。

对于招募浏览网页或是观看旗帜广告的被调查者的网络调查来说，其本身就存在自我选择偏差。可以通过预先从电子邮件地址中选出有效样本并邀请他们访问网站来减小这一偏差。因为网络调查可以加入图片和音效，用安全的服务器发送并提供即时反馈，所以网络调查优于邮件调查。网络调查还可以采用报警系统，达到临界区时就报警。比如，某饭店的服务评价到了警戒值时，该系统会通知经理尽快采取措施。任何网络调查都可能存在问题，被调查者的重复回答也许会引起误差，无效的样本对统计结果的代表性的影响也是一个问题。

网络调查具有与传统方式相当的代表性和有效性，尤其是考虑到网民数量的持续上升。传统调查遇到的问题在网络调查中同样存在，需要得到有效的解决。[7]

## 6.7 询问调查法的比较

表6-2就多种因素对不同的询问调查法展开了比较。这些因素的重要性会因调查项目的特点而异。这些因素大致被归为任务、情境以及被调查者三类。

表6-2 询问调查法的比较

| 标准 | 电话调查和电脑辅助电话调查 | 登门调查 | 商场拦截调查 | 电脑辅助人员调查 | 传统邮件调查 | 邮寄固定样本组 | 电子邮件调查 | 网络调查 |
|---|---|---|---|---|---|---|---|---|
| 任务因素 | | | | | | | | |
| 问题多样性和灵活度 | 低～中 | 高 | 高 | 中～高 | 中 | 中 | 中 | 中～高 |
| 物质刺激的采用 | 低 | 中～高 | 高 | 高 | 中 | 中 | 低 | 中 |
| 控制样本 | 中～高 | 潜在性高 | 中 | 中 | 低 | 中～高 | 低 | 低～中 |
| 数据数量 | 低 | 高 | 中 | 中 | 中 | 高 | 中 | 中 |
| 应答率 | 中 | 高 | 高 | 高 | 低 | 高 | 低 | 非常低 |
| 情境因素 | | | | | | | | |
| 对数据采集环境的控制 | 中 | 中～高 | 高 | 高 | 低 | 低 | 低 | 低 |
| 对现场工作人员的控制 | 中 | 低 | 中 | 中 | 高 | 高 | 高 | 高 |
| 调查人员潜在的偏差 | 中 | 高 | 高 | 低 | 无 | 无 | 无 | 无 |
| 速度 | 高 | 中 | 中～高 | 中～高 | 低 | 低～中 | 高 | 非常高 |
| 成本 | 中 | 高 | 中～高 | 中～高 | 低 | 低～中 | 低 | 低 |
| 被调查者因素 | | | | | | | | |
| 感知到的匿名性 | 中 | 低 | 低 | 低 | 高 | 高 | 中 | 高 |
| 符合社会期望 | 中 | 高 | 高 | 中～高 | 低 | 低 | 中 | 低 |
| 获取敏感信息 | 高 | 低 | 低 | 低～中 | 高 | 中～高 | 中 | 高 |
| 低发生率 | 高 | 低 | 低 | 低 | 中 | 中 | 中 | 高 |
| 被调查者控制度 | 低～中 | 低 | 低 | 低 | 高 | 高 | 高 | 中～高 |

### 任务因素

对被调查者开展调查任务以及数据采集过程会影响到对询问调查法的要求。任务的特点会影响到问题多样性和灵活度，以及物质刺激的采用、控制样本、数据质量以及应答率等指标。

**问题多样性和灵活度** 询问调查法可以提出多种问题，而数据采集的灵活度又取决于被调查者与调查人员和问卷之间的互动程度以及其真切理解问题的能力。在人员调查中，因为被调查者可以见到问题，并且调查人员能够当面阐明含糊处，所以可以提出各类不同的问题。因为被调查者和调查人员是面对面的，所以可以提出一些复杂的问题，并解释疑难问题，甚至可以采用一些非结构化的调查技术。所以，登门调查、商场拦截调查以及电脑辅助人员调查这些方法有着较强的多样性，灵活性也是较高的，尤其是登门调查和商场拦截调查。电脑辅助人员调查由于互动性受限，其灵活性有所下降。尽管在网络调查中没有调查人员的参与，但是所采用的多媒体使得在网络调查中问题多样性的程度相当高。一定程度的互动有助于提高问卷的灵活度。在传统邮件调查、邮寄固定样本组调查以及电子邮件调查中，因为调查过程基本上是被调查者自主完成的，而且也没有调查人员来给出阐释说明，所以这些询问调查法的问题多样性和灵活度不如前几种方法。但是，被调查者对问题的理解能力会对互动的缺少有调节作用。所以，这些方法的问题多样性和灵活度都比较适中。在传统电话调查和电脑辅助电话调查中，因为被调查者在作答时无法看到问卷从而限制了问题的多样性，例如，在电话调查或是电脑辅助电话调查中，调查人员不能要求被调查者将 15 个汽车品牌按照喜爱程度进行排序。但是，在电脑辅助电话调查中，调查人员可以将问卷个性化并且处理复杂的跳转模式（根据答案选择直接跳过一些问题），从而具有一定的灵活度。

人们常常容易忽视网络调查易于进行改良这一优点。例如，早期的反馈数据可以显示出需要添加的问题。在已经寄出的问卷上修改或添加问题几乎是不可能的，但是这些改动在网络调查系统上几分钟就能完成。

**物质刺激的采用**　在调查时，采用一些诸如产品、样品、广告及促销展示等物质刺激常常会有帮助或者说是必要的。最基本的例子就是，口味测试需要尝试产品。图片、地图或是其他视听提示也是有用的。该类情形下，在集中区域开展人员调查（商场拦截调查和电脑辅助人员调查）要比登门调查有效，因为可以邮寄辅助品或提供样品。传统邮寄调查和邮寄固定样本组调查在这一维度上处于适中水平。网络调查是基于网站的，问卷可以包括例如网页原型及广告之类的多媒体成分，所以也处于中等水平。在传统电话调查、电脑辅助电话调查及电子邮件调查中，物质刺激的采用都受到了一定的限制。

**控制样本**　**控制样本**（sample control）指的是调查方法能既有效果又有效率地掌控样本中每个特定单元的能力。[8]从原则上说，登门调查有最好的样本控制力，能控制被调查的样本家庭、被调查者、家庭其他成员的参与程度以及其他各方面的数据。事实上，为了提高控制度，调查人员需要解决几个问题：大多数人白天都在外工作，所以很难在家里找到被调查者；安全性也是一个问题，调查人员不愿冒险进入某些社区，并且人们对陌生的敲门者有警惕性。

商场拦截调查和电脑辅助人员调查的样本控制度适中。尽管调查人员可以选择拦截的对象，但是选择也限制于购物者，而这又导致“购物狂”更容易被选到。同样，潜在的被调查者可能会刻意地避开或积极与调查者接触。与商场拦截调查相比，因为可以控制样本数量并随机自动挑选被调查者，所以电脑辅助人员调查的控制度略好。

电脑辅助电话调查与传统电话调查的样本控制度处于中等偏高的程度。通过电话，可以联系到在地理上分散的和一些难以接触到的被调查者。**抽样框**（sampling frame）——附有电话号码的人员名单在这类调查中很重要。[9]电话簿常被当做抽样框，但是有如下缺陷：（1）并不是所有人都有电话；（2）有些人的电话号码没有被记录；（3）电话簿上显示不出新近安装的电话或者拆掉的电话。虽然几乎每个美国家庭都装有电话，但是地区间还是存在一定差异的。大概有 31%的家庭的电话号码未被记录，而且地区间呈现显著的差异性。在大城市，电话的使用率可达 60%。在电话簿出版后才启用的新号码和未记录的号码在某些大城市中占到了家用电话总数的 40%。[10]

**随机数字拨号技术**（random digit dialing）可以解决新号码以及未记录号码所产生的偏差。随机数字拨号技术会随机选择所有的电话号码，虽然该方法使得所有家庭用户被选为样本的概率大致一样，但是也有一些局限：并非所有的数字排列组合都是电话号码，例如，虽然有 100 亿个可能的排列组合，但其中只有 1 亿个是真正的家庭电话，所以完成这一过程必然会费时又费钱。此外，随机数字拨号技术无法区分感兴趣的电话号码和不感兴趣的电话号码（例如，消费调查对公司和政府电话是不感兴趣的）。有几种方案可以减少随机数字拨号技术的无用性，方法之一就是**随机数字目录设计**（random digital directory design）。比如随机选择工作中的总机，在其后加上四位随机数字。这些数字是用来让那些未公布的号码也能被选入样本。其他普遍适用调整号码的方法还有：(1) 在号码最后一位加上1；(2) 随机化末尾的 $r$ 位数；(3) 两步生成数字。图 6-2 对这些步骤进行了描述和阐释，其中第1种方法可以显著增加样本的代表性并提高接通率。[11]

**在号码最后一位加上1**

从电话簿中挑选出号码后，末位加上1。

例如，在电话簿中选择号码：404-953-3004（区号-总机号-街区号），在其末位加1，得到404-953-3005这一可选入样本的号码。

**随机化末尾的 $r$ 位数**

用一个随机选择的相同位数的数字组合来代替末位的 $r$（$r$=2，3或4）位数。

例如，在电话簿中选择号码：212-881-1124。随机选择5286这一数字组合来替换末四位的街区号，得到212-881-5286。

**两步生成数字**

第一步从电话簿里选总机号码及具体号码，第二步用000～999之间的随机数字来替换所选号码的末三位。

例如，选择总机号：202-636，选择号码：202-636-3230，用389来替换末位的230，从而得到202-636-3389。

**图 6-2　随机电话号码设计**

邮件调查需要用到记录了达到样本要求的个人及家庭邮寄地址的名单。邮件调查可以深入到那些地理位置分散或是难以到达的区域。[12]但是邮寄地址名单难以获得，或是不完整、已过时。通常可以利用电话及街道的黄页来获取大众名单。成千上万的可以购买的名单组成了邮寄名单目录。另一个不在调查人员控制范围之内的因素就是，问卷是否得到回答，谁回答了问卷。被调查者可能因为缺乏对某些主题的兴趣和动力而拒绝回答，有些则是因为不识字而无法回答。鉴于以上原因，传统邮件调查的样本控制度水平较低。[13]

邮寄固定样本组的样本控制度处于中等偏上水平。其选择的样本会与美国人口普查局人口关键变量相匹配；而且有可能在邮寄固定样本组中识别出特定用户群并且直接对具有特定特点的家庭进行调查；邮寄固定样本组中家庭的某些特定成员会被指定回答问题；最后，还可以利用邮寄固定样本组来对人口中较少出现的低出现率组群进行调查。不过邮寄固定样本组对全体人口的代表程度是一个值得考虑的问题。

网络调查并非将所有的人都作为候选调查者。尽管可以通过筛选被调查者来达到定额数和满足条件，但是访问网站者的数量和特点限制了这一点。不过也有部分例外。例如，电脑的购买者和网络的使用者都属于理想人群。因为现在有90%以上的公司接入互联网，所以商业网络用户和办公网络用户都是开展网络调查的理想人群。因很难阻止被调查者重复参与同一调查，所以针对大众的网络调查的样本控制度也是中等偏下的。电子邮件调查也存在与邮件调查一样的问题，所以其对样本的控制程度也是较低的。

**数据数量**　调查人员可以通过人员调查收集到大量数据。家庭环境及被调查者与调查人员之间的社会关系会促使被调查者愿意在调查上多花时间。对于被调查者来说，完成人员调查要比接受邮件或电话调查更省力。调查人员会记录下开放式问题的答案，并对那些复杂和较长的问题做出协助解释。有些人员调查长达75分钟。与登门调查相比，商场拦截调查是在商场或一些集中区域展开的，所以被调查者的时间有限，这导致商场拦截调查和电脑辅助人员调查只能获得中等数量的数据。一般此类调查都不超过 30 分钟。例如通用食品（General Food）在商场拦截调查中限定的调查时间为 25 分钟。[14]

传统邮件调查同样能采集到中等数量的数据。使用简短的问卷并不比使用长篇的问卷应答率更高，所以可以采用较长且有一定限制的问卷。尽管网络在此方面是个更好的媒体，但结果是网络调查和电子邮件调查的情况相似。因为邮寄固定样本组成员与发起组织的特定关系，邮寄固定样本组调查可以采集到相当多的数据。作者有一次通过使用 Synovate 公司的邮寄固定样本组，只花了一个多小时就完成了问卷调查。

传统电话调查和电脑辅助电话调查在收集数据方面所受到的局限最大。被调查者可在电话交谈过程中随意挂断电话，因此电话调查时间要短于其他方法。尽管当被调查者对调查主题感兴趣时有可能进行更长时间的调查，但是一般的调查时间都在 15 分钟左右。有研究显示，被调查者对电话调查的估计时间要比实际短 50%，所以可以考虑延长些调查时间。

**应答率**　调查**应答率**（response rate）广义上指的是完成调查者占参与调查者的百分比。登门调查、商场拦截调查和电脑辅助调查都有较高的应答率（基本在 60%～80%之间）。在其他时候打电话过去可解决被调查者不在家这一问题。传统和电脑辅助电话调查的应答率在 40%～60%之间。这些方法也同样存在被调查者不在家和无人接听电话的问题。许多电话调查都要拨打号码三次以上。

传统邮件调查的应答率较低。在一项随机选择被调查者、没有任何事前或事后的邮件联系的邮件调查中，如果也没任何激励，那么应答率常常低于 15%。由于被调查者是否回答问题取决于其是否对主题感兴趣，所以如此低的应答率会引起很大的偏差——**拒答偏差**（nonresponse bias）[15]。但是，通过采用合适的回复引导程序，传统邮件调查的应答率可以达到 80%左右。邮寄固定样本组调查的应答率较高，一般在 60%～80%之间。

网络调查的应答率最低，甚至低于电子邮件调查。这是由于访问网站需要更多的技术和努力，许多人不愿意花精力去登录某一网站。

一篇文献综述显示，就应答率而言，人员调查、邮件调查和电话调查的加权平均值分别为 81.7%，47.3%和 47.3%。[16]但是，近期应答率出现了下降。同一文章发现应答率会随着以下因素增长：

- 预付或是承诺支付金钱激励。
- 提高金钱激励的数额。
- 非金钱激励（钢笔、铅笔、书籍）。
- 提前通知。
- 一脚进门（foot-in-the door）技术。即第一个要求要小，几乎所有的人都愿意遵从。在小要求之后跟着较大些的要求，就是**关键要求**（critical request），也即调查的实际目标。
- 个性化（邮寄信件给指定的个体）。
- 追踪信。

在第 12 章里会进一步讲到如何提高应答率。

## 情境因素

在特定的环境下，调查人员需要平衡好所收集信息的准确性和质量与预算及时间限制之间的关系。情境因素是较重要的，涉及对数据采集环境的控制、对现场工作人员的控制、调查者潜在的偏差、速度和成本等。前三个因素会影响数据的准确度及质量，后两个因素反映所受到的限制。

**对数据采集环境的控制** 在被调查者回答问题时，调查人员对环境的控制程度可作为一个区分不同调查方法的因素。在集中区域开展的人员调查（如商场拦截调查或电脑辅助人员调查）对环境的控制程度最大。例如，调查人员可设立专门的设施来介绍产品。由于有人员的出现，登门调查的控制程度处于中等偏上。传统电话调查和电脑辅助电话调查的控制程度中等。虽然调查人员看不到调查环境，但是他们可以感觉到背景环境从而来鼓励被调查者更积极地参与其中。由于在邮件调查、电子邮件调查、邮寄固定样本组调查和网络调查中，被调查者是在自己所选择的环境下回答问卷的，因此这些方法对环境几乎没有掌控能力。

**对现场工作人员的控制** 现场工作人员（field force）指的是采集数据过程中涉及的调查人员和监管人员。在传统邮件调查、邮寄固定样本组调查、电子邮件调查及网络调查中不需要人员的参与，所以该类问题也不会出现在以上调查中。在传统电话调查、电脑辅助电话调查、商场拦截调查和电脑辅助人员调查中，由于调查都在集中地点展开，因此易于监管，使得这些方法的控制程度较高。登门调查在这点上显现出了问题，许多调查都是在不同的地方展开的，因此要实现持续的监管是不现实的。[17]

**调查人员潜在的偏差** 调查人员以下的工作方式可能会导致调查结果出现偏差：(1) 挑选被调查者（当要求调查家庭中的男主人却调查了其他成员）；(2) 提问不当（忽略了一些问题）；(3) 记录不当（不完整或是不准确地记录回答）。在调查中调查人员起到的作用决定了偏差的潜在程度。[18]在登门调查和商场拦截调查这类人员调查中，由于调查人员与被调查者面对面交流，所以存在调查人员潜在偏差的程度较高。传统电话调查和电脑辅助电话调查虽然有交流，但因为不是当面的，所以其潜在偏差的程度要低一些。例如，被调查者可能因受到调查人员语音语调的影响转变自己的态度，选择一个暗示性的答案。电脑辅助人员调查存在这类偏差的程度小。而在传统邮件调查、邮寄固定样本组调查、电子邮件调查及网络调查中，就不用考虑这一问题。

**速度** 就目前而言，使用互联网是采集数据最快的方法。首先，编制和分发问卷到被调查者手中并回收数据的速度快。由于不再需要时间去做印刷、邮寄和数据录入，调查人员花几个小时编制问卷之后就能得到数据。数据以电子格式采集，所以能在标准化的问卷上直接运行统计软件，从而自动生成统计性的概要和图表。由于需要花时间去找电子邮箱地址名单和做数据录入，电子邮件调查会慢于网络调查，但是它的速度还是比较快的。

传统的电话调查和电脑辅助电话调查也能够快速地获取数据。电话设施中心一旦设立，一天就可以完成数百个电话调查。一项大型的全国性调查可以在两周或是更短时间之内完成。接着就是商场拦截调查和电脑辅助人员调查，由于能在中心区域接触到被调查者，因此它们的速度处于中等偏上水平。在登门调查中，调查人员在访问点之间的路程上要花时间，所以该法速度较慢，处于中等水平。为了提高数据收集速度，可以在不同的市场和地区开展调查。传统邮件调查通常速度是最慢的。一般需要花费数周时间才能回收完所有的问卷，而跟踪邮件则需要更长的时间。近期的一项研究比较了电子邮件调查和传统邮件调查这两种方法，电子邮件调查的回复时间均值仅为 4.3 天，而传统邮件调查为 18.3 天。因为在邮寄固定样本组中不需要使用跟踪邮件，所以略快于传统邮件调查，速度处于中等偏下水平。[19]

**成本** 对于大样本来说，网络调查是最廉价的。因为没有印刷、邮寄、录入和调查人员的成本，所以在大样本情况下，相对于邮件、电话和人员等方法，网络调查能节省可观的费用。但是，当样本数量较小时，编程的费用就会凸现出来，此时应该考虑是否采用其他诸如传统邮件和电子邮件调查之类的低成本方法。人员调查在每个被调查者身上采集数据所花费的成本是最高的。总之，网络调查、电子邮件调查、传统邮件调查、邮寄固定样本组调查、传统电话调查、电脑辅助电话调查、电脑辅助人员调查、商场拦截调查、登门调查对现场工作人员、监管人员和控制的要求是逐渐提高的。所以，这些方法的成本也是逐一上升的。但是，相对成本还是取决于提问的主题和方法的选用。[20]

## 被调查者因素

因为调查大多数都是针对特定群体的，所以在选用调研方法的时候需要考虑到被调查者的特点，包括感知到的匿名性、符合社会期望、获取敏感信息、低发生率和被调查者控制度。

**感知到的匿名性**　**感知到的匿名性**（perceived anonymity）指的是被调查者能够感知到调查人员不会识别出他们的身份。在传统邮件调查、邮寄固定样本组调查和网络调查中，由于在被调查过程中没有调查人员的参与，这类方法的感知到的匿名性较强。而在人员调查中（登门调查、商场拦截调查、电脑辅助人员调查），由于有当面的交流，所以这方面的程度较低。在传统电话调查和电脑辅助电话调查中，由于接触不是面对面的，所以处于中等水平。在电子邮件调查中，虽然没有与调查人员的接触，但被调查者知道自己的名字出现在回复的邮件上，所以也处于适中水平。

**符合社会期望/获取敏感信息**　**符合社会期望**（social desirability）指的是被调查者倾向于给出无论真实与否，但在社会上更容易被接受的回答。因为传统邮件调查、邮寄固定样本组调查和网络调查不会涉及被调查者和调查人员之间任何的社交活动，所以这些方法最不易受社会期望的影响。调查显示，该类方法可很好地用于采集如个体行为和财务状况之类的敏感信息。传统电话调查和电脑辅助电话调查也能在中等水平上避免符合社会期望答案的出现。因为在调查中，被调查者感觉自己不需要通过电话去写下内容，所以这些方法也可很好地用于采集敏感信息。[21]在电子邮件调查中，由于被调查者知道自己的姓名将会出现在回复的邮件里，所以该方法在控制符合社会期望和采集敏感信息方面处于中等水平。在电脑辅助调查中，因为被调查者与调查人员接触有限，所以这一问题并不明显。但是，人员调查，无论是登门调查、商场拦截调查还是电脑辅助人员调查，在这方面都受到了限制。[22]

由此可见，感知到的匿名性、符合社会期望、获取敏感信息是有内在联系的因素。当感知到的匿名性高的时候，社会期望度就会低，反之亦然；敏感信息的采集和感知到的匿名性有直接联系，当被调查者越能确信他们的回答将会是匿名的，他们就越愿意提供一些敏感信息。

**低发生率**　**发生率**（incidence rate）指的是满足条件的人数参与到调查中的百分比。在第 12 章将会详细论述，发生率将会决定在给定大小的样本下的调查接触次数。调查者常常会碰到被调查者发生率较低的情况。这种情况一般会出现在被调查者都属于一个高度细分的目标市场内而非普通大众时。假定雅芳化妆品公司开展了一项调研，选取 18～27 岁之间且在前一周化妆两次以上的女性为样本。调查显示，满足这些调查要求的人仅占所有人口的 5%。因此，每 20 个人中只有一个合格的候选者，从而导致在以普通大众为样本的调查中浪费了许多力气。在这种情况下，应该选择一种既可以有效找出满足要求的被调查者又能减少浪费的调查方法，如电话调查。由于在三种人员调查（登门调查、商场拦截调查、电脑辅助人员调查）中，调查人员需要接触潜在的被调查者，所以这些方法的效率低。三种自主完成的方法（传统邮件、电子邮件、邮寄固定样本组）的效率中等，因为成本低，所以可以用于大范围的潜在被调查者，从而获取希望得到的合格被调查者样本。网络调查在此方面表现很好，网络调查中的问题可用于快速有效地剔除不合格的候选者。

**被调查者控制度**　一些能让被调查者控制调查的方法可以提升其合作度，所以这些方法是值得采用的。让被调查者控制以下两个方面显得尤为重要：第一是控制调查的时间，在不同的时间里能灵活地分步回答问题，尤其是当调查较长时。第二个重要的方面是让被调查者能够调节问卷的答题率。例如，被调查者可以灵活地按照自己的节奏来答题。传统邮件调查、电子邮件调查及邮寄固定样本组调查这三种自主答题的方法在被调查者控制度方面的表现最佳（高比例）。在网络调查中，由于问题是随机弹出的，被调查者没有稍后作答的这种灵活性，从而丧失了一些对调查过程的控制。但是，也可通过一定设计让被调查者在退出后还可以再次返回去答题，从而将控制度提升至中等偏上水平。由于电话调查是按照调查人员规定的节奏开展的，因而处于中等偏低水平。尽管电话调查可以调整安排，但是被调查者还是需要遵循一个特定的时间。在人员调查中，调查人员掌控着调查节奏，而且一般被调查者无法更改时间安排，所以登门调查、商场拦截调查和电脑辅助人员调查这三类人员调查法的控制度都较低。

## 6.8 其他询问调查法

我们已经介绍了一些基本的询问调查法。一些有别于基本调查方法的询问调查法也会被采用。表6-3描述了一些较流行的调查方法。

**表6-3 其他询问调查法**

| 方法 | 优势/劣势 | 评价 |
| --- | --- | --- |
| 完全自动电话调查 | 与电脑辅助电话调查相同 | 适用于由被调查者开展的简短的接入性的调查 |
| 无线电话调查（声音形式） | 与电脑辅助电话调查相同 | 适用于被调查者易于合作的采购点调查 |
| 无线电话调查（文本形式） | 与电子邮件调查相同 | 适用于被调查者易于合作的采购点调查 |
| 办公室调查 | 与登门调查相同 | 适用于忙碌的经理人 |
| 中心区域调查 | 与商场拦截调查相同 | 可用于交易展、会议、展览、展销会等 |
| 设点电脑调查 | 与电脑辅助电话调查相同 | 想了解更多信息，请登录 www. intouchsurvey. com |
| 传真调查 | 与电子邮件调查相同，且速度更快、应答率更高 | 适用于企业调查 |
| 留填问卷调查 | 与传统邮件调查相同，且应答率更高，但成本也较高 | 适用于本地市场的调查 |

## 6.9 选择询问调查法

从表6-2及前面的讨论可知，没有哪种询问调查法在所有情况下都是最佳的。如何选择取决于预算限制（时间和资金）、信息要求、被调查者特征等影响因素。[23]不同的数据采集方式并非互相排斥，我们可以用互补的方式来运用这些方法，以扬长避短。调查人员可以综合运用这些方法并开发具有创造性的方法。例如，调查人员向被调查者分发产品、自主回答的问卷和寄回信封。在传统电话调查中采用电话跟进。综合比较对其他询问调查法，97%的被调查者在传统电话调查中愿意配合，82%的被调查者回寄了问卷。[24]在本章开篇介绍中，已经论述过电话调查和网络调查是怎样被成功地运用于大选结果预测之中的。但是，当运用多种方法就同一本地市场展开调查时（也称混合调查模式），应当小心谨慎。由于对方法的选用会影响到获取的回答，所以用不同方法得到的回答是没有可比性的。关于询问调查法对回答所造成影响的调查还没有一致的结论。百货商店的例子说明了关于询问调查法的选择。

**调研项目**

**登门调查**

在百货商店项目中，采用登门调查是有很多原因的。如要问的问题很多，有些比较复杂，需要搜集的数据量也相对较大，需获取的信息没有敏感性和威胁性。此项目通过使用受过训练的学生担任调查人员来降低成本。另一个重要的考虑是，登门调查可以在无须将数据收集转包给现场服务机构的情况下开展。

考虑到问题的复杂性和需要数据的数量，该项目没有选择电话调查。因为需要收集如此多的数据，所以商场拦截调查和电脑辅助人员调查也是不合适的。要适用集中区域调查就必须要与现场服务机构签订分包合同。考虑到其低应答率和该项目所需信息的复杂性，传统邮件调查也不适用。邮寄固定样本组不适合收集复杂的信息，因为自主回答问卷对于复杂信息来说是不适合的。之所以没有选择电子方式是因为在调查展开时，许多处于目标市场的人不能查看邮件或是上网。

## 6.10　观察法

**观察法**（observation）是在描述性调研中使用的第二类方法，指的是以系统的方式记录人、物或事件的类型来获取所关注现象的信息。观察者不会向被观察者提问或是与其交流，而是通过记录正在发生或已发生的事件来获取信息。观察法可以是结构化的或非结构化的，可以是直接的或间接的，在自然的或是人为设计好的环境下都可以实施观察。[25]

### 结构化观察与非结构化观察

在**结构化观察**（structured observation）中，调查人员有明确详细的观察内容和记录测量的方法。如审计人员对某商店库存的分析。该方法可以减少观察者潜在偏差并增强数据的信度。当营销调研针对的问题和需要的信息已经被明确给出时，结构化观察是适用的。在这些情况下，能够清楚识别需要观察现象的哪些细节。

在**非结构化观察**（unstructured observation）中，观察者需要观察与问题相关现象的所有方面。例如，观察小孩玩新玩具。这种观察法适用于问题还没有被精确提出的情况，为了识别问题的关键要素和提出假设，观察还应有一定的灵活性。在非结构化观察中，观察者潜在偏差程度高。为此，人们应把观察结果作为有待验证的假设，而不是结论。所以，非结构化观察最适用于探索性调研。

### 伪装观察与非伪装观察

在伪装观察中，被观察者不知道自己在被人观察。当人们知道自己在被观察时很可能表现得不同于平常，所以，通过伪装观察者可以观察到被观察者的自然行为。观察者可以利用单向镜、隐形相机或不易发现的设备来实现伪装观察，也可以装成购物者、销售员或其他适合的角色。

在非伪装观察中，被观察者知道自己正处于观察之下。例如，被观察者会知道观察者的出现。调研人员对观察者出现对被观察者行为的影响程度意见不一，其中有观点指出这种影响是短期且较小的，也有观点指出观察者会使被观察者的行为模式出现重大偏差。[26]

### 自然观察与实验观察

**自然观察**（natural observation）指的是在自然条件下实施观察，例如在汉堡王对被观察者吃快餐的行为进行观察。**实验观察**（contrive observation）是指在人为设计好的环境下观察被观察者的行为，例如，在购物中心设立的测试厨房。

自然观察的优点在于，观察到的情况能够更真实地反映现实情况；缺点在于需要花时间等待情况的出现，而且在自然状态下难以实施测量。

## 6.11 以实施方法分类的观察法

如图6-3所示，可以按照实施方法将观察法分为人员观察、机械观察、审计、内容分析及追踪分析。

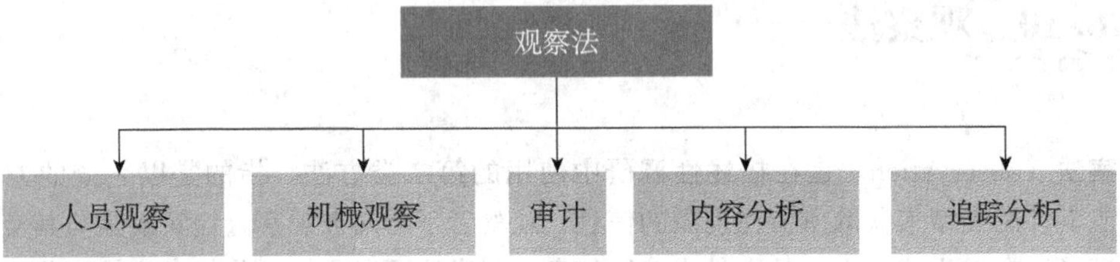


**图6-3 观察法的分类**

### 人员观察

在**人员观察**（personal observation）中，观察者观察真实发生的行为。观察者不会试图去控制或操纵所观察的情况，只会记录下发生的事情。例如，一个观察者可能会在百货商店里记录顾客数目并观察顾客流，这些信息可用于设计商店的平面图，布置各个部门、货架和商品展示的位置。诸如微软之类的公司也会运用人员观察来了解用户对软件的需要。[27]另一个例子就是百货商店项目。

**调研项目**

**对车牌的人员观察**

在百货商店项目中，通过观察车牌可以确定商店中的重要交易区。这些观察有助于市场人员确定他们的顾客住在哪里。在车牌调研中，观察者记录下停车场里汽车的车牌号，这些号码将会被录入电脑然后与汽车登记数据配对。通过普查地段和邮政编码就可以得到一张消费者分布地图。这张包含其他人口特征信息的地图可以帮助市场人员确定新连锁店的位置，判断设置广告牌的位置并且直接对目标市场做营销工作。车牌调研的成本较低（5 000～25 000 美元），而且被认为比直接交流调查（如调查购物者）更迅速可信。

## 机械观察

在**机械观察**（mechanical observation）中，采用机械设备而非人员来记录下观察到的现象。这些设备可能需要也可能不需要被观察者的参与合作。人们用机械来观察正在进行的连续行为以供以后使用。

在无须被观察者直接参与的机械中，尼尔森的视听测量仪最为著名。人们将测量仪安装在电视上用于记录频道的转换情况。尼尔森最近还引进了人员测量仪，不仅可以监测到选择频道的情况还可以监测是谁在看电视。[28]阿比创公司（Arbitron）开发了一种便携式视听监测仪，该设备可以在人们清醒的时候测量他们收看/收听的电视广播节目。Pre Testing 公司（www. pretesting. com）利用一种可以隐蔽地记录阅读材料和阅读者眼睛活动的“读者仪”来判断阅读者的习惯，以及不同规格的广告的杀伤力品牌回顾力。

其他较常见的例子还有用于记录进出大楼人数的旋转式栅门和装在街口用于记录某地通行车辆数的交通计数器。越来越多的零售商采用现场相机来评测包装设计、柜台布置、产品展示和顾客流类型。诸如通用产品代码之类的先进技术对机械观察产生了较大的影响。结合使用通用产品代码与光学扫描仪，可以实现对产品类型、商标、商店种类、数量和价格等消费者信息的机械收集（扫描仪数据见第 4 章）。

互联网是不错的观察来源，提供了有价值的信息。可以通过多种方式开展观察：可以观测网站被登录的次数；人们进入网站点击图标时计时器开启，当他们退出时再点击下个图标计时器停止，通过这种技术可以观察人们在网页上花的时间；调查人员还可以通过在网页上提供各种链接来观察哪些链接被更多地使用。这些可以给调研人员提供关于个体对信息的需求和目标人群兴趣所在的重要信息。调研人员可以分析个人所登录的公司网站链接，得出客户兴趣的重要信息。通过进一步的分析还可以得到广告、竞争者、客户、目标市场人口及心理特征等重要信息。

基于网络的用户追踪是一项既令人心动又受争议的电子观察技术。客户机是存储在网站浏览器上用于识别用户的一组字母和数字，也是一种网站采集登录者信息的巧妙方式。这个采集过程通常在网络访问者不知情的情况下发生。网站的所有者可用客户机来采集关于登录者的营销调研信息。客户机一直跟着上网者，并记录其浏览了哪些网页，在这些网页上停留了多长时间。如果上网者录入信息，客户机将会记录他的姓名、地址、电话号码、登录的网站然后将这些信息转存到数据库。事实上，每当访问者浏览网站，客户机都会收集他们的信息。Double Click 在线广告公司（www. doubleclick. com）将客户机所采集到的信息用于目标广告。例如，若是一个用户先后登录了航空公司和酒店的网站，那么他就会成为达美航空公司和万豪广告公司的目标客户。该方法备受争议是因为会产生个人与市场策略方面的隐私问题。

与网络观察相比，其他的机械观察设备需要被观察者积极的参与。这些机械观察设备分为以下五类：（1）视线追踪设备；（2）瞳孔测量仪；（3）心理电流测量仪；（4）音调分析仪；（5）反应时滞测量设备。

视线追踪设备，如视线记录器、眼球仪和视线相机可追踪视线的移动。这些设备可以用于确定被观察者怎样读广告或是看电视广告以及他们在不同部分所花费的时间。这些信息与评估广告的有效性直接相关。瞳孔测量仪通过测量被观察者瞳孔直径的变化来实现观察。要求被观察者注视一个正在播放广告或是其他刺激物的屏幕，并保持图像的亮度和与被观察者眼睛距离不变，用瞳孔尺寸的变化来反映由刺激物所引起认知（思维）活动的变化。[29]

**心理电流测量仪**（psychogalvanometer）用于测量**皮肤电流反应**（galvanic skin response）或是皮肤电流变化。[30]给被观察者装上可以监控电阻值的小电极，并让其接受诸如广告、包装和广告语之类的刺激。支撑该装置的理论是，情感变化会让如呼吸加快之类的生理变化随之发生，如激动会使呼吸加快，从而导致皮肤电阻增大。调研人员可以根据反应的强度来判断被观察者对刺激物感兴趣的程度和态度。

**音调分析仪**（voice pitch analysis）通过测量被观察者的音调变化来分析其情绪反应。可以通过用配有音频调试设备的电脑检测声音对震动频率的变化来观察与之伴随的情绪反应。[31]

**反应时滞**（response latency）是被观察者在回答问题前所花费的时间，可以用于测量对于多个方案的相对偏好程度。[32]回答时间与不确定性存在直接联系。所以，被观察者在两个方案之间做选择花的时间越长，说明其对这两个方案的偏好程度越接近。反之，若是被观察者快速地做出了选择，说明其明显偏好某一个方案。随着电脑辅助数据收集的普遍运用，可以在被观察者不知情的情况下准确地收集到反应时滞信息。

科技技术的进步促进了新的观察方法的出现。诸如磁共振功能成像最初被用于检测脑部肿瘤，现在可以用来检测人们在不同刺激下的反应。利用该装置，调研人员可以在被观察者面前放一些诸如品牌之类的条目，观察具体有反应的大脑区域及反应强度。这些工具有助于观察与决策相关的情感和思维过程，并且可以揭示在做决策时大脑是怎样发挥作用的。通过发现那些与正面脑活动相关的因素，市场人员能够设计出更有吸引力的产品，并能展开更有效的广告活动。

采用视线追踪设备、瞳孔测量仪、心理电流测量仪、音调分析仪都假定心理反应与特定情感和思维反应是相联系的。

## 审计

在审计中，调研人员通过检查有形记录或是做库存分析来采集信息。审计有两个明显特征：一是调研人员人工采集数据；二是数据基础是数量，一般是实物数量。供应商对零售和批发做的营销调研已经在二手数据的收集中讨论过（见第4章）。所以，现在关注的是审计在收集原始数据中的作用。在此方面，储物间审计是重要的方法。在**储物间审计**（pantry audit）中，调研人员会在消费者家中或是在人员调查过程中清点商品品牌、数量、包装尺寸信息。储物间审计很好地解决了回答不真实的问题和其他一些回复性的偏差。但是，获得消费者让调研人员进入他们储物间的允许很困难，并且现场工作费用昂贵。而且，储物间的品牌不一定能够反映出消费者最偏好或购买最多的品牌。因此，审计通常只在批发或零售层面展开。

## 内容分析

当需要观察的是交流情况而非行为或实物时，采用**内容分析**（content analysis）是合适的。这是对交流内容的一种客观、系统、定量性的描述[33]，既包括观察又包括分析。分析的单元可能是词语（信息中不同词语或不同的词语类型）、特点（人或物的）、中心思想（观点）、时空评测（信息的持续时间或长度）和主题（信息的主题）。营销调研的运用涉及观察和分析广告、报纸、电视和广播节目上的内容或信息。例如，通过内容分析法研究黑人、女性和其他少数群体在大众媒体上出现的频率。假设希望检测1998—2008年这十年间美国的杂志广告对女性形象产生了正面还是负面的影响，我们可以选择在1998—2008年间发行的100种杂志为样本，从每本杂志的不同话题里中各选出10位广告女郎，这样，每年都有1 000个样本。然后根据怎样塑造女性角色将广告归为正面和负面两类，将正面的广告数目及百分比与负面的相比较，分析如表 6－4 所示：

**表 6－4　美国杂志广告中的女性形象**

| 类别 | 1998 年 | | 2008 年 | |
|---|---|---|---|---|
| | 数量 | 百分比 | 数量 | 百分比 |
| 正面的 | | | | |
| 智慧 | 100 | 10 | 150 | 15 |
| 对社会的贡献 | 200 | 20 | 350 | 35 |
| 正面榜样 | 150 | 15 | 200 | 20 |
| 正面合计 | 450 | 45 | 700 | 70 |
| 负面的 | | | | |
| 性暗示 | 350 | 35 | 150 | 15 |
| 被歧视 | 200 | 20 | 150 | 15 |
| 负面合计 | 550 | 55 | 300 | 30 |
| 总计 | 1 000 | 100 | 1 000 | 100 |

分析显示，一方面，美国杂志中，女性的正面形象有显著上升，从 1998 年的 45％增长到 2008 年的 70％。在对社会的贡献方面出现了最大的增长，从 1998 年的 20％增长到 2008 年的 35％。另一方面，女性作为性暗示这一负面形象已经明显降低，从 1998 年的 35％降到 2008 年的 15％。

在百货商店项目中，内容分析可以用于比较杂志广告上竞争商店的形象来与自己期望的商店形象。如下所示，内容分析可用于跨文化广告研究。

**调研实例**

### 让广告代理商满意的跨文化内容

美国的广告花费约占全球总量的一半，其次是日本。可以利用内容分析来比较日本和美国杂志广告的信息内容。在两国各选 6 类杂志（大众杂志、女性杂志、男性杂志、专业杂志、体育杂志和娱乐杂志），一共从这些杂志中选择 1 440 条广告用于分析：832 条选自美国杂志，608 条选自日本杂志。3 名评价人需要分别指出：每条广告是否给出了信息，每条广告达到了哪些信息内容标准，广告大小和广告中的产品类别。调研发现，美国广告均比日本广告包含的信息少。例如，85％的日本广告在信息内容上至少能达到一条标准，因而将其认定为信息性广告，与之相比，美国的信息性广告只有 75％；类似地，平均每条日本广告包含了 1.7 条信息，而美国广告只有 1.3 条。这些信息对于一些跨国公司和广告公司，如扬·罗必凯公司、盛世国际公司、McCann Erickson 国际公司、奥美国际公司、天联国际公司和在国际环境下进行跨文化广告宣传的其他公司都是很有用的。[34]

内容分析会涉及冗长的编码和分析。微型计算机和大型计算机都可运用于编码和分析。尽管内容分析并未在营销调研中广泛使用，但具有很大的潜力，例如它可以很好地运用于开放式问题的分析。

## 追踪分析

通过创造性地使用追踪分析可以降低其费用。在**追踪分析**（trace analysis）中，数据的收集基于以前行为的证据或物理痕迹，这些痕迹可能是被观察者有意或无意留下的。例如，在追踪百货商店项目中，可以通过商店收据来发现消费者对商店信用卡的使用习惯。

在营销调研中，对追踪分析有其他几种创新性的运用：

- 某博物馆利用地砖的更换率来推断其磨损情况，进一步推知展品的相对受欢迎程度。
- 利用纸上不同指纹的数目来估计杂志中不同广告的阅读人数。
- 依据送修汽车的收音调频位置来推断各广播电台听众的数目。广告人员据此来决定在哪家电台投放广告。
- 通过停车场上顾客汽车的车龄和状况来判断其富有程度。
- 依据人们捐赠的杂志分析了解人们喜爱的杂志。
- 利用客户机来分析网络访问者的痕迹，了解用户的上网习惯。

虽然追踪分析已经被创造性地应用，但还是有一些局限性。目前的证据显示，调研人员不能采用其他方法时才会选用该法。此外，诸如使用客户机的伦理问题也必须加以考虑。

**调研活动**

**观察主题公园展的受欢迎程度**

登录 www.disney.com，运用网络搜索引擎和相关数据库来获取顾客选择主题公园的标准。

如果迪士尼主题公园想要了解每天参观公园的人数和哪些项目最受欢迎，是否可以采用观察法？若是可以，你会选择哪种观察法呢？

作为迪士尼主题公园的营销经理，你将如何使用顾客用于选择主题公园的标准的信息来构建增加参观人数和提高市场份额的市场战略？

## 6.12 观察法的比较

表6-5给出了各种观察法的比较。从结构化程度、伪装程度、在自然条件下的可观察性、观察偏差、分析偏差这些方面对不同的观察法进行分类。

**表6-5 观察法的比较**

| 标准 | 人员观察 | 机械观察 | 审计 | 内容分析 | 追踪分析 |
|---|---|---|---|---|---|
| 结构化程度 | 低 | 低～高 | 高 | 高 | 中 |
| 伪装程度 | 中 | 低～高 | 低 | 高 | 高 |
| 在自然条件下的可观察性 | 高 | 低～高 | 高 | 中 | 低 |
| 观察偏差 | 高 | 低 | 低 | 中 | 中 |
| 分析偏差 | 高 | 低～中 | 低 | 低 | 中 |
| 总体特征 | 最灵活 | 具有侵入性 | 花费高 | 受到交流沟通的限制 | 最后才考虑的方法 |

结构化与观察内容的特点及测量的记录是联系在一起的。如表6-6所示，人员观察的结构化程度低，追踪分析的结构化程度中等，审计和内容分析的结构化程度高。机械观察的结构化程度有高有低，取决于具体选用的方法。光学扫描要观察的特征是极其结构化的，例如，在超市收银台扫描商品的特征是非常清楚的，所以，结构化程度很高。与之相比，诸如利用隐形相机观察儿童玩新玩具的机械观察则是非结构化的。

因为在审计过程中审计人员难以隐藏自己的身份，所以该方法的伪装程度较低。由于观察者扮演成购物者、售货员、员工的程度受到限制，所以人员观察的伪装程度处于中等水平。因为数据是在事后也就是情况发生之后才收集的，所以追踪分析和内容分析的伪装程度高。有些机械观察，如隐形相机有非常好的伪装性，然而有些机械观察，如心理电流测量，伪装程度就很低。

在追踪分析中，在行为发生之后才进行观察，所以其在自然条件下的可观察性很弱。在内容分析中，由于只能使用交流这一种方式，所以其在自然条件下的可观察性适中。在人员观察中，因为观察人员可以在各种自然情况下观察人和物，所以该方法的自然条件下的可观察性佳。机械观察在该方面的方法如心理电流测量法和利用旋转式栅门等。

因为在机械观察中没有人员的参与，所以其观察偏差性低。虽然在审计中有审计人员，但是观察多是针对一些特征明确的实物展开的，较少出现观察偏差。追踪分析和内容分析的观察偏差程度中等。在这两种方法中不仅有人员的使用，而且还没有很好地指出需要观察的特征。但是，由于在调研过程中，观察者通常不会与被观察者有接触，从而降低了观察偏差程度。在人员观察中，因为观察者需要与被观察者接触，所以该方法的观察偏差程度高。

在审计和内容分析中，因为变量是精确定义的，数据是量化的，且运用到统计分析，所以这两种方法的数据分析偏差程度低。在追踪分析中，由于没有精确地定义变量，其数据分析偏差程度适中。机械观察在该方面的方法如数据扫描和利用隐形相机等。与人员观察不同，在机械观察中，可以利用机械设备对需观察情况做连续的记录，先进的观察和分类方式将机械观察的偏差限制在中等水平。

此外，人员观察的灵活性最大。观察人员可以在各种不同情况下观察各类事件。有些机械观察，如心理电流测量，侵入性很强，从而导致观测结果不自然且有偏差。雇用审计员费用昂贵。内容分析则适用于观察交流过程，但又受其限制。如前所述，追踪分析是最后才考虑的选择。

**调研项目**

**项目活动**

1. 你认为在西尔斯项目中，登门调查是最好的方法吗？给出理由。
2. 如果今天就要开展西尔斯的调查，应该选用哪种调查方法，为什么？
3. 讨论如何使用人员观察和机械观察来确定顾客对百货商店的偏好。

## 6.13　询问调查法和观察法的对比

只有1%的营销调研仅采用观察法来获取原始数据。[35]这说明观察法相对于询问调查法来说还有一些大的缺陷。但是它也有自身的优点，与询问调查法结合使用相当有效。

### 观察法的相对优点

观察法最大的长处是可以观察实际发生的行为而非报告倾向或偏好的行为。不存在报告偏差，由调查人员和调查过程所带来的潜在偏差也被消除或是减少了。某些类型的数据只能够通过观察法获得，包括调查被调查者没有意识到或无法交流的行为模式。例如，婴儿不能很好地表达，所以获取婴儿对玩具的偏好信息的最好方法就是观察他们玩的过程。而且，当需要观察的行为是偶然性的或是短时间的，采用观察法要比询问调查法快速便宜。

### 观察法的相对缺点

观察法最大的缺陷在于因为几乎不知道潜在的动机、信念、态度和偏好，所以难以判断所观察行为发生的原因。例如，观察到人们去买某个牌子的谷物，原因未必是因为他们喜欢这个牌子，他们也许是为他人购买。观察法的另一个局限就是选择性偏差（调研人员的观察偏差）带来数据的偏差。此外，观察法常常费时费钱，而且诸如个人活动之类的某些特定行为难以被观察到。最后，在某些情况下运用观察法可能是不道德的，比如在没有告知或没有征得他人同意的情况下进行行为监测。

总而言之，当观察法被合理运用时是有潜力提供有价值的信息的。从实践角度讲，最好是将观察法视为询问调查法的补充而不是与之对立。

## 6.14 民族志研究

民族志研究分析在自然背景下的人的行为，包含行为观察和深度访谈，有时还会获取声音或图像的记录。因此，可以将询问调查法与观察法相结合来理解消费者行为。

## 6.15 其他方法

除了民族志研究，还有其他方法也将询问调查法与观察法相结合使用。其中一个常用方法就是**神秘访客法**（mystery shopping）。训练有素的观察者会装作顾客到自己公司或是竞争对手的商店去收集顾客员工互动和诸如价格、陈设和布局等营销变量信息。神秘访客会询问店员，然后在头脑中记下回答并观察其他关注的变量。

## 6.16 国际营销调研

因为经济、制度、信息技术和社会环境的差异，不同调查方法的可行性和普及性有很大差别。表6-6显示了文化和环境因素是怎样影响询问调查法的使用的。从表6-6可以看出，并没有哪种信息收集方法可以有效运用于对多个国家的研究。例如，在美国和加拿大，邮件调查被广泛使用。然而，邮件调查在欧洲却用得少些，在其他地区就更少了。产生这种差异的原因有几个，包括较低的识字率、邮件到达目的地的时间，以及在某些文化中人们不相信陌生人会阅读回信。

**表 6－6　文化环境因素对选择调查方法的影响**

- 一项在美国只需花 20 分钟就能完成的调查，在德国可能会花两倍以上的时间。德语不及英语简洁，而且德国人比美国人话多。出于这个原因，调查时间在其他国家可能变得很长，比如巴西。
- 在有些国家，电话簿因为不常更新，所以是不可靠的（如塞拉利昂）。
- 不同国家和地区的未登记号码率可能存在巨大差异。例如，在哥伦比亚，精英和上流社会人员的电话号码不会被列出。
- 在一些地方，如日本、中国、泰国、马来西亚和东南亚，人们认为电话调查是没有礼貌的。相反，在一些南美国家，如阿根廷和秘鲁，因为电话营销程度低，接到意料之外的长途或本地电话包含的惊奇成分，电话调查的应答率相当高。
- 因为普遍具有面对面文化，传统的人员调查在一些欧洲国家（如瑞士、瑞典和法国）、亚洲国家和地区（如中国、印度）以及一些拉丁美洲国家（如哥伦比亚、墨西哥）使用还是较普遍的。
- 因为在某些国家或地区识字的人不多，而且缺乏可靠的邮政系统，所以邮件调查在这类国家和地区（如加纳、科特迪瓦、萨尔瓦多、乌拉圭、巴拉圭）不太可行。
- 在某些发展中或发达国家（如德国）没有大型商场，因此难以实施商场拦截调查。此外，当地的法律可能会对采访购物者设置限制或禁止该行为。
- 电话在一些国家的普及率很低。在有些国家，例如柬埔寨，因为话费昂贵，很多家庭会共用一部电话。
- 在一些手机普及率高而有线电话普及率低的国家（如泰国和马来西亚），传统的电话调查是不合适的。
- 在一些地区，如非洲、亚洲和南美的一些农村，因为很少有机会能用电脑上网，所以网络调查是不可行的。

电话调查中也存在同样的问题。虽然最近在欧洲增加了对电话调查的使用，但是，该调查方法在除美国之外的其他地区并没有得到广泛使用。在美国之外的国家里使用邮件或是电话调查的应答率都要低很多。在国际上，当面调查依然是做营销调研最普遍的方式。

在外国开展调研是非常有挑战性的，选择合适的调查方法也变得异常困难。考虑到各国的经济、结构、信息技术、社会环境的不同，不同调查方法在各国的可行性和普及程度也有巨大差别。在美国和加拿大，几乎所有的家庭都拥有电话，因此，电话调查是主要的调查方式。这种情况也存在于部分欧洲国家，如瑞典。但是，在一些欧洲国家，电话仍未普及。在一些发展中国家，只有少数家庭装有电话。

在许多欧洲国家（如瑞士）、新兴工业化国家和发展中国家，登门调查仍然是主要的调查方式。虽然某些欧洲国家，如瑞典，也会开展商场拦截调查，但是此方法并未得到广泛使用。相反，在法国和荷兰，中心区域或中心街区调查是收集数据的主要方法。

因为成本低，在一些人口识字率高且邮寄系统完善的国家邮件调查被广泛采用，如美国、加拿大、芬兰、冰岛、丹麦、瑞典。然而在非洲、亚洲及南美洲，由于人口识字率低而且很大比例的人居住在农村，因此传统邮件调查或是邮寄固定样本组调查的使用就要少得多。邮寄固定样本组调查只在除美国之外很少的几个国家使用，如加拿大、英国、法国、德国和荷兰。新技术的出现会增加对邮寄固定样本组调查的使用。虽然在世界任何地方都可以登录网站，但是在一些国家，尤其是发展中国家，登录网站和查收电子邮件却是受到限制的。所以，电子调查不可行，尤其是对家庭用户。因为网络在欧洲的普及速度要慢于美国，所以欧洲的营销调研人员对电子调查方法的掌握会慢些。我们在第 24 章会讨论国际营销调研背景下实施各类方法的差异。

## 选择询问调查法

没有哪种调查方法在任何情况下都是最好的。表 6－7 对在国际营销调研背景下几种收集定量数据的主要方法做了比较评价。表 6－7 只讨论了电话调查、人员调查、邮件调查和电子调查这类宽泛的分类，对于电脑辅助电话调查、电脑辅助人员调查和邮寄固定样本组调查的使用取决于各国技术发展水平。同样，对于商场拦截调查的使用取决于当地零售环境中的购物商场。对于电子邮件调查和网络调查的使用也是一样，取决于计算机和网络的普及程度。可根据表 6－7 所给出的标准仔细评价主要的调查方法。

**表 6－7　国际营销调研中询问调查法的比较**

| 标准 | 电话 | 人员 | 邮件 | 电子 |
|---|---|---|---|---|
| 样本控制度高 | + | + | − | − |
| 在家中被调查者不易被找到 | + | − | + | + |
| 无法进门 | + | − | + | + |
| 没有大量培训过的调查人员 | + | − | + | + |
| 农村地区人口多 | − | + | − | − |
| 缺乏地图 | + | − | + | + |
| 缺乏更新的电话簿 | − | + | − | + |
| 没有邮寄地址名单 | + | + | − | + |
| 电话接通率低 | − | + | + | − |
| 缺乏有效的邮寄系统 | + | + | − | + |
| 识字水平低 | − | + | − | − |
| 面对面交流文化 | − | + | − | − |
| 难以使用电脑上网 | ? | + | ? | − |

注：+代表优势；−代表劣势。

在选择调查方法时还要考虑国家间的对等性与可比性。不同的方法在不同的国家可能有不同的信度。在收集来自不同国家的数据时，需要信度相同的调查方法，而非同一种方法，正如以下实例所示。[36]

**调研实例**

**用主要的调查方法来占有主要的市场份额**

锐步公司的市场遍及 170 多个国家和地区，50%左右的销售额来自海外。现在，锐步准备在欧洲扩张，并且构建关于将运动鞋推向欧洲大众的强大市场计划。将在以下三个国家就消费者对运动鞋的偏好进行调查：瑞典、法国和瑞士。在三个国家中分别使用以下方法可以得到最好的具有可比性的结果：在瑞典选用电话调查，在法国选用中心地区或商场拦截调查，在瑞士使用登门调查。[37]

与询问调查法一样，国际营销调研在选择合适的观察法时，也要将经济、机构、信息技术和社会环境等差异考虑进去。

## 6.17 营销调研中的商业伦理问题

利用营销调研来实施销售（在交易术语中称为假市调真推销）或是筹款（假调查真募钱）都是不道德的。询问调查法和观察法中的另一个伦理问题就是被调查者的匿名性。调查人员有义务不向外部组织，包括客户透露被调查者的姓名。当为了鼓励被调查者参与而向其承诺调研是匿名的时候，这一点至关重要。只有在开始调研前告知过被调查者并征得他们同意后，才能将其姓名告诉客户。即使在这种情况下，调查者还是要确保客户不会利用被调查者的姓名进行销售或是滥用到其他方面。

---

**调研决策**

**微软：小生意意味着大市场**

**情境**

从美国小企业管理局的统计数据得知，小企业占到了美国大概50%的销售额和GDP，小企业还雇用了超过50%的美国劳动力。微软对这个统计数据印象深刻（因为这说明小企业的产品占据了一个大市场），并对小企业和大企业的需求是否一致感到困惑。微软的首席执行官打算专为小企业开发一些产品，包括仅适合小企业使用的网站、微软小企业咨询（提供可以帮助小企业使用技术的信息）、微软小企业科技合作平台（提供教育资源）、小企业业务应用后端办公服务器和小企业版的微软产品。

**营销调研决策**

1. 如果调查小企业对软件产品的偏好，你会推荐哪种调查方法，为什么？

2. 讨论你所推荐的调查方法在确定小企业对软件产品的偏好上起到的作用。

**营销管理决策**

1. 首席执行官不知道怎样才能有效地满足小企业的需求，你有什么建议？

2. 你推荐的调查类型和调查结果如何影响你推荐给首席执行官的营销管理决策？讨论这一问题。[38]

---

### 本章小结

获取定量数据的两种基本方法是询问调查法和观察法。询问调查法需要直接对被调查者提问，而观察法需要记录被观察者的行为。图6-4给出了定量描述性数据的概念图。

根据开展的方法和模式，可以将包括了填写问卷的询问调查法分为如下几类：(1) 传统电话调查；(2) 电脑辅助电话调查；(3) 登门调查；(4) 商场拦截调查；(5) 电脑辅助人员调查；(6) 邮件调查；(7) 邮寄固定样本组调查；(8) 电子邮件调查；(9) 网络调查。其中，传统电话调查和电脑辅助电话调查在美国的使用最为广泛。但是，每种方法都有其优缺点。可以依据任务、环境和被调查者因素这几方面来比较这些不同的方法。任务因素指的是为了收集数据而开展的任务和调查的主题。这个因素由问题多样性和灵活程度、物质刺激的采用、控制样本、数据数量和应答率构成。情境因素由对数据采集环境的控制、对现场工作人员的控制、调

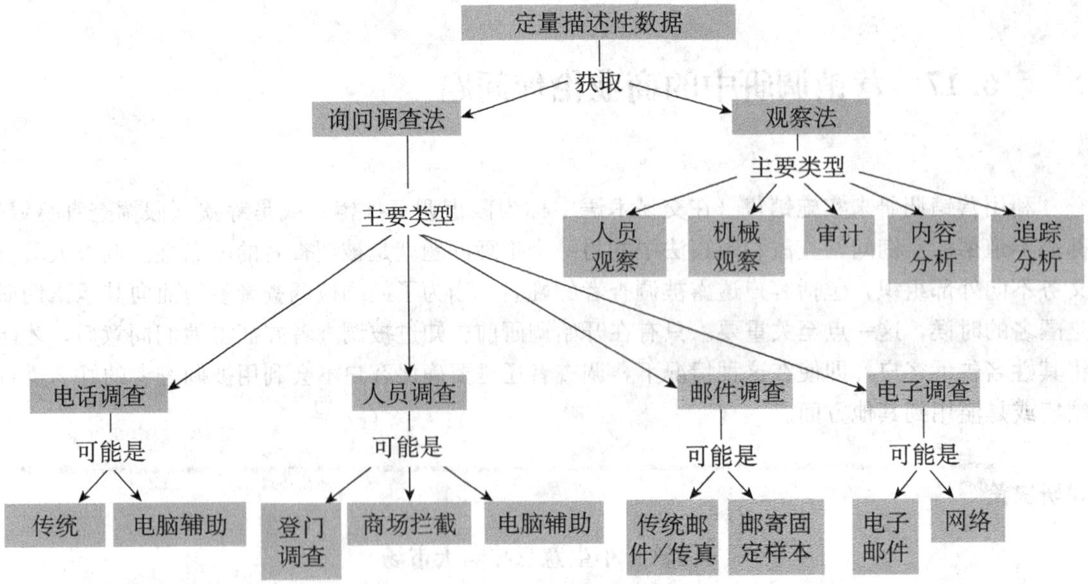


**图 6-4 定量描述性数据的概念图**

查者潜在的偏差、速度和成本组成。被调查者因素由感知到的匿名性、符合社会期望、获取敏感信息、低发生率和被调查者控制度组成。尽管这些数据收集方法常被认为是有区别且有竞争性的，但不应认为它们是互斥的。将它们有效地结合使用是完全可能的。

观察法可以是结构化的或非结构化的，可以是直接的或间接的，可以在自然的或是实验的环境下开展。主要的观察法有人员观察、机械观察、审计、内容分析和追踪分析。与询问调查法相比，观察法的相对优点在于：(1) 可以观测到真实行为；(2) 不存在报告偏差；(3) 潜在调查者偏差较低。而且有些类型的数据最适合用观察法获取，或者只能用观察法获取。观察法的相对缺点在于：(1) 可以推知到关于动机、信念、态度和偏好的信息很少；(2) 存在潜在的观察者偏差；(3) 大部分方法费时且昂贵；(4) 某些行为模式难以观测到；(5) 存在潜在的伦理问题。很少单独使用观察法来获取原始数据，但是可以将其与询问调查法结合起来有效使用。

在收集来自不同国家的数据时，需要信度相同的调研方法，而非同样一种方法。调研人员应保护被调查者的匿名性，不能将其姓名透露给客户。在人们不希望被公众观察的环境下，若未征得被观察者同意，则不能实施观察。

## 关键术语与概念

询问调查法（survey method）
结构化的数据收集（structured data collection）
固定选项问题（fixed-alternative question）
邮寄固定样本组（mail panel）
超文本标记语言（hypertext markup language）
样本控制（sample control）
抽样框架（sampling frame）
随机数字拨号技术（random digit dialing）
随机数字目录设计（random digital directory design）

应答率（response rate）
拒答偏差（nonresponse bias）
关键要求（critical request）
现场工作人员（field force）
感知到的匿名性（perceived anonymity）
社会期望（social desirability）
发生率（incidence rate）
观察（observation）
结构化观察（structured observation）
非结构化观察（unstructured observation）
自然观察（natural observation）
实验观察（contrive observation）
人员观察（personal observation）
机械观察（mechanical observation）
心理电流测量仪（psychiogalvanometer）
皮肤电流反应（galvanic skin response，GSR）
音调分析仪（voice pitch analysis）
反应时滞（response latency）
储物间审计（pantry audit）
内容分析（content analysis）
追踪分析（trace analysis）
神秘访客（mystery shopping）

## 练习

问答题

1. 简要阐述本章包含的话题在营销调研过程框架中所处的位置。

2. 结构化询问调查法的优缺点各是什么？

3. 给出在调研中用来获取信息的主要方法名称。

4. 利用什么相对因素来评估哪种调查方法最适合某一特定项目？

5. 对于一个将对现场工作人员的控制和成本作为关键因素的项目来说，哪种调查方法是最合适的？

6. 给出机械观察类别的名称并解释是如何开展的？

7. 阐述如何运用内容分析对开放式问题进行分析。

8. 为什么追踪分析是最后才应考虑的方法？

9. 观察法的相对优缺点各是什么？

## 活动

**角色扮演**

1. 你在一家高科技公司工作，被派去考察公众对公司广告的反响。你的老板想知道在一系列广告中哪个最有趣最能吸引观众，你的意见将是决定性的。阐述你会用怎样的方法获取信息，为什么？

2. 你被一家校园书店雇用判断学生在书店里怎样做出购买决定。用观察法假装自己是一位店员，观察学生们的买书行为，就你的发现写一份报告。

**实地调查**

1. 参观一家营销调研公司的电脑辅助电话调查部门，针对这家公司怎样实施电脑辅助电话调查写一份报告。

2. 联系一家有商场拦截调查部门的营销公司，参观调查其如何执行商场拦截调查，写一篇报告。

**小组讨论**

1. 组成一个小组，讨论伪装观察的伦理问题可以怎样解决。

2. 以小组的形式讨论如下陈述："借助科技的便捷，观察法变得越来越流行。"

## 连续案例：戴尔

阅读书末附录A中戴尔的案例，以及提供的调查问卷。讨论以下问题：

1. 戴尔的调查是通过在网站发布和向被调查者发送电子邮件执行的。评估这种方式的利弊。你认为这是最有效的方法吗？

2. 比较戴尔使用的各种询问调查方法。

3. 戴尔可以运用观察法确定用户对台式机或笔记本电脑的偏好吗？如果可以，你推荐使用哪种观察法？为什么？

4. 访问一个销售台式机和笔记本电脑的网站，例如百思买（Best Buy）、史泰博（Staples）等，如果商店有台式机和笔记本电脑偏好的询问调查，你会推荐哪种调查方法？为什么？

## 案例分析

### 星巴克：在国际化过程中通过营销调研保持本土优势

以小说《白鲸》主人公命名的星巴克，现在已经是世界上最大的连锁咖啡公司。星巴克的目标是成为世界上认知度最高、最令人尊敬的品牌之一。为了达到目标，星巴克持续不断地扩张连锁店，增加产品的销售规模。同时公司也在通过营销调研寻找其他机会，比如推出新的产品和开辟新的分销渠道，从而扩大星巴克品牌的影响力，以满足消费者的需求。

过去，星巴克给整个咖啡行业带来了生机和活力，其灵感来源于首席执行官霍华德·舒尔茨（Howard Schultz）在意大利的体验。以前，星巴克仅仅是一家小型咖啡公司，并且对咖啡有很大的热情。但在米兰，霍华德看到了围绕咖啡馆的体验热情。霍华德逐一走访意大利咖啡馆，观察原本陌生的人怎样在咖啡馆里相识。通常人们只是"每日一饮"，也会与咖啡师、艺术家进行交流。咖啡师通过制作咖啡与顾客相识。通过这些体验，霍华德意识到星巴克不仅可以专注于咖啡，也可以把精力投放到顾客在咖啡馆的体验上。

营销调研使其确定了四个战略支柱：(1) 咖啡，星巴克的基础和信誉来源；(2) 跟体验有关的几个重要产品；(3) 温暖的、受欢迎的、令人愉悦的环境；(4) 社区。尽管如此，咖啡等产品仍然很重要，也是星巴克成功的关键。星巴克设计了一种温暖、受欢迎并且能够融入当地社区和文化的店内环境，强调公司的文化，这使其一步步走向成功。

另外，星巴克通过广泛的营销调研来拉近与顾客的距离，进而获得灵感。它的许多产品和服务都源自其在当地的赞助对象和雇员，与其他公司不同的是，消费者能够更多地接触和影响到这家企业。许多创新直接来自营销调研和对咖啡师直接提出建议等方式。从定制的 CD，到三明治和口香糖，所有这一切均源自消费者的建议。许多门店甚至根据顾客意见提供无线上网服务。通过咖啡师，公司发现顾客较为喜欢冰的和混合型的咖啡，从而开发了星冰乐。

星巴克还进入了一个新的领域，从售卖咖啡豆发展到与美国联合航空、万豪、百事、卡夫等其他公司结为伙伴关系。星巴克拥有许多世界上最好的咖啡产品，其中大多数在便利店里被买走，尼尔森的数据显示，全美有 2/3 的咖啡是通过便利店出售的，星巴克已经进入了这个利润可观的领域，同时利用在其他行业的伙伴关系增加营业收入。

在过去的几年里，星巴克通过进入新市场、稳固老市场的方法加快其全球化的步伐。但是，海外拓展和在自家门口经营不一样，前国际营销副总裁托马斯·扬（Thomas Yang）认为，在不同国家出现不同的增长方式是因为星巴克在美国和世界其他地区处于不同的发展阶段。在国际市场上，星巴克正处于发展确立品牌的阶段，要让消费者知道这个品牌是什么和星巴克体验是什么。相比之下，星巴克早在 1971 年就打开了北美市场。在美国，人们非常熟悉星巴克体验。

星巴克非常成功地达到了自己的目标。虽然在全球大规模扩张，但它还是保留了本土的感觉，通过营销调研来强调自己的文化，将注意力放在员工和客户上。星巴克希望通过营销调研继续在全球化的过程中保持本土性。

**结论**

星巴克从一家 20 世纪 90 年代的本地小咖啡馆成长为世界最大的连锁咖啡公司。它的成功很大程度上取决于其对顾客的培育，也取决于能在飞速的全球扩张中，保留本土的魅力和感觉。这个有力联系使得星巴克能够从顾客那里收集到有用的反馈及营销调研信息，从而可以成功地推出新产品并且渗透到新的国际市场。

**问题**

1. 利用互联网找出与美国咖啡消费相关的二手信息来源。

2. 在咖啡馆体验的过程中，消费者寻求的是什么？他们怎样看待在星巴克咖啡馆的体验？星巴克怎样才能找到这些问题的答案呢？

3. 要开展一项关于咖啡饮用者对星巴克和其他咖啡连锁店形象的调查，应选用哪种询问调查法？为什么？

4. 星巴克打算推出一款香味浓郁的新的极品咖啡。在进行全国性的推广之前，是否可以用观察法来确定消费者的反应？如果可以，应该选用哪种观察法？

**资料来源**

1. www. starbucks. com, accessed February 15, 2009.

2. Steven Gray and Kate Kelly, "Starbucks Plans to Make Debut in Movie Business," *Wall Street Journal* (January 12, 2006): A1, A8.

3. Bob Keefe, "Starbucks to Offer CD-Burning Capabilities at Stores in Future," *Knight Ridder Tribune Business News* (June 28, 2004): 1.

# 第7章 因果调研设计：实验法

虽然实验不能证明因果关系，它却是推论因果关系的最好方法。

——Sightound Solution 公司首席执行官、创始人林德·培根（Lynd Bacon）

## 学习目标

1. 解释营销调研中定义的因果关系，并区分其一般意义与科学意义。
2. 定义并区分两种效度：内部效度和外部效度。
3. 用实验法讨论各种影响结果效度的外生变量，并解释调研人员应如何控制。
4. 描述并评估实验设计的意义，以及预实验、真实验、准实验和统计设计之间的区别。
5. 对比营销设计中的实验室实验与现场实验、实验设计与非实验设计的使用。
6. 描述试销及其各种形式：标准试销市场、控制试销市场、模拟试销市场、电子试销市场及其他形式试销市场。
7. 描述因果调研中遇到的伦理问题及处理这些问题事后通报所起的作用。

## 本章概述

第3章介绍了因果调研设计，讨论了其与探索性调研设计和描述性调研设计的关系，还把实验法作为因果调研的最主要方法。本章进一步分析因果关系的概念，指出因果关系的必要条件、测试效度在实验法中的意义，并考虑外生变量和控制它们的过程。本章还提出了实验设计的分类法并考虑了具体的设计，分析了实验室实验和现场实验的相对优点，详细讨论了实验法在试销中的应用以及在国际市场中运用实验研究所考虑的因素，并且明确了出现在实验法中的一些伦理问题。

## 7.1 因果关系的概念

实验法常用来推断因果关系。对**因果关系**（causality）这一概念需要做一些解释。因果关系的科学概念很复杂，和普通人理解的概念有很大差别。[1] “$X$ 导致 $Y$ 发生”的陈述对于普通人和科学家来说含义很不一样，如表7-1所示。

**表 7-1　因果关系的一般含义和科学含义**

| 一般含义 | 科学含义 |
|---|---|
| $X$ 是造成 $Y$ 的唯一原因 | $X$ 只是导致 $Y$ 发生的众多可能原因中的一个 |
| $X$ 总是导致 $Y$ 发生（$X$ 是 $Y$ 的确定性起因） | $X$ 的发生使 $Y$ 的发生有更大的可能性（$X$ 是 $Y$ 的可能性起因） |
| 证明 $X$ 是 $Y$ 的起因是可能的 | 永远无法证明 $X$ 是 $Y$ 的起因，只能推断此结论 |

因果关系的科学含义对营销调研来说，比其一般含义更适当。营销的效果是多因素导致的，并且原因和结果之间更倾向于或然性的关系。更重要的是因果关系永远得不到证明（即确切的证实）；我们只能推测某种原因与结果的关系。换句话说，可能真正的因果关系并不一定得到确认。我们将通过讨论因果关系的条件来进一步弄清因果关系的概念。

## 7.2　因果关系的条件

在做因果关系推断或假设因果关系之前，必须满足三个条件：(1) 相从变动；(2) 变量出现的时间顺序；(3) 没有其他可能的原因要素。这些条件都是必要的，但不足以证明确定的因果关系。这三个条件中没有一个可以，甚至所有这三个条件结合起来都不可以证明确定的因果关系条件存在。[2]

### 相从变动

**相从变动**（concomitant variation）指一个原因 $X$ 和一个结果 $Y$ 以假设预测的情形一起发生或一起变化的程度。相从变化的证据可通过定性或定量的方法获得。

举一个用定性方法的例子，百货商店的管理层认为销售额的提高很大程度上取决于店内服务的质量。这个假设可以通过评价相从变动来检验。这里，原因 $X$ 是店内服务，而结果 $Y$ 是销售额。支持这一相从变动的假设意味着店内服务满意度高的商店也有令人满意的销售额；同样，店内服务满意度低的商店没有令人满意的销售额。如果得出了相反的结论，那么这个假设是站不住脚的。

再举一个用定量方法的例子，在一个有 1 000 人参与的关于购买百货商店时装的随机调查中，按数量平均分配，把被调查者分为受教育程度高和受教育程度低两组。调查得到的数据如表 7-2 所示，该数据显示了对时装的购买与受教育程度有关。其中，有 73%的受教育水平高的被调查者有较高购买水平，而受教育程度低的被调查者中只有 64%的人有较高的购买水平。数据表明受教育程度高的被调查者有更高的购买水平。我们需重视的是这是在 1 000 个被调查者的基础上得到的。

**表 7-2　时装购买与受教育程度之间的相从变动证据**

| 受教育程度 | 时装购买情况 | | 合计 |
|---|---|---|---|
| | 高 | 低 | |
| 高 | 362 (73%) | 137 (27%) | 500 (100%) |
| 低 | 322 (64%) | 178 (36%) | 500 (100%) |

基于这些证据，我们就能下结论说受教育程度高的人购买更多的时装吗？当然不能！我们只能说这种相关使该假设更能站得住脚，而不能说它证明了假设的正确性。其他如收入等可能

的因素的影响又是怎样的呢？时装是一种昂贵的商品，因此高收入的人能购买更多的时装。表7-3展示了不同收入的人群时装消费量与受教育程度的关系，这相当于保持收入的影响恒定。这里再次把样本分为相等的人数，确定高收入人群与低收入人群。表7-3显示了受教育程度高的被调查者与受教育程度低的被调查者在时装的购买水平上的差异明显减小了。这表明表7-2所显示的因果联系是不正确的。

**表7-3　按收入和受教育程度划分的时装购买情况**

| 受教育程度 | 低收入人群时装的购买情况 | | 合计 | 高收入人群时装的购买情况 | | 合计 |
|---|---|---|---|---|---|---|
| | 高 | 低 | | 高 | 低 | |
| 高 | 122（61%） | 78（39%） | 200（100%） | 241（80%） | 59（20%） | 300（100%） |
| 低 | 171（57%） | 129（43%） | 300（100%） | 151（76%） | 49（24%） | 200（100%） |

我们可以给出另一个相似的例子，证明为什么缺乏相从变动最初的证据并不意味着没有因果关系。也许考虑到第三个变量就能揭示原来模糊的某种联系。变量出现的时间顺序提供了对因果关系额外的洞察力。

## 变量出现的时间顺序

变量出现的时间顺序是指原因事件必须在结果事件之前或至少与之同时发生，而不能在结果出现后发生。根据定义，一个结果事件不可能因受一个在其发生后才出现的事件的影响而产生。然而，对有关系的两个事件来说，它们互为彼此的原因与结果是有可能的。换句话说，一个变量在同一个因果关系中能同时作为原因与结果。举例来说，常在某百货商店购物的顾客更可能有该百货商店的信用卡；而有某百货商店信用卡的客户可能更频繁地去那家百货商店购物。

考虑一家百货商店的服务和销售量，若服务是销售量的原因，那么在提高销售额之前，或者至少在提高销售额的同时就应该提升服务质量。这可能会促使商店雇用更多销售人员并对他们进行培训，数月之后，该百货商店的销售额应该有所提升。另一种情况是销售额也许在雇用更多销售人员并对他们进行培训的同时增长。此外，假设一个商店在经过了销售额的可观增长后决定利用一部分收入来重新培训其销售人员，从而使服务水平更高，这样的话，服务不再是销售额增长的原因。而相反的假设似乎是合理的。

## 没有其他可能的原因

没有其他可能的原因是指调查的变量或因素应该是唯一可能的原因。如果我们确定其他如价格、广告、店内服务、分销水平、产品质量、竞争等要素都保持不变或是被控制住，那么店内服务可能就是销售额增加的原因。

在任何事后调查中，我们永远都不能肯定地排除其他原因。而用实验设计，则有可能控制住其他一些原因要素。我们也有可能平衡不受控制的变量对结果的影响，从而使只有由少数几个未被控制的变量引起的随机变化被测量到。这些细节将在本章后面讨论，下面这个例子将证明确定因果关系的困难性。

**调研实例**

**谁是谁的结果？**

最近的统计数据显示消费者越来越倾向于在店内购物时做出消费决策。一些调研表明有

80%的购买决策是在购买点做出的。购买点的购买决策与店内广告同步增加，这些广告包括广播广告、购物车广告、购物袋广告、悬挂广告以及产品陈列。仅从数据很难确定购买点决策的增加是店内广告增加的结果，还是店内广告的增加是商家为了迎合消费者消费态度的变化。也可能这两个变量互为因果关系。[3]

---

如果如上例所示，原因与结果的关系很难确定，那么在实验中获得的证据又有什么作用呢？

### 证据的作用

变量出现的时间顺序以及没有其他可能的原因这些证据即使结合起来，也不能最终证明因果关系的存在。然而，如果所有的证据都是强有力且一致的，那么得出因果关系的结论或许是合理的。从几个调查中得到的累计的证据使我们更加相信因果关系的存在。如果可以用与问题密切相关的概念性知识解释证据，那么我们对因果关系的存在就更有信心了。对这所有的三个条件，对照实验可以提供强有力的证据。

## 7.3 定义和概念

**自变量**（independent variable）指的是可操纵的变量或可选择的对象（即这些变量的程度可由调研人员改变），它们的影响程度可以测量并进行比较。这些变量也称作处理，包括价格水平、包装设计以及广告主题。

**测试单位**（test unit）是对自变量或处理做出反应的个体、组织或其他实体，且其反应将作为检测对象。测试单位可能包括顾客、商店和地理位置。

**因变量**（dependent variable）指的是能测量自变量对测试单位影响的变量。这些变量可能包括销售额、利润及市场份额。

**外生变量**（extraneous variable）是除自变量以外的所有影响测试单位的变量。这些变量可能会以某种方式干扰因变量的测量，从而削弱实验结果甚至使实验结果无效。外生变量包括商店的大小、地理位置以及竞争情况。

当调研人员控制一个或多个自变量并测量它们对一个或多个因变量的影响，同时控制外生变量的影响时，就构成了一个**实验**（experiment）[4]。

**实验设计**（experimental design）是一套详细说明以下几点问题的程序：（1）什么是测试单位，测试单位如何被分为相似的子样本；（2）控制哪些自变量或处理；（3）测量哪些因变量；（4）如何控制外生变量。[5]

---

**调研实例**

**优惠券的使用**

调研人员做了一个实验，控制品牌使用频率的同时来测试优惠券使用的情况。实验对纽约州某个地区的280名消费者进行了人员调查，这些消费者是准备进入超市或刚从超市出来的人。他们被随机分为两个处理组。一组给了15美分的优惠券，另一组给的是50美分的优惠券，可以使用于以下四种产品：汰渍洗衣粉，家乐氏玉米片，Aim 牙膏以及 Joy 洗涤剂。被调查者回答关于他们用哪个牌子以及他们下次购物时是否会使用优惠券的问题。从他们的回答中得出以下结论：有趣的是更高面值的优惠券对平时很少购买或几乎不购买这些品牌的消费者有更大的吸引力，这些消费者更倾向于在下次消费时使用优惠券；而对经常购买这些品牌的消费者来说，这些优惠券却没什么作用。美国人对优惠券的钟爱从 2007 年在报纸中以非装订广告插页形式发放价值 2 570 亿美元的优惠券时就已经开始了。据当年 Marx 的报告显示，2007 年非装订广告插页趋势比 2006 年高了 1.5 个百分点。[6]

在这个实验中，受控制的自变量是优惠券面值（15 美分或 50 美分），因变量是优惠券使用的可能性，受控制的外生变量是品牌运用，测试单位是个体消费者，实验设计要求处理组（优惠券为 15 美分或 50 美分）的测试单位（消费者）随机分配。

## 7.4 符号的定义

为了可以方便地讨论外生变量和特定实验设计，我们对一系列常用的营销调研符号进行定义：

$X$ 代表对一个实验小组施加某一自变量、处理或事件，以确定它们的影响；

$O$ 代表观察或测量测试单位或测试单位组的因变量的过程；

$R$ 代表将测试单位或测试单位组随机分派到不同处理组中。

此外，还将采纳以下惯例：

- 从左到右的运动指的是随时间变化的运动。
- 符号的水平排列指的是所有符号均指同一个特定的处理组。
- 符号的垂直排列指的是同时发生的活动或事件。

如符号排列

$X \quad O_1 \quad O_2$

表示对给定的测试单位组施加处理（$X$），并在两个的不同时间点 $O_1$ 和 $O_2$ 测量其反应。

类似地，符号排列

$R \quad X_1 \quad O_1$

$R \quad X_2 \quad O_2$

表示两组给定的测试单位同时被随机分配到两个不同的处理组，并且同时测量两组的因变量。

## 7.5 实验法的效度

当进行一次实验时，实验人员有两个目标：（1）得到关于自变量对实验组的影响的正确结论；（2）对更大规模的有关人群做出正确的推论。第一个目标涉及的是内部效度，第二个目标则涉及外部效度。[7]

## 内部效度

**内部效度**（internal validity）指的是对自变量或处理的控制是否导致了观察的因变量的变化。因此，内部效度检测可观察到对测试单位的影响是否由处理之外的其他变量引起。如果观察到的结果受外生变量的影响或干扰，那么很难对自变量和因变量的因果关系做出正确的推论。在做出任何关于处理影响的结论之前，内部效度是最基本的实验必备要求。如果没有内部效度，实验结果就会受到干扰。对外生变量的控制是建立内部效度的一个必要条件。

## 外部效度

**外部效度**（external validity）指的是实验中发现的因果关系是否可以广泛应用，或者说，实验结果是否可以运用于实验之外。如果可以的话，能将实验结果推广到哪些人群、情境、时间、自变量以及因变量？[8] 当实验中的特定场景没有考虑到与真实世界中相关变量的相互作用时，外部效度就受到了威胁。

既有外部效度又有内部效度的实验设计是非常理想的，但在应用性营销调研中，我们常常不得不在两个效度中进行权衡。[9] 为了控制外生变量，调研人员可能会为实验创造一个人工的环境。这增强了内部效度，但可能限制了结果运用的普遍性，从而减少了外部效度。例如，连锁快餐店在测试厨房里测试顾客对新式菜单的喜好程度。在此环境下测试的结果能应用到所有的快餐店吗？（人为因素对外部效度的影响在本章后面实验室实验与现场实验中将给出更进一步的讨论。）尽管上述这些弱化了外部效度，但是如果一个实验缺少内部效度，那么实验结果的推广就是毫无意义的。因此，威胁内部效度的因素也同样威胁外部效度，而这些因素中，外生变量是最严重的。

# 7.6　外生变量

我们把外生变量分为如下几类：历史、成熟、测试效应、工具化、统计回归、选择偏差和流失率。

## 历史

**历史**（history，H）不是指实验前发生的事件，而是指与实验同时发生的特定外部事件，而这些事件可能影响到因变量。考虑以下实验：

$$O_1 \quad X_1 \quad O_2$$

其中 $O_1$，$O_2$ 为一特定地区对一百货商店销售量的测量。$X_1$ 代表一次新的促销活动。$O_2-O_1$ 是处理带来的影响。如果实验结果显示 $O_1$ 与 $O_2$ 之间没有差别，那么我们能下结论说促销活动没有什么成效吗？当然不能！促销活动 $X_1$ 不是影响 $O_1$ 与 $O_2$ 之间差异的唯一可能解释。促销原本可能是很有效的，但如果实验期间整体经济萧条，并且当地受到较高失业率和工厂倒闭（历史）重创呢？反过来说，即使 $O_2$ 与 $O_1$ 之间有一些差别，在历史没有被控制的条件下说促销活动起到了作用也是不正确的，因为实验结果很有可能受到了历史的影响。观察的时间间隔越长，历史干扰实验的可能性就越大。

## 成熟

**成熟**（maturation，MA）与历史相似，只是成熟指的是测试单位本身的变化。这些变化不是由自变量或处理的影响引起的，而是随时间的流逝产生的。在涉及人的实验中，成熟发生在当人变老，变得更有经验、疲倦、厌烦或没有兴趣的时候。长达几个月的跟踪和营销调研极易受成熟的影响，因为很难了解调查对象如何随时间变化。

除了人，成熟还影响其他的测试单位。例如，考虑一个百货商店作为测试单位的例子，百货商店的外观、装修、交通条件和布局也在随时间变化。

## 测试效应

**测试效应**（testing effect）由实验过程引起。特别需要注意的是，测量效应是指在处理发生前后测量因变量对实验产生的影响。测试效应有两种：主测试效应和互动测试效应。

**主测试效应**（main testing effect，MT）发生在前一个观察影响后面的观察时。考虑一个实验——测量广告对人们对一个特定品牌的态度的影响。在处理前调查对象收到测量信息背景和他们对这个品牌的态度的调查问卷，然后测试者在适当的节目中植入一个测试广告，在调查对象观看了广告以后，再次对调查对象发放问卷，测量其对该品牌的态度等问题。如果调查对象在处理前后的态度没有差别，我们就能下结论说这个广告没有作用吗？不能，因为可能调查对象想努力保持处理前后态度的一致性。作为主测试效应的一个结果，处理后的态度受到处理前态度的影响大于处理本身的影响。调查对象仅仅因为他们的态度被测量了而改变其态度，这使主测试效应可能是反应性的。主测试效应降低了实验的内部效度。

**互动测试效应**（interactive testing effect，IT）指一次先前的测量影响测试单位对自变量的反应。继续上述广告实验，当要求人们说出其对一个品牌的态度时，他们会去了解这个品牌，进而对这个品牌变得敏感，可能比没参加测试的人更注意这个测试广告。这样，测量的结果就不能推广到一般情况下的人群，因为互动测试效应影响了实验的外部效度。[10]

## 工具化

**工具化**（instrumentation，I）指测量工具、调研人员或评分本身的改变。有时在实验过程中，会改变测量工具。在前述广告实验中，如果用一个新设计的调查问卷来测量处理后的态度，就可能会获得不同的结果。再如，某实验测量店内设计展示（处理）前后的现金销售额，$O_1$与$O_2$之间的非实验的价格变化可能来自现金销售额是根据不同的单位价格来测量的。在这种情况下处理的效果$O_2-O_1$可能是由工具化引起的。

工具化的影响很可能在调研人员进行处理前后测量的情况下发生，调研人员的表现在不同的时间可能不同。

## 统计回归

**统计回归**（statistical regression，SR）指在实验过程中测试单位向平均分数靠近的效应。在广告实验中，设想观察对象的态度或者是非常喜欢，或者是非常不喜欢。在处理后的测量中，他们的态度可能移向平均值。人们的态度会持续改变，有极端态度的人有较大的改变空间，所以更有可能改变。这干扰了实验结果，因为观察到的结果（态度的改变）可能是由统计回归而不是处理（测试广告）引起的。

## 选择偏差

**选择偏差**（selection bias，SB）指的是不适当地将测试单位分配到不同的处理条件中。当测试单位的选择或分配导致了处理组中因变量之间在进行处理之前就不同时，偏差就出现了。如果测试单位自我选择分组，或调研人员根据他们的判断把测试单位分配到不同的组，选择偏差就可能出现。例如，考虑一个销售实验，把两个不同的销售展示（新的和旧的）分配到不同的百货商店。而这两个商店初始的情况是不相当的，它们可能在关键特征上不同，如店面大小。不管销售展示如何分配，销售量都可能受店面大小影响。

### 流失率

**流失率**（mortality，MO）指的是测试单位在实验过程中的损失。有很多原因，如测试单位拒绝继续实验。由于无法了解损失的测试单位如果继续留在实验中对处理的反应是否和保留下来的测试单位一样，流失率会对结果形成干扰。再一次考虑销售展示的例子，假设在实验的过程中，有三家接受新展示处理的店放弃了测试，调研人员将不能确定如果这三家店继续留在实验中，接受新展示的店的平均销售额是会增加还是减少。

多类外生变量不相互排斥，它们可以同时发生，也可以相互影响。例如，测试效应-成熟-流失率构造了一个情境：由于处理前的测试，测试单位的信念和态度随时间改变，并且不同的处理组中有不同程度的测试单位流失。

## 7.7　控制外生变量

外生变量体现了对实验结果其他可能的解释。它们对实验的内部效度和外部效度造成严重的威胁。除非加以控制，否则它们会影响因变量从而干扰结果。因而它们也叫**干扰变量**（confounding variables）。控制外生变量有四种方法：随机化、匹配、统计控制和设计控制。

### 随机化

**随机化**（randomization）指的是用随机数字随机地把测试单位分配到实验组中，处理条件也被随机地分配到实验组中。例如，调查对象被随机分配到三个实验组中的一个，每个实验组再随机选择三个版本的测试广告中的一个播放。由于进行了随机分配，各处理条件中的外部因素可以得到相同程度的体现。随机化是确保各实验组实验前相同的首选程序。[11]然而，随机化方法在小样本实验中可能不是那么有效，因为随机化仅仅产生在评价水平上对等的实验组。即便如此，通过测量可能的外生变量并将它们在实验组之间进行比较，仍有可能测量随机化是否起到了作用。

### 匹配

**匹配**（matching）涉及在把测试单位分配到个处理条件之前，就一系列关键的背景变量对测试单位进行比较。在销售展示实验中，可以根据年销售额、面积以及地理位置等对商店进行匹配，然后将每个匹配组中的商店分别分到每个实验组中。

匹配有两个缺点。第一，只能就少数的几个特征进行匹配，因此测试单位可能在这些被选出的少数变量上是相似的，在其他变量上却不相似。第二，如果匹配好的特征和因变量不相关，那么匹配的工作是无效的。[12]

### 统计控制

**统计控制**（statistical control）包括测量外生变量并且根据统计分析调节外生变量的作用。如表 7－3 所示，在控制收入作用的情况下，对时装购买情况与受教育程度的关系作了检验。

还有更多更高级的统计方法，如协方差分析等也可以利用。在协方差分析中，在每个处理条件下对因变量的平均值进行调整，从而消除了外生变量对因变量的影响。在第16章中对协方差分析有更详细的讨论。

### 设计控制

**设计控制**（design control）是指利用设计好的实验来控制特定的外生变量，下面的实例展示了这种控制类型。

---

**调研实例**

**新产品实验**

控制渠道的试销被越来越多地用于新产品的实验研究。这种方法使调研人员可以控制一些会影响新产品销售业绩的外生因素，并操控一些感兴趣的变量。对新产品可以确保以下几点：(1) 获得适当的商店接受度及商品所有的分销渠道；(2) 适当地摆放在每家商店的货架上；(3) 在货架上得到适当的关注；(4) 每日合理的价格；(5) 永远没有脱销问题；(6) 获得期望水平的经销商促销、商品展示。由此可以获得一个较高的内部效度。[13]

---

上例表示控制渠道的试销可以有效控制外生变量。如下一节所示，外生变量也可以通过应用特定的实验设计予以控制。

## 7.8 实验设计的分类

实验设计可分为预实验设计、真实验设计、准实验设计和统计设计（见图7-1）。**预实验设计**（preexperimental design）不用随机化步骤控制外部因素。这类设计的例子包括一次性个案研究、单组前后对比设计和静态组设计。在**真实验设计**（true experimental design）中，实验人员可以随机把测试单位和处理分配到实验组中。真实验设计包括实验前后对照设计、实验

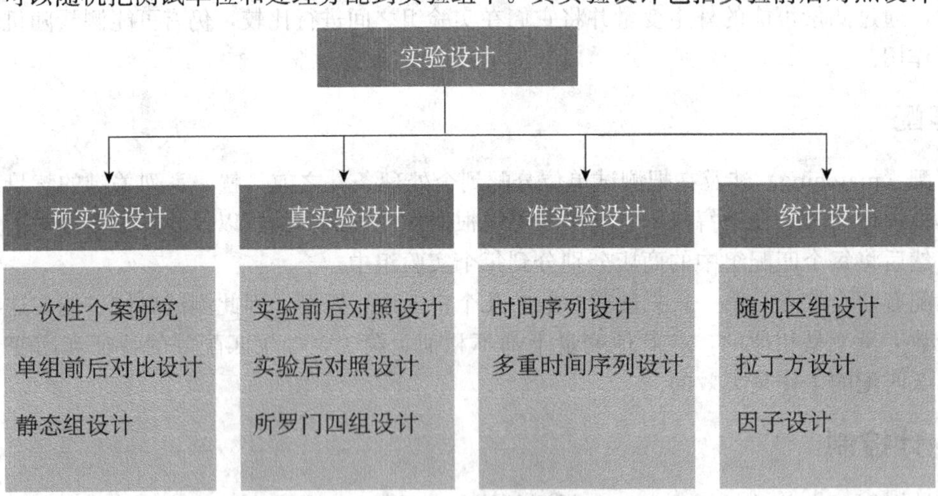


**图7-1　设计的分类**

后对照设计以及所罗门四组设计。当调研人员不能完全控制时间安排和测试单位的处理分配，但仍能运用部分真实验中的措施时，就产生了**准实验设计**（quasi-experimental design）。准实验设计又分为时间序列设计和多重时间序列设计。**统计设计**（statistical design）是一系列允许对外生变量进行统计控制和分析的基本实验。统计设计可以基于预实验设计、真实验设计和准实验设计。统计设计以它们各自的特征和用途为基础进行分类。比较重要的统计设计包括随机区组设计、拉丁方设计和因子设计。我们使用为百货商店测量一个测试广告有效性的案例说明这些设计。[14]

## 7.9 预实验设计

预实验设计通常缺乏随机性。本节将介绍三种具体的设计：一次性个案研究、单组前后对比设计和静态组设计。

### 一次性个案研究

**一次性个案研究**（one-shot case study）也叫单纯实验后测量。一次性个案研究可以用符号表示为：

$X \quad O_1$

单组测试单位在经过处理 $X$ 后，对因变量进行单一测量（$O_1$）。其中没有测试单位的随机分配。符号 $R$ 没有给出，因为测试单位是自己选择或由调研人员任意选择的。

从这种类型的实验中得出无效结论的危险是显而易见的。它不提供将 $O_1$ 的水平与没有 $X$ 的水平比较的基础。同样，$O_1$ 的水平可能受到包括历史、成熟、选择偏差和流失率等在内的外生变量的影响。缺乏对这些外生变量的控制破坏了内部效度。由于这些原因，一次性个案研究更适用于探索性调研而非结论性调研。

---

**调研项目**

**一次性个案研究**

使用一次性个案研究测量测试广告对百货商店的影响，例如对西尔斯进行的实验如下。对在前一晚观看了某特定电视节目的全国性样本进行电话调查，该电视节目包含（西尔斯）测试广告（$X$）。因变量（$O$s）是经过提示或未经过提示的记忆。首先，询问被调查者是否记得昨晚看了一个百货商店的广告，如“你记得昨晚你看了一个百货商店的广告吗?”以此来测量未经提示的记忆。如果他们记得测试广告，便接着询问广告内容和制作的细节；如果被调查者不记得广告，则明确询问有关它的问题，如“你还记得昨晚看过西尔斯的广告吗?”（经提示的记忆）。通过比较经提示的记忆与未经提示的记忆结果的标准分数，可以得到一个解释分数的指数。

---

### 单组前后对比设计

**单组前后对比设计**（one-group pretest-posttest design）可用符号表示为：

$O_1$ $X$ $O_2$

在这个实验设计中，一组测试单位要测量两次，没有控制组。首先，进行处理前测量（$O_1$），然后将处理（$X$）施加在测试单位上。最后，进行处理后测量（$O_2$）。处理的效果通过计算 $O_2-O_1$ 得出，但是结论的正确性是受质疑的，因为有大量的外生变量没有被控制。历史、成熟、测试效应（包括主测试效应和互动测试效应）、工具化、选择、流失率和统计回归都有可能出现。

**调研项目**

**单组前后对比设计**

使用单组前后对比设计测量测试广告对百货商店的影响，例如对西尔斯进行的实验如下。被调查者在不同的测试城市被招募到中心剧院。在那里，被调查者首先接受一次人员调查来测量他们对西尔斯百货商店的态度（$O_1$），然后他们观看一个包含西尔斯的测试广告的电视节目。之后，再次接受人员调查来测量他们对西尔斯百货商店的态度（$O_2$）。测试广告对被调查者态度的影响可用 $O_2-O_1$ 来衡量。

## 静态组设计

**静态组设计**（static group）是一个双组实验设计：一组叫作实验组（experimental group，EG），受处理作用；另一组叫作控制组（control group，CG），不受处理作用。对两组的测量只有在处理以后才进行，并且测试单位不是随机分配的。这个设计的符号描述如下：

EG：　$X$ $O_1$

CG：　　$O_2$

处理的作用可以用 $O_1-O_2$ 来衡量。这个差值至少可以归因于两个外生变量（选择偏差和流失率）。由于测试单位不是随机分配的，这两组（EG 和 CG）可能在处理前就不同，这就可能出现选择偏差。同时也有可能受流失率的影响，因为测试单位更可能从实验组里而不是从控制组里退出，尤其是处理让人觉得不愉快的时候，流失率更高。

在实践中，一个控制组有时候被定义为接受现有营销活动的组，而不是根本不接受处理作用的组。控制组之所以这样定义是因为现实中很难把现有的营销活动（如广告和个人销售等）带来的影响降为零。

**调研项目**

**静态组设计**

静态组设计可用来测量测试广告给百货商店带来的影响，执行步骤如下：用便捷抽样方法招募两组被调查者，只有实验组观看了含有西尔斯测试广告的电视节目，然后控制组和实验组的被调查者对西尔斯的态度都会被测量。测试广告的效果可以用 $O_1-O_2$ 来衡量。

## 7.10　真实验设计

与预实验设计相比，真实验设计的特征是随机化。真实验设计中，调研人员将测试单位和处理随机地分配到实验组中。真实验设计包含实验前后对照设计、实验后对照设计和所罗门四组设计。

### 实验前后对照设计

在**实验前后对照设计**（pretest-posttest control group design）中，测试单位被随机地分配到实验组或控制组中，并且每组都进行了处理前的测量，然后对实验组进行处理（$X$）。最后，对控制组和实验组都进行处理后的测量。这一设计用符号表示为：

EG：$R\quad O_1\quad X\quad O_2$

CG：$R\quad O_3\qquad\quad O_4$

处理影响（$TE$）可以用下式来衡量：

$$(O_2-O_1)-(O_4-O_3)$$

这个设计控制了大部分的外生变量，随机化消除了选择偏差。对其他外生变量的控制如下：

$$O_2-O_1=TE+H+MA+MT+IT+I+SR+MO$$

$$O_4-O_3=H+MA+MT+I+SR+MO$$

$$=EV\text{（外生变量）}$$

式中，外生变量符号的定义见前面的介绍。实验结果由下式获得：

$$(O_2-O_1)-(O_4-O_3)=TE+IT$$

由于实验前测量可能影响到实验组测试单位对处理所做的反应，互动测试效应没有得到控制。

如下面的例子所示，实验前后对照设计包括了两个组，每组进行两次处理。一个相对较简单的设计是实验后对照设计。

---

**调研项目**

**实验前后对照设计**

在测量测试广告对百货商店（如西尔斯）的影响时，实验前后对照设计执行步骤如下：随机选择一个样本，随机把其中的一半分配到实验组，剩下的一半为控制组。对两组被调查者都进行一次问卷调查，来测量他们在实验前对西尔斯的态度。只有实验组的被调查者会看到包含西尔斯测试广告的电视节目，然后再一次对两组的被调查者就他们对西尔斯的态度进行问卷调查，以获得实验后的测量值。

---

### 实验后对照设计

**实验后对照设计**（posttest-only control group design）不包含任何实验前的测量。用符号表示如下：

EG：$R \quad X \quad O_1$

CG：$R \qquad\; O_2$

处理的影响由下式得到：

$$TE=O_1-O_2$$

由于没有实验前的测量，这种设计执行起来相对简单，测试效应被消除了，但是这种设计对选择偏差和流失率非常敏感。两组测试单位是随机分配产生的，因此实验设计中假设对两组因变量的实验前测量结果是相似的。然而，由于实验前没有进行测量，这个假设是不能证实的。而且这个设计对流失率也很敏感，很难确定那些没有继续留在实验组的测试单位是否与控制组中的相似。这类设计的另一个局限是不允许调研人员测量单个测试单位的变化。

通过认真设计实验步骤是有可能控制选择偏差和流失率的。对单个案例的测量通常不在我们兴趣之内。此外，这类设计在时间、成本和样本大小方面占有很大优势。实验只包括两组且每组只测量一次。由于其简单性，实验后对照设计是营销调研中最常用的设计方法。值得注意的是，除处理前的测量以外，这种设计的执行步骤与实验前后对照设计很类似。

**调研项目**

**实验后对照设计**

在测量测试广告对百货商店的影响时，实验后对照设计执行步骤如下：随机选择一个样本，随机把样本均分为两部分，其中的一半为实验组，另一半为控制组。只有实验组的调查对象会看到包含西尔斯测试广告的电视节目，然后对两个组就对西尔斯的态度进行问卷调查，以获得实验后的测量值。实验组和控制组中态度的差异将用来衡量测试广告的效果。

在这个实验中，调研人员并不关心单个调查对象的态度变化。当我们想要这一信息时，可以考虑所罗门四组设计。**所罗门四组设计**（Solomon four-group design）克服了实验前后对照设计与实验后对照设计的缺陷，因为所罗门四组设计除了控制所有其他的外生变量以外，还明确地控制了互动测试效应。然而，这个设计在实施方面有很多限制：执行起来非常昂贵和费时。因此，我们不再考虑它。[15]

在所有的真实验设计中，调研人员运用了较高的控制水平，特别是调研人员可以确定什么时候开始测量、对谁进行测量以及处理的时间安排。此外，调研人员也能随机挑选测试单位并且随机地对它们进行处理。在一些例子中，调研人员不能进行这种控制，这时就应该考虑准实验设计。

## 7.11 准实验设计

准实验设计在以下条件下产生。首先，调研人员可以控制什么时候进行测量、对谁进行测量。其次，调研人员不能控制对处理的时间安排，也不能使测试单位随机地受到处理的作用。[16]准实验设计在无法使用真实验设计时非常有用，而且准实验设计速度更快且成本更低。但是，由于缺乏对实验的完全控制，调研人员必须考虑不能控制的特殊变量。准实验设计常用的形式有时间序列设计和多重时间序列设计。

## 时间序列设计

**时间序列设计**（time series design）包括对一组测量单位因变量的一系列周期性测量。处理由调研人员执行或自然地发生。处理完成后，持续进行周期性的测量以确定处理的影响。一个时间序列的实验设计可以用下列符号来表示：

$$O_1 \quad O_2 \quad O_3 \quad O_4 \quad O_5 \quad X \quad O_6 \quad O_7 \quad O_8 \quad O_9 \quad O_{10}$$

这是一个准实验设计，因为实验中没有对测试单位所受的处理进行随机化，不能对处理出现的时间做出选择，也不能对选择哪些测试单位接受处理进行控制。

在实验之前和之后做一系列的测量至少对部分外生变量进行了控制。成熟至少得到了部分的控制，因为它不仅会影响 $O_5$ 和 $O_6$，也会对其他观察产生影响。类似地，主测试效应、工具化和统计回归的影响也得到了控制。如果测试单位是被随机挑选的或者进行了匹配，则可以减小选择偏差。流失率可能是潜在的问题，但是通过给被调查者付一笔奖金或提供其他激励措施也可以控制流失率带来的问题。

时间序列设计主要的缺点是不能控制历史，另一个局限是实验可能受到互动测试效应的影响，这是因为对测试单位进行了多次测量。然而，时间序列设计很有用。按预先设定的次数播放广告，并检验预测试样本组的数据，可以检测出测试广告的影响（$X$）。尽管营销人员可以控制测试广告的时间安排，然而样本个体什么时候能看到甚至能不能看到广告却是个未知数。调研人员通过检测样本在促销前、促销期间以及促销后的消费情况来确定测试广告起到了短期效果、长期效果还是没有效果。

## 多重时间序列设计

除了有另一组个体作为控制组加入实验中来，**多重时间序列设计**（multiple time series design）与时间序列设计很相似。一个多重时间序列实验设计可以用下列符号来表示：

$$EG：O_1 \quad O_2 \quad O_3 \quad O_4 \quad O_5 \quad X \quad O_6 \quad O_7 \quad O_8 \quad O_9 \quad O_{10}$$

$$CG：O_{11} \quad O_{12} \quad O_{13} \quad O_{14} \quad O_{15} \quad O_{16} \quad O_{17} \quad O_{18} \quad O_{19} \quad O_{20}$$

如果对控制组经过了认真的挑选，这个设计可以成为单纯时间序列设计的改善。这种改善体现在对实验的处理效果测量两次：对实验组的实验前测量以及对控制组的测量。用多重时间序列设计来评价广告效果时，测试样本要做如下修改：测试广告只在少数几个测试城市播放，这些城市的样本个体将组成实验组；没有播放广告的城市的样本个体将组成控制组。

表 7－4 概括分析了预实验设计、真实验设计和准实验设计，以及可能影响其中一种设计而导致实验无效的潜在来源。在该表中，减号代表一个明确的缺点，加号代表因素已被控制，问号代表值得担心，空格代表这个因素是无关的。应该记住无效的潜在来源与实际的误差并不一样。

**表 7－4　实验设计无效性的来源**

| 设计类型 | 内部 | | | | | | | 外部 |
|---|---|---|---|---|---|---|---|---|
| | 历史 | 成熟 | 测试效应 | 工具化 | 统计回归 | 选择偏差 | 流失率 | 测试与 X 之间的相互作用 |
| **预实验设计** | | | | | | | | |
| 一次性个案研究 | － | － | | | | － | － | |
| *X O* | | | | | | | | |
| 单组前后对比设计 | － | － | － | － | ? | | | － |
| *O X O* | | | | | | | | |

续表

| 设计类型 | 内部 | | | | | | | 外部 |
|---|---|---|---|---|---|---|---|---|
| | 历史 | 成熟 | 测试效应 | 工具化 | 统计回归 | 选择偏差 | 流失率 | 测试与X之间的相互作用 |
| 静态组设计 | + | ? | + | + | + | − | − | |
| *XO* | | | | | | | | |
| *O* | | | | | | | | |
| **真实验设计** | | | | | | | | |
| 实验前后对照设计 | + | + | + | + | + | + | + | − |
| *ROXO* | | | | | | | | |
| *ROO* | | | | | | | | |
| 实验后对照设计 | + | + | + | + | + | + | + | + |
| *RXO* | | | | | | | | |
| *RO* | | | | | | | | |
| **准实验设计** | | | | | | | | |
| 时间序列设计 | − | + | + | ? | + | + | + | − |
| *OOOXOOO* | | | | | | | | |
| 多重时间序列设计 | + | + | + | + | + | + | + | − |
| *OOOXOOO* | | | | | | | | |
| *OOOOOO* | | | | | | | | |

## 7.12 统计设计

统计设计包含一系列基本的实验，可以对外生变量实行统计控制和分析。换句话说，也就是同时执行几个基础实验。因此，影响基础设计使用使其无效的原因也同样影响统计设计。统计设计有以下优点：

1. 可测量一个以上的自变量的影响。
2. 可在统计上控制特定的外生变量。
3. 当每个测试单位被测量一次以上的时候，可以采用经济的设计。

应用最普遍的统计设计是随机区组设计、拉丁方设计和因子设计。

### 随机区组设计

当只有一个主要的外生变量（如销售额、商店大小、调查对象的收入）可能影响因变量的时候，**随机区组设计**（randomized block design）便派上了用场。根据外生变量将测试单位分区或分组，调研人员必须能确认并测量区组变量。通过分区，调研人员确保对不同的实验组和控制组在外生变量上进行精确的匹配。

正如下面这个例子说明的，在大多数营销调研中，外生变量（如销售额、商店大小、商店类型、地理位置、调查对象的收入、职业和社会阶层）能对因变量造成影响。因此，一般来说，随机区组设计比完全随机设计更有用。它主要的不足是调研人员只能控制一个外生变量，当有不止一个外生变量时，只能采用拉丁方设计或者因子设计。

**调研项目**

### 随机区组设计

把测量测试广告对百货商店（西尔斯）影响的例子扩展到测量幽默对广告的影响。[17]三种测试广告A，B，C的幽默程度分别是不幽默、比较幽默、非常幽默。哪一种广告是最有效的呢？管理层认为调查对象对广告的评估会受到他们对商店的惠顾程度的影响，因此商店惠顾程度被指定为分区变量，而调查对象被随机分为四个区组（对商店惠顾程度很高、中等、很低及不惠顾）。每个区组的调查对象被随机分配到处理组中（测试广告A，B，C）。结果显示比较幽默的广告B是其中最有效的（见表7-5）。

**表7-5 随机区组设计的实例**

| 区组号 | 商店惠顾程度 | 处理组 | | |
|---|---|---|---|---|
| | | 广告A | 广告B | 广告C |
| 1 | 很高 | A | B | C |
| 2 | 中等 | A | B | C |
| 3 | 很低 | A | B | C |
| 4 | 不惠顾 | A | B | C |

说明：A，B，C代表三个测试广告，幽默程度分别为不幽默、比较幽默、非常幽默。

## 拉丁方设计

**拉丁方设计**（Latin square design）允许调研人员在统计上控制两个没有相互作用的外生变量，并操纵自变量。每个外生变量或分区变量被划分为相等数目的区组或级别，自变量也同时被分为相同数目的级别。拉丁方设计实例如表7-6所示，行、列代表两个外部变量的区组，自变量的级别被分配到表的每个空格中。分配原则为自变量的每个级别只在每行和每列出现一次。

**调研项目**

### 拉丁方设计

为了说明拉丁方设计，我们假设在前面的例子中，除控制商店惠顾程度以外，调研人员也想控制对商店的兴趣程度（定义为高、中、低）。为实施拉丁方设计，商店惠顾程度也需要进行三个（而不是四个）分区，这需要把商店的低惠顾程度与无惠顾组合到一个分区里，三个测试广告的分配再随之完成，如表7-6所示。需要注意的是每个广告A，B，C在每行以及每列出现且只能出现一次。

**表7-6 拉丁方设计实例**

| 商店惠顾程度 | 对商店的兴趣 | | |
|---|---|---|---|
| | 高 | 中 | 低 |
| 高 | B | A | C |
| 中 | C | B | A |
| 低和无 | A | C | B |

说明：A，B，C代表三个测试广告，幽默程度分别为不幽默、比较幽默、非常幽默。

虽然拉丁方设计在营销调研中运用很多，但也有缺陷。它要求行、列以及处理级别都有相等的数目，这有时存在问题。在上面的例子中，低商店惠顾程度与无惠顾就不得不合并在一起来满足这个要求。此外，调研人员只能同时控制两个外生变量。如果用这种设计的扩展形式希腊拉丁方设计（Graeco-Latin square design），就能实现对多一个附加变量的控制。最后，拉丁方设计不允许调研人员检验外生变量之间或与自变量之间的交互作用。要检测交互作用，应使用因子设计。

## 因子设计

**因子设计**（factorial design）用来测量不同水平的两个或两个以上的自变量。与随机区组设计和拉丁方设计不同，因子设计允许变量间存在交互作用。[18]交互作用是指两个或更多的变量同时作用的效用而不是它们独立作用的效用。例如，一个人最喜欢的饮料可能是咖啡，最喜欢的温度可能是较低的温度，但这个人可能不喜欢冰咖啡，这产生了交互作用。

因子设计的概念同样可以用一个表格来表示，在双因子设计中，一个变量的每个水平表示为一行，另一个变量的每个水平表示为一列。三个或更多因子的设计可以用多维表格表示。因子设计涉及与处理变量的每种可能的组合对应的单元。假设在前面的例子中，除了检测幽默的效用，调研人员认为同时检验商店信息量也很有用。商店信息量同样被分为三个级别（高级、中级与低级）。如表7-7所示，这需要3×3=9个单元。因此，需要制作9个不同的广告，而每一个广告都有不同水平的商店信息和幽默程度。当每个调查对象被随机地选择并分到9个单元里时，每个单元的调查对象都会有一个特别的处理组合。例如，在左上角单元里的调查对象会看到一个没有幽默的广告且只有较低的商店信息量的广告。这个结果揭示两个因子或变量之间的显著的交互作用。商店信息量低的调查对象更喜欢幽默度高的广告（C）。然而，那些有较高商店信息量的调查对象更喜欢不幽默的广告（G）。需要注意的是虽然表7-7可能在某些方面与表7-5比较相似，但是调查对象的随机分配和数据分析在随机区组设计和因子设计中却是截然不同的。[19]

**表7-7 因子设计的实例**

| 商店信息量 | 幽默程度 | | |
|---|---|---|---|
| | 不幽默 | 比较幽默 | 非常幽默 |
| 低 | A | B | C |
| 中 | D | E | F |
| 高 | G | H | I |

因子设计的主要缺点是处理的组合数量随变量或水平数量的增加而急剧增加。在表7-7的例子中，如果幽默程度和商店信息的级别从3个增加到5个，那么单元的数量就会从9个增至25个。如果要测量所有的主测试效应和互动测试效应，则需要所有的处理组合。如果调研人员只对互动测试效应或主测试效应中的少数几个感兴趣，就可以运用部分因子设计，正如其名字暗示的，这些设计只由相应的完整因子设计的一部分组成。

**调研体验**

### 价格敏感度实验

假设佳能想知道顾客对其新推出的数码相机的价格敏感度并聘请你为顾问。

1. 访问www.bestbuy.com，了解佳能数码相机及其他品牌数码相机的价格范围。

2. 用搜索引擎及图书馆在线数据库在网上搜索信息以获得顾客对数码相机价格敏感度的相关信息。

3. 为确定顾客对佳能新型数码相机的价格敏感度，需设计一个合适的实验。你会推荐一种真实验设计吗？推荐哪一种？

4. 作为佳能相机的营销主管，你如何运用消费者对数码相机的价格敏感度的信息来制定营销战略并增加该相机的市场份额？

## 7.13　实验室实验与现场实验

实验可在实验室或现场进行。**实验室环境**（laboratory environment）是一个人工环境，是由调研人员根据特定实验的需要构造的。**现场环境**（field environment）这个术语与实际的市场条件是同义词。测量一个测试广告效果的实验可以在实验室环境下进行，即在测试剧场向调查对象播放插入测试广告的电视节目。同样的实验也可以在现场环境中进行，即通过在真实的电视台播放测试广告进行。表7－8概括了这两种实验的区别。

**表7－8　实验室实验与现场实验的区别**

| 因素 | 实验室 | 现场 | 因素 | 实验室 | 现场 |
|---|---|---|---|---|---|
| 环境 | 人造 | 现实 | 外部效度 | 低 | 高 |
| 控制 | 高 | 低 | 时间 | 短 | 长 |
| 回答误差 | 高 | 低 | 测试单位数目 | 小 | 大 |
| 迎合假象 | 高 | 低 | 容易执行的程度 | 高 | 低 |
| 内部效度 | 高 | 低 | 成本 | 低 | 高 |

实验室实验在以下几方面比现场实验更有优势：由于实验被小心地隔离在一个受控制的环境里，实验室实验拥有较高水平的控制，从而历史因素的影响会降低。如果用相似的调查对象重复实验，还会产生相同的结果，从而有较高的内部效度。由于实验室实验还常常使用小数目的测试单位，持续的时间较短，地理上更受限制，也比现场实验更容易操作，因此，一般情况下实验室实验较现场实验成本更低。

与现场实验相比，实验室实验有以下缺点：人工的实验环境可能导致反应误差，因为调查对象可能对环境而不是对自变量做出反应。[20]而且实验环境可能会引起**迎合假象**（demand artifact），这是一种调查对象试图猜测实验目的并根据目的来回答的现象。例如，在观看测试广告时，被调查者可能会回想起实验前回答的关于此品牌的问题，并猜测这个测试广告的目的是改变他们对这个品牌的态度。[21]最后，比起现场实验，实验室实验外部效度较低。因为实验室实验是在一个人工的环境下进行的，所以把结果推广到真实世界的能力就降低了。

有人认为实验室实验的人工性，或者说缺乏现实性不一定会导致低外部效度。然而我们必须了解实验室实验与推广实验结果条件之间不同的方面。只要这些不同的方面与实验中明确操作的自变量相互作用，外部效度就会降低，如实用的营销调研中就常发生这种情况。但是，实验室实验与现场实验相比，可运用更复杂的设计。因此，在实验室场景中，调研人员能控制多个因素或变量，从而增加外部效度。[22]

当决定选择实验室实验还是现场实验时，调研人员必须考虑到所有这些因素。在营销调研中，尽管实验室实验与现场实验起到了互补的作用，现场实验还是不如实验室实验普遍。[23]

网络也是开展因果研究的一个有用的工具，不同的实验处理能在不同的网页中展现。调研人员可以招募被调查者去访问那些网页，然后完成一个问卷，从而获得关于因变量和外生变量的信息。因此，尽管是在实验室环境下，网络也能为受控的实验方法提供一个机制。我们继续使用本章考虑的测试广告效用的例子，可以把不同的广告放到不同的网页上，招募经过匹配的或者随机挑选的被调查者来浏览这些网页，每组只浏览一个网页。如果必须获得一些实验前测量值，那么被调查者需先回答网页上的一份问卷，然后看网页上一则特定的广告，之后，再回答一些附加问题，作为实验后测量值。控制组可以以相同的方式执行。因此，我们考虑的各种各样的实验设计都可以采用这种方法执行。

## 7.14 实验设计与非实验设计

在第3章，我们讨论了三种类型的调研设计：探索性调研设计、描述性调研设计和因果调研设计。当然，只有因果调研设计适合对因果关系进行推断。尽管描述性调研数据经常被用于提供“因果”关系的证据，但这些调研并不能满足因果关系所需的所有条件。例如，在描述性调研中建立调查对象样本组之间关于自变量和因变量的事先可比性是很不容易的。但是，一个实验可以通过把测试单位随机分配到组中的方式建立这种可比性。此外，在描述性调研中，很难控制变量出现的时间顺序。然而，在实验中，调研人员可以控制测量的时间与处理的引入。最后，描述性调研几乎不提供对其他可能的影响因素的控制。

我们不希望低估描述性调研在营销调研中的重要性。正如我们在第3章提到的，描述性调研是营销调研中最常用的调研设计。我们也不是想说描述性调研不应该用来检验因果关系。事实上一些作者已经提出了一些从描述性（非实验）调研中获得因果关系推断的方法。[24]我们只是提醒读者描述性调研在检验因果关系上的局限性。同样，我们也会让读者了解实验法的局限性。[25]

**调研项目**

**项目活动**

本书阐述了各种实验设计在确定测试广告对百货商店（如西尔斯）的影响方面的使用。

1. 如果西尔斯想确定所拟定的一个新电视广告的有效性，你会推荐哪种实验设计？为什么？

2. 第6章中的西尔斯调查结果可以用于因果关系推断吗？为什么？

## 7.15 实验方法的局限性

实验方法在营销调研中越来越重要，但是它在时间、成本以及执行方面还存在局限性。

### 时间

实验可能会很耗时，尤其是当调研人员对测量处理的长期效应方面很有兴趣时，例如测量一次广告投放的效果。实验需要持续足够长的时间，处理后的测量才能包括大部分或者全部的自变量所带来的效应。

### 成本

实验成本常常非常高，实验组和控制组的要求以及多次测量都大大地增加了调研成本。

### 执行

有时实验执行起来难度很大，有可能无法控制外生变量的影响，尤其是在现场实验中。现场实验常常会干预一家公司正在进行的经营活动，而获得零售商、批发商和其他相关组织的合作是很困难的。最后，竞争者可能会故意干扰现场实验的结果。

## 7.16　应用：试销

**试销**（test marketing）也叫市场测试。它是一种控制实验的应用，在有限但是仔细挑选的市场即所谓的**试销市场**（test market）中进行。它将一个拟订好的全国性营销计划复制到试销市场。通常，在试销中会改变营销组合变量（自变量），并对销售额（因变量）进行监控，以便确定一个合适的全国性的营销战略。试销主要有两个目标：（1）确定市场对产品的接受度；（2）测试营销组合变量的可供选择的水平。试销通过消费者-产品和工业-产品公司实施。试销可分为标准试销市场、控制试销市场、模拟试销市场、电子试销市场、虚拟试销市场和网络化试销市场。

### 标准试销市场

在**标准试销市场**（standard test market）中，试销市场是经过选择并且产品是通过常规的分销渠道销售出去的。需要特别指出的是，公司自己的销售团队负责产品的分销。销售人员定期进货、补货并清点存货，实验中运用一个或者更多的营销组合变量（如产品、价格、分销和促销）。

设计一个标准的试销市场包括确定使用哪些标准来选择试销市场、选择多少试销市场以及测试持续多长时间。试销市场必须经过谨慎的选择。一些常用的试销市场有北卡罗来纳州夏洛特、印第安纳州波利斯、密苏里州堪萨斯、田纳西州纳什维尔、纽约州罗切斯特等。这些城市是理想的试销市场，因为每个城市大部分的美国人都被认为具有相当大的代表性。其他一些试销市场的名单可通过浏览 Acxicom 公司（www. Acxicom. com）的网页得到。在一些文献中有对选择试销市场的描述。[26] 总的说来，使用的试销市场越多越好。然而，当外部效度很重要的时候，至少需要使用 4 个试销市场。

测试的持续时间取决于商品被重新购买的周期、竞争性反应的可能性、成本的考虑、最初的消费者反应以及公司文化。测试需持续足够长的时间以观察消费者重新购买的行为，这说明了产品长期的影响。如果预料到会有测试竞争性反应，那么持续时间就会变短。测试的成本也是一个重要的因素，测试时间越长，成本越高，在某一时刻附加信息的价值会超过它的成本。

近期一些证据指出对新品牌的测试至少需要10个月。一项经验分析发现，在10个月内，最终的试销市场份额达到85%，在12个月内达到95%。[27]试销可以对产品的成功推广起到非常大的作用，但它并不是没有风险的。

一个标准的试销市场即是一个一次性个案研究，除了与这类设计相关的问题，试销还面临两个独特的问题：第一，竞争者采取市场行动如增加促销力度来干扰试销计划。当宝洁公司对其名为Wondra的护肤露进行试销时，市场的领军者旁氏公司对其旗舰品牌Vaseline Intensive Care乳霜实施了“买一赠一”这种竞争性的促销行动。这一行为鼓励消费者囤积Vaseline Intensive Care乳霜，导致Wondra护肤露在试销市场上的销售情况很差。尽管如此，宝洁公司仍然在全国范围推出Wondra系列产品，旁氏以同样的促销策略来抵制。如今，Wondra大约占有4%的市场份额，而Vaseline Intensive Care占有22%。[28]

另一个问题是当公司进行试销时，竞争对手会得到一个在全国市场击败它的机会。Hills Bros公司对其新产品High Yield咖啡进行了试销并在全国范围内推广，但是其推广落在了宝洁Folger's Flakes之后，宝洁公司跳过了对Folger's Flakes的试销，并在全国市场击败了Hills Bros公司。宝洁公司还在没有试销的情况下推出了Ivory洗发水。

有时，使用公司人员执行标准试销市场是不可行的，需要公司从外部供应商寻求帮助，在这种情况下控制试销市场可能是一个不错的选择。

### 控制试销市场

在一个**控制试销市场**（controlled test market）中，所有试销项目都由外部调研公司执行。调研公司保证了产品在占有一定市场份额的零售渠道的分销，并处理存货、现场操作（如上架）、销售和存货控制等问题。控制试销市场包括迷你市场（或强迫分销）测试和更小的控制商店样本组。

### 模拟试销市场

**模拟试销市场**（simulated test market）也叫实验室测试或测试市场模拟，是基于消费者对新产品的最初反应对市场份额做出估计。其步骤如下：首先，在人流量大的地点如商场，进行拦截调查，并根据产品的使用情况进行筛选。向选中的个体展示新产品概念并给他们一个在实验环境或真实的生活中购买该新产品的机会，接着调查购买了新产品的人对产品的评价以及再次购买的欲望。将得到的初次购买和重复购买的估计值与提出的促销以及分销水平的数据结合起来，从而预测市场份额。

模拟试销市场能在16周或更少的时间内执行，所产生的信息是隐秘的，竞争对手无法得到，而且成本也相对较低，如标准试销市场通常耗费100万美元，而模拟试销市场的成本不到标准试销市场的1/10。[29]

### 电子试销市场、虚拟试销市场和网络化试销市场

电子试销市场（electronic test market）把消费者扫描样本组、商店分销以及指定的家用级媒体交付结合起来。Information Resources公司运用BehaviorScan程序把扫描样本组与广播系统结合起来（见第4章）。虚拟试销市场（virtual test market）运用计算机模拟交互的三维购物经历。因为成本低，网络化试销市场（web-enabled test market）越来越受欢迎。这种试销市场被宝洁和通用磨坊等包装消费品公司广为使用。

## 7.17　国际营销调研

如果说在美国现场实验很难执行，那么在国际市场上的挑战难度将更大。在许多国家，营销、经济、结构、信息技术环境（见第 24 章）的发展不同于美国。例如，在许多国家，电视台是由政府拥有并控制的，它们对电视广告有严格的限制。因此，在现场实验中想控制广告水平是很难的。考虑下面的例子，玛氏（Mars）的 M&M 豆在俄罗斯已经进行了大规模生产，并做了电视广告，然而并未实现其销售潜力。玛氏的广告太多、太少还是刚好？尽管答案可以通过实施一次控制广告水平的现场实验得到，但是这样的因果调研由于俄罗斯政府对电视台的严格控制而行不通。玛氏尽管遇到了这样的麻烦，仍然继续对俄罗斯市场进行投资。

同样，波罗的海诸国缺乏大型超市参与现场实验，这也困扰着宝洁公司，这使它不能确定店内广告对其洗衣粉销售的影响。在亚洲、非洲以及南美洲的一些国家，大量人口居住在小城镇或乡村，然而这些地方道路、运输工具、仓储等基本设施还都很不完善，使得达到预想的分销水平变得很困难。即使是实验已经被设计好了，也很难控制变量出现的时间和排除一些可能原因，而这两类因素是确定因果关系的必备条件。由于调研人员不能控制实验环境，对外生变量的控制尤其困难。更重要的是问题不能通过设计合适的实验来解决，因为环境限制可能使设计无效。

因此，在国外执行现场实验的内部效度和外部效度都与在美国不同。尽管我们指出了在其他国家进行现场实验的困难，但并不是说没有办法或是不应该执行这类因果调研，某些形式的试销还是可行的。

## 7.18　营销调研中的商业伦理问题

为了产生正确的结论，常常需要掩饰实验的目的。考虑如下情况：为了解广告对家乐氏公司的 Rise Krispies 谷类食品的作用，需要实施一个实验项目。招募被调查者并把他们带到一个中心设备区，告诉他们将会观看一个关于营养的电视节目，然后需要回答问题。在节目中插入的是 Rise Krispies 的广告（测试广告）和一些其他产品的广告（填充广告）。被调查者看完电视节目及广告之后开始完成调查问卷，问卷包括对电视节目、测试广告以及填充广告的评价。注意关于电视节目和填充广告的评价并不在调研人员的研究范围之内，它们只是起到掩饰作用。因为如果被调查者知道实验的真实目的是了解 Rise Krispies 的广告的作用，他们的回答就可能会有偏差。

掩饰研究的目的应该以不侵犯被调查者权利的方式进行，解决这种伦理问题的一种方法是一开始便告知被调查者这个实验是经掩饰的。他们还应该得到一个关于调研任务的描述，并且被告知可以随时退出实验。数据收集结束之后，调研人员应该让被调查者知道实验的真实目的以及掩饰的性质，并给他们一个收回信息的机会。这个过程叫作**事后通报**（debriefing），这种方式不会给结果带来偏差。有证据证明，从得知实验目的是被掩饰的被调查者中收集到的数据与不知道实验目的的被调查者中收集到的数据结果是相似的。[30] 事后通报可以缓解压力，使实验成为被调查者的一个学习经验。然而，如果处理不恰当，事后通报本身就是有压力的。在

Rise Krispies 的实验中，被调查者在知晓后也许不能承受自己把时间花在评价谷类食品广告这样一个实验任务上。调研人员应该对此有所预料并在事后通报会上说明这个问题。

另一个更深入的调研伦理问题是调研人员有责任使用合适的实验设计来应对问题，以控制外生变量导致的错误。

**调研决策**

### 李维斯：萎缩的牛仔裤市场份额

李维斯公司（www.levi.com）是一个在全球范围内都很有吸引力的公司，其市场覆盖了100多个国家和地区，它是一个在服装市场上已有100多年历史的公司。尽管有人认为这么长的历史只有生产非常好的产品的公司才有可能实现，李维斯的继承人却打破了这一好口碑。李维斯公司的董事长兼首席执行官约翰·安德森必须努力重建李维斯过去的良好形象，并使年轻一代爱上这个牌子，以挽救日益下滑的销售额。在过去的五年中，安德森目睹了李维斯在全球范围内的销售额下滑了40%，其市场份额被竞争对手如盖璞（Gap），以及最新流行的卡尔文·克雷恩（Calvin Klein）、汤米·费格和迪赛（Diesel）这几个品牌蚕食。摆在安德森面前的还有一个问题，如杰西潘尼的Arizona等零售商自有品牌的牛仔裤，改变了它们的形象，并使得像李维斯这样的名牌受到了冲击。如今，这些零售商自有品牌牛仔裤把年轻人作为目标市场，通过新广告来吸引他们。

为了能与这些品牌进行竞争且保持市场的主导地位，李维斯的营销主管正在考虑进行一个自有品牌牛仔裤的推广，以扩展年轻市场的份额。安德森想知道“李维斯这样的名牌比起盖璞那样的品牌，以及杰西潘尼的Arizona牛仔裤那样的零售商自有品牌，有多大的优势”。

**营销调研决策**

1. 如果你是约翰·安德森，你将选择哪一种调研类型来找到解决办法？
2. 请解释你将如何执行你推荐的调研类型。
3. 讨论你所推荐的调研类型在帮助约翰·安德森进行判断时起的作用。

**营销管理决策**

1. 为了与其他品牌以及零售商自有品牌竞争，李维斯应该做些什么？
2. 你建议的调研类型如何影响你推荐的营销管理决策？讨论这一问题。[31]

## 本章小结

因果关系的科学概念意味着我们永远不能证明 $X$ 引起 $Y$，最多只能推出 $X$ 是引起 $Y$ 的原因之一，因为它很可能导致了 $Y$ 的发生。在得出因果关系推断的结论之前，必须满足三个条件：(1) 相从变动，指的是 $X$ 与 $Y$ 必须以一种预期的方式一起变动；(2) 变量发生的时间顺序，指的是 $X$ 必须先于或至少与 $Y$ 同时发生；(3) 没有其他可能的原因要素，指的是必须排除其他可能的解释。大多数情况下实验为这三个条件提供了有力证据，当调研人员控制一个或多个自变量并且测量它们对因变量的影响时，就形成了一个实验。图7-2给出了实验的概念图。

设计实验时，对内部效度和外部效度的考虑是非常重要的。内部效度涉及对自变量的控制是否影响了因变量，外部效度涉及实验结果的普遍适用程度。为了能让实验正确有效，调研人员必须控制如历史、成熟、测试效应（主测试效应和互动测试效应）、工具化、统计回归、选

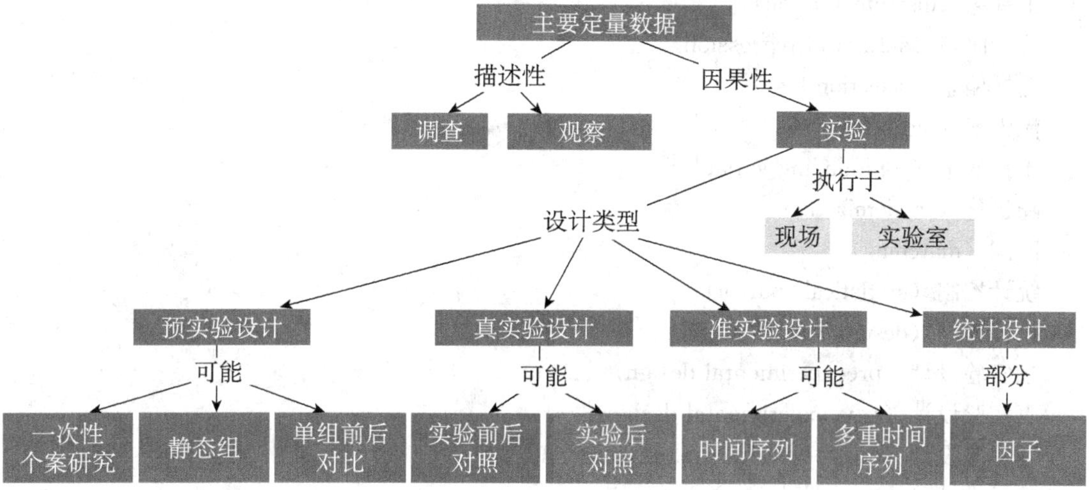


图 7-2　实验概念图

择偏差以及流失率等外生变量带来的威胁。控制外生变量有四种方法：随机化、匹配、统计控制和设计控制。

实验设计可分为预实验设计、真实验设计、准实验设计和统计设计。实验可以在实验室的环境中进行，也可以在现实场景下的真实市场条件下完成。只有包含实验方法的因果实验设计才适用于对因果关系的推断。

尽管实验在实践、成本和执行上有一定的局限性，但在营销中的运用却越来越普遍。试销是实验设计中重要的应用。

在其他国家进行现场实验的内部效度和外部效度都与美国不同。这是因为许多国家的发展情况与美国不同，而且调研人员缺乏对很多营销变量的控制。在因果调研中涉及的伦理问题包括掩饰实验目的，这类问题可以用事后通报的方法解决。网络和电脑在实验设计和执行的过程中非常有用。

## 关键术语与概念

因果关系（causality）
相从变动（concomitant variation）
自变量（independent variable）
测试单位（test unit）
因变量（dependent variable）
外生变量（extraneous variable）
实验（experiment）
实验设计（experimental design）
内部效度（internal validity）
外部效度（external validity）
历史（history）
成熟（maturation）
主测试效应（main testing effect）
互动测试效应（interactive testing effect）

工具化（instrumentation）
统计回归（statistical regression）
选择偏差（selection bias）
流失率（mortality）
干扰变量（confounding variables）
随机化（randomization）
匹配（matching）
统计控制（statistical control）
设计控制（design control）
预实验设计（preexperimental design）
真实验设计（true experimental design）
准实验设计（quasi-experimental design）
统计设计（statistical design）
一次性个案研究（one-shot case study）
单组前后对比设计（one-group pretest-posttest design）
静态组（static group）
实验前后对照设计（pretest-posttest control group design）
实验后对照设计（posttest-only control group design）
所罗门四组设计（Solomon four-group design）
时间序列设计（time series design）
多重时间序列设计（multiple time series design）
随机区组设计（randomized block design）
拉丁方设计（Latin square design）
因子设计（factorial design）
实验室环境（laboratory environment）
现场环境（field environment）
迎合假象（demand artifact）
试销（test marketing）
试销市场（test market）
标准试销市场（standard test market）
控制试销市场（controlled test market）
模拟试销市场（simulated test market）
事后通报（debriefing）

## 练习

### 问答题

1. 推断两个变量之间的因果关系的必要条件是什么？
2. 区分内部效度和外部效度。
3. 列出任意五个外生变量，并给出例子说明每个外生变量是如何降低内部效度的。
4. 描述控制外部差异来源的方法。
5. 什么是区分真实验设计和预实验设计的重要特征？

6. 列出执行实验后对照设计的步骤，用符号表示该设计。

7. 什么是时间序列实验？什么时候使用这种实验？

8. 多重时间序列设计与一般的时间序列设计有何不同？

9. 统计设计与基础设计相比有何优点？

10. 拉丁方设计有什么局限性？

11. 比较实验室实验和现场实验。

12. 调查因果关系时应该使用描述性调研吗？为什么？

13. 什么是试销？试销有哪几种重要的类型？

14. 标准试销市场和控制试销市场有哪些主要的区别？

15. 描述模拟试销是如何作用的？

**练习题**

1. 一个反堕胎组织想测试一则反堕胎广告的效果。他们从亚特兰大招募了两组随机样本，每组有250名被调查者，对其中一组展示了反堕胎的广告。然后，对各组调查对象进行关于堕胎的态度测试。

(1) 确定实验中的自变量和因变量。

(2) 使用的是哪种类型的设计？

(3) 实验中对外部效度和内部效度潜在的威胁是什么？

2. 假设在上一题的实验中，被调查者是便捷而不是随机选择的，这将产生什么类型的实验设计？

3. 在下表中，500个被调查者根据产品使用频率和收入进行分类：

| 产品使用频率 | 收入 | | |
|---|---|---|---|
| | 高 | 中 | 低 |
| 高 | 40 | 30 | 40 |
| 中 | 35 | 70 | 60 |
| 低 | 25 | 50 | 150 |

(1) 这张表显示了产品使用频率与收入之间的相从变动吗？

(2) 根据这张表描述产品使用频率与收入之间的关系。

4. 说明在下面的情况中进行的实验类型，并确定每个例子中对内部效度及外部效度的潜在威胁是什么。

(1) 一个办公设备的主要分销商正在为其销售人员考虑一个新的销售展示计划，已经选好了最大的销售地区开始执行新计划，并且测量了对销售额的影响。

(2) 宝洁公司想要确定汰渍的一种新包装设计是否比现有的设计更有效。它在芝加哥随机挑选了12家超市，随机选择其中6家销售新包装的汰渍，另外6家销售老包装的汰渍，并对两组超市的销售额进行了持续3个月的监控。

5. 描述适合使用以下各种实验设计的特定情形，并给出理由。

(1) 单组前后对照设计。

(2) 实验前后对照设计。

(3) 实验后对照设计。

(4) 多重时间序列设计。

(5) 因子设计。

## 活动

**角色扮演**

1. 假如你是可口可乐公司的营销调研经理，公司想确定应该增加、减少还是维持现有的广告支出水平。设计一项实验来解决这一问题。

2. 在执行上述实验的过程中，有哪些潜在困难？你将向可口可乐公司管理层申请哪些帮助来克服这些困难？

**实地调查**

选择任意两种品牌的香水广告，设计并执行一个实验来确定哪一种广告更加有效。用学生做样本，向10个学生展示这两则广告（处理条件），指出在这种情况下测量广告效果的指标。

**小组讨论**

以小组的形式讨论如下陈述："由于无法通过执行一个实验证明因果关系，实验对检验因果关系来说是不科学的。"

## 连续案例：戴尔

阅读书末附录A中戴尔的案例，以及提供的调查问卷。讨论以下问题：

1. 因果调研在这个案例中是必要的吗？如果是必要的，你将推荐哪种实验设计？为什么？如果不是，描述在什么样的情况下因果调研才是必要的。

2. 如果使用商场拦截调查法，并且戴尔在执行因果调研时没有随机选择调查对象，你将推荐哪一种预实验设计？

3. 你能想出任意一种方法，可以随机地增加静态组设计的准确性吗？

## 案例分析

### AFLAC：鸭子叫的营销调研

美国家庭人寿保险公司（American Family Life Assurance Company，AFLAC）(www.aflac.com) 销售补充健康保险和人寿保险。在美国，AFLAC因其政策出名，其政策指出，当投保人由于意外或疾病不能工作时，AFLAC将支付现金用于补充或取代投保人的收入。1989年，在佐治亚州哥伦比亚市，美国家庭人寿保险公司确定了AFLAC的缩写。那时，该公司几乎没有品牌认可度，AFLAC对潜在消费者来说没有一点吸引力。为了扩大品牌知名度，AFLAC运用了扩展营销调研，并把标志设计为一只鸭子。2009年，AFLAC宣称其拥有90%的品牌认可度。这个水平非常高，直追可口可乐——拥有世界上最高的品牌认可度（95%）。甚至是年龄在8～13岁的孩子对AFLAC这个品牌的名字都很熟悉，并把它与百事、老海军（Old Navy）以及M&M's并列。这很重要，因为孩子们长大以后将开始购买保险，而AFLAC将会成为出现在他们脑海中的第一个名字。

营销调研成为这场品牌战役的首选。首先，公司决定尝试运用仅仅是为了增加品牌认可度而不是为了销售保险的广告。座谈会和调查得出结论：客户认为他们不需要那些做了广告的保险，不论是人寿保险、健康保险还是家庭保险。基于这一结论，公司做出了运用只增加品牌认可度的广告的决策。调研指出，如果保险广告只是为提升品牌认可度，消费者将对这则广告有更好的回应。然后，销售人员只需要根据潜在消费者对不同类型的保险需求对他们进行指导。

提升消费者的品牌认可度以后，必须打造出一套特别的行动方案，这时营销调研再次起到了十分重要的作用。一开始公司就决定采用测试效果最好的广告。调研结果是接受测试的顾客在观看广告后更偏好鸭子的广告，并且偏好程度比其他广告高很多。但鸭子是从哪来的？在广告演示过程中，其中一个广告商（Kaplan Thaler 集团）的调研人员一遍遍地重复“AFLAC”这个词。最终，观众注意到了这个以一种特定方式说出来的词，它听起来像一只鸭子在叫。这产生了鸭子广告。在这则广告中的冒险行为是 AFLAC 在以开玩笑的方式表达没有人知道的 AFLAC 这个品牌的名字，而那些想听到严肃声音的人并不一定总是喜欢广告中的幽默。如果人们看到电视广告之后想的是“多愚蠢的广告”，或是“一个人寿保险公司应该严肃一些”，该怎么办？因此，在实验设计环境下，调研人员对鸭子广告与另一则广告一起进行了测试。参加测试的观众很喜欢鸭子广告，并且认为这是所有广告中最容易让人记住的（这也就是 AFLAC 的主要目的）。鸭子广告就这样诞生了。

这次活动取得了巨大成功，不仅大幅度提升了 AFLAC 的品牌认可度，而且公司的销售额也急剧增加。在这次活动之前，AFLAC 的年收入增长率在 10%～15%之间，而在推出鸭子广告之后，增长率达到了 24%。更令人惊喜的是，增长不只局限在美国，AFLAC 的利润中有 70%来自日本的客户。如今 AFLAC 鸭子已成为一个全球形象，这得感谢营销调研。

**结论**

这个案例描述了在设计合适的广告活动从而取得品牌认可度时，营销调研起到了一个非常重要的作用。仅在 AFLAC 的品牌认可度增加后的几年中，其带来的额外增长就能说明，执行这则鸭子广告测试的营销调研具有深远意义。

**问答题**

1. 如果 AFLAC 想预测补充健康保险和人寿保险的需求，应该使用哪种调研设计？为什么？

2. 确认在预测补充健康保险和人寿保险需求的过程中，哪些二手数据来源有用？

3. 确认在预测补充健康保险和人寿保险需求的过程中，哪些辛迪加服务有用？

4. AFLAC 想测试鸭子广告与非鸭子广告哪个能使观众对 AFLAC 的态度更好。你将推荐哪种实验设计？为什么？

5. 如果鸭子广告要与两个非鸭子广告进行测试对比，来确定哪个广告能使观众对 AFLAC 的态度更好，你将推荐哪种实验设计？为什么？

**资料来源**

1. http：//aflac. com/us/en/Default. aspx，accessed February 20，2009.

2. www. wikipedia. org，accessed February 20，2009.

3. Suzanne Vranica，“AFLAC Duck's Paddle to Stardom：Creativity on the Cheap，” *Wall Street Journal*（July 30，2004）：B1－B2.

4. Tony Adams，“Sales in Japan Help AFLAC Raise First-Quarter Net Earnings by Almost 33 Percent，” *Knight Ridder Tribune Business News*（April 28，2004）：1.

# 第8章 测量与量表：基本原理和比较量表

当分析调研结果时，我们必须相信测量结果提供了关于观点和行为的真实描述，并且恰当地掌握了某位调查对象与其他所有调查对象数据之间的关系。

——Burke公司客户服务高级副总裁格雷格·范斯考伊（Greg Van Scoy）

## 学习目标

1. 介绍测量和量表的概念，并说明量表如何被看作测量的一种扩展。
2. 解释描述、顺序、距离和起点特征以及它们如何定义一个尺度测量的水平。
3. 讨论测量的主要尺度，区分定类尺度、定序尺度、定距尺度和定比尺度。
4. 将量表技术分类为比较量表和非比较量表并进行讨论；描述比较量表中的配对比较量表、等级顺序量表、常量总和量表和Q分类量表。
5. 讨论在国际背景下运用测量量表需要考虑的问题。
6. 理解在选择测量量表时涉及的伦理问题。

## 本章概述

一旦调研设计的类型确定（见第3～7章）并且所需要获取的信息也确定下来，调研人员就可以转移到调研设计的下一阶段：确定测量方法和量表技术。本章我们描述了测量和量表的概念，并说明定类、定序、定距、定比尺度的基本特征。我们讨论了4种主要的测量方法：定类尺度、定序尺度、定距尺度、定比尺度。接下来描述了比较量表和非比较量表技术，并详细说明了比较量表技术。非比较量表技术将在第9章中进行介绍。在国际背景下实施测量量表时需考虑的事宜也将被讨论。在测量中所引起的一些伦理问题将会被明确。

## 8.1 测量和量表

**测量**（measurement）指的是根据某些特定的预先指定的规则对事物的特征分配数字或其他符号。[1] 需要说明的是，我们所测量的并不是事物本身，而是事物的一些特征。因此，我们并不测量消费者，只是测量他们的观念、态度、偏好或者其他相关的特征。在营销调研中，通常出于两个原因分配数字：第一，数字使得对数据进行统计分析成为可能；第二，数字使得测量规则和结果的传达更为便利。

测量最重要的一个方面是对相应特征进行分配数字时所用到的明确详细的规则。分配过程必须确保在数字和被测量特征之间有一一对应的关系。举例来说，同样的美元数字被分配给了具有相同年收入的家庭，只有这样，数字才能与被测量事物的特定特征相联系，反之亦然。另外，分配数字的规则应该是标准化并且是统一应用的，不能随着事物和时间的变化而改变。

量表可以看作一种对测量的扩展。**量表**（scaling）涉及在被测量事物确定了位置的条件下而产生的连续统一体。举例说明，根据“对百货商店的态度”特征来考虑从1到100的尺度来为消费者确定其所在位置。每个调查对象都被分配了从1到100的数字以表示其（不）喜好程度，1＝极其不喜好，100＝极其喜好。测量对每位调查对象实际分配从1到100的数字。量表是根据消费者对百货商店的态度来将每位调查对象放入连续统一体的过程。

## 8.2 尺度特征和测量水平

我们在营销调研中使用的所有尺度都可以被描述为4种基本特征。这些特征是：描述、顺序、距离和起点，并且它们可以定义一个尺度测量的水平。一个测量的水平意味着我们对一个事物的哪些方面进行了测量或者没有测量。对尺度特征的理解是对尺度的主要类型进行理解的基础。

### 描述

**描述**（description）特征指的是用于标明每个尺度价值的唯一标签或描述符。例如：1. 女性，2. 男性；1＝非常不同意，2＝不同意，3＝无所谓，4＝同意，5＝非常同意；一个家庭的年收入。详细说来，男性和女性都是用来描述关于性别尺度的价值1和2的描述符。因此，所有用来定义尺度价值或者说是反应选项的尺度都有唯一标签或描述符。

### 顺序

**顺序**（order）特征指的是描述符相对的大小或位置。顺序条件下，没有绝对价值而只有相对价值。顺序由描述符如“更大”、“更小”以及“相等”来表示。例如，一个调查对象对三个运动鞋品牌的偏好被表述为下列顺序，最喜好的品牌被放在列表的第一个，最不喜好的品牌放在最后。

耐克
锐步
阿迪达斯

这个调查对象对耐克的偏好大于锐步，对阿迪达斯的偏好则小于锐步。同一年龄组的调查对象，如35～49岁，在年龄条件下被认为是相同的，并且年龄大于在20～34岁组的调查对象。并不是所有的尺度都具有一定顺序的特征。在前面所说的性别尺度（1. 女性，2. 男性）中，我们没有办法确定一名女性到底是大于还是小于一名男性。因此，性别尺度不具有顺序特征。

## 距离

**距离**（distance）特征表明尺度描述符之间的绝对差距是已知的，并且可以用单位表示。如一个四口之家比一个五口之家少一个人，而比一个三口之家多一个人。如此，下列尺度具有距离的特征。

你们家庭的人口数量是__________。

注意，一个具有距离特征的尺度同样具有顺序特征。我们知道，一个五口之家的人数比一个四口之家的多，同样，一个三口之家的人数比一个四口之家的少。因此，距离包含了顺序特征，但是反包含关系则不一定正确。

## 起点

**起点**（origin）特征是指有唯一或者固定起点或者绝对零点的尺度。因此，一个对收入确切的测量尺度如：

我们家庭的税前年收入是_________美元。

它有一个固定的起点或者绝对零点。如果回答是0的话，则意味着这个家庭完全没有收入。一个具有起点特征的尺度同样具有距离特征（以及顺序和描述特征）。许多用在营销调研中的尺度并没有一个固定的起点或者绝对零点，如在前面定类特征下提到的“同意—不同意”尺度。需要注意的是，前面这样一种尺度是如此定义的：1＝非常不同意，2＝不同意，3＝无所谓，4＝同意，5＝非常同意。不论怎样，1是一个主观的起点。这种尺度也可以以0为起点定义为：0＝非常不同意，1＝不同意，2＝无所谓，3＝同意，4＝非常同意。或者，将起点换为－2也可以得到一个同样的尺度：－2＝非常不同意，－1＝不同意，0＝无所谓，1＝同意，2＝非常同意。以上以1、0或者－2为起点的“同意—不同意”的三种尺度都是同等的。因此，这种尺度并没有一个固定的起点或者绝对零点，结果是其并不具备起点特征。

描述、顺序、距离和起点代表的水平逐渐增高，起点是最高水平的特征。描述特征最基本，存在于所有的尺度中。如果一个尺度有顺序特征，它一定有描述特征。如果一个尺度有距离特征，它同样有顺序和描述特征。因此，如果一个尺度有更高一级的特征的话，其一定会有所有的低级别特征。反过来则不一定正确。例如，如果一个尺度有低级别的特征，则不一定会有高一级别的特征。基于对尺度特征的理解，我们可以进一步讨论尺度的主要类型。

# 8.3 主要的测量尺度

有四种主要的测量尺度：定类、定序、定距、定比。[2] 这些尺度可以由图8-1表示，它们的性质概括可见表8-1以及下面的讨论。

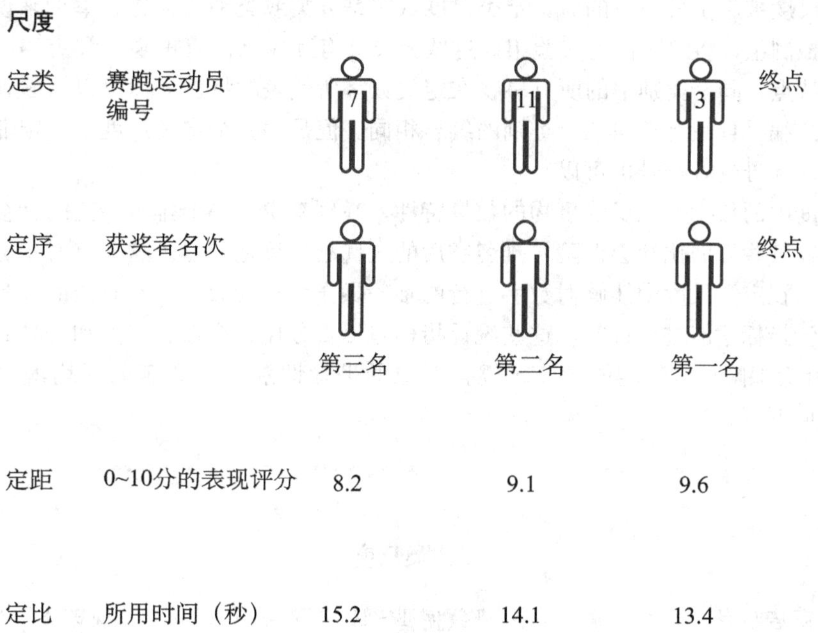


**图 8－1　所有测量的主要尺度的图示说明**

**表 8－1　主要的测量尺度**

| 尺度 | 基本特征 | 一般实例 | 营销实例 | 可用统计量 | |
|---|---|---|---|---|---|
| | | | | 描述性 | 推论性 |
| 定类 | 数字用于对事物的识别和分类 | 社会保险号；足球运动员标号 | 品牌代码；商店类型；性别分类 | 百分比、众数 | 卡方、二项式检验 |
| 定序 | 数字用于表示事物的相对位置，而非它们之间差距的大小 | 质量排名；联赛中各队的排名 | 偏好排序；市场地位；社会阶层 | 百分位数、中位数 | 秩相关、Fridman、方差 |
| 定距 | 事物之间具有可比差距，零点是任意定的 | 温度（华氏、摄氏） | 态度；观点；指数 | 极差、平均数、标准差 | 积矩相关、$t$ 检验、方差、回归、因子分析 |
| 定比 | 零点固定，可以计算尺度值的比 | 长度；重量 | 年龄；收入；成本；销售量；市场份额 | 几何平均数、调和平均数 | 变异系数 |

## 定类尺度

**定类尺度**（nominal scale）是指数字只是用来对事物进行识别和分类的标志或标签的一种标记方法。这些尺度只具有描述的特征。举例来说，在一个研究中分配给调查对象本身的数字就构成了一个定类尺度。当一个定类尺度是因为识别目的而被使用时，在数字和事物之间有严格的一一对应关系。每个数字只能被分配给一个事物，并且每个事物只能获得一个数字的分配。例如，社会保险号和分配给足球运动员的号码。在营销调研中，定类尺度被用来识别调查对象、品牌、态度、商店和其他事物。

当定类尺度被用于分类目的时，定类尺度数字是分类或类别的标志。举例来说，你可能会将组1作为控制组，将组2作为实验组。这些分类具有互斥（没有重叠）和穷尽（所有的都包含在内）的特点。同一类别中的所有事物在定类数字所代表的特性方面可以被看作相同的，它们具有同样的编号且没有任何两个类别的编号相同。但是，一个定类尺度不一定非要使用数字来进行分配，字母或者符号也可以。

定类尺度中的数字不能反映事物的数量特性。举例来说，一个排名靠前的社会保险号并不暗指这个人在某些方面比社会保险号排名靠后的人优越，反之亦然。这一点对于分类中的数字来说也适用。在定类尺度中能够对数字进行的唯一操作就是计数。只有有限的并且以频率计数为基础的统计指标才能进行计算，这些统计指标包括百分比、众数、卡方和二项式检验（见第15章）。对社会保险号求平均值、计算调查对象的平均性别或者商店的平均编号是没有意义的，具体可见下例。

**调研项目**

**定类尺度**

在百货商店项目中，根据调研需要将数字1～10分配给10家商店（见表8-2）。数字9代表的是西尔斯。这并不表明西尔斯在任何一个方面要优于或者差于被分配了数字6的尼曼·马库斯。任何对数字的重新分配，如交换西尔斯和尼曼·马库斯所分配的编号，对整个编号体系没有影响。因为这些数字并不反映任何商店的特性。诸如“上个月有75%的调查对象光顾了西尔斯”的陈述是有意义的。尽管所分配的数字的平均值是5.5，但是说商店的平均编号是5.5则没有任何意义。

**表8-2 主要测量尺度的实例说明**

| 定类尺度 | | 定序尺度 | | 定距尺度 | | 定比尺度 |
|---|---|---|---|---|---|---|
| 编号 | 商店 | 偏好排序 | | 偏好等级 | | 前三个月的消费额（$） |
| | | | | 1～7 | 11～17 | |
| 1 | 诺德斯特龙 | 7 | 79 | 5 | 15 | 0 |
| 2 | 梅西百货 | 2 | 25 | 7 | 17 | 200 |
| 3 | 凯马特 | 8 | 82 | 4 | 14 | 0 |
| 4 | 科尔士 | 3 | 30 | 6 | 16 | 100 |
| 5 | 杰西潘尼 | 1 | 10 | 7 | 17 | 250 |
| 6 | 尼曼·马库斯 | 5 | 53 | 5 | 15 | 35 |
| 7 | Marshalls | 9 | 95 | 4 | 14 | 0 |
| 8 | 萨克斯第五大道 | 6 | 61 | 5 | 15 | 100 |
| 9 | 西尔斯 | 4 | 45 | 6 | 16 | 0 |
| 10 | 沃尔玛 | 10 | 115 | 2 | 12 | 10 |

## 定序尺度

**定序尺度**（ordinal scale）是一种给事物分配数字以表明事物所具有的特性的相对程度的排序尺度。定序尺度可以使你确定一个事物是否比其他事物具有更多的或更少的特性，但没有表明具体多了或少了多少。因此，一个定序尺度只能指明相对的位置，而非事物间差别的大小。排位第一的事物相比排位第二的事物有更多的特征，但是差距是大是小不得而知。定序尺度有描述和顺序的特征，但没有距离或者起点的特征。定序尺度的例子如质量排序、联赛中各个队伍的排名、社会阶层以及职业地位。在营销调研中，定序尺度一般用来测量相对的态度、观点、认知和偏好。

在定序尺度和定类尺度中，等价的事物有着同样的排名。任何可以保持事物之间的顺序关系的数字序列都可以被用来分配。举例来说，只要事物的基本顺序能保持不变，定序尺度就可以以任何方式来进行转换。[3] 换句话说，因为数字的差别除了代表顺序外别无他意，所以对尺度的任何单调正变换（顺序保持不变）都是允许的。出于这些原因，定序尺度也同样可以使用基于百分位点的统计量。从定序尺度中计算百分位数、四分位数、中位数（见第 15 章）、秩相关（见第 17 章）或者其他概括统计量都是有意义的。

---

**调研项目**

**定序尺度**

表 8-2 给出了一个特定调查的偏好排序。调查对象按照自己的偏好来对 10 家百货商店进行排序，其中将序号 1 分配给最喜欢的商店，序号 2 分配给第二喜欢的商店，以此类推。结果显示，杰西潘尼（排名第一）比梅西百货（排名第二）更受欢迎，但是我们不知道它更受欢迎的程度。第二个定序尺度，将数字 10 分配给了杰西潘尼，将数字 25 分配给了梅西百货，数字 30 分配给了科尔士等，这种由第一个尺度的单调正变换所得来的尺度同第一个是等价的。这两个尺度的结果都是根据喜好来排名的相同的商店排名顺序。

---

## 定距尺度

在**定距尺度**（interval scale）中，数字上相等的距离表示了被测量特征相等的值。定距尺度包含定序尺度所有的信息，并且还能够比较不同事物之间的差别。任意两个相邻尺度的差值与同一定距尺度其他任意两个相邻值之间的差值相等。在尺度价值之间有一个恒定或者相等的间距。1 和 2 之间的差距同 2 和 3 之间以及 5 和 6 之间的差距相同。描述符之间的差距是已知的。在我们日常生活中一个常见的定距尺度的例子就是温度。在营销调研中，通过评价量表所得到的态度数据常常被看作定距数据。[4]

定距尺度中的零点没有固定位置，也就是说这些尺度不具有起点特征。零点和测量单位都是任意的。所以，任何关于 $y=a+bx$ 形式的正线性变换都仍然有着尺度的性质。其中，$x$ 是原始的尺度值，$y$ 是变换后的尺度值，$b$ 是一个正常数，$a$ 是一个常数。因此，将物体 A、B、C、D 定级为 1、2、3、4 或者 22、24、26、28 这两个定距尺度是等价的。在等式变换中使得 $a=20$，$b=2$，就可以让前一个尺度变为后面的一个尺度。因为零点是不固定的，因此计算尺度之的比率就没有意义，例如，在上面的例子中，D 对 B 的比值从 2∶1 变为了 7∶6。但是尺度之间差值的比却是有意义的。例如，在上述两个尺度中，D 和 B 的差值同 C 和 B 的差值的比值都是 2∶1。

---

**调研项目**

**定距数据**

在表 8-2 中，调查对象对于 10 个商店的偏好通过一个 7 级评价尺度来表示。我们可以看到，西尔斯的受偏好得分是6，沃尔玛是2，但这并不意味着西尔斯所受的偏好是沃尔玛的3倍。当该尺度变换成一个等价的11～17的尺度时（往右一列），这两个商店的等级就变成了16和12，并且其比值就不再是3∶1了。但这两个尺度中受偏好程度的差值的比相同。例如在两个尺度中，杰西潘尼和沃尔玛受偏好程度的差值同尼曼·马库斯和沃尔玛受偏好程度的差值之比都是5∶3。

除了所有能被运用到定类和定序尺度中的统计技术，定距尺度还可以使用算术平均值、标准差（见第15章）以及其他营销调研中通常会使用到的统计量。但是，诸如几何平均值、调和平均值以及变异系数等的一些特定的统计量对于定距尺度数据来说是没有意义的。

为了进一步说明，可看下例。国际足球联合会（FIFA，www.fifa.com）使用了定序和定距尺度来对各国的足球队进行排名。

**调研实例**

**足球世界的排名**

国际足球联合会2008年男足的排名中，西班牙以1 565的分数排名第一，意大利以1 339的分数排名第二。男足前十名的国家如表8-3所示。

**表8-3　国际足球联合会2008年男足各国排名**

| 编号 | 球队 | 排名 | 得分 |
|---|---|---|---|
| A | 西班牙 | 1 | 1 565 |
| B | 意大利 | 2 | 1 339 |
| C | 德国 | 3 | 1 329 |
| D | 荷兰 | 4 | 1 295 |
| E | 克罗地亚 | 5 | 1 266 |
| F | 巴西 | 6 | 1 252 |
| G | 阿根廷 | 7 | 1 230 |
| H | 捷克 | 8 | 1 134 |
| I | 葡萄牙 | 9 | 1 120 |
| J | 土耳其 | 10 | 1 033 |

分配给各个国家的字母构成了一个定类尺度，排名则代表了一个定序尺度，得分则表明了一个定距尺度。因此，G国家表明的是阿根廷，排名第7，得分1 230。需要注意的是，用来代表国家而分配的字母是为了进行识别，与足球比赛能力没有任何关系。能力信息只有通过排名才能够获得。因此，排名第5的克罗地亚比排名第10的土耳其要踢得更好。排名越靠前，能力越强。但是，这种排名并没有给出国家之间差别大小的信息，这种信息可以通过得分获得。基于得分，可以看出有1 399分的意大利只比有1 329分的德国水平略高。得分可以帮助我们了解不同名次的国家之间实际差距的大小。[5]

## 定比尺度

**定比尺度**（ratio scale）具有所有定类、定序和定距尺度的所有性质，另外，其还有一个绝对零点。因此，用定比数据可以对事物进行识别或分类、排序以及比较差距或差别。同样，计算比值也是有意义的。例如，不仅 2 同 5 之间的差距与 14 同 17 之间的差距一样，而且在绝对意义上来说，14 是 2 的 7 倍。定比尺度的例子包括身高、体重、年龄和货币。在营销调研中，销售额、成本、市场份额和顾客数量都是用定比尺度来进行测量的变量。

定比尺度只允许 $y=bx$ 这种形式的比例变换（其中 $b$ 是一个正常数），而不允许像定距尺度那样任意加上一个常数。例如，由码到英尺（$b=3$）的单位换算即是这种比例变换。事物之间的比较无论以码还是以英尺为单位，都是相同的。

定比数据可以运用所有的统计方法，包括几何平均、调和平均和变异系数等专用的统计方法。

**项目调研**

**定比尺度**

在表 8-2 中所说明的定比尺度中，被调查者被要求说明其在过去 2 个月中在 10 家商店里的消费金额。这位被调查者在梅西百货花费了 200 美元，在沃尔玛只花了 10 美元，即这个人在梅西百货所花费的钱是沃尔玛的 20 倍。同样，零点是固定的，因为 0 意味着被调查者在那家商店没有任何消费。将这些数字乘以 100 可将其由美元转变为美分，得到的尺度同前者等价。

**项目活动**

以西尔斯的案例为背景，设计相应的问题来测量以下各个变量并确定每个问题的测量尺度。

1. 被调查者的婚姻状况。
2. 被调查者的年龄。
3. 税前家庭年收入。
4. 对西尔斯的熟知度。
5. 在选择百货商店时价格的重要程度。
6. 所拥有的银行信用卡数量。

这里所讨论的四种主要尺度并没有完全囊括各种测量水平的类别。构造一个定类尺度来提供部分有关顺序（部分定序尺度）的信息是可能的。同样，一个定序尺度可以传达部分有关距离的信息，如在一个定序的公制尺度中一样。但是对这些尺度的讨论超出了本书的范围。[6]

## 8.4　量表技术的对比

量表技术通常在营销调研中使用，其可以被分为比较量表和非比较量表（见图 8-2）。**比较量表**（comparative scale）是关于对刺激事物的直接比较。举例来说，被调查者可能会被问到他们喜欢的是可口可乐还是百事可乐。比较量表的数据必须以相对的术语来解释，并且只有定序或者等级顺序的性质。出于这个原因，比较量表也被认为是非计量量表。如图 8-2 所示，比较量表包括配对比较量表、等级顺序量表、常量总和量表、Q 分类量表以及其他方式。

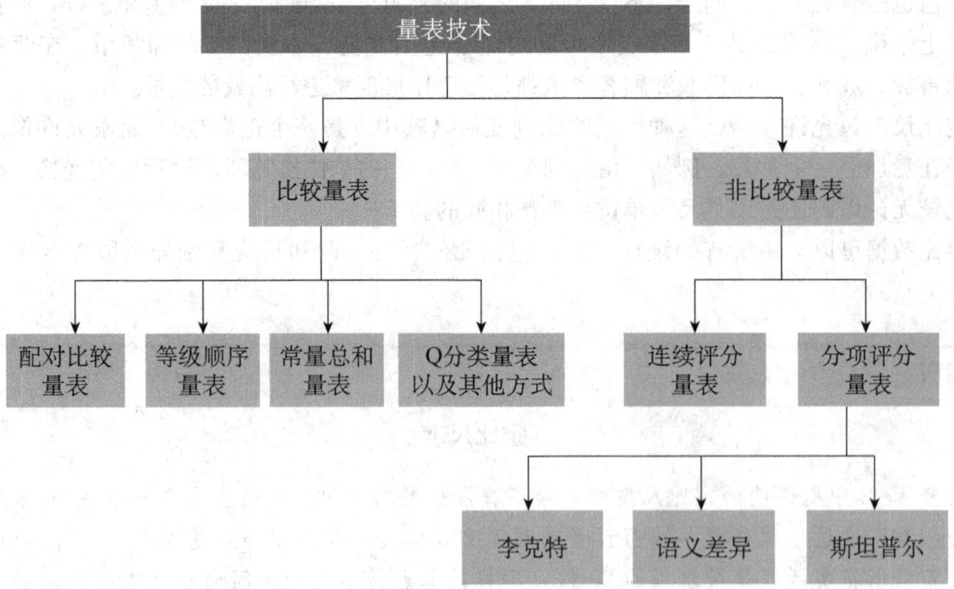


**图 8-2 量表技术的分类**

比较量表的主要优点是可以从刺激事物中找出其细微的差别。当调查对象在比较刺激事物时，他们只能在选项中进行选择。另外，调查对象是根据相同的已知参考点来进行排序任务的，因此，比较量表可以很容易地理解和应用。比较量表另外的优点是需要较少的理论假设，并且从一个判断到另一个判断过程中的晕轮效应和延滞效应减弱了。比较量表的主要缺点包括数据的定序性质以及这种方法无法推广到被计量的刺激事物之外。举例来说，若将 RC 可乐同百事可乐和可口可乐进行比较，调研人员必须再进行一次新的调研。而非比较量表则可以克服这些缺点。

**非比较量表**（noncomparative scales）也称单独量表和计量量表，每个单独的事物都是在刺激物背景中独立于其他事物而进行计量的，所产生的数据通常被假定为定距或定比数据。[7] 举例来说，被调查者可能会被要求用 1～6 来评定对可乐的偏好程度（1＝一点也不喜欢，6＝非常喜欢）。百事可乐和 RC 可乐会得到类似的评价。从图 8-2 中可以看出，非比较量表在营销调研中是使用最为广泛的一种量表技术。因为其重要性，第 9 章将会专门阐述非比较量表。本章其余部分将会着重介绍比较量表。

## 8.5 比较量表技术

### 配对比较量表

如同其名字所示，**配对比较量表**（paired comparison scaling）是给被调查者展示两个事物并让其根据某些标准来选择一个。得到的数据在性质上来说是定序的。一名被调查者可能会描述说，他在杰西潘尼商店购物的次数要比在西尔斯更多，他喜欢 Total 牌谷物产品的程度超过了家乐氏的 19 号产品，或者他更喜欢佳洁士的产品而非高露洁。当刺激事物是实际产品时，会经常用到配对比较量表。根据报道，可口可乐在引进新可乐之前进行了 19 万次以上的配对比较。[8] 配对比较量表技术是使用最广泛的比较量表技术。

表 8-4 展示了调查对象对洗发水的偏好程度的配对比较数据。可以看出，调查对象进行了 10 次比较来评价 5 种品牌。一般而言，$n$ 种品牌进行 $[n(n-1)/2]$ 次的配对比较就可以包括所有可能的配对。[9]

**表 8-4　通过配对比较方法获得的洗发水偏好信息**

我们将给您展示 10 对洗发水品牌。对于每一对，请指出您更喜欢哪一个。

| | Jhirmack | Finesse | 沙宣 | 海飞丝 | Pert |
|---|---|---|---|---|---|
| Jhirmack | | 0 | 0 | 1 | 0 |
| Finesse | 1 | | 0 | 1 | 0 |
| 沙宣 | 1 | 1 | | 1 | 1 |
| 海飞丝 | 0 | 0 | 0 | | 0 |
| Pert | 1 | 1 | 0 | 1 | |
| 偏好次数 | 3 | 2 | 0 | 4 | 1 |

说明：1 表明列品牌比行品牌更受偏好，0 表明行品牌比列品牌更受偏好。一种品牌的偏好次数是由每一列中所获得的 1 加总得到的。

配对比较数据可通过几种方式来进行分析。[10] 对于被调查者对一种刺激事物的偏好程度超过另一种的百分比的计算，调研人员可以将所有被调查者在表 8-4 矩阵中的值相加，再用得到的结果除以被调查者的总人数，然后乘以 100 即可。也可以同时对所有刺激事物进行评价，即在可传递的假设条件下，将配对比较数据转换为一个等级顺序即可。**偏好可传递性**（transitivity of preference）意味着如果品牌 A 比品牌 B 更受偏好，而品牌 B 又比品牌 C 更受偏好，那么品牌 A 就比品牌 C 更受偏好。为了得到一个等级顺序，调研人员通过对表 8-4 中每列的数字进行加总从而确定每个品牌受到偏好的次数。因此，这位被调查者关于洗发水品牌从最偏好到最不偏好的顺序为：海飞丝、Jhirmack、Finesse、Pert、沙宣。用瑟斯通定律第五例（Thurstone Case V）的方法从配对比较数据中得到一个定距量表也是可能的，对于这一方法的充分讨论可参见相关文献。[11]

这里提供了几种配对比较技术的修正建议。其中一种是包含中立/无差别/无意见的反应。另外一种扩展是分级的配对比较。在这种方法中，被调查者会被问到对这一对中的哪个品牌更加偏好以及偏好程度。偏好程度可以通过被调查者愿意为这个偏好品牌多支付多少钱来得到，从而得到一个美元量表。另一种配对比较量表的修正广泛地运用在多维标度中的相似性判断（见第 21 章）。

在品牌数目有限时配对比较量表是有用的，因为配对比较量表要求直接比较和公开选择。但是当有大量品牌时，比较的数目则变得难以控制。配对比较量表的其他缺点有：可能存在违反可传递性假设的情况；事物的排列顺序可能会使得结果产生偏差；配对比较同涉及从多个可选择事物中进行挑选的市场情况不大相似；被调查者可能对其中一种事物的偏好超过其他事物，但可能不是绝对意义上的喜欢。

**调研体验**

### 选择哪一个？可口可乐或是百事可乐

设计一个口味测试，得出哪一种可乐最受你朋友的欢迎。写出一个测试的脚本以比较两种可乐（可口可乐和百事可乐）所受到的偏好。首先要保证饮品都是在同样的温度中冷藏并倒入三组同样的杯子中。每个人在第一组中选择一杯来品尝，然后吃一块脆薄饼干，再喝一口水。

在品尝第二组和第三组可乐的时候都要重复相应的动作（排序可能是第一组为百事可乐，第二组为可口可乐，第三组为百事可乐）。在被调查者品尝了这三组中的每一杯可乐后，请他们填写你之前设计的问卷。为了避免因为样本展示顺序的不同而产生的偏见，让一半的被调查者品尝转变了展示顺序之后的可乐非常重要：第一组是可口可乐，第二组是百事可乐，第三组是可口可乐。指导30位被调查者来做这个口味测试。

1. 有多少被调查者正确地分辨出了两种可乐？
2. 在那些分别出两种可乐的被调查者中，哪种可乐更受欢迎：可口可乐还是百事可乐？
3. 在那些分别出两种可乐的被调查者中，哪些对于两种可乐没有差别偏好？
4. 总体来说，你认为在你的口味测试中哪一方胜出了：可口可乐或是百事可乐？还是说它们太相近了以至于分辨不出？

## 等级顺序量表

在配对比较之后，最为普遍的比较量表技术就是等级顺序量表。在**等级顺序量表**（rank order scaling）中，被调查者会被同时展示几种事物并要求根据某些标准将这些事物进行排序。举例来说，被调查者可能会被要求根据总体的偏好来对牙膏品牌进行排序。如图8-3所示，让被调查者将1等级分配给最偏好的品牌，2等级分配给第二受偏好的品牌，直到将$n$等级分配给最不受偏好的品牌，这是获得前述排序的典型做法。与配对比较类似，这种做法在本质上也属于比较，并且调查对象可能在绝对意义上不偏好排名第一的品牌。另外，等级顺序量表也可以产生定序数据，表8-2即是通过等级顺序尺度获得的一个定序量表。

等级顺序量表一般用于测量对品牌的偏好和态度。等级顺序数据经常通过被调查者从联合分析中获得（见第21章），因为等级顺序量表要求被调查者一定要对各刺激物进行区别。再者，同配对比较相比，这种类型的测量更适合购物环境。它花费的时间更少，消除了非传递性的反应。如果有$n$种刺激物，在等级顺序量表中只需要做$(n-1)$次计量决定即可。但是，在配对比较中，则需要进行$[n(n-1)/2]$次的决定。等级顺序量表另外一个优点是大多数的被调查者能够很容易地理解排序的提示。主要的缺点是这种技术只能产生定序数据。

**说明**

根据偏好对不同牙膏品牌进行排序。首先，选出你最喜欢的一个品牌并标上数字1，然后找出第二喜欢的品牌标上数字2，以此类推，直到你将所有的牙膏品牌按照偏好的顺序进行了排序，最不喜欢的品牌应该分配的是数字10。

任何两个品牌不应该被分配到相同的排序数字。

**表格**

偏好的标准是自己来定的，并没有正确或者错误的答案。尽量保持一致即可。

1. 佳洁士 ________
2. 高露洁 ________
3. Aim ________
4. Gleem ________
5. Sensodyne ________
6. Ultra Brite ________
7. Close Up ________
8. Pepsodent ________
9. PlusWhite ________
10. Stripe ________

**图8-3 通过等级顺序量表获得的牙膏品牌的偏好**

最后，在可传递性的假设条件下，顺序等级数据可以被转换成等价的配对比较数据，反之亦然。表 8-4 可说明这一点。通过瑟斯通定律第五例可以从排序中得到一个定距量表。同样，调研人员也提出了从排序中得到定距量表的方法。[13]

## 常量总和量表

在常量总和量表（constant sum scaling）中，被调查者将会根据一些标准在一组刺激事物当中对总数固定的单位（如分数、美元或者筹码等）进行分配。如图 8-4 所示，要求被调查者将 100 分分配到一种香皂的各种属性上，分配的分数要能够反映各种属性的重要性。如果一种属性并不重要，那么被调查者给它分配零分；如果一种属性的重要性是另外一种属性重要性的两倍，则这种属性得到的分数是另外一种属性的两倍。所有分数的总和是 100 分。这种量表的名称也由此得来。

各种属性的分数以所有调查对象分配的分数来计算，并且根据调查对象的数目来分类。在图 8-4 中，结果被分为 3 组来展示。组 1 极其看重价格，组 2 认为基本的清洁能力最为重要，组 3 则重视泡沫、香味、保湿和清洁能力。这些信息是不能从顺序等级数据中得到的，只有当它们被转换为定距数据才能得到。应该注意的是，常量总和同样也有绝对零点——10 分是 5 分的两倍，并且 5 分同 2 分之间的差距与 57 分同 54 分之间的差距是相同的。出于这个原因，常量总和量表数据有时候被当作计量数据。虽然在进行测量的刺激事物的一定范围内是合适的，但是这些结果却不能推广到调研之外的刺激事物中。因此，严格来说，因为比较的本质和调研结果缺乏推广的普遍性，常量总和量表应该被看作一种定序量表。从图 8-4 可以看出，分数分配会受到评价任务中包含的特定属性的影响。

**说明**

下面列出了香皂的八种属性。请将 100 分分配到每种属性上，以反映各种属性的重要性。如果一种属性并不重要，则给它分配零分；如果一种属性的重要性是另一种的两倍，则这种属性分配到的分数是另外一种属性的两倍。

**表格**

| | 三组的平均得分 | | |
|---|---|---|---|
| **属性** | **组 1** | **组 2** | **组 3** |
| 1. 温和 | 8 | 2 | 4 |
| 2. 泡沫 | 2 | 4 | 17 |
| 3. 收缩性 | 3 | 9 | 7 |
| 4. 价格 | 53 | 17 | 9 |
| 5. 香味 | 9 | 0 | 19 |
| 6. 包装 | 7 | 5 | 9 |
| 7. 保温力 | 5 | 3 | 20 |
| 8. 清洁力 | 13 | 60 | 15 |
| 总分 | 100 | 100 | 100 |

**图 8-4　使用常量总和量表测评香皂**

常量总和量表的主要优势在于，不需要花太多时间就可以了解刺激事物之间的细微区别。但是，它也有两个主要的缺点：首先，被调查者分配的单位数量可能比指定的多或者少。例如，一个被调查者可能分配了 108 分或者 94 分。而调研人员必须以某种方式修正数据或者从分析中排除这个调查结果。另外一个潜在的问题就是如果使用的单位（例如，分数）过少，则可能产生舍入误差；而如果单位的使用量很大，则可能使被调查者有很重的负担进而造成混淆和疲劳。

### Q分类量表以及其他方式

**Q分类量表**（Q-sort scaling）能在相对数量较大的事物中进行快速判别。这种技术使用了等级顺序方法，根据一些标准来比较事物的相似性程度再进行分类。举例来说，给被调查者100个态度陈述卡片，并要求他们将这些陈述卡片以“最同意”到“最不同意”的标准分为11堆。这些被分类的事物的数目不应该少于60且不多于140；对于事物的数量来说，60～90是一个合理的范围。为了使事物的分布在整体上呈现正态分布，往往会预先指定每堆中放入的事物的数目。

另外一种比较量表技术是量级估计。[14]这种技术将数字分配给各个事物，以使得所分配的数字之间的比值能够反映指定标准的比率。举例来说，被调查者被要求指出他们是否同意对于百货商店的一系列态度的陈述。然后，他们将0～100的数字分配给每个陈述，以反映他们同意或者不同意的程度。向被调查者提供这种类型的数据是给他们强加上了一种认知上的负担。最后，我们还得提一下格特曼量表法或称量表图分析法，这种方法是用来决定一组事物是否可以被排列成一个内部一致的一维量表。

## 8.6 国际营销调研

在四种主要的计量尺度中，从定类、定序、定距到定比尺度的测量水平是逐渐递增的，这种测量水平的递增是以复杂性为代价的。从被调查者的角度来看，定类尺度的使用最为简单，定比尺度的使用最为复杂。在有更高的教育水平和消费成熟度的国家，被调查者都习惯于提供定距和定比的答案。但在其他国家，在表达定距尺度和定比尺度所要求的分级问题时，被调查者可能会遇到困难，因而，对偏好程度的测量最好使用定序尺度。定序尺度中最简单的类型，即二元尺度（例如，偏好/不偏好）是尤其值得推荐的。[15]举例来说，在美国对牛仔裤的偏好进行测量的时候，李维斯可以让消费者用一个7级定距尺度来评定特定场合穿着牛仔裤的偏好的程度高低；但是，面对巴布亚新几内亚的消费者时，则会展示一条牛仔裤，并简单地询问是否会在某个特定的场合（例如，购物、工作、休闲假日）穿着。日本对欧洲人的汽车消费偏好的调查充分说明了选择与目标被调查者的特点相匹配的基本量表具有的优势。

应该注意，除了配对比较，比较量表需要比较多重刺激物，而这对被调查者来说很复杂。相对来说，在非比较量表中，每个事物的测量都独立于其他事物之外，即每次只测量单独的一个事物。因此，在被调查者的受教育程度较低且对于市场营销调研不熟悉的文化地区，非比较量表使用起来更为简单和合适。

---

**调研体验**

**Qualtrics问题库和主要尺度**

利用Qualtrics问题库来制定下列尺度：

1. 用定类尺度来测量性别。
2. 用定序尺度来测量年龄。
3. 用定比尺度来测量年龄。
4. 用定距尺度来测量收入。

---

## 8.7　营销调研中的商业伦理问题

调研人员有责任使用合适的尺度类型来收集所需的数据，以解释调研问题和对假设进行检验。举例来说，如《华尔街日报》想要了解关于其读者或非读者的个性特征的信息。获取个性特征信息最好的方法可能是：给被调查者（读者以及非读者）几张卡片，每张卡片上都列出了一种个性特征；让被调查者将列有个性特征的卡片进行分类以及排序，排序的标准则是将最能描述他们个性的卡片放在第一位，依次往下，将不能描述他们个性的卡片放在最后。这个让被调查者自己比较以及移动个性特征卡片的过程将会显示出丰富的对于个性特征的认识。然而，所获取的数据都是定序的，并且不能方便地用于多变量分析。为了检验读者和非读者的个性特征的差别以及将它们同市场营销战略的变量联系起来，需要用到定距尺度的数据。调研人员有责任获取最合适的数据来调研某一问题。

在收集数据之后，应该对数据进行正确的分析。如果收集的是定类数据，则应该使用定类尺度数据所允许的统计方法。同样，当收集的数据是定序尺度时，则不能使用适用于定距数据或定比数据的统计方法。基于错误统计方法产生的分析具有误导性。从前述的关于个性特征的案例来看，如果决定以等级顺序技术方法来收集数据，则收集到的为定序数据。在数据收集之后，如果委托方想知道读者和非读者之间的区别，调研人员则应该正确地将这些数据进行处理，并使用非计量技术方法来分析（见第 15 章）。当调研人员缺乏辨别和使用适当的统计技术的专业知识时，则需要从其他资源渠道来获取帮助，如从统计学家那里。

**调研决策**

### 新百伦：在营销战略中实现平衡

**情境**

名特尔国际（Mintel International）调研机构最近发布的一个报告发现，美国运动鞋市场将以销售量良好和价格走低的特征缓慢增长，预计年增长率低于 3%（扣除通货膨胀之前），造成此现象的原因包括过于复杂的制造商/零售商之间的关系导致的品牌忠诚度的减弱和过度地讨价还价、经济增长的缓慢以及运动鞋和休闲鞋之间曾经明显的界限模糊化。另外，薄弱的零售定价很可能会导致多个双重市场的产生——高档鞋市场面向忠于运动鞋的、可随意支配收入水平很高的人群；大众市场面向其他的人群。名特尔国际的消费者研究所发现的一个亮点是，被调查者基本上都同意他们愿意“花更多的钱购买优质的运动鞋”。

新百伦（New Balance）运动鞋公司的首席执行官吉姆·戴维斯（Jim Davis）一直在努力吸引消费者。新百伦在 20 世纪 90 年代中期很快发展成为第三大运动鞋销售商。它向市场投放了众多风格的运动鞋，主要在运动鞋专卖店和体育用品商店销售产品的战略模仿了耐克的做法，但是又有一个很大的不同，即新百伦创造了一个高层次的品牌形象以吸引 35～64 岁的消费者。时代在变化，新百伦同样也需要不断学习以进行改变，从而保持其市场增长率和利润。

**营销调研决策**

1. 新百伦想要确定消费者在将其品牌同耐克、锐步和阿迪达斯品牌相比时的偏好，应该使用哪种量表技术？

2. 讨论你所推荐的量表技术在帮助吉姆·戴维斯确定消费者偏好以及提高新百伦的市场份额中起的作用。

**营销管理决策**

1. 为了提高新百伦的市场份额，吉姆·戴维斯应该怎样做？

2. 你推荐的量表技术和调研结论如何影响你向吉姆·戴维斯建议的营销管理决策？讨论这一问题。[16]

## 本章小结

测量是指在设定好的规则下对事物的特征进行数字或者其他符号的分配。量表涉及创建将被测对象定位的连续统一体。基本的测量尺度特征是描述、顺序、距离和起点。描述特征指的是用于标明每个尺度价值的唯一标签或描述符；顺序特征指的是描述符相对的大小或位置；距离特征表明尺度描述符之间的绝对差异是已知的，并且可以用单位表示；起点特征是指有唯一或者固定起点或者绝对零点的尺度特征。描述是最基本的特征，它在所有的尺度中都存在。如果一个尺度有顺序特征，那么它也同样有描述特征。如果一个尺度有距离特征，那么它也同样有顺序和描述特征。最后，一个有起点特征的尺度也同样有距离、顺序和描述特征。

测量所使用的四种主要尺度分别为定类尺度、定序尺度、定距尺度和定比尺度。图8-5展示了主要尺度的概念图。在这些尺度中，定类尺度是最为基本的，其数字仅仅用来表示对于事物的确认和分类，并且只有唯一的特征即为描述。定序尺度是高一层级的尺度，其数字表明了事物的相对位置，但是没有指明事物之间具体差别的大小。因此，定序尺度只表明了顺序和描述的特征。除了顺序和描述特征，定距尺度还有距离的特征。因此，它允许在不同事物之间进行比较。但是由于其零点是任意的，在定距尺度中计算比值是没有意义的。定比尺度是测量的最高级别，其零点是固定的。调研人员可以使用这种尺度来计算比值。定比尺度包含了所有低级别尺度的特征以及起点特征。

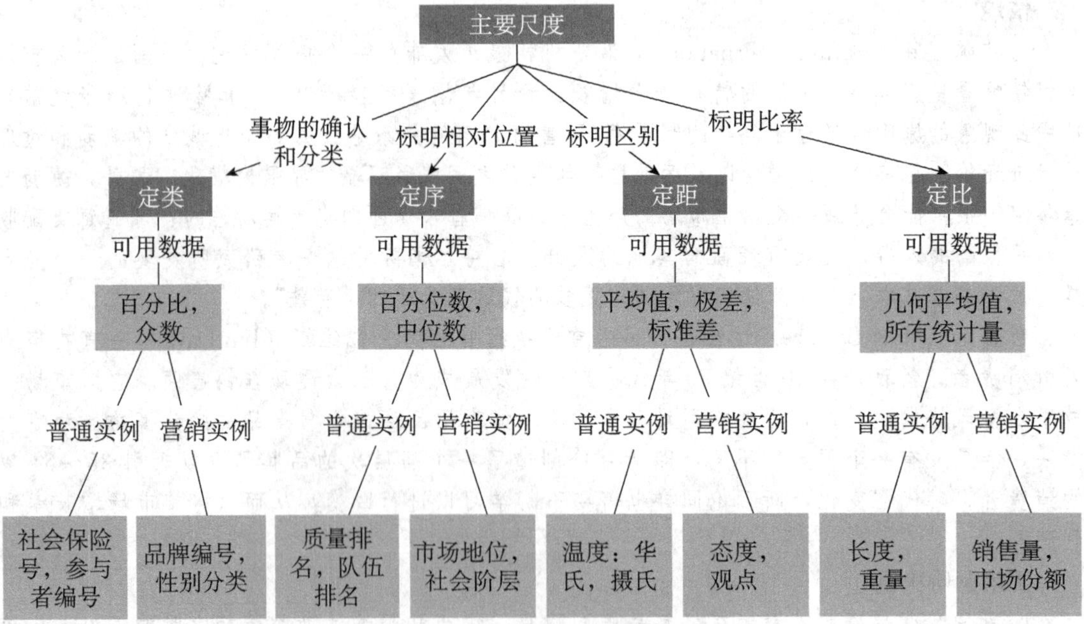


图8-5 主要尺度的概念图

量表技术可以分为比较量表和非比较量表。比较量表涉及对于刺激物的直接比较，包括配对比较量表、等级顺序量表、常量总和量表、Q 分类量表。通过这些方法得到的数据都只有定序特征。

许多发达国家的被调查者有较高的受教育水平以及消费成熟度，对于定距和定比尺度的问题能够很好地提供答案。在发展中国家，最好使用定序尺度来进行偏好的衡量。考虑到伦理道德的因素，为了获取能够回答调研问题以及检测假设的数据，所用到的尺度类型要合适。

## 关键术语与概念

测量（measurement）
量表（scaling）
描述（description）
顺序（order）
距离（distance）
起点（origin）
定类尺度（nominal scale）
定序尺度（ordinal scale）
定距尺度（interval scale）
定比尺度（ratio scale）
比较量表（comparative scale）
非比较量表（noncomparative scales）
配对比较量表（paired comparison scaling）
偏好可传递性（transitivity of preference）
等级顺序量表（rank order scaling）
常量总和量表（constant sum scaling）
Q 分类量表（Q-sort scaling）

## 练习

**问答题**

1. 什么是测量？
2. 一个尺度的基本特征是什么？
3. 测量的主要尺度有哪些？
4. 描述定类和定序尺度的区别。
5. 定距尺度中的任意零点含义是什么？
6. 定比尺度和定距尺度相比有哪些优点？这些优点有意义吗？
7. 什么是比较评价量表？
8. 什么是配对比较？
9. 配对比较量表的优点和缺点各是什么？
10. 描述常量总和量表。它与其他比较评价量表有什么区别？
11. 描述 Q 分类量表。

**练习题**

1. 确定下列所使用的尺度类型（定类、定序、定距或者定比），并解释原因。

（1）我喜欢玩拼字游戏。

| 不同意 | | | | 同意 |
|---|---|---|---|---|
| 1 | 2 | 3 | 4 | 5 |

（2）您的年龄是多少？__________

（3）请根据您自己的偏好来对下列各项活动分配1（最喜欢）～5（最不喜欢）的数字。

a. 阅读报纸__________

b. 看电视__________

c. 约会__________

d. 购物__________

e. 到餐厅吃饭__________

（4）您的社会保险号是多少？__________

（5）您平均每天花多长时间来做家庭作业？

a. 少于15分钟__________

b. 15～30分钟__________

c. 31～60分钟__________

d. 61～120分钟__________

e. 多于120分钟__________

（6）上个月您在娱乐方面的花费是多少？__________

2. 假设题1中从（1）～（6）的每个问题都有100个回答者。确定对于每个问题用来总结结果所应该用到的分析类型。

## 活动

**角色扮演**

假设你是可口可乐公司的营销调研分析员。在可口可乐的配方调整失败后，管理层对于口味的测试很谨慎。你被要求撰写一篇关于口味测试的使用和局限的技术报告，并对公司未来进行调研时是否采用口味测试提出建议。向一组扮演可口可乐公司管理层的同学进行展示。

**实地调查**

1. 制定三种比较量表（配对比较、等级顺序和常量总和）来测量对5个牙膏品牌（佳洁士、高露洁、Aim、Pepsodent、Ultra Brite）的态度。每个量表都对5个学生进行测试。要注意每个学生的反应时间。哪种量表是最容易使用的？哪种量表所需时间最短？

2. 制定一个常量总和量表来确定对餐馆的偏好。将这个量表分发给20名同学进行试填，以确定他们对其所在城市中受欢迎的一些餐馆的偏好。基于你的预调查，哪家餐馆最受欢迎？

**小组讨论**

以小组的形式讨论如下陈述："一个品牌可能在等级顺序量表中位数排名中获得所有品牌中最好的排名，但是其销量仍然不佳。"

## 连续案例：戴尔

阅读书末附录A中戴尔的案例，以及提供的调查问卷。讨论以下问题：

1. 在戴尔问卷中所用到的主要量表尺度有哪些？对每种类型进行解释。

2. 在使用 Qualtrics 问题库时可用到哪些主要尺度？戴尔能如何利用这些尺度？

3. 使用 Qualtrics 问题库来解释戴尔对消费者认知调查中对顺序等级量表和常量总和量表的使用。

## 案例分析

### 宝洁：开展营销调研来打造品牌

宝洁公司在世界范围内的 180 多个国家向大约 50 亿消费者提供将近 300 个品牌的产品，其 13.8 万名员工分布于大约 80 个国家。宝洁 1837 年开始在美国运营，并持续在全球范围内进行扩张。公司的目标是："提供优质和高价值的产品和服务，以提高全世界消费者的生活质量。"

宝洁通过广泛应用营销调研在品牌创新和消费者理解方面被认为是一个革新者。品牌的不断完善可以说是宝洁成功的基石。宝洁总是会考虑到消费者的需求以及一个产品同消费者相关的原因。宝洁总是问自己："这个能给消费者带来什么？"它相信迎合消费者将会使自己受益，并且这种战略的确使公司运营良好。基于这种思想，宝洁在营销调研上投入了大量的努力、新发明以及资金。

仅仅通过座谈会讨论某个产品是远远不够的；宝洁的营销人员尝试更深层次地了解消费者的各种行为。宝洁的营销总监伦纳拉·波隆斯基（Leonara Polonsky）描述了宝洁的营销调研的努力程度。这些努力包括同消费者一起购物以及在消费者的家里待上数个小时。事实上，波隆斯基谈到了她自己在阿拉斯加的消费者家里度过了数个小时的经历，她同消费者一起煮咖啡并尽力去了解消费者对于咖啡的想法。这种营销调研的主动性是宝洁无论做什么都将消费者放在中心位置的一种创新性方法。现在，宝洁更是认为关于消费者对其品牌的全部经历（如对消费者在店内的消费经历）的全盘考虑非常重要，并且投入了更多的关注。

宝洁基本的营销准则并没有变化，但是其对于目标消费者的选择和确定方法则根据日渐复杂的消费群体组成有所改变。在早些时候，宝洁通过电视和其他渠道来聚焦大众市场，因为那时这是最有效的方法。宝洁后来改变了其关键战略，从大众市场转变成了消费者定位。根据宝洁全球营销总监吉姆·施腾格尔（Jim Stengel）的说法，品牌营销和品牌建立的未来就在于目标市场的选择，因为一个更好的公司若能更好地了解其市场，那么它的营销将会做得更有效。

宝洁持续调研的领域之一是消费者的店内购物体验，并将其看作连接消费者的另外一种方式以及能使消费者的店内购物体验更好的方式。宝洁进行此项调研的方法之一是同零售商一起改进消费者店内体验来使顾客更加愉悦，但是这种方法也因为消费者购物时间少且购物期望高而变得更加困难。

宝洁认识到对消费者吆喝的方式已经行不通了。只有在消费者愿意倾听的时候才能对他们进行告知，并且这种交流应该由消费者来选择时间和地点。如今，交流的时间和地点越来越向网络转移。帮宝适的网页就是一个极好的例子，家长可以在网页上找到关于为人父母非常有用的信息。帮宝适的网页也是宝洁连接消费者的一个例子。所有的父母都想要了解关于婴儿的信息，而帮宝适正好提供了这种信息。帮宝适的网页不是用来销售纸尿裤的，而是用来帮助父母理解他们的宝宝并且回答关于养育宝宝的问题的。在这个过程当中，宝洁同样也会选择出有价值的营销调研信息。

有时候，新产品计划是从网络营销调研中得出的。宝洁发现，网络调查提供了更多的关于消费者的典型性回应，从而更加了解消费者。这个案例发生在当宝洁决定通过网络而非电视发布新产品——佳洁士3D美白牙贴的时候。佳洁士3D美白牙贴的发布是产品发布历史上最为成功的一次。

宝洁经常进行营销调研以发现接触消费者的新渠道、开发新产品以及引入新产品类别。宝洁发明了一次性纸尿裤、成人纸尿裤以及非常受欢迎的品牌Swiffer，其中Swiffer就是通过大量的营销调研而得出的设计灵感。多年来，宝洁的营销非常具有创新性和开拓性，相信未来也会持续如此。

**结论**

此案例显示了宝洁通过营销调研在理解消费者以及满足消费者的需求和欲望时的强势文化。有着悠久历史和丰富经验的宝洁将会在连接消费者以及消费者行为洞察方面不断发现新的方式。宝洁擅长采用新技术，如互联网，以及利用营销调研来促进其对于消费者的理解。宝洁现在经常使用营销调研来解决今天的问题，打造明天继续作为领导者的品牌。

**问题**

1. 讨论营销调研在帮助宝洁建立其多样化品牌时起的作用。
2. 宝洁正在考虑进一步提高其市场份额，定义相关的管理决策问题。
3. 基于你所定义的管理决策问题来定义一个合适的营销调研问题。
4. 构想一个合适的调研设计来处理你所定义的营销调研问题。
5. 通过互联网来确定主要牙膏品牌去年的市场份额。
6. 在处理营销调研问题的时候什么样的信息是有用的？
7. 讨论定性调研对于帮助宝洁在增加牙膏市场份额时所起到的作用。
8. 宝洁开发了一款新牙膏，它可以在每次刷牙之后给予牙齿和牙龈24小时的保护。在将这款新产品引入市场之前，宝洁需要先确定消费者的反应。如果要制定一个确定消费者偏好的调查，应该使用哪种调查方法？说明原因。
9. 因果性调研在帮助宝洁提高其市场份额方面起到了什么作用？
10. 说明测量消费者对于牙膏品牌偏好时所使用的主要量表类型。
11. 如果需要确定拉丁美洲消费者对于不同牙膏品牌的偏好，那么营销调研的过程有何不同？
12. 讨论在调研消费者对牙膏品牌偏好时会涉及的伦理问题。

**资料来源**

1. www.pg.com，accessed February 20，2009.

2. Chris Isidore，“P&G to Buy Gillette for ＄57B，” http://money.cnn.com/2005/01/28/news/fortune500/pg_gillette，accessed September 3，2005.

3. Jack Neff，“Humble Try：P&G's Stengel Studies Tactics of Other Advertisers—and Moms—in Bid to Boost Marketing Muscle，” *Advertising Age* (February 18，2002)：3.

# 第9章 测量与量表：非比较量表技术

信度和效度对于量表来说是很重要的，否则我们将无法相信所获得的数据。

——CMI 总裁彻特·扎莱斯凯（Chet Zalesky）

## 学习目标

1. 解释非比较量表技术，清楚连续评分量表和分项评分量表的区别，并且说明李克特量表、语义差异量表以及斯坦普尔量表。

2. 讨论在构建分项评分量表时所遇到的决策问题，其中主要包含量表分类的数目，平衡量表与非平衡量表之间的对比选择、奇数和偶数类别之间的对比选择、强制性与非强制性之间的对比选择、文字描述的性质和程度以及量表的形式或结构。

3. 讨论量表评估时所依据的标准，并且解释如何评估信度、效度以及可推论性。

4. 讨论在国际化环境下，执行非比较量表的过程中需考虑的问题。

5. 明确在构建非比较量表的过程中遇到的伦理问题。

## 本章概述

正如第 8 章提到的，量表技术可以分为比较量表和非比较量表两种。比较量表技术可分为配对比较量表、等级顺序量表、常量总和量表、Q 分类量表，这些都是上一章讨论过的。本章的主要讨论对象是非比较量表技术，由连续评分量表和分项评分量表两部分组成。我们讨论了普遍使用的分项评分量表——李克特量表、语义差异量表、斯坦普尔量表，以及多项评分量表的构建，展示了怎样根据信度和效度水平评估量表技术，并且考虑调研人员应该怎样选择特定的量表技术。本章同样介绍了以数学方式推导出的量表，讨论了国际营销调研中执行非比较量表会遇到的问题，明确提出了若干由分项评分量表所引发的伦理问题。

## 9.1 非比较量表技术

在**非比较量表**（noncomparative scale）中，被调查者可以使用任何他们认为合适的评分标准。他们不需要将被评价对象和其他对象相比，也不需要和某个特定标准相比，例如和“你理想中的品牌”进行比较。他们每次只需要评价一个对象，正因如此，非比较量表也称单胞量表

(monadic scales)。非比较量表分为连续评分量表和分项评分量表，表 9-1 对其进行了描述，在接下来的章节中我们也会对其进行讨论。

**表 9-1 基本的非比较量表**

| 量表 | 基本特征 | 举例 | 优点 | 缺点 |
|---|---|---|---|---|
| 连续评分量表 | 在一条连续的直线上做标记 | 对电视广告的反馈 | 容易建立 | 若没有计算机会非常冗繁 |
| 分项评分量表 | | | | |
| 李克特量表 | 同意程度：1（完全同意）至5（完全不同意） | 态度评估 | 建立、执行、理解都非常容易 | 花费时间较多 |
| 语义差异量表 | 两极带端点标识的7点量表 | 品牌，产品和公司形象 | 应用范围广 | 对数据是否定距存在分歧 |
| 斯坦普尔量表 | 单级10点量表，从－5至＋5，无中立点（零） | 态度和形象评估 | 容易建立；允许利用电话执行 | 易让人困惑，难以使用 |

## 9.2 连续评分量表

**连续评分量表**（continuous rating scale）也称图示评分量表（graphic rating scale），被调查者通过在一条直线的适当位置上做标记来对刺激对象打分，该直线两端的点代表分数的两个极端。而被调查者并没有被限制在从调查人员事先设定好的几个分数中做选择。连续评分量表的形式变化相当多。例如，直线可以是竖直的，也可以是水平的；量表刻度可以是数字形式的，也可以是简要的文字描述形式的；量表刻度根据需要可多可少。下面展示的是三种版本的连续评分量表。

**调研项目**

**连续评分量表**

西尔斯作为一家百货商店，你对它如何打分？

版本 1

可能最差———————I————————————————————————可能最好

版本 2

可能最差———————I————————————————————————可能最好

0 10 20 30 40 50 60 70 80 90 100

版本 3

很差 一般 很好

可能最差———————I————————————————————————可能最好

0 10 20 30 40 50 60 70 80 90 100

被调查者打完分后，调查人员会根据需要将直线分成几段，落入各段的分数就被分成了几类。在百货商店项目的案例中，被调查者显示出了对西尔斯不喜欢的态度。这些数据通常被视为定距数据。

连续评分量表很容易建立，但是评分冗繁且很不可靠，而且连续评分量表只提供了很少的信息。因此，它在营销调研中的使用是有限的。最近随着电脑辅助人员调查、网络调查以及其他技术使用的不断增多，人们对连续评分量表的使用也越来越频繁。在电脑辅助人员以及网络调查中，连续评分量表很容易执行，只需要移动屏幕上的光标，在量表中选择出能精确描述被调查者的评价结果即可。而且，量表值可以由电脑自动计数，从而增加了处理数据的速度和准确性。

## 9.3　分项评分量表

在**分项评分量表**（itemized rating scale）中，被调查者会收到一个带有数字或者简要说明的量表，这些数字或简要说明是按量表上的类别列示的。类别按量表位置排序，被调查者被要求选出一个最能贴切描述刺激对象的具体类别。分项评分量表在营销调研中使用广泛，是其他更复杂量表的基本组成部分，如多项评分量表。我们首先介绍的是普遍使用的分项评分量表，包括李克特量表、语义差异量表和斯坦普尔量表，然后考察与这些量表使用相关的主要问题。

### 李克特量表

**李克特量表**（Likert scale）是以其发明者李克特（Rensis Likert）的名字命名的，是一种广泛使用的评分量表。它要求被调查者指出对一系列有关刺激对象的陈述同意或不同意的程度。[1] 一般来说，每个量表项目会有5个反应种类，从“完全不同意”到“完全同意”。下面以百货商店项目的例子来说明李克特量表。

**调研项目**

**李克特量表**

**说明**

这里列举了有关西尔斯的不同观点。请使用以下尺度指出你对每个项目同意或不同意的程度：1＝完全不同意；2＝不同意；3＝中立；4＝同意；5＝完全同意

| | 完全不同意 | 不同意 | 中立 | 同意 | 完全同意 |
|---|---|---|---|---|---|
| 1. 西尔斯销售的商品质量很好 | 1 | 2√ | 3 | 4 | 5 |
| 2. 西尔斯的店内服务表现很差 | 1 | 2√ | 3 | 4 | 5 |
| 3. 我喜欢在西尔斯购物 | 1 | 2 | 3√ | 4 | 5 |
| 4. 西尔斯在一个商品种类中没有提供良好多样的品牌组合 | 1 | 2 | 3 | 4√ | 5 |
| 5. 西尔斯的信用政策很差 | 1 | 2 | 3 | 4√ | 5 |
| 6. 西尔斯是美国人消费的地方 | 1√ | 2 | 3 | 4 | 5 |
| 7. 我不喜欢西尔斯的广告 | 1 | 2 | 3 | 4√ | 5 |
| 8. 西尔斯销售商品的种类很多 | 1 | 2 | 3 | 4√ | 5 |
| 9. 西尔斯价格公道 | 1 | 2√ | 3 | 4 | 5 |

这些数据一般被视为定距数据。为了进行分析，每个陈述都被赋予一个分数，从－2到＋2或从1到5。分析可以一项一项地进行（轮廓分析），也可以对每个被调查者的各项分数求和算出总分（求和）。设现用在百货商店项目的案例中测量顾客对西尔斯的态度的李克特量表，来测量顾客对杰西潘尼的态度。轮廓分析涉及将被调查者对两个商店每个项目的评价进行对比，例如商品质量、店内服务和商品种类。求和方法是使用最频繁的方法，因此，李克特量表也称求和量表。[2] 当使用这种方法来确定每个被调查者对每个商店的打分时，使用一个一致的打分程序是很重要的，这样的得分会一致反映出偏好的态度。这需要在分析数据时，对负面原始陈述进行倒置转换。注意对于负面陈述，同意代表不喜欢，而对于正面陈述，同意代表喜欢。据此，正面陈述中的“完全同意”和负面陈述中的“完全不同意”都会得到5分。在上例的量表中，高分代表了更喜欢的态度，项目2，4，5和7的评分会被倒置过来。因此，百货商店项目案例中的被调查者的态度分数是22分。同时使用正面和负面陈述的原因是防止一些被调查者不阅读项目直接在量表中选择极端答案。最后会计算每个被调查者对每家商店打分的总和。建立求和李克特量表的过程在后面多项评分量表的章节会介绍。

李克特量表有一些优点：它很容易建立和执行；被调查者很容易了解如何使用量表，因此它很适合使用邮件、电话、人员或电子调查方式。李克特量表的主要缺点是由于要阅读每一个陈述，完成它需要耗费较长的时间。有时候，将答案编入李克特量表是件困难的事情，尤其是有关不喜欢的陈述。在我们的例子中，被调查者不同意陈述2所说的西尔斯的店内服务不好。在倒置这一项的分数以便进行加总时，前提假设是这个被调查者会同意西尔斯的店内服务很好的陈述。但是，这并不一定正确；不同意只是表示被调查者不会做出陈述2。

## 语义差异量表

**语义差异量表**（semantic differential）是一个7级评分量表，两个端点的词组有极端的语义。在通常的情况下，被调查者被要求在几个分项7级评分量表中对刺激对象打分，量表中的每个端点都代表一对极端形容词当中的一个，例如“冷”和“暖”。[3] 我们通过介绍一名被调查者对西尔斯5种属性的评价来举例说明这种量表。

被调查者在他们感觉能最恰当描述刺激对象的位置做标记。[4] 在我们的案例中，人们对西尔斯的评价为有些无力的、可靠的、过时的、温暖的和仔细的。负面的形容词和句子有时出现在量表的左端，有时出现在右端。这种做法控制了一些被调查者（尤其是那些有着非常积极评价或消极评价的被调查者）在不阅读标示的情况下直接在量表的左端或右端做标记的倾向。以下是一个一般的语义差异量表，它测量自我观念、人员观念和产品观念。

---

**调研项目**

**语义差异量表**

**说明**

这部分的调查测量的是百货商店给你的印象，你需要在一系列描述量表中做出判断，量表由若干反义词组成。请在最能准确描述该商店带给你的印象的位置做标记（√）。

**表格**

西尔斯是：

强有力的 ：—：—：—：—：—√—：—：—： 无力的

不可靠的 ：—：—：—：—：—：—√—：—： 可靠的

时尚的　：—：—：—：—：—：—：—√—：　过时的
冷漠的　：—：—：—：—：—：—√—：—：　温暖的
仔细的　：—：—√—：—：—：—：—：—：　粗心的

语义差异量表中的单个项目可以在－3～＋3 的尺度上打分，也可以在 1～7 的尺度上打分。结论数据通常通过轮廓分析法分析。在轮廓分析中，计算每个评分量表的平均数和中位数，并通过图形或统计分析进行对比。为评估不同被调查者群体之间的差异，调查人员可以将每个被调查者群体的平均结果进行对比。尽管平均值在概括统计量中是最常用的一个，但是对于获得的数据是否作为定距数据处理仍然存在分歧。[5] 此外，当调查人员需要一个刺激对象的总体对比时，例如在确定商店偏好时，可以加总单个项目分数得到一个总分。与李克特量表一样，负面陈述项目的分数在加总之前需要倒置。

语义差异量表的通用性使它成为在营销调研中普遍使用的评分量表。在对比品牌、产品和公司形象的领域它被广泛使用。它还被用于新产品开发调研、广告的制作和促销政策的制定。[6] 现在已经有了一些在基本量表基础之上的修正版本。

## 斯坦普尔量表

**斯坦普尔量表**（Stapel scale）是以其发明者简·斯坦普尔（Jan Stapel）的名字命名的。它是一个单级评分量表，从－5 到＋5 分为 10 段，没有中立点（零点）。[7] 这种量表通常采用竖直形式。要求被调查者通过选择一个合适的数值型答案类别，指出对有关刺激对象的分项描述的准确度或不准确度。数值越高，对刺激对象的该项描述就越准确，正如百货商店项目所显示的一样。在该案例中，西尔斯获得的评估结果是其商品品质并不高，而且服务水平有些低。

**调研项目**

**斯坦普尔量表**

**说明**

请评估对百货商店进行描述的每个单词或短语的准确性。如果该单词或短语能较准确地描述该商店，请选择一个正数分数。描述精确程度越高，请选择越大的正数分数。如果该单词或短语无法准确描述该商店，请选择一个负数分数。描述的精确程度越低，请选择越大的负数分数。你可以选择＋5～－5 之间的任意数值，＋5 代表完全准确，－5 代表完全不准确。

**量表**

西尔斯

| | |
|---|---|
| ＋5 | ＋5 |
| ＋4 | ＋4 |
| ＋3 | ＋3 |
| ＋2 | ＋2√ |
| ＋1 | ＋1 |
| 高品质 | 糟糕的服务 |
| －1 | －1 |
| －2√ | －2 |
| －3 | －3 |

－4　　　　　　　　　　　　　　－4
－5　　　　　　　　　　　　　　－5

使用斯坦普尔量表获得的数据通常被作为定距数据处理，可以用与语义差异量表同样的方法进行分析。斯坦普尔量表产生的结果与语义差异量表相似。斯坦普尔量表的优点是它不需要寻找一对反义词来确保两级端点的对立性，并且它可以通过电话执行。但是，一些调查人员认为斯坦普尔量表容易让被调查者迷惑，不易使用。在所介绍的三种分项评分量表中，斯坦普尔量表是使用最少的一个。但是，这个量表值得更多的关注。

## 9.4 非比较分项评分量表决策

讨论到现在我们可以明显看到，非比较评分量表不需要按照其原型使用，而是可以产生多种变化。要建立这些量表中的任何一个，调研人员都必须做出6个主要的决策。

1. 量表分类的数目。
2. 平衡量表还是非平衡量表。
3. 分类数目是奇数还是偶数。
4. 强制性量表还是非强制性量表。
5. 文字描述的性质和程度。
6. 量表的形式或结构。

### 量表分类的数目

在决定量表分类的数目时需要考虑一对矛盾。量表分类数目越多，对刺激对象之间差别的区分可能就越细微。但是，大多被调查者无法应付过多的量表分类。经验数据显示合适的分类数目应该在7种左右，上下浮动2个单位：在5和9之间。[8]但还没有一个最优的分类数目。在决定分类数目时，应该考虑一些因素。

如果被调查者对量表任务非常感兴趣并且对刺激对象非常了解，此时就可以使用较多的分类；反之，如果被调查者并不十分了解任务或者对任务并不是非常投入，就应该使用较少的量表分类。同样地，也与刺激对象的性质有关。一些刺激对象本身并没有细微差别，那么较少的分类就足够了。还有一个重要的因素是收集数据的方法。如果采用的是电话调查，过多的分类可能会使被调查者迷惑。同样，邮件调查中的篇幅限制可能会影响分类数目。

数据是怎样被分析和使用的也会影响到量表分类的数目。当使用几个项目加总到一起的方法来计算每个被调查者的分数时，5种类别就足够了。当调查人员希望做较笼统的概括或者进行组间对比时，情况也是一样的。但是，如果单个答案非常有意义，或者使用精密的统计技术来分析数据，就需要7个或者更多的量表分类。测量变量之间关系通常以相关系数为测度标准（见第17章），它受量表类别数目的影响。相关系数随量表分类数目的总量的减少而变小。反过来，这会对所有以相关系数为基础的统计分析产生影响。[9]

### 平衡量表还是非平衡量表

在**平衡量表**（balanced scale）当中，表示赞同和表示反对的种类的数目是相等的；在非平衡量表中，是不等的。[10]图 9-1 给出了平衡量表和非平衡量表的例子。一般来说，为了保证能获得客观的数据，量表应该是平衡的。但是，如果答案有可能是偏态分布的，无论是左偏还是右偏，一个在某一方向的偏态上拥有更多分类的非平衡量表会更合适。如果使用非平衡量表，在数据分析过程中，量表中不平衡的性质和程度应该加以考虑。

| 平衡量表 | | 非平衡量表 | |
|---|---|---|---|
| 男士Jovan Musk香水 | | 男士Jovan Musk香水 | |
| 非常好 | ______ | 非常好 | ______ |
| 很好 | ______ | 很好 | ______ |
| 好 | ______ | 好 | ______ |
| 不好 | ______ | 还可以 | ______ |
| 很不好 | ______ | 不好 | ______ |
| 非常不好 | ______ | 很不好 | ______ |

**图 9-1　平衡量表和非平衡量表**

## 分类数目是奇数还是偶数

分类数目是奇数时，中间刻度的位置通常被设定为中立的或无偏的。一个中立类别的存在、位置和标示会对回答产生重要的影响。李克特量表即是一个类别数目为奇数的平衡分项量表，有一个中立点。[11]

分类数目是奇数还是偶数的决策取决于被调查者的答案是否有持中立态度的。如果至少存在一些被调查者的答案有可能是中立或者无所谓的，分类数目就应该是奇数。另一方面，如果调查人员想要强制排除中立和无所谓的答案，或者相信中立和无所谓的答案是不存在的，分项评分量表中分类的数目就应该是偶数。下一个相关的问题是量表应为强制性的还是非强制性的。

## 强制性量表还是非强制性量表

在**强制性评分量表**（forced rating scale）中，被调查者被强制表述出一种意见，这是因为不存在“没有意见”的选项。在这种情况下，没有意见的被调查者可能会在刻度上标出一个中间的位置。如果有相当一部分被调查者对调查主题都没有意见，在中间位置做标记会扭曲对集中趋势和方差的测量。当预计被调查者会给出没有意见的回答，而不是简单地不愿意披露真实的想法时，包含“没有意见”选项的非强制量表会增强数据的准确性。[12]

## 文字描述的性质和程度

有关量表分类的文字描述的性质和分类变化的差异非常大，并且会对答案结果产生影响。量表分类可以通过文字、数值，甚至是图形来描述。而且，调查人员必须决定是要对所有的量表分类做标示，还是只标示其中的一些，又或者只标示非常少量的分类。令人惊讶的是，对每个分类提供文字描述可能不会提高数据的准确度和可靠性。然而可以论证，对所有量表类别或者对许多量表类别做标示可以减少量表的模糊程度。对类别的描述应该尽量位于接近答案分类的地方。

用来固定量表两端的形容词的力度可能会影响答案的分布。由于极端标记词的形容力度都很强（1＝完全不同意，7＝完全同意），被调查者较少会选择它们。这会导致分布较陡峭和集中。相反，标记词较弱的形容力度（1＝基本不同意，7＝基本同意）会产生均匀的或扁平的分布。现在已经发现了为类别描述字符分配数值的方法，以便产生平衡的或相等的定距尺度。[13]

## 量表的形式或结构

量表的形式或结构的选择很多样。量表可以采取竖直或者水平的形式。类别可以用方框、实线或者连续的单元来表示，可以带有分配的数值，也可以没有。如果使用了数值，它们可以表示支持、反对，或者都表示。图 9－2 是一些可能用到的结构。

在营销调研中，温度计量表和笑脸量表是两个独特的分项评分量表结构。温度计量表中，温度越高，评估结论就越喜欢。同样，笑脸量表中更高兴的表情代表更喜欢的评价。这些量表是特别为儿童设计的。[14] 图 9－3 是这些量表的例子。

许多量表结构可以用来测量Cheer清洁剂的刺激性。例如：

Cheer清洁剂

1. 非常刺激 - - - - - - - 非常温和

2. 非常刺激 1 2 3 4 5 6 7 非常温和

3. □ 非常刺激<br>□<br>□<br>□ 不刺激也不温和<br>□<br>□<br>□ 非常温和

4. ____ 非常刺激 ____ 刺激 ____ 略微刺激 ____ 不刺激也不温和 ____ 略微温和 ____ 温和 ____ 非常温和

5. [-3] 非常刺激 [-2] [-1] [0] 不刺激也不温和 [+1] [+2] [+3] 非常温和

**图 9－2 评分量表结构**

温度计量表

说明

请使用你手中的笔给图中的温度计上色，由此代表你喜欢麦当劳汉堡包的程度。
从底部开始上色，直到最能代表你对麦当劳汉堡包的喜爱程度的水平为止。

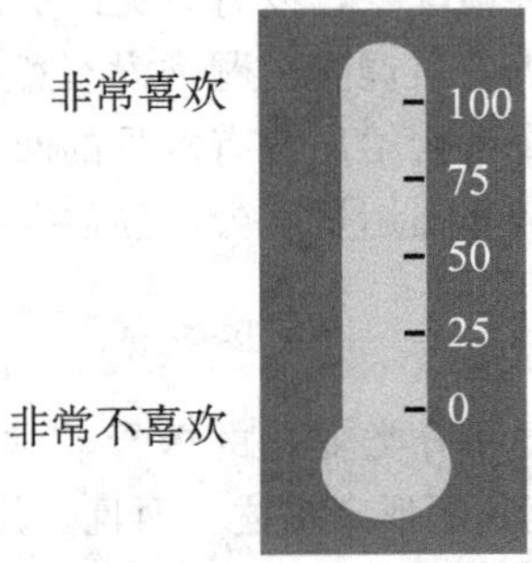


笑脸量表

说明

请指出最能代表你对芭比娃娃的喜爱程度的那一张脸。如果你根本不喜欢芭比娃娃，请指向1号脸。如果你非常喜欢芭比娃娃，请指向5号脸。现在请告诉我，你有多喜欢芭比娃娃？

**图 9－3 一些特别的评分量表结构**

表 9－2 总结了在设计评分量表时的 6 种决策，表 9－3 展示了通常使用的量表分类表述方式。尽管我们按 5 种类别展示这些表述，但是数目是可以根据调查人员的判断加以调整的。

**表 9－2　分项评分量表的决策总结**

| | |
|---|---|
| 1. 量表分类的数目 | 尽管没有唯一的最优数量，通常要求分类数量为 5～9 个。 |
| 2. 平衡量表还是非平衡量表 | 通常，量表在获取客观数据时应是平衡的。 |
| 3. 分项数目是奇数还是偶数 | 如果存在抱有中立的或者无所谓态度的被调查者，则应采用奇数的量表类别。 |
| 4. 强制性量表还是非强制性量表 | 在预期存在没有意见的被调查者的情况下，非强制性量表会提高调查的精确度。 |
| 5. 文字描述的性质和程度 | 可以对所有量表类别或其中的一些进行标注。类别标注应该尽量放在靠近相关类别的地方。 |
| 6. 量表的形式或结构 | 应该尝试几种形式，从中选出最好的一种。 |

**表 9－3　营销调研中普遍使用的量表**

| 构念 | 量表描述用语 | | | | |
|---|---|---|---|---|---|
| 态度 | 很差 | 差 | 一般 | 好 | 很好 |
| 重要性 | 根本不重要 | 不重要 | 一般 | 重要 | 很重要 |
| 满意度 | 很不满意 | 不满意 | 一般 | 满意 | 很满意 |
| 购买意愿 | 根本不会买 | 可能不会买 | 一般 | 可能会买 | 一定会买 |
| 购买频率 | 从未买过 | 偶尔会买 | 有时会买 | 经常买 | 非常经常买 |

**调研项目**

**项目行为**

1. 为顾客对西尔斯的满意度建立李克特量表、语义差异量表和斯坦普尔量表。
2. 举例说明表 9－2 中列举的建立顾客对西尔斯满意度评分量表时应考虑的 6 种决策。

## 9.5　多项评分量表

一个**多项评分量表**（multi-item scales）包括许多项目，这些项目就是需要被评价的单独的问题或陈述。前面介绍的用来测量对西尔斯的态度的李克特量表、语义差异量表和斯坦普尔量表就是多项评分量表的例子。注意到这些量表都包含许多项目。多项评分量表的建立需要相当高的专业技术水平。[15]图 9－4 是建立多项评分量表的步骤图。调研人员首先要建立相关的构念。**构念**（construct）是日常概念的具体形式，它是日常概念的更高一级的总结，例如品牌忠诚度、产品介入度、态度、满意度等。接下来，调研人员必须给构念建立一套理论定义，用来表述核心观念和相关概念的含义。例如，品牌忠诚度可以定义为由对某个品牌的喜爱态度所产生的对该品牌的持续重复消费。理论定义具体说明了哪个可观测的特征应该被测量，并且评估了构念的价值。例如，如果购买牙膏的消费者对某个品牌显示出了非常喜爱的态度（前25名），并且在最近的5次购买中有4次都选择了该品牌，那么就可以说该消费者忠诚于这个品牌。

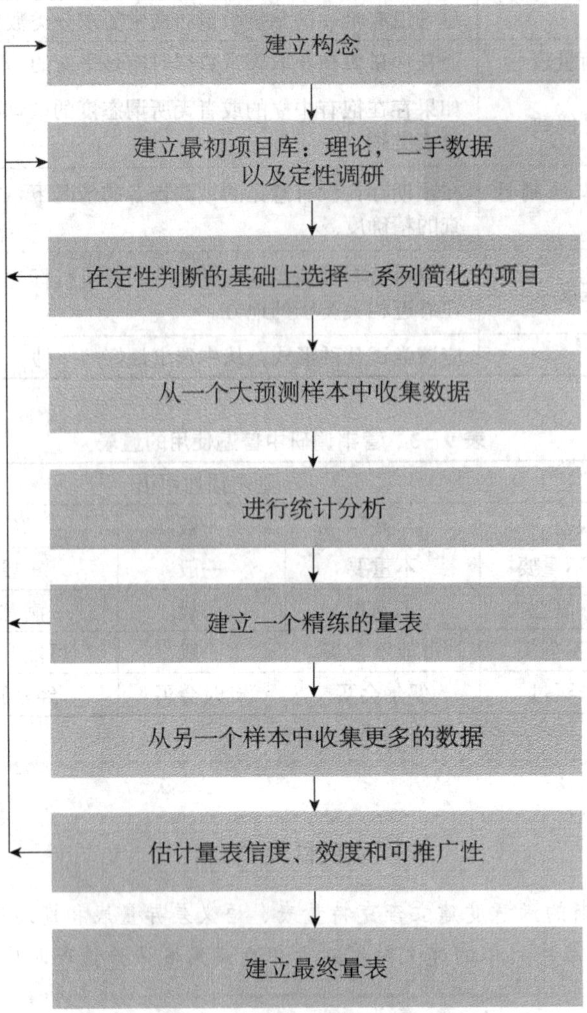


**图9-4　多项评分量表的建立步骤**

下一步是建立一个初步的量表项目库。一般来说，这一步骤是以理论、二手数据以及定性分析为基础的。从这个项目库中，调研人员和其他对它有了解的人可以推断出一系列潜在的简化量表。他们会采用一些量化标准来做辅助推断。对于建立一个量表来说，简化项目仍然太过复杂。因此，需要以定量方式进行更进一步的简化。

潜在的简化量表的项目的数据是从调查对象的预备大样本中收集的。分析这些数据时使用的技术有相关性分析、探索性因素分析、验证性因素分析、聚类分析、判别分析以及本书后面将讨论到的统计检验。这些统计分析的结果是剔除更多的项目，得到一个精练的量表。通过从不同的样本收集数据，可以评估这个精练量表的信度和效度（见之后的章节）。在这些评估的基础上，一系列最终量表项目被筛选出来。从图9-4可以看到，量表的建立过程是一个带有循环的反复过程。[16]

**调研实例**

### 用一个精密技术量表测量技术的精密程度

下面的多项评分量表用来测量一条生产线的技术精密程度。[17]

| | | | | | | | | |
|---|---|---|---|---|---|---|---|---|
| 技术的 | 1 | 2 | 3 | 4 | 5 | 6 | 7 | 非技术的 |
| 低工程含量的 | 1 | 2 | 3 | 4 | 5 | 6 | 7 | 高工程含量的 |
| 迅速变化的 | 1 | 2 | 3 | 4 | 5 | 6 | 7 | 缓慢变化的 |
| 不需要经验的 | 1 | 2 | 3 | 4 | 5 | 6 | 7 | 需要经验的 |
| 批量生产的 | 1 | 2 | 3 | 4 | 5 | 6 | 7 | 用户定制的 |
| 独特的 | 1 | 2 | 3 | 4 | 5 | 6 | 7 | 普通的 |
| 复杂的 | 1 | 2 | 3 | 4 | 5 | 6 | 7 | 简单的 |

第1、3、6、7项应倒置分数。这个量表可以用来测量一条产品生产线的技术复杂性，并且提出技术质量的改善建议。

**调研实例**

### 使用Qualtrics问题库测量满意度

按下列要求使用Qualtrics问题库建立电子版的满意度量表。

1. 5级李克特平衡量表
2. 5级李克特非平衡量表
3. 7级李克特平衡量表
4. 7级语义差异量表
5. 5级笑脸量表

## 9.6　量表评价

应该对一个多项评分量表进行准确度和可用性方面的评价。[18]如图9－5所示，这涉及对量表的信度、效度和可推广性的评估。评估量表信度的方法包括重复测试法、复本法和内部一致性法。可用性可以通过检验内容效度、标准效度和构念效度来评估。

在检验信度和效度之前，我们需要了解对准确度的测量，因为它是量表评估的基础。

### 测量准确度

正如第8章所提到的，测量是一个反映测量对象某种特征的数字。一个测量并不是相关特征的真实值，而只是一个观测值。很多因素都会导致**测量误差**（measurement error），测量误差是指观测对象的观测值与真实值之间的差异。**真实值模型**（true score model）提供了一个了解测量准确度的框架。该模型如下：

$$X_O = X_T + X_S + X_R$$

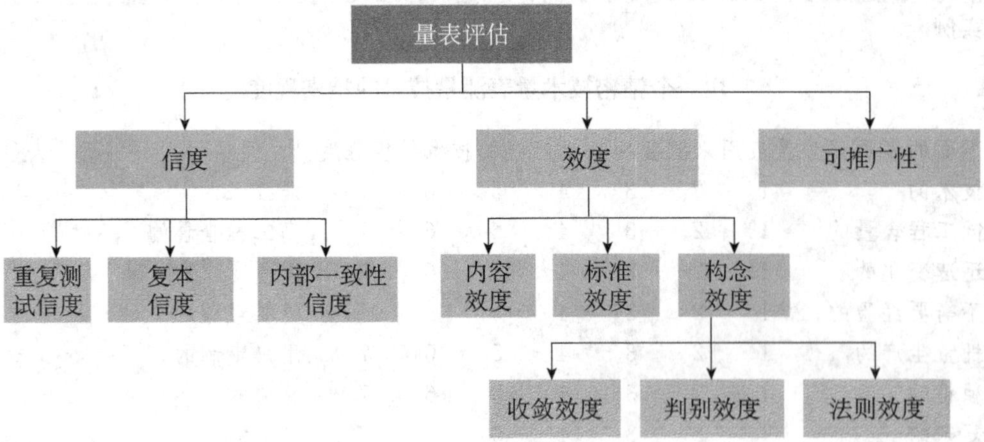


**图9-5 多项评分量表的评估**

式中，$X_O$为观测值或测量值；$X_T$为该特征的真实值；$X_S$为系统误差；$X_R$为随机误差。

总测量误差包括系统误差$X_S$和随机误差$X_R$。**系统误差**（systematic error）以一种不变的方式影响测量值。它代表每次测量时以同种方式影响观测值的稳定因素，例如机械因素（见图9-6）。相反，**随机误差**（random error）不是持续不变的。它代表每次测量时都以不同方式影响观测值的临时因素，例如临时的人员因素或环境因素。了解系统误差和随机误差的区别，对于我们掌握信度和效度来说是很重要的。

1. 其他足以影响测量分数的相对稳定的个体特征，例如智力、社会期望以及受教育程度。
2. 短期或暂时的个人因素，例如健康状况、情绪、疲劳。
3. 环境因素，例如其他人的存在、噪声和使人分心的事物。
4. 量表中项目的取样：量表项目的增加、减少或改变。
5. 量表说明或者项目本身不够清晰。
6. 机械因素，例如印刷质量差、问卷中项目过于拥挤以及设计不合理。
7. 量表的执行因素，例如调研人员之间的差异。
8. 分析因素，例如评分差异和统计分析中的差异。

**图9-6 测量中可能的误差来源**

## 信度

**信度**（reliability）反映的是在重复测试的情况下，一个量表每次得出的结论的一致程度。[19] 系统误差对信度没有不良影响，因为它们以相同的方式影响测量，不会导致前后不一致。随机误差会产生前后不一致，导致较低的信度。信度可以被定义为测量值剔除随机误差$X_R$的程度。如果$X_R=0$，测量值就是完全可信的。

信度是通过确定量表中系统误差所占的比例来估计的，即通过多次执行同一量表获得不同观测值，再确定这些观测值之间的相关度来完成。如果相关度很高，量表就会产生一致的结果，从而证明是可靠的。估计信度的方法包括重复测试法、复本信度法和内部一致性信度法。

**重复测试法** 在测量**重复测试信度**（test-retest reliability）时，被调查者在尽量相同的情况下多次执行相同的量表项目。通常来说，执行测试的间隔时间是2～4周。两次测试的相似程度由技术相关系数决定（见第17章）。相关系数越大，信度越高。

用重复测试法确定信度时，需要考虑一些相关的问题。第一，测试时间间隔是敏感变量。其他情况相同时，测试时间间隔越长，信度越低。第二，初次测试可能会改变被测的特征。例如，测量被调查者对低脂牛奶的态度可能会导致他们更重视健康问题，从而对低脂牛奶产生更积极的态度。第三，重复测试有可能是不可行的（例如，调研项目是被调查者对一个新产品的初始反应）。第四，最初测试可能会对第二次或接下来的测试产生延后效应。被调查者可能会试图记住他们最初的答案。第五，被测特征可能会在测试期间发生改变。例如，测试间隔期间有关被测对象的积极信息可能会使被调查者对被测对象的态度更为积极。第六，重复测试信度系数可能会被项目自身的相关性夸大。这些相关性通常比多次测试中不同量表项目之间的相关性要大。因此即使不同量表项目之间的相关性非常小，仍然有可能得出较高的重复测试相关性。出于上述原因，重复测试法最好与其他方法结合使用，例如与复本法结合使用。[20]

**复本法** 在测量**复本信度**（alternative-forms reliability）时，建立两个相同形式的量表对同一被调查者进行两次测试，两次测试经常间隔2～4周的时间。复本法所得到的分数可以评估信度。[21]

这种方法主要有两个问题。第一，建立两个相同形式的量表成本很高并且很耗时。第二，建立两个相同形式的量表是很困难的。两个量表的内容必须等价。严格来说，这需要两个对应的项目要有相同的平均值、方差和内部关联性。即使这些条件都满足了，这两个表可能在内容上还不是等价的。因此，得到的相关度很低既有可能代表量表信度低，也有可能因为量表形式不相同。

**内部一致性信度法** **内部一致性信度**（internal consistency reliability）是用来测试求和量表的信度的。求和量表中一些项目被加总，从而求得一个总分数，每个项目测试整张量表所测构念的一个方面，并且这些项目应该在它们所指代的关于该特征的内容上保持不变。这种信度测试主要关注组成量表的一系列项目的内部一致性。

内部一致性最简单的测试方法是使用**分半信度**（split-half reliability）。量表中的项目被拆分成两等份，对两份的数值进行相关性分析，高相关性代表了高度的内部一致性。量表项目可以按照编号奇偶拆分，也可以随机拆分。其问题在于结果取决于量表项目的拆分方法。为克服这一问题可以使用$\alpha$系数。

**$\alpha$系数**（coefficient alpha）也称为Cronbach's alpha系数，是由所有的量表项目拆分方法产生的分半信度的平均数。这个平均数在0～1的范围内波动，通常当它的值低于0.6时代表内部一致性信度过低。$\alpha$系数的一个重要特性是它的值随着量表项目数目的增长而增长。因此，$\alpha$系数可能会因为包含了一些多余的量表项目而被不恰当地人为夸大了。[22]另一个能与$\alpha$系数结合使用的系数是$\beta$系数。$\beta$系数在确定$\alpha$系数是否掩盖不一致性的过程当中起辅助作用。

一些多项评分量表包含几组用来测试多维构念的不同维度的项目。例如，店面形象是一个包含商品质量、商品多样性、商品品类、退换货政策、人员服务、价格、地理位置、店内布局、信用和支付政策的多维构念。因此，一个用来测量店面形象的量表应该包含其中的每一个维度。这些维度某种程度上是相互独立的，跨维度计算内部一致性的测试是不合适的。如果每个维度用几个项目来测试，每个维度的内部一致性效度就可以被计算出来。

**调研实例**

### 测试意见领袖的影响程度

在一项调研中，通过下面的7级李克特量表（1＝完全同意，7＝完全不同意）来测试意见领袖的影响程度：

**意见领袖的影响程度**

1. 我对硬件/软件产品的意见似乎不受其他人的影响。

2. 当选择采用一款硬件/软件产品时，人们会征求我的意见。

3. 大家选择硬件/软件产品时，很少会采纳我的建议。

4. 我经常劝说其他人采用我喜欢的硬件/软件产品。

5. 大家在选择硬件/软件产品时，很少来征求我的意见。

6. 我经常影响其他人对硬件/软件产品的意见。

意见领袖影响程度的 $\alpha$ 系数为 0.88，表现出很好的内部一致性。技术产品的早期使用者多是一些年轻男性，他们是意见领袖，探索新信息并且拥有很丰富的电脑经验。像微软一类的IT公司需要保证早期产品使用者能提供积极的反馈，并且在新产品引进阶段将营销努力集中在这些个体上。[23]

## 效度

量表的**效度**（validity）可以被定义为量表观测值之间的差异能够反映真实值之间的差异的程度，而不是指系统误差与随机误差。完美的效度要求没有测量误差（$X_O=X_T$，$X_R=0$，$X_S=0$）。调研人员可能会评估内容效度、标准效度或者构念效度。[24]

**内容效度**（content validity）有时称为表面效度（face validity），是一个主观、系统的评估量，用来测量量表内容能够完成当前测量任务的优劣程度。调研人员或者其他人用其检验量表项目是否全面覆盖了被测构念的全部范围。因此，一个用来测量店面形象的量表应该仔细考虑它是否忽略了任何一个主要的方面（质量、多样性或商品分类等）。考虑到它的主观性，单独使用内容效度测量量表效度是不够的，但它有助于对量表分数进行常识性解释。检验标准效度可以得到一个更正式的评估。

**标准效度**（criterion validity）反映的是一个量表是否按照预期反映出了与被选作标准的其他变量的关系（因变量或标准变量）。标准变量可能包含人口因素和心理因素、态度和行为测量值或者从其他量表获得的分数。标准效度可以采取两种形式：平行效度和预测效度。

平行效度是当评估的量表数据和标准变量同时收集时被评估的效度。为评估平行效度，调研人员可能会建立简式标准变量测量工具。原始工具和简式工具必须同时对一个群体使用，并将结果进行对比。为了评估预测效度，调研人员在一个时间点收集量表上的数据，而在未来的某个时间点收集标准变量上的数据。例如，一个扫描仪样本组的成员对谷物品牌的态度可以用来预测未来谷物的购买量。有关态度的数据从样本组成员中获得，未来的购买量可以用扫描数据进行预测。对比预测结论和实际结果，就可以估计态度的预测效度。

**构念效度**（construct validity）致力于解决的问题是量表实际测量的是哪些构念或特征。当对构念效度进行评估时，调研人员试图回答量表的作用是什么，和以现有理论为基础可以得出怎样的推论。因此构念效度需要一个合理的理论来解释被测构念以及被测构念与其他构念的关系。构念效度是最复杂和最难确认的一种效度类型。如图 9-5 所示，构念效度包括收敛效度、判别效度和法则效度。

**收敛效度**（convergent validity）是量表与同一构念的其他测量指标相互关联的程度。这些测量指标并不需要全部从常规的量表技术的使用中取得。**判别效度**（discriminant validity）是一个测量值与不同构念之间的相互不关联程度。它需要证明不同构念之间缺少相互关联。**法则效度**（nomological validity）是量表通过在理论上可以预测的方法，与不同但与其相关联的构念之间的相关程度。下面测量自我观念的多项评分量表的构建实例说明了构念效度。[25]

**调研实例**

**发现真实的自己**

下面的发现提供了测量自我观念的多项评分量表的构念效度的证据。

◇ 与其他被设计用来测量自我观念的量表以及朋友的分类的报告高度相关（收敛效度）。

◇ 与无关品牌忠诚度以及与探索多样性的构念具有低相关度（判别效度）。

◇ 如理论假设的一样，与个人自我观念一致的品牌更受青睐（法则效度）。

◇ 高水平的信度。

在本例中，高水平的信度包含在构念效度的证据中，它反映了信度和效度之间的关系。

### 信度和效度之间的关系

信度和效度之间的关系可以通过模型来理解。如果一个测量值是完全有效的，它就同样是完全可信的。在这种情形下，$X_O=X_T$，$X_R=0$，$X_S=0$。因此完全的效度意味着完全的信度。如果一个测量值不是完全可信的，它就不是完全有效的，因为最小的 $X_O=X_T+X_R$。并且系统误差也有可能存在，即 $X_S\neq 0$。因此，不完全可信就意味着不完全有效。如果一个测量值是完全可信的，它有可能是完全有效的，也有可能不是完全有效的。因为系统误差可能仍然存在（$X_O=X_T+X_S$）。尽管缺乏可信度意味着低效度，但信度不等同于效度。信度是效度的必要条件，但不是充分条件。

### 可推论性

**可推论性**（generalizability）是指目前的观察结论能推广到普遍总体的程度。调研人员所希望推导得到的所有测量条件就是普遍总体。这些测量条件可能包含项目、调查人员、观测条件等。一名调研人员可能希望建立一个人员调查的量表，这个量表可以推广到其他数据收集模式，例如邮件调查和电话调查。同样地，一个调研人员可能希望从一个项目样本推广到整体项目集合，从一个测量时间样本推广到整体时间测量集合，从一个观测样本推广到整体观测集合，等等。[26]

传统的信度方法可以被视为单方的可推论性调研。重复测试相关度是指从一个测量量表获得的分数对跨越了所有可能的测量时间的整体所具有的可推广性。即使重复测试相关度很高，仍不能对量表对其他总体的可推论性下任何结论。为了推广到其他总体，必须使用可推论性理论方法。

## 9.7 量表技术的选择

在为一个特定营销调研问题选择量表技术时，除了要在理论上考虑和评估信度和效度，还应该考虑一些实际的因素。[27]这些因素包括想要的测量水平（定类、定序、定距或定比）、被调研者的水平、刺激对象的特征、执行方式、环境和成本。

作为一般原则，使用在给定情况下会产生最高信息水平的量表技术，将使得调研人员能够使用的统计分析方法尽可能多样。同样，不论使用何种量表类型，只要具有可行性，就应该使用多个量表项目测量感兴趣的特征，相对于单项量表来说，这样提供了更高的测量精确度。在许多情况下，需要使用一种以上的量表技术，或者为了获取额外的测量值使用数学推导量表。

## 9.8 数学推导量表

本章所讨论的所有量表技术都需要被调查者直接评价刺激对象的不同特征。数学推导量表技术允许调研人员推断被调查者对刺激对象的不同特征的评价。多维标度和联合分析是两种常见的数学推导量表技术，我们将在第21章中详细讨论。

## 9.9 国际营销调研

在设计量表或格式的时候，应该考虑被调查者的受教育水平或者文化程度。[28]一种方法是建立泛文化的量表，或者没有文化歧视的量表。在我们所讨论过的量表中，语义差异量表或许可以被称为泛文化量表。它已经在许多文化中使用，并且产生了一致的结果。

语义差异量表在有些文化背景下的使用效果很好，不过还有另一种建立量表的方法可供选择，即开发使用自我定义的文化规范作为基本参照物的量表。例如，被调查者可能被要求指出他们自己关于一个有特定文化的刺激对象的定位。这种方法在测量与文化道德准则相关的态度问题时（例如对婚姻责任问题的态度）非常有效。在设计格式时，文字评分量表可能是最适合的，甚至只接受过很少教育的被调查者也可以轻松地理解和回答文字量表。我们应特别重视不同语言和文化中的等价语义描述词。量表的端点标示特别容易产生不同的理解。在一些文化背景下，“1”可能被理解为最好；而在另一些文化背景下，不论如何计量，它都可能被理解为最差的。在这种情况下，最好避免使用数字，而只使用方格（最差□□□□□□□最好）。将量表端点标示和语义描述词按照与文化相符的形式使用是非常重要的。

最后，在国际营销调研中，建立可用于从多个国家获得数据的等价量表以及测量方法是非常重要的。这个问题很复杂，我们在本书的第23章中具体讨论。

## 9.10 营销调研中的商业伦理问题

调研人员在伦理上有责任使用具有合理信度、效度以及可推论性的量表。将信度、效度或者可推论性都不合理的量表应用于目标人群，轻则结果值得质疑，重则产生严重的伦理问题。另外，调研人员应避免量表的偏差导致调研结果向特定的方向倾斜，如果陈述的措辞（李克特量表）、量表描述或者量表的其他方面具有倾向性，这种现象很容易发生。使用量表描述语时，对量表描述的选择可能会使结果向一个想要的方向倾斜，例如产生有利于客户品牌的观点，或者产生对竞争品牌不利的观点。为了凸显客户品牌是受欢迎的，要求被调查者使用7级量表表明他们对客户品牌的观点，量表上的标示从“极差”到“好”。在这种情形之下，被调查者比较不愿意将产品评为极差，而认为产品很普通的被调查者就会给出对公司有利的答案。自己尝试一下，在下面的量表中，你会对宝马汽车如何打分呢？

| | | | | | | | | | |
|---|---|---|---|---|---|---|---|---|---|
| 可靠性： | 极糟糕 | 1 | 2 | 3 | 4 | 5 | 6 | 7 | 好 |
| 性能： | 最差 | 1 | 2 | 3 | 4 | 5 | 6 | 7 | 好 |
| 质量： | 最差 | 1 | 2 | 3 | 4 | 5 | 6 | 7 | 好 |
| 声誉： | 很差 | 1 | 2 | 3 | 4 | 5 | 6 | 7 | 好 |

发现你给宝马车的打分向肯定倾斜了吗？使用相同的技术，通过给出一个略微不利的描述词（有点差）和一个强烈肯定的描述词（极好），就有可能产生向负面倾斜的评价。

可见使用相同程度的正面和负面的描述词是多么重要。如果违反了这条原则，答案就会向某一方倾斜，对此应该做出解释。调研人员对客户和被调查者都有责任确保量表的可用性和有效性。

**调研实例**

### 对直销公司道德水平的测量

许多公司都在没有对目标消费者进行任何了解的情况下，通过电话、电子邮件、短信和邮件进行市场宣传。许多直销公司，包括保险公司、医疗行业以及通信公司已经为不道德的营销行为缴纳了数十亿美元的罚款。丹尼·哈奇（Denny Hatch）为直销公司提供了下面的诚实测试量表。

1. 总体上说，我提供的服务“小心翼翼地诚实”。

   0 1 2 3 4 5

2. 为我的妈妈或者女儿提供这种服务我会非常骄傲。

   0 1 2 3 4 5

3. 我的保证是非常清楚且坚定的，并且会坚持下去。

   0 1 2 3 4 5

4. 我坚守提供服务中做出的每个承诺。

   0 1 2 3 4 5

5. 我们推销的每一款产品都是简单易懂的，并且相关说明印刷清楚。

   0 1 2 3 4 5

6. 所有证书都是真实的并且可以查询到。

   0 1 2 3 4 5

7. 商品都会在承诺的时间送达。

   0 1 2 3 4 5

8. 我绝对遵守所有成文和不成文的行业准则。

   0 1 2 3 4 5

9. 我会让撤单和退货非常容易。

   0 1 2 3 4 5

10. 我会立刻为不满意的消费者退款。

    0 1 2 3 4 5

这是一个0～5分的自我评分量表，0分是不合格，5分是优秀。直销公司应该使用这个量表来测量它们行为的道德程度。如果得分低于50，那就不是“小心翼翼地诚实”的。[29]

**调研决策**

## 怪兽：求职网站的怪兽

**情境**

看到“怪兽”这个词，你会想到什么？你床底下的恐怖生物？《芝麻街》里的Elmo和Grover？迪士尼的电影《怪兽公司》？现在，“怪兽”这个词也指一个将成千上万的求职者和用人单位联系起来的网络求职中介公司。怪兽公司（www.monster.com）于1994年由杰夫·泰勒（Jeff Taylor）创立，萨尔·扬努兹（Sal Iannuzzi）2007年被任命为这家公司的总裁和首席执行官。该公司是国际求职网站的领头羊，拥有世界第一的招聘管理资源，客户包括《财富》100强公司中的90多家，以及《财富》500强公司中的约490家。其在几十个国家拥有分公司。无疑，这个公司为“怪兽”一词增添了新的解释。

怪兽公司采用独特的方法使用了大量的营销调研技术。和尼尔森对各种公司进行营销调研的做法不同，怪兽公司只调研那些需要雇员填补职位空缺的公司，并且为这些公司提供适合的求职者。怪兽公司做得很好，越来越多的公司模仿怪兽的模式进入了提供工作搜索服务的领域。这些竞争公司包括HotJobs（hotjobs.yahoo.com）、Kfore（www.kforce.com）、ejobs（www.ejobs.com）和eCareers（www.ecareers.org）。由于各种不同服务的存在，求职网站的市场趋于饱和。将自己的服务与其他公司的服务差异化，对怪兽公司来说比以前更重要。

**营销调研决策**

1. 怪兽公司的成功在于将职位需求和求职者的技术与资质进行匹配。怪兽公司应该使用什么量表技术来测量职位需求和求职者的技术与资质？

2. 讨论在帮助萨尔·扬努兹匹配公司职位需求和求职者的技术与资质，由此提高怪兽公司的市场份额时，你推荐的量表类型所起的作用。

**营销管理决策：**

1. 为了战胜竞争者获得更多的市场份额，萨尔·扬努兹应该怎样做？

2. 你以调研中的发现为基础提出的量表技术如何影响你为萨尔·扬努兹推荐的营销管理决策方案？讨论这一问题。[30]

## 本章小结

在非比较量表中，每个刺激对象都独立于系统中的其他对象参与评分。结论数据通常被认定为定距数据或者定比数据。图9-7给出了概念图。非比较量表可以是连续的也可以是分项的。分项评分量表可进一步分为李克特量表、语义差异量表和斯坦普尔量表。当调研人员使用非比较量表时，必须对量表分类的数目、平衡量表还是非平衡量表、分类数目是奇数还是偶数、强制性量表还是非强制性量表、文字描述的性质与程度、量表的形式或结构做出决策。

多项评分量表是由许多评分量表项目组成的。需要评估这些量表的信度和效度。信度是指进行重复测试的情况下，量表产生的结果的一致程度。评估信度的方法包括重复测试法、复本法和内部一致性法。效度，或者称为测量准确度，可以通过对内容效度、标准效度和构念效度的评估进行评价。

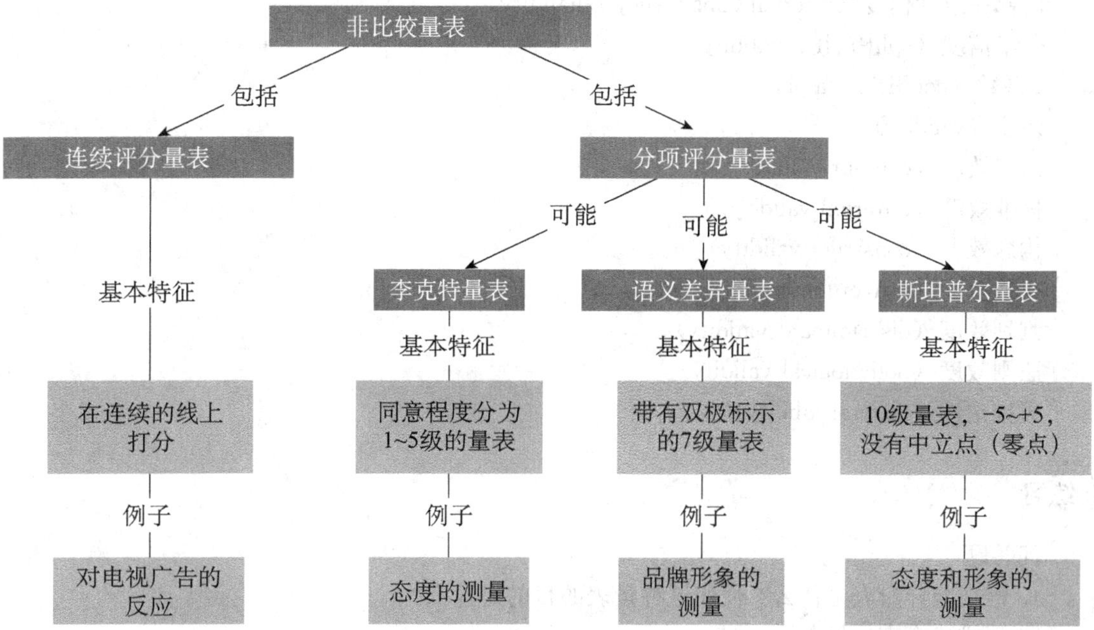


**图 9-7　非比较量表的概念图**

在既定环境下选择特定的量表技术，应该以对理论和实际情况的了解为基础。作为一般规则，选择的量表技术应该能产生最高水平的切实可行的信息。同样地，还应该运用重复测试。

在国际营销调研中，应该特别重视不同语言和文化中的等价语义描述词。调研人员对客户和被调查者均有责任确保量表的可用性和有效性。网络和计算机在连续评分量表和分项评分量表，尤其是多项评分量表的建立和测试中是非常有用的。

## 关键术语与概念

非比较量表（noncomparative scale）
连续评分量表（continuous rating scale）
分项评分量表（itemized rating scale）
李克特量表（Likert scale）
语义差异量表（semantic differential）
斯坦普尔量表（Stapel scale）
平衡量表（balanced scale）
强制性评分量表（forced rating scale）
多项评分量表（multi-item scales）
构念（construct）
测量误差（measurement error）
真实值模型（true score model）
系统误差（systematic error）
随机误差（random error）
信度（reliability）
重复测试信度（test-retest reliability）
复本信度（alternative-forms reliability）

内部一致性信度（internal consistency reliability）
分半信度（split-half reliability）
$\alpha$ 系数（coefficient alpha）
效度（validity）
内容效度（content validity）
标准效度（criterion validity）
构念效度（construct validity）
收敛效度（convergent validity）
判别效度（discriminant validity）
法则效度（nomological validity）
可推论性（generalizability）

## 练习

**问答题**

1. 语义差异量表是什么？使用这种量表的目的是什么？
2. 请描述李克特量表。
3. 斯坦普尔量表和语义差异量表之间的差别是什么？哪种量表应用更广泛？
4. 在建立一个分项评分量表时涉及的主要决策是什么？
5. 在一个分项评分量表中应该使用多少量表类别？为什么？
6. 平衡量表和非平衡量表之间的区别是什么？
7. 在一个分项评分量表中分类数目应该是奇数还是偶数？
8. 强制性量表和非强制性量表之间的差别是什么？
9. 文字描述的性质和程度是怎样影响分项评分量表的答案的？
10. 多项评分量表是什么？
11. 描述真实值模型。
12. 信度是什么？
13. 重复测试信度和复本信度之间有什么区别？
14. 描述内部一致性信度的概念。
15. 效度是什么？
16. 标准效度是什么？怎样评估？
17. 你会怎么评估一个多项评分量表的构念效度？
18. 信度与效度之间有怎样的关系？
19. 你会怎样选择一个特定的量表技术？

**练习题**

1. 分别建立测量商店忠诚度的李克特量表、语义差异量表和斯坦普尔量表。

2. 建立一个测量学生对管理课程国际化的态度的多项评分量表，你会怎样评估这个量表的信度和效度？

3. 建立一个测量学生对网络作为综合信息的来源的态度。针对一个拥有30名学生的小样本执行你的量表，并对其进行改进。

4. 下面的量表是在最近的一项调研中用来测量对新技术的态度的：

下面的陈述描述了你对新技术可能的态度，请指明你对这些陈述同意或者不同意的程度。1＝完全同意，5＝完全不同意。

我是一个避免使用新技术的人。

我是一个技术迷，总是使用最新技术的设备。

对新技术我持“等等看”的态度，直到它被证实是好的。

朋友在购买新技术时会来征求我的意见。

（1）你会怎样为这个测量对新技术的态度的量表打分？

（2）建立一个等级语义差异量表来测量对新技术的态度。

（3）建立一个等级斯坦普尔量表来测量对新技术的态度。

（4）哪个量表最适合电话调查？

## 活动

**角色扮演**

假如你是一个公司营销调研部门的工作人员，公司专门从事医药行业决策支持系统开发。你的公司想要通过电话调查的方式测量医院管理人员对该系统的态度，你被要求为此建立一个合适的量表。管理层要求你介绍你的量表并说明设计这张量表的理由。

**实地调查**

建立一个语义差异量表来测量你所在的城市的两个航空公司的形象。在一个拥有20个学生的样本中执行你的量表。基于你的调研，哪个航空公司拥有更好的形象。

**小组讨论**

1. 以小组的形式讨论如下陈述：“用哪种量表方法无关紧要，只要你的测量是可信的，你就可以得到正确的结论。”

2. 以小组的形式讨论如下陈述：“在应用性的营销调研中，信度和效度并不重要。”

## 连续案例：戴尔

阅读书末附录A中戴尔的案例，以及提供的调查问卷，下载数据资料[①]。

1. 执行下列操作：

（1）倒置创新性量表的第二项和第三项的评分。

（2）加总市场行家项目（Q10 _ 1～Q10 _ 4），形成一个营销专家总分。

（3）加总创新精神项目（Q10 _ 5～Q10 _ 10），形成一个创新性总分。注意在加总之前你必须倒置负面措辞的项目的分数（Q10 _ 6～Q10 _ 7）。

（4）加总意见领袖项目（Q10 _ 11～Q10 _ 13），形成一个意见领袖总分。

（5）计算Cronbach三个系列项目中每个$\alpha$值。

2. 设计测量消费者对戴尔电脑的偏好的李克特量表、语义差异量表和斯坦普尔量表。

## 案例分析

### eGO：重造车轮

eGO电动车公司于1999年由当时的总裁和首席执行官安德鲁·卡尔费兹（Andrew Kall-

---

① 相关数据资料请登录中国人民大学出版社网站（www.crup.com.cn）免费下载。

felz）建立。它制造轻便的电动交通工具，并且自称是“有趣的、易使用的、友好的个人交通工具”的最佳制造商。eGO电动车不需要燃料并且零排放。它完全依靠电力发动并且能以每小时20～25英里的速度行驶1小时左右。这个公司一直在观察营销环境，寻找机会扩大国际市场。

基于对目标群体的营销调研、调查和个人观察，eGO电动车的理念是执行所能想到的所有任务。尽管理念看起来很有希望，但是将产品从设计搬向市场会遇到一些挑战和障碍。第一个挑战是电动车的设计。eGO的团队特别提出电动车的外形和感觉不能像摩托车。安德鲁将设计目标定位为“让它像一个魔毯一样”。电动车要看起来很特别，设计者寻求这种特别性。他们不希望人们认为“哦，一辆摩托车”（对环境不利），或者“哦，一辆自行车”（你必须踩脚蹬）。这个观念即将变成实际的模型。在一年半的产品测试之后，eGO电动车获得了诸多组织的认可。有了这些认可，eGO可以在任何国家注册它的电动车。

eGO主张一个新的与众不同的理念，并且它的外观应该——也确实——反映出了这一点。这个具体的定位为eGO提供了最强有力的竞争力和最大的挑战。尽管消费者可能想要这个产品，却没有可用的销售渠道。自行车商店不想要电动车来占位置，摩托车商店也不想销售此电动车。

通过营销调研得到了解决方法。eGO需要了解怎样销售它的产品以及向谁销售。营销调研显示尽管在许多商店都买不到，消费者还是希望试骑电动车。eGO的回应是将电动车带到足球比赛现场、展览以及其他消费者可以试骑的场合。另外，调研显示商业杂志上的文章和高收视率电视台的广告会帮助消费者在没有见到真实产品的时候就更加了解它。eGO的电动车已经出现在《时代周刊》和如《早安美国》《今日秀》等电视节目中。eGO相信这些展示会为消费者提供保证。一个对已拥有eGO电动车的人的调查显示，电动车多用于日常活动、消遣娱乐、办公。最后，调研显示这些产品也会在高尔夫球车已被用作交通工具的市场和度假胜地获得成功。

令eGO团队高兴的是，他们发现电动车成了热门，很快吸引了人们的目光并成为讨论的热点，这更有效地促进了它的营销。营销副总裁吉姆·哈曼（Jim Hamman）说：“……任何地方都会讨论它（eGO电动车），人们会从汽车里探身出来问你从哪里买的，性能怎么样。”强烈的消费者反响创造出了巨大的需求，在短短2年之内eGO的订单从零增长到每月大批产品销往国外。

eGO电动车有三种型号，各型号根据本地的需求和营销调研结果分别拥有不同的特性。价格由型号、购买国和地理决定。价格策略的制定不仅考虑了成本因素，也考虑了基于营销调研得出的消费者的价格敏感度（需求弹性）。

eGO的动力消耗成本每公里不超过半美分。电池的售后保证是6个月，底盘的售后保证是10年，其他部件的售后保证都超过1年。而且消费者可以个性化定制他们的eGO电动车。消费者可以定制不同于所有现有款式的电动车并且从四种颜色中根据喜好选择。营销调研发现，消费者强烈希望自己能在电动车制造中扮演一个角色，于是公司采用了这种定制策略。eGO也提供额外的附属商品，例如eGO品牌服装。

由于没有现成的市场和销售模式能够效仿，eGO必须发展自己的模式并在经营过程中完善，从经验和顾客反馈中学习。直销市场和直销模式是eGO的主要选择，尽管这种方式很慢很费时，并且需要很强的创造性。eGO电动车由授权的经销商销售，附属商品可以从网络上买到。为了降低在美国以外的市场没有授权经销商带来的影响，eGO在特殊情况下提供船舶运输。

eGO公司正行进在正确的轨道上，迈向成功以及应对未来的挑战。这当然来自公司快速吸取和感知从营销调研中确认的消费者需求的能力。首先，eGO 制造了一个符合本地要求以及本地消费者喜好的电动车的核心款式。其次，生产地已经转移。

**结论**

该案例是一个新的革命性的，从某些方面来说是打破传统的产品营销的例子。案例展示了 eGO 在做营销努力时是怎样克服挑战的，例如缺少直接到达消费者的现成渠道、新产品难以发展品牌商誉以及树立品牌形象。诸如营销调研、客户反馈、直销和网上销售的策略和创新精神是任何一个白手起家的品牌建立高大的市场品牌形象时所需参照的例子。

**问题**

1. eGO 想要增加它在美国的销售，指出它的管理决策问题。
2. 指出与你所确定的管理决策相关的营销调研问题。
3. 你认为在进行营销调研确定消费者对 eGO 电动车的偏好时，公司应采用什么样的调研设计？
4. eGO 应使用一个固定样本组吗？如果需要，又应该为了什么目的而采用什么样的固定样本组呢？
5. 你会怎样使用网络来确定男性对电动车的偏好？
6. 什么样来源的辛迪加数据会在 eGO 为电动车进行未来需求策划时起作用？
7. 在确定消费者对 eGO 偏好的潜在决定因素时，座谈会和深度访谈哪种方法更好？
8. 如果要执行一个确定消费者对 eGO 偏好的调查，应该使用什么调查方法？为什么？
9. 举例描述在测量消费者对 eGO 的偏好过程中使用的定类、定序、定距和定比尺度。
10. 举例描述在测量消费者对 eGO 的偏好过程中使用的李克特量表、语义差异量表和斯坦普尔量表。

**资料来源**

1. www. egovehicles. com, accessed April 8, 2009.

2. eGO Vehicles, "Consumer Purchase Criteria for Personal Electric Vehicles," http: //egovehicles. com/fileadmin/user _ upload/PDFs/technical _ note _ 60. pdf, accessed April 8, 2007.

3. F. E. Jamerson and E. Benjamin, "Electric Bikes Worldwide Reports," 8th ed. , www. ebwr. com, accessed May 8, 2007.

# 第10章 问卷与表格设计

问卷设计对于成功的调研来说非常重要，称职的调研人员应该明白这一点，不会用未测试的问卷浪费公众和自己的力气。

——美国调查研究组织委员会主席（CASRO）戴内·博尔斯（Diane Bowers）

## 学习目标

1. 解释问卷的用途，提出被调查者能够而且愿意回答的问题，以达到鼓励被调查者积极参与并最小化答案误差的目的。

2. 描述问卷设计的过程、步骤，以及每一步必须遵从的原则。

3. 讨论用于收集数据的观察表格，并指定被观察的人、事、时间、地点、原因和观察方法。

4. 讨论在设计国际营销调研问卷时需要考虑哪些问题。

5. 理解在问卷设计过程中涉及的伦理问题。

## 本章概述

问卷或表格设计是调研设计中非常重要的一个步骤。一旦调研人员指定了调研设计的性质（见第3～7章）并确定了测量方法和步骤（见第8～9章），就可以设计并开发出一张问卷或观察表格。本章主要讨论了问卷和观察表格的重要性，描述了问卷的目的和设计问卷的步骤，为开发合理的问卷提供了指导原则。除此之外也讨论了国际营销调研时问卷设计要考虑的问题，以及问卷设计中的伦理问题。

## 10.1 问卷和观察表格

询问调查法和观察法是在描述性调研中获得定量原始数据的两个最基本的方法。这两种方法都要求遵循一定的程序，对数据收集过程标准化，以使获得的数据产生内部一致性，而且能够在一致的和连贯的方式中进行分析。如果40个不同的调查人员在不同地区进行人员调查或观察，除非他们遵循特定的指导原则用标准化的方法来提问和记录答案，否则他们收集的数据不具有可比性。一张标准化的问卷或者表格能够保证数据的可比性，提高记录答案的速度和精确度，并且有助于数据的处理。

### 问卷的定义

**问卷**（questionnaire）也称计划表、访谈表格或测量工具，都是指为了获得来自被调查者的信息而格式化的一系列问题。通常，问卷仅仅是数据收集包中的一个要素。数据收集包还包括：（1）现场工作的程序，例如选择、接近和提问被调查者的指南（见第13章）；（2）提供给被调查者的一些奖赏、礼物或者报酬；（3）沟通的辅助物，例如地图、图片、广告和产品（在人员调查中）以及回寄的信封（在邮件调查中）。不管采用哪种形式来执行调查，问卷都会通过一些特殊的目标来表现出某些特征。

### 问卷的目标

任何问卷都有三个具体的目标。

第一，它必须将所需的信息翻译成被调查者能够而且愿意回答的一系列问题。设计一些被调查者能够并且愿意回答，而且通过这些回答能够获取所需信息的问题是非常困难的。两个看上去相似的提问方法可能会产生不同的信息。因此，这个目标非常具有挑战性。

第二，问卷必须能够促使、激励和鼓励被调查者参与调查、积极合作并顺利完成调查。不完整的调查对于调研来说只有有限的用处。在设计问卷时，调研人员应该努力减少被调查者的疲劳感、厌烦感，并降低不完整率和拒答率。一个好的问卷能够激励被调查者，提高应答率。

第三，问卷应该最小化被调查者的回答错误。第3章已经讨论了在调研设计中潜在的误差来源，回答误差被定义为当被调查者给出不精确的答案，或回答被错误地记录或错误地分析时所产生的误差。问卷可能是产生回答误差的重大来源。最小化这种错误是问卷设计的重要目标。

## 10.2　问卷设计过程

问卷设计的最大缺陷是缺乏理论支持。没有一门具体的科学能够保证产生最优或者最理想的问卷，问卷设计师通常通过积累的经验进行设计。这是一门艺术而不是科学。斯坦利·佩恩（Stanley Payne）1951年出版的《提问的艺术》（*The Art of Asking Questions*）在这一领域里依旧是一部基础性著作。[1]本节为设计问卷的初学者提供了一些有用的指导原则。尽管这些指导原则能够帮助你避免较大的错误，但是对问卷的完善取决于一个具有熟练技巧的调研人员的创造力。

问卷设计包括以下一系列的步骤（见图10-1）：（1）确认所需信息；（2）确定调查方法的类型；（3）确定单个问题的内容；（4）设计问题来解决调查对象没有能力或者不愿意回答的情况；（5）确定问题的结构；（6）确定问题的措辞；（7）确定问题的正确顺序；（8）确定问卷的格式和版面设计；（9）印制问卷；（10）通过预调查来消除缺陷。我们将对每一个步骤提出指导原则。在实践中，各个步骤是相互关联的。问卷的设计将涉及一些步骤的反复和循环。例如，调研人员可能发现导致被调查者误解某一问题的所有可能措辞，这就要求回到之前的步骤，如确定问题的结构。[2]

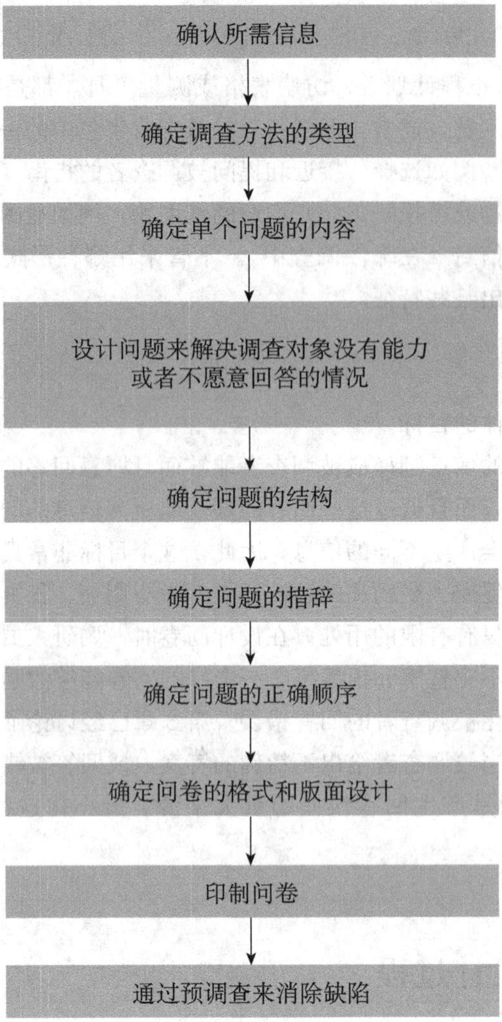


**图 10-1　问卷设计过程**

## 10.3　所需信息

问卷设计的第1步就是要弄清楚所需信息。这也是调研设计步骤的第1步。应该注意到，随着调研项目的进行，需要的信息越来越清晰。回顾调研问题和方法的组成，尤其是具体的调研问题、假设和所需信息是非常有用的。为了更进一步确保所获得的信息能够充分地表达待解决问题的所有组成部分，调研人员应该准备一系列虚拟表。虚拟表是用来登记数据的空白表格。它描述了一旦数据被收集上来之后，应该以什么结构进行分析。

对目标人群有清楚的认识也是非常重要的。被调查者的特点对于问卷的设计有很大的影响。适用于大学生的问题可能并不适用于家庭主妇。理解力和被调查者的社会经济特点也要考虑。更进一步，错误的理解可能导致被调查者不确定或者不作回答。被调查者越多元化，设计一个能够适合全部被调查者的问卷就越困难。

## 10.4　调查方法的类型

通过考虑如何使用不同的调查方法来进行问卷调查，可以更好地理解调查方法是怎样影响问卷的。在人员调查中，被调查者能够看见问卷，并且和调查人员是面对面交流。因此，较长的、复杂的和各种各样的问题都可以提出。在电话调查中，被调查者和调查人员有互动，但是他们看不见问卷。这就要求提问的应该是简短的、简单的问题。邮件调查问卷是自己填写的，所以问题必须简单，而且要提供给被调查者详细的说明和提示。在电脑辅助调查（人员调查和电话调查）中，为了消除顺序的偏差，复杂的跳跃形式和随机性的问题是最合适的。互联网问卷具有很多电脑辅助人员调查的特征，但是电子邮件问卷应该更简单一些。为人员调查和电话调查设计的问卷，应该以对话风格的设计为最佳。

请注意人员调查为了方便评分使用了卡片的形式。对调查人员的提示在人员调查中也得到了广泛的应用。调查方法的类型也影响单个问题的内容。

**调研项目**

**调查方法对问卷设计的影响**

**邮件调查问卷**

请根据你的偏好对下列百货商店进行排序。首先挑出你最喜欢的商店，标记为 1；然后找到第二喜欢的百货商店，标注为 2；继续这一步骤直到你将所有的商店都进行了排序。你最不喜欢的商店应该排在第 10 位，两个商店的排序不能相同。偏好的标准完全取决于自己，答案没有对错之分。请尽量保持选择的一致性。

| 商店 | 排序 |
|---|---|
| 1. 诺德斯特龙 | ________ |
| 2. 梅西百货 | ________ |
| 3. 凯马特 | ________ |
| 4. 科尔士 | ________ |
| 5. 杰西潘尼 | ________ |
| 6. 尼曼・马库斯 | ________ |
| 7. Marshalls | ________ |
| 8. 萨克斯第五大道 | ________ |
| 9. 西尔斯 | ________ |
| 10. 沃尔玛 | ________ |

**电话调查问卷**

我将会读一些百货商店的名字给你听。请将这些商店根据你的偏好进行量化打分。使用 10 个等级的标准，1 意味着最不喜欢，10 意味着最喜欢。请记住数字越大，意味着越高程度的偏好。现在，请告诉我对这些商店的偏好……

（依次读出每家商店的名字）

| 商店 | 最不喜欢 | | | | | | | | 最喜欢 |
|---|---|---|---|---|---|---|---|---|---|
| 1. 诺德斯特龙 | 1 | 2 | 3 | 4 | 5 | 6 | 7 | 8 | 9 | 10 |
| 2. 梅西百货 | 1 | 2 | 3 | 4 | 5 | 6 | 7 | 8 | 9 | 10 |
| 3. 凯马特 | 1 | 2 | 3 | 4 | 5 | 6 | 7 | 8 | 9 | 10 |
| 4. 科尔士 | 1 | 2 | 3 | 4 | 5 | 6 | 7 | 8 | 9 | 10 |
| 5. 杰西潘尼 | 1 | 2 | 3 | 4 | 5 | 6 | 7 | 8 | 9 | 10 |
| 6. 尼曼·马库斯 | 1 | 2 | 3 | 4 | 5 | 6 | 7 | 8 | 9 | 10 |
| 7. Marshalls | 1 | 2 | 3 | 4 | 5 | 6 | 7 | 8 | 9 | 10 |
| 8. 萨克斯第五大道 | 1 | 2 | 3 | 4 | 5 | 6 | 7 | 8 | 9 | 10 |
| 9. 西尔斯 | 1 | 2 | 3 | 4 | 5 | 6 | 7 | 8 | 9 | 10 |
| 10. 沃尔玛 | 1 | 2 | 3 | 4 | 5 | 6 | 7 | 8 | 9 | 10 |

**人员调查问卷**

（将百货商店的卡片分发给被调查者）这里有一系列百货商店的名字，每张卡片记录一个名字。请检查这些卡片。（给被调查者一些时间）现在，请再次浏览卡片，并且挑出你最喜欢的百货商店。（记录商店名字，将卡片收回）。现在，请再浏览剩下的9张卡片。在这9张卡片中，哪个是你最喜欢购物的商店？（不断重复这一步骤直到被调查者手中只剩下一张卡片。）

| 商店排序 | 商店名字 |
|---|---|
| 1. 1 | ________ |
| 2. 2 | ________ |
| 3. 3 | ________ |
| 4. 4 | ________ |
| 5. 5 | ________ |
| 6. 6 | ________ |
| 7. 7 | ________ |
| 8. 8 | ________ |
| 9. 9 | ________ |
| 10. 10 | ________ |

**电子调查问卷**

电子邮件调查和网络调查问卷的问题和邮件调查问卷非常相似；在所有这些方法中，问卷是由被调查者自己掌控的。

## 10.5 单个问题的内容

一旦定义好所需信息，且确定了调查方法的类型，接下来的步骤就是确定单个问题的内容。

### 这个问题是必要的吗？

问卷中的每一个问题都应该有助于获取所需信息或者能够满足某些特定的目标。如果一个问题所获得的数据并没有令人满意的用处，那么应该删除。

然而，在某些情境下，提出的问题和所需信息可以没有直接的联系。在问卷开始时问一些中立的问题对于建立良好的参与和交流氛围是非常有益的，尤其是当问卷的主题是敏感的或者有争议时。有时，为了掩饰调研项目的真实目的或者委托方，会问一些补充性质的问题。为了掩饰委托方的情况，问题不应仅仅局限于感兴趣的品牌，也应该涉及相关的竞争性品牌。例如，一项由惠普赞助的有关个人电脑的调查可能包括和戴尔或者苹果相关的一些补充性质的问题。为了获得客户对项目的支持，也可以包含一些与当前待解决问题无关的问题。有时，为了评估的信度和效度，某些问题可能会重复提问。[3]

### 使用几个而非一个问题是必要的吗？

一旦确定了某个问题是必要的，就必须确保这个问题能够获得足够的所需信息。有时，为了获得所需的信息会使用一种明确的方式来提问。考虑以下的问题：

"你认为可口可乐是可口和清爽的软饮料吗？"（不正确）

一个"是"的回答似乎能够提供一些必要的信息，但是如果回答是"不"又会怎么样呢？这意味着被调查者认为可口可乐不可口、不清爽还是既不可口又不清爽？这样的问题称为**双重问题**（double-barreled），因为两个或者两个以上的问题被合并为一个问题了。为了获得明确的所需信息，可以使用以下两个相互独立的问题来代替一个问题：

"你认为可口可乐是可口的软饮料吗？"
"你认为可口可乐是清爽的软饮料吗？"（正确）

另一个单独问题中包含多重问题的例子是"为什么"问题。例如在百货商店项目的背景下的下列问题：

"你为什么在耐克城购物？"（不正确）

可能的回答包括"来买运动鞋""比其他的商店更便利""最好朋友的推荐"。每一个回答实质上都和一个不同的问题相关。第一个回答告诉我们为什么调查对象在体育用品商店购物；第二个回答解释了和其他商店相比，调查对象都喜欢耐克城的哪些方面；第三个回答说明了调查对象是从何种渠道了解耐克城的。这三个问题并没有可比性，而且任何一个问题都是不完整的。完整的信息可以通过问两个单独的问题来获得：

"和其他商店相比，你喜欢耐克城什么？"
"你第一次在耐克城购物是什么时候？"（正确）

大多数关于产品的用途，或者"为什么"的问题往往涉及两个方面：(1) 产品的属性；(2) 影响获得相关知识的因素。[4]

## 10.6　避免无法回答的问题

调研人员不应该假设被调查者对于所有的问题都能够提供精确的或者合理的回答。调研人员应该努力克服被调查者没有能力回答的情况发生。某些因素会限制被调查者提供所需信息的能力。被调查者可能不具备相关的知识，可能记不住具体情形，或者可能无法清晰地阐述某些类型的问题。

## 被调查者具备相关的知识吗？

被调查者经常被问他们不是非常熟悉或了解的话题。在一个家庭中，如果妻子负责采购日常用品，那么丈夫就可能并不了解每个月在杂货店或百货商店购物上的开销，反之亦然。调研表明，被调查者即使不是十分了解某些信息，他们也经常会对所提出的问题作答。

在很多情况下，并不是所有的被调查者都了解所有话题，在对有关话题提问之前，应该首先提出一些测量熟悉度、产品用法和过去经验的**过滤性问题**（filter question）。[5] 过滤性问题能够筛选出那些不具备足够知识的被调查者。

百货商店的问卷包括10家从高档商店到折扣商店的相关问题。可能有很多被调查者并不对所有被调查的百货商店都有足够的了解，所以项目收集了被调查者关于每一家百货商店的熟悉度和光顾频繁度的信息（见第1章）。这样就可以对被调查者不是十分了解的百货商店的相关数据进行单独分析。一个“不知道”的选项似乎可以减少不具备足够知识的被调查者的回答，而且不会降低整体的应答率和被调查者对具备足够信息的问题的应答率。因此，当调研人员预期到被调查者可能对某些问题的主题没有足够的知识的时候，应该提供“不知道”这样一个选项。[6]

## 被调查者能记得具体情形吗？

很多我们认为所有人都能记得的事情却只有一些人记得，可以在自己身上进行这样的测试。你能回答下列的问题吗？

两个星期前的今天你穿的衬衫是什么牌子的？
一个星期前的今天你中午吃的是什么？
一个月前的今天你中午正在做什么？
在过去的四个星期你喝了多少加仑软饮料？ （不正确）

这些问题是不正确的，因为它们超出了被调查者记忆能力的范围。证据表明消费者对于消费数量的记忆力尤其差。在有实际的数据做对比的情况下，人们发现消费者告知的产品使用超过了实际使用的100%或者更高的程度。[7] 因此，有关软饮料消费的问题这样问会更好一些：

通常情况下一周内你会买几次软饮料？
i. ______________不到1次
ii. ______________ 1～3次
iii. ______________ 4～6次
iv. ______________ 7次或者7次以上 （正确）

记忆问题导致了遗漏、近移或者编造的误差。遗漏是指不能回忆起事件发生的真实时间。**近移**（telescoping）是指一个人所回忆的事件的发生时间比实际时间更近。[8] 例如，一个被调查对回答说，在过去的两周里去了三次超市。事实上，三次去超市购物经历中的一次是18天前发生的。编造误差是指被调查者回忆出一个根本就没有真实发生的事件。

记忆某一事件的能力受以下因素影响：（1）事件本身；（2）事件发生距今的时间；（3）是否存在辅助记忆事件。我们往往能记住重要的、不寻常的，或是经常发生的事情，例如人们能够记得结婚纪念日和生日。越近发生的事情就越容易被记住。被调查者更有可能回忆起上一次购物时所购买的产品，更久远的购物经历则不太容易记得。

研究表明，不能向被调查者提供线索，没有辅助回忆的问题将会低估事件的真实发生率。例如，“你能回忆起昨天晚上电视广告里的软饮料是什么牌子吗？”这即是没有提示的回忆。有提示的回忆方法试图通过提供一些相关线索来刺激被调查者的记忆。有提示的回忆方法会列出很多软饮料品牌的名字然后问：“这些品牌中，有哪些是昨天晚上电视广告播放的？”在提供线索时，调研人员必须注意因为使用一些连续水平的刺激而使问题的回答产生倾向性。之后可通过分析刺激对问题回答的影响，确定刺激的适当水平。

### 被调查者能够清晰地阐述吗？

被调查者可能没有能力清楚地阐述某些类型的答案。例如，如果被调查者被要求描述他们喜欢光顾的百货商店的气氛，可能大多数的被调查者都不知道该怎么回答这个问题。反之，如果向被调查者提供了一些可选择的百货商店气氛的描述，他们就会有能力指出最喜欢的那一个。如果被调查者不能清楚地描述他们对于问题的答案，可能会忽视那个问题，也可能拒绝回答剩下的问卷。因此应该为被调查者提供必要的帮助，例如图片、地图、描述等，帮助他们清晰地描述答案。

## 10.7 避免不愿意回答的问题

即使被调查者能够回答某些特定的问题，他们也可能不愿意这样做，这有可能是因为他们被要求做太多的努力、情境和环境可能并不合适公开、所要求的信息没有显著的合法目的或需要，以及所问的问题是敏感的。

### 要求被调查者所做的努力

大多数的被调查者不愿意付出太多的努力去提供信息。因此，调研人员应该将要求被调查者所做的努力减少到最小。假设调研人员想知道被调查者在最近的购物经历中从商店的哪个部门购买过产品，这个信息可以通过至少两种方法获得。调研人员可以让被调查者列出在最近的购物经历中购买过商品的部门，或者提供一个部门清单，让被调查者来选择。

方法一：

请列出你最近一次去百货商店购物时在哪些部门购买了商品。（不正确）

方法二：

阅读下列清单，请在你最近一次购物时购买了商品的所有部门后画“√”。

1. 女装____________
2. 男装____________
3. 童装____________
4. 化妆品____________

……

17. 珠宝____________
18. 其他（请写出具体）____________ （正确）

第二种问法更合适，因为它要求被调查者做出较少的努力。

## 情境

有些问题在某些情境下是合适的，在另一些情境下并不合适。例如，关于个人卫生习惯的问题在美国医师协会（American Medical Association）发起的调查中被问及是非常合适的，但是在快餐店发起的调查中提起就不那么合适了。被调查者不愿意回答他们认为对于特定情境不合适的问题。但是调研人员能够操纵情境，使得问题看起来是合适的。例如，在快餐店调研中问及关于个人卫生的相关信息时，可以通过下列的陈述营造情境："作为一家快餐店，我们非常关注为顾客提供一个清洁和卫生的环境。因此，我们想问你一些关于个人卫生的问题。"

## 合法目的

当被调查者认为问题的目的并不合法时他们也不愿意泄露信息。为什么一个公司在营销谷物时想要知道顾客的年龄、收入和职业呢？对为什么需要数据做出合理的解释能够使对信息的索取显得更合理，而且能够增加被调查者回答的自愿性。例如，"为了确定在不同的年龄、收入和职业的人群中，谷物的消费与对谷物品牌的偏好的区别，我们需要关于……的信息"，诸如此类的陈述能够使索取信息显得更加合理。

## 敏感的信息

被调查者不愿意公开，至少不愿意精确地公开敏感的信息，因为这可能会产生尴尬、威胁被调查者的隐私，或者影响他们的形象。如果提问这样类型的问题，被调查者可能会给出具有偏见性的回答，尤其是在人员调查的时候（见第6章）。[9]敏感的话题包括钱、家庭生活、政治态度、宗教信仰、某些事件的参与度。可以采纳下面部分给出的技巧增加被调查者提供信息的自愿性。

## 增加被调查者的自愿性

下列技巧可以鼓励被调查者提供一些他们不愿意提供的信息[10]：

1. 在问卷的结尾提问敏感的话题。在这种情况下，初始的不信任已经被克服了，认同已经产生，项目的合法性已经建立，被调查者愿意提供更多的信息。

2. 在提问前说明问卷所调查的内容是具有普遍性的。例如，在问有关信用卡债务的信息时，可以说，"最近研究认为大多数的美国人都有负债。"这种技巧称为反偏见陈述。

3. 运用第三人称来提问问题（见第5章）。让问题的措辞看起来像在讨论其他人。

4. 将一些问题隐藏在被调查者愿意回答的一组问题中，这样可以加快提问的速度。

5. 提供给被调查者的答案是类别而不是具体的数字。不要问"家庭每年的收入是多少？"而是要求被调查者确认适当的收入范围：低于25 000美元、25 001～50 000美元、50 001～75 000美元、高于75 000美元。在人员调查中，给被调查者提供列有编号的选项卡片，被调查者可以用编号指出他们的回答。

6. 使用随机技术。有两个问题提供给被调查者：一个是敏感的，另一个是中立的，都可以通过"是""否"来回答（例如，"你的生日是在3月吗？"）。被调查者随机挑选一个问题，例如通过掷硬币，之后回答"是"或者"否"，无须告诉调研人员回答的是哪个问题。通过考虑"是"的整体概率、选择敏感问题的概率、对于中立问题回答"是"的概率，调研人员使用概率法能够确定对于敏感问题回答"是"的概率。然而，调研人员不能确定哪个被调查者对于敏感问题回答了"是"。[11]

# 10.8　问题的结构

问题可以是结构化的也可以是非结构化的。下面我们给出非结构化问题的定义，讨论它们的优缺点，然后考虑主要的结构化问题的类型：多选题、二项问题和量表。[12]

## 非结构化问题

**非结构化问题**（unstructured question）是被调查者用他们自己的语言来回答的开放性问题，也称自由回答问题。例如：

你的职业是什么？

你对那些光顾百货商店的人是怎么看的？

你最喜欢的政治人物是谁？

非结构化问题作为一个话题的第一个问题是非常好的，它能使被调查者表达一般的态度和观点，这些态度和观点能够帮助调研人员解释被调查者对结构化问题做出的回答。非结构化问题对回答偏见的影响小于结构化问题。被调查者可以自由表达任何观点。他们的评论和解释能够提供给调研人员一些丰富的见解。因此，非结构化的问题在探索性调研中是非常有用的。

非结构化问题最主要的缺点是它受调研人员偏见的影响较大。调研人员逐字地记录了被调查者的答案，还是仅仅记录下了一些主要的观点？所得数据主要依赖于调研人员的技巧。如果逐字记录非常重要，录音设备就非常有必要了。

非结构化问题还有另一个主要的缺点：答案的编码非常耗费成本和时间。[13]编码过程要求答案被概括为可以进行数据分析和解释的格式。非结构化问题对于那些能够更清楚地表达意见的被调查者来说更有优势。同样，非结构化问题对自我执行或者计算机执行的问卷是不适合的（邮件调查、电脑辅助人员调查、电子邮件调查和网络调查），因为被调查者的回答在写的时候会比在说的时候更简短。

预编码能够克服并解决一些非结构化问题的缺点。即问题以开放性的形式提出，但是用多重选择的格式记录预期的答案。基于被调查者的回答，调研人员挑选出合适的回答类目。当被调查者能够容易地表述答案，而且因为可供选择的答案选项有限，所以设计预编码类目很容易时，这种方法是令人满意的。例如，这个方法能够用来获取关于设备拥有状况的信息。它也可以成功地应用在商业调研中，就像下面的例子中阐述的那样。

**调研实例**

**评估对接人的态度**

某大型电信公司开展了一项全国电话调查，用来确定商家对电信服务的态度。其中的一个问题是开放性的，并使用了预编码方法。[14]

你最近使用了哪个公司或集团的长途电话服务？如果多于一家，请选出所有公司的名字。

1. ____________ Verizon
2. ____________ Sprint Nextel
3. ____________ Qwest

4. ____________ AT&T
5. ____________ Regional Ball Operation Co.
6. ____________其他（请说明）
7. ____________不知道/没有答案

通常，开放性问题在探索性调研中作为开场问题是非常有用的，但是在大型调研中其缺点会超过优点。[15]

## 结构化问题

**结构化问题**（structure question）确定了一组答案选项和答案格式。结构化问题可以是多选题、二项问题或者是量表。

**多选题** 在多选题中，调研人员提供了答案的选项，被调查者被要求在这些选项中选择一个或者多个。看看下列问题：

在未来的六个月内，你有买新车的打算吗？

____________肯定不会买
____________可能不会买
____________还没有决定
____________可能会买
____________肯定会买
____________其他（请具体列出）

第9章讨论的关于分项评分量表的一些问题同样适用于多选题。在多选题的设计中需要关注两个额外的问题，即每一道题中应该包括的选项数目和顺序或者位置偏差。

答案的选项应该包括一系列所有可能的选择。通常的指导原则是列出所有可能的重要的选项，以及一个“其他（请具体列出）”的选项，就像前面的例子一样。答案选项应该是互斥的。被调查者应该也能够确认一个，或者仅仅一个选项，除非调研人员特别允许选择两个或者多个（例如，“请指出你在上一周消费的所有软饮料的品牌”）。如果供选择的选项有很多个，可以尝试使用多个问题来减少被调查者在一个问题中所需处理的信息。

**顺序或位置偏差**（order or position bias）指的是被调查者因为一个选项占据的位置或者是它以一定的顺序列出就选择这个选项的倾向。被调查者往往会倾向于在列表的第一个或者最后一个陈述上画钩，尤其是第一个。对于一系列数字（数量或者价格）而言，被调查者通常都会倾向于选择靠近中间的数值。为了控制这种顺序偏差，应该准备几种问卷，在每种问卷中问题选项的顺序是不同的。除非选项有顺序，每一个选项都应该在极端位置上出现一次，在中间位置上出现一次，在其他位置上出现一次。[16]

多选题克服了很多开放性问题的缺点，因为调查者偏差减少了，这些问题也能够很快地被回答。而且，编码和处理数据花费的成本和时间更少。在自填式问卷中，如果大多数问题是结构化的，被调查者也会更加合作。

多选题并非没有缺点。设计有效的多选题会花费相当大的精力；可能需要使用开放性问题的探索性调研来确定回答选项；获得相关的没有被列出的选项的信息非常困难，即使有“其他（请具体列出）”选项，被调查者往往也会倾向于在那些已有的选项中进行选择；除此之外，向被调查者展示可能的答案也会产生偏差，这也是顺序偏差的潜在形式。[17]

**二项问题** **二项问题**（dichotomous question）只有两个供选择的答案：是或者不是；同意

或者不同意等。通常，会使用一个中立的选项对两个相关选项进行补充，例如“没有意见”“不知道”“两者都有”“两者都不”。[18]之前关于购买新车的动机的多选题也可以以二项问题的形式提问：

在未来的六个月内，你有买新车的打算吗？

____________是

____________否

____________不知道

是否使用二项问题应该由被调查者能否将讨论主题作为一个“是或否”的问题处理来决定。尽管决策是以一系列二元的或者二项的选择为特征的，但是潜在的决策过程可能也会反映不确定性，这种不确定性可以通过多选题的答案更好地获得。例如，如果经济条件允许，两个人在未来的六个月内购买一辆新车的可能性是相同的。但是，一个人对经济的看法是乐观的，将会回答“是”，而另一个人是悲观的，可能会回答“否”。

在设计二项问题时另一个问题是，是否要包括一个中立的回答选项。如果不包括，被调查者即使漠不关心，也会被迫在“是”和“否”之间进行选择。此外，如果包含一个中立的选项，被调查者可能会避免在某一问题上进行评论，因此会对结果产生偏差。我们提供下列的指导原则：如果大部分被调查者被认为是中立的，就应该包括一个中立的选项；如果中立的被调查者所占比例非常小，就避免使用中立选项。

二项问题的优缺点和多选题很相似。二项问题对于编码和分析来说是最容易的一种形式，但是存在精确性的问题：答案会被问题的措辞影响。举例说明，“个人比社会环境对一个国家中的犯罪行为负有更大的责任”这一陈述，得到了 59.8%的被调查者的同意。然而，在一个相匹配的样本中，对于“社会环境比个人对这个国家中的犯罪行为负有更大的责任”这一相反陈述，43.2%的被调查者同意（而不是 40.4%）。[19]为了克服这一问题，问题应该在一半的问卷中用一种方式提出，而在另一半的问卷中以相反的方式提出。这就是所谓的分半投票技术（split ballot technique）。

**量表**　**量表**（scales）在第 8 章和第 9 章都进行了详细的讨论。为了展示量表和其他结构化问题之间的区别，回忆一下关于购买新车意图的问题。可以用量表以如下方式设计这一问题：

在未来的六个月内你有买新车的打算吗？

| 肯定不买 | 可能不买 | 还没决定 | 可能会买 | 肯定不会买 |
| --- | --- | --- | --- | --- |
| 1 | 2 | 3 | 4 | 5 |

这仅仅是可以用来询问该问题的几种量表中的一种（见第 8 章和第 9 章）。

## 10.9　问题的措辞

问题措辞是将问题内容和结构转化成被调查者能够清楚、容易理解的语言。在设计一份问卷时，确定问题的措辞也许是最关键和最困难的任务。如果一个问题非常晦涩难懂，被调查者可能会拒绝回答，或者错误回答。第一种情况，我们称为项目拒答（item nonresponse），它会增加数据分析的复杂程度。[20]第二种情况会导致回答误差，就像之前所讨论的那样（见第 3 章）。除非被调查者和调查人员对于同一个问题的意义的理解是相同的，否则结果将会形成严重的偏倚。[21]

为了避免这些问题，我们提供了以下指导原则：(1) 定义讨论的议题；(2) 使用通俗易懂的词语；(3) 使用明确的词语；(4) 避免引导性问题；(5) 避免隐含选项；(6) 避免隐含假设；(7) 避免概括性和估计的词语；(8) 双重陈述。

## 定义讨论的议题

一个问题应该清楚明确地定义将要被解决的议题。新人记者被告知要根据人物（who）、事件（what）、时间（when）、地点（where）、原因（why）和方法（way）来详细阐述一个论题。[22]这些在定义一个议题时也能够作为指导性原则（见第3章）。考虑下列问题：

你使用哪个牌子的洗发水？（不正确）

表面上看，这好像是一个定义得比较好的问题，但当我们用人物、事件、时间和地点这些微观的因素来检视它时，可能会得出另一种结论。这个问题中的"人物"涉及被调查者，但是并不明确，调查人员指的是被调查者个人使用的品牌还是家庭使用的品牌。问题中的"事件"是洗发水。然而，如果使用的洗发水品牌多于一个该怎么办？被调查者应该回答最喜欢的品牌、最经常使用的品牌、最近在使用的品牌还是第一次使用的品牌？"时间"也不明确。被调查者应该回忆最近一次、上一周、上个月、上一年还是曾经？至于"地点"，也没有陈述清楚。有关这个问题的更好的措辞应该是这样的：

上个月，你本人在家里使用的是哪种或者哪些洗发水？
如果使用了一种以上的洗发水，请写出使用的所有品牌的名称。（正确）

## 使用通俗易懂的词语

在问卷中应该使用通俗易懂的词语，它们应该与被调查者的词汇水平相匹配。[24]当选择词语时，要记住美国的大多数人有高中学历，而不是大学学历。对于某些特定的被调查者群体，受教育水平甚至更低。例如，我们曾经做了一项主要是在农村进行的大型电信公司的项目。那些地区的平均受教育水平低于高中水平，很多被调查者仅仅上过4～6年的学。对这类人应该避免使用技术性术语。大多数的被调查者并不能理解专业的营销词语。例如，不要问：

"你认为软饮料的分销充分吗？"（不正确）

替换成：

"当你想买软饮料的时候随时都能买到吗？"（正确）

## 使用明确的词语

对于被调查者来说，在问卷中使用的词语应该具有简单、单一的含义。很多词语看起来似乎是明确的，但是对不同的人可能产生不同的含义。[25]例如，"通常情况下""正常情况下""频繁地""经常地""有规律的""偶尔的""有时"。看看下面的问题：

一个月里你去百货商店的频率如何？

______从不
______偶尔
______有时
______经常
______有规律的（不正确）

这个问题的答案充满了回答偏差，因为用来描述选项的词语对于不同的人来说具有不同的含义。三名每月购物一次的被调查者可能会选择三个不同的答案：偶尔，有时，经常。这个问题应该用下列方式：

一个月内你去百货中心的频率如何？

____________少于 1 次

____________1～2 次

____________3～4 次

____________多于 4 次 （正确）

这个问题对所有被调查者来说都具有一致的含义。答案类目被客观地定义，被调查者就不用再以他们自己的理解来解释了。

除此之外，不同的人对全包含或全排除的词语的理解不同。这样的词语包括“所有”“通常”“任何”“任何人”“曾经”“每一个”。这样的词语应该避免。例如，“任何”对于不同的被调查者来说可能意味着“所有”、“一些”或者“仅此一个”，这依赖于他们对问题的理解。

在决定词语的选择时，调查人员应该查看词典和辞典，对于每个所使用的词语都要进行下列的提问：

1. 它代表我们想表达的含义吗？
2. 它还有其他的含义吗？
3. 如果有，背景能使我们所表达的含义更清楚吗？
4. 这个词有其他的发音吗？
5. 有没有其他的相似发音的词会和这个词产生混淆？
6. 有更简单的词和短语吗？

在 2000 年的人口普查问卷设计上，美国人口普查局花费了大量的精力来尽量使用通俗易懂、含义明确的词语，这些词语不仅提升了应答率，而且获得了更精确的数据。

## 避免引导性问题

**引导性问题**（leading question）是提示被调查者哪个答案是所需的，或者引导被调查者按一定的方式回答。一些被调查者倾向于同意问题引导他们回答的答案，这种倾向称为**顺从**（yes-saying），这会导致**顺从偏差**（acquiescence bias）。看看下列问题：

如果购买进口轿车会使美国的工人失业，你认为爱国的美国人应该购买进口轿车吗？

____________是

____________否

____________不知道 （不正确）

这个问题会引导被调查者回答“否”。毕竟，爱国的美国人怎么能使美国工人失业呢？因此，这个问题对于确定美国人对进口车和国产车的偏好并没有帮助。更好的问题应该是这样的：

你认为美国人应该购买进口轿车吗？

____________是

____________否

____________不知道 （正确）

当给予被调查者关于项目委托方的线索时，偏差也会产生。被调查者的答案往往会倾向于有利于项目委托方的方向。例如，“高露洁是你最喜欢的牙膏吗？”很有可能使被调查者产生偏差，从而更喜欢高露洁。为了获得所需信息，问题应该这样提问："你最喜欢的牙膏品牌是什么？"同样，有声誉的或者没有声誉的名字也会产生回答偏差，例如，"你同意美国牙科协会关于高露洁对于预防蛀牙是有效的这一说法吗？"应该这样问："你认为高露洁对于预防蛀牙有效吗？"[25]

## 避免隐含选项

没有被明确表达出来的选项称为**隐含选项**（implicit alternative）。使隐含选项更加清晰会提高人们选择这个选项的百分比，就像下面的两个问题一样：

1. 进行短途旅行时你喜欢乘坐飞机吗？（不正确）
2. 进行短途旅行时你喜欢坐飞机还是驾车？（正确）

第一个问题中，驾车的选项是隐含的，但是在第二个问题中，它就是显性的。第一个问题很可能产生相对于第二个问题来说更偏好飞行的结果。

应该避免包含隐含选项的问题，除非有特殊的原因。[26]当选项在偏好上非常相近或者选项过多时，应该使用分半投票的技术来轮换选项出现的顺序。

## 避免隐含假设

隐含假设是问题中没有陈述出的假设，如下面的例子所示[27]：

1. 你赞同收支平衡的预算吗？（不正确）
2. 如果收支平衡的预算会导致个人所得税的增加，你会赞同这种收支平衡预算吗？（正确）

在问题1中，隐含的是由平衡预算所导致的后果。它会导致国防支出的减少、个人所得税的增加、社会项目的减少等。问题2能够更好地阐述这个问题。问题1不能清楚地说明其隐含假设，则会高估被调查者对平衡预算的支持。

## 避免概括性和估计的词语

问题应该是具体的，而不应该是概括性的。而且问题应该是用词语陈述的，无须被调查者做出推论或者计算评估。假设我们对家庭每年每个人在杂货店的支出感兴趣，如果我们这样问调查对象：

你的家庭每年每个人花费在杂货店的支出是多少？（不正确）

他们首先不得不通过将每个月的支出乘以12来确定每年在杂货店的支出，或者每个星期的支出乘以52，然后用总支出除以家庭成员的人数。大多数被调查者可能不愿意或者不能进行这些运算。获得所需信息的更好的方法是：

你的家庭每个月（或者每个星期）花费在杂货店的支出是多少？
你家庭有多少个成员？（正确）

之后由调查人员进行相关的计算。

## 双重陈述：积极的和消极的

很多问题尤其是那些衡量态度和生活方式的问题，应该以让被调查者指出他们同意或者不同意的程度的形式进行陈述。证据表明，获得的回答受到陈述的倾向性的影响：它们被正面陈述还是负面陈述。在这种情况中，使用双重陈述更好，一些问题是积极的，其他的是消极的。可以准备两份不同的问卷。一个问卷以分散的方式包含一半消极和一半积极的陈述。这些陈述的倾向在另一份问卷中反过来。第 9 章提供了一个用求和李克特量表来测量对于西尔斯的态度的例子，其中关于西尔斯的陈述一些是正向的，另一些是负向的。

## 10.10　问题的正确顺序

### 开头的问题

在获得被调查者的信心和合作上，开头的问题是至关重要的。开头的问题应该是非常吸引人的、简单的、没有威胁性的。问被调查者观点的问题是一个好的开头问题，因为大多数人喜欢表达观点。即使这样的问题和所调研的问题不相关，它们的回答不能被分析时也可以使用。[28]

在有些情况下，有必要去确认被调查者的资格，或者确定被调查者是否有资格参与调研。在这种情况下，确定资格的问题应该作为开头的问题，如百货商店项目所示。

**调研项目**

**开头的问题**

在百货商店项目中，问卷应该由主要负责到百货商店购物的女性或者男性来回答。第一个问题要这样问，"在你的家庭里谁在百货商店里消费最多?" 这样的开头问题有助于判断被调查者的资格，也因为它的简单和不具有威胁的特性获得了被调查者的合作。

### 信息的类型

一份问卷中可获信息的类型可分为：(1) 基础信息；(2) 分类信息；(3) 标志信息。基础信息与调研问题具有直接的关系。**分类信息** (classification information) 包含社会经济和人口统计学特征，用于对被调查者进行分类和解释结果。**标志信息** (identification information) 包括被调查者的名字、邮件地址、电子邮件地址和电话号码。获取标志信息的目的多种多样，包括核查名单中的被调查者确实被调查过、邮寄承诺的奖品等。作为一般性的指导原则，基础信息应该被首先获得，之后是分类信息，最后是标志信息。对于调研项目来说基础信息是最重要的，最先获取，以避免被调查者被问及一系列个人问题之后疏远调查人员。

### 困难的问题

困难的或者敏感的、令人尴尬的、复杂的以及无趣的问题应该安排在最后面。在已经建立一致性意见，被调查者开始参与进来之后，他们对这些问题的抵触可能会比较小。因此，在百货商店项目中，关于信用卡负债的信息放在基础信息的最后部分。同样，收入应该在分类信息的最后提出，电话号码应该在标志信息的最后提出。

### 对后面问题的影响

先问的问题可能会影响之后问题的回答。凭经验而言，泛指的问题应该在特定问题之前，这就避免了特定的问题对泛指问题的回答造成干扰。想想下列问题的顺序：

问题1：在选择百货商店时，对你来说最重要的因素是什么？

问题2：在选择百货商店时，地点的便利性重要吗？

第一个问题是泛指的问题，第二个问题是特定的问题。如果这两个问题以相反的顺序提出，被调查者被地点的便利性提醒，更有可能对泛指的问题也给出相同的回答。

从泛指到特定的方法称为**漏斗方法**（funnel approach）。当必须获得被调查者的一般选择行为，以及他们对特定产品的评价的相关信息时，漏斗方法尤其有用。[29]有时，颠倒的漏斗方法是非常有用的，即以特定问题作为开头的提问，以泛指问题结束，则被调查者在做一般性评价之前被迫提供特定的信息。这种方法在当被调查者没有强烈的情感或者没有形成一定的观点时非常有用。

## 逻辑顺序

问题应该按逻辑顺序提出。涉及一个特定的主题的问题全部问完成后再开始一个新的主题。当转换主题时，应该使用简短的过渡语句帮助被调查者转换思路。

分叉问题应该被仔细地设计。[30]**分叉问题**（branching question）根据被调查者如何回答手边的问题，指导被调查者跳到问卷的不同位置。这些问题保证了所有可能性都被包括进来，也有助于减少调查人员和被调查者的误差并鼓励完整地回答。基于分叉问题的跳跃方式可能十分复杂。考虑所有可能性的简单的方式就是准备一个包含所有逻辑可能性的流程图，然后基于这个流程图设计分叉问题和指示说明。图10-2显示了用来评价在商店中使用信用卡购买商品情况的流程图。

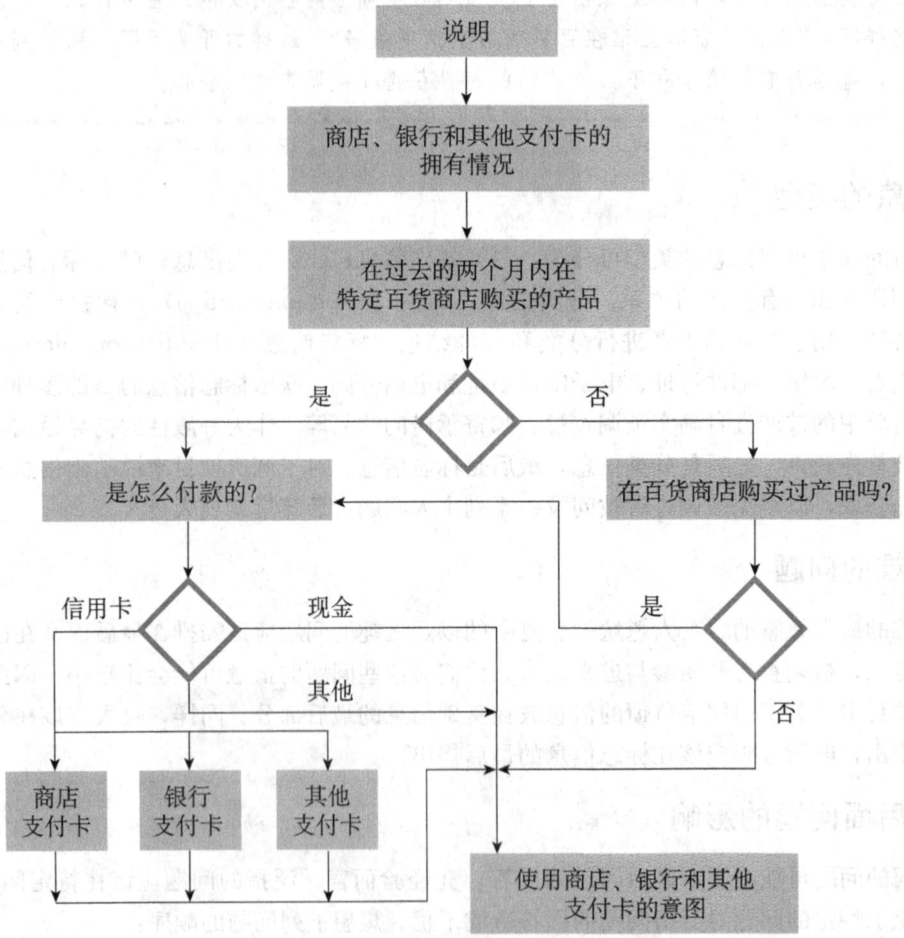


**图10-2 流程图示意**

分叉问题的位置是非常重要的，应该遵循以下的指导原则：(1) 被分叉的问题（指导被调查者回答的问题）应该尽可能靠近引起分叉的问题；(2) 分叉问题应该能够保证被调查者不会预测到要获得哪些附加的信息，否则被调查者可能通过对分叉问题给出特定答案来避免详细的问题。例如，如果在要求他们评价商业广告之前，首先问被调查者是否看过所列出的商业广告，此时被调查者很快就会发现如果他们说曾经看过商业广告，很可能就要进一步回答关于这个商业广告的详细问题，这样他们就会说没有看过来避免回答详细问题。

## 10.11 问卷的格式和版面设计

问题的格式、间隔和位置对于结果会有很大的影响。这对于自填问卷尤其重要。为人口普查所做的关于邮件调查问卷的实验表明，每页靠上的问题比靠下的问题能够获得更多的关注。用红色标注出来的指示说明和用其他颜色没有什么区别，除非将问卷弄得对于被调查者来说非常复杂。

**调研项目**

**格式和版面**

在百货商店项目中，问卷被分为几个部分。A部分包含资格认证的问题、关于家庭的信息、购物的频度、对10个商店关于8个选择标准因素的评价、对10个商店的偏好评分。B部分包含关于每个选择标准8个因素的相对重要性问题、对10家商店的偏好评分。C部分包含关于生活方式的信息。最后D部分包含标准的人口和标志信息。为了使标志信息不那么突出，标志信息问题和分类信息问题混在一起。几个部分之间有自然的过渡。每部分的开头也会提醒要求的不同种类的信息。

将问卷分成几个部分是非常好的处理方式。关于基本信息的问题可能需要几个部分组成。每个部分的问题应该编号。尤其当使用分叉问题的时候。问题的编号也能使对回答的编码更容易。问卷应该进行较好的**预编码**（precoding）。在预编码过程中，将输入计算机的编码在问卷上打印出来。通常情况下，编码识别出一个特定答案的行编号和列编号。注意当使用电脑辅助人员调查和电话调查时，预编码是嵌入在软件中的。问卷的编码在第14章中关于数据准备的描述中会有更详细的阐述。下面我们列举一个关于预编码问卷的例子。为了不占用空间，调查问卷只有一部分被预编码。

**调研实例**

**来自《美国律师》杂志的预编码调查案例**

1. 考虑你阅读《美国律师》杂志时的所有情况，你大约花费多长时间来阅读或者浏览其中的一期？

| | |
|---|---|
| 少于30分钟 . . . . . . . . . . . . . . . □-1 | 1.5小时至1小时59分钟 . . . . . . . □-2 |
| 30～90分钟 . . . . . . . . . . . . . . . □-3 | 2小时至2小时59分钟 . . . . . . . . □-4 |

1小时到1小时29分钟 . . . . . . . . . □-5　3小时以上 . . . . . . . . . . . . . . □-6

2. 读过杂志后，你通常会怎么处理它？

为公司图书馆使用保留整期 . . . . . . □-1　放在等候室/公共场所 . . . . . . . . . □-5

为家庭使用保留整期 . . . . . . . . . □-2　扔掉 . . . . . . . . . . . . . . . . . . . □-6

把它传给公司其他人 . . . . . . . . . □-3　其他（请具体指出） . . . . . . . . □-7

做成简报并保留感兴趣的部分 . . . . □-4

3. 不包括自己，你估计平均会有多少人阅读或者浏览你的《美国律师》？

每本杂志额外的读者人数：

1人 . . . . . . □-1　5人 . . . . . . . □-5　10~14人 . . . . . . . . □-9

2人 . . . . . . □-2　6人 . . . . . . . □-6　15人以上 . . . . . . . . □-x

3人 . . . . . . □-3　7人 . . . . . . . □-7　没有人 . . . . . . . . . . □-0

4人 . . . . . . □-4　8~9人 . . . . . □-8

资料来源：www.americanlawyer.com.

问卷本身应该逐份编号。这将有助于在调查现场对问卷的控制、编码和分析。序号有助于解释问卷和确定是否丢失了一些信息。邮件调查问卷是个例外。如果被编有序号，被调查者会认为一个序号对应了一个具体的对象，一些人就会拒绝参与或者答非所问。然而，最近的调研表明匿名损失对于结果的影响即使有也是非常小的。[31]

## 10.12　印制问卷

问卷的印制能够对结果产生影响。例如，如果问卷用质量非常差的纸张印制或者看起来很寒酸，被调查者会认为这个项目不重要，对回答的质量也会产生负面作用。因此，问卷应该用质量好的纸张印制，而且拥有一个专业的外观。

当印刷的问卷有几页纸时，应该用小册子的形式而不是将几页纸夹在一起或者订在一起。对于调查人员和被调查者来说小册子更容易处理，不会像夹在一起的或者订在一起的问卷那样随使用而散开。双面印刷会显得更加专业。

每个问题都应该印在一页纸上，避免将一个问题和答案选项分开。分开会误导被调查者认为问题已经在当页结束，导致他们在不完整的问题上作答。

在每个问题中选项都应该单栏排列。对于调查人员和被调查者来说单栏更容易阅读。经常用来节省空间的多栏版式应该避免。

为了使问卷看起来更短而将问题都挤在一起的情况也应该尽量避免。间距太小、过度拥挤的问题在数据收集时易产生错误，而且获得的回答更简短，信息量更少。再者，这会给人们留下这样的印象：问卷是复杂的，导致更低的合作和完成率。虽然短问卷要优于长问卷，但不能以拥挤为代价。

对于单个问题的提示或者说明应该尽可能地靠近所提出的问题，关于被调查者应该怎样操作和回答问题的提示说明应该放在问题前面。关于如何被记录或者探索追问的提示说明应该放在问题之后（更多探索性信息和其他调查技巧见第13章）。用不同的字体（如大写字母或黑体）来将问题和指示区分开是通用的做法。

尽管颜色并不影响问卷的应答率，但对颜色善加利用能带来很多便利。颜色编码对于分叉问题是非常有用的，可以使分叉问题的答案与其指导被调查者回答的下一个问题的颜色相匹配。使用不同颜色的问卷不同被调查者样本组进行调查。例如，在邮件调查中，商业调查问卷印在白色纸张上，家庭使用的问卷印在黄色纸张上。

问卷应该用容易阅读和回答的方式印制。字体应该足够大和清晰。阅读问卷不应该有压力。一些技术允许调查人员能够获得更好的印刷质量并支付更少的成本。在这方面所作的一项努力使成本从1 150美元减少到214美元。[32]

## 10.13　预调查

**预调查**（pretesting）指的是为了识别和消除潜在的问题，对一个小样本组的被调查者进行问卷的测试。即使最好的问卷也能够通过预调查得到改进。作为一般性原则，问卷没有得到充分的预调查是不应该应用在现场调查中的。预调查范围应该是非常广泛。问卷的所有方面都应该被测试，包括问题的内容、措辞、顺序、形式和版式、问题的难度和说明。在预调查中，被调查者应该和真实的被调查者在背景特征、对调查主题的熟悉程度、相关的态度和行为等方面类似。[33]换句话说，预调查的被调查者和真实调查中的被调查者都应该从相同的人群中抽取。

预调查最好是通过人员调查的方式进行，即使真实的调研是通过邮件、电话或者电子方式进行的，因为这样调查人员能够观察被调查者的反应和态度。在做出必要的修改之后，如果在实际调查中采用邮件、电话或者电子的方式，那么可以用这些方式进行再一次预调查，后一次预调查应该揭示出该调查方式的特有问题。预调查应该尽可能地在环境和内容上和真实的调查相似。

预调查应该使用各种各样的调查人员。项目的执行者、设计问卷的调查人员和其他调查小组的关键成员应该进行一些预调查，这会使他们对于潜在问题和预期数据的特性具有良好的认识。然而，预调查应该由正规的调查人员进行。混合使用有经验的和新的调查人员是通常的做法。有经验的调查者能够容易地感知被调查者的不自在、困惑和排斥，新的调查人员能够帮助定义与调查人员相关的问题。通常的情况下，预调查的样本容量很小，一般根据目标人群的不同，从15～30人不等。如果预调查涉及几个步骤或者阶段，样本容量可以逐渐增加。

问卷分析和事后通报是两种用来进行预调查的普遍使用的方法。在问卷分析中，被调查者在回答问卷时被要求“大胆地想”。通常情况下，被调查者的评论会被录音和分析，用来判断被问卷的不同部分所产生的反应。事后通报在问卷完成之后。被调查者被告知他们刚刚完成的问卷是预调查，预调查的目的应该告之。之后他们被要求描述每一个问题的含义，并解释答案，然后陈述在他们回答问卷时遇到的任何问题。

编辑涉及更正在预调查时发现的问题。在每一次对问卷修正之后，应该使用一个不同的被调查者样本进行另一次预调查。良好的预调查包含几个阶段。一次预调查通常是不充分的。预调查应该持续到不再需要更进一步的修改为止。

最后，从预调查中获得的答案应该被编码和分析。对预调查答案的分析有助于检查问题定义和数据与信息的充分性。在设计问卷之前准备的虚拟表格将指出各种数据的需要。如果一个问题的回答不能和预先设想的虚拟表相关联，那些数据就是多余的，一些相关的分析就不能被预见。如果部分预想的虚拟表仍然是空的，那么可能遗漏了某个必要的问题。预调查数据的分析有助于确保所有收集上来的数据都是有用的，问卷能够获得所有必要的数据。[34] 表 10-1 以表格的形式总结了问卷的设计过程。

**表 10-1　问卷设计过程一览表**

| |
|---|
| 步骤 1：确认所需信息<br>1. 确保所获得的信息能充分地解决所有问题。回顾问题的组成部分和方法，尤其是调查问题、假设和所需信息。<br>2. 准备一系列虚拟表。<br>3. 对于目标人群有清楚的概念。 |
| 步骤 2：确定调查方法的类型<br>1. 基于第 6 章讨论的需要考虑的方面确定调查方法的类型。 |
| 步骤 3：确定单个问题的内容<br>1. 问题是必要的吗？<br>2. 为了清楚地获得所需信息，需要用几个问题而非一个单独的问题吗？<br>3. 不要使用双重问题。 |
| 步骤 4：设计问题来解决调查对象没有能力或者不愿意回答的情况<br>1. 调查对象具备相关知识吗？<br>2. 如果调查对象不具备相关的知识，那么在有关讨论话题的提问之前应该提出测量熟悉程度、产品使用和过去经验的过滤性问题。<br>3. 被调查者能记得具体情形吗？<br>4. 避免遗漏、近移和编造误差。<br>5. 没有给被调查者提供线索的问题将会低估真实事件的发生率。<br>6. 被调查者能够清楚地表述吗？<br>7. 将被调查者要做的努力减到最小。<br>8. 问题的情境合适吗？<br>9. 使所要求的信息看起来合法。<br>10. 如果信息是敏感的：<br>（1）将敏感的话题放在问卷后面。<br>（2）在问题开始之前说明感兴趣的行为很常见。<br>（3）使用第三人称提问。<br>（4）将问题隐藏在一组被调查者愿意回答的其他问题中。<br>（5）提供回答选项而不是询问具体的数字。<br>（6）如果可行的话，使用随机技术。 |
| 步骤 5：确定问题的结构<br>1. 开放性问题在探索性调研中作为开头的问题时非常有用。<br>2. 尽可能使用结构化问题。<br>3. 在多选题中，回答选项应该包括所有可能的选项，而且选项应该互斥。<br>4. 在二项问题中，如果大部分的被调查者被认为是中立的，问题的选项中应该包括一个中立的答案。<br>5. 在二项问题和多选题中考虑使用分半投票技术来减少顺序偏差。<br>6. 如果回答选项非常多，考虑使用一个以上的问题来减少被调查者需要处理的信息。 |
| 步骤 6：确定问题的措辞<br>1. 定义事件的人物、事件、时间、地点、原因和方法（6W）。<br>2. 使用通俗易懂的词语。用词应该和被调查者的词汇水平相匹配。<br>3. 避免模糊性的词语：经常情况下、通常情况下、频繁地、经常地、有规律地、偶尔地、有时等。<br>4. 避免引导性问题给被调查者提供应该回答什么的线索。<br>5. 避免选项中存在没有被明确表达的隐含选项。<br>6. 避免隐含假设。<br>7. 不应当要求被调查者进行概括或者计算估计。<br>8. 使用双重陈述。 |

步骤 7：确定问题的正确顺序
1. 开头的问题应该是有趣的、简单的和没有威胁性的。
2. 确认资格的问题应该作为开头的问题。
3. 基础信息应该首先获得，然后是分类信息，最后是标志信息。
4. 困难的、敏感的或者是复杂的问题应该放在后面。
5. 泛指的问题应该放在特定的问题之前。
6. 问题应该以逻辑顺序提问。
7. 分叉问题应该被仔细地设计以能够包括所有可能的选项。
8. 被分叉的问题应该尽可能地靠近引起分叉的问题，分叉问题应该合理安排，让被调查者不能预期需要哪些额外的信息。

步骤 8：确定问卷的格式和版面设计
1. 将问卷分成几部分。
2. 每一部分的问题应该排上序号。
3. 问卷应该被预编码。
4. 问卷本身应该连续编号。

步骤 9：印制问卷
1. 问卷外观看起来应该专业。
2. 较长的问卷应该使用小册子的形式。
3. 问题不要跨页。
4. 选项最好不要接排成一段。
5. 当有许多使用同一套答案选项的问题时，表格式设计非常有用。
6. 应该避免使问卷看起来更拥挤的版式。
7. 对单个问题的提示或者是说明应该尽可能近地靠近问题。

步骤 10：通过预调查来消除缺陷
1. 任何时候都要进行预调查。
2. 问卷的所有方面都应该被测试，包括问题内容、措辞、顺序、形式和版式、问题难度和说明。
3. 在预调查中的被调查者应该和真实被调查者相似。
4. 使用人员调查作为预调查的开始。
5. 如果真实调查中要使用邮件、电话或者电子的方式，则还应该以这些方式进行预调查。
6. 预调查应该使用各种调查人员。
7. 预调查的样本容量应该很小，根据开始的测试包括 15～30 个调查对象不等。
8. 使用问卷分析和事后通报来识别待解决的问题。
9. 在问卷的每次重要的修改后，应该使用一个不同的被调查者样本进行另一次预调查。
10. 从预调查中获得的回答应该被编码和分析。

## 10.14　电脑和网络问卷的编制

可以利用软件设计在网络或者其他调查方式（例如，电话、人员或者邮件调查）下使用问卷。网络问卷的使用和功能与其他形式的问卷十分相似。在很多情况下，软件能够帮助设计和发放问卷，下载和分析所收集的数据，准备报告。软件能够自动执行各种各样的任务，例如：

- 个人化。被调查者的名字和个人的回答能够自动嵌入到主要的问题中。
- 合并复杂跳跃的形式。软件能够检查很多情景和回答来确定应该提问哪些问题。
- 回答选项随机排序。在多选题中，回答选项的顺序可以针对每个被调查者进行随机的排序来控制顺序偏差。

● 一致性检验。当调查仍然进行时，一致性检验能够用来判断非一致性的回答，以确保正确的行为被执行。

● 随着调查的进行可以增加新的答案选项。如果很多被调查者都选择了“其他，请具体写出”的选项，答案将会自动添加到一系列具体的回答选项中。

除此之外，有很多不同的软件程序能够帮助完善问卷的结构。

● 问题清单。使用者能够选择各种各样形式的问题，例如，开放性问题、多选题、二项问题等。

● 问题库。通常使用者能够从问题库中选择预先确定的问题或者保存已用过的问题。例如，问题库可能包含测量满意度、购买意图的问题。

● 问卷的外观。使用者能够从一系列可选模板中挑选定制模板，背景颜色和问卷的图标等均可选择。

● 预览。预览问卷以检查内容、互动性、问题的种类和设计背景，做出需要的改变。

● 发布。使用者能够创建网页形式的问卷，将它发布在网络上来收集数据。

● 通知。使用者能够创建、定制、发送或追踪电子邀请函来参与调查。

随着每个被调查者完成问卷，数据在网络主服务器上转换成数据文件。数据能够被下载而且能够在任何时间分析，即使调查仍在进行中。因此，结果能够时时检查。常用的问卷软件包括 Surveytime（www. suveytime. com），SurveyPro（www. surveypro. co），Surveyz，PerfectSurveys（ww. perfectsurveys. com）。其他流行的软件包括 EFM 和由 Sawtooth（www. qualtrics. com）构成的 SSI 网络。

一些网站允许使用者免费设计和申请他们自己的问卷。CreateSurvey 允许任何人设计和使用网络调查。它坚持参与和分享，收集和分析数据全部是免费的。然而，CreatSurvey 并没有提供被调查者。使用者根据自己的判断来确定被调查者。例如，他们能够创造一个网页，使用链接进行调查，或者发送一封附带链接的电子邮件来邀请人们参加调查。另一个基于网络的服务是由 MarketTools（www. markettools. com）发起的 Zoomerang。

## 10.15 观察表格

记录观察数据的表格比问卷的构造更简单。调研人员不需要关心问题的心理影响和提问的方式。调研人员仅仅需要设计一个表格，清楚地识别所需的信息，使现场工作人员能够容易地用它来准确记录信息，简化编码、录入和分析数据。

观察表格应该具体到人物、事件、时间、地点、原因和方法。在百货商店项目中，一个用来研究购买情况的观察表格包括记录所有这些信息的空间。

**调研项目**

**观察**

人物：购买者、浏览者、女性、男性、有孩子的父母、孩子个人。

事件：考虑过的产品/品牌、购买的产品/品牌、大小、价格、孩子或者其他家庭成员的影响。

时间：天、小时、观察的日期。

地点：商店内、收银台或者商店内的各个部分。

原因：价格的影响、品牌名字、包装规格、促销或者家庭成员对于购买的影响。

方法：假装是销售员的观察者、未经过伪装的观察者、隐藏摄像机或者是明显的机器装置。

**调研活动**

1. 根据第1章获得的有关西尔斯的信息，设计一个合适的问卷。
2. 应用本章讨论过的原则对问卷进行客观的评价。
3. 你认为所需的信息能够通过观察获得吗？如果能，请设计出一个合适的观察表格。

观察表格的印制应该遵循和问卷同样的指导原则。设计良好的表格用于记录个人观察，但是不能用于总结观察，因为那会导致错误。最后，像问卷一样，观察表格也要求充分的预调查。

## 10.16 国际营销调研

问卷或者调研工具应该与特定的文化环境相适应，不能与文化有偏差。这就要求仔细关注问卷设计过程的每一步。所需的信息必须是清楚具体的。考虑基于消费者行为、决定过程、信息、生活方式和人口特征变量的任何区别非常重要。就人口统计学特征而言，要根据不同国家的情况定义关于婚姻状况、教育、家庭规模、职业、收入、居住条件的信息，因为这些变量在各国间可能不能直接比较。例如，家庭的定义和规模多有不同，考虑到在一些国家中扩展的家庭结构，两个甚至三个家庭住在同一个屋檐下。

在国际营销调研中尽管人员调查是主要的调查方法，但在不同的国家可能使用不同的调查方法，因此，问卷可能不得不适应一种以上的调查方法。为了理解和翻译的方便，两个甚至更多的简单问题比一个复杂问题更好。调查对象的不同文化程度应该被考虑。

如果调查人员缺乏关于其他国家回答的决定因素的知识，非结构性和开放性问题的使用是必要的。非结构性问题也能减少文化带来的偏差，因为它们没有强加任何回答的选项。然而，非结构化问题相比于结构化问题来说更容易被不同教育水平的人影响，因而在教育水平低的国家中应该小心使用。非结构化和结构化问题可以以互补的方式使用，提供丰富的见解。

在不同国家使用的问卷可能要翻译成不同的语言版本。调查人员必须保证不同语言的问卷是等价的。

问卷的预调查在国际营销调研中是非常复杂的，因为语言的等价性必须被预调查。我们推荐两种形式的预调查：翻译的问卷应该用针对使用单一语言的调查对象用他们的母语进行预调查；针对使用双语的被调查者执行原始的和被翻译的版本的预调查。分析来自不同国家或者文化的预调查数据时，也应该将不同文化下的回答方式做对比。

## 10.17 营销调研中的商业伦理问题

问卷设计肯定涉及与调查人员和被调查者、客户之间的关系相关的伦理问题。尤其要注意的是：使用过长的问卷、问一些敏感的问题、将一个以上的客户的问题合并在同一个问卷中，以及故意使问卷具有倾向性。

被调查者耗费自己的时间来参加调研，不应该对他们索求过多的信息而使他们负担过重。所以调查人员应该避免过长的问卷。依据不同的变量，例如调查的主题、所要做出的努力、开放性问题的数量、使用复杂量表的频度、执行的方法，问卷的长度和完成时间不同。根据加拿大的专业营销调研协会的指导原则，除了登门调查，超过30分钟才完成的问卷视为“过长”。登门调查可以超过60分钟而不使被调查者负担过重。过长的问卷是非常恼人的，也会影响回答的质量。类似地，具有迷惑性的、超过被调查者能力的、困难的，或者是其他有不恰当措辞的问题都应该避免。

敏感问题应该受到特殊的关注。一方面，率真的和坦诚的答案对产生有意义的结果非常必要。另一方面，调查者不应该侵犯被调查者的隐私或者引起他们的不适感。为了最小化不适感，应该在调查的一开始就表达清晰，被调查者没有义务回答使他们不舒服的任何问题。

调查人员与客户关系中涉及的一个重要的问题是捎带调查（piggybacking），即当问卷包含了与一个以上客户相关的问题时，这种情况就会发生。这种现象经常会发生在搭便车样本小组中，不同的客户都能够使用这些样本小组来完成他们的问题。捎带调查能够在本质上减少成本，对于客户来说收集到他们原本无力负担相应成本的信息的一个好办法。在这种情况下，所有客户必须清醒地意识到这一情况，而且同意。遗憾的是，捎带调查有时是在客户不知情的情况下，仅仅是为了增加调研公司的利润而使用的，这是非常不道德的。

最后，调查人员在设计问卷时负有道德责任，应该用一种没有偏见的方式来获得所需信息。故意使问卷向一个预想的方向上倾斜（例如，通过询问诱导性问题）的做法是不可取的。在确定问题的结构时，应该使用最合适的，而不是最方便的方法。而且，问卷应该在现场工作开始之前进行彻底的预调查，否则就会产生伦理问题。

---

**调研决策**

### 达美航空公司为竞争做好准备了吗？

**情境**

自从2000年以来，全球航空公司绩效调查（Global Airline Performance）与P. Robert咨询公司和国际航空协会（International Air Transport Association）位于伦敦的航空信息与研究部进行合作，在30个国家中开展了22个航空公司的旅客满意度辛迪加调查。这项调查每年都会抽取240 000名旅客，并且使用7种语言开展。调查利用旅客等待登机的时间进行。调查由两部分组成：第一部分是关于航空公司人员和服务态度的20个问题；第二个部分是有关登机、机上服务和舒适性的相关问题，需要使用邮件或者传真的方式收回。达美航空公司营销调研总经理保罗·赖（Paul Lai）认为，当被调查者的记忆比较清楚时让他们填写问卷能够有助于航空公司了解如何提高顾客的满意度。这项调查的另一个优点是这是一项连续的调查，这就使航空公司能够追踪顾客随着时间变化而产生的反应。保罗·赖还喜欢收集关于其他航空公司的信息，这样他可以使调查人员重点调查本公司相对于其他航空公司来说较薄弱的环节和领域。调查显示，有两个最重要的服务问题应该被重视：一个是准时起飞和到达的问题；另一个是比较主观的而且不容易控制的问题，即航空公司雇员与旅客的关系。如果保罗·赖继续与全球航空公司绩效调查保持一致，达美航空公司在竞争中继续领先是毫无疑问的。

**营销调研决策**

1. 保罗·赖想设计一份属于自己的关于旅客对登机过程、机上服务和舒适度的认知问卷，而不是使用全球航空公司绩效调查问卷的第二部分，请设计这样一份问卷。

2. 讨论你设计的问卷对于保罗·赖确定旅客偏好和增加达美航空公司市场份额的作用。

**营销管理决策**

1. 推荐给达美航空应该采取什么措施来改善机上服务项目？

2. 你先前设计的问卷和由问卷获得的结果如何影响你推荐给达美航空的营销管理决策？讨论这一问题。[35]

## 本章小结

为了收集定量的原始数据，调查人员需要设计一份问卷或者是一份观察表格。问卷应该有3个目标：将所需的信息翻译成一组被调查者能够而且愿意回答的问题；激励被调查者完成调查；最小化回答误差。

设计一份问卷是一门艺术而不是科学。这一个过程从确认所需信息（步骤1）与确定调查方法的类型（步骤2）开始，接下来是确定单个问题的内容（步骤3）。设计问题来解决被调查者没有能力或者不愿意回答的情况（步骤4），被调查者如果不具备相关的知识，无法清晰地回忆信息或者不能明白地阐述答案，就有可能无法回答问题；也应该克服被调查者不愿意提供答案的情况，如果问题要求被调查者做出过多的努力、在被认为是不合适的情境或环境下提出、没有提供合法的目的，或者涉及敏感的信息，被调查者很有可能不愿意回答问题。接下来是确定问题的结构（步骤5），问题可以是非结构化的（开放性的）或者具有不同程度的结构化。结构化问题包括多选题、二项问题和量表。

确定问题的措辞（步骤6）涉及详细说明问题，使用通俗易懂和明确的词语，使用双重陈述。调查人员应该避免使用引导性问题、隐含选项、隐含假设以及概括和估计性词语。图10-3给出了问题措辞的概念图。一旦问题的措辞被确定下来，就必须确定它们在问卷上的正确顺序（步骤7）。应该考虑开头的问题、信息的类型、困难的问题以及对后面问题的影响。问题应该按照逻辑顺序排列。

现在到了确定问卷的格式和版面设计（步骤8）的阶段。在印制问卷（步骤9）时应该注意几个非常重要的因素，包括外观、使用小册子、将整个问题都放在一页上、答案类目的格式、避免题目过于拥挤、填表指示说明的位置、颜色编码、易于阅读的格式和成本。最后是通过预调查来消除缺陷（步骤10）。重要的事项包括预调查的范围、被调查者的性质、调查方式的类型、调查人员的类型、样本大小、问卷分析和事后通报以及编辑和分析。

设计观察表格时要求确定观察的内容和记录行为的方式，要确定所要观察的人物、事件、时间、地点、原因和方法。

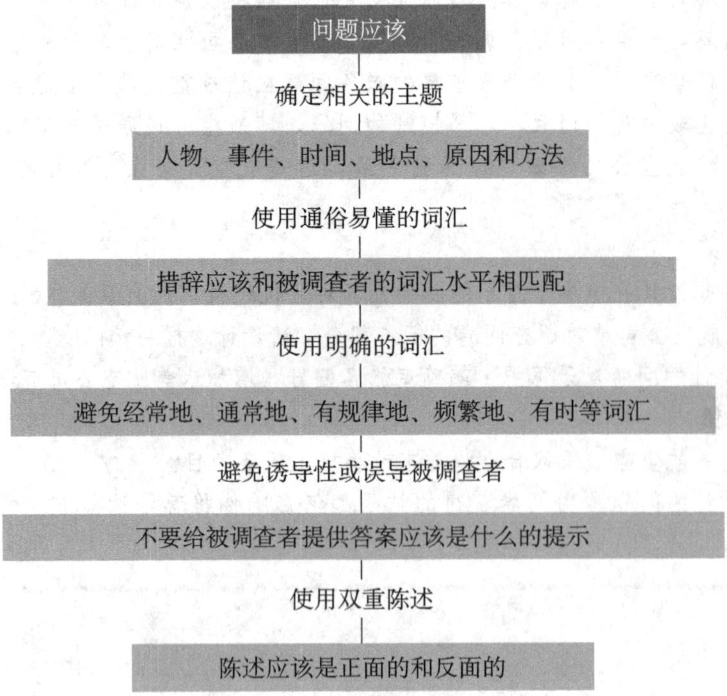


**图 10-3　问题措辞的概念图**

问卷或调研工具应该适应特定的文化环境。同样，因为在不同的国家所使用的调查方式可能是不同的，所以问卷可能不得不适应一种以上的方式。为了易于理解和翻译，问题应该尽可能地简单，不要过于复杂。需要注意到涉及调查人员和被调查者、调查人员和客户关系的相关伦理问题。网络和计算机可以在设计可靠的问卷和观察表格中起到非常大的作用。

## 关键术语与概念

问卷（questionnaire）
双重问题（double-barreled）
过滤性问题（filter question）
近移（telescoping）
非结构化问题（unstructured question）
结构化问题（structure question）
顺序或位置偏差（order or position bias）
二项问题（dichotomous question）
引导性问题（leading question）
顺从偏差（acquiescence bias）
隐含选项（implicit alternative）
分类信息（classification information）
标志信息（identification information）
漏斗方法（funnel approach）
分叉问题（branching question）

预编码（precoding）

预调查（pretesting）

## 练习

**问答题**

1. 设计问卷和观察表格的目的是什么？
2. 解释执行模式是怎样影响问卷设计的。
3. 你如何确定是否应该将一个特定的问题放入问卷中？
4. 什么是双重问题？
5. 被调查者不能回答问题的原因是什么？
6. 解释遗漏误差、近移误差和编造误差的概念，可以用哪些措施来减少这些误差？
7. 解释辅助回忆和无辅助回忆的概念。
8. 有哪些原因造成被调查者不愿意回答特定问题？
9. 调查人员应该怎样做才可以确保对信息的所求更加合法？
10. 解释在获取敏感信息时随机技术的应用。
11. 非结构化问题的优点和缺点是什么？
12. 在设计多选题时都涉及哪些因素？
13. 有哪些确定问题的措辞的指导方针？
14. 诱导性问题是什么？请举例说明。
15. 获取基础信息、分类信息和标志信息的问题的恰当顺序是什么？
16. 确定问卷的格式和版面设计的指导原则有哪些？
17. 请描述预调查设计的问题。
18. 设计观察表格时需要做出哪些决策？

**练习题**

1. 设计一个关于飞行和乘客航线偏好的双重问题。
2. 列出 10 个在构造问题时应该避免使用的模糊词语。
3. 下列问题明确定义了主题吗？为什么？

（1）你最喜欢的牙刷品牌是什么？

（2）你多长时间旅行一次？

（3）你购买橙汁吗？

a. 是　　　　b. 否

4. 设计一个开放性问题来确定家庭是否从事园艺活动。设计一个多选题和一个二项问题来获得同样的信息。哪种方式是最合适的？

5. 设计 5 个让被调查者提供概括和估计的问题。

6. 设计一系列问题来确定有 10 岁以下儿童的家庭中有虐待儿童情况的比例。使用随机技术。

7. 一位受雇于一家大型电信公司营销调研部门的毕业生被要求准备一份问卷，以确定家庭对于电话卡的偏好。问卷使用在大型购物中心进行商场拦截调查的方式，用问卷设计指导原则评价下列的这份问卷。

## 家庭电话卡调查

1. 姓名__________
2. 年龄__________
3. 婚姻状况__________
4. 收入__________
5. 如果有的话，您拥有以下哪种电话卡？

(1) ________ AT&T　　(3) ________ Sprint Nextel

(2) ________ Verizon　　(4) ________其他

6. 您使用电话卡的频率为？

不经常　　　　　　　　　　经常

1　2　3　4　5　6　7

7. 您认为AT&T的电话卡怎么样？

______________________________

8. 假设您的家庭要选择一种电话卡，请对以下因素的重要程度进行打分。

| | 不重要 | | | 非常重要 | |
|---|---|---|---|---|---|
| (1) 每次通话的成本 | 1 | 2 | 3 | 4 | 5 |
| (2) 使用的容易程度 | 1 | 2 | 3 | 4 | 5 |
| (3) 本地和长途电话费用 | 1 | 2 | 3 | 4 | 5 |
| (4) 通话的折扣 | 1 | 2 | 3 | 4 | 5 |
| (5) 电话服务的质量 | 1 | 2 | 3 | 4 | 5 |
| (6) 顾客服务的质量 | 1 | 2 | 3 | 4 | 5 |

9. 电信公司提供电话卡的重要性。

不重要　　　　　　　　　　非常重要

1　2　3　4　5　6　7

10. 您有在家住的孩子吗？__________

十分感谢您的参与！

## 活动

**角色扮演**

1. 假如你受雇于一家家用电器制造公司。领导让你设计一份问卷来确定有多少家庭计划购买和使用家用电器。这个问卷要在全国范围内使用。然而，你认为你没有专业技术或者经验来设计这样一份复杂的问卷。向你的领导（由另外一个同学扮演）解释。

2. 假如你是一家全国连锁百货商店的营销调研经理助理。由一组学生扮演的管理层非常想知道员工的偷窃行为。你被要求设计一份问卷来确定员工偷窃行为的严重程度。这个问卷会邮寄给全国的雇员。向管理层解释你设计问卷的方法。（提示：使用随机技术。）

**实地调查**

1. 设计一份问卷来确定学生是怎样选择餐馆的。通过对10名学生进行调查来预调查问卷。你将如何在预调查的基础上修改问卷？

2. 设计一份问卷来确定家庭对于冷食麦片品牌的偏好。用个人调查的方式对10名女性户主进行问卷调查。如果使用电话调查的方式，你应该怎样修改问卷？如果用邮件的方式，你应该做哪些必要的改动？

**小组讨论**

1. 以小组的形式讨论如下陈述："因为问卷设计是一种艺术，遵从一系列严格的指南是没有用的，应该完全依赖调研人员的创造性和才华。"

2. 组成一个小组，讨论在最小化整体调研误差时，问卷设计在其中扮演的角色。

3. 组成一个小组，讨论问卷的格式和版面设计的重要性。

## 连续案例：戴尔

阅读书末附录 A 中戴尔的案例，以及提供的调查问卷。讨论以下问题：

1. 使用本章讨论过的原则对戴尔问卷进行评估。
2. 草拟一份问卷来测量学生对于笔记本电脑的偏好。
3. 对你按本章所讨论过的原则对设计的问卷进行评估。
4. 设计一份修改版的问卷来测量学生对于笔记本电脑的偏好。
5. 在问卷修改过程中你学到了什么？

## 案例分析

### 唐恩都乐甜甜圈：充满竞争

1985 年，比尔·罗森伯格（Bill Rosenberg）在美国马萨诸塞州昆西市建立了第一家唐恩都乐（Dunkin's Donuts）甜甜圈连锁店（www.dunkindonuts.com）。到 1975 年，全美国的唐恩都乐甜甜圈连锁店已经达到了 1 000 家，这些甜甜圈店的销售总收入已经达到了 3 亿美元。到 2008 年，全球已经有 7 988 家唐恩都乐甜甜圈店，这其中包括美国的 5 769 家特许经营店，以及在国外的 2 219 家。公司在 2007 财年披露的销售收入为 53 亿美元。

如果没有密集的营销调研和对质量的保证就不可能有如此惊人的增长速度。比尔·罗森伯格在公司内部开创了一种聆听顾客需求和不断满足这种需求的文化，这种文化传统一直到今天都在保持着。座谈会和问卷调查表明，顾客基于五种因素选择咖啡店和甜甜圈店：容易到达、质量、多样性、形象和支付能力。从调研来看，唐恩都乐甜甜圈店发现顾客需要最容易到达的咖啡店和甜甜圈店——离工作场所和居住地点近，而且交通方便。为此，唐恩都乐甜甜圈店开始在家得宝、沃尔玛、7－11 便利店和 Stop & Stop 购物连锁店中设立销售点，以此来增强顾客期望的便利性。每一个销售点都具有战略性的位置，都考虑到了顾客的偏好。

营销调研更进一步表明，人们对甜甜圈质量的需求正转化为对新鲜的需求。因此，唐恩都乐甜甜圈店一天至少做四次甜甜圈。在不同市场中进行调研和味道测试之后，唐恩都乐甜甜圈店发现，当和咖啡混合时顾客最喜欢。咖啡保鲜时间在 18 分钟之内。18 分钟之后如果咖啡没有卖出就会倒掉，再煮新的。这种对保证质量的做法基于对顾客的调研结果。

公司同时提供非常多样化的选择——52 种口味的甜甜圈。最近，唐恩都乐甜甜圈店扩展了咖啡线（也是根据调研和味道测试的结果），包括冰咖啡、卡布奇诺、拿铁、特浓、香味咖啡，例如榛仁咖啡。

营销调研表明，顾客更喜欢和大众相关的形象。他们并不喜欢那些有很多铃铛和哨子的俗丽的咖啡店；他们仅仅想要那种有很好质量的普通的咖啡店。因此，唐恩都甜甜包圈店能够对每个人产生吸引力。20 世纪 70 年代末和 80 年代，"面包师"的广告运动将这种形象带入人们的日常生活。广告中，面包师为了保证质量半夜就起床了，这样他吸引了大众。在唐恩都乐甜甜圈店的停车场内，雷克萨斯和那些小型的载货车可以停靠在一起。除此之外，唐恩都乐甜甜圈的价格是人们能够负担得起的。任何人都能够负担得起在唐恩都乐甜甜圈店的消费。唐恩都乐甜甜圈店和星巴克还有其他标准的咖啡店相比并不是很贵。

唐恩都乐甜甜圈店意识到，首先，它们的甜甜圈和咖啡需要达到顾客期望的水准。作为甜甜圈和百吉饼零售市场中的领导者，唐恩都乐甜甜圈店知道，它们需要依靠营销调研。现任技术产品开发员鲍勃·皮茨（Bob Pitts），需要不断地聆听顾客的需求。再次，在唐恩都乐甜甜圈店中，顾客是智慧的一个重要的来源，顾客意见和反馈非常重要。顾客偏好推动了唐恩都乐的无咖啡因咖啡、香味咖啡，例如榛仁咖啡和法式香草咖啡的产生。这些产品的巨大成功重申了顾客对于唐恩都乐甜甜圈店和它们新产品的重要性。这种创新的方式继续了对开发这些咖啡饮料的宽容性，例如卡布奇诺、拿铁、特浓咖啡。2007年的8月，唐恩都乐宣布和宝洁合作。宝洁根据唐恩都乐的规格烘焙唐恩都乐包装咖啡，而且负责在全美范围内分销。这一举措帮助宝洁进入了优质咖啡市场，唐恩都乐甜甜圈店则获得了宝洁的分销技术和新的收入来源。

与顾客交流并获得他们的见解在唐恩都乐甜甜圈店的营销调研战略中是非常重要的一部分。使用座谈会、对于味道测试的调研和反馈是持续不断进行的。随着在市场上的指导地位的确立，营销调研已经产生了显著的正面效应，而且这种效应在未来也会一直存在，唐恩都乐甜甜圈店依赖这种方法也能够在竞争中保持不败。

### 结论

营销调研对唐恩都乐甜甜圈店产生了重要的作用，在很多年中吸引了全世界的人。每天唐恩都乐依靠任何人都能够方便到达的位置和顾客紧紧联系在一起。这种尊敬和谦逊的关系一直都存在，即使当唐恩都乐已经扩展了它的产品组合。唐恩都乐使用营销调研结果进行的市场定位使顾客成为唐恩都乐非常重要的利益相关者，他们提供反馈和意见，甚至直接帮助其创新，所有这些都为唐恩都乐甜甜圈店取得丰厚的利润回报做出了重要的贡献。

### 问题

1. 讨论营销调研在帮助像唐恩都乐甜甜圈店这样的咖啡店形成合理的营销战略中所扮演的角色。
2. 唐恩都乐甜甜圈店正在考虑在美国的进一步扩展计划。定义管理决策问题。
3. 基于你已经识别出的管理决策问题，定义一个合适的营销调研问题。
4. 使用互联网来确定去年主要咖啡店的市场占有率。
5. 哪种辛迪加数据对唐恩都乐甜甜圈店有帮助？
6. 讨论定性调研在帮助唐恩都乐甜甜圈店在美国的进一步扩展中扮演的角色。
7. 唐恩都乐甜甜圈已经开发了一个具有显著的法国口味的甜点产品线。它想要在推出这些产品之前，确定顾客对于这个新的甜点产品线的反应。如果需要进行一个调查来确定顾客的偏好，应该使用哪一种调查方法，为什么？
8. 设计一个口味测试，对唐恩都乐甜甜圈店的咖啡和星巴克咖啡进行对比。
9. 开发一个顾客对于咖啡店评估的问卷。

### 资料来源

1. www. dunkindonuts. com, accessed January 15, 2009.

2. "Dunkin' Donuts Competes with Coffee Chains with Latte Offerings in Michigan," *Knight Ridder Tribune Business News* (March 19, 2004): 1.

# 第11章 抽样：设计与步骤

大多数情况下，抽样是获取营销调研数据的唯一可行办法。抽样不可避免地会带来抽样误差，但这通常只是总体误差中很小的一部分。

——Standard Research System 总裁查克·查卡帕尼（Chuck Chakrapani）

## 学习目标

1. 区分抽样和普查，鉴别哪种情况更适合抽样调查，哪种更适合普查。
2. 讨论抽样设计过程：定义目标总体，确定抽样框架，选择抽样方法，确定样本容量，执行抽样过程。
3. 区分非概率抽样方法和概率抽样方法。
4. 描述非概率抽样方法中的便利抽样、判断抽样、配额抽样和滚雪球抽样。
5. 描述概率抽样方法中的简单随机抽样、系统抽样、分层抽样和整群抽样。
6. 辨别哪种情况适用非概率抽样方法，哪种情况适用概率抽样方法。
7. 理解抽样设计过程，以及抽样方法在国际营销调研中的运用。
8. 了解与抽样设计过程及使用适当的抽样方法相关的伦理问题。

## 本章概述

抽样是调研设计的一个组成部分。进行调研设计是营销调研的第3步。在这一阶段，已经收集了调研问题所需要的信息，确定了调研设计的性质（探索性、描述性或因果）（见第3～7章），另外，测量方法已经确定（见第8～9章），问卷设计也已经完成（见第10章）。下一步就是设计合适的抽样过程。抽样过程的设计涉及以下几个基本问题：(1) 应该用抽样的方法吗？(2) 如果采用抽样的方法，应该按照什么过程进行？(3) 应该采用哪种类型的样本？(4) 样本容量应该多大？(5) 可以采取什么措施控制和调节拒答误差？

本章主要介绍抽样过程中的基本概念，回答上述问题所必需的定性考虑。首先，介绍是否需要通过抽样解决问题，同时描述抽样步骤。其次，介绍非概率抽样和概率抽样的方法。最后，讨论国际营销调研中抽样方法的运用。样本容量的确认方法和拒答误差的起因、控制和调整将在第12章介绍。

## 11.1 抽样调查还是普查

绝大多数的营销调研目的是获得关于总体的特征或参数的一些信息。**总体**（population）

是具有共同特征，且构成某一营销调研问题领域的所有个体的集合。总体的参数常用数字表示，例如，忠诚于某一牙膏品牌的消费者比例。总体参数的基本信息可以通过抽样调查或普查获得。**普查**（census）是对总体单位的完全列举。总体参数可以通过普查采集得到的数据直接计算而得。**抽样调查**（sample）是选取总体的一个子集来进行调研。样本特征也叫样本统计量，被用来推断总体参数特征。通过参数估计和假设检验，可以由样本特征推断总体特征，相关的推断方法和过程将在第15～21章介绍。

表11－1简要列举了抽样调查和普查各自适用的情况。预算和时间限制成为明显约束条件的时候适宜用抽样调查。普查是一项耗时耗力的工作，如果总体数量庞大，像对于大多数消费产品，普查是不现实的。然而对于工业产品，由于总体数量较小，普查变得可行而且必要。例如，在调查美国汽车制造商中使用的特定机械工具时，普查就比抽样调查更加合适。这种情况下使用普查还有另外一个原因，那就是变量之间差异较大。例如，福特使用的机械工具与本田使用的存在很大差别。总体容量较小且个体之间差异较大时适宜用普查的方法。

**表11－1　抽样调查还是普查**

| | 适用条件 | |
|---|---|---|
| | 抽样调查 | 普查 |
| 预算 | 少 | 多 |
| 总体容量大小 | 大 | 小 |
| 特征差异 | 小 | 大 |
| 抽样误差成本 | 低 | 高 |
| 非抽样误差成本 | 高 | 低 |
| 测量性质 | 破坏性的 | 非破坏性的 |
| 对个体具体情况的关注 | 是 | 否 |

如果抽样误差的成本非常高（例如，如果样本忽略一个主要的制造商福特，最终结果将会令人误解），而普查可以排除类似的误差，就需要采用普查的方法。相反，如果非抽样误差的代价很高，就适合采用抽样调查的方法。普查会增加非抽样误差，甚至使之超过抽样误差。人们发现非抽样误差是总体误差的主要来源，而且随机抽样误差在量上相对较小（见第3章）。[1]因此，在大多数情况下，出于精确度考虑，会倾向采用抽样而不是普查的方法。这也是美国人口普查局通过抽样调查来检查各种普查的精确度的原因之一。[2]

如果测量过程导致个体的破坏或污染，则适宜用抽样的方法。例如，产品用法测试需要消耗产品，因此要求家庭用户试用一种新品牌麦片粥，采用普查的方法就不可行。当需要关注个体情况时，就像深度访谈的案例一样，也需要抽样的方法。最后，出于参数特征的考虑，例如需要对调研保密，也较适宜用抽样调查。

## 11.2　抽样设计过程

抽样设计过程包含五个步骤，如图11－1所示。这五个步骤密切相关，而且与营销调研的各个方面（从问题的定义到结论的演示）也有密切联系。因此，抽样设计过程决策应该与调研项目中的其他所有决策进行整合。[3]

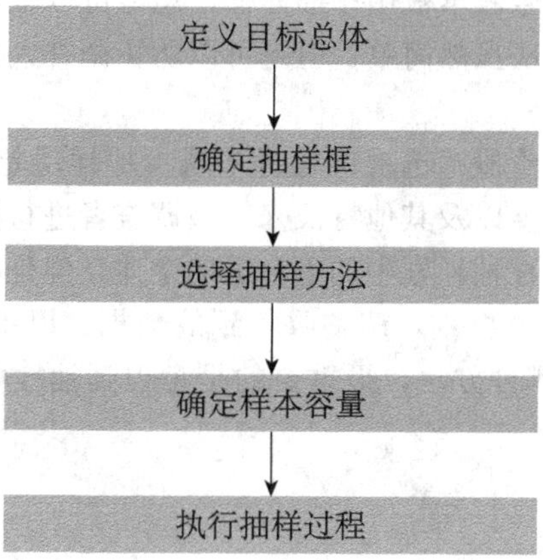


**图 11－1　抽样设计过程**

## 定义目标总体

抽样设计始于定义目标总体。**目标总体**（target population）是拥有某种信息的个体或者实体的集合，这些信息是调研人员所感兴趣的，并且调研的结论也是从这些信息中推导出来的。目标总体必须精确定义。定义不准确，将会导致调研无效，甚至得出误导性结论。定义目标总体涉及将定义问题转换为一个精确的陈述，说明谁应该包含和谁不应该包含在样本中。

目标总体的定义中应该包含以下几个方面：个体、抽样单位、范围和时间。**个体**（element）是指一个对象，关于它的信息或者来自它的信息正是调研所需要的。在调研中，个体常常是调研对象。**抽样单位**（sampling unit）指的是在抽样过程的某个阶段可供选择的个体，或者是包含个体的单位。假设露华浓（Revlon）公司想要评估消费者对新推出的一款唇膏的反应，并且想要对大于 18 岁的女性抽样。也许可以直接以大于 18 岁的所有女性为样本，这种情况下抽样单位就是个体；另一种情况，抽样单位可以是家庭。在这种情况下，选取的对象首先是家庭，然后对所选家庭中年龄大于 18 岁的女性进行调查。可见抽样单位和个体是不同的。范围指的是地理边界，时间指的是调查的时间周期。

定义目标总体并不容易。假定要通过营销调研来了解消费者对于一款新的男士古龙香水的反应，谁应该被包含进目标总体？所有男士？上个月一直在用古龙香水的男士？年龄大于 17 岁或是更大的男士？女士应该被包含进目标总体吗？因为有些女士为伴侣购买古龙香水。在恰当定义目标总体之前，应先解决上述问题。[4]

## 确定抽样框

**抽样框**（sampling frame）是目标总体中个体的表示方法。抽样框由一份或一系列识别目标总体的方法构成。抽样框的例子包括电话本、列有行业中所有公司的清单、从商业机构购买的邮寄名单、地图等。如果不能得到一份汇编的清单，至少要有一些指示说明，通过这些指示能够识别出目标总体。例如电话调查中随机数字拨号程序（见第 6 章）。

通常情况下，非常有可能汇编或获得总体中个体的清单，但是清单中可能会忽略掉总体中的一些个体，或者包含不属于总体的其他个体。因此，使用清单有可能导致抽样框误差，这在第 3 章讨论过。[5]

在某些情况下，总体和抽样框所包含的个体的误差小到可以忽略。但是，大多数情况下，调研人员要意识到并且处理抽样框误差。处理这类误差至少有三种方法。第一种方法是根据抽样框重新定义总体。假如电话号码本被用作抽样框，总体可以重新定义为在给定区域内正确列示在号码本上的家庭。这一方法虽然简单，但是可以防止调查人员在被调查的实际总体对象上被误导。[6]

第二种方法是在数据收集阶段筛选被调查者来减少抽样误差。可以根据人口统计学特征、对产品的熟悉程度、产品使用度以及其他特征来对被调查者进行筛选，以确保他们符合目标总体的标准。筛选可以排除包含在抽样框中的不合适的个体，但是不能考虑被忽略的个体。

第三种方法是通过配比一个权重，调整收集到的数据，以平衡抽样框误差。这将在第12章和第14章讨论。不管采用哪种方法，最重要的是意识到抽样框误差的存在，以避免不合适的总体推论。

## 选择抽样方法

选择抽样方法涉及几个广泛的决策。调查人员必须决定使用贝叶斯法还是用传统的抽样方法、是替换抽样还是非替换抽样、是采用非概率抽样还是概率抽样。

在**贝叶斯抽样方法**（Bayesian approach）中，个体被顺次逐个选出，每个个体都加入样本后，就可以收集数据，计算样本统计量，样本成本也随之确定。贝叶斯方法明确包括总体参数的先验信息，以及做出错误决策的成本及概率。这一方法在理论上很有吸引力。但是在营销调研中没有得到广泛运用，因为所需的成本高且概率的信息很难获得。在传统抽样方法下，整个样本在数据收集前就选择好了。因为传统抽样方法运用频率高，我们假定以下部分采用的都是传统抽样方法。

在**替换抽样**（sampling with replacement）中，个体从抽样框中被选出来，收集到合适的数据后个体又被放回抽样框中。因此，有可能同一个体不止一次地被选入样本中。在**非替换抽样**（sampling without replacement）中，一旦个体被选入样本，就将其排除在抽样框外，从而不可能再次被选中。两种方法下的统计数据结果会稍微不同，当抽样框相对于最终的样本容量来说足够大时，统计推论差异不大；当抽样框没有显著大于样本容量时，两种方法的区别是非常重要的。

抽样方法中最重要的决策是决定采用概率抽样还是非概率抽样。考虑到这一决策的重要性，相关的问题将在本章后面的部分详细讨论。

如果抽样单位和个体不同，就必须明确指出怎样在抽样单位中选择个体。在登门调查和电话调查中，仅仅指定地址或电话号码可能是不够的。例如，应该调查开门或者接电话的人，还是家中的其他人？一个家庭里通常不止一人符合要求，例如，在调研家庭休闲时间的活动时，男性户主和女性户主都有资格参与调查。采用概率抽样时，必须在每户家庭中所有合乎条件的人员中随机选择出一位。一种简单的随机选择程序是“下一个生日法”。一个家庭里所有符合条件的人员中，谁即将过生日，就选择谁进入样本中。

## 确定样本容量

**样本容量**（sample size）指用于调查的个体的数量。确定样本容量是一个复杂的过程，涉及一些定性和定量因素的考虑。定性因素将在本章做出讨论，定量因素会在第12章讨论。在确定样本容量时需要考虑的几个定性因素如下：（1）决策的重要性；（2）调研的性质；（3）变量个数；（4）分析的性质；（5）类似调研的样本容量；（6）发生率；（7）完成率；（8）资源约束。

一般来说，决策越重要，需要的信息就越多越精确，进而要求较大的样本容量。随着样本容量的增加，获取每条信息的成本就越高。精确程度可以根据标准差来衡量，标准差与样本容量的平方根成反比。样本容量越大，通过增加样本容量来增加精确度的收益越小。

调研的性质对于样本容量同样有重要的影响。对于探索性调研设计，例如那些使用定性调研的设计，样本容量通常很小。对于结论性调研设计，例如描述性调研设计，需要较大的样本量。同样，如果变量数目较多，也需要较大的样本容量。大样本中，变量之间抽样误差的累积效应将会减少。

如果需要使用多变量技术来进行复杂的数据分析，应该使用较大的样本容量。如果需要对数据进行详尽的分析，亦是如此。因此，如果是在亚组或者分部的水平上分析数据，需要比在总体水平上分析数据更大的样本。

样本容量会受到类似调研中平均样本容量大小的影响。表 11－2 给出了适用于不同类型营销调研的样本容量的经验值。这些样本容量基于经验确定，可用作为粗略的指导，特别是在使用非概率抽样方法时。

**表 11－2　营销调研中使用的样本容量**

| 调研类型 | 最小样本容量 | 典型范围 |
| --- | --- | --- |
| 问题识别型（市场潜力） | 500 | 1 000～2 500 |
| 问题解决型（定价） | 200 | 300～500 |
| 产品测试 | 200 | 300～500 |
| 市场测试 | 200 | 300～500 |
| 电视/广播/印刷品广告（每个用于测试的商业广告） | 150 | 200～300 |
| 试销市场审计 | 10 家商店 | 10～20 家商店 |
| 专题组 | 2 组 | 6～15 组 |

最后，确定样本容量时需要考虑资源约束。在任何一个营销调研项目中，资金和时间都是受到限制的。另外一些约束包括合格的数据收集人员的可得性。正如下章所述，所需的样本容量还要根据符合条件的被调查者数量和完成率做出调整。

## 执行抽样过程

执行抽样过程必须有一个抽样设计的详细说明，说明总体、抽样框、抽样单位、抽样方法和样本容量是如何确定的。如果以家庭为抽样单位，就需要对家庭有一个操作化的定义。对空房子或是无人在家的情况如何复查，这些都需要在操作程序中作出规定。还要对所有的抽样设计决策提供详细信息。

**调研实例**

### 旅游部门电话调查过生日的男性和女性

佛罗里达州旅游部门（www.myflorida.com）准备实施一项电话调查，以调研当地居民的旅游行为。当地有超过 180 万居住人口，人口总数位于加利福尼亚州、得克萨斯州和纽约州之后，在美国排名第四。这些家庭按北部、中部和南部划分。运用一个计算机随机抽样系统来调研这些家庭。从所有家庭中筛选同时满足以下四个标准的成员：

1. 年龄达到 25 岁及以上。

2. 每年至少在佛罗里达州居住满 7 个月。

3. 在佛罗里达州至少居住了2年。

4. 拥有佛罗里达州的驾驶证。

为了获取符合条件的代表性样本，需要运用随机的方法从家庭住户中抽取样本，列出所有符合上述四个条件的所有家庭成员，运用“下一个生日法”选取个体，重复地拨电话以找到被选的个体。抽样设计过程如下：

1. 目标总体：在调查期间（时间），佛罗里达州（范围）拥有在用的电话号码的家庭（抽样单位）里符合上述四个条件的成人（个体）。

2. 抽样框：计算机程序随机产生电话号码。

3. 抽样方法：分层抽样。目标总体按照地理区域分为三类：北部、中部和南部。

4. 样本容量：868。

5. 执行：将样本划归各自所属的层；运用计算机随机产生的数字拨号；列出所有符合四项要求的家庭住户电话；运用下一个生日法选择其中一个家庭成员。[7]

恰当的抽样设计过程使得佛罗里达州旅游部门获取了对于当地居民的旅游行为的有价值的认知。

## 11.3 抽样方法的分类

抽样方法可以被宽泛地分为非概率抽样和概率抽样（见图11-2）。**非概率抽样**（nonprobability sampling）依赖于调研人员的个人判断，而不是随机选择样本个体。调研人员可以随意地或是有意识地决定样本包含哪些个体。非概率抽样可能产生对总体特征的良好估计，但是不能对样本结果的精确度做出客观的评价。因为无法确定选择任意一个个体进入样本的概率，根据样本得出的估计不能推论到总体。常用的非概率抽样的方法包括便利抽样、判断抽样、配额抽样和滚雪球抽样。

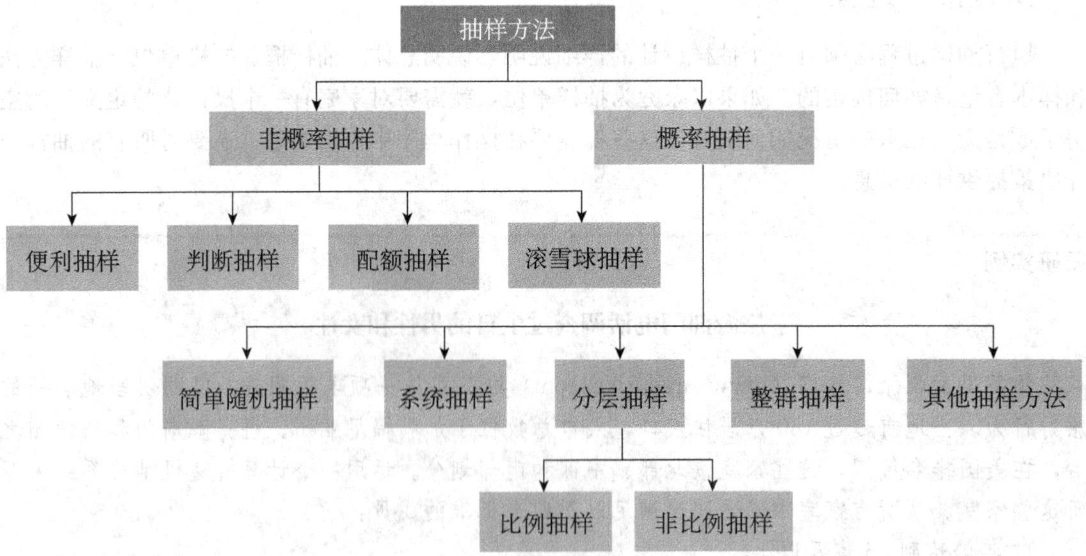


**图11-2 抽样方法的分类**

在**概率抽样**（probability sampling）下，抽样单位是随机选择的。可以预先指定从总体中抽取的给定大小的潜在样本，以及抽取到这些样本的概率。每个潜在样本不必有相同的被抽取概率，但是能够指出选择任意给定样本容量的概率。这要求不仅对目标总体有一个精确的定义，而且对抽样框要有全面的说明。因为样本个体是随机选择的，可以计算样本的精确程度，计算包括目标总体真实值的置信区间。调研人员可以根据从抽取的样本中获得的信息对目标总体的相关信息作出推论。概率抽样方法分为以下几类：

- 个体抽样和整群抽样。
- 等概率抽样和不等概率抽样。
- 非分层抽样和分层抽样。
- 随机抽样和系统抽样。
- 单阶段技术和多阶段技术。

上述五个方面的所有组合可以产生 32 种不同的概率抽样方法。在这些方法中，我们着重讨论简单随机抽样、系统抽样、分层抽样和整群抽样，再简要介绍一下其他方法。首先，我们先讨论非概率抽样方法。

## 11.4 非概率抽样方法

图 11－3 展示了各种非概率抽样的说明。总体包含 25 个个体，需要选出 5 个作为样本。A，B，C，D 和 E 代表 5 个组，也可以看成是 5 个分层或者集群。

### 便利抽样

**便利抽样**（convenience sampling）本着便利原则获取样本个体。抽样单位的选择主要在于调查人员。通常，被调查者被选中是因为他正好在合适的时间出现在合适的地点。便利抽样的例子包括：（1）调查的对象是学生、教会成员或者社会组织机构的成员；（2）在商场不加资格认定地拦截被调查者进行调查；（3）使用交易清单确定所要调查的百货商店；（4）撕下杂志上的问卷；（5）街头调查。[8]

便利抽样是所有抽样方法中最便宜、最省时的方法。抽样单位易于接近，易于测试，而且易于合作。尽管有这些优点，便利抽样也存在一个很严重的局限。这种方法会产生许多潜在的抽样误差，包括被调查者的自我选择。便利抽样得到的样本对任何可定义的总体不具有代表性，因此，将样本结论推广到任意总体是没有理论意义的，便利抽样不适用涉及总体推论类的营销调研。在做描述性或者因果性调研时，不宜采用便利抽样，但是这种方法适用于做探索性调研，以产生概念、见解或假设等。便利抽样可以用于座谈会、预调研或者初步调研。即使在这些情况下，解释结论也应当谨慎。尽管如此，这种方法在一些大型的调研时也会用到。

### 判断抽样

**判断抽样**（judgmental sampling）是便利抽样的一种形式。判断抽样根据调研人员的判断来选择总体中的个体。调研人员或专家根据判断选择特定的个体进入样本，是因为他们相信这些个体能够代表总体或者具有其他适合的特征。常用判断抽样的情况包括以下几种：（1）选择确定推出一种有潜力的新产品的试销市场；（2）选择工业品公司中可代表公司的采购工程师；（3）选择能代表民意的选区；（4）选择出庭专家和证人；（5）选择测试新的商品展示系统的百货商店。

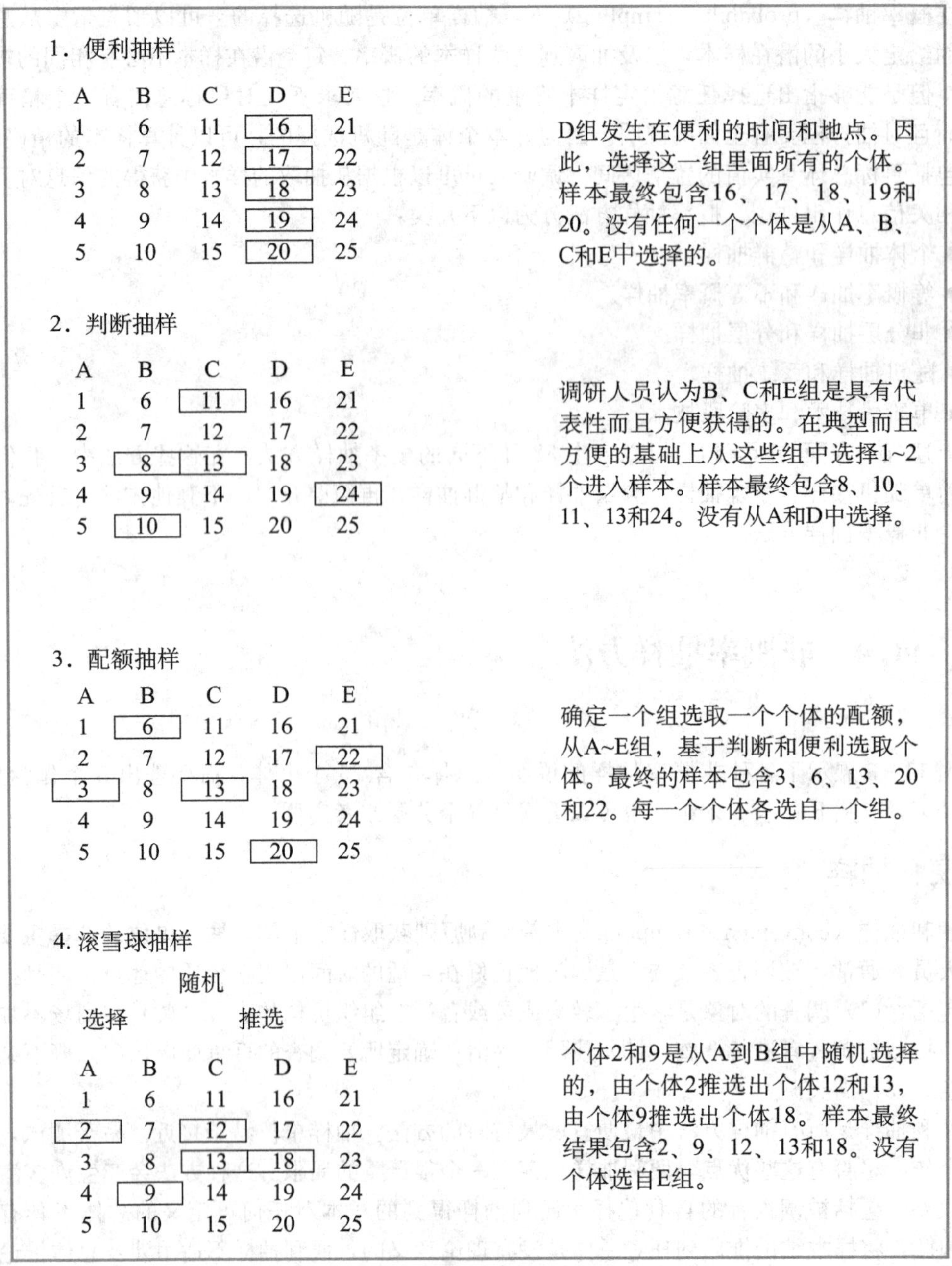


**图 11－3　非概率抽样方法的图标说明**

**调研项目**

## 抽样方法

在百货商店项目中，基于判断选出城市中的20个区域作为调查对象，排除了那些非常贫穷和不符合要求（比如高犯罪率）的区域。在每个区域中，再选择那些具有代表性的、典型的街区。最后，在选出的每个街区中，每隔10户选出一个家庭作为最终的调查对象。调查说明如下：

"从指定街区的东南角开始，按照顺时针走遍整个街区。在结束一次调查之后，跳过10个住户选出下一个被调查者。按这样的方式不断寻找下一个被调查者，除非遇到以下任何一种情况：被调查者不在家、被调查者拒绝合作，或者没有找到具备合适资格的被调查者。每完成一个街区后，到下一个指定的街区去，并按照同样的程序进行，直到获得所需的被调查者数目。”

**调研活动**

回答有关问题：

1. 该项目的目标总体及抽样框架是什么？样本容量有多大？
2. 你认为用判断抽样合适吗？如果不合适，你建议使用什么抽样方法？

---

判断抽样成本低且便捷快速。然而它不允许将结论直接推广到特定的总体，通常对于总体没有明确的定义。判断抽样是主观的，它的价值完全取决于调研人员的判断、专业知识以及创造力。在不需要大量对总体进行推论的时候这种方法是有用的。正如在百货商店项目中，判断抽样经常被用于商业营销调研项目。这种技术的一种拓展是配额抽样。

## 配额抽样

**配额抽样**（quota sampling）可以看作两阶段的有约束的判断抽样。第一阶段是对总体中个体进行分类，并根据分类来确定配额。为确定配额，调研人员需要列出相关的控制特征，并且确定这些特征在目标总体中的分布。相关的控制特征可能包括性别、年龄、族裔、身份识别等。通常，确定的配额是为了使样本中个体的控制特征在比例上与总体相似。换句话说，通过配额要使样本构成与总体构成在特定特征方面相同。在第二阶段，基于便利性或者判断选出样本。一旦配额被划定，在选择个体进入样本方面就有较大的自由空间，唯一的要求就是个体符合控制特征。[9]

即使样本在某些控制特征方面与总体相似，也不能够保证样本就具有代表性。如果与问题相关的某一特征被忽略，配额样本就不具代表性。相关的控制特征常常被忽略，因为要包括多种控制特征往往具有操作上的困难。另外，由于每组配额下的个体是基于便利性和判断选择出来的，存在许多选择偏差。调研人员会选择最容易找到符合条件的被调查者的区域进行调查。同样，他们会避免接触那些看上去不友善、衣衫褴褛，或者居住在不理想住所的人。配额抽样也无法计算抽样误差。

配额抽样试图以相对较低的成本获得具有代表性的样本。它的优势是成本低，便于调查者选择每组配额中的个体。近来，为了减少选择误差，对调研人员以及调查过程的控制越来越严格，并提出了提高商场拦截式配额样本质量的指导说明。在某些特定的条件下，配额样本所获得的结果与常规的概率抽样结果相似。[10]

## 滚雪球抽样

在**滚雪球抽样**（snowball sampling）中，通常先随机地选择一组最初的调查对象，在调查结束之后，要求这些被调查者推荐一些同属目标总体的其他人，然后用相同的方法继续选出后续的被调查者。这一过程通过一轮接一轮的推荐来实现，从而形成一个“滚雪球”效应。即使在选择最初的被调查者时使用了概率抽样，但最终的样本还是一个非概率样本。与随机抽样的方式相比，被推荐的人将具备与推荐人更为相似的人口统计学和心理特征。[11]

使用滚雪球抽样的一个主要客观因素是预计在总体中具备某一特征的个体非常少。例如，享受政府津贴或社会福利的、不能公布个人姓名的群体；特殊的普查群体，如 35 岁以下的鳏夫；分散且数量较少的总体成员。滚雪球抽样也可用于工业买卖双方调研，以确定买卖双方的配对。滚雪球抽样的优势是能够显著增加找出总体中具备想要的特征的个体的可能性，同时样本偏差和成本较低。[12]

## 11.5 概率抽样方法

不同的概率抽样方法在抽样效率方面各不相同。抽样效率反映了抽样成本和精确度之间的权衡。精确度反映的是被测特征不确定的程度。精确度与抽样误差反相关，与抽样成本正相关。精确度越高，成本越大，大多数的调研需要在这两者之间做出权衡。调研人员要在分配的预算的约束下做出最有效的抽样设计。评估概率抽样方法的效率是通过与简单随机抽样相比较得出的。图 11－4 说明了各种概率抽样方法。就像介绍非概率抽样时候的例子一样，总体包含 25 个个体，需要选择一个容量为 5 的样本。A，B，C，D，E 代表 5 个组或者 5 个分层或集群。

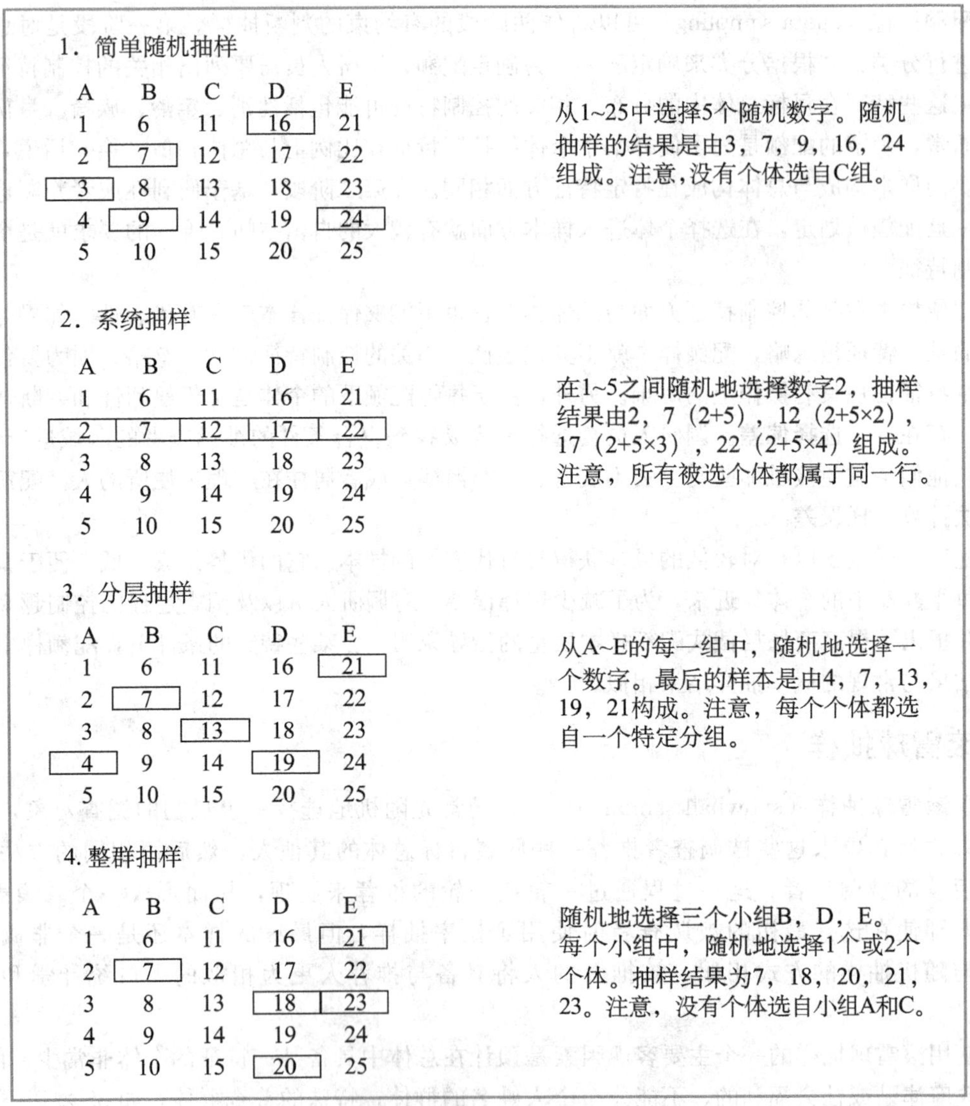


**图 11－4　概率抽样方法的图示说明**

## 简单随机抽样

在**简单随机抽样**（simple random sampling）下，总体中的任一个体都有一个已知且均等的被抽中概率。进一步说，任意可能的容量为 $n$ 的个体组合都有一个已知且均等的概率被选择为最终样本。这意味着任一个体都是相互独立于其他个体而被选出的。在抽样框中通过一个随机选择程序就可以得到样本。这种方法相当于一个彩票系统：将参与者的名字放入一个容器中，摇晃这个容器，然后以一种无偏见的方式取出获胜者的姓名。

为了获取一个简单的随机样本，调研人员首先要编辑一个抽样框，给每个个体指派唯一的可识别的数字编号，然后随机地选择一些编号以决定哪些个体进入样本。这些随机的数字编号可以由计算机程序或者表格（见书末附录 B 中的表 B-1）生成。假定要从一个包含 800 个个体的抽样框架中选出 10 个样本。可以从第一行第一列开始，考虑末尾三个数字，然后沿着这一列一直往下走，直到选出 1～800 内的 10 个数字为止，超过这一范围的数字要忽略掉。因此，在这个例子中，我们选择了 480、368、130、167、570、562、301、579、475 和 553。注意到第六行的 921 和第 11 行的 918 被忽略了，因为它们超出了范围。

简单随机抽样有许多理想的特征：易懂；样本结论可以映射到目标总体。许多统计的推论方法都假定数据是按照简单随机抽样收集的。然而，简单随机抽样有至少四方面局限性：第一，通常很难构建一个可以允许进行简单随机抽样的抽样框。第二，简单随机抽样可能会导致样本很大或者跨越很宽的地理区域，从而增加了收集数据的时间和成本。第三，与其他概率抽样方法相比，简单随机抽样经常导致较低的精确度和较大的标准差。第四，简单随机抽样可能会得到有代表性的样本，也可能不会。尽管一般来说，简单随机抽样所抽出的样本可以很好地代表总体，但在给定容量的情况下，也存在错误代表目标总体的可能，这在样本容量较小的情况下更可能发生。基于这些原因，简单随机抽样在营销调研中运用不广，系统抽样更受欢迎。

## 系统抽样

**系统抽样**（systematic sampling）通过选择一个随机的起点，然后从抽样框中每隔 $i$ 个个体，连续选出不同个体以组成样本。抽样间距 $i$ 是由总体大小 $N$ 除以样本大小 $n$ 四舍五入后得到的整数结果。例如，目标总体数目为 100 000，需要一个包含 1 000 个个体的样本。在本例中，样本间距 $i$ 是 100。随机地选择一个 1～100 之间的数字，假设是 23，于是样本就由 23，123，223，323，423，523 等组成。[13]

系统抽样与简单随机抽样相同的地方体现在任一个体都有已知且均等的被抽中概率。不同的是，只有样本容量为 $n$，而且是容许样本的才有已知且均等的概率被抽中，不是容许样本的，尽管容量为 $n$，其被抽中的概率也为 0。

对于系统抽样，调查人员假定总体中的个体是按照某种顺序排列的。在某些情况下，这种排列顺序（例如电话簿中按照字母表顺序排列）与个体特征无关；而在另一些情况下，排列顺序直接与调查的特征相关，例如，信用卡用户按照欠款余额列出，特定行业中的公司以每年的销售额列出。如果个体是按照与调查特征无关的顺序列出，则系统抽样产生的结果和简单随机抽样的非常相似。

此外，当个体的排列顺序与调查特征相关时，系统抽样增加了样本的代表性。假设公司按照在行业中的销售额排名列出，系统抽样可以得出包含小公司，同时也包含大公司的样本，而简单随机抽样得出的样本可能就不具有代表性，因为它可能仅包含一些小公司，或者过多的小公司在样本中。如果个体排列呈现周期性，系统抽样会降低样本的代表性。例如，使用系统抽样从一个包含过去60年每月销售额的抽样框中选出一个百货商店每月销售额的样本，如果抽样间隔为12，则所得的样本不能反映月间销售额的变化。[14]

系统抽样比简单随机抽样成本更低，更容易实现，因为随机选择仅需一次就够了。另外，也不像简单随机抽样那样需要识别每一个个体。有一些名单包含有数百万个体，这样可以节省大量的时间，同时降低抽样成本。如果可以获得与调研相关的信息，则系统抽样可以生成比简单随机抽样更具代表性、更可靠（抽样误差更低）的样本。另外一个优势是系统抽样可以不必了解抽样框中个体的组成。出于这些原因，系统抽样常用于消费者邮件调查、电话调查、商场拦截调查和网络调查。

## 分层抽样

**分层抽样**（stratified sampling）由两个阶段构成。首先，将总体分割为几个子总体，或者称为“层”。层之间应该互相排斥同时又穷尽所有个体，也就是说，任一个体可以归属的子层有且仅有一个，同时，总体中的所有个体不能被遗漏。其次，通过一个随机程序，从每一子层中选择个体。技术上讲，仅有简单随机抽样可以用于为每一子层选择个体，实践中，有时也会用到系统抽样或者其他概率抽样方法。分层抽样与配额抽样的不同点在于样本个体是按照概率抽取的而不是基于判断或便利性得到的。分层抽样的一个主要目的是在不增加成本的条件下增加精确度。[15]

用于将总体划分为各子层的变量称为分层变量。选择这些变量的标准是：同质性、异质性、相关性和成本。同属一个子层的个体应当尽可能同质，而不属于同一子层的个体应当尽可能异质。分层变量还要与调查特征尽可能相关。越符合这些标准，控制外部抽样误差的有效性就越高。此外，易于测量和运用的分层变量可以降低分层成本。常用于分层的变量包括人口统计学特征（在配额抽样中说明过）、顾客类型（信用卡用户和非信用卡用户）、公司大小、行业类别等。可以采用多于一个的分层变量，但是出于实效和成本的考虑，一般不选两个以上分层变量。对于分层数目的确定，属于一种判断，但是经验显示不要多于六层。超过六层以后，增加一层所带来的精确度提升的收益不足以抵减增加的分层和抽样花费的成本。

另外一个重要的决策涉及使用比例抽样还是非比例抽样。在比例分层抽样下，从每一层中抽取的个体数量与该层在总体的相对数量成比例。在非比例分层抽样中，从每层中抽取的个体不但与该层的相对量成比例，同时与该层所有个体中调查特征分布的标准差成比例。非比例抽样的逻辑很简单。首先，拥有相对较大量的层在决定总体平均值的时候有一定影响力，并且这些层在推导样本估计值时发挥较大的影响，因此，应当从这些层中抽取相对较多量的个体。其次，为了提升精确度，拥有较大标准差的层应该抽取较多量的个体，拥有较小标准差的层应该抽取较少量个体（如果该层中所有个体均相同，则选取任一个体就可以获得完美信息）。注意，如果每个分层中标准差相同，则两种抽样方法实际上是一样的。

非比例分层抽样需要一些相对差异的估计值，或者调研特征分布的标准差。这些信息并不一定可以获得，调研人员不得不依赖直觉或者逻辑来决定每一分层中应当抽取的样本数量。例如，大型商店在某些产品的销售额上与小型商店有较大的差异，因此，在一个样本中大型商店的数量可以不成比例地大一些。当调研人员对不同层之间的差异感兴趣时，一种常用的抽样策略是从每一层中选取相等数量的个体组成样本。

分层抽样可以保证所有重要的子层在样本中都得到体现。当总体中调研特征分布极不对称时，这一点尤为重要。例如，大多数家庭年收入低于75 000美元，家庭收入的分布是不对称的，很少一部分家庭年收入在200 000美元及以上。如果采用的是简单随机抽样，年收入在200 000美元及以上的家庭可能得不到充分的体现，分层抽样就可以保证一定数量的这类家庭包含在样本中。分层抽样具有简单随机抽样的简易性，还兼顾到精确度，因此，是一种常用的抽样方法。

## 整群抽样

**整群抽样**（cluster sampling）首先将目标总体分为互相排斥且穷尽总体的子总体，或者称为群。然后用简单随机抽样等概率抽样方法随机抽出群的样本。对于每个选中的群，可以将群中所有个体选入样本，也可以按照概率的方法从中抽取样本。如果将群中所有个体选入样本，则称这一过程为单阶段整群抽样；如果按概率的方法从选出的群中抽取样本，则称为两阶段整群抽样。如图 11－5 所示，两阶段整群抽样可以划分为运用简单随机抽样的简单两阶段整群抽样和与规模成比例的概率抽样。另外，整群抽样还可以划分为多阶段（多于两个），称为多阶段整群抽样。

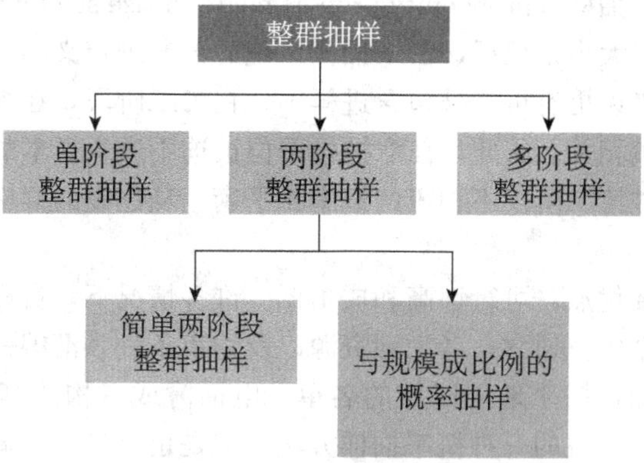


**图 11－5　整群抽样类型**

整群抽样和分层抽样最关键的区别在于整群抽样仅限于在部分子总体（群）中生成样本，而分层抽样是从所有的子总体（层）中生成样本。两种方法的目的亦有不同。整群抽样是为了降低抽样成本，增加样本有效性；而分层抽样是为了增加精确度。在同质异质方面，划分群的标准与层正好相反。同一群中的个体要尽可能异质，而群之间尽可能同质。理想情况下，任一群是总体的小规模代表。在整群抽样中，抽样框仅用于那些被选择用于生成样本的群中。分层抽样和整群抽样的不同点归纳如表 11－3 所示。

**表 11－3　分层抽样和整群抽样的区别**

| 因素 | 分层抽样 | 整群抽样（单阶段） |
|---|---|---|
| 目标 | 增加精确度 | 降低成本 |
| 子总体 | 包括所有分层 | 仅选择一个群 |
| 子总体内部 | 每一层内应是同质的 | 每一群内应是异质的 |
| 子总体之间 | 层之间应是异质的 | 群之间应是同质的 |
| 抽样框 | 整个总体 | 所选群 |
| 个体选择 | 从各层中随机选择个体 | 所选择群中的全部个体 |

整群抽样的一种常见形式是**区域抽样**（area sampling）。这里群以地理区域，比如国家、住宅区域、街区等为依据划分。如果选择个体时只涉及一个阶段的抽样（例如当调研人员对街区抽样，然后街区中的所有住户都包含进来作为样本），这种设计称为单阶段区域抽样。如果在基本个体被选择出来之前进行了两次或更多次抽样（如调研人员对街区抽样，然后在选中的

街区中再选择住户作为样本），则称为两阶段或多阶段区域抽样。单阶段区域抽样一个明显的特征就是被选中的街区（或者其他地理区域）中的所有住户都包含在样本中。

两阶段区域抽样有两种类型，如图11-5所示。一种是第一阶段（选择街区）和第二阶段（选择住户）都用到简单随机抽样。这种设计称为简单两阶段整群抽样。在这种设计中，在第二阶段从各群（街区）中选择个体（住户）的比例是相同的。在一个调查富裕消费者行为的调研项目中，根据普查数据收入从排在前1/2的州中平均收入超过50 000美元的社区随机选择800个街区，供应名单的商业机构提供了这800个街区中近95%的户主姓名和名单。用简单随机抽样方法从213 000列举住户中选出9 000个。[16]

这种设计在各群大小相当时是合适的。也就是说，各群包含近似数量的抽样单位。如果各群容量差异较大，简单的两阶段整群抽样可能会导致有偏差的估计。有时可以通过合并使各群在数量上相等，但是当这种方法不可行时，就需要运用与规模成比例的概率抽样。

**与规模成比例的概率抽样**（probability proportionate to size sampling）中，群被选中的概率与该群的大小成比例。群大小是根据该群中抽样单位的数量来定义的。因此，在第一阶段，较大的群相比于较小的群来说更有可能被包含进样本。在第二阶段，在被选中的群中选择抽样单位的概率与该群的大小负相关。因此，任意抽样单位被选中进入样本的概率是相等的，因为第一阶段不相等的概率会被第二阶段不相等的概率相平衡。从选中的群中选择出抽样单位的数目是近似相等的。

整群抽样有两个主要优点：可行性高和成本低。许多情况下，目标总体的唯一容易得到的抽样框架是群，而不是个体。通常，考虑到资源以及约束条件，汇编一个包含所有消费者名单的总体是不可行的。然而，一个地理区域的名单、电话簿或者构建其他一些消费群要相对容易。整群抽样是最具成本效益的一种概率抽样方法，但是也有自身的局限。整群抽样会导致一个相对不够精确的样本，难以形成异质的群，例如，一个街区的住户趋于相似而不是相异。[17]同时在群的基础上计算和解释统计数据也有一定困难。整群抽样和其他基本的抽样方法的优缺点如表11-4所示。接下来的调研示例中描述了抽取样本的过程。

**表11-4　基本抽样方法的优缺点**

| 方法 | 优点 | 缺点 |
|---|---|---|
| 非概率抽样 | | |
| 便利抽样 | 成本最低，耗时最少，最方便 | 有选择偏差，样本无代表性，不推荐用于描述性或因果调研 |
| 判断抽样 | 低成本，便利，不耗时 | 不能用于推论，主观 |
| 配额抽样 | 样本生成中可以控制某些特征 | 选择偏差，不能保证具有代表性 |
| 滚雪球抽样 | 可用于调研稀缺特征个体 | 耗时 |
| 概率抽样 | | |
| 简单随机抽样 | 易懂，结果可以用于推论 | 难以构建抽样框架，精确度低，不能保证具有代表性 |
| 系统抽样 | 可以增加代表性，比简单随机抽样易于执行，不需要抽样框架 | 如果是周期循环模式，会降低样本代表性 |
| 分层抽样 | 包括所有的子总体，精确 | 选择相关分层变量较困难，不能基于多变量分层，昂贵 |
| 整群抽样 | 易于执行，具备成本效益 | 不够精确，难以计算和推导结论 |

示例

## 概率抽样步骤

### 简单随机抽样

1. 选择合适的抽样框。

2. 为每一个体按照1～$N$（总体规模）指派一个数字。

3. 在1～$N$之间随机地抽取$n$（样本容量）个数字。这可以通过计算机或者软件包，或者使用简单随机数表（见书末附录B中的表B-1）来完成。使用随机数表时，首先选择合适的数字位数（例如$N=900$，则选择三位数字），随意选择一个起始数字，然后向上或向下进行，直到选出1～$N$之间的$n$个不同的数字为止。注意：舍弃0、重复数字和大于$N$的数字。

4. 生成的数字所代表的个体入选样本。

### 系统抽样

1. 选择一个合适的抽样框。

2. 为每一个个体指派从1～$N$（总体规模）的一个数字。

3. 确定抽样间隔$i$（$i=N/n$），如果$i$是一个分数，则取与之最近的整数。

4. 选择一个1～$i$之间的随机数字$r$，如简单随机抽样那样。

5. 下列数字所代表的个体将组成系统随机抽样样本：$r$，$r+i$，$r+2i$，$r+3i$，$r+4i$，…，$r+(n-1)i$。

### 分层抽样

1. 选择一个合适的抽样框。

2. 确定分层变量和层数（$H$）。

3. 将全部总体分为$H$层，根据分层变量，将总体中每一个个体指派入一层中。

4. 在每一层中，将个体从1～$N_h$编号。

5. 根据比例抽样或非比例分层抽样决定每层的样本容量$n_h$，注意，$\sum n_h = n$。

6. 在每层中，选择容量为$n_h$的一个简单随机样本。

### 整群抽样

我们描述选择两阶段样本的过程，因为这是这类抽样中具有代表性的一种。

1. 为总体中每一个个体指派从1～$N$的数字。

2. 将总体分为$C$个群，每群包含$c$个个体。

3. 计算抽样间隔，$i(i=N/n)$，如果$i$是一个分数，则取与之最近的整数。

4. 选择一个1～$i$之间的随机数字$r$，如简单随机抽样那样。

5. 选出下列数字代表的个体，$r$，$r+i$，$r+2i$，$r+3i$，$r+4i$，…，$r+(c-1)i$。

6. 选出包含这些个体的群。

7. 在选择的群中，根据简单随机抽样或系统抽样，选出抽样单位。从每个样木群中选取的抽样单位的数量近似，并且等于$n/c$。

8. 如果群中的总体超过了抽样间隔$i$，该群就必然会被选中，必须将之排除出考虑范围。重新计算总体容量$N^*$、群组数量$c^*(c-1)$，和新的抽样间距$i^*$。重复这一过程直到剩下的每一群总体数量小于抽样间距。如果有$b$个群组必然被选择，则按照1～7的步骤选择剩下的$c-b$个群组。从每个必然选择的群中抽取的单位比率占总体比率的$n/N$。对于确定会选出的群中，我们从中抽取的数量为$n_s=(n/N)\cdot(N_1+N_2+\cdots+N_b)$。因此，在两阶段分层抽样下，抽样单位数将为$n^*=n-n_s$。

### 其他概率抽样方法

除了上述四种基本的概率抽样方法，还有许多其他的抽样方法。多数方法可以看作这些基本方法的衍生和扩展，用以处理复杂的抽样问题。与营销调研相关的两种方法是顺序抽样和双重抽样。

**顺序抽样**（sequential sampling）下，个体先后从总体中抽取出来，在每个阶段都进行数据的收集和分析，然后做出是否需要抽取额外的个体的决策。样本容量事先无法确定，但是抽样设计中要详述一个决策准则。在每个阶段，根据这个准则判断是否需要继续抽样还是已经获得了足够的信息。顺序抽样可用于判断对两个竞争事物的偏好程度。在相关调研中，被调查者被问及对两个可选事物的偏好程度，当累积了足够的证据能够表明偏好程度时，抽样就终止了。顺序抽样还可用于建立标准型和豪华型耐用品之间的价格差异模型。[18]

**双重抽样**（double sampling）也称两阶段抽样。总体中某些个体被抽样两次。在第一阶段，生成一个样本并从这个样本的所有个体中获得某些信息。在第二阶段，从原来的样本中抽取一个子样本，再从子样本中获取额外的信息。这一过程可以延伸到三个或者更多个阶段，不同的阶段可以同时发生，也可以不同时进行。当没有可获得的样本框架来确定最终的抽样单位，但是知道这些个体包含在一个更广泛的抽样框内时，双重抽样的方法就很有用。例如，调研人员想要选择一个在给定城市中消费苹果汁的家庭，其感兴趣的家庭包含在所有家庭中，但是调研人员不知道具体是哪些家庭。使用双重抽样，调查人员会在第一阶段获得一个包含所有家庭的抽样框，这个框可以通过城市地址录构造或者通过购买获得。然后用系统随机抽样的方法抽取家庭样本，以确定苹果汁的总消费量。在第二个阶段，选出消费苹果汁的家庭，并按照消费量分层。然后抽出一个分层随机样本，根据这个样本调研关于苹果汁消费的细节问题。[19]

## 11.6 选择非概率抽样还是概率抽样

选择非概率抽样还是概率抽样要以调查性质、非抽样误差和抽样误差的相对大小、总体差异化程度以及统计和操作上（例如成本、时间）（见表 11－5）的考虑为基础。例如，在探索性调研中，仅将调查结果看作初步结论，也就没有必要采用概率抽样方法。在结论性调研中，调研人员需要运用调查结论来估计市场份额或者市场大小，因此适合采用概率抽样。概率抽样允许将样本统计结果映射到目标总体。

**表 11－5　选择概率抽样还是非概率抽样**

| 因素 | 使用非概率抽样情形 | 使用概率抽样情形 |
| --- | --- | --- |
| 调研性质 | 探索性 | 结论性 |
| 抽样和非抽样误差相对大小 | 非抽样误差较大 | 抽样误差较大 |
| 总体变量 | 同质（差异化程度较低） | 异质（差异化程度高） |
| 统计上的考虑 | 不利 | 有利 |
| 操作上的考虑 | 有利 | 不利 |
| 时间 | 有利 | 不利 |
| 成本 | 有利 | 不利 |

对于某些调研问题，需要对总体特征的高度精确估计。在这种情况下，对选择误差的消除

和抽样误差的计算，使得概率抽样方法更可取。然而，概率抽样并非总能得到更加精确的结论。如果非概率抽样误差是一个重要的因素，则非概率抽样更受欢迎，因为通过判断可以更好地掌控抽样过程。

另一个考虑因素是总体中调查特征的同质性。同质性高的总体适宜用概率抽样，因为确保选择出一个具有高度代表性的样本更为重要。从统计的角度看，由于概率抽样基于大量常用的统计技术，因此也更受欢迎。

然而，概率抽样较复杂，需要调研人员受过统计训练，通常比非概率抽样成本更高，更加耗时。在许多营销调研项目中，很难为额外的成本和时间花费提供充分的理由。基于可操作性的考虑，用非概率抽样方法更有利。在实践中，调研的目的是抽样方法的主要影响因素。

## 11.7　非概率抽样和概率抽样的应用

非概率抽样常用于概念测试、包装测试、名称测试和文案测试等不需要反映总体特征的调研中。这类调研的重心是给出不同回答或者不同态度在样本中所占的比例。这类调研的样本可以通过诸如商场拦截式配额抽样方法抽取。此外，当需要对整个市场的市场份额或者销售量做高度精确估计时，需要用概率抽样方法。使用概率抽样方法时，通常雇用电话调查人员，将分层抽样和系统抽样与一些随机拨号方式结合起来选取被调查者。

## 11.8　在线抽样

### 在线抽样相关问题

如第 6 章所述，网络调查（或抽样）有很多优势。被调查者可以在方便的时间完成调查。网络调查如电脑辅助调查（电脑辅助电话调查和电脑辅助人员调查），可以加入自动跳转模式、一致性检验以及其他一些智能特征，数据收集快速，成本低。与在线抽样相关的一个重要问题是样本的代表性。经常上网的人被抽中的概率会偏高。任何上网者都可以参与的无限制网上样本是一种便利样本，由于被调查者可以按自己意愿选择参与与否，存在很大的选择偏差。

如果对正在上网的潜在被调查者进行抽样所得的样本对于目标总体来说具有代表性，那采用在线抽样就是有意义的。越来越多的行业正在符合这项标准。在软件、计算机、网络、技术出版、半导体制造业、研究生教育等行业，在线抽样广泛运用于用户调查等定量调研中。对于内部顾客调查，如果客户的雇员共享公司的电子邮件系统，即使没有连接外网，通过这个系统进行内部调查也是可行的。然而，在线抽样对于许多非计算机类的消费品来说还不够实用。例如，宝洁想要调查家庭主妇对于清洁剂的偏好和使用程度，网络调查就不是一个合适的选择，因为在线抽样得到的样本不能代表目标总体。

为了避免抽样误差，调研人员必须控制被调查者的候选人群。另外，调研人员还要保证被调查者不会被调查多次（反复投票）。这一点可以通过电子邮件系统加以控制，调研人员选择特定的被调查者并对之编码，以匹配每份回收的问卷。也可以通过网页调查，先向每个被调查者发送邮件邀请，要求他们访问指定网址。这种情况下，问卷被放在网页上某个隐藏的地点，有密码保护，没有被邀请的人无法参与。

## 在线抽样方法

常用的在线抽样方法可以分为在线拦截（非随机和随机）、在线招募和其他方法（见图11-6）。在线招募可以进一步分为专门小组（招募或选择）和非专门小组（租入名单）。

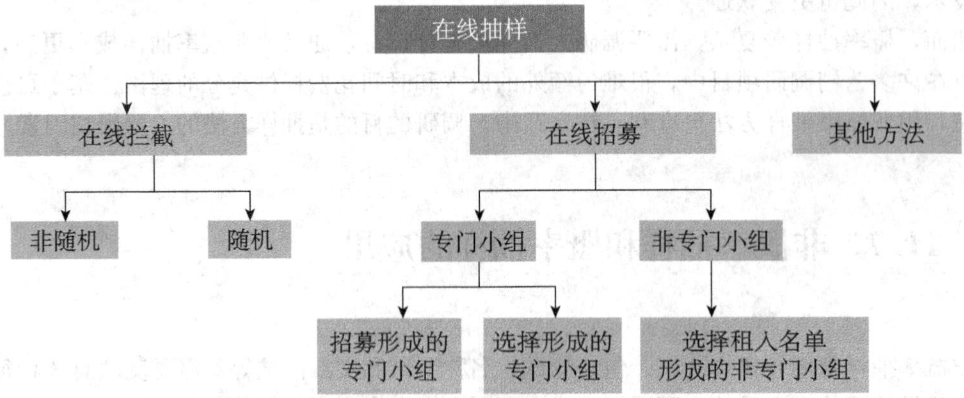


**图 11-6　在线抽样的分类**

在线拦截抽样中，每位访问者都有参加调查的机会。可以在一个或多个网址上进行拦截，比如像雅虎这样流量很高的网站。非随机在线拦截抽样时，每位访问者都被拦截，如果该网址的流量不高，这样的方法是有效的。然而，这会产生一个便利样本。可以通过配额来提高样本的代表性。而采用随机在线拦截抽样时，通过软件来随机选择访问者，并且弹出一个窗口，询问访问者是否愿意参与调查。可以基于简单随机抽样或者系统随机抽样方法来选择访问者。如果总体被定义为网站的访问者，则这种程序下生产的是一个概率样本（简单随机样本或是系统抽样样本）。如果总体不是网站访问者，则这种程序下生产的样本近似非概率样本。尽管如此，随机化提高了样本的代表性，减少了同一被调查者多次回答的概率。

在线专门小组与非专门小组功能类似（见第3章和第4章），优缺点也类似。在招募专门小组时，可以通过在线招募，或者一些传统的方式（邮件、电话）。根据调查人员的判断，可以以某些特定的资格标准来筛选被调查者。通过提供一些激励措施，如抽奖、积分和其他类型的网上货币来鼓励参与。在参与的同时，人们会提供详细的心理及人口统计学特征、网络使用率、产品消费等信息。选择形成的专门小组与之类似，只是样本是通过选择而不是招募形成。为了生成样本，在线公司根据调查人员给定的特征，向符合条件的人员发送电子邮件。所有的抽样方法都可以用于这两种类型的小组。概率抽样的成功依赖于小组相对于目标总体的代表性。可以获取较具体的目标样本，例如，一个月内购物两次以上的女性。再如，Harris Poll Online 调查中的被调查者是从其包括数百万会员的数据库中抽取的，其电子邮件是从多种来源中获得的，包括其在线注册信息和旗帜广告。为了保证样本的可靠性和完整性采取了以下几项措施：

- 密码保护。每份邀请中都为特定电子邮件地址提供一个唯一的密码。被调查者在调查开始前输入密码才能进行。密码保护确保了每一被调查者仅能完成一次调查。

- 提醒。为了增加调查中被调查者数量和提高总体的应答率，每隔2～4天向还没有完成调查的被调查者发送电子邮件，提醒他们完成。

- 调查结果摘录。同样为了增加调查中被调查者数量和提高总体的应答率，可以通过网络向被调查者发送一些调查结果的摘录。

需要潜在的被调查者上网完成调查，也可以采用非专门小组招募的方法。例如，百思买向顾客发放传单，鼓励他们登录一个有密码保护的网址填写问卷。如果总体定义为公司的顾客，如顾客满意度调查时，同时使用一个随机程序来选择被调查者，将会生成一个概率样本。其他的专门小组方法包括使用从商业机构哪里获得的电子邮件名单，假定这些被选入者允许他们的电子邮件信息被循环使用。其他一些离线方法像电话筛选，同样可以用于招募网上样本。有些公司通过电话、产品注册卡、在线注册和促销等途径，获得顾客关系数据库中的电子邮件地址信息。

还有许多其他的在线抽样方法。例如，在访问者每次购物时，弹出一个调查邀请的窗口。另外，还可以定制或使用营销调研商业机构提供的样本，如 Survey Samples Inc（SSI，www. ssisamples. com）。

## 11.9　国际营销调研

在国际营销调研中，执行抽样设计程序并不是一件简单的工作。在定义目标总体的时候，应该考虑几个因素。相关的个体（被调查者）可能在不同国家有所不同。在有的国家，孩子在购买儿童谷物产品时扮演重要角色，而在其他国家，母亲就可能成为相关个体。美国女性在购买汽车和其他耐用品时起关键作用，在男性主导的社会里，比如中东，这些决定是由男性完成的。不同国家的人易接近程度也不一样。在墨西哥，由于围墙和仆人的阻拦，陌生人是不能够进入私家住户的。另外，由于没有门牌号，街道也没法识别，找到指定的住户也是很困难的。[20]

设计一个合适的抽样框也是一件困难的工作。在许多国家，特别是发展中国家，关于总体的可靠信息是很难通过二手数据来源得到的。政府的数据可能无法获得，或者存在很大的偏差。总体的名单也无法通过商业机构获得，汇编这些名单所需要的时间和金钱令人望而却步。例如，在沙特阿拉伯，没有官方认可的人口普查；没有选举，因而也没有选民登记记录；没有描述人口分布状况的精确地图。在这种情况下，调查者只有根据指示，从某个指定的地点开始，每隔 $n$ 个住户抽取样本，直到抽取到指定数目的样本单位为止。

考虑到缺乏合适的抽样框，某些被调查者不易接近（例如某些文化中的妇女），还有调查人员的主导地位，都使得概率抽样在国际营销调研中应用不普遍。在发达国家和发展中国家，配额抽样广泛应用于消费者调查和行业调查，当感兴趣的特征在目标总体中数量稀少，或者难以接近被调查者时，滚雪球抽样具有一定吸引力。例如，有人建议，在沙特阿拉伯可雇用研究生向他们的亲戚朋友传递问卷，这些最初的被调查者被要求推举其他潜在的被调查者。这种方法可以获得较大的样本容量和较高的应答率。

在国际营销调研中，使用网上抽样时需要考虑获取上网条件的可能性，还有不同国家网络使用情况可能大不相同。有许多的国家可能缺乏服务商、硬件和软件提供商，由于技术和基础设施的缺乏，网络调查变得困难且昂贵。另外，对待网络的态度、网络的使用率也存在文化差异。例如，在拉丁美洲，由于在参与调查时，被调查者缺乏社会互动，导致对待网络调查的态度不积极。

各国的抽样方法和程序在精确度、可靠性和成本方面各有不同。如果在每个国家都是用相同的抽样程序，结果可能不具有可比性。为了实现样本组成的可比性和代表性，需要在不同的国家使用不同的抽样方法。

## 11.10 营销调研中的商业伦理问题

在抽样过程中，调研人员对客户和被调查者都具有道德责任。涉及客户，调研人员必须形成一个合适的抽样设计，以合理控制抽样误差和非抽样误差（见第3章）。如果合适，可以采用概率抽样。当使用非概率抽样时，需要努力获得一个具有代表性的样本。将非概率抽样样本当作概率抽样样本，并且将结论推论到总体，是一种不道德的、误导性的做法。如果调研人员要合乎道德地使用调研结果，就要合适地定义目标总体、抽样框架并运用正确的抽样方法。

调研人员在进行企业调研、雇员调研和其他一些小总体调研项目时，必须保护匿名的被调查者信息。从小规模的总体抽取的样本，比从大规模总体中抽取的更容易识别出被调查者身份。过多披露样本细节，或在向客户的报告中逐字引用这些细节，会破坏被调查者的匿名性。这种情况下，调研人员有伦理上的义务保护被调查者的身份，即使这意味向客户或其他当事人报告时要限制报告抽样细节。

**调研决策**

**MTV：世界上最广泛运用的电视网络**

**情境**

MTV电视网络包括很受欢迎的电台，例如MTV，VH1，Nickelodeo，Nick at Nite，Comedy Central，CMT：Country Music Television，Spike TV，TV Land，Logo，以及遍布全球超过137家的网络。MTV电视网络以其自由流动的公司文化和一系列强大的品牌为母公司维亚康姆（Viacom，www.viacom.com）创造了巨额利润。

MTV电视网络公司的首席执行官汤姆·弗莱斯顿（Tom Freston）带领公司从一个刚起步的小公司发展到一个大型公司。朱迪·麦格拉思（Judy McGrath）在2004年7月被提名为公司的首席执行官。此时，MTV已经变成一个全球性大公司，在全世界拥有几百万的观众，但是依然一直紧跟流行的步伐，让观众有持续想看的动力。

MTV一直试图寻找新方法来服务他们的目标观众：18～24岁的年轻人。这并不是一件轻松的事。例如，像Besvis & Bueehead和The Real World等频道点击率下降，排名也开始下滑，因为用户抱怨在MTV上再也没有音乐可以听了。为此，它在18～24岁的年轻人中间进行了一项电话调查，抽样时通过计算机随机产生的数字拨号来选择家庭单位，如果这个家庭单位中包含有18～24岁的年轻人，就运用下一个生日法选择一个个体。调查结果显示MTV需要改变。

**营销调研决策**

1. 由于趋势变化快，对于MTV来说，与观众保持联系，并且知道他们需要什么十分重要。朱迪·麦格拉思想要通过定期的调研与18～24岁的年轻人保持联系，你推荐运用什么抽样方法？

2. 讨论你所推荐的方法在朱迪·麦格拉思试图与目标观众保持联系中起到什么作用。

**营销管理决策**

1. 朱迪·麦格拉思需要采取什么行动来吸引18～24岁的年轻人对MTV的兴趣？

2. 你建议的抽样方法和调研结果如何影响你推荐给朱迪·麦格拉思的营销管理决策？讨论这一问题。[21]

## 本章小结

关于总体的特征信息可以通过抽样调查或普查来获取。考虑预算和时间的限制，总体容量较大，以及样本特征变化较小时，抽样方法更受欢迎。当抽样误差成本较低，而非抽样误差成本较高；测量样本具有破坏性；以及需要专注于个体特征时，抽样也更受偏爱。与上述条件相反时，适宜采用普查。

抽样设计始于定义目标总体，主要包括确定抽样个体、抽样单位、范围和时间。接着确定抽样框。抽样框是目标总体中个体的代表。由识别出目标总体的清单或者说明构成。在这一阶段，最重要的是意识到可能存在的抽样框误差。下一步是选择抽样技术和确定样本容量。在确定样本容量时，除了定量分析，还需考虑几个定性因素。最后，执行抽样过程，这里需要对抽样过程中的每一步做详细说明。

图 11－7 列出了抽样技术中包含的主要方法。抽样技术可以分为非概率抽样和概率抽样。非概率抽样技术依赖于调研人员的判断。因此，无法对抽样结果的精确度做出客观评价，而且抽样所获得的估计值在统计上不能用于估算总体特征。常用的非概率抽样技术包括便利抽样、判断抽样、配额抽样和滚雪球抽样。

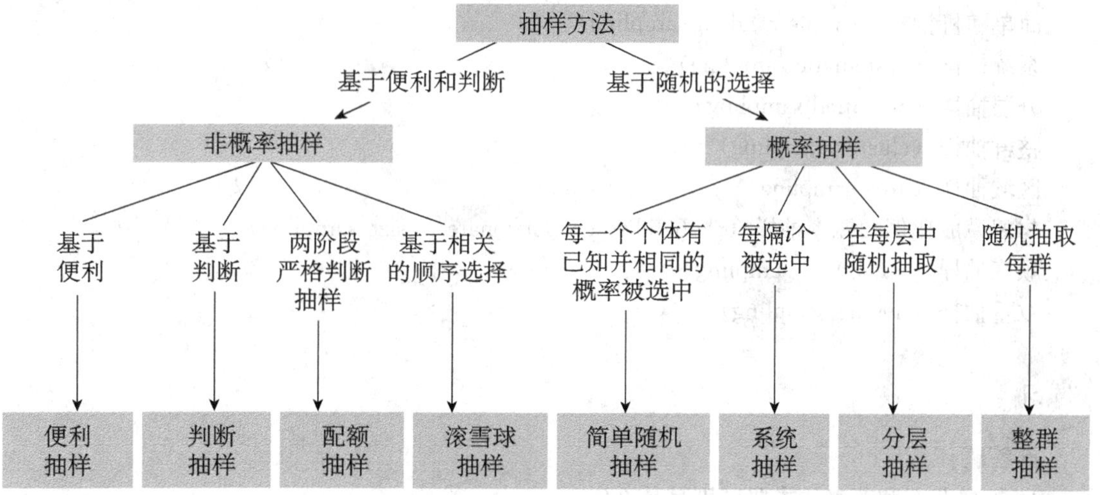


**图 11－7　抽样方法的概念图**

在概率抽样技术中，抽样单位是通过随机选择得到的。任一抽样单位都有一个非零的被抽中概率，而且调研人员预先指定在总体中抽取一个特定大小的样本的可能性，以及选择每一样本的概率。该方法还可以确定样本估计值和推论值的精确度，并且映射到总体。概率抽样方法包括简单随机抽样、系统抽样、分层抽样、整群抽样、顺序抽样和双重抽样。选择概率抽样还是非概率抽样应当基于调研性质、可容忍的误差程度、抽样误差和非抽样误差的相对大小、总体的差异化程度以及统计和操作等的考虑。

在进行国际营销调研时，在样本组成和代表性上要具有可比性，完成这一点可能要在不同的国家使用不同的抽样方法。将非概率抽样的样本当作概率抽样样本，进而将结果推论到总体是不道德的，而且具有误导性。网络和计算机的运用可以使抽样设计过程更加有效和高效。

## 关键术语与概念

总体（population）
普查（census）
抽样调查（sample）
目标总体（target population）
个体（element）
抽样单位（sampling unit）
抽样框架（sampling frame）
贝叶斯抽样方法（Bayesian approach）
替换抽样（sampling with replacement）
非替换抽样（sampling without replacement）
样本容量（sample size）
非概率抽样（nonprobability sampling）
概率抽样（probability sampling）
便利抽样（convenience sampling）
判断抽样（judgmental sampling ）
配额抽样（quota sampling）
滚雪球抽样（snowball sampling）
简单随机抽样（simple random sampling）
系统抽样（systematic sampling）
分层抽样（stratified sampling）
整群抽样（cluster sampling）
区域抽样（area sampling）
与规模成比例的概率抽样（probability proportionate to size sampling）
顺序抽样（sequential sampling）
双重抽样（double sampling）

## 练习

**问答题**

1. 抽样调查和普查的主要区别是什么？
2. 在哪些情况下，抽样调查比普查更适用？什么情况下普查又比抽样调查更适用？
3. 描述抽样设计过程。
4. 怎样定义目标总体？
5. 什么是抽样单位？与总体中个体有什么区别？
6. 在确定样本容量的时候，需要考虑哪些定性因素？
7. 什么是发生率？它怎样影响样本容量？
8. 概率抽样方法和非概率抽样方法有什么不同？
9. 在所有的抽样方法中，哪一种成本最低，耗时最少？这种方法最大的局限是什么？
10. 判断抽样和便利抽样最主要的区别是什么？
11. 配额抽样和判断抽样的关系是什么？

12. 简单随机抽样与众不同的特征有哪些？

13. 描述系统随机抽样的步骤。

14. 描述分层抽样。选择分层变量的标准有哪些？

15. 比例抽样和非比例抽样有什么区别？

16. 描述整群抽样过程。整群抽样和分层抽样主要不同点有哪些？

17. 选择概率抽样和非概率抽样时需要考虑哪些因素？

18. 遭受拒答时可以采取什么策略？

**练习题**

1. 定义出下列每种情形下合适的目标总体和抽样框架：

(1) 一家制造商想要推出一种品牌的谷物，准备在芝加哥进行户内产品使用测试。

(2) 一家全国连锁店想要确定持有其商店信用卡顾客的购买行为。

(3) 一家地方电视台想要确定家庭住户的观看习惯以及节目偏好。

(4) 美国营销学会的地方分会想要在亚特兰大测试新的招募会员活动的有效性。

2. 一家制造商想要对用户做调查，以确定对一种新的电动压力机的潜在需求。这种新的电动压力机能产生500吨压力，标价22.5万美元。它可以锻压的产品从轻质钢到重质钢，可用于汽车制造、建筑设备制造和主要设备制造。

(1) 识别可以使用这种机器的目标总体和抽样框架。

(2) 描述怎样从识别出来的抽样框中生成一个简单随机样本。

(3) 可以运用分层抽样吗？如果可以，怎么用？

(4) 可以运用整群抽样吗？如果可以，怎么用？

(5) 你推荐用哪种抽样方法？为什么？

## 活动

**角色扮演**

1. 你学校的校友办公室想要进行一项调查，以确定校友对新的筹款项目的态度。作为咨询顾问，你需要抽取一个配额样本，需要选取哪些配额变量和变量分组？在每一单位中应当包含多少校友？从校友办公室或者校园的图书馆获取必要的信息，向扮演校友办公室工作人员的一组学生报告你的结果。

2. 你是纽约市一家银行的营销调研经理，管理层想要知道不同族裔使用的银行服务是否不同，他们想知道在给定的纽约市人口状况条件下，按照族裔背景细分市场是否有意义，因此要执行一项调查。你需要设计出合适的抽样程序，完成这项任务并且向扮演银行管理层的学生做一次报告。

**实地调查**

1. 一家软件公司想要确定不同用户对电子制表软件的使用状况，这些用户包括：(1) 制造公司；(2) 服务机构；(3) 加利福尼亚州的教育机构。运用在图书馆可以获得的资源，设计一个合适的抽样计划。

2. 访问一家营销调研公司，确定公司对电话调查中抽样误差采取哪些控制措施，撰写一份报告总结你的发现。

**小组讨论**

1. 以小组的形式讨论如下陈述："鉴于美国人口普查局采用抽样方法来检测各种普查的精确度，应该通过宪法修正案规定采用抽样方法代替的十年一次的普查。"

2. 以小组的形式讨论如下陈述："因为非抽样误差相对于抽样误差要大得多，因此，采用哪种抽样方法其实无所谓。"

## 连续案例：戴尔

阅读书末附录 A 中戴尔的案例，以及提供的调查问卷。讨论以下问题：

1. 作为戴尔个人电脑市场部经理，针对目标家庭你会设计怎样的营销计划？

2. 运用搜索引擎以及图书馆在线数据库获取能帮助了解目标家庭的信息。

3. 戴尔想要实施一项电话调查，以确定怎样吸引更多的家庭对戴尔个人电脑和笔记本感兴趣。设计抽样过程。

# 第12章 抽样：确定最终与初始的样本量

样本的规模不仅由统计计算决定，还取决于时间和成本管理上的考虑。

——Survey Sampling International公司总裁、首席执行官贝弗利·魏曼（Beverly Weiman）

## 学习目标

1. 定义关于抽样的关键概念和相关符号。
2. 理解抽样分布、统计推断和标准误的相关概念。
3. 讨论基于简单随机抽样确定样本容量的统计方法以及置信区间的构建。
4. 用统计学的公式确定样本容量来推导估计均值和比例。
5. 讨论抽样中的无应答问题、改善应答率的程序以及对无应答问题的调整。
6. 理解在国际营销调研中用统计的方法决定样本容量的困难。
7. 认识与样本容量确定相关的伦理问题，尤其是对总体方差的估计。

## 本章概述

第11章我们介绍了抽样在调研设计中的作用，描述了抽样的过程，并且提出了各种非概率和概率抽样方法。

本章的重点是在进行简单随机抽样时如何确定样本容量。首先定义了各种概念和符号，并且讨论了抽样分布的性质。另外，描述了基于置信区间确定样本容量的统计学方法。同时，介绍了用这些方法计算样本容量的公式，并且举例说明它们的用法。接着，简要地介绍了其他概率抽样设计中如何确定样本容量。统计学上所确定的样本容量指的是最终样本容量或净样本容量，即它代表了实际完成调查或观察的数目。然而，为了获得这个最终的样本容量，开始的时候必须接触比这个数目多得多的潜在的应答对象。本章描述了考虑发生率和完成率后需要对由统计学方法所得到的样本容量进行的调整，并计算了初始样本容量。同时，我们也考虑了抽样中的无应答问题，重点是改善应答率以及对无应答问题的调整。本章还讨论了在国际营销调研中用统计的方法决定样本容量的困难，确认了相关的伦理问题。

样本容量的统计确定方法需要关于正态分布以及正态概率表的用法的知识。正态分布是钟形的、对称的，它的均值、中位数和众数是相同的（见第15章）。

## 12.1 定义和符号

置信区间以及其他在样本容量确定中起重要作用的统计概念定义如下。

● **参数**（parameter）：对目标总体的一个固定特征或测量值的概括性描述。它表示如果采用普查而不是抽样调查所能得到的真实值。

● **统计量**（statistic）：对样本的一个特征或测量值的概括性描述。一般样本统计量用作对总体参数的估计值。

● **有限总体校正**（finite population correction，FPC）：对总体参数方差的过高估计的校正。例如，当样本容量超过总体容量的10%时，对均值和比例的方差的过高估计的校正。

● **精确度**（precision level）：当用样本统计量估计总体参数时，精确度是指想得到的估计区间的大小。这是样本统计量和总体参数值之间所能允许的最大的差异。

● **置信区间**（confidence interval）：假定在一个给定的置信水平下，总体参数的真实值所能落入的范围。

● **置信水平**（confidence level）：一个置信区间包括总体参数的可能性。

表12-1概括了描述总体参数和样本特征的统计符号。

**表12-1　总体参数和样本统计量的符号**

| 变量 | 总体 | 样本 | 变量 | 总体 | 样本 |
|---|---|---|---|---|---|
| 均值 | $\mu$ | $\overline{X}$ | 均值的标准误 | $\sigma_{\bar{x}}$ | $s_{\bar{x}}$ |
| 比例 | $\pi$ | $p$ | 比例的标准误 | $\sigma_p$ | $s_p$ |
| 方差 | $\sigma^2$ | $s^2$ | 标准化变量 | $\frac{(X-\mu)}{\sigma}$ | $\frac{(X-\overline{X})}{s}$ |
| 标准差 | $\sigma$ | $s$ | 变异系数 | $\frac{\sigma}{\mu}$ | $\frac{s}{\overline{X}}$ |
| 容量 | $N$ | $n$ | | | |

## 12.2 抽样分布

**抽样分布**（sampling distribution）是指在一个特定的抽样方案下，计算从目标总体中抽取的每个样本的样本统计量的数值分布。[1]假设从一个含有20家医院的总体中抽取一个5家医院的简单随机样本，能够抽取的不同的容量为5的样本有（20×19×18×17×16）/（1×2×3×4×5），即15 504个。这15 504个不同样本均值的相对频率分布就阐述了均值的抽样分布。

营销调研中一个重要的任务是计算例如均值和样本比例等统计量，并用这些值估计对应的总体的真实值。这个将样本结果推广到总体结果的过程称为**统计推断**（statistical inference）。在实践中，我们选取一个单独的预先决定容量的样本，并且计算其样本统计量（例如，均值和比例）。假设为了从样本统计量中估计总体参数，每个可能被抽取的样本都应该被检测。如果所有可能的样本实际上都被抽取了，那么统计量的分布就是样本分布。尽管实践中只有一个样本被实际抽取，但是抽样分布的概念依然与之相关。它能使我们用概率的理论对总体数值做出推断。

对于大样本（30 个以上），均值和对应比例的抽样分布的重要性质如下：

1. 均值的抽样分布是一个**正态分布**（normal distribution）。严格来讲，一个比例的抽样分布是一个二项分布。但是，对于大样本来说（$n \geqslant 30$），它可以近似看成正态分布。

2. 抽样分布的均值 $\left(\overline{X}=\frac{\sum_{i=1}^{n} X_i}{n}\right)$ 或比例 $\left(p=\frac{X}{n}，X \text{为兴趣特征的个数}\right)$ 分别等于相应的总体参数值 $\mu$，$\pi$。

3. 标准差又称均值或比例的**标准误**（standard error），它表示的是均值或比例的抽样分布，而不是一个样本或总体的抽样分布，其公式是：

均值

$$\sigma_{\bar{x}}=\frac{\sigma}{\sqrt{n}}$$

比例

$$\sigma_p=\sqrt{\frac{\pi(1-\pi)}{n}}$$

4. 通常来说总体标准差 $\sigma$ 是未知的，在这种情况下，可以用如下公式通过样本来估计：

$$s=\sqrt{\frac{\sum_{i=1}^{n}(X_i-\overline{X})^2}{n-1}}$$

或

$$s=\sqrt{\frac{\sum_{i=1}^{n} X_i^2-\frac{\left(\sum_{i=1}^{n} X_i\right)^2}{n}}{n-1}}$$

当 $\sigma$ 是由 $s$ 推导出来的时候，均值的标准误就变为：

$$s_{\bar{x}}=\frac{s}{\sqrt{n}}$$

假定没有测量误差，一个总体参数的估计值的可靠性就可以由其标准误来测定。

5. 同样，比例的标准误也可以用样本比例 $p$ 来估计总体比例 $\pi$，其公式为：

$$est.\, s_p=\sqrt{\frac{p(1-p)}{n}}$$

6. 抽样分布任意两点之间的面积可以由 $z$ 值来计算，某一点的 **$z$ 值**（$z$ value）指的是这一点相对于均值或比例的标准误，$z$ 值的计算公式如下：

$$z=\frac{\overline{X}-\mu}{\sigma_{\bar{x}}}，z=\frac{p-\pi}{\sigma_p}$$

例如，曲线一侧点 1.0，2.0，3.0 的 $z$ 值分别为 0.341 3，0.472 2，0.498 6。

7. 当样本容量占总体容量的 10%或超过 10%时，用标准误公式将高估总体均值或比例的标准差。因此，应该用一个有限总体校正因子来调整公式，因子的定义为：

$$\sqrt{\frac{N-n}{N-1}}$$

在这种情况下，

$$\sigma_{\bar{x}}=\frac{\sigma}{\sqrt{n}}\sqrt{\frac{N-n}{N-1}}$$

$$\sigma_{p}=\sqrt{\frac{\pi(1-\pi)}{n}}\sqrt{\frac{N-n}{N-1}}$$

## 12.3 确定样本量的统计方法

在确定样本容量（见第11章）的时候应该考虑一些定性的因素，包括决策的重要性、调研的性质、变量个数、分析的性质、类似调研的样本容量、发生率、完成率以及资源约束等。统计上确定的样本容量是净样本容量或最终样本容量，即排除那些潜在的不符合条件的调查对象或那些未完成调查的调查对象之后剩余的样本。考虑到发生率和完成率，初始样本规模必须大一些。在商业营销调研中，时间、资金、专业资源的限制可能对样本容量产生重要的影响。在百货商店项目中，样本容量的确定也会考虑这些因素。

这里我们所考虑的确定样本容量的统计学方法是以传统的统计推断为基础的。[2] 在这种方法中，精确度是预先给定的，它是围绕样本均值或比例的置信区间建立的。

## 12.4 置信区间法

在确定样本容量时，置信区间法是以使用标准误公式建立围绕样本均值或比例的置信区间为基础的。举一个例子，假定调研人员采用一个300个家庭的简单随机样本去估计每个月在百货商店购物的支出，发现该样本每个月的平均家庭支出为182美元。通过之前的调研，我们可以假定总体标准差 $\sigma$ 为55美元。

我们想找到一个包含样本均值的固定比例的区间，假定根据一个300个家庭的样本，我们想确定一个围绕总体均值包括95%的样本均值的区间。这95%能够分成两个相等的部分，如图12-1所示，一半在均值以上，一半在均值以下。置信区间的计算涉及确定一个低于（$\bar{X}_L$）或高于（$\bar{X}_U$）总体均值 $\bar{X}$ 的距离，这个距离包含了正态分布曲线某一特定区域的面积。

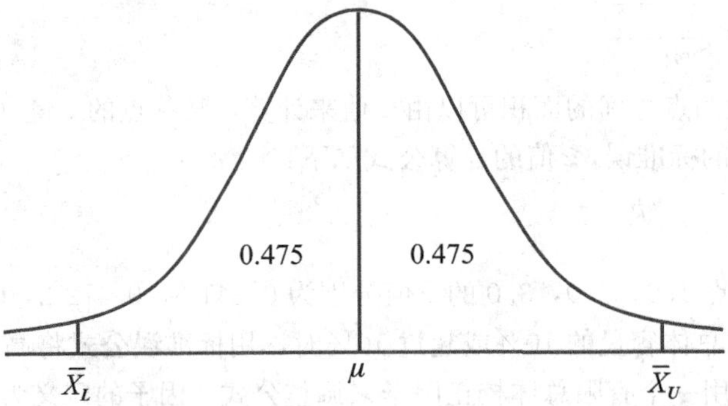


图12-1 95%的置信区间

对应的 $\bar{X}_L$ 和 $\bar{X}_U$ 的 $z$ 值可以按如下方法计算：

$$z_L = \frac{\overline{X}_L - \mu}{\sigma_{\overline{x}}}$$

$$z_U = \frac{\overline{X}_U - \mu}{\sigma_{\overline{x}}}$$

式中，$z_L = -z$，$z_U = +z$。因此，$\overline{X}$ 的下界值为：

$$\overline{X}_L = \mu - z\sigma_{\overline{x}}$$

$\overline{X}$ 的上界值为：

$$\overline{X}_U = \mu + z\sigma_{\overline{x}}$$

这里需要说明，$\mu$ 是由 $\overline{X}$ 估计出来的，所给出的置信区间为：

$$\overline{X} \pm z\sigma_{\overline{x}}$$

现在我们围绕样本均值 182 美元设定一个 95%的置信区间，首先计算均值的标准误：

$$\sigma_{\overline{x}} = \frac{\sigma}{\sqrt{n}} = \frac{55}{\sqrt{300}} = 3.18$$

从书末附录 B 中的表 B－2 能够看到，正态分布中心 95%处于 $\pm 1.96z$ 范围内。95%的置信区间如下：

$$\overline{X} \pm 1.96\sigma_{\overline{x}}$$
$$= 182.00 \pm 1.96 \times (3.18)$$
$$= 182.00 \pm 6.23$$

因此，这 95%的置信区间的范围为 175.77～188.23，即真实的总体均值在 175.77～188.23 美元之间的概率为 95%。

## 样本容量的确定：均值

这里所使用的构建置信区间的方法可以用来确定最终能够产生指定置信区间的样本容量。[3] 假定调研人员想更精确地估计每个家庭每个月在百货商店的支出，使其估计值在真实的总体值 ±5.00 波动范围内，样本容量应该为多少呢？表 12－2 总结的步骤将会给出答案。

**表 12－2　均值和比例的样本容量确定**

| 步骤 | 均值 | 比例 |
|---|---|---|
| 1. 指定精确度 | $D = 5.00$ | $D = p - \pi = \pm 0.05$ |
| 2. 指定置信水平 | $CL = 95\%$ | $CL = 95\%$ |
| 3. 确定与置信水平对应的 $z$ 值 | $z$ 值为 1.96 | $z$ 值为 1.96 |
| 4. 确定总体的标准差 | 估计 $\sigma$：$\sigma = 55$ | 估计 $\pi$：$\pi = 0.64$ |
| 5. 用标准误公式确定样本容量 | $n = \frac{\sigma^2 z^2}{D^2}$<br>$n = \frac{55^2 \times 1.96^2}{5^2}$<br>$= 465$ | $n = \frac{\pi(1-\pi)z^2}{D^2}$<br>$n = \frac{0.64 \times (1-0.64) \times (1.96)^2}{(0.05)^2}$<br>$= 355$ |
| 6. 如果样本容量超过总体容量的 10% 时，使用有限总体校正 | $n_c = \frac{nN}{N+n-1}$<br>$= \overline{X} \pm zs_{\overline{x}}$ | $n_c = \frac{nN}{N+n-1}$<br>$= p \pm zs_p$ |
| 7. 如果必要，通过用 $s$ 估计 $\sigma$，重新估计置信区间 | $D = R\mu$ | $D = R\pi$ |
| 8. 如果指定的精确度是相对的而不是绝对的，则用这些等式就可以确定样本容量 | $n = \frac{CV^2 z^2}{R^2}$ | $n = \frac{z^2(1-\pi)}{R^{2\pi}}$ |

1. 指定精确度。这是样本均值和总体均值之间所能允许的最大差异，在我们的例子中，$D=\pm 5.00$。

2. 指定置信水平。假设想要的置信水平为95%。

3. 确定与置信水平对应的$z$值（根据书末附录B中的表B-2）。在置信水平为95%的情况下，总体均值落入区间一端以外的概率为0.025（0.05/2），对应的$z$值为1.96。

4. 确定总体的标准差。总体的标准差可能由二手数据得到。如果不能，就通过执行一项初步调研来估计，或者可以依据调研人员的判断估计。例如，一个正态分布变量的范围正好等于±3个标准差，因此我们可以用这个范围距离除以6来估计标准差。调研人员通常根据对这个现象的了解来估计这个范围。

5. 用标准误公式确定样本容量。

$$z=\frac{\overline{X}-\mu}{\sigma_{\bar{x}}}=\frac{D}{\sigma_{\bar{x}}}$$

或 $$\sigma_{\bar{x}}=\frac{D}{z}$$

或 $$\frac{\sigma}{\sqrt{n}}=\frac{D}{z}$$

或 $$n=\frac{\sigma^2 z^2}{D^2}$$

在此例中

$$n=\frac{55^2\times(1.96)^2}{5^2}=464.83=465\text{（取邻近较大的整数）}$$

从样本容量的计算公式中我们能够看到，样本容量随着总体差异性、置信水平以及估计需要的精确度的增加而增加。因为样本容量与$\sigma^2$成正比，总体差异性越大，样本容量就越大。同样，一个较高的置信水平意味着$z$值较大，由于$\sigma^2$和$z$都出现在分子上，因此样本容量也较大。较高的精确度意味着$D$较小，因此样本容量较大，因为$D$出现在分母上。

6. 如果样本容量超过总体容量的10%时，使用有限总体校正。[4] 此时需要的样本容量应该由如下公式计算得到：

$$n_c=\frac{nN}{(N+n-1)}$$

式中，$n$为未经过有限总体校正的样本容量；$n_c$为经过有限总体校正的样本容量。

7. 如果必要，通过用$S$估计$\sigma$，重新估计置信区间。即如果总体标准差$\sigma$未知，并且对其进行了估计，一旦样本被抽出，它必须被重新估计，一般样本标准差$s$作为$\sigma$的估计值。然后计算修改后的置信区间以确定实际得到的精确度。

由于$\sigma$的真实值未知，假定$\sigma$所用的值55.00是一个估计值。当抽取一个$n=465$的样本后，这些观察值产生了一个均值$\overline{X}$为180.00和一个样本标准差$s$为55.00。修改后的置信区间就变为：

$$\overline{X}\pm zs_{\bar{x}}=180.00\pm 1.96\times(50.0/\sqrt{465})=180.00\pm 4.55$$

或 $$175.45\leqslant\mu\leqslant 184.55$$

应该注意我们所得到的置信区间比计划的要窄，这是由于正如由样本标准差判断的那样，总体标准差被高估了。

8. 如果指定的精确度是相对的而不是绝对的，换句话说，可以指定估计值在均值的$\pm R$个百分点之间。用公式表示为：

$$D=R\mu$$

在这些情况下，样本容量可由如下公式确定：

$$n = \frac{\sigma^2 z^2}{D^2} = \frac{CV^2 z^2}{R^2}$$

式中，变异系数 $CV = (\sigma/\mu)$ 必须由估计得出。

总体容量 $N$ 并不直接影响样本容量，除非在必须使用有限总体校正因子时。这似乎违反直觉，但是反复思考后你会发现这是有道理的。例如，如果所有的总体元素的特征都相同，那么一个值为 1 的样本容量就足以准确地估计平均值。不论这个总体中有 50，500，5 000 或 50 000 个元素，这都是正确的。直接影响样本容量的是总体特征的差异性，这种差异性是通过总体方差 $\sigma^2$ 或样本方差 $s^2$ 反映到样本容量的计算的。同时，请注意，样本容量越大，参数估计（样本均值）得越准确，也就是在给定的置信水平下精确度（误差）越小，这可以从步骤 5 的公式中看出。一个较大的样本同样将导致一个较窄的置信区间，这个可以从步骤 7 中的公式中得到。

## 样本容量的确定：比例

如果我们感兴趣的统计量是比例而不是均值，确定样本容量的方法是类似的。假定调研人员对估计持有一种百货商店信用卡的家庭比例感兴趣，则应该按照如下步骤进行。

1. 指定精确度。假定与想要的精确度对应的区间设为 $D = p - \pi = \pm 0.05$ 。

2. 指定置信水平。假设想要的置信水平为 95%。

3. 确定与置信水平对应的 $z$ 值。正如在估计均值的情况下解释的那样，对应的 $z$ 值为 1.96。

4. 确定总体的标准差。即估计总体比例 $\pi$ 。正如之前所述，总体比例可能由二手数据、初步调研、调研人员的判断来估计。假定根据二手数据，调研人员估计在目标总体中有 64%的家庭持有百货商店的信用卡，此时，$\pi = 0.64$ 。

5. 用比例标准误公式确定样本容量：

$$\sigma_p = \frac{p - \pi}{z} = \frac{D}{z} = \sqrt{\frac{\pi(1-\pi)}{n}}$$

即

$$n = \frac{\pi(1-\pi)z^2}{D^2}$$

在此例中

$$n = \frac{0.64 \times (1 - 0.64) \times (1.96)^2}{(0.05)^2} = 355 \text{（取邻近较大的整数）}$$

6. 如果样本容量超过总体容量的 10%，使用有限总体校正。此时需要的样本容量应该由如下公式计算得到：

$$n_c = nN/(N + n - 1)$$

式中，$n$ 为未经过有限总体校正的样本容量；$n_c$ 为经过有限总体校工的样本容量。

7. 如果必要，通过用 S 估计 $\sigma$，重新估计置信区间。若 $\pi$ 的估计值很小，置信区间将或多或少比预先设定的精确。假定抽样后，算出来的比例 $p$ 值为 0.55，然后通过 $s_p$ 估计未知的 $\sigma_p$ ，对置信区间重新估计为：

$$p \pm z s_p$$

其中，

$$s_p = \sqrt{\frac{p(1-p)}{n}}$$

在本例中，

$$s_p=\sqrt{\frac{0.55\times(1-0.55)}{355}}=0.0264$$

置信区间就变为：

$$=0.55\pm1.96\times(0.0264)=0.55\pm0.052$$

这个区间将比预先设定得宽，原因在于根据 $p=0.55$ 计算出来的样本标准差要大于根据 $\pi=0.64$ 估计出来的总体标准差。

如果不能接受一个比预先设定的区间更宽的区间，那么样本容量的确定可以反映总体的最大可能方差。当 $\pi$ 设为 0.5 时，这种情况会发生，并且 $\pi(1-\pi)$ 的乘积最大。这种结果也可以直观地看出来。因为总体的一半有一个特征值，另一半有另外一个特征值。与总体的大多数有一个特定值的情况相比，为了获得一个正确的推断需要更多的证据。在我们的例子中就得到了样本容量：

$$n=\frac{0.5\times0.5\times1.96^2}{0.05^2}=385\text{（取邻近较大的整数）}$$

8. 如果指定的精确度是相对的而不是绝对的，换句话说，可以指定估计值在总体比例的 $\pm R$ 个百分点之间。用公式表示为：

$$D=R\pi$$

在这种情况下，样本容量可由如下公式确定：

$$n=\frac{z^2(1-\pi)}{R^{2\pi}}$$

网上有很多网站提供免费的样本容量和置信区间的计算器，例如 Survey System（www.surveysystem.com）。你可以用这个计算器计算为了获得尽可能精确反映目标总体的结果需要多大的样本容量，也可以得到给定样本容量的精确度。Discovery Research Group 也有类似的样本容量计算器（www.drgutah.com）。

## 12.5 多种特征和参数

先前的例子中我们集中讨论了对一个参数的估计。在商业营销调研中，需要调研的特征往往是若干个，而不仅仅是一个。调研人员就需要估计多个参数。在某些情况下，正如百货商店项目中说明的那样，样本容量的确定需要考虑所有必须估计的参数。

---

**调研项目**

**样本容量的估计**

假定除了估计家庭每个月在百货商店购物的平均支出外，还需要估计家庭每个月在衣服和礼品上的平均支出。表 12-3 分别给出了估计这三项平均月支出所需要的样本容量，其中，百货商店购物为 465 个，衣服为 246 个，礼品为 217 个。如果三个变量重要性相同，则最保守的方法就是选择最大值 $n=465$ 作为样本容量，这样能够保证每个被估计的变量至少与预先设定的一样准确。然而，如果调研人员更关心家庭每个月在衣服上的平均支出，那么就会选择 $n=246$。

**活动内容**

1. 假定调研人员想估计家庭每个月在西尔斯的平均购物支出，且估计量在总体真实值±10美元范围内，置信水平为95%，标准差为100美元，那么样本容量应该为多少？

2. 如果我们用1中决定的样本容量进行调查，根据这一样本估计出来的百分比会在总体真实值±5%的范围内吗？

**表12-3 估计多个参数的样本容量**

| 项目 | 各项平均家庭支出 | | |
|---|---|---|---|
| | 百货商店购物 | 衣服 | 礼品 |
| 置信水平 | 95% | 95% | 95% |
| $z$ 值 | 1.96 | 1.96 | 1.96 |
| 精确度 | 5美元 | 5美元 | 4美元 |
| 总体标准差 | 55美元 | 40美元 | 30美元 |
| 需要的样本容量 | 465 | 246 | 217 |

至此，我们已经讨论了假定简单随机抽样情况下，以传统统计推断方法为基础的样本容量的确定，接下来将讨论在其他抽样方法下的样本容量的确定。

## 12.6 其他概率抽样方法

对其他概率抽样方法来说，样本容量的确定也是基于相同的原则的。调研人员必须事先给定精确度、置信水平，并且估计出检验统计量需要的抽样分布。

在简单随机抽样中，成本没有直接计入对样本容量的计算中。但是，在分层抽样或整群抽样的情况下，成本却有很重要的影响。每次观察的成本随着层或群的不同而不同，所以调研人员需要对这些成本有一些最初的估计。另外，调研人员必须考虑层内的差异性或群内及群间的差异性。一旦总体的样本容量确定了，样本也将分配到各层或各群，这就增加了样本容量公式的复杂性。感兴趣的读者可以参考其他关于抽样理论的权威著作以获得更多的信息。[5]一般来说，为了提供与简单随机抽样相同的置信水平，系统抽样的样本容量与简单随机抽样相同，分层抽样的样本容量较小，整群抽样的样本容量则较大。

## 12.7 调整统计方法确定的样本容量

由统计方法确定的样本容量是为了保证在给定的精确度和置信水平下所有的参数都能被估计而必须达到的最终样本容量或净样本容量。在调研中，这代表必须完成的调查数目。为了达到这个最终的样本容量，必须接触更多的潜在被调查者。换句话说，最初的样本容量要大得多，因为一般来说发生率和完成率都是小于100%的。[6]

**发生率**（incidence rate）指的是发生的比率或是符合调研条件的人数比率。发生率决定了在给定样本容量的情况下，需要对多少个潜在被调查者进行筛选。假定一项地板清洁器的调研需要一个25～55岁之间的女性户主样本，我们可能很自然地去接触20～60岁之间的女性，看她们是否符合条件，然后发现大约75%是年龄处于25～55岁之间的女性户主。这个结果显示，为了确定一名合格的被调查者，平均要接触1.33名女性。对被调查者有越多的附加要求就需要越多的潜在被调查者。假定一个附加的限制条件是，这些女性在最近两个月内要使用过地板清洁器，估计在接触的人中有60%符合这个条件。此时，发生率为0.75×0.60=0.45。因此，最终的样本容量将不得不因为乘以一个因子2.22（1/0.45）而增加。

类似地，样本容量的确定也必须考虑合格对象拒绝参加的情况。**完成率**（completed rate）指的是合格对象完成调查的百分比。例如，如果调研人员希望符合条件的被调查者完成调查的概率为80%，那么潜在被调查者的数目必须乘以一个因子1.25。发生率和完成率结合在一起暗示着潜在的需要接触的被调查者数量，即最初的样本容量应该为需要的样本容量的2.22×1.25倍，即2.77倍。一般来说，如果有 $c$ 个条件限制因子，并且发生率分别为 $Q_1, Q_2, Q_3, \cdots, Q_c$，则：

$$发生率 = Q_1 \times Q_2 \times Q_3 \times \cdots \times Q_c$$

$$初始样本容量 = \frac{最终样本容量}{发生率 \times 完成率}$$

需要抽取的单位数目取决于初始样本容量。这些计算假设每一次联系被调查者都能够确认该被调查者是否符合资格，但是，并非如此。联系被调查者的尝试结果可能是非结论性的，被调查者可能拒绝回答，或者不在家，或者很忙等。这些例子将会增加初始样本容量。当我们计算出应答率后将会考虑这些例子。通常情况下，许多变量都用来测定潜在被调查者是否符合标准，因此降低了发生率。

## 12.8 计算应答率

根据美国调查研究组织委员会（www.casro.org）的观点，我们将应答率定义为：

$$应答率 = \frac{完成调查的数目}{样本中符合条件的数目}$$

为了验证这个公式是可用的，考虑下述涉及个人电话调查的简单例子，其中没有进行任何筛选。样本包括随机生成的2 000个电话号码。为了接触到被调查者进行了三次尝试，调查结果如表12-4所示。

**表12-4**

| 电话次数 | 尝试 | 被调查的人数 | 累积 | 应答率 |
|---|---|---|---|---|
| 1 | 2 000 | 1 200 | 1 200 | 60.0% |
| 2 | 800 | 400 | 1 600 | 80.0% |
| 3 | 400 | 100 | 1 700 | 85.0% |

在这个例子中，符合标准的数目为2 000，经过三次电话以后应答率为85.0%。

现在我们考虑单步样本需要筛选以确定被调查者的资格的情况，也就是确定被调查者是否有资格参加调查。每次尝试对每个被调查者进行筛选将会产生三种情况：(1) 符合标准；(2) 不符合标准；(3) 不确定（NA）。不确定的目录里包括拒绝回答、忙音、没有回答等。在这种情况下，我们以比例 (1) / ((1) + (2)) 分配不确定者中符合标准的被调查者数目。假定进行了2 000次电话调查产生如下结果：

完成调查的数目＝800

符合标准的被调查者数目＝900

不符合标准的被调查者数目＝600

不确定的被调查者数目（NA）＝500

第一步是在不确定的被调查者数目里确定符合标准的被调查者数目，可以按如下公式计算：

500×［900/（900＋600）］＝300

因此，样本中符合标准的被调查者数目为 900＋300＝1 200，应答率＝800/1200＝66.7%。

虽然我们只例证了电话调查的应答率的计算，其他调查方法的应答率计算也是类似的，关于更多复杂的应答率的计算，请登录美国调查研究组织委员会的网站。

应答率是受无应答影响的，因此无应答问题值得注意。

## 12.9　抽样中的无应答问题

抽样中两个主要的问题是改进应答率和对无应答的调整。当抽中的潜在被调查者没有回答时就产生了无应答误差（见第 3 章），这在调查研究中是最重要的问题之一。没有应答的被调查者与应答者在人口、心理、个性、态度、动机和行为变量上有所不同。[7] 对于一项给定的调研，如果没有应答的被调查者与应答者在兴趣特征方面不同，那么样本估计值将会发生严重偏差。一般来说，应答率越高表示无应答偏差越低，但是，应答率并不是衡量无应答偏差的充分指标。应答率本身并不能表示应答者是否对原始样本具有代表性。[8] 如果附加的被调查者与那些已经回答的人没有不同，却不同于那些依旧没有应答的，追加应答率并不能降低无应答偏差。因为低应答率增加了无应答偏差的可能性，因此应该努力提高应答率。[9]

### 提高应答率

如图 12－2 所示，产生低应答率的主要原因是被调查者拒绝或者不在家。

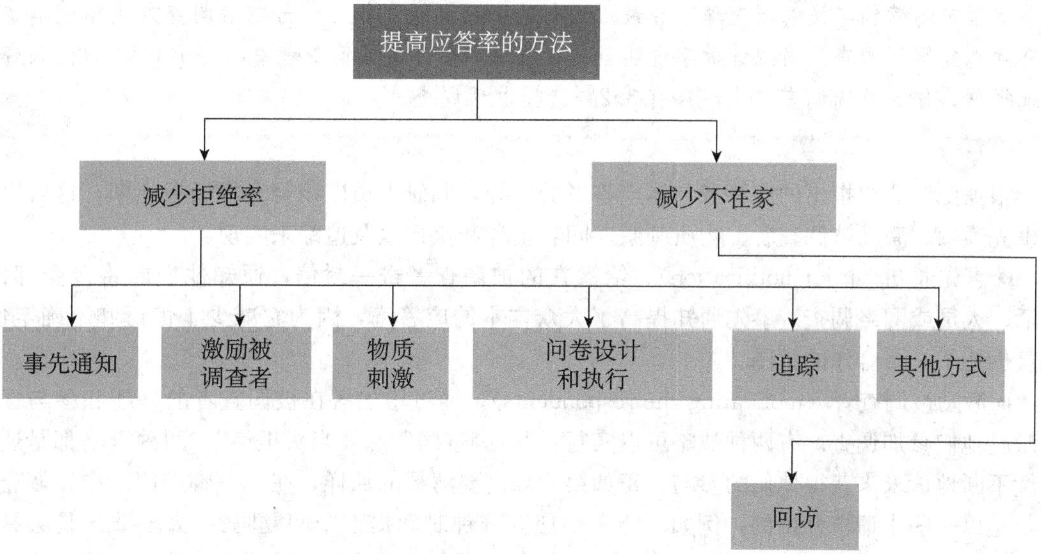


**图 12－2　提高应答率**

**拒绝** 拒绝是由样本中被抽中的对象不愿意或不能参加而产生的，同时也导致了低应答率以及增加了潜在的无应答偏差。电话调查的拒绝率，即联系的被调查者中拒绝参加的百分比，在0～50%之间浮动或者更高。商场拦截调查的拒绝率更高，邮件调查的拒绝率最高。大多数拒绝在调查人员说出开场白之前或当潜在的被调查者第一次打开邮件的时候就立即发生了。一项美国的电话调查中，有40%的人在开始介绍的部分就拒绝了，只有6%的人是在调查过程中拒绝的。下述的例子将有助于理解拒绝、终止、完成调查。

**调研实例**

## 拒绝的理由

在一项对拒绝电话调查的调研中，对前一次调查中的应答者和无应答者进行电话调查，对每个子样本配额为100，结果如表12-5所示：

**表12-5 拒绝、终止和完成调查**

| 性质 | 总样本 | 应答者 | 无应答者 |
|---|---|---|---|
| 拒绝数（1） | 224 | 31 | 193 |
| 终止数（2） | 100 | 33 | 67 |
| 完成调查数（3） | 203 | 102 | 101 |
| 总联系数（1+2+3）[a] | 527 | 166 | 361 |
| 拒绝率（1/[1+2+3]）[b] | 42.5% | 18.7% | 53.5% |
| 终止率（2/[1+2+3]） | 19.0% | 19.9% | 18.5% |
| 完成率（3/[1+2+3]）[b] | 38.5% | 61.4% | 28.0% |

说明：进行这些接触总共需要进行1 388次尝试：接触166个应答者需要进行406次尝试（每个被调查者追踪一次），接触361个无应答者需要进行982次尝试（每个被调查者追踪两次）。抽样框架里包括965组电话号码——313个应答者，652个无应答者。应答者/无应答者在$\alpha=0.05$处显著（双尾检验）。

调研发现，电话调查中那些可能参加的人（应答者）和可能拒绝参加的人（无应答者）有以下几点不同：(1)对调研的信任；(2)对调研组织的信任；(3)人口统计学特征；(4)对电话调查的信任和态度。

美国市场营销与民意调查理事会最近进行的一项调研中指出，与电话调查方式相比消费者更喜欢选择网络调查。用统计数字说明就是，在1 753个美国消费者中，有78.9%的被调查者会选择网络作为首选调查方法，只有3.2%选择电话调查。[10]

根据此调研中指出的应答者与无应答者的差异，调研人员应该努力降低拒绝率。这可以通过事先通知、激励被调查者、物质刺激、问卷设计和执行以及追踪来实现。

- 事先通知（prior notification）。给潜在的被调查者寄一封信，通知他们即将接受邮件、电话、人员或网络调查。事先通知提高了大众样本的应答率，因为它减少了惊讶和不确定性，并且创造了一个合作的氛围。[11]

- 激励被调查者（motivating the respondents）。通过增加潜在被调查者的兴趣和参与性能够激励他们参加调查。有两种战略可以实行："一脚进门"和"当头拒绝"。两种策略都是通过连续不断地请求来获得他们的参与。正如第6章简要解释的那样，在"一脚进门"中，调查人员都是以一些小请求开始的，例如"能占用您五分钟时间提五个问题吗?"大多数人是会答应的。在小请求之后接着是大请求，即恳求他们参与调查或实验的关键请求。其基本原理是最初要求的顺应性会增加答应后续请求的可能性。"当头拒绝"正好相反，开始的请求相对较大，大多数人会拒绝回答，而接下来的小请求是调查的关键请求。其原理是后续请求的妥协会增加完成的可能性。“一脚进门”比“当头拒绝”更有效。[12]

● 物质刺激（incentives）。通过给潜在的被调查者提供货币或非货币的物质刺激能够提高应答率。货币形式的物质刺激可以提前支付或承诺支付。提前支付的物质刺激可以在调查中支付或夹在问卷当中。承诺支付的物质刺激只提供给那些完成调查的被调查者。最常用的非货币形式的物质刺激为奖品，如钢笔、铅笔、书籍以及提供调查结果。[13]

结果表明提前支付比承诺支付能在更大程度上提高应答率。物质刺激的价值可以从 10 美分到 50 美元或更多。物质刺激价值与应答率成正比，但是过高的物质刺激的成本可能会超过所获得信息的价值。

● 问卷设计和执行（questionnaire design and administration）。良好的问卷设计能够降低整体的拒绝率以及对特定问题的拒绝（见第 10 章）。同样，电话调查和人员调查中执行问卷的技巧也能提高应答率。受过训练的调查人员在转变拒绝和说服方面是很有经验的。他们不会在没付出任何努力的情况下接受“不”的回答。进一步的请求将强调问卷的简洁或被调查者意见的重要性。平均来说有经验的调查人员能够将拒绝率降低 7%。更多的调查程序将在第 13 章中详细介绍。

● 追踪（follow-up）。在初次接触后周期性地联系无应答者对降低邮件调查拒绝率尤为有效。调研人员可以发送一张明信片或信件提醒无应答者完成并寄回问卷。一般来说，除了原始邮件还要发送两三封邮件。通过适当的追踪，邮件调查的应答率能够提升到 80%或更高。追踪同样也可以用于电话、电子邮件或人员调查中。[14]

● 其他方法。个性化的方法，或者基于具体的地址发送邮件是提高应答率的较好方法。[15]

---

**调研实例**

**Arbitron 对低应答率的反应**

Arbitron（www. arbitron. com）是一家主营市场营销调研的公司。为了从调查中获得更多有价值的结果，公司正在努力提高其应答率。Arbitron 创建了一支特殊的跨职能团队来解决应答率问题，并对与应答率相关的整个 Arbitron 应答系统提出了质疑，进行了改变。这个团队提出了六项主要的战略来提高应答率：

1. 最大化初始调查和追踪的有效性。
2. 使内容更加具有吸引力并且易于完成。
3. 提高 Arbitron 的知名度。
4. 提高参与调查的奖励。
5. 最优化向被调查者送达资料的过程。
6. 提高返回记录的可用性。

为了执行这六项战略，该公司推行了 80 项新措施。结果显示，应答率显著提高。尽管取得了鼓舞人心的结果，但是 Arbitron 的工作人员仍非常谨慎。因为他们知道做的还不够，保持高的应答率是每天的战斗。Arbitron 的整体应答率在 33%左右。[16]

---

**不在家** 第二个造成低应答率的原因是不在家。在电话调查和人员调查中，当试图接触潜在被调查者他们却不在家时就会造成低应答率。一项调研分析了 182 个商业电话调研，其中涉及 100 万名以上的消费者样本，结果显示，有很大比例的潜在被调查者没有接触到，平均未接触率为 40%。在最近的 40%的调研中，调研人员只试图与潜在的被调查者接触了一次。用复

杂的随机拨号 M/A/R/C Telno 系统进行的 259 088 次首次电话尝试表明，只有不到 10%的电话完成了调查。[17]

潜在被调查者不在家的可能性随几个因素变化。有小孩的人比单身或离婚的人更可能在家；消费者在周末比平时更可能在家；晚上比下午更可能在家。当尝试接触被调查者时，事先通知时间会增加被调查者在家的可能性。

进行一系列的回访或周期性的对无应答者的追踪，能够显著地降低被调查者不在家的百分比。关于回访次数的决策应该权衡一下降低无应答偏差的利益与额外的成本。当回访完成后，应当将回访的被调查者与已经回答的被调查者比较，以确定是否需要进一步回访。在大多数消费者调查中，执行三到四次回访是可取的。尽管第一次调查得到的回答最多，但是第二次和第三次将会得到额外的回答。根据一个既定的计划进行回访的实施和控制是很重要的。

## 调整无应答问题

高应答率降低了出现显著无应答的可能性。无应答率应该始终进行报告，并且只要有可能都应该估计无应答产生的影响。将估计应答者和无应答者的差异性与应答率联系起来就可以做到这一点。两组人员的差异性信息可以从样本本身获得。例如，由回访发现的差异性可以外推，或者可以对无应答者的子样本进行一次集中追踪。同样，也可以由其他来源推断出这些差异。[18]例如，在一项大型设备所有者的调查中，可以从保修卡中获得应答者和无应答者关于人口统计学特征等信息。对一个邮寄固定样本组，可以从辛迪加服务中获得大量关于这两组的信息。如果假定样本对大众总体有代表性，那么就可以用人口普查的数字来比较。即使无法估计无应答的影响，在数据分析和解释的时候也必须进行一些调整。[19]调整无应答误差的可用的战略包括，抽查无应答者、替代、置换、主观估计、趋势分析、加权以及推算。

**抽查无应答者** 抽查无应答者（subsampling of nonrespondents）能够有效地调整无应答偏差，这点在邮件调查中尤为显著。调研人员一般通过电话调查或者人员调查的方式去接触无应答者中的被调查者，经过再抽查，应答率一般较高。抽查得到的结果映射到所有的无应答者，之后对调查结果进行调整。这种方法能够估计无应答对所调研的特征的影响。

**替代** 一般用早期类似调研中的无应答者替代当前调研的无应答者。调研人员尝试联系早期调研中的无应答者，让他们执行当前的问卷时，尽可能提供合适的物质刺激。重要的是当前调研的无应答者的性质必须与早期调研中无应答者的性质相似。这两个调研应该用类似的被调查者，并且他们之间的时间间隔必须较短。例如，如果一年后重复对百货商店调研，调研的无应答者可以由早期调查的无应答者替代。

**置换** 置换（substitution）时，调研人员将无应答者置换为抽样框里其他可能会回答的个体。抽样框被分为一些子集，这些子集在被调查者的内在特征方面是同质的，在应答率方面是异质的。然后，用这些子集来确认与特定的无应答者相似，但是与样本中的应答者不相似的置换个体。需要特别注意的是，如果置换个体与样本中的应答者相似，那么这个方法将不会降低无应答偏差。

**主观估计** 当不能通过抽查无应答者、替代、置换来提升应答率时，可以对无应答偏差的性质和影响进行主观估计（subjective estimates）。这包含根据经验和可得到的信息去评估无应答的可能影响。例如，结了婚并且有孩子的成年人比单身、离婚的或者结婚没有孩子的人更可能在家。这个信息对评估人员调查或电话调查中由于无人在家而造成无应答的影响提供了基础。

**趋势分析** 趋势分析（trend analysis）是试图辨别早期和后期被调查者的趋势。这个趋势映射到无应答者，并且估计出他们在需要调研的特征上处于什么位置。表 12-6 给出了经过几轮邮件调查的结果。调研的特征是最近两个月在百货商店购物的平均花费。前三轮调查的平均支出可以由调查数据计算得出，但是这个值不含无应答者（无应答的情况）。应答者在每轮连续调查的值会越来越接近无应答者。例如，那些在第二轮邮件调查中回答的人的花费是第一轮邮件调查中回答的人的79%，那些在第三轮邮件调查中回答的人的花费是第二轮邮件调查中回答的人的85%。按着这个趋势，如表12-6括号里表示的那样，可以估算出来无应答的人的花费是第三轮邮件调查中回答的91%［85%＋（85%－79%）］。这样，估计出无应答者的估计值为252美元（277×0.91）。那么整个样本最近两个月在百货商店的平均支出的估计值为288美元（0.12×412＋0.18×325＋0.13×277＋0.57×252）。假定邮寄固定样本组记录的无应答者的真实平均消费为230美元而不是估计值252美元，那么样本的真实平均值为275美元而不是由趋势分析估计的288美元。虽然趋势分析估计错了，但是误差比我们忽略无应答者的情况要小得多。如果我们忽略无应答者，平均消费支出的估计值将变为335美元，即

（0.12×412＋0.18×325＋0.13×277）/（0.12＋0.18＋0.13）

**表12-6　用趋势分析法调整无应答情况**

| 项目 | 回答百分比（%） | 平均支出金额（美元） | 前一轮回答的百分比（%） |
|---|---|---|---|
| 第一轮 | 12 | 412 | — |
| 第二轮 | 18 | 325 | 79 |
| 第三轮 | 13 | 277 | 85 |
| 无应答 | (57) | (252) | (91) |
| 总计 | 100 | | |

**加权**　**加权**（weighting）试图根据应答率对数据分配不同的权重来解释无应答情况。[20]例如，在一项关于个人电脑的调研中，样本是按照收入来分层的。对应高收入、中等收入和低收入群组的应答率分别为85%、70%和40%。在分析这些数据时，对每个子集赋予相应的应答率的倒数的权重，那么对应高收入、中等收入、低收入群组的权重为100/85，100/70，100/40。虽然加权能够修正无应答产生的不同影响，但是它也破坏了抽样设计中自我加权的性质，并且可能导致更加复杂的情况。加权将会在第14章中的数据准备中进行进一步讨论。

**推算**　**推算**（imputation）涉及根据对无应答者和应答者可得变量的相似性，对所需要调研的无应答者的特征进行推算和分配。[21]例如，一个没有回答惯用品牌的被调查者的答案可以由跟他拥有类似人口特征的被调查者的回答推断出来。通常，需要调研的特征与一些其他的变量都有很大的联系。在这些情况下，这种联系可以用来预测无应答者的特征值（见第17章）。

## 12.10　国际营销调研

当在国外进行市场营销调研时，很难用统计的方法估计样本容量，因为总体方差的估计很难得到。因此，样本容量通常由第11章所讨论的那些定性因素决定，其中包括决策的重要性、调研的性质、变量个数、分析的性质、类似调研的样本容量、发生率、完成率以及资源约束等。如果试图用统计的方法估计样本容量，那么应该意识到总体方差的估计值可能因国家的不同而不同。例如，在测量消费者偏好时，在那些消费者偏好还没有得到很好发展的国家可能会存在很大的差异。因此，假定总体方差是相同的或者在不同的国家用相同的样本容量是错误的。

意识到调研中应答率因国家不同而不同是很重要的。在一项由22个国家和地区进行的2 000份商务邮寄问卷调查中发现，应答率7.1%～42.1%不等，整体平均应答率为20%。这项

调研也对用于解释应答率的不同因素进行了分析。考虑的因素包括与问卷发出地荷兰的地理距离和文化。其他的因素包括国外销售额、出口GNP、员工数目、权力距离和公司的规模等。[22]

## 12.11 营销调研中的商业伦理问题

虽然用统计的方法确定样本容量通常是客观的，但是仍会涉及伦理问题。从公式中我们可以看到，样本容量大小依赖于变量的标准差，而在数据收集完之前没有任何方式能够准确地知道标准差。此时，需要用标准差的估计值来计算样本容量。这个估计值是根据二手数据、判断和初步调研来估计的。因此，夸大标准差就可能会增加样本容量，同时也会增加调研公司的项目收入。例如，从样本容量计算公式上可以看到，将标准差增加20%，样本容量就会增加40%。很显然，仅仅为增加营销调研公司的收入而夸大标准差以增加样本容量是不道德的。

即使真实地估计标准差，也会出现道德问题。通常，实际调研的标准差与最初估计的标准差是不同的。当实际的标准差大于初始估计的标准差时，置信区间也会比预先设定的要大。在这种情况下，调研人员有责任与客户就此事进行探讨，并共同决定需要采取的措施。错误传达根据统计抽样推断出来的置信区间是道德问题的一个分支，这点在政治投票中有重要影响。

### 本章小结

确定样本容量的统计方法是以置信区间为基础的，这些方法可能涉及对均值或比例的估计。当估计均值时，用置信区间方法确定样本容量要求预先给定精确度、置信水平和总体标准差。在比例的情况下，也必须给定精确度、置信水平和总体比例的估计值。图12-3给出了用均值的方法确定样本容量的概念图。统计上确定的样本容量代表的是必须达到的最终样本容量或净样本容量。为了达到这个最终样本容量，必须接触更多的潜在被调查者，这是因为发生率和完成率带来了应答的减少。

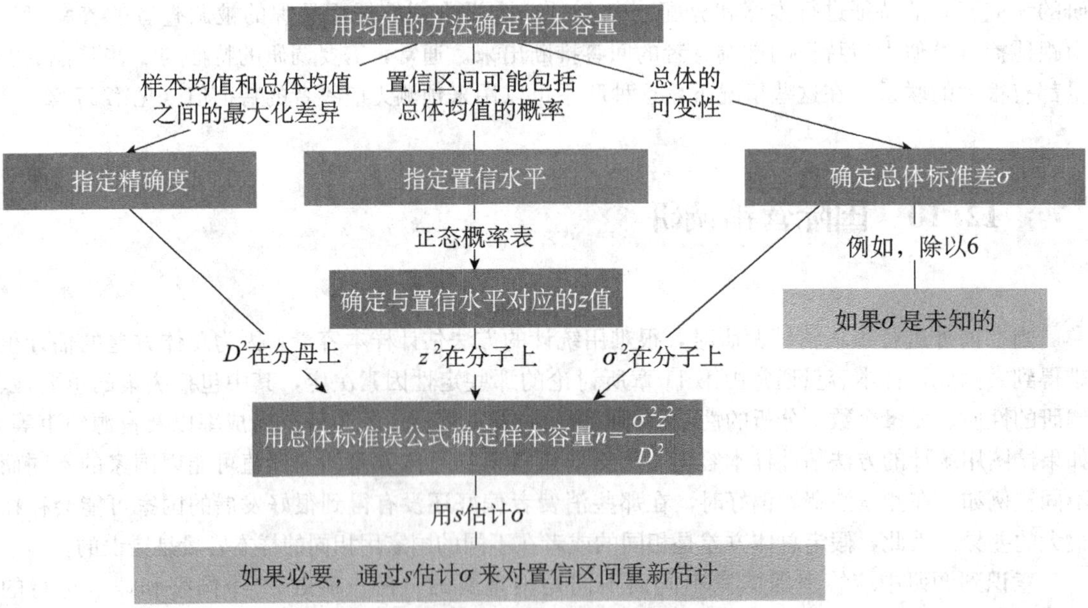


**图12-3 通过均值确定样本容量的概念图**

当抽中的一些潜在被调查者没有应答时，就产生了无应答偏差，造成低应答率的主要原因是拒绝和不在家。拒绝率可以由事先通知、激励被调查者、物质刺激、问卷设计和执行以及追踪等方式来降低。通过追踪，也能够显著地降低被调查者不在家的百分比。调整无应答偏差可以通过抽查无应答者、替代、置换、主观估计、趋势分析、加权以及推算等来实现。

由于不同国家的总体方差可能不同，因此对样本容量的统计估计在国际市场营销调研中更为复杂。为了确定样本容量对总体方差进行的初步估计也有伦理上的分歧。

## 关键术语与概念

参数（parameter）
统计量（statistic）
有限总体校正（finite population correction，FPC）
精确度（precision level）
置信区间（confidence interval）
置信水平（confidence level）
抽样分布（sampling distribution）
统计推断（statistical inference）
正态分布（normal distribution）
标准误（standard error）
$z$ 值（$z$ value）
发生率（incidence rate）
完成率（completed rate）
置换（substitution）
趋势分析（trend analysis）
加权（weighting）
推算（imputation）

## 练习

**问答题**

1. 定义抽样分布。
2. 什么是均值的标准误。
3. 定义有限总体校正。
4. 定义置信区间。
5. 围绕均值创建置信区间的步骤。
6. 描述估计总体均值时，绝对精确度和相对精确度的差异。
7. 如何区分置信度和精确度？
8. 给定精确度、置信度和一个已知的总体方差，描述估计总体均值时所需样本容量的确定步骤。当样本选出后，置信区间是如何产生的？
9. 给定精确度、置信度，但是总体方差未知，描述估计总体均值时所需样本容量的确定步骤。当样本选出后，置信区间是如何产生的？
10. 当估计总体均值时绝对精确度加倍，样本容量会受到怎样的影响？

11. 当估计总体均值时置信水平从95%增加到99%，样本容量会受到怎样的影响？

12. 定义估计总体比例时绝对精确度和相对精确度的含义。

13. 给定精确度、置信水平，描述估计总体比例时所需样本容量的确定步骤。当样本选出后，置信区间是如何产生的？

14. 调研人员如何确定估计总体比例时产生的置信区间不会大于想要的置信区间？

15. 当估计多个参数时，确定样本容量的步骤是什么？

16. 定义发生率和完成率。这些比率是如何影响最终样本容量的确定的？

17. 调整无应答时可用的战略有哪些？

**练习题**

1. 使用书末附录B中的表B-2，计算以下概率：

(1) $z$小于1.48。

(2) $z$大于1.90。

(3) $z$介于1.48～1.90之间。

(4) $z$介于−1.48～1.90之间。

2. 满足以下条件的$z$值为多少？

(1) 所有$z$值的60%大于该值。

(2) 所有$z$值的10%大于该值。

(3) 所有可能的$z$值（围绕均值成对称分布）的68.26%都包括在这个区间内。

3. 一家餐馆的管理人员想确定家庭每个月在餐馆的平均支出金额。在目标市场中，有些家庭根本不消费，而有些家庭每个月花费300美元。管理人员想要95%的置信水平的结果，误差不要超过±5美元。

(1) 在确定家庭每个月的平均支出时，要使用多大的样本容量？

(2) 当进行调研以后，发现平均支出为90.30美元，标准差为45美元。构建95%的置信区间，如何评价这个精确度？

4. 一家DVD公司为了确定广告战的有效性，想了解有多少比例的家庭知道这个新品牌。广告代理商认为这个数字应该高达70%。经营者想要一个95%的置信水平，误差不超过±2%。

(1) 在这项调研中，应该使用多大的样本容量？

(2) 假定经营者想要99%的置信水平，并且误差不超过±3%，样本容量应该如何改变？

5. 假定$n=100$，$N=1\,000$，$\sigma=5$，计算带和不带有效总体校正因子的均值的标准误。

## 活动

**角色扮演**

1. 假定你在汉堡王的市场营销调研部门工作，汉堡王开发了一种新的烹饪流程能够使汉堡包更加美味。但是，在将这种新的汉堡包推向市场之前，需要进行口味测试。进行口味测试的样本容量应该如何确定？你推荐什么方法？向扮演汉堡王管理层的一组学生说明你的建议。

2. 某家电力公司想确定夏天每个家庭在空调上的平均电费支出，管理人员认为应该进行一次调研。假设你是聘请的顾问，在确定样本容量时你推荐什么方法？向扮演首席运营官、首席财务官和首席营销官的三位同学证明关于这个项目的计划。

**实地调查**

参观一家营销调研公司，了解该公司在最近的调查或实验中是如何确定样本容量的，并将你的发现写成报告。

**小组讨论**

1. 以小组的形式讨论如下陈述："确定样本容量时定量判断比定性判断更重要。"

2. 组成一个小组，讨论置信区间法的相对优缺点。

## 连续案例：戴尔

阅读书末附录A中戴尔的案例，以及提供的调查问卷。讨论以下问题：

1. 在网络上或者在线数据库中进行搜索，以获得美国家庭在家上网的比例信息。

2. 在一项关于大众使用网络的调研中，置信区间为95%，精确度为5%的样本容量为多少？估计步骤1中你确定的总体样本比例。

3. 作为戴尔个人电脑和笔记本的营销执行总监，你需要哪些信息来制定增加销售额的营销战略？

## 案例分析

### 斯巴鲁："调研先生"监测顾客满意度

美国斯巴鲁（Subaru）是富士重工（FHI）的汽车部门，从1968年开始经营。它的总部设在新泽西州樱桃山，为全美近600家经销商提供服务。斯巴鲁提供了很多种车型，其特别之处是这些车都是100%的四轮驱动。

斯巴鲁的战略在其核心员工乔·巴斯泰斯（Joe Barstys）身上体现得很明显。乔·巴斯泰斯在斯巴鲁工作20多年，他大多数时间都在研究顾客满意度，乔·巴斯泰斯以及和他一样的人都是斯巴鲁的骨干。这些人帮助斯巴鲁进行营销调研，将焦点放到消费者的需求上，乔·巴斯泰斯已经将使用消费者调研当成他的习惯做法，由此他也获得了"调研先生"的绰号。他的目标是达到一定的消费者满意水平，这样才能帮助构建斯巴鲁的顾客忠诚度。忠诚度在汽车行业非常重要，因为其在历史上远远低于其他行业。营销调研显示，虽然大约有90%的消费者对购买的车满意，但是只有40%的人有足够的忠诚度能再次购买相同品牌的车。

在追求顾客忠诚度时，调研是一个有价值的工具。为了获得消费者对新购买车辆的感受，在购买之后的30～45天之内公司会给他们寄去问卷，这样能够获得与经销商互动的信息以及其他关于购车过程的信息。第一次接触以后，在产品整个的生命周期中，后续的调研主要是评估消费者对汽车和经销商的长期满意度。这项邮寄调查的应答率为50%。额外的调查可以通过网络来进行。一般调查的问题包括：您的服务经历怎么样？与您去过的其他供应商相比，斯巴鲁的服务怎么样？您的购买经历如何？您满意吗？销售人员怎么样？这些问题帮助斯巴鲁确定消费者如何看待他们在斯巴鲁的购买经历，以及为了进一步改善这一经历斯巴鲁应该采用什么措施。

这些调研结果提供了很重要的反馈信息，使得斯巴鲁能够根据消费者的需求调整自己的方法。调整的重要性可以从女性消费者的例子中显示。通过调研，斯巴鲁发现营销战略应该进行调整，尤其是针对女性，她们现在正成为市场中的主导部分，所以对斯巴鲁来说，了解女性消费者的需求并提供她们想要的产品是很重要的。

进行营销调研的另一个好处是，斯巴鲁能够识别人们更喜欢购买哪种车型。公司认为，典型的斯巴鲁拥有者与普通消费者是有差异的。它的消费者都是高智商、独立性很强的非主流人群。因此，斯巴鲁试图将市场扩展到这些人身上，并且试图将自己与那些更大更主流的竞争者区分开来。

乔·巴斯泰斯认为他的哲学专业背景对他在斯巴鲁扮演的“调研先生”角色做出了贡献。他认为，他的哲学专业背景能够使他了解人们关于一件产品的经历。一个消费者面临的问题包括车的功能不全、与经销商沟通不好，或是他对车子如何工作不甚了解。这些都是基本的人类经验，因此，不管乔·巴斯泰斯是在汽车行业或是其他行业工作，事实上他是在跟人类经验打交道。这种人类经验只是他喜欢这份工作的一个方面，他喜欢和人打交道以及发现什么驱动他们行动。另一个使他真正振奋的原因是，他肩负着重大责任，也拥有重要的决策权以保持顾客忠诚度的目标，并且他每年都会取得成功。

公司的目标是持续增长，并且希望通过市场营销调研的帮助来实现这个目标。相信倾听消费者的意见并改变习惯以满足消费者的需要将会获得来自消费者的很高的满意度，并且最终会达到高水平的忠诚度。斯巴鲁的营销调研员工，例如“调研先生”，将对这个目标起到关键作用。

**结论**

这个案例对乔·巴斯泰斯在斯巴鲁的角色以及调研在建立消费者忠诚度中的重要性和实用性进行了有趣的概述。调研帮助斯巴鲁得到连续性反馈，包括改变消费者经验的重要参数，并且最终得到了较高的品牌忠诚度。总之，营销调研帮助斯巴鲁更好地了解消费者，以及更好地确定他们的需求和期望。

**问题**

1. 讨论营销调研在帮助斯巴鲁了解消费者为什么忠于一个品牌时的角色。
2. 为了持续增长，斯巴鲁必须培养和建立消费者忠诚度。定义管理决策问题。
3. 根据你认识到的管理决策问题，定义一个恰当的营销调研问题。
4. 在调研你所确定的营销调研问题时，应该采用哪种形式的调研设计？
5. 在什么方式下，斯巴鲁能够应用2000年（或2010年）美国的人口普查数据？使用这些数据的限制是什么？这些限制将如何被克服？
6. 从营销调研公司中得到的哪种类型的数据对斯巴鲁是有帮助的？
7. 讨论在了解消费者钟情于某一特定品牌时定性调研的作用。应该使用哪种定性调研方法，为什么使用这种方法？
8. 假定一项调研是为了了解消费者对多个品牌汽车的偏好，应该使用哪种调研方法？为什么？
9. 斯巴鲁可以使用因果调研吗？如果可以，为什么？
10. 设计定序、定距和定比尺度以测量消费者对多个品牌汽车的偏好。
11. 设计李克特量表、语义差异量表和斯坦普尔量表以测量消费者对多个品牌汽车的偏好。
12. 设计一个问卷以测量消费者对斯巴鲁品牌的评价。
13. 为问题8中的调研设计一个抽样方案。
14. 应该如何确定样本容量？
15. 如果斯巴鲁想进行一项调研，其目的是为了确定消费者在德国购买汽车的品牌，那么调研过程有什么不同？
16. 讨论在消费者购买品牌意愿的调研中涉及的伦理问题。

**资料来源**

1. www. subaru. com，accessed February 20，2009.
2. www. wikipedia. org，accessed February 20，2009.
3. Donald I. Hammonds，“Subaru Adds Upscale Looks to Its Durable Image，” *Knight Ridder Tribune Business New* (June 16，2004)：1.

# 第 3 篇　数据的收集、准备、分析与报告



本篇介绍了营销调研过程的后几个步骤。第 4 步是对实地调查的实践和监管进行讨论。我们提供了一些指导方针，来辅助甄选、培训、监管、验证和评估。实地调查工作完成后，调研人员就会转向营销调研的第 5 步——数据准备和分析。这一部分我们强调了数据准备的重要性，并针对其过程进行讨论，以使数据更适于研究。然后，介绍了一些数据分析方法。不仅包括诸如频数分布、交叉列联表分析和假设检验这样的基本方法，还包括广泛运用的多元方差分析和多元回归分析。接下来，介绍了更为先进的方法：判别分析、logit 分析、因子分析、聚类分析、多维标度分析、联合分析、结构方程模型和路径分析。在讨论每一个统计方法时，重点不是统计原理，而更强调结果的得出程序、解释以及监管意义。为了充分实践这些方法，我们提供了一些带有真实数据的案例。

营销调研项目的第 6 步是准备调研报告，并演示一个正式的报告，以此传达调研成果。基于实践导向，我们为报告的撰写以及图表的草拟提供了一些指导方针，并且对于报告的口头演示进行了讨论。本书侧重于营销调研的国际维度。之前的章节中已经对此进行了阐述，本篇仍对一些细节做了进一步解释。本篇阐述了国际营销调研的整体框架，并详细介绍了不同国家的环境优势、文化因素及国际化市场是如何影响营销调研过程的。

# 第13章 实地调查

我的工作是采访企业高管。每次采访我都会提前30分钟到场；对于那天公司中每一个帮助过我的人，我都会写一张“谢谢你”的字条留给他们。简而言之，妈妈说的对，礼貌行事是成功必不可少的因素之一。

——Berrier Associates公司创始人、总裁罗伯特·贝瑞（Robert J. Berrier）

## 学习目标

1. 描述实地调查的过程；解释在实地调查中如何进行甄选、培训和监管，实地调查如何验证，以及如何对实地调查进行评估。
2. 讨论如何培训实地调查者进行初步接触、提出问题、继续探查、记录答案和结束调查。
3. 讨论如何通过质量控制和编辑、抽样控制、作弊控制以及中央办公室控制等对实地调查者进行监管。
4. 阐述怎样对实地调查者在成本、时间控制方面进行评估，以及如何对应答率、调查质量和数据质量进行评估。
5. 阐述进行国际营销调研时涉及的实地调查事项。
6. 从伦理方面讨论实地调查。

## 本章概述

实地调查是营销调研过程（第1章）的第4步。它紧随定义问题、设计框架（第2章）和调研设计（第3～12章）之后。在这期间，实地调查者与被调查者接触，掌握问卷或观察形式，记录数据并完善调查过程中涉及的表格。亲自进行登门问卷调查的人员、拦截商场中的购物者的调查者，从一个固定地点进行电话调查的人员，从办公室寄出问卷来进行调查的工作人员，在商场的一个特定部门观察、计算顾客的人员，以及其他进行与数据收集和过程监管有关的人都可以称为实地调查者。

本章介绍实地调查的本质和一般的实地调查（数据收集）过程。这个过程包括调查人员的甄选、对实地调查人员的培训和监管、实地调查的验证以及对实地调查者的评估。本章会简单地对于国际营销调研背景下的实地调查进行讨论，并认识相关伦理的问题。

## 13.1 实地调查的性质

设计调研的人很少亲自收集营销调研数据。调研人员主要有两种选择方式来收集数据：可以借助自己的组织或者与实地调查机构订立合约。无论哪种情况，数据收集主要涉及对一些实地力量的运用。实地力量可能在调查实地开展调查（登门调查、商场拉截调查、电脑辅助人员调查以及观察）或者从办公地点实施调查（电话、电子邮件、邮寄固定样本组、邮件和网络调查）。实地调查者很少有调研背景或者参加相关培训，他们往往是收集典型的数据。实地调查活动会涉及很多伦理问题。尽管违反道德标准的空子很多，但与知名实地调查机构合作时，客户无须过多地关注伦理道德问题。M/A/R/C公司（www.marcgroup.com）的高级副总裁迈克尔·霍丁顿（Michael Redington），是高质量实地调查的积极倡导者。他在营销调研行业对实地调查评估时说："以前曾有言论认为数据收集的特征是一大群人在外面试图屈从于规则、逼迫你以及在调查中说谎，我为能够推翻这样的成见感到开心。我们曾担心这个领域的不道德行为比现实存在的更多。"[1]实地调查或数据收集工作是流水线型的，由于过程得到了很好的控制，因此质量很高。

## 13.2 实地调查/数据收集过程

所有的实地调查工作包括对数据收集人员的甄选、培训和监管。[2]实地调查的确认和对调查者的评估也是此过程的一部分。图13-1展示了实地调查工作数据收集过程的整体框架。尽管描述出了一个整体过程，我们还应该认识到实地调查工作会随着数据收集方式不同而不同，以及在不同的步骤中工作重点会因电话、人员、邮件和电子调查不同而不同。

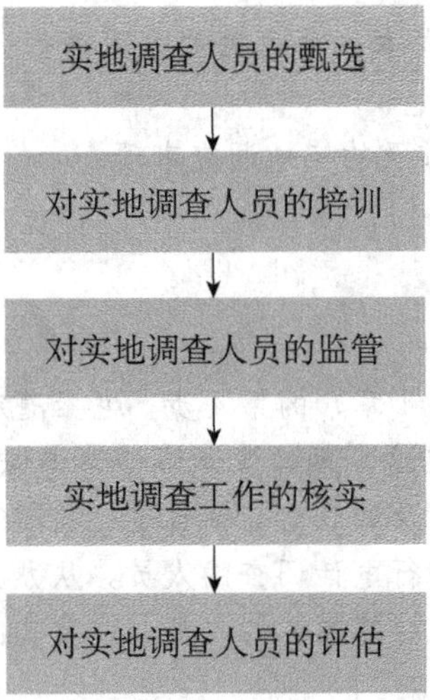


**图13-1 实地调查/数据收集过程**

## 13.3 实地调查人员的甄选

实地调查过程的第一步是甄选调查者。调研人员应该做到：(1) 开发项目的岗位规范，重视数据收集的方式；(2) 决定调查者应该有什么特点；(3) 雇用合适的人。调查者的背景特点、观点、见解、期望和态度会影响他们如何回应被调查者。[3]

例如，实地调查者对被调查者的社会可接受性可能影响数据获得的质量，尤其是在人员调查过程中。一般认为调查者和被调查者的共同点越多，越有可能促成调查成功。

在可能的范围内，甄选出的调查者应该与被调查者的特点相匹配。随着问题性质和数据收集方法类型的不同，工作要求也会有所不同。然而，实地调查者也有一些一般性的资格要求：

- 健康。实地调查工作很费力，工作者必须有足够的耐力来应对工作。
- 开朗。调查者应该能够与被调查者建立起融洽的氛围，与陌生人尽快建立起联系。
- 健谈。有效地谈话和很好的倾听技巧是一笔很大的财富。
- 友善。如果调查者的外貌看起来不友善或者有异常，获得的数据可能有所偏差。
- 受过良好教育。调查者必须有很好的阅读和写作技能。
- 有经验。经验丰富的调查者可能在遵循指导、获取被调查者的合作以及引导整个调查进程方面做得更好。

实地调查者一般是以小时或者调查次数来计酬的。典型的调查者一般是已婚的 35～54 岁的女性，她们往往受过中上等教育，有着中上水平的家庭收入。

## 13.4 对实地调查人员的培训

调查者的培训对所收集的数据的质量起着关键作用。培训可以在一个中心地面对面集中进行，如果调查者分散在各地，也可以通过信件、视频会议或者互联网来培训。培训必须保证调查者都以相同的方式来开展问卷调查，以保证收集到统一的数据。对实地调查者的培训包括如何初次接触被调查者，如何问问题，如何进一步追问跟进，如何记录答案，以及何时、如何结束调查。[4]

### 初次接触被调查者

初次和潜在被调查者接触可能促成合作，也可能失败。[5]培训应该注重提升调查者做好开场白的能力，让潜在被调查者了解到他们的参与是很重要的。

---

**调研项目**

**初次接触的陈述**

你好，我叫______。我代表佐治亚理工大学市场营销系来进行一次关于“家庭对于百货商店的偏好”的调查。经过科学的甄选，您是我们选出参加此次调查的被调查者之一，我们想问您一些问题，并且会高度重视您的意见。[6]

---

调查者不必特意征得被调查者的同意，这一点需要注意。诸如“我可以占用您一些宝贵的时间吗”或者“您可以回答我几个问题吗”之类的直接问询同意与否的问题大可不必。对于如何处理反对和拒绝也应该做出相应的指导。例如，如果被调查者说“我现在不方便”，调查者就应该说“那您什么时候方便呢？我到时联系您。”如果需要用到第 12 章的诸如“一脚进门”或“当头拒绝”等，那么在这方面也应该进行培训。

**提问**

提问时在措辞上、说话顺序上以及说话方式上，甚至一个小小的变化都可能导致被调查者曲解其意思，或者使应答有偏差。提问是一种艺术。在如何提问上培训有助于减少偏差的来源。措辞上或者问题顺序上的一点改变都可以得到完全不同的回应。尽管不可能有完美的问卷，我们也应该按照统一的特定方式来提问。调查者应该尽量健谈一点，但实地调查者必须按问题列示的方式来提问，这的确是一个很大的挑战。[7]提问的指导方针主要有以下几点[8]：

1. 对问卷要彻底地熟悉。
2. 按照问卷上的顺序来提问。
3. 运用问卷中准确的措辞来提问。
4. 每一个问题说得慢一些。
5. 如果对方没有理解问题，应该重复叙述问题。
6. 问的每一个问题要恰当。
7. 根据指导和简要提纲，仔细地追问。

## 追问

**追问**（probing）主要是为了鼓励被调查者扩展、说明和解释他们的回答。追问也有助于被调查者将注意力放在调查的某一特定内容，并只提供相关的信息。追问不应该带有任何倾向性。广泛应用的追问方法主要有[9]：

1. 重复问题。运用相同的话语重复问题能够有效地引出回应。

2. 重复被调查者的回答。逐字地重复被调查者的回答有助于引出进一步的回答。调查人员可以边记录边重复被调查者的回答。

3. 适当地停顿或者沉默。一个无声的探索或者一个期望的停顿和表情，可以暗示被调查者做出更完整的回答。但是，沉默不应该变成尴尬。

4. 鼓励或者肯定被调查者。如果被调查者犹豫不决，调查人员应该说一些话鼓励他。例如，可以说："没有对错之分，我们只是想了解您的想法。"如果被调查者需要解释一个词或者一个短语时，调查人员不可以提出诠释。相反，解释权应该归于被调查者。对于这点可以这样说："只要说出你的想法就可以了。"

5. 引出澄清。如果调查人员想要促进被调查者的合作动机，并提供完整的回答，调查者可以这样说："我不是很理解您说的话，您可以进一步解释一下吗？"

6. 运用客观的/中性的问题或话语。一些广泛应用的问题或用于追问的句子和相关缩写主要有：有其他理由吗？还有其他的吗？这是什么意思？为什么你会有那种感觉？[10]调查人员应该在问卷中的问题后面加上括号，括号内记下相关缩写。

## 记录答案

记录被调查者的答案看起来很简单，但是一些错误在调查中很普遍。[11]所有的调查人员应该使用相同的格式和惯例来记录调查，并编辑完整的调查内容。对于结构化的问题，记录答案的规则会随着特定问卷的不同而不同，但是总原则是为了检验所记录的内容是否反映了被调查者的答案。对于非结构化问题，记录答案的总原则是逐字记下。《调研人员手册》（*Interviewer's Manual*）中提出了以下记录非结构化问题答案的详细指南：

1. 在调查时记录答案。
2. 记录时要用被调查者自己的语言。
3. 不要总结或改写被调查者的答案。

4. 记录时要包括与问题目标有关的所有细节。
5. 记录时要包括所有的追问和注解。
6. 记录时要重复一下答案。

## 结束调查

只有所需要的信息都获得了，才可以终止调查。对于回答了正式问题后被调查者提供的任何无意的解释，记录者都应该及时记录下来。同时，调查人员也应该回答被调查者对于调查项目的疑问。应该确保被调查者最后对于此次调查有一个很好的印象。最后，对被调查者要表示由衷的感谢，这一点非常重要。

**调研实例**

### 疾病预防控制中心的培训

美国疾病预防控制中心（www.cdc.gov）在世界范围内持续进行了一项关于健康的电话调查，这是一个基于状态的行为风险因素监察系统（BRFSS）。自1984年以来，此调查每月收集关于风险行为和预防性健康实践的数据。通过培训，实地调查人员要在他们各自区域发放并分析标准化问卷。该中心每年都会收到来自个人和期刊发布的关于高血压、高血脂、吸烟和酗酒行为的健康数据，为了保证调查者和数据收集培训的规范化，该中心采用了电脑辅助电话调查系统。

美国疾病预防控制中心清楚实地调查人员是被调查者和实施调查的调研人员之间的唯一纽带，因此需要花费大量的时间和精力来培训调查人员。在培训过程中，必须努力保证调查人员：

- 理解问题的内容和种类。
- 知道怎样记录答案，为问卷编码，以及安排调查。
- 为被调查者保密。
- 确保调查到的是正确的被调查者。
- 记录真实的画面。
- 清晰准确地执行调查工作。
- 准备好处理调查过程中可能发生的困难或情境。
- 要有说服力，使得拒绝参与调查的家庭的数量降到最低。
- 在调查的各个方面质量至上。
- 要有礼貌，态度友好。
- 在力保不牺牲质量的前提下努力实现效率最大化。

由于BRFSS的性质，调查人员必须同时签署一份保密协议。有时被调查者也会关注他们健康信息的保密情况。可以采取一些措施来评估通过调查认出某一被调查者的可能性。例如，在最后的调查结果中去掉电话号码的最后两位。通过培训，调查人员要在打电话时将这些保密措施告诉他们。

为了获得有效的问卷答案，并礼貌对待参与者，其他培训程序也很有用。表13-1汇总了一些电话调查小技巧，这些小技巧是该中心培训项目的一部分。为了获取需要的精确信息，大规模的培训至关重要。这些数据将通过多种方式运用于健康机构，从而帮助它们计划、实施和评估其风险降低项目；同时也运用于开发合适的政策和法律法规。[12]

表 13-1 电话调查小技巧

| 声音特质 | 如何处理棘手的被调查者 |
|---|---|
| 彬彬有礼，讲礼貌。 | 回答被调查者的提问。 |
| 有自信。 | 缓和其对保密的关注。 |
| 不要给人厌烦的感觉。 | 要鼓励不情愿回答的人做出回答。 |
| 看起来对被调查者的回答很感兴趣。 | 不要过多地关注调查时间的长短。 |
| 说话时脸上要带着微笑。 | **关于调查问题的一般知识** |
| **追问和澄清** | 认识到数据质量的重要性。 |
| 探究更为精确的信息。 | 知道调查的目标。 |
| 要知道何时应该探究追问。 | 知道每个问题的用意。 |
| 追问时要注意使用中性的语句和语气。 | **调查技巧** |
| **对问卷的阐明** | 逐字地念出问题。 |
| 要清晰地说明。 | 验证电话号码的正确性。 |
| 发音要准确、恰当。 | 顺畅地做出跳转提问。 |
| | 从导入到提问的转换要顺畅。 |
| | 调查的结尾要顺畅。 |
| | 适当地做出约定。 |
| | 提供中性、客观的反馈。 |

## 13.5 对实地调查人员的监管

监管实地调查人员是为了确保他们按照培训的程序和方法来实施调查。监管主要包括质量控制和编辑、样本控制、作弊控制和中央办公室控制。

### 质量控制和编辑

对调查者的质量控制需要检验整个调查是不是按照恰当的步骤来执行的。[13]如果发现有任何问题，就需要监管人员与调查人员对此问题做出讨论，如果必要的话，可以对其进行附加培训。为了理解调查人员存在的问题，监管人员也需要做一些调查。监管人员要每天收集问卷和其他相关表格，及时做出编辑。他们必须检查问卷，以确保所有合适的问题都得到了回答。另外，监管人员还必须确保摒弃那些不恰当或不完整的答案，同时确保字迹清晰可见。

监管人员还要及时记录调查实施的时间长短和费用。这样可以对于诸如每一个调查需要多少成本，工作是否按计划进行，以及调查人员是否存在问题等做出正确的判断。

### 样本控制

**样本控制**（sampling control）是监管工作的一个重要方面，此项工作主要是确保调查人员严格按照样本计划来进行样本选择，而不是基于方便或容易获得来选择样本。调查人员一般会避免去他们感觉可能会有困难及不受欢迎的住所或地方调查。如果样本单位本人不在家，他们可能继续去下一个样本单位家调查，而不会打电话回访。调查人员有时会自己扩大样本容量的范围要求。例如，他们可能将一个58岁的人放在46～55岁的类别中，并进行调查以满足样本容量要求。

为了控制这些问题，监管人员需要对调查电话的数量、被调查者不在家的数量、拒绝者的数量、每个调查人员完整进行的调查数以及在调查人员控制下进行的调查总数等随时做好记录。

### 作弊控制

作弊包括一个问题或者整个问卷的造假。调查人员可能为了使得答案可接受，对答案部分造假，或者制作假答案。作弊最明显的形式是调查人员对于整个问卷都作假，他们在没有与被调查者接触的情况下，自己填写假答案。通过对调查人员适当的培训、监管和验证确认可以将作弊的概率降到最低。[14]

### 中央办公室控制

为了获得总的进程报告，监管人员要将质量和成本控制信息及时提交到中央办公室。除了现场的初期控制，中央办公室为了发现潜在问题，可能会实施其他的附加控制。中央办公室控制包括对配额变量、重要人口特征和关键变量的答案等做表格分析。

## 13.6 实地调查工作的核实

对于调查工作的核实指验证调查人员是否提交了真实的调查信息。监管人员要对10%～25%的被调查者进行电话调查，获知其是否真的接受过调查人员的调查。监管人员可以问一些关于调查时间长短和质量、调查人员的反应以及基本人口统计学特征的数据等。交叉检查人口统计学信息，还可以核实调查人员在问卷中记录的信息的准确性。

## 13.7 对实地调查人员的评估

为了对实地调查人员提供关于其绩效的反馈，同时发现更优秀的调查人员，进一步建立更高质量的调查队伍，很重要的一项工作就是评估实地调查人员。在培训期间，监管人员应该就评估标准等和调查人员做好沟通。对调查人员的评估应该基于成本和时间、应答率、调查质量和数据质量来进行。[15]

### 成本和时间

可以通过每次调查的总成本（薪水和费用）来对调查人员做对比。如果成本随城市规模的不同而不同，对比结论就应该只在可比性强的城市中进行。另外，对调查人员如何利用时间也应该做出评估。时间往往会分为实际调查时间、交通时间和管理时间。

### 应答率

及时地监管应答率非常重要，因为只有这样，才能在应答率过低时做出及时的纠正。[16]对于有过高拒绝率的调查人员，监管人员可以通过聆听他们如何导入问题并立即提供反馈的方式来帮助他们。在所有的调查结束后，可以对比不同调查人员的拒绝率，这样有助于发现优秀人员。

## 调查质量

为了在调查质量方面评估调查人员，监管人员需要直接观察调查过程。监管人员可以亲自观察，也可以通过调查录音来评估。对调查质量主要从以下几方面评估：(1) 导入是否恰当；(2) 调查人员提问的准确性；(3) 无偏差追问探究的能力；(4) 提问敏感问题的能力；(5) 在调查中展现的人际关系技能；(6) 调查结束的方式。

## 数据质量

应当根据数据质量对调查人员完成的问卷做出评估。数据质量指标包括：(1) 记录的数据清晰易读；(2) 是否遵守所有的说明，包括跳转方式；(3) 非结构问题逐字地记录；(4) 对于非结构问题的回答的记录是有意义且完整的，可供编码；(5) 无回答的项目很少。

**调研体验**

### 服装实地调查

消费者是如何购买休闲服装的？设计一份问卷，调研一下学生对于休闲服装的购物行为——他们穿什么样的衣服去上学。对你学校的五名不同学生进行调查。

1. 你怎样接近这些被调查者？
2. 对于被调查者来说，此次调查最具有挑战性的部分是什么？
3. 如果雇用其他学生来为此次调研项目收集数据，如何培训他们？
4. 如果雇用其他学生来为此次调研项目收集数据，如何监管实地调查工作？
5. 如果雇用其他学生来为此次调研项目收集数据，如何评估实地调查工作？

**调研项目**

### 实地调查

在百货商店项目中，室内人员调查是由学习了营销调研课程的大学在校生或毕业生来进行的。对实地调查人员的培训包括：(1) 让每一位调查人员扮演一位被调查者并且自己回答问卷中的问题；(2) 让他们将问卷分发给一些不会参与到此项目的学生（被调查者模特）填写。培训过程中将会开发并提供给每一位调查人员详细的调查指南。调查的监管工作由大学毕业生执行，他们负责监管实地调查的日常工作。监管人员会电话回访所有的被调查者以核实其是否真的填写过问卷，同时感谢他们参与此次调查。核查率是100%。调查发起人对实地调查人员以及监管人员进行评估。

**专题活动**

1. 讨论在西尔斯项目中的实地调查的培训和监管。
2. 如果是网络调查，而不是个人调查，实地调查应该如何调整？

## 13.8 国际营销调研

实地调查人员的甄选、培训、监管和评估在国际营销中都很重要。在很多国家没有本地的实地调查机构，因此，有必要招聘和培训本地调查人员，或者从国外引进经验丰富的调查人员。雇用本地调查人员更为可取，因为他们熟悉当地的语言和文化。因此，他们可以为调查营造一个恰当的氛围，并且对被调查者关心的问题比较敏感。需要对其进行大量的培训，同时进行密切的监管也很必要。在很多国家的观察发现，调查人员倾向于帮助被调查者回答问题，并且往往基于自身考虑而不是根据样本计划来选择家庭或样本单位。此外，相对美国来说，其他国家的调查人员作弊问题可能更为常见。对调查工作的验证也很关键。对于实地调查步骤的恰当运用能够大大减少这些问题出现的可能性，同时可以得到一致、有用的结果。

无论一项调研如何简单，国际营销调研都会增加其复杂性。获取可以在国家之间可比的数据可能是很困难的，需要时可以运用一些适应性的标准调研方法。同样的营销程序可以使调研人员发现、分析以及更好地理解全球社会文化差异。我们更想得到一种全球通用的营销方法，这就需要在美国调研时对方法体系做一些改变，以使美国数据可以和其他国家的相关数据做比较。

## 13.9 营销调研中的商业伦理问题

无论是使用内部供应商还是外部供应商，数据都应该是在高道德标准的基础上获得的。调研人员和实地调查人员可以通过表达他们的感激使被调查者感觉舒适。一种可以提升被调查者舒适度的方式是在调查开始时，向他们提供足够的关于调研企业和项目的信息，说清楚他们的疑问，清晰地讲解调查人员和被调查者的期望和责任。此外，调查人员还应该告知被调查者他们没有义务回答使他们不舒服的问题，遇到不舒服的问题，他们可以随时结束调查。研究者和调查人员在道德上有责任尊重被调查者的隐私、感觉和尊严。[17]再者，要使得被调查者有一个积极和愉快的经历，这将有利于提高调查人员的声誉并可能促成未来与被调查者的再次合作。

遵守业已接受的调查程序（人员甄选、培训、监管、确认和评估）也是研究者和实地调查人员对客户的责任。他们必须确保数据收集过程的完整性。对实地调查程序应该有详细的文件记录，并使客户了解这些步骤。研究者和实地调查人员的恰当行为对于解决实地调查工作的相关伦理问题大有帮助。

### 本章小结

要收集数据，调研人员有两种选择：创建自己的组织或者与调查机构签订合同。无论哪种情况，收集数据都会涉及实地调查人员。图13-2提供了实地调查/数据收集的概念图。调查人员应该是健康、开朗、健谈、友善、受过良好教育以及有经验的。他们应该在实地调查的诸多重要方面接受培训，包括如何初次接触被调查者、如何问问题、如何追问、如何记录答案，以及如何结束调查。监管调查人员包括质量控制和编辑、样本控制、作弊控制和中央办公室控制。实地调查的确认主要是通过电话调查10%～25%的被调查者，询问他们是否真正被调查。对实地调查人员的评估是基于成本和时间、应答率、调查质量以及数据质量等来进行的。

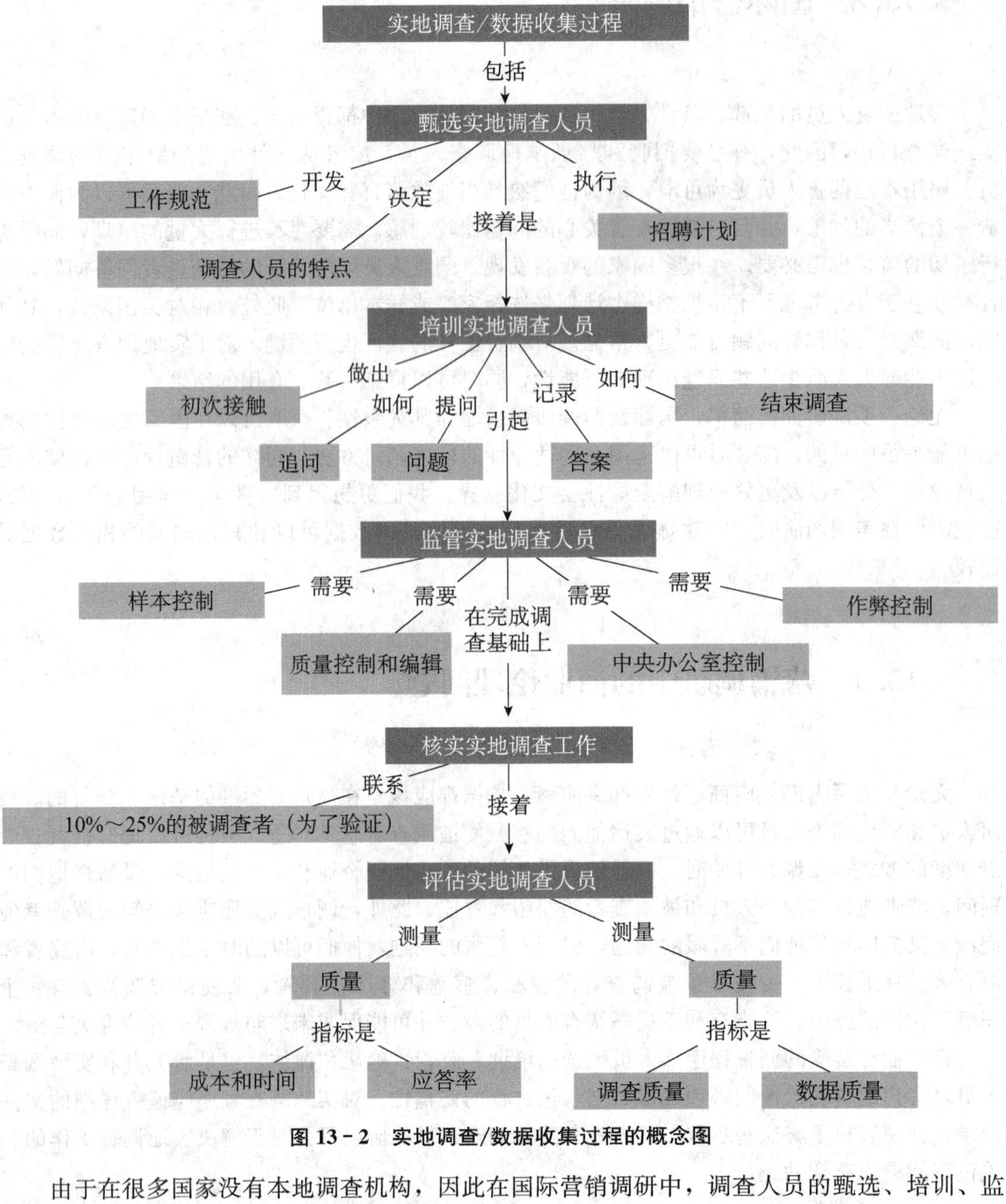


**图13-2 实地调查/数据收集过程的概念图**

由于在很多国家没有本地调查机构，因此在国际营销调研中，调查人员的甄选、培训、监管和评估尤为重要。实地调查涉及的伦理问题主要是要使得被调查者在数据收集过程中感觉舒适，这样他们才会有一个愉悦的经历。调查人员必须尽最大努力确保获取的数据是高质量的。

## 关键术语与概念

追问（probing）

样本控制（sampling control）

## 练习

**问答题**

1. 研究者在收集数据时有哪些方法？

2. 描述一下实地调查工作/数据收集过程。

3. 实地调查人员者应该满足什么要求？

4. 提问时应该遵守哪些指南？

5. 什么是追问？

6. 非结构问题的答案应该如何记录？

7. 调查人员应该怎样结束调查？

8. 监管实地调查人员包括哪些方面？

9. 如何控制被调查者选择问题？

10. 对实地调查要核实什么？如何进行核实？

11. 描述在评估调查人员时运用的标准。

12. 阐述与实地调查相关的主要误差的来源。

**练习题**

1. 为实施登门调查的学生写调查者说明。

2. 评价下面的工作情境，推荐一些纠正行动。

（1）一个调查人员登门调查中有很高的拒绝率。

（2）在一个电脑辅助电话调查情境中，很多初次拨出的电话号码都显示忙音。

（3）一个调查人员说，在调查结束时，很多被调查者都问他们是否回答对了。

（4）在确认时，一个被调查者说她记不起曾被电话调查过，但调查人员坚持说她进行过电话调查。

## 活动

**角色扮演**

1. 假设你是一个实地调查监管人员，让一位学生扮演调查人员，另一位学生扮演被调查者，通过给其做现场演示来培训调查人员登门调查。

2. 交换上题中的调查人员和监管人员角色。

**实地调查**

1. 去一家营销调研公司或数据收集机构进行实地调查。请调查人员的监管人员描述他们公司调查的过程，和书上描述的相比，有何不同？

2. 访问一家商场拦截调查机构，观察其整个调查过程，根据你的观察写一份报告。

**小组讨论**

1. 组成一个小组，讨论十年来女性的生活方式的改变对实地调查工作的影响。

2. 组成一个小组，讨论和调查人员作弊相关的概念。调查人员为什么会作弊？如何发现和阻止作弊行为？

## 连续案例：戴尔

阅读书末附录A中戴尔的案例，以及提供的调查问卷。讨论以下问题：

笔记本电脑的购物体验如何？设计一份问卷来确定学生购买笔记本电脑的行为。对五个不同学生进行调查。

1. 你觉得应该如何接近这些被调查者？
2. 对于被调查者来说，调查最具挑战性的是什么？
3. 如果雇用其他学生来为此次调研项目收集数据，如何培训他们？
4. 如果雇用其他学生来为此次调研项目收集数据，如何监管他们？
5. 如果雇用其他学生来为此次调研项目收集数据，如何评估他们？

## 案例分析

### 英特尔：让里面的元件显露出来

英特尔公司成立于1968年，主要生产半导体存储产品。1971年，英特尔生产了世界上第一款微处理器。微处理器也就是中央处理器（CPU），经常被称为电脑的“大脑”。现在，英特尔为世界各地的计算和通信行业提供构建模块。这些构建模块包括芯片、插件板、系统和软件，它们主要用于电脑、服务器和网络/通信产品。

英特尔的主要顾客可以分为两个群体：原始设备制造商和个人电脑与网络通信产品使用者。原始设备制造商主要生产电脑系统、无线电话听筒和手持计算设备、电信和网络通信设备以及辅助设备。个人电脑与网络通信产品使用者包括个人、企业以及服务商，主要是通过中间商、零售商、网上交易以及原始设备制造商渠道等来购买英特尔的个人电脑增强工具、联网产品以及企业通信产品。英特尔是一家逐渐走向全球的企业。其年收入中只有35%来自北美市场，亚洲和欧洲市场各占31%和25%。

英特尔展现了一个企业非凡的成长史。英特尔的成功大多归因于营销部门的创新，而这些创新需要克服各种各样的障碍。英特尔面临的主要问题是如何销售配套品牌的产品，配套品牌是一个大品牌的组成部分。因此，问题就是在产品到达消费者手中时消费者从未见过产品，甚至不知道该品牌是什么或者为什么这个产品会在那里。

20世纪80年代，由于其顾客难以从286微处理器升级到386，英特尔开始进行营销调研。营销调研显示这主要是由于缺乏客户理念，为此英特尔开始做出变革。它发起了一场虽小却卓有成效的广告运动。事实上，英特尔发现在此过程中无意地创造了一个品牌。由于这个小小运动的成功，英特尔开始认识到营销和营销调研的重要性，并且开始将更多的精力和预算放在这些方面。

营销调研显示未来要使其整体营销运动有效，英特尔必须建立与顾客的联系并告诉他们电脑内部的东西和电脑外部的东西一样重要。这成为其在20世纪90年代早期“Intel Inside”口号的关键因素。这个口号帮助英特尔为其产品命名，并且使这个品牌下包含多个产品。

另外，营销调研结果显示与科技合作伙伴的跨市场合作效果最显著。这有助于消费者了解英特尔的产品。这主要通过将“Intel Inside”的口号嵌于其合作者的广告内。同时，英特尔也赞助这些广告。将英特尔的口号嵌于其他广告的问题就是英特尔不想妨碍到其他广告。这就决定了通过其他产品广告出现的时候伴以“登登”之声来为英特尔的小标志做广告。这个“登登”音非常容易辨识，与英特尔的口号有异曲同工之妙。所有这些都有助于英特尔实现提高消费者的注意力这一目标。长期的广告效果调研评估显示“Intel Inside”口号非常有效。

英特尔的下一个想法是为其微处理器起一个名字，这样就不必再采用编号方案了，并且就有了专利权，拥有一个名字也有利于消费者更容易认出它的微处理器。通过大量的营销调研，英特尔最终选择了奔腾处理器，因为它发现这个名字会从消费者那里得到积极的回应。从那以后，英特尔一直在市场上以这个名字来推销其处理器。

1990—1993年，英特尔在广告方面投入了5亿美元来建设其品牌。从1993年来看，美国有80%的人知道英特尔，并且75%的人对这个品牌抱有好感。最重要的是，有50%的消费者在购物时专门寻找英特尔这个品牌。到1994年，英特尔已经覆盖了95%的微处理器市场，这很大程度上是其营销努力的结果。2005年，由于竞争者AMD的存在，英特尔微处理器的市场份额下滑到80%。2005年12月30日，英特尔宣布了一项大调整，其从一个芯片制造商转变为个人电脑产品供应商。这项变革包括一个新版的公司蓝色商标，以及新的口号"Leap ahead"。到了2006年，英特尔停止使用"Intel Inside"的商标。

想要保住在市场上的主导地位，日渐激烈的竞争使得英特尔的营销调研工作比以前更为重要。英特尔之所以这么成功，是由于其对科技、品牌形象和品牌价值的重视。然而英特尔仍然面临将来的挑战：日渐激烈的竞争、新市场的开拓以及新产品的开发。英特尔将继续依赖营销调研来应对这些挑战。

**结论**

在英特尔非凡的成长过程中，营销调研起了关键的作用。营销调研在开发英特尔品牌、设计"Intel Inside"运动和运用新口号"Leap ahead"制作新商标方面大有帮助。持续的营销调研将促进英特尔提高其作为卓越的全面组件供应商的形象。

**问题**

1. 讨论营销调研是如何帮助英特尔设计其"Intel Inside"和"Leap ahead"运动的。

2. 英特尔增加了对于个人电脑用户芯片偏好的关注，使其与企业用户同等重要。说出其管理决策问题。

3. 说出一个与你在问题2中提出的管理决策问题相匹配的营销调研问题。

4. 英特尔想要更深入地了解企业如何选择个人电脑和网络通信产品，它应该采用什么样的调研设计？

5. 为了获得与你在问题3中提到的营销调研问题相关的二手数据，讨论网络在此的作用。

6. 讨论一下定性调研在了解企业如何选择个人电脑和网络通信产品中的作用。应该采用哪种定性调研方法？为什么？

7. 如果要进行一次调查，以此来决定企业选择个人电脑和网络通信产品的标准，应该采用哪种调研方法？为什么？

8. 设计一份问卷，主要用于确定企业选择个人电脑和网络通信产品的标准。

9. 为问题7中提到的调研开发一种恰当的抽样计划。

10. 如果英特尔想要进行商场拦截调查，以此来了解消费者对超轻笔记本（这是一种用新设计的芯片制作而成的笔记本）的偏好。描述一下实地调查流程。

**资料来源**

1. www.intel.com, accessed January 17, 2009.

2. Don Clark, "Intel Secures Video Content for Its Viiv Multimedia Plan," *Wall Street Journal* (January 6, 2006): A14.

3. Don Clark, "Intel to Overhaul Marketing in Bid to Go Beyond PCs," *Wall Street Journal* (December 30, 2005): A3

4. Olga Kharif, "Intel Is Kicking Silicon at AMD," *BusinessWeek* Online (September 24, 2002), www.businessweek.com/technology/content/sep2002/tc20020924_6824.htm, accessed April 10, 2008.

# 第14章 数据准备

无论你是否经常听到“怎么进怎么出”这句话，这确实是数据工作的箴言。

——Burke公司数据采集和处理部经理达蒙·琼斯（Damon Jones）

## 学习目标

1. 讨论数据准备的性质和范围，以及数据准备的过程。

2. 介绍问卷的检查与编辑，通过返回调查现场、填写缺失值以及剔除不合格问卷等方式处理缺失值。

3. 描述编码问卷的原则，包括结构化问题和非结构化问题。

4. 讨论数据清理过程和用于处理缺失值的方法：用中性值代替、用估计值代替、整例删除以及结对删除。

5. 阐述对数据进行统计调整的原因和方法：加权、变量转换和量表转换。

6. 描述选择数据分析方法的过程以及对该过程的影响因素。

7. 将统计方法进行分类，并将一元和多元统计技术进行细分。

8. 理解在国际营销调研中进行文化内、泛文化以及跨文化数据分析的方法。

9. 确认在数据处理过程中的伦理问题，尤其是在剔除不合格问卷、违背数据分析方法基本假设以及评估和解释调研结果的时候。

## 本章概述

在确定了调研问题、调研框架（第2章），形成了调研设计（第3章到第12章）以及进行了实地调查后，调研人员应当进行数据的准备与分析，这也是营销调研的第5步。在对问卷中包含的原始数据进行统计分析之前，应当把这些数据转化成适合分析的形式。统计分析结果的质量有赖于数据的准备过程。如果不够重视数据准备过程会对统计结果造成严重的影响，甚至导致结果的偏差或是对其作出不正确解释。

本章描述了数据收集的过程，这个过程由检查问卷的完整性开始，然后讨论编辑数据和处理不完整、不一致、不清楚的数据。调查人员还需要对数据的编码、转换过程进行描述，强调对缺失数据的处理以及对数据进行统计调整。调查人员还要讨论选择数据分析的方法，对统计方法进行分类。本章还解释了在国际营销调研中的跨文化、泛文化以及文化内的数据分析方法。数据整理过程的伦理问题涉及在确认的过程中强调剔除不合格的问卷、违背数据分析方法的假设以及对结果的评估与解释。

## 14.1 数据准备过程

图 14－1 向我们展示了数据准备过程。整个数据准备过程是在调研设计阶段形成的事先计划好的数据分析的指导下进行的（见第 3 章）。第 1 步是检查问卷的可用性。在这之后是编辑、编码以及转录数据、清理数据和处理缺失的数据。通常，为了使数据便于分析，调研人员会对数据进行一定的统计调整。然后调研人员将会选择一种合适的数据分析方法。由于计划有一定的局限性，最后确定的数据分析方法可能和事先的计划不一样。当实地调查工作还在进行，第一批问卷收回时，数据准备工作就应该开始了。这样如果发现什么问题，可以及时对实地调查进行适当的调整。

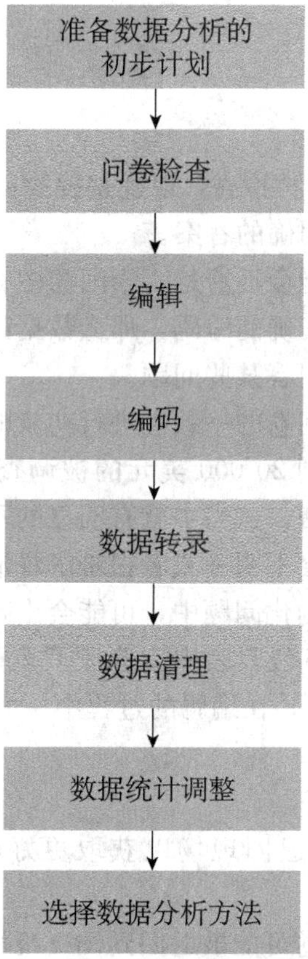


**图 14－1 数据准备过程**

## 14.2 问卷检查

问卷检查的第 1 步是检查所有问卷的完整性，包括填写的完整性以及数据的质量。通常检查工作是在实地调查工作进行的过程中实施的。如果实地调查工作是由数据收集公司代理的，那么调研人员应该在结束之后再进行一次独立的检查。收回的问卷可能会出现以下几方面的问题：

1. 问卷的某些方面填写不完整。

2. 被调查者的答案显示其并没有理解说明，没按照说明的指示行事。例如，他回答了不需要回答的问题。

3. 被调查者的回答几乎没有差异性。例如，某些被调查者在填写7级量表时只选择4。

4. 问卷在返回的过程中变得不完整，有缺页。

5. 问卷收回时超过了预定的期限。

6. 问卷填写不符合要求。

如果对被调查者有定额或者分组的限制，那么合格的问卷也应当按照这些要求进行分类和计数。调研人员应当确认和纠正没有达到抽样要求的问题，例如在样本编辑之前进行补充调查。

## 14.3 编辑

**编辑**（editing）是对问卷进行的再检查，以此来提高问卷的准确性和精确性。编辑包括确认不清楚、不完整、不一致以及不明确的答案。

由于存在记录的问题，问卷可能会不清楚。当问卷中有大量的非结构化问题时，这种情况更容易出现。如果想要对数据进行正确的编码，那么数据就必须清晰。同样，问卷可能会有不同程度的缺失，被调查者可能没有回答某些问题。

在这一步中，调研人员应当对问卷的一致性进行初步的检查。调研人员应当检查出明显不一致的情况。例如，一个年收入不到20 000美元的被调查者，却经常在萨克斯第五大道和尼曼·马库斯这样的高档百货商店消费，这当中就有明显的不一致。

关于非结构化问题的答案可能会不明确或者很难解释清楚。例如，答案太简洁，或者是使用了一些模棱两可的词语。而在结构化问题中，可能会出现在单项选择题中标记了多个答案的现象。设想一下，被调查者在一个5级量表中，选择了2和3。这意味着被调查者的答案实际上是2.5？为了避免使问题变得复杂，在编码的过程中一般只使用一位数的答案。

### 处理不合格问卷

不合格问卷的处理方法包括：退回现场以获取更好的数据、填补缺失值、剔除不合格问卷。

**退回现场** 有不合格答案的问卷可能被退回到调查现场，让调查者与被调查者重新取得联系。这种方法尤其适用于样本容量较小、被调查者很容易确认的企业或者是行业的市场营销调研。然而，第二次获得的数据可能和第一次的数据有出入，这种不同可能是由于时间的不同而产生的，或者是由调查方式的不同（例如，电话调查和人员调查）造成的。

**填补缺失值** 如果将问卷送回调查现场不具有可行性，编辑人员可以填补不合格问卷的缺失值。这种方法适用于以下几种情况：（1）有缺失值的不合格问卷数量很少；（2）在不合格问卷中缺失值的比例很小；（3）有缺失值的不是关键变量。

**剔除不合格问卷** 这种方法就是将不合格的问卷直接剔除。这种方法适用于以下几种情况：（1）不合格问卷的比例很小（不超过10%）；（2）样本量很大；（3）不合格问卷与合格问卷没有明显的差别（例如，被调查者的人口统计学特征、产品的使用特性）；（4）不合格问卷中不合格答案的比例较大；(5) 关键变量的答案缺失。然而，不合格问卷跟合格问卷可能在整体上存在差异，对于不合格问卷的判断可能也会存在主观差异，这都会造成分析结果的偏差。如果调研人员决定剔除不合格问卷，那么应当对确定不合格问卷的程序以及不合格问卷的数量进行报告。

## 14.4 编码

**编码** (coding) 是为每个问题的每个可能的答案分配一个代码，一般会使用数字。如果问卷中只包含结构化问题和非常少的非结构化问题，那么可以进行提前编码。这意味着，在进行实地调查工作之前就进行了编码。如果问卷中包含非结构化问题，编码工作应当在收回问卷之后进行。在第10章我们简单地介绍过提前编码，在下一部分结构化和开放性问题编码中，将对此进行进一步的解释。[1]

### 问题编码

对数据的每个记录都应该包括对被调查者的编码和记录编号。当每一位被调查者仅有一条记录的时候，记录编号可以省略。对被调查者的编码应当包含以下信息：项目编码、时间编码、确认编码。**固定域编码** (fixed-field codes) 是指每个被调查者的记录的编号是相同的，而且对所有的被调查者，都应当用相同的栏数来记录相同的数据。如果可能的话，可以用标准码来代替缺失值。例如，数字9可以用来代表单值缺失，99来代表双值缺失。缺失值的编码应当区别于合格值的编码。

由于结构化问题答案的选项是事先确定好的，对其的编码相对简单。调研人员对于每个问题的每个回答都应当分配一个代码，并且规定正确的记录和答案代码所在的列。例如：

您现在是否持有有效护照？

1. 是　　2. 否　　(1/54)

这个问题中，答案“是”的编码为1，答案“否”的编码为2。在括号中的数字表示这些编码将出现在54列的第一条记录中。由于只能选择一个答案，并且备选答案只有两个 (1或2)，因此一列就足够用了。如果一个结构化问题的备选答案少于9个的话，那么一列也就足够记录了。

对于答案可以多选的问题，每一个可能的答案都应该单独作为一列。这样的问题包括对品牌的使用情况、杂志的阅读情况以及电视收视情况的调查。例如：

您在该银行拥有哪些账户？(用√标记，可多选)

| | |
|---|---|
| 活期储蓄账户 | □ (162) |
| 普通支票账户 | □ (163) |
| 抵押贷款 | □ (164) |
| 现金账户 | □ (165) |
| 备用金账户（圣诞节等） | □ (166) |
| 信用额度 | □ (167) |
| 长期储蓄账户（定期存款等） | □ (168) |
| 银行人寿保险储蓄 | □ (169) |

家居装修贷款 □ (170)
汽车贷款 □ (171)
其他项目 □ (172)

在这个例子中，假设被调查者选择了活期储蓄账户、普通支票账户和长期储蓄账户。在对调查者的记录中，数字162，163，168将被标记为1，其他则为0（164，165，166，167，169，170，171，172）。由于每个被调查对象只有一条记录，因此我们省略了记录号。

对于非结构化问题或者是开放性问题的编码则困难得多。被调查者的回答将逐字记录在问卷中，调研人员根据这些回答进行编码。有时，调研人员会根据以往的调研项目或者理论，在现场调查开始之前进行编码。但是通常情况下，要在问卷收回之后编码。调研人员会列出50～100份问卷中的非结构化问题的答案，形成适合编码的分类。一旦编码确定下来，编码者应该能够为每一份问卷中的答案正确地编码。下面是对非结构化问题编码的一般性指导。[2]

分类编码应当相互独立、全面详尽。类别之间相互独立，每一个问题都应该能被归为唯一的一种编码中，类别之间不能有重叠。如果每个问题都被分配到指定的分类编码中，类别应该是穷尽的，可以增加“其他”或者是“以上都不是”的分类。只有少数（不到10%）答案属于这一类，大部分答案应该属于有具体含义的类别。

关键问题即使无人提及，也应该进行编码。了解没有人作出特殊反应也是很重要的。例如，一个消费品公司的管理层关心市场对于一种新上市的香皂包装的反应情况，在编码“您最不喜欢这款香皂的哪一方面”这一问题的答案时，包装就应当作为单独的一列。

数据的编码应当保留尽可能多的细节。例如，已有的问卷中的数据能够显示商务人士乘坐航班的次数，那么编码应当能体现次数，而不是按照“频繁”和“不频繁”编码。获得乘坐的具体次数，能够使调研人员根据不同的标准对商务旅行者进行分类，如果分类是之前定义好的，那么随后的数据分析就可能受到限制。

## 建立编码档案

对于调查问题答案的编码包含数据占的列和位置（域）。例如，被调查者的性别编码可能是女性为1，男性为2。域代表单独变量值或者数据项目，例如，一个被调查者的性别。数字信息在营销调研中是最常见的，但是域也包括字母信息和符号信息。记录包括相关的域，即变量值，例如，性别、婚姻状况、年龄、家庭成员状况、职业等都是属于一个被调查者的信息。因此，每一个记录可以包含多个列。一般来说，被调查者的所有数据应当在一个单独的记录中，尽管每一个被调查者可能会有很多的记录。编码档案就是一系列的记录，在一个调研中数据通常源于所有被调查者，然后分组储存在电脑中。如果每一个被调查者使用单独的记录，那么记录代表其在编码档案中占据的行。在一个案例中，一个编码档案可能被看作$n \times m$的数列或者值，其中$n$表示被调查者的数目，$m$表示变量的数量或者域，这对于编制编码字典很有帮助。**编码字典**（codebook）包含编码结构以及有关数据中变量的必要信息。

可以使用电子表格（如Excel等）来输入数据，并且大多数分析软件都可以导入电子表格中的数据。每一个被调查者关于每一个域的数据都是一个单位。电子表格中的每一行都包含一个被调查者或案例的数据，每一列中包含一个变量或是一个答案。如果变量超过256个，使用Excel会比较复杂。

我们用表14-1中的数据阐述以上概念，为了更好地阐述这些变量，我们选取较少的观察变量。在实际操作中，数据分析是基于大样本进行的。表14-1中给出了预调查中被调查者对餐厅偏好程度的样本。

**表 14-1 餐厅偏好**

| 编号 | 偏好 | 质量 | 数量 | 价格 | 服务 | 收入 |
|---|---|---|---|---|---|---|
| 1 | 2 | 2 | 3 | 1 | 3 | 6 |
| 2 | 6 | 5 | 6 | 5 | 7 | 2 |
| 3 | 4 | 4 | 3 | 4 | 5 | 3 |
| 4 | 1 | 2 | 1 | 1 | 2 | 5 |
| 5 | 7 | 6 | 6 | 5 | 4 | 1 |
| 6 | 5 | 4 | 4 | 5 | 4 | 3 |
| 7 | 2 | 2 | 3 | 2 | 3 | 5 |
| 8 | 3 | 3 | 4 | 2 | 3 | 4 |
| 9 | 7 | 6 | 7 | 6 | 5 | 2 |
| 10 | 2 | 3 | 2 | 2 | 2 | 5 |
| 11 | 2 | 3 | 2 | 1 | 3 | 6 |
| 12 | 6 | 6 | 6 | 6 | 7 | 2 |
| 13 | 4 | 4 | 3 | 3 | 4 | 3 |
| 14 | 1 | 1 | 3 | 1 | 2 | 4 |
| 15 | 7 | 7 | 5 | 5 | 4 | 2 |
| 16 | 5 | 5 | 4 | 5 | 5 | 3 |
| 17 | 2 | 3 | 1 | 2 | 3 | 4 |
| 18 | 4 | 4 | 3 | 3 | 3 | 3 |
| 19 | 7 | 5 | 5 | 7 | 5 | 5 |
| 20 | 3 | 2 | 2 | 3 | 3 | 3 |

要求每一位被调查者对在热门的餐厅用餐的偏好进行评分（1＝不喜欢，7＝非常喜欢），根据菜品质量、每份菜品的数量、价格和服务对餐厅进行评分（1＝很差，7＝很好）。家庭年收入同样需要调查并进行编码：1＝20 000 美元以下，2＝20 000～34 999 美元，3＝35 000～49 999 美元，4＝50 000～74 999 美元，5＝75 000～99 999 美元，6＝100 000 美元及以上。图 14-2 给出了用于给这些数据进行编码的编码字典。图 14-3是一个对问卷进行编码的例子，介绍了对从消费者调查中获得的人口统计学数据进行编码的过程，其中问卷是提前编码的。

| 列数 | 变量编号 | 变量名称 | 题号 | 编码说明 |
|---|---|---|---|---|
| 1 | 1 | 编号 | | 使用编号 1～20 编码 |
| 2 | 2 | 偏好 | 1 | 将选中的号码输入 1=不喜欢，7=非常喜欢 |
| 3 | 3 | 质量 | 2 | 将选中的号码输入 1=很差，7=很好 |
| 4 | 4 | 数量 | 3 | 将选中的号码输入 1=很差，7=很好 |
| 5 | 5 | 价格 | 4 | 将选中的号码输入 1=很差，7=很好 |
| 6 | 6 | 服务 | 5 | 将选中的号码输入 1=很差，7=很好 |
| 7 | 7 | 收入 | 6 | 将选中的号码输入 1＝20 000 美元以下，2＝20 000～34 999 美元，3＝35 000～49 999 美元，4＝50 000～74 999 美元，5=75 000～99 999 美元，6=100 000 美元及以上 |

**图 14-2 编码字典摘录**

最后，在这一部分我们希望您能够介绍一下您的背景信息，以便于我们进行分类。

**D部分**

1. 回答该问卷的是： (229)
   a. 主要是男性户主
   b. 主要是女性户主
   c. 由男性户主和女性户主共同完成
2. 婚姻状况 (230)
   a. 已婚
   b. 未婚
   c. 离婚/分居/丧偶
3. 在家中居住的家庭成员有几名？ (231～232)
4. 在家中居住的儿童数量：
   a. 6岁以下 (233)
   b. 6岁以上 (234)
5. 不在家中居住的儿童数量： (235)
6. 您（以及您的配偶，如果适用）的受教育年限（请圈出）。

| | 高中 | 大学本科 | 研究生 | |
|---|---|---|---|---|
| a. 您 | 少于8年或8～12年 | 13～16年 | 17～22年或22年以上 | (236～237) |
| b. 配偶 | 少于8年或8～12年 | 13～16年 | 17～22年或22年以上 | (238～239) |

7. a. 您的年龄
   b. 配偶的年龄（如果适用）
8. 如果有工作，请通过选择合适的类别说明您的家庭户主的职业情况

| | (244) 男性户主 | (245) 女性户主 |
|---|---|---|
| a. 专业人员和技术人员 | | |
| b. 经理和管理者 | | |
| c. 牧师或同性质的工作者 | | |
| d. 手工艺者/职员/劳动者 | | |
| e. 家庭主妇 | | |
| f. 其他（请具体说明） | | |
| g. 不适用 | | |

9. 现在居住的是自己的房子吗？ (246)
   a. 自己的
   b. 租住的
10. 您已经在亚特兰大地区居住了多少年？ (247～248)
11. 您家庭的税前年收入是多少？ (249～250)
    1. 少于＄10 000 ________
    2. ＄10 000～＄14 999 ________
    3. ＄15 000～＄19 999 ________
    4. ＄20 000～＄24 999 ________
    5. ＄25 000～＄29 999 ________
    6. ＄30 000～＄34 999 ________
    7. ＄35 000～＄39 999 ________
    8. ＄40 000～＄44 999 ________
    9. ＄45 000～＄49 999 ________
    10. ＄50 000～＄54 999 ________
    11. ＄55 000～＄59 999 ________
    12. ＄60 000～＄69 999 ________
    13. ＄70 000～＄89 999 ________
    14. ＄90 000及更多________

说明：第1～228栏包含调查对象ID、项目信息及与问卷A、B和C部分相关的信息。每个调查对象只有一条记录。

**图14-3　问卷编码示例：编码人口统计学信息**

如果表14-1中的数据是使用Excel或者SPSS输入的，数据文件应该和表14-1类似。你可以到本书的网站（www.pearsonhighered.com/malhotra）上下载表14-1的Excel或SPSS文件进行验证。需要注意的是SPSS数据文件有两种视图方式：数据视图和变量视图。数据视图将数据进行列示，与表14-1中列示的类似。变量视图列示了变量的类型、标签或者是描述、值、每个变量的基本编码，如表14-2所示。点击SPSS文件中的变量值一栏，打开“变量值标签”对话框。变量值标签是分配给每个可能的变量值的唯一标签。例如，1表示不喜欢，7表示很喜欢。如果还需要使用其他的值来表示偏好，那么可以将这些值添加到“变量值标签”中。表14-2中的其他项目就不多做解释了。

表 14 - 2　表 14 - 1 中数据的 SPSS 变量视图

| 名称 | 类型 | 宽度 | 小数 | 标签 | 值 | 缺失 | 列 | 对齐 | 测量尺度 |
|---|---|---|---|---|---|---|---|---|---|
| 编号 | Numeric | 8 | 0 | 被调查者编号 | 无 | 无 | 8 | 靠右 | 定距或定比尺度 |
| 偏好 | Numeric | 8 | 0 | 对餐厅的偏好 | 无 {1，不喜欢} … | 无 | 11 | 靠右 | 定距或定比尺度 |
| 质量 | Numeric | 8 | 0 | 菜品质量 | {1，很差} … | 无 | 10 | 靠右 | 定距或定比尺度 |
| 数量 | Numeric | 8 | 0 | 每份的数量 | {1，很差} … | 无 | 10 | 靠右 | 定距或定比尺度 |
| 价格 | Numeric | 8 | 0 | 价格 | {1，很差} … | 无 | 10 | 靠右 | 定距或定比尺度 |
| 服务 | Numeric | 8 | 0 | 服务 | {1，很差} … | 无 | 10 | 靠右 | 定距或定比尺度 |
| 收入 | Numeric | 8 | 0 | 家庭年收入 | {1，少于 20 000 美元} … | 无 | 10 | 靠右 | 定距或定比尺度 |

在表 14 - 1 或对应的 Excel 文件和 SPSS 文件中，列代表项目，行代表记录数或者是被调查者编号，每个被调查者只有一个编号。需要注意的是该表中共有 7 列。第 1 列是被调查者的编号，第 2 列是对餐厅的偏好。第 3 列到第 6 列包括对餐厅的菜品质量、每份菜品的数量、价格和服务的评价。最后，第 7 列是被调查者家庭年收入状况，依据编码字典中的说明进行的编码。每一行包含一位被调查者的所有数据，代表一个记录。该表一共有 20 行或者说是 20 个记录，说明在这个数据文件中有 20 个被调查者的数据资料。需要注意的是表 14 - 1 含有 20×7 个元素，因为有 20 个被调查者、7 个变量（包括 ID）。数据库中包括一个或更多的相关的文件。例如，一个数据库可能包括在过去的 5 年中每个季度对消费者满意度的调查。

## 14.5　数据转录

数据转录包括将编码的数据从问卷中或者是编码表中转移到磁盘中，或者直接转移到计算机中。如果数据是通过电脑辅助电话调查、电脑辅助人员调查或者是网络调查获得的，这一步就不用进行了，因为数据在收集时已经录入电脑了。除了通过键盘录入，还可以通过光学识别、数字技术以及计算机控制的传感器来转录数据（见图 14 - 4）。

光学字符识别能够将打印的内容翻译成代码输入电脑。光学扫描是用一种计算机可以读取的表格来转录数据，不过这需要用一种特殊的笔在特定的位置填写，这样读卡机才能识别数据。一种更为灵活的方法是光标识别，即用电子表格读取和处理使用者创建的表单。然后这种标记的形式将由光学扫描仪处理，数据将会存储在计算机文档中。数字技术的发展导致了计算机传感器分析系统的形成，该系统能够自动形成数据收集过程，传感器能够直接记录被调查者的信息。

实地调查人员使用笔记本电脑、掌上电脑以及其他手提装置来记录信息，然后通过网络传输到其他电脑上。读取条形码的方法涉及直接用设备来读取条码以及同步转录，一个常见的例子就是在超市结账处转录通用产品编码（UPC）。像 UPS 和联邦快递这样的快递公司，就是在标签上增加条形码来加快打包运输过程。

一些其他的科技也会应用在数据转录的过程中，语音识别系统能够将记录的声音转录成数据档案。例如，Microsoft XP 软件包括高级语言识别功能，通过麦克风，语音能够转录成数据信息。新型技术也在不断研发，我们现在可以整合可见图像、视频流、音频数据，来记录座谈会或者是调查的信息。

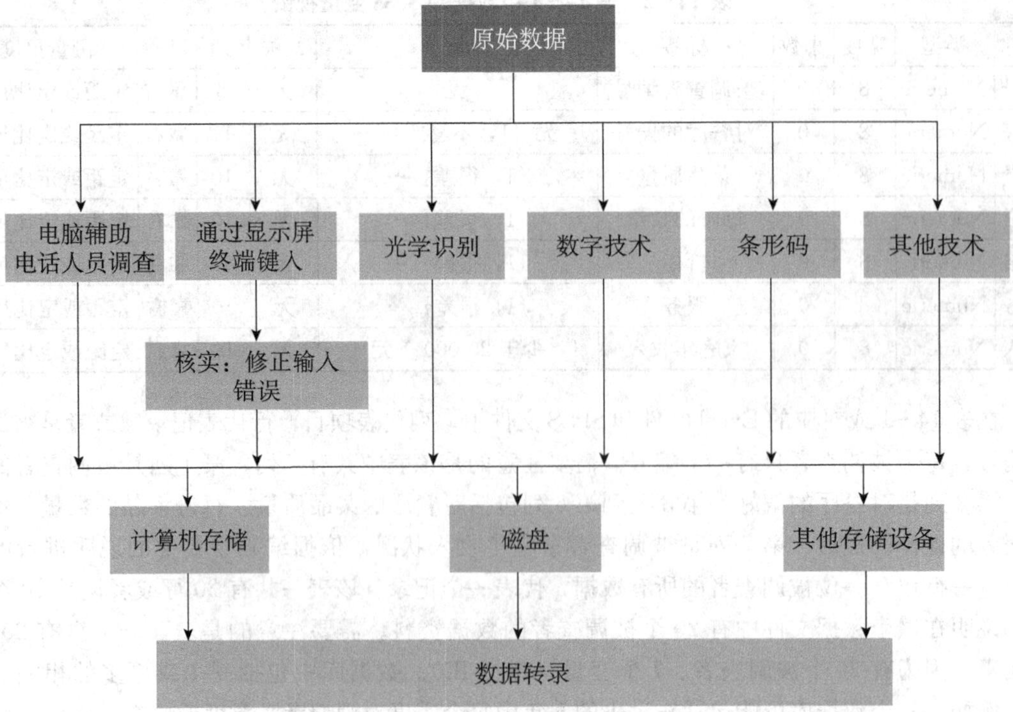


**图 14-4 数据转录**

当使用电脑辅助电话、人员调查或者是其他高科技方法时，数据在收集过程中就会被核实。当答案不合格的时候，计算机会自动提示被调查者。答案合格时，被调查者能够从屏幕上看到自己的答案，可以在继续进行之前检查一下。

数据转录的方法应根据调查方法的类型和可利用的设备来确定。如果使用电脑辅助电话、人员调查或者是其他高科技方法，数据直接被输入到电脑中。对于电话调查、登门调查、商场拦截调查以及邮件调查等调查方式直接用键盘输入是常用的方法。然而，随着计算机传感器和笔记本电脑的广泛应用，数字技术在调查中的应用也逐渐增加。光学扫描可以用于结构性和重复性的调查，光学识别用于一些特殊的情况，条形码则适用于收集扫描仪数据以及其他适用的情形。[3]

## 14.6 数据清理

**数据清理**（data cleaning）包括对数据一致性检查和处理缺失值。尽管在数据编辑过程中会对数据的一致性进行初步检查，但在这个阶段的检查工作会更加详尽深入，这是由于该工作是由计算机执行的。

### 一致性检查

**一致性检查**（consistency checks）是要找出超出正常范围的数据、逻辑上不具有合理性的数据或者是极端值。超出正常值域范围的数据是不合格的，必须进行更正。例如，被调查者在回答生活状况认可度的问题时，备选答案是1～5，9代表缺失值，则0、6、7和8都是超出正常值域的。像 SPSS、SAS、Excel 和 MINITAB 等计算机软件可以进行编程，自动识别每个变量超出正常值域的取值，并且指出被调查者代码、变量代码、变量名称、记录编号、列编号以及超出范围的值。[4]这样就很容易系统地识别每个变量超出正常范围的取值，更正答案时则需要回到对问卷进行编辑和编码的阶段。

答案在逻辑上的不一致性会在很多方面表现出来。例如，被调查者可能说她使用电话卡打长途电话，但是并没有电话卡；或者是被调查者经常使用一个产品，同时又说对这个产品不熟悉。必要的信息（被调查者代码、变量代码、变量名称、记录编号、列编号等）可以用来对答案进行定位，以便进行更正。

最后，要仔细检查极端值。并不是所有的极端值都是由错误造成的，极端值一般能够反映出数据存在的问题。例如，对品牌评估时的极端低估可能是由于被调查者在关于这个品牌的所有特征的问题上都随意地选择了 1（在一个 7 级量表上）。

## 处理缺失值

**缺失值**（missing response）表示变量值不确定，原因可能是被调查者提供的是模糊的答案或者是答案没有正确地被记录。前一个原因也叫项目无应答，即被调查者因项目或问题的内容、形式以及需要付出努力而拒绝回答或者不能回答问题。对缺失值的处理会产生一些问题，尤其是缺失值的比例超过 10%的时候。处理缺失值的方法可以分为以下几种：[5]

1. 用中性值代替。即用变量的均值来代替缺失值。这样，变量的均值就不会改变，也不会对统计分析如相关分析造成很大的影响。尽管这种方法具有一些优点，但是同样也存在一些问题，中性值（假设是 4）不一定能够代表被调查者对于这个问题的答案，其答案可能等级更高（6 或 7），也可能更低（1 或 2）。[6]

2. 用估计值代替。根据被调查者其他问题的答案来计算或估计出一个值替代缺失值。调研人员尝试根据被调查者已经回答的问题来推测出缺失的可能答案。这可以根据已知的数据信息，通过统计方法来确定有问题的变量与其他变量之间的关系。例如，产品的使用量可能与家庭规模有关，这样，当被调查者没有回答关于产品使用量的问题时，就可以通过被调查者回答的家庭规模来进行推算。然而，这种方法使用起来相对费力，并且有可能导致一些偏见。目前复杂的统计程序已经可以用于推算缺失值。

3. 整例删除。**整例删除**（casewise deletion）是将有缺失值的样本或者是问卷不列入分析的范围。由于很多被调查者在调查时都可能有一些没有回答的问题，这种方法可能导致样本变小。将大量的数据都剔除是不可取的，因为数据的收集过程成本很高，也耗费了很多时间。而且，从总体上来讲，有缺失值的问卷与完整的问卷存在差异，整例删除会对结果产生严重的影响。

4. 结对删除。**结对删除**（pairwise deletion）是指调研人员并没有剔除所有的有缺失值的问卷，而是在每一步计算中使用有完整答案的样本或者问卷。这样，不同的步骤之间采用的是不同的样本规模。这种方法适用于以下几种情况：（1）样本的规模很大；（2）只有很少的缺失值；（3）变量之间的相关性不是很强。然而，这种方法可能会使分析的结果不合理甚至不可行。

使用不同的方法处理缺失值可能会产生不同的结果，尤其是在缺失值不是随机产生，并且变量之间也有相关性的时候。因此，应当尽量减少缺失值，调研人员也应当谨慎选择处理缺失值的各种方法。

## 14.7 数据统计调整

对数据进行统计调整的过程包括加权、变量转换以及量表转换。通常这种调整不是必须的，但是能够提升数据分析的质量。

### 加权

**加权**（weighting）是指给数据库中的每个样本或者是每份问卷都分配一定的权重，以此来反映其相对于其他样本或问卷的重要性。样本权重为1.0代表没有加权。加权的作用是降低或提高具有某些特征的个体在样本中的数量（见第12章中关于使用加权调整无应答的讨论）。

加权是广泛应用的能使样本在某些具体特征方面更能代表目标人群的一种方法。例如，加权可能会用于调整具有高质量数据的样本或问卷的重要性。加权的另一种用法是提升样本中具有某种特征的被调查者的重要性。如果某项调研要确定对现有产品进行哪些改善，那么调研人员可能会为那些频繁使用该产品的被调查者赋予更多的权重。如重度使用者的权重是3.0，一般使用者的权重是2.0，轻度使用者或不使用者的权重是1.0。由于加权破坏了样本自我权重的特性，因此对权重的使用应当谨慎。[7]

**调研实例**

**确定快餐店顾客的权重**

调研人员在长滩地区进行邮件调查，调研快餐店顾客的光顾情况。然而调研人员获得的样本在受教育水平方面的组成与最新的人口调查数据不符，因此，需要对样本数据进行加权，这样能够更好地代表受教育水平。根据样本中受教育水平的比例以及人口中受教育水平的比例确定权重。表14-3中列示了样本和人口中受教育水平的分布情况以及计算的权数。

**表14-3 用加权表示代表性**

| 受教育年限 | 样本比例 | 人口比例 | 权重 |
|---|---|---|---|
| 基础教育 | | | |
| 0～7年 | 2.49 | 4.23 | 1.70 |
| 8年 | 1.26 | 2.19 | 1.74 |
| 高中 | | | |
| 1～3年 | 6.39 | 8.65 | 1.35 |
| 4年 | 25.39 | 29.24 | 1.15 |
| 大学 | | | |
| 1～3年 | 22.33 | 29.42 | 1.32 |
| 4年 | 15.02 | 12.01 | 0.80 |
| 5～6年 | 14.94 | 7.36 | 0.49 |
| 7年以及7年以上 | 12.18 | 6.90 | 0.57 |
| 总计 | 100.00 | 100.00 | |

样本中占比低的类别权重较高，而占比较高的类别权重较低。这样，受教育1～3年的被调查者的权重在乘以 1.32（29.42/22.33）之后重要性提高，受教育 7 年及 7 年以上的被调查者的权重在乘以 0.57（6.90/12.18）之后重要性降低。

如果在调研的过程中使用了加权方法，应在调研报告中记录该过程。

## 变量转换

**变量转换**（variable respecification）是指将数据进行转换形成新的变量，或者是修正已有的变量。变量转换的目的是形成新的变量，以便与调研目的保持一致。例如，假设原始变量是产品的使用量，包括 10 个类别，这些类别可以合并成 4 个：重度使用、一般使用、轻度使用、不使用。调研人员还可能将几个变量合并成新的变量。例如，调研人员可能将顾客向经销商咨询的信息、促销资料、网络以及其他变量进行整合，形成信息搜索指数（index of information search）。类似地，也可以通过使用变量的比值来生成新的变量。如果调研人员在调研中测量了消费者在百货商店的购物量（$X_1$）以及信用卡支付的金额（$X_2$），那么用 $X_2/X_1$ 形成的比值来表示新变量—信用卡支付比例。其他的变量转换的方法包括取平方根、取对数等，这些方法可以提高模型的拟合度。

一种重要的变量转换的方法是使用虚拟变量来对变量进行重新定义分类。**虚拟变量**（dummy variable）又叫二分变量、哑变量、工具变量或定性变量。这类变量的取值只有两种，例如 0 和 1。一般情况下，如果要对 $K$ 个类别的变量进行重新定义分类，那么需要 $K-1$ 个虚拟变量。需要 $K-1$ 个虚拟变量而不是 $K$ 个的原因是只有 $K-1$ 个虚拟变量是相互独立的。根据已知的数据，第 $K$ 个类别的信息可以从其他的 $K-1$ 个类别的信息中获得。例如，性别是一个具有两个类别的变量，那么就只需要一个虚拟变量，在样本中男性数量或所占百分比的信息可以从女性数量或所占百分比中获得。

**调研实例**

### 冷冻食品消费者作为虚拟变量

在关于消费者对冷冻食品偏好的调研中，将被调查者分为重度使用者、一般使用者、轻度使用者和不使用者。最初的编码分别是 4、3、2 和 1。这样的编码对于一些统计分析是没有意义的。为了能够适用于这些统计分析，将产品的使用状况用 3 个虚拟变量 $X_1$、$X_2$ 和 $X_3$ 表示，如表 14-4 所示。

**表 14-4**

| 产品使用者分类 | 原始变量编码 | 虚拟变量编码 | | |
|---|---|---|---|---|
| | | $X_1$ | $X_2$ | $X_3$ |
| 不使用者 | 1 | 1 | 0 | 0 |
| 轻度使用者 | 2 | 0 | 1 | 0 |
| 一般使用者 | 3 | 0 | 0 | 1 |
| 重度使用者 | 4 | 0 | 0 | 0 |

说明：不使用者 $X_1=1$，其他使用者 $X_1=0$；同样，轻度使用者 $X_2=1$，其他 $X_2=0$；一般使用者 $X_3=1$，其他 $X_3=0$。在分析数据时，用 $X_1$、$X_2$、$X_3$ 表示全部的使用者或者不使用者。

## 量表转换

**量表转换**（scale transformation）是指对测量值进行处理，确保其与其他测量值之间的可比性，便于进行分析。通常情况下，不同的变量使用不同的测量尺度。例如，形象变量通常使用7级语义差异量表进行测量，态度变量使用连续评分量表，而生活方式变量则采用5级李克特量表。因此，对使用不同量表的变量进行比较是毫无意义的。要比较被调查者在形象态度或者生活方式方面的得分，需要将不同尺度的量表进行转换。即使所有的变量都使用相同的量表，不同的被调查者在使用这些量表的过程中也可能会有不同的方式。例如，一些被调查者总是使用每个等级尺度的上限选项，一些则喜欢使用下限选项。通过适当转换可以校正这种差异。

---

**调研实例**

**医疗服务——转变消费者**

在一项对细分医疗服务的调研中，要求被调查者在3级评分量表（非常重要、重要和不重要）中对18个影响医院偏好的因素进行打分。在分析这些数据之前，对每个被调查者的打分都进行了转换，计算个体18项评分的均值，然后在每一项的评分中都减去均值并加上一个常数。这样，就得到了转换后的数据 $X_t = X_i - \overline{X} + C$

将评分减去均值调整了被调查者在使用重要性尺度上的不均衡。加上常数 $C$ 是为了使所用的评分都是正值，因为从概念上讲负的重要性等级是没有意义的。进行这种转换是非常必要的，这是由于某些消费者，尤其是低收入消费者几乎将所有的偏好项目都打了高分，而高收入者则只在几个项目上打了高分。因此，将打分减去均值更能准确地反映不同的项目之间的相对重要性。[8]

---

在这个例子中，只是用均值对量表进行了校正。另一种广泛应用的方法是**标准化**（standardization）。若对 $X_i$ 进行标准化，首先要将每一个打分减去均值，然后再除以标准差 $s$。这样，标准化后数据的均值为0，标准差为1。这与计算 $z$ 值在本质上是一样的。调研人员在使用标准化的过程中，可以采用不同计量单位的数据。[9]标准化分数 $z_i$ 的计算方法如下：

$$z_i = (X_i - \overline{X})/s$$

# 14.8 选择数据分析方法

图14-5描述了选择数据分析方法的过程。该过程应当以营销调研的其他步骤为基础，包括了解数据特征、统计技术特性和调研人员的背景与习惯等。

调研的目的并不是单纯地进行数据分析，而是提供能够解决现有问题的信息。数据分析方法的选择应当考虑已经进行的其他步骤：定义调研问题（第1步）、确定调研框架（第2步）和进行调研设计（第3步）。应当以在调研设计的过程中制定的数据分析计划为出发点，同时根据在之后的调研过程中获得的信息进行调整也是必要的。

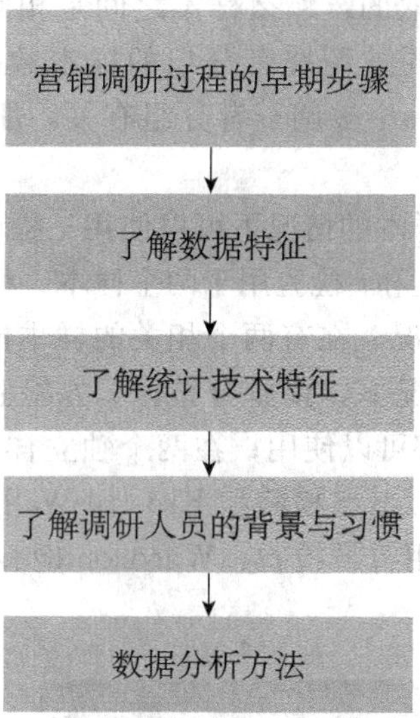


**图 14－5　选择数据分析的方法**

下一步是了解数据的特征。数据的测量尺度对于分析方法的选择也会产生重要影响（见第 8 章）。另外，不同的调研设计可能偏好特定的分析方法。例如，方差分析（第 16 章）适用于分析因果调研设计中的实验性数据。在数据准备过程中获得的对数据的进一步认识也有助于选择分析方法。

最后，调研人员的背景和习惯也可能会影响数据分析方法的选择。接受过统计训练的、有经验的调研人员可能会使用大量的统计技术，包括高级统计方法。调研人员对关于变量的假设也有不同的态度，保守的调研人员对待假设时也相对慎重，选择的统计方法也有限。从总体上讲，一个项目可能有多种使用与分析数据的方法。

## 14.9　统计技术的分类

统计技术可以分为单变量统计技术和多变量统计技术。**一元统计技术**（univariate technique）适用于样本中的每个元素只有一种计量指标，或每个元素有多个计量指标，但对每个变量的分析是相互独立的情况。**多元统计技术**（multivariate technique）适用于每个元素有两个或多个变量指标，以及同时分析多个变量的情况。多元统计技术关注的是两种或多种现象之间的关系。多元统计技术与一元统计技术有所不同，这是由于它将注意力从现象的水平（均值）和分布情况（方差）转移到现象之间关系的程度（相关系数或协方差）。[10] 在后面的章节中我们还会详细阐述一元统计技术和多元统计技术，在此只是从整体上介绍各种方法的分类以及它们之间的关系。

根据数据是不是定量的可以对一元统计技术进行分类。**定量数据**（metric data）是指用定距或定比的方法测量的数据。**非定量数据**（nonmetric data）是指用定类或者定序的方法测量的数据（见第 8 章）。这些统计技术可以根据涉及的样本数量是一个、两个或者多个进行进一步分类。值得注意的是，这里的样本数是由基于分析调研目的进行的数据处理工作确定的，而不是基于数据的收集方法确定的。例如，男性和女性的数据可能是作为一个样本进行收集的，但是如果分析的过程中涉及性别差异的分析，那么就需要使用双样本统计分析。如果样本是从不同的人口中随机选取的，那么样本之间是相互**独立**（independent）的。出于调研分析的目的，通常认为属于不同被调查者分组的样本数据是相互独立的，例如男性和女性。反之，当两个样本数据与同一个被调查者分组有关，那么这两个样本就是**配对**（paired）样本。

对于定量数据，在只有一个样本的情况下可以使用 $z$ 检验或者是 $t$ 检验；当有两个或者两个以上的独立样本，可以将 $z$ 检验和 $t$ 检验用于两个样本，将单因子方差分析（one-way ANOVA）用于有两个以上的样本的情况。在有两个相关的样本的时候，可以使用配对 $t$ 检验。对于非定量数据，在单个样本的情况下，频数分布、卡方检验、二项式检验、游程检验、Kolmogorov-Smirnov（K-S）检验等都可以使用；在两个独立样本的情况下，可以使用卡方检验、Mann-Whitney 检验、中位数检验、K-S 检验和 Kruskal-Wallis（K-W）方差检验；在有两个或两个以上的相关样本时，可以使用符号检验、Wilcoxon 检验、McNemar 检验和卡方检验（见图 14-6）。

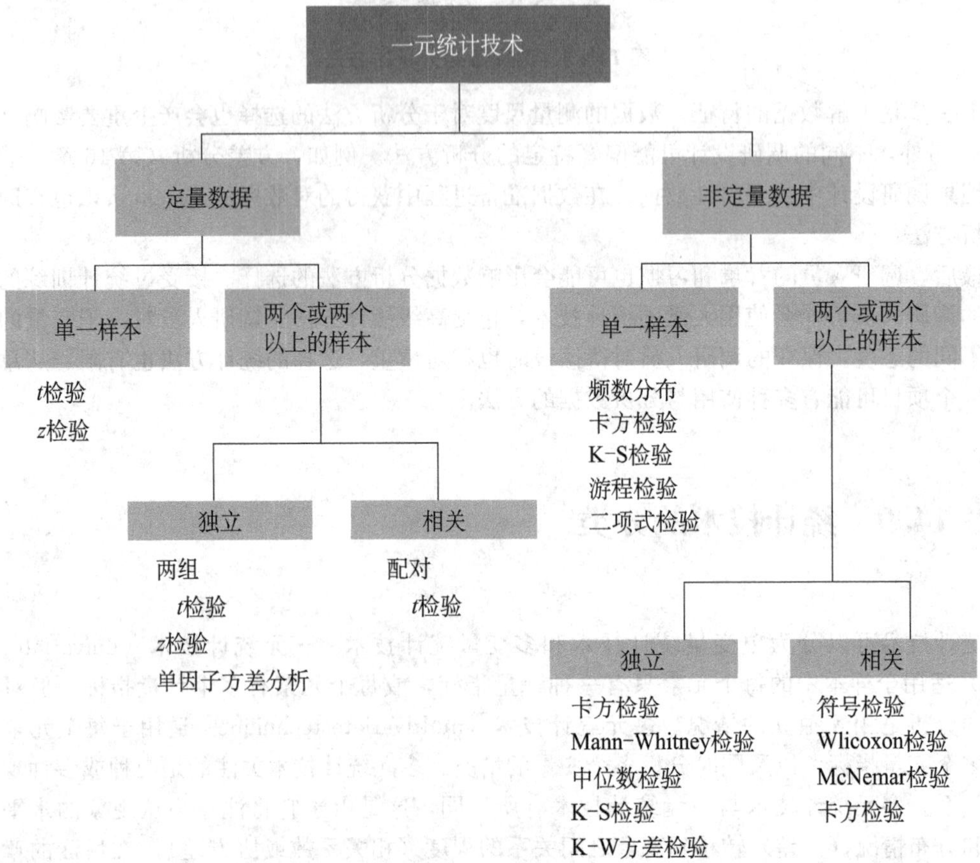


**图 14-6 一元统计技术分类**

多元统计分析技术可以分为相依技术和互相依技术（见图 14-7）。**相依技术**（dependence techniques）适用于一个或多个变量作为因变量，剩下的变量作为自变量的情况。在只有一个因变量的情况下，可以使用交叉列联表、方差分析、协方差分析、多元回归分析、两组判别分析、logit 分析以及联合分析等方法。如果不止一个因变量，则可以使用多元方差和协方差分析、典型相关分析、多组判别分析、结构方程模型以及路径分析等方法。**互相依技术**（interdependence techniques）是指不对变量进行自变量和因变量的区分，而是检验整体的相互依存的关系，关注变量之间的相互依存性或者对象之间的相似性。检验变量相互依存性的主要方法有因子分析法和验证性因子分析方法。对象之间相似性的分析方法有聚类分析和多维尺度分析。[11]

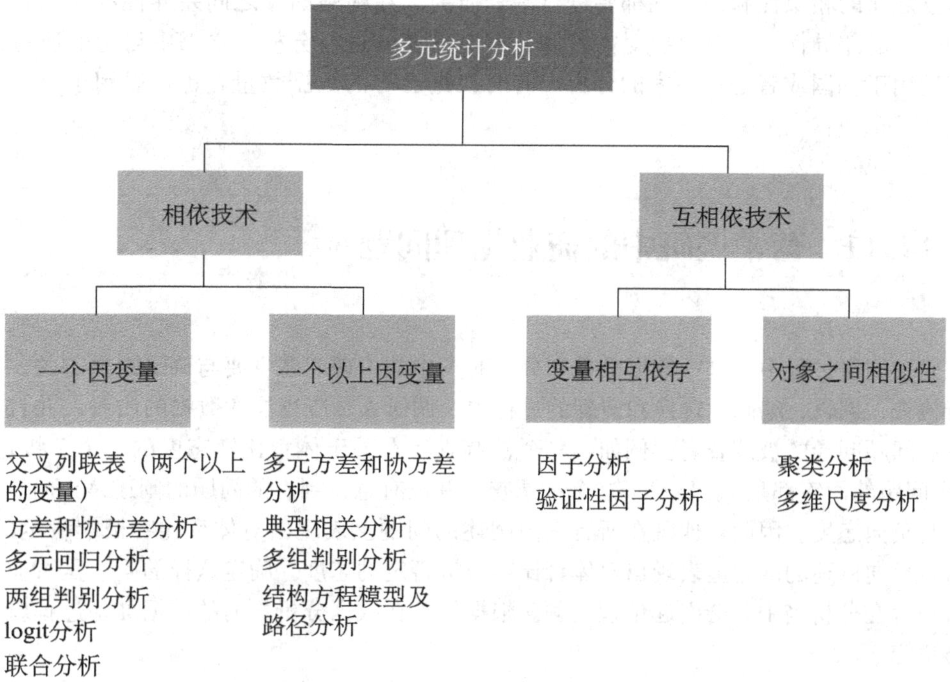


**图 14-7　多元统计技术分类**

## 14.10　国际营销调研

在国际营销调研中对数据进行分析之前，调研人员应当确保计量单位在国家或者文化单元之间具有可比性。例如，为了确保货币之间具有一致性或者定量上的一致性，需要对数据进行调整。另外，为了使数据之间的比较具有意义，有时还需要对数据进行标准化或者是正态化。

数据分析的过程可以从 3 个层次上进行：(1) 个体；(2) 国家或文化单元内；(3) 跨国家或文化单元。个体层次上的分析要求对每一个被调查者的数据分别进行分析。例如，调研人员可能会计算相关系数或者是使用回归分析对每一个被调查者进行分析。这意味着为了使分析能够体现出个体的层次，需要从被调查者那获得足够的数据，在通常情况下这是不可行的。有人提出，在国际营销调研或者是跨文化调研中，调研人员应当对每一种文化的消费者都有充分的了解。而这就可以通过个体层次上的分析来完成。[12]

国家或文化单元内的分析，数据是按照国家或者文化单元进行分析的，这又叫做**文化内分析**（intracultural analysis）。在该水平上的分析与国内营销调研十分相似，目的是了解在一个国家或者是一个文化单元中人们之间的关系或者是行为方式。在跨国家分析中，需要对所有国家的数据同时进行分析。这个层次下有两种可行的分析方法：一种是**泛文化分析法**（panculture analysis），即将来自所有国家的所有被调查者的数据结合在一起，然后进行分析；

另一种是**跨文化分析**（cross-culture analysis），即把数据根据国家分为几个集合，然后对这些集合进行统计分析。例如，调研人员可以计算出每个国家变量的均值，然后再计算均值之间的相关性。在这个层次进行分析的目的是为了评估在不同国家得出的调研结果之间的可比性，国家之间的相似性和差异性都要进行调查研究。在检验国家之间差异性的时候，不仅要计算均值上的差异性，同时也要对方差和分布上的差异进行分析。本书中讨论的所有的统计技术都适用于一国或者是跨国家的分析，有时根据已有的数据数量，也可以用于个体水平的分析。[13]

## 14.11 营销调研中的商业伦理问题

在营销调研过程中，进行数据准备和分析时产生的伦理问题主要与调研人员有关。在对数据进行检查、编辑、编码、转换和清理的过程中，调研人员应当注意数据的质量，并且尝试确定提供有问题问卷的被调查者。例如，一个被调查者在关于体育比赛态度的一个7级量表上，对20个问题的回答都是7。显然，这个被调查者并没有意识到有的问题的阐述是正向态度，有的问题是负向态度。因此，他既在所有正向阐述的问题上表现出对体育比赛极端肯定的态度，又在所有反向阐述的问题上表现出对体育比赛极端否定的态度。确定这样的问卷是否应当剔除或是否包含在分析当中，会引起伦理问题。根据经验在数据分析之前的数据准备过程就应该做出这类决定。

假设调研人员没有发现不合格的问卷就开始进行分析，结果没有反映预期的关系，例如，分析的结果无法显示对体育比赛的态度是否影响人们观看体育比赛。这种情况下，调研人员才决定要对数据的质量进行分析。而在对问卷进行检查的过程中，调研人员检查出少数的不合格问卷。除了之前提到的不合格问卷的类型，还有几种有问题的形式。例如，一些被调查者对关于体育比赛态度的20个问题的回答都是4，也就是“既不是同意也不是不同意”。当剔除这些不合格问卷再对缩小后的数据集进行分析时，会获得预期的结果，即对于体育比赛的态度与是否观看比赛正相关。在对数据进行分析之后剔除不合格问卷会产生伦理问题，尤其是在分析报告中没有说明最初的分析无效时。因此，对确认不合格问卷的过程以及剔除的问卷数量都应当进行披露。

在对数据进行分析的过程中，调研人员也可能遇到一些伦理问题。为得到有意义的结果，用来分析数据的关于统计技术的假设应当予以满足。对任何偏离假设的情况都应该进行严格的检查，以便确定分析数据的统计技术是否恰当。调研人员有证明使用的统计技术恰当性的责任。如果没有证明，则会产生伦理问题。并且，调研人员不能故意曲解调研方法或者结果。同样，在解释调研结果、总结调研结论以及对调研结果进行应用的过程中也会产生伦理问题。尽管在解释、总结、应用的过程中会涉及主观的判断，但是，这种判断必须是经过严格检验，不带有个人偏见或者是客户意愿的。

**调研决策**

**香蕉共和国大变身**

**情境**

在大多数情况下，作为零售行业的领军企业，从设计的衣服到制作的广告，盖璞公司

(Gap) 通过其在美国国内的资源小心地维护自身形象。但是，当杰克·卡尔霍恩 (Jack Calhoun) 接任盖璞旗下品牌香蕉共和国 (Banana Republic) 的市场营销总监一职之后，情况开始发生改变。

卡尔霍恩曾经是迪士尼公司前总裁保罗·普莱斯勒 (Paul Pressler) 聘任的第一任市场总监，普莱斯勒时任盖璞首席执行官。普莱斯勒上任后的动作之一就是聘任阳狮集团 (Publicis Groupe) 旗下的的李奥·贝纳广告公司负责监管盖璞公司三个品牌的细分市场调研，包括香蕉共和国、老海军等。卡尔霍恩宣布香蕉共和国新聘任的总裁为马克·汉森 (Marka Hansen)，他之前是盖璞公司的成人销售部负责人。

香蕉共和国立志成为排名第二的连锁商店，在被盖璞公司收购之后，其被打造成盖璞的高端品牌。

香蕉共和国的热度逐渐冷却，其销售收入并没有达到同家族成员老海军和盖璞一致的水平。"香蕉共和国面临的挑战是重复流行系列以及相对于价格来说勉强合格的质量。"纽约 Strutegic Kesource Group/Flickinger 咨询公司的总裁伯特·弗利金杰 (Burt Flickinger) 说。

卡尔霍恩说，他和盖璞公司的管理层正在努力为香蕉共和国重塑地位，并在广告方面与低价位的盖璞做出呼应。

调研人员进行了电话调查，以确定消费者对于香蕉共和国品牌的看法，以及品牌怎样能够为消费者提供更多的价值。

**营销调研决策**

1. 电话调查的样本为 1 008 个，在数据准备分析的过程中，调研人员发现有 132 份问卷有缺失值，而且有不合格答案的变量不是关键变量，应当怎样处理缺失值？

2. 讨论你建议的处理缺失值的方法会对杰克·卡尔霍恩提升香蕉共和国形象的决策有何影响。

**营销管理决策**

1. 杰克·卡尔霍恩应当如何提升香蕉共和国品牌的价值？

2. 你建议的缺失值处理方法如何影响你推荐给杰克·卡尔霍恩的营销管理决策？讨论这一问题。[14]

---

**调研项目**

## 数据分析策略

作为百货商店项目的一部分，商店偏好模型是根据商店的形象特征或影响选择的标准建立的。调研人员将样本分成两个部分，每一部分中的被调查者都是根据对商店形象特征的重视程度来进行聚类。然后对聚类后的群进行统计检验，确定 4 个细分市场。商店偏好模型是根据对商店形象变量的评估建立的，每个细分市场都要使用模型进行评估，对市场功能偏好的差异要进行统计检验。最后，需要对每个细分市场进行模型验证和交叉验证。图 14－8 描述了数据分析策略的选择：

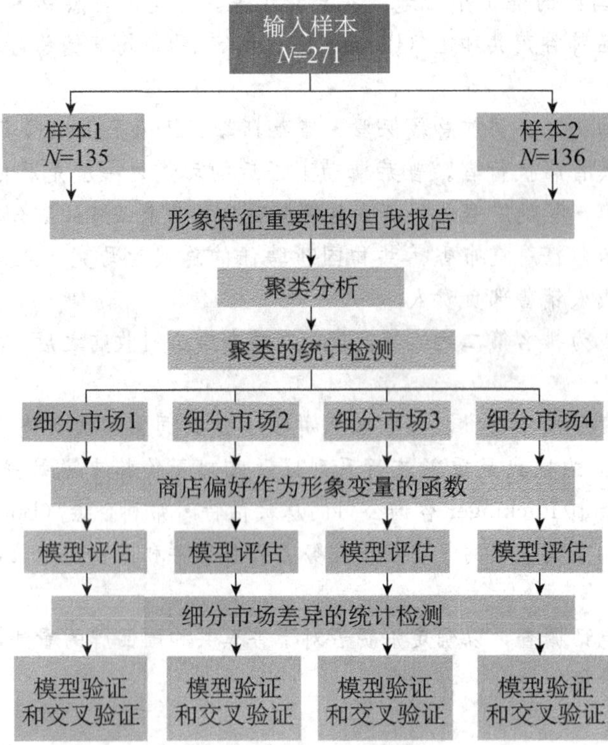


**图 14－8 数据分析策略**

## 本章小结

图 14－9 中给出了数据准备过程的概念图。数据准备过程开始于初步检查问卷的完整性和调查质量，然后对数据进行更加彻底的编辑工作。编辑包括浏览问卷，找出不合格、不完整、不一致和不清楚的问卷，对该类问卷的处理方法有：将问卷退回调查现场、填写缺失值、剔除不合格问卷。

下一个步骤是进行编码。用数字或字母来表示具体问题的特定答案，同时包括编码占据的列数。如果有一本包含编码的说明以及关于数据集中变量必要信息的编码字典，将对编码工作有很大的帮助。编码后的数据信息被转录到计算机、磁盘等存储设备中，也可以使用光学识别、计算机传感器或条形码等进行处理。

数据清理的过程应当对数据的一致性进行检查，并对缺失值进行处理。处理缺失值的方法有：用中性值代替，如均值；用估计值代替；整例删除；结对删除。统计调整可以提高数据分析的质量，包括加权、变量转换和量表转换等方法。对数据分析方法的选择要考虑营销调研过程中的早期步骤、数据特征、统计技术特性以及调研人员的背景与习惯等。统计技术可以分为一元统计技术和多元统计技术。

在国际营销调研中，进行数据分析之前，调研人员应当确保计量单元在国家和文化单元之间具有可比性。数据的分析过程可以在三个层次上进行：（1）个体；（2）国家或文化单元内（文化单元内分析）；（3）跨国家或跨文化单元（泛文化和跨文化分析）。在数据分析的过程中会涉及一些伦理问题，尤其是在剔除不合格问卷、违背数据分析技术假设以及评价和解释调研结果的过程中。

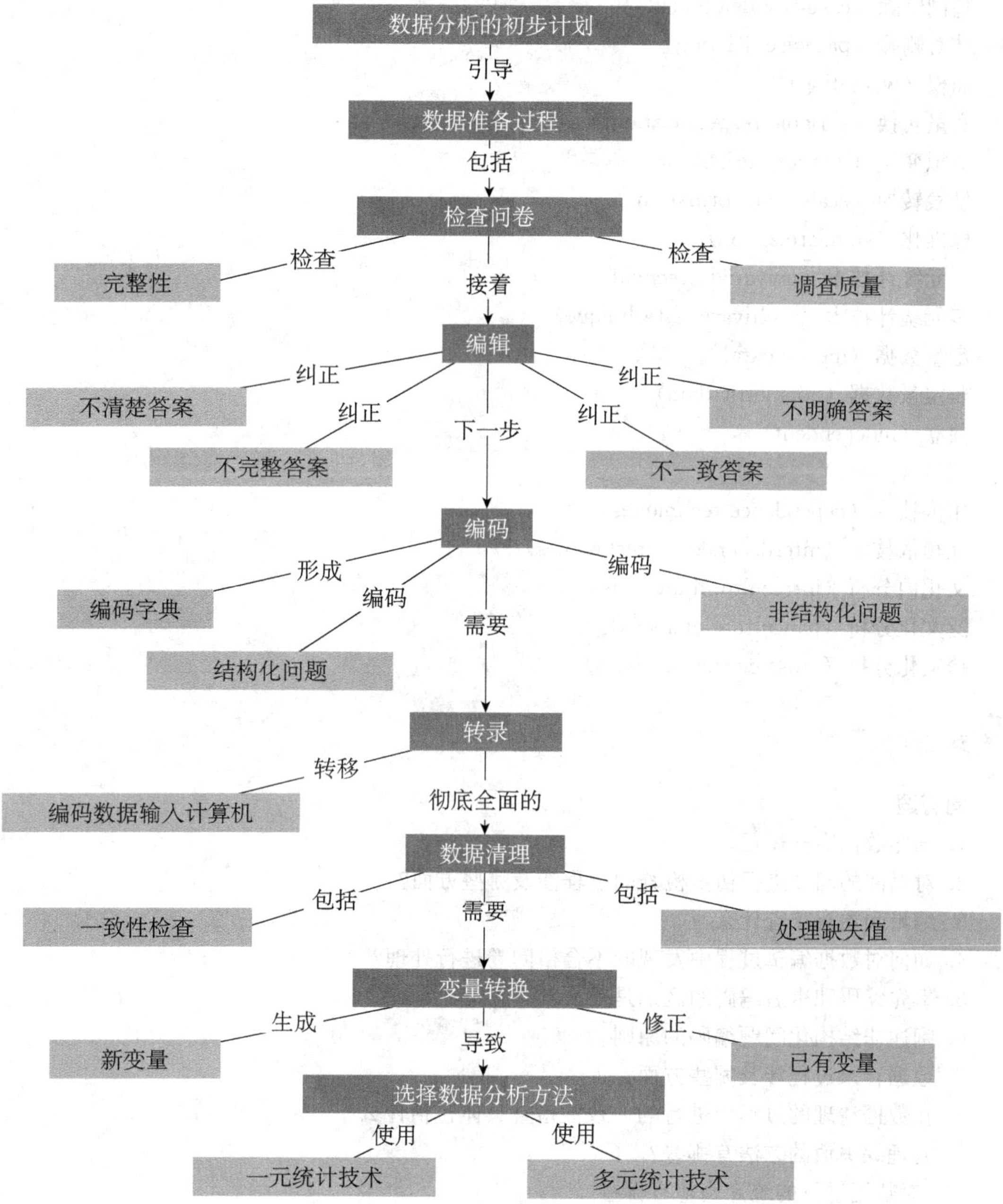


**图 14－9　数据准备过程的概念图**

## 关键术语与概念

编辑（editing）
编码（coding）
固定域编码（fixed-field codes）
编码字典（codebook）
数据清理（data cleaning）
一致性检查（consistency checks）
缺失值（missing response）

整例删除（casewise deletion）
结对删除（pairwise deletion）
加权（weighting）
变量转换（variable respecification）
虚拟变量（dummy variable）
量表转换（scale transformation）
标准化（standardization）
一元统计技术（univariate technique）
多元统计技术（multivariate technique）
定量数据（metric data）
非定量数据（nonmetric data）
独立（independent）
配对（paired）
相依技术（dependence techniques）
互相依技术（interdependence techniques）
文化内分析（intracultural analysis）
泛文化分析（panculture analysis）
跨文化分析（cross-culture analysis）

## 练习

### 问答题

1. 阐述数据准备过程。
2. 对返回的问卷进行初步检查的过程涉及哪些方面？
3. 编辑问卷意味着什么？
4. 如何对数据编辑过程中发现的不合格问卷进行处理？
5. 事先编码和事后编码的区别是什么？
6. 阐述非结构化问题编码的原则。
7. 数据转录过程涉及哪些方面？
8. 在数据清理的过程中进行的一致性检查具体包括什么？
9. 处理缺失值的方法有哪些？
10. 对数据进行的统计调整有哪些？
11. 阐述加权的过程。进行加权的原因是什么？
12. 什么是虚拟变量？为什么要使用虚拟变量？
13. 解释量表转换的原因。
14. 量表转换中哪种是最常使用的？简要地描述该过程。
15. 在选择数据分析方法的时候需要考虑哪些方面？

### 练习题

1. 给下面的变量设计虚拟变量的编码框。

（1）性别。

（2）婚姻状况包括以下四方面：未婚、已婚、离婚、其他（丧偶、分居等）。

（3）国际旅行的频率，包括以下几方面：

1）从未出国旅行。

2）每年出国旅行 1～2 次。

3）每年出国旅行 3～5 次。

4）每年出国旅行 6～8 次。

5）每年出国旅行 8 次以上。

2. 以下是关于消费者选择数码相机偏好的问卷的一部分，为以下三个问题构建编码框。

9. 请对您在购买新的数码相机时所考虑的数码相机特征的重要性进行打分。

| | 不重要 | | | | 非常重要 |
|---|---|---|---|---|---|
| 电池 | 1 | 2 | 3 | 4 | 5 |
| 自动性能 | 1 | 2 | 3 | 4 | 5 |
| 变焦控制 | 1 | 2 | 3 | 4 | 5 |
| 液晶显示屏 | 1 | 2 | 3 | 4 | 5 |

10. 假设您要购买新的数码相机，您将会去哪里购买？（可多选）

a. 相机专卖店　b. 杂货店　c. 折扣店/大型卖场

d. 互联网　e. 电子市场　f. 其他

11. 您最常在哪里处理照片？（请选一项）

a. 小型摄影室　b. 相机专卖店　c. 杂货店

d. 折扣店/大型卖场　e. 超级市场　f. 邮寄服务店

g. 网上　h. 报摊/其他

## 活动

**角色扮演**

1. 假设你是 SDR 咨询公司的项目总监，该公司是亚特兰大的一家数据分析公司。你正负责一项对纸巾制造商中具有领导地位的厂商进行大规模调查的数据准备工作的监督工作。通过登门调查的方式获得数据，共返回了 1 832 份问卷。在数据清理过程中，你发现有 289 份问卷有缺失值。数据准备工作的数据分析员（由班上的同学扮演）不知道如何处理缺失值，向你求助。请解释怎样处理缺失值。

2. 假设你是惠而浦公司的营销调研经理。你们公司研发了一款具有多项创新功能的高档冰箱，单价是 1 995 美元。为了解消费者对这款冰箱的反应，公司进行了一项全国性的调研。通过在美国的 10 个主要城市进行商场拦截调查，获得调查数据。尽管收集的 2 639 份问卷能够很好地代表整体的人口统计学特征，但是低估了高收入家庭的比例。向你报告的营销调研人员认为不需要进行加权。与他（由班上的同学扮演）讨论这一问题。

**实地调查**

1. 访问一家营销调研公司或者是自设营销调研部门的公司。调查该公司最近完成的一个项目的数据准备过程，比较该过程与本书中的阐述有何异同？

2. 从一家营销调研公司中获取一份已经结项的编码说明或者是编码字典，仔细阅读。你能够完善该公司的编码框么？

**小组讨论**

1. 以小组的形式讨论如下陈述：“数据准备过程十分消耗时间，有严格时间约束的项目，可以省略数据准备过程。”

2. 以小组的形式讨论如下陈述："由于电脑辅助调查（电话或人员调查）收集数据的方法更加便于数据的准备工作，调研人员应当使用该方法来收集数据。"

## 连续案例：戴尔

阅读书末附录A中戴尔的案例，以及提供的调查问卷，下载数据资料。

1. 根据被调查者每星期花费在网上的时间，将被调查者分成两组：5小时及以下（轻度使用者）；6小时及以上（重度使用者）。计算分配的频数。

2. 根据被调查者每星期花费在网上的时间，将被调查者分成三组：5小时及以下（轻度使用者）；6～10小时（一般使用者）；11小时及以上（重度使用者）。计算分配频数。

3. 根据Q2 _ 1～Q2 _ 7，创建新的变量，记录被调查者在网上进行的所有活动。计算新变量的分布频数，并对结果进行解释。将Q2 _ 1～Q2 _ 7中的缺失值标记为0。

4. 将Q4分成两组，重新编码：非常满意（等级为1），一般满意或不满意（等级为2、3或4）。计算新变量的频数分布，并对结果进行解释。

5. 将Q5分成两组，重新编码：肯定会提出建议（等级为1），很可能或不会提出建议（等级为2、3、4或5）。计算新变量的频数分布，并对结果进行解释。

6. 将Q6分成两组，重新编码：肯定会选择（等级为1），很可能或不会选择（等级为2、3、4或5）。计算新变量的频数分布，并对结果进行解释。

7. 将Q9 _ 5per分成三组，重新编码：肯定或很可能会购买（等级为1或2），可能会买也可能不买（等级为3），很可能或肯定不会购买（等级为4或5）。计算新变量的频数分布，并对结果进行解释。

8. 将Q9 _ 10per分成三组，重新编码：肯定或很可能会购买以及可能买也可能不买（等级为1、2或3），很可能不买（等级为4），肯定不会购买（等级为5）。计算新变量的频数分布，并对结果进行解释。

9. 按照下列方式重新编码人口统计学信息：(a) 将两个最低学历（Q11）分类合并成一个类别，这样，高中学历和高中以下学历将合并成一个类别，即高中或高中以下学历。(b) 将年龄（Q12）分成4类，并重新编码：18～29岁，30～39岁，40～49岁，50岁及50岁以上。(c) 将两项最低收入（Q13）合并成一个类别，列示为30 000美元以下。计算新变量的频数分布，并对结果进行解释。

# 第15章 频数分布、交叉列联表与假设检验

频数分布和交叉列联表的基本技术可以提供关于数据的丰富认识，并为进一步分析打下基础。

——First Choice Power 公司客户维护部营销经理劳瑞·哈灵顿（Laurie Harrington）

## 学习目标

1. 阐述初步数据分析的重要性及由此可得的相关信息。
2. 讨论与频数相关的数据分析，包括集中趋势量度指标、离散趋势量度指标和分布形状量度指标。
3. 解释与交叉列联表相关的数据分析方法和统计量：卡方、$\varphi$ 系数、列联系数、Cramer's $V$ 和 $\lambda$ 系数。
4. 描述与单样本、两个独立样本和配对样本参数假设检验相关的数据分析方法。
5. 理解与单样本、两个独立样本和配对样本非参数假设检验相关的数据分析方法。

## 本章概述

一旦数据准备工作完成（见第14章），调研人员就应进行一些基本数据分析。本章介绍了基本的数据分析方法，包括频数分布、交叉列联表和假设检验。首先阐述了频数分布并解释了它如何提供离群值、缺失值和极端值的标志及关于数据集中趋势、离散趋势及分布形状的信息。接着介绍了假设检验的一般步骤。假设检验的基本步骤可以划分为相关性检验和差异性检验。交叉列联表可以作为分析两个或三个变量之间相关性的方法。尽管相关性可以从表格中观察得到，但统计量可以（进一步）检验相关性的显著性和强度。而后，我们以单样本和双样本为例介绍了差异性假设检验。

多数商业营销调研项目只需基本的数据分析方法，这些结论通常以图表形式显示，详细内容见本书第23章。这些基本分析的结果本身就很有价值，它同时还为进一步的多元分析提供了指导。从基本分析得出的信息在解释由更复杂的统计技术得出的结果方面也是十分宝贵的。为使读者了解这些统计技术，本章介绍了交叉列联表、卡方分析和假设检验的使用。

下面通过个人（非职业）原因使用互联网的例子来讲解本章将讨论的概念。表15-1中的数据包括30个被调查者的性别（1为男性，2为女性）、互联网熟悉程度（1为非常不熟悉，7

为非常熟悉）、每周互联网使用时间、对互联网和科技的态度（以7级量表测量，1为非常不喜欢，7为非常喜欢）和是否在网上购物或使用过网上银行（1为是，2为否）。为讲解方便，我们所选的样本很小。实际中，频数分布、交叉列联表和假设检验都运用于更大规模的样本，如戴尔案例以及本书中其他附有真实数据的案例所示。作为数据分析的第一步，对相关变量进行频数分布分析是十分有用的。

**表15-1　互联网使用数据**

| 被调查者编号 | 性别 | 互联网熟悉程度 | 每周互联网使用时间 | 对互联网的态度 | 对科技的态度 | 互联网用途：购物 | 互联网用途：网上银行 |
|---|---|---|---|---|---|---|---|
| 1 | 1.00 | 7.00 | 14.00 | 7.00 | 6.00 | 1.00 | 1.00 |
| 2 | 2.00 | 2.00 | 2.00 | 3.00 | 3.00 | 2.00 | 2.00 |
| 3 | 2.00 | 3.00 | 3.00 | 4.00 | 3.00 | 1.00 | 2.00 |
| 4 | 2.00 | 3.00 | 3.00 | 7.00 | 5.00 | 1.00 | 2.00 |
| 5 | 1.00 | 7.00 | 13.00 | 7.00 | 7.00 | 1.00 | 1.00 |
| 6 | 2.00 | 4.00 | 6.00 | 5.00 | 4.00 | 1.00 | 2.00 |
| 7 | 2.00 | 2.00 | 2.00 | 4.00 | 5.00 | 2.00 | 2.00 |
| 8 | 2.00 | 3.00 | 6.00 | 5.00 | 4.00 | 2.00 | 2.00 |
| 9 | 2.00 | 3.00 | 6.00 | 6.00 | 4.00 | 1.00 | 2.00 |
| 10 | 1.00 | 9.00 | 15.00 | 7.00 | 6.00 | 1.00 | 2.00 |
| 11 | 2.00 | 4.00 | 3.00 | 4.00 | 3.00 | 2.00 | 2.00 |
| 12 | 2.00 | 5.00 | 4.00 | 6.00 | 4.00 | 2.00 | 2.00 |
| 13 | 1.00 | 6.00 | 9.00 | 6.00 | 5.00 | 2.00 | 1.00 |
| 14 | 1.00 | 6.00 | 8.00 | 3.00 | 2.00 | 2.00 | 2.00 |
| 15 | 1.00 | 6.00 | 5.00 | 5.00 | 4.00 | 1.00 | 2.00 |
| 16 | 2.00 | 4.00 | 3.00 | 4.00 | 3.00 | 2.00 | 2.00 |
| 17 | 1.00 | 6.00 | 9.00 | 5.00 | 3.00 | 1.00 | 1.00 |
| 18 | 1.00 | 4.00 | 4.00 | 5.00 | 4.00 | 1.00 | 2.00 |
| 19 | 1.00 | 7.00 | 14.00 | 6.00 | 6.00 | 1.00 | 1.00 |
| 20 | 2.00 | 6.00 | 6.00 | 6.00 | 4.00 | 2.00 | 2.00 |
| 21 | 1.00 | 6.00 | 9.00 | 4.00 | 2.00 | 2.00 | 2.00 |
| 22 | 1.00 | 5.00 | 5.00 | 5.00 | 4.00 | 2.00 | 1.00 |
| 23 | 2.00 | 3.00 | 2.00 | 4.00 | 2.00 | 2.00 | 2.00 |
| 24 | 1.00 | 7.00 | 15.00 | 6.00 | 6.00 | 1.00 | 1.00 |
| 25 | 2.00 | 6.00 | 6.00 | 5.00 | 3.00 | 1.00 | 2.00 |
| 26 | 1.00 | 6.00 | 13.00 | 6.00 | 6.00 | 1.00 | 1.00 |
| 27 | 2.00 | 5.00 | 4.00 | 5.00 | 5.00 | 1.00 | 1.00 |
| 28 | 2.00 | 4.00 | 2.00 | 3.00 | 2.00 | 2.00 | 2.00 |
| 29 | 1.00 | 4.00 | 4.00 | 5.00 | 3.00 | 1.00 | 2.00 |
| 30 | 1.00 | 3.00 | 3.00 | 7.00 | 5.00 | 1.00 | 2.00 |

## 15.1　频数分布

营销调研人员常常需要回答关于某一变量的各种问题，例如：

- 本品牌使用者中有多少具有品牌忠诚度？
- 市场中重度使用者、一般使用者、轻度使用者和不使用者各占多少百分比？
- 有多少顾客对某一新产品十分熟悉？有多少顾客比较熟悉、知晓或不熟悉该品牌？顾客的平均熟悉程度如何？顾客对新产品熟悉程度的差异有多大？
- 品牌使用者的收入分布情况如何？这种分布是否向低收入群体偏斜？

考察变量的频数分布可以帮助我们回答以上问题。**频数分布**（frequency distribution）一次考察一个变量，目的是获得被调查者的回答中该变量各个取值的出现次数。之后，将该变量不同取值的相对出现次数，即频数以百分比形式表示（频数分布是一种数学分布，其目的是获得某一变量不同取值的出现次数，并以百分比形式表示）。变量的频数分布可以产生一个与该变量有关的频数计数、百分比和累积百分比的表格。

表 15-2 给出了互联网熟悉程度频数分布表。表中第 1 列包括不同类别变量值的标签。第 2 列是各变量取值对应的数字编码，请注意数字 9 代表数据缺失。第 3 列给出了调查对象的回答中各变量取值出现的次数。例如，3 位被调查者的回答为数字 5，说明他们对互联网有一定的了解。第 4 列是各变量取值的被调查者比例。第 5 列是剔除缺失值后的各变量取值的比例。如果数据中不含缺失值，第 4 列和第 5 列的数值相同。最后一列代表调整了缺失值后的累积百分比。由表 15-2 可见，在参加调查的 30 位被调查者中，有 10%选择了数字 5。如果剔除那位没有回答的被调查者，这个比例就变成了 10.3%。回答为数字 5 的被调查者的累积频数是 58.6%。换言之，58.6%的有效回答表示互联网熟悉程度为 5 或者更低。

**表 15-2　互联网熟悉程度频数分布表**

| 变量标签 | 变量值 | 频数（$n$） | 百分比（%） | 有效百分比（%） | 累积百分比（%） |
|---|---|---|---|---|---|
| 不熟悉 | 1 | 0 | 0.0 | 0.0 | 0.0 |
| | 2 | 2 | 6.7 | 6.9 | 6.9 |
| | 3 | 6 | 20.0 | 20.7 | 27.6 |
| | 4 | 6 | 20.0 | 20.7 | 48.3 |
| | 5 | 3 | 10.0 | 10.3 | 58.6 |
| | 6 | 8 | 26.7 | 27.6 | 86.2 |
| 十分熟悉 | 7 | 4 | 13.3 | 13.8 | 100.0 |
| 缺失 | 9 | 1 | 3.3 | | |
| 合计 | | 30 | 100.0 | 100.0 | |

频数分布可以帮助确定数据缺失的程度（表 15-1 中 30 个数据有 1 个缺失）。它同时说明了不合理回答的多少，数值 0 和 8 就是不合理或者说错误的回答。调研人员会识别出这类数值，并采取修正措施。离群值（outliers）和极端值也可以通过频数分布检测出来。频数分布还可以表现数据经验分布的形状。频数数据可以用来绘制直方图（histogram）或条形图（vertical bar chart），图中 $x$ 轴表示变量值，$y$ 轴表示各变量值的频数或频率。图 15-1 是根据

表15-2中的数据绘制的直方图。通过直方图可以检验观察到的分布与预期的分布（如正态分布）是否一致。

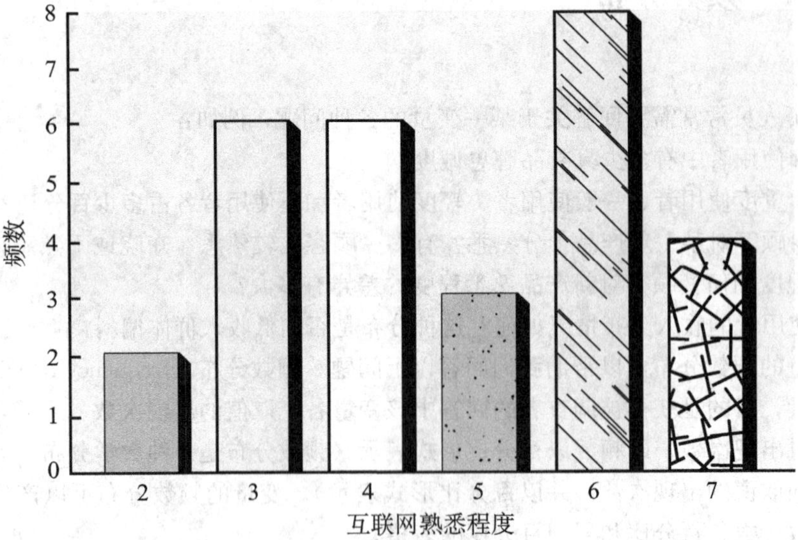


**图15-1 频数直方图**

## 15.2 与频数分布相关的统计量

如上所述，频数分布是考察变量不同取值的便捷方法。频数分布表可读性强并且可以提供基本信息；然而有时这种信息过于详细，调研人员必须运用描述性统计量对其加以总结。最常用的与频数分布相关的统计量有集中趋势量度指标（均值、众数和中位数），离散趋势量度指标（极差、四分位差、标准差和变异系数）和分布形状量度指标（偏度和峰度）。[1]

### 集中趋势量度指标

**集中趋势量度指标**（measures of location）用于描述分布的中心。如果把样本的每个观察值都加上一个固定的常数，那么，均值、众数和中位数也都会发生相同的改变。

**均值　均值**（mean）即算术平均数，是最常用的集中趋势量度指标，用于定距数据和定比数据均值的估计。数据会显示出一定的集中趋势，即多数回答分布在均值附近。

均值$\overline{X}$用公式表述为：

$$\overline{X}=\sum_{i=1}^{n}\frac{X_i}{n}$$

式中，$X_i$为变量$X$的观察值；$n$为观察值个数（样本容量）。

在没有离群值的情况下，均值是一个相对稳定的指标，不会因变量值的增减有较为显著的变化。表15-2中频数已经给出，均值的计算方法如下：

$$\overline{X}=\frac{(2\times2+6\times3+6\times4+3\times5+8\times6+4\times7)}{29}$$

$$=\frac{(4+18+24+15+48+28)}{29}$$

$$= \frac{137}{29}$$

$$= 4.724$$

**众数**　**众数**（mode）是出现次数最多的变量值，代表分布的最高峰。若变量是分类变量或已对数据进行了分组，众数是很好的集中趋势量度指标。表 15 - 2 数据的众数为 6。

**中位数**　样本的**中位数**（median）是将数据以升序或降序排序后，处于中间位置的数值。如果样本容量是偶数，通常以居中的两个数的中间值，即二者之和的一半作为中位数。中位数是第 50 个百分位数，适用于定序数据的集中趋势量度。表 15 - 2 数据的中位数为 5。

如表 15 - 1 所示，同一分布的三种集中趋势量度指标各不相同（均值=4.724，众数=6，中位数=5）。这并不奇怪，因为它们以不同的方式量度集中趋势。那么，应该选用哪个指标呢？若变量是以定序尺度量度的，应选用众数；若变量是以定距尺度量度的，则应选用中位数。通过表 15 - 2 可以看出，若变量是以定距或定比尺度量度的，众数就不是很好的集中趋势量度指标。尽管变量值 6 出现频率最高，它也仅仅代表 27.6%的样本。通常，对于定距或定比数据，中位数是较好的集中趋势量度指标，尽管它忽略了许多关于变量的已知信息：位于中位数之上和之下的变量值都被忽略了。均值是定距数据和定比数据最好的集中趋势量度指标。所有变量值都用于均值的计算当中，它利用了所有的已知信息。然而，均值对极大极小值（离群值）十分敏感。若数据中存在离群值，均值就不能很好地量度集中趋势，这时综合考虑均值和中位数是十分有益的。

表 15 - 2 的数据中不存在极端值，且可以看作定距数据，均值 4.724 是良好的集中趋势量度指标。尽管均值超过了 4，却不是很高（小于 5）。如果样本较大且具有代表性，这个结果可以解释为，平均来说人们对互联网有一定程度的熟悉。这说明需要互联网服务提供商和公共政策部门两方面的管理活动来提高公众对互联网的熟悉程度和互联网的使用率。

## 离散趋势量度指标

**离散趋势的量度指标**（measures of variability）用于定距数据和定比数据，包括极差、四分位差、方差或标准差和变异系数。

**极差**　**极差**（range）说明数据的离散性，是样本最大值与最小值之差。因此，极差直接受离群值的影响。

$$极差 = X_{最大值} - X_{最小值}$$

如果将数据中的每个值都乘以一个常数，极差也会发生相同的变化。表 15 - 2 中数据的极差是 7－2＝5。

**四分位差**　**四分位差**（interquartile range）是第 75 个百分位数与第 25 个百分位数之差。对于一组按大小排列的数据，第 $p$ 个百分位数就是将数据分为 $p$%和（100－$p$）%两部分的数值。如果所有数据都被乘以一个常数，四分位差也以相同幅度变化。表 15 - 2 数据的四分位差是 6－3＝3。

**方差或标准差**　均值与样本观察值之间的差叫作离差（deviation from the mean）。**方差**（variance）是离差平方的均值，因此，其恒为正。若数据都集中分布在均值附近，方差数值较小；相反，若数据分布得较为分散，方差数值较大。若将所有数值都乘以一个常数，则方差乘以常数的平方。**标准差**（standard deviation）是方差的平方根。因此，标准差与数据的单位相同。样本 $s$ 的标准差计算方法如下：

$$s=\sqrt{\frac{\sum_{i=1}^{n}(X_i-\overline{X})^2}{n-1}}$$

在此，分母为$n-1$而不是$n$，是因为样本来自一个总体，我们试图确定调查对象与总体均值相差多少。然而，总体均值是未知的，只能以样本均值来代替。样本均值的使用使得样本可变性比其实际更小。通过用$n-1$除，可以弥补样本观察到的可变性小的不足。表15－2数据方差的计算如下：

$$s^2=\frac{\{2\times(2-4.724)^2+6\times(3-4.724)^2+6\times(4-4.724)^2+3\times(5-4.724)^2+8\times(6-4.724)^2+4\times(7-4.724)^2\}}{28}$$

$$=\frac{\{14.840+17.833+3.145+0.229+13.025+20.721\}}{28}$$

$$=\frac{69.793}{28}$$

$$=2.493$$

因此，标准差的计算结果是：

$$s=\sqrt{2.493}$$

$$=1.579$$

**变异系数**　**变异系数**（coefficient of variation，CV）是标准差与均值的比值，以百分数的形式表示，是无单位的相对离散性量度指标。变异系数的表达式如下：

$$CV=\frac{s}{\overline{X}}$$

变异系数只对以定比尺度量度的变量有意义。若所有数值都被乘以一个常数，变异系数保持不变。由于互联网熟悉程度不是定比数据，计算表15－2数据的变异系数没有意义。从管理的角度讲，变异系数十分重要，因为如果一个市场特征显示出良好的差异性，那么以此特征进行市场细分就是可行的。

## 分布形状量度指标

除了离散趋势量度指标，对分布形状的量度对于理解分布的本质也十分重要。分布形状可以通过偏度和峰度来确定。

**偏度**　分布形状可能是对称的，也可能是偏斜的。在对称的分布中，分布中心两侧的变量值个数相等，均值、众数和中位数相等，并且相应的两个变量值与均值正负离差相等。在非对称的分布中，相应的变量值与均值的正负离差不相等。**偏度**（skewness）是一侧的变量值与均值的离差大于另一侧的趋势，也可以认为是分布的一尾长于另一尾的趋势，如图15－2所示。表15－2数据的偏度系数是$-0.094$，说明分布轻微左偏。

**峰度**　**峰度**（kurtosis）是度量频数分布曲线相对陡峭或平缓的指标。正态分布的峰度系数是0。若峰度系数为正，说明分布较正态分布更为陡峭；若峰度系数为负，说明分布较正态分布更平缓。表15－2数据的峰度系数是$-1.261$，说明其与正态分布相比更为平缓。分布形状量度指标十分重要，因为若数据分布高度偏斜或显著陡峭（平缓），那么以正态分布为前提的统计分析须谨慎使用。

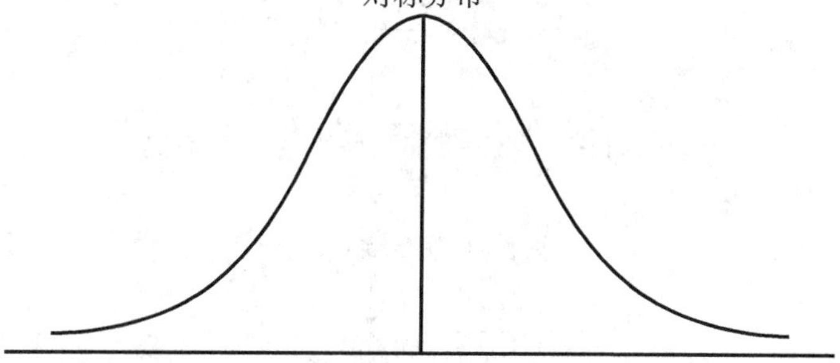


(a)

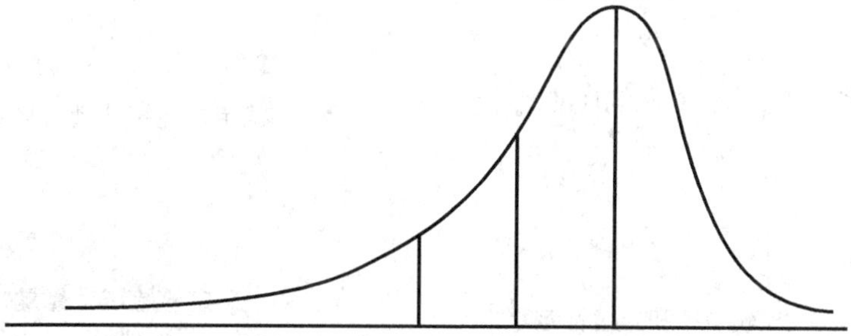


(b)

**图 15-2　分布的偏度**

## 15.3　假设检验入门

基础性统计分析常常涉及假设检验，营销调研中常见的假设有：

- 有 10%以上的家庭光顾百货商店。
- 某品牌的重度使用者和轻度使用者在心理特征方面存在差异。
- 某酒店较其竞争者形象更高端。
- 对一家餐厅的熟悉可以带来消费者对其更强的偏好。

第 12 章我们介绍了抽样分布、均值和比例的标准误以及置信区间的概念。[2] 这些概念均与假设检验相关，需要复习。现在介绍假设检验的一般步骤，它可应用于广泛的参数假设检验中。

## 15.4　假设检验的一般步骤

假设检验的一般步骤如下（见图 15-3）：

1. 建立零假设和备择假设。
2. 选择合适的统计方法和相应的检验统计量。

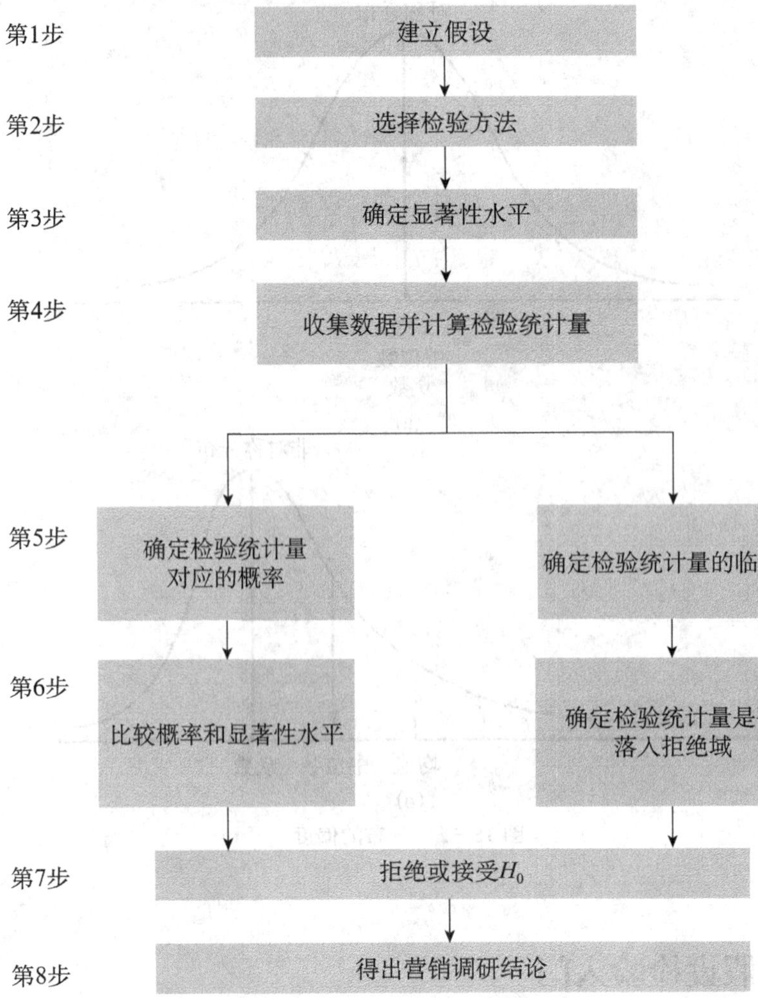


**图 15-3 假设检验的一般步骤**

3. 确定显著性水平。

4. 确定样本容量并收集数据，计算检验统计量的数值。

5. 根据检验统计量的抽样分布计算零假设成立时出现该统计量数值的概率，并计算分隔拒绝域和接受域的检验统计量的临界值。

6. 比较检验统计量的概率与显著性水平，并确定检验统计量的数值是否落入拒绝域。

7. 做出统计判断，决定是否拒绝零假设。

8. 根据营销调研的问题表述统计判断。

## 第1步：建立假设

假设检验的第一步是建立零假设和备择假设。**零假设**（null hypothesis，$H_0$）是一种对现状的描述，说明不存在差异或影响；如果零假设没有被拒绝，就不需要进行改变。**备择假设**（alternative hypothesis，$H_1$）是预期存在差异或影响的假设，接受备择假设将导致意见或行动的改变。因此，备择假设是零假设的对立面。

零假设是需要得到验证的假设。零假设对应总体参数（例如，$\mu$，$\sigma$，$\pi$）而不是样本统计量（例如，$\overline{X}$，$s$，$p$）的一个特定值。零假设可以被拒绝，但不可能通过简单的检验得到证实。一个统计检验可以有两种结果。一种是拒绝零假设，接受备择假设。另一种是根据现有证据无法拒绝零假设；然而，由此就得出结论，认为可以接受零假设却很可能是不正确的。因为无法拒绝零假设，只可以说明其可能是正确的。在经典的假设检验中，没有办法证明零假设的真实性。

在营销调研中，建立的零假设一旦被拒绝，就能接受想要的结论。备择假设代表试图寻找证据支持的结论。例如，一个大型百货商店考虑引进网上购物服务，如果有超过 40%的网民通过互联网进行购物就可以引进该项服务。可以建立的相应假设是：

$$H_0: \pi \leqslant 0.40$$

$$H_1: \pi > 0.40$$

如果零假设被拒绝，那么就可以接受备择假设，从而引进新的网上购物服务。相反，如果零假设没有被拒绝，除非获得新的证据则不应引入新的服务。

这个对零假设的检验是**单尾检验**（one-tailed test），因为备择假设是以单方向的形式表述的：通过互联网购物的网民的比例大于 0.40。相反，假如调研人员希望知道通过互联网购物的网民的比例是否等于0.40，就需要进行**双尾检验**（two-tailed test），此时的假设可以表述为：

$$H_0: \pi = 0.40$$

$$H_1: \pi \neq 0.40$$

在商业市场营销调研中，单尾检验较双尾检验使用更为广泛。因为通常情况下收集证据支持的结论都有一定的方向性。例如，利润、销售额或产品质量越高越好。单尾检验比双尾检验更有力，检验力度将在第 3 步中得到说明。

## 第 2 步：选择检验方法

为检验零假设，有必要选择适当的统计方法。调研人员需考虑检验统计量的计算和样本统计量（如均值）服从的抽样分布。**检验统计量**（test statistic）用来衡量样本与零假设的接近程度。检验统计量通常服从某种常用分布，如正态分布、$t$ 分布或卡方分布。本章后文会讨论选择适当检验统计量和统计方法的原则。在上面百货商店引进网上购物的例子中，适用 $z$ 统计量，它服从标准正态分布，其计算方法如下：

$$z = \frac{p - \pi}{\sigma_p}$$

其中

$$\sigma_p = \sqrt{\frac{\pi(1-\pi)}{n}}$$

## 第 3 步：确定显著性水平

无论何时，只要对总体进行推测，就有得出不正确结论的风险，会产生两种错误。

**第Ⅰ类错误**　样本结果导致否定一个真的零假设称为**第Ⅰ类错误**（typeⅠerror）。在上例中，若偏好新服务的网民比例小于等于 0.40，而基于样本数据得出该比例大于 0.40，此时就发生了第Ⅰ类错误。发生第Ⅰ类错误的概率（$\alpha$）也称为**显著性水平**（level of significance）。我们通过确定可以接受的拒真风险来控制第Ⅰ类错误。这个风险的选择取决于发生第Ⅰ类错误的成本。

**第Ⅱ类错误**　样本结果导致接受一个假的零假设称为**第Ⅱ类错误**（typeⅡerror）。在上例中，若偏好新服务的网民比例大于 0.40，而基于样本数据得出该比例小于等于 0.40，此时就发生了第Ⅱ类错误。发生第Ⅱ类错误的概率用 $\beta$ 表示，与 $\alpha$ 不同，$\beta$ 不由调研人员指定，其大小取决于总体参数（比例）的真实值。发生第Ⅰ类错误的概率（$\alpha$）和发生第Ⅱ类错误的概率（$\beta$）如图15-4所示。$1-\beta$称为检验力度。

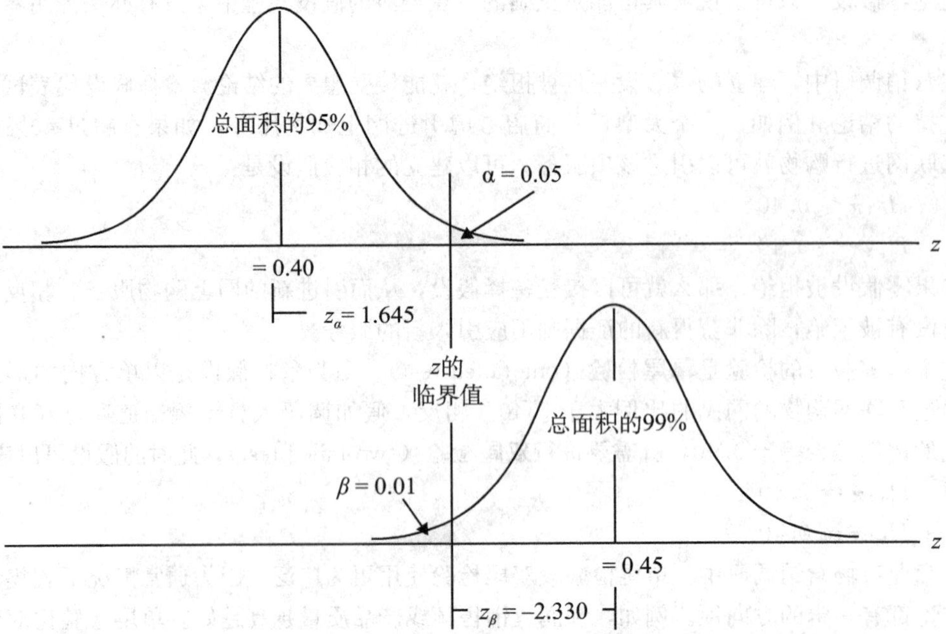


**图15-4　第Ⅰ类错误（$\alpha$）和第Ⅱ类错误（$\beta$）**

**检验力度**　**检验力度**（power of a test）是当零假设为假时拒绝零假设的概率（$1-\beta$）。$\beta$虽然是未知的，但它与$\alpha$相关。当$\alpha$取一个极小值（如0.001）时会导致$\beta$很高，因此，有必要平衡两类错误。作为平衡，$\alpha$常取0.05，有时也取0.01；其他取值则比较罕见。对于一个特定的实验设计，显著性水平$\alpha$和样本容量决定了$\beta$的大小。通过增加样本容量，可以同时控制$\alpha$和$\beta$的风险。对于一个给定的$\alpha$，增加样本容量可以减小$\beta$，从而增加检验力度。

## 第4步：收集数据并计算检验统计量

样本容量在考虑到理想的$\alpha$、$\beta$值，以及其他定性要求（如预算约束）后可以决定。之后，就可以收集所需数据并计算检验统计量。在上例中，我们调查了30位使用者，其中有17位表示他们通过互联网进行购物。因此，样本比例$p=17/30=0.567$。

$\sigma_p$值的计算过程如下：

$$\sigma_p=\sqrt{\frac{\pi(1-\pi)}{n}}$$
$$=\sqrt{\frac{0.40\times0.60}{30}}$$
$$=0.089$$

检验统计量$z$的计算如下：

$$z=\frac{p-\pi}{\sigma_p}$$
$$=\frac{0.567-0.40}{0.089}$$
$$=1.88$$

## 第 5 步：确定检验统计量对应的概率（临界值）

通过标准正态分布表，可以查得 $z$ 值为 1.88 对应的概率（见图 15-5）。从负无穷到 1.88 的阴影面积为 0.969 9。因此，$z$=1.88 右侧的面积为 1.000 0−0.969 9=0.030 1，该值也称 **$p$ 值**（$p$ value），是当零假设为真时，出现与实际观察值一样以及更极端的检验统计量的概率（出现大于等于或小于等于实际观察值的检验统计量的概率）。

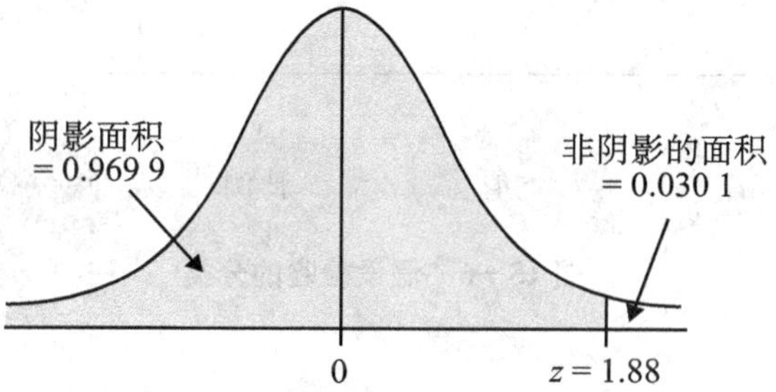


**图 15-5　单尾检验中的 $z$ 的概率**

或者说，使其右侧的面积为 0.05 的 $z$ 的临界值，位于 1.64～1.65 之间，等于 1.645。请注意，在检验统计量的确定过程中，临界值一侧的面积为 $\alpha$ 或 $\alpha/2$：单尾检验为 $\alpha$，双尾检验为 $\alpha/2$。

## 第 6～7 步：比较概率（$p$ 值）、做出决策

与计算得出的检验统计量观察值对应的概率为 0.030 1，这是当 $\pi$=0.40 时，$p$ 值大于 0.567 的概率。这个值小于 0.05 的显著性水平。因此，可以拒绝零假设。换句话说，检验统计量 $z$ 的观察值为 1.88，落入了拒绝域，大于 1.645；我们同样得到了拒绝零假设的结论。请注意，这两种检验零假设的方法是等价的，只是数学上的比较方向相反。若计算得出的检验统计量的观察值（$TS_{CAL}$）对应的概率小于显著性水平 $\alpha$，就可以拒绝零假设；若检验统计量观察值的绝对值大于检验统计量的临界值（$TS_{CR}$），也可以拒绝零假设。这两种检验方法符号之所以相反，是因为 $TS_{CAL}$ 的绝对值越大，在零假设成立的情况下获得更极端的检验统计量的概率就越小。这种符号的变换可以表示为：

若 $TS_{CAL}$ 的概率＜显著性水平 $\alpha$，拒绝零假设

或者，

若 $|TS_{CAL}| > |TS_{CR}|$，拒绝零假设

## 第 8 步：得出营销调研结论

通过假设检验得出的结论需从营销调研问题的角度进行表述。在上例中，我们得出结论：通过互联网购物的网民的比例显著大于 0.40。因此，建议百货商店引进新的网上购物服务。

如图 15-6 所示，假设检验分为相关性检验和差异性检验。在相关性检验中，零假设是变量之间不相关（$H_0$：……与……不相关）；在差异性检验中，零假设是变量之间无差异（$H_0$：……与……无差异）。差异性检验与分布、均值、比例和中位数/秩次有关。首先，我们讨论与交叉列联表联系的相关性假设。

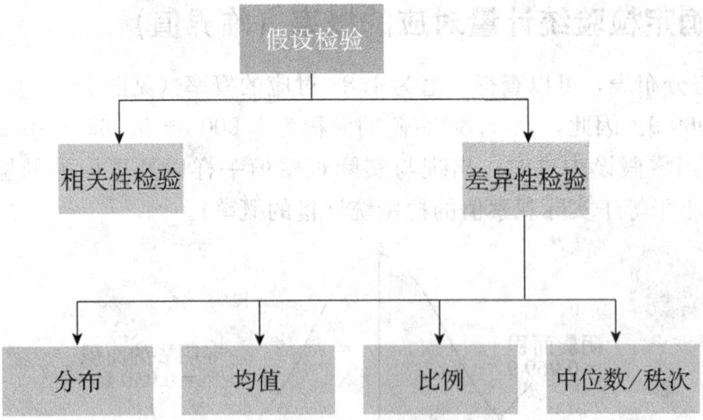


**图 15-6　假设检验的分类**

## 15.5　交叉列联表

尽管分析单变量的相关问题十分重要，调研中时常需要确定某一变量与其他变量的关系。为引入频数分布的概念，我们列出几个营销调研中具有代表性的问题。对于每个问题，调研人员都可能提出该变量与其他变量关系的相关问题。例如：

- 品牌忠诚者中有多少为男性？
- 消费者的产品使用情况（以重度使用者、一般使用者、轻度使用者和不使用者来划分）与其户外活动兴趣是否相关？
- 对新产品的熟悉程度与消费者年龄和教育水平是否相关？
- 产品拥有情况与收入（高、中或低）是否相关？

通过考察交叉列联表，我们可以回答这些问题。频数分布表一次只能描述一个变量，而交叉列联表可以同时描述两个或两个以上的变量。**交叉列联表**（cross-tabulation）是将两个或两个以上变量的频数分布表合并在一个表中，它帮助我们理解一个变量（如品牌忠诚度）与另一变量（如性别）的关系。交叉列联表反映两个或两个以上变量的联合分布，这些变量通常包含有限的类别或变量值。一个变量的类别和其他变量的类别相互交叉，这样一个变量的频数分布就可以根据其他变量的类别进行再分类。

假设我们希望知道互联网使用情况与性别的关系。为方便绘制交叉列联表，互联网用户被分为轻度使用者和重度使用者。那些每天使用时间小于等于5小时的用户为轻度使用者，其他用户为重度使用者。交叉列联表如表15-3所示，其中两个变量的每个交叉组合都占据一个单元格。单元格中的数字表示被调查者中同时符合这两个类别的人数。表15-3中，10个被调查者是女性，同时也是轻度使用者。表中行合计表示对两个问题都给出了回答的被调查者中，有15个轻度使用者和15个重度使用者。在性别方面，有15个女性和15个男性。这些信息也可以通过每个变量单独的频数分布表得出。通常来讲，交叉列联表的边缘合计与单个变量的频数分布表显示相同的信息。交叉列联表也称**列联表**（contingency table），应用于定性数据或分类数据，因为我们假定每个变量都只采用了定类尺度。[3]

**表 15－3　性别与互联网使用情况**

| 互联网使用情况 | 性别 | | 行合计 |
|---|---|---|---|
| | 男性 | 女性 | |
| 轻度 | 5 | 10 | 15 |
| 重度 | 10 | 5 | 15 |
| 列合计 | 15 | 15 | |

交叉列联表在商业营销调研中应用广泛，原因有：(1) 交叉列联表分析结果易于解释，对无统计背景的管理者来说也易于理解；(2) 清晰的解释使得交叉列联表的调研结果和管理行为密切相关；(3) 一系列的交叉列联表分析比单独的多变量分析更有助于对复杂现象的深刻理解；(4) 交叉列联表分析可以解决单元格分散的问题，这一问题在离散多变量分析中可能十分严重；(5) 交叉列联表分析操作简单，适用于缺乏经验的调研人员。[4]

## 双变量交叉列联表

有两个变量的交叉列联表称为双变量交叉列联表（bivariate cross-tabulation）。以表 15－3 中的性别与互联网使用情况列联表为例，使用情况与性别相关吗？从表 15－3 我们可以看出，男性较女性有更多的重度使用者。计算比例可以帮助进一步理解。

由于两个变量的交叉分类，既可以以列合计为总数计算纵向的百分比（见表 15－4），也可以以行合计来计算（见表 15－5）。然而哪个表格用处更大呢？答案取决于自变量和因变量的选择。基本原则是沿着自变量的方向计算因变量不同组别的百分比。在我们的分析中，性别是自变量，互联网使用情况是因变量，因此，正确的计算百分比的方法如表 15－4 所示。该表中显示有 66.7％的男性为重度使用者，而只有 33.3％的女性属于这个类别。这表明，男性较女性更可能成为互联网重度使用者。

**表 15－4　互联网使用者的性别比例**

| 互联网使用情况 | 性别 | |
|---|---|---|
| | 男性 | 女性 |
| 轻度 | 33.3％ | 66.7％ |
| 重度 | 66.7％ | 33.3％ |
| 列合计 | 100.0％ | 100.0％ |

**表 15－5　男女用户的互联网使用情况**

| 互联网使用情况 | 性别 | | 行合计 |
|---|---|---|---|
| | 男性 | 女性 | |
| 轻度 | 33.3％ | 66.7％ | 100.0％ |
| 重度 | 66.7％ | 33.3％ | 100.0％ |

请注意，表 15－5 显示，沿着因变量的方向计算自变量不同组别的比例在本例中没有意义。表 15－5 说明了重度使用互联网使多少人成为男性。这显然不合理。可能存在第三个变量，如年龄或收入，调节了互联网使用情况和性别相关关系的可能。这种可能性提出了考察第三个变量的作用的需要。

## 三个变量的交叉列联表

通常第三个变量的引入使得最初观察到的两个变量间的联系（或缺乏联系）更为清晰。如图 15－7 所示，第三个变量的引入可以形成四种可能性：

1. 完善提炼两个初始变量之间的相关关系。

2. 尽管初始调研观察到了两个变量的相关关系，它却可以推翻这种结论。换句话说，第三个变量的引入说明两个初始变量之间的相关关系是具有欺骗性的。

3. 尽管初始调研没有发现，它却可以揭示两个变量之间的相关关系。这种情况下，第三个变量挖掘了两个初始变量间被隐藏的相关关系：一种抑制效应。

4. 对初始调研结果没有影响。[5]

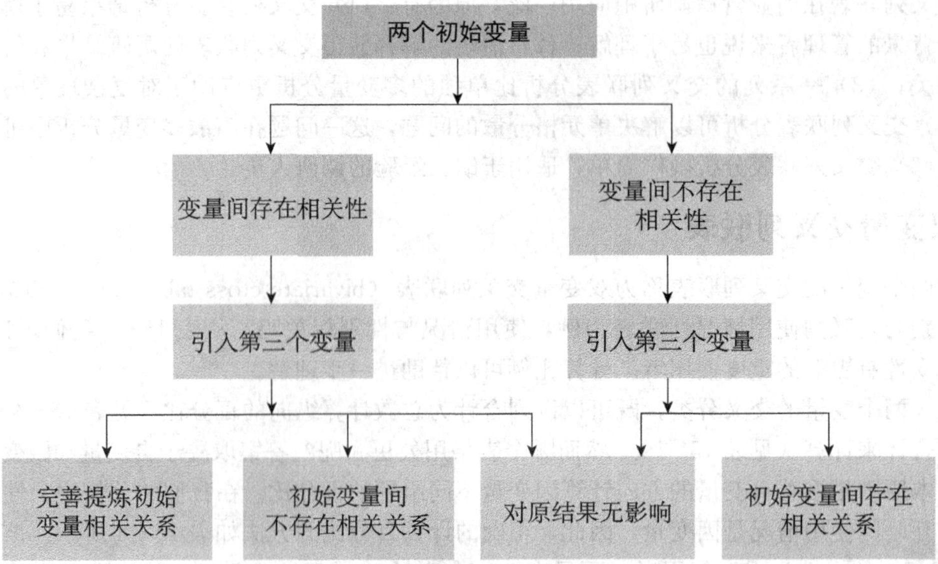


**图 15-7　交叉列联表中第三个变量的引入**

我们设计了以下案例来说明这几种情况，事实上这些情况在商业营销调研中也是十分常见的。

**提炼初始关系**　为考察购买流行服饰与婚姻状况的关系，做出表 15-6。根据其购买流行服饰的频率，被调查者被划分为高低两类；婚姻状况也被划分为当前已婚和未婚两类。如表 15-6 所示，有 52%的未婚被调查者高频率购买流行服饰；与之相对应，已婚被调查者只有 31%。在得出未婚被调查者较已婚调查对象更多地购买流行服饰的结论之前，我们在分析中引入购买者性别这一第三个变量。

**表 15-6　婚姻状况与购买流行服饰**

| 购买流行服饰的频率 | 当前婚姻状况 | |
|---|---|---|
| | 已婚 | 未婚 |
| 高 | 31% | 52% |
| 低 | 69% | 48% |
| 列合计 | 100% | 100% |
| 被调查者人数（人） | 700 | 300 |

将购买者性别作为第三个变量的决定是基于过去的调研做出的。在考虑购买者性别的情况下，重新考察购买流行服饰与婚姻状况的关系，如表 15-7 所示。在女性被调查者中，60%的未婚被调查者高频购买流行服饰，而已婚被调查者只有 25%。此外，未婚和已婚男性被调查者高频购买流行服饰的百分比则相对接近：未婚男性为 40%，已婚男性为 35%。因此，引入性别（第三个变量）提炼了婚姻状况与购买流行服饰（初始变量）的相关关系。未婚被调查者更可能属于高频购买流行服饰这一类别，这一效应在女性中更为显著。

**表 15-7　婚姻状况和性别与购买流行服饰情况**

| 购买流行服饰 | 性别 | | | |
|---|---|---|---|---|
| | 男性婚姻状况 | | 女性婚姻状况 | |
| | 已婚 | 未婚 | 已婚 | 未婚 |
| 高 | 35% | 40% | 25% | 60% |
| 低 | 65% | 60% | 75% | 40% |
| 列合计 | 100% | 100% | 100% | 100% |
| 被调查者人数 | 400 | 120 | 300 | 180 |

**初始关系具有欺骗性**　一家广告代理公司为一系列价格在 30 000 美元以上的汽车进行促销，其调研人员希望了解高端汽车的拥有状况（见表 15-8）。表 15-8 显示有 32%的具有大学学历的被调查者拥有一辆高端汽车；而无大学学历的被调查者中，这个比例只有 21%。调研人员可能得出受教育水平影响高端汽车拥有情况的结论。考虑到收入也是一个影响因素，调研人员决定引入收入水平后再考察受教育水平和高端汽车拥有情况的关系，绘制表 15-9。请注意，每个收入层次中具有大学学历和不具有大学学历的被调查者中，拥有高端汽车的人的比例是相同的。分别考察高收入和低收入人群，受教育水平和高端汽车拥有情况之间的相关关系就不存在了；说明这两个变量之间的相关关系具有欺骗性。

**表 15-8　受教育水平与高端汽车拥有情况**

| 高端汽车拥有情况 | 受教育水平 | |
|---|---|---|
| | 大学学历 | 无大学学历 |
| 是 | 32% | 21% |
| 否 | 68% | 79% |
| 列合计 | 100% | 100% |
| 被调查者人数 | 250 | 750 |

**表 15-9　受教育水平和收入水平与高端汽车拥有情况**

| 高端汽车拥有情况 | 收入水平 | | | |
|---|---|---|---|---|
| | 低收入的受教育水平 | | 高收入的受教育水平 | |
| | 大学学历 | 无大学学历 | 大学学历 | 无大学学历 |
| 是 | 20% | 20% | 40% | 40% |
| 否 | 80% | 80% | 60% | 60% |
| 列合计 | 100% | 100% | 100% | 100% |
| 被调查者人数 | 100 | 700 | 150 | 50 |

**提示隐藏的联系**　一位调研人员认为出境游的意愿可能受到年龄的影响。然而，这两个变量的交叉列联表（见表 15-10）却显示二者不存在联系。将性别作为第三个变量引入，得到表 15-11。45 岁以下的男性中，60%的人表现出出境游意愿；45 岁及以上的男性中，这个比例仅为 40%。然而，女性中情况正好相反：45 岁以下的女性中，35%的人表示渴望进行出境游；45 岁及以上的女性中，这个比例为 65%。由于对于男性和女性来说，出境游意愿与年龄之间相关关系相反，这样，将不同性别的数据求和（见表 15-10）再进行分析时，这种相关关系就隐藏起来了。然而，如果控制了性别的作用（见表 15-11），不同性别的出境游意愿和年龄间被隐藏的相关关系就被揭示出来。

表 15-10 年龄与出境游意愿

| 出境游意愿 | 年龄 | |
|---|---|---|
| | 45 岁以下 | 45 岁及以上 |
| 有 | 50% | 50% |
| 无 | 50% | 50% |
| 列合计 | 100% | 100% |
| 被调查者人数 | 500 | 500 |

表 15-11 年龄和性别与出境游意愿

| 出境游意愿 | 性别 | | | |
|---|---|---|---|---|
| | 男性年龄 | | 女性年龄 | |
| | 45 岁以下 | 45 岁及以上 | 45 岁以下 | 45 岁及以上 |
| 有 | 60% | 40% | 35% | 65% |
| 无 | 40% | 60% | 65% | 35% |
| 列合计 | 100% | 100% | 100% | 100% |
| 被调查者人数 | 300 | 300 | 200 | 200 |

**初始关系没有发生变化** 有时，不管初始变量是否相关，第三个变量的引入并没有使开始观察到的关系发生变化，这表明第三个变量不影响前两个变量之间的关系。考察家庭规模和光顾快餐店频繁程度的列联表，如表 15-12 所示。被调查者以家庭人口数分布的中位数为界划分为小家庭和大家庭两组，每组有 500 个被调查者。从交叉列联表中未观察到任何联系，以中位数为界将被调查者进一步分为高收入和低收入两组。将收入作为第三个变量引入后，获得表 15-13，仍然没有观察到任何联系。

表 15-12 家庭规模与光顾快餐店频繁程度

| 光顾快餐店频繁程度 | 家庭规模 | |
|---|---|---|
| | 小家庭 | 大家庭 |
| 高 | 65% | 65% |
| 低 | 35% | 35% |
| 列合计 | 100% | 100% |
| 被调查者人数 | 500 | 500 |

表 15-13 家庭规模和收入与光顾快餐店频繁程度

| 光顾快餐店频繁程度 | 收入 | | | |
|---|---|---|---|---|
| | 低收入 | | 高收入 | |
| | 家庭规模 | | 家庭规模 | |
| | 小家庭 | 大家庭 | 小家庭 | 大家庭 |
| 高 | 65% | 65% | 65% | 65% |
| 低 | 35% | 35% | 35% | 35% |
| 列合计 | 100% | 100% | 100% | 100% |
| 被调查者人数 | 250 | 250 | 250 | 250 |

## 交叉列联表小结

我们可以绘制三个变量以上的交叉列联表，然而对其的解释十分复杂。同时，由于表中单元格的数目成倍增加，保持每个单元格中有充足的被调查者数量就十分困难。一般来说，为保证统计量计算的可靠性，每个单元格观察值的期望应至少为 5。这样，当变量数量较多时，交叉列联表就不是考察的是变量之间关系的有效方法了。请注意，交叉列联表考察的是变量之间的相关关系而不是因果关系。如考察因果关系，应采用因果调研框架（见第 7 章）。

## 15.6　与交叉列联表相关的统计量

下面讨论常用于衡量统计显著性和交叉列联表分析中变量关系强弱的统计量。卡方统计量常用于衡量相关关系的显著性。相关关系的强度或关联度对于实践和调研都十分重要。通常，只有当相关关系十分显著时，考察相关关系强度才有意义。量度相关关系强度的统计量有 $\phi$ 系数、列联系数、Cramer's $V$ 系数和 $\lambda$ 系数。

### 卡方

**卡方统计量**（chi-square statistic，$\chi^2$）用于检验交叉列联表分析中得出的相关关系的显著性，它帮助我们确定两个变量间是否存在系统的相关关系。零假设 $H_0$ 为变量间不存在相关关系。检验过程如下：首先根据已知行合计和列合计，计算不存在相关关系（零假设成立）时各单元格的频数。接着，将这些期望频数 $f_e$ 与实际观察到的频数 $f_o$ 相减，来计算卡方统计量。期望频数与实际频数相差越大，统计量的值即卡方值就越大。假设交叉列联表有 $r$ 行、$c$ 列和样本容量为 $n$ 的随机样本。各单元格的期望频数计算公式如下：

$$f_e = \frac{n_r n_c}{n}$$

式中，$n_r$ 为 $r$ 行行合计；$n_c$ 为 $c$ 列列合计；$n$ 为样本容量。

根据表 15 - 3 中互联网使用情况的数据，各单元格的期望频数从左到右、从上到下分别为：

$$\frac{15\times15}{30}=7.50 \qquad \frac{15\times15}{30}=7.50$$

$$\frac{15\times15}{30}=7.50 \qquad \frac{15\times15}{30}=7.50$$

这样，$\chi^2$ 值的计算公式如下：

$$\chi^2 = \sum_{\text{所有单元格}} \frac{(f_o - f_e)^2}{f_e}$$

对于表 15 - 4 的数据，卡方值的具体计算过程为：

$$\begin{aligned}\chi^2 &= \frac{(5-7.5)^2}{7.5}+\frac{(10-7.5)^2}{7.5}+\frac{(10-7.5)^2}{7.5}+\frac{(5-7.5)^2}{7.5}\\ &=0.833+0.833+0.833+0.833\\ &=3.333\end{aligned}$$

为判断是否存在系统联系，需要估计卡方值大于等于交叉列联表计算得出卡方值的概率。卡方统计量的一个重要特征就是它的自由度（$df$）。通常，自由度的值等于观察值个数减去计算统计量时限制条件的个数。在交叉列联表分析中，卡方统计量的自由度等于行数（$r$）减 1 与列数（$r$）减 1 的乘积，也就是 $df=(r-1)\times(n-1)$。[6]只有当检验统计量的数值大于相应自由度下卡方分布的临界值时，才会拒绝两变量间不存在相关关系的零假设（$H_0$），如图 15 - 8 所示。

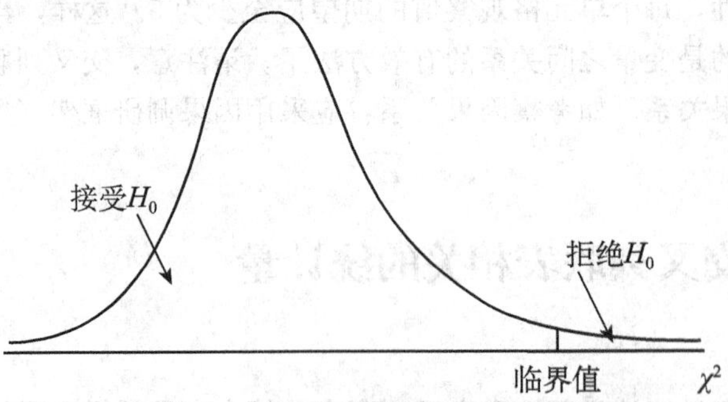


**图 15-8 相关关系的卡方检验**

**卡方分布**（chi-square distribution）为偏态分布，形状只取决于自由度。[7]随着自由度的增加，卡方分布趋向对称分布。自由度为1的卡方分布，分布曲线下右侧5%面积的卡方值为3.841，表明对于自由度为1的卡方分布，出现大于3.841的卡方值的概率为0.05。换句话说，0.05的显著性水平下，自由度为1的卡方分布的临界值为3.841。

表15-3给出的交叉列联表，自由度为(2−1)×(2−1)=1；而计算得出的卡方统计量为3.333，小于临界值3.841。因此，不能拒绝不存在相关关系的零假设，也就是说，在0.05的水平下变量间相关关系不显著。请注意，缺乏显著性也有可能是样本容量（30）过小导致的。如果样本容量为300，表15-3中每项都乘以10，卡方统计量也成为原来的10倍33.33，则在0.05水平下就变为显著相关了。

卡方统计量也可用于考察数据是否服从某种分布的拟合优度检验。此类检验采用计算样本分布与理论（预期）分布偏差显著性的方法，可以体现在交叉列联表或频数分布表（单变量列表）中。卡方统计量的计算与显著性的确定与上述内容相同。

卡方统计量需根据计数数据计算，当数据为百分比形式时，需首先转换为绝对数字。另外，卡方检验的潜在假设是观察值是独立获得的。一般来说，卡方分析要求各单元格中的期望频数（或称理论频数）大于5。若有任何一个单元格中的观察值小于10，或者交叉列联表为2行2列的形式（2×2表格），就需对数据进行修正。[8]经过修正，卡方值为2.133，在0.05的水平下不显著。修正因子的计算十分复杂，但可以通过适当的软件便捷求得。在2×2表格中，卡方值与$\phi$系数相关。

## $\phi$系数

**$\phi$系数**（phi coefficient）用于量度含有2行2列的表格（2×2表格）中变量之间相关性的强度。$\phi$系数与卡方统计量的平方根成比例。对于样本容量为$n$的样本，$\phi$系数的表达式为：

$$\phi=\sqrt{\frac{\chi^2}{n}}$$

$\phi$系数为0表示不存在相关关系，此时卡方值同样也为0；当变量完全相关时，$\phi$系数为1，所有观察值都位于主对角线或副对角线上（在一些计算机程序中，若变量间完全负相关，$\phi$系数为−1）。本例中，由于相关关系在0.05的显著性水平下不显著，这种情况下通常不计算$\phi$值。然而，为方便讲解，下面我们给出$\phi$值和其他相关关系强度指标的计算方法。$\phi$值的计算如下：

$$\phi=\sqrt{\frac{3.333}{30}}$$
$$=0.333$$

由此可见，相关关系不是很强。在涉及各种类型表格的一般的情况下，相关关系强度可以通过列联系数来确定。

## 列联系数

$\phi$ 系数仅限对 2×2 表格的相关关系分析，**列联系数**（contingency coefficient，C）则可用于各种表格。列联系数也与卡方相关，其表达式如下：

$$C=\sqrt{\frac{\chi^2}{\chi^2+n}}$$

列联系数的取值范围在 0～1 之间，不存在相关关系时取值为 0（即变量之间相互独立）；然而列联系数不可能取值为 1。列联系数的最大值取决于表格的大小（即行数和列数）。因此，该系数只能用于比较相同大小的表格。表 15－3 数据的列联系数为：

$$C=\sqrt{\frac{3.333}{3.333+30}}$$
$$=0.316$$

该值表明相关关系不是很强。另外一个可以用于各种表格的统计量是 Cramer's $V$ 系数。

## Cramer's V 系数

**Cramer's $V$ 系数**（cramer's $V$）是一个修正的 $\phi$ 系数，用于大于 2×2 的表格。计算大于 2×2 表格的 $\phi$ 系数时，其取值没有上限。运用表格的行数或列数（选择其中较小的数值）对 $\phi$ 系数进行调整，就得到了 Cramer's $V$ 系数。这种调整使得 $V$ 值在 0～1 之间变化。较大的 $V$ 值只代表较强的相关性，并不能说明变量之间的相关关系如何。对于含 $r$ 行 $c$ 列的表格，Cramer's $V$ 系数与 $\phi$ 系数的关系表述为：

$$V=\sqrt{\frac{\phi^2}{\min(r-1),(c-1)}}$$

或

$$V=\sqrt{\frac{\chi^2/n}{\min(r-1),(c-1)}}$$

表 15－3 的 Cramer's $V$ 系数值的计算为：

$$V=\sqrt{\frac{3.333/30}{1}}$$
$$=0.333$$

可见相关关系不强。正如我们所见，此时 $V=\phi$，此式对于 2×2 表格恒成立。另外一个常用的统计量是 $\lambda$ 系数。

## λ 系数

$\lambda$ 系数假设变量以定类尺度衡量。**非对称性 λ 系数**（asymmetric lambda）衡量已知自变量值带来的预测因变量改进的百分比。$\lambda$ 系数也在 0～1 之间变化，取值为 0 意味着对于预测没有帮助；取值为 1 表明可以无偏差地进行预测，当自变量的每个类别都与因变量的一个类别相关时会出现这种情况。

可以对每个变量（将其看作因变量）计算非对称性 $\lambda$ 系数。一般来说，两个非对称性 $\lambda$ 系数常常不同，因为变量的边缘分布往往不相同。**对称性 λ 系数**（symmetric lambda）是两个非对称性 $\lambda$ 系数的均值。对称性 $\lambda$ 系数不区分因变量与自变量，它衡量从两个方向进行预测的总体改进。[9]表 15－3 中，以使用率为因变量的非对称 $\lambda$ 系数为 0.333，表明知晓用户性别可以按

0.33 的比例提高预测能力，即改进 33.3%。对称 $\lambda$ 系数也为 0.333。

### 其他统计量

在卡方统计量的计算中，变量被看作按定类尺度量度。其他统计量，如 $\tau_b$，$\tau_c$ 和 $\gamma$ 可衡量两个定序变量的相关关系。这些统计量通过考察表中所有可能样本组合来利用变量类别的次序信息。考察每对样本从而确定它们在第一个变量中的相对位置与在第二个变量中的相对位置是相同（一致）、颠倒（相反）还是并列的。这些统计量的基本区别在于对两者关系的不同处理方式。$\tau_b$ 和 $\tau_c$ 都需进行某种调整。$\tau_b$ 适用于行数和列数相等的正方形表格，其数值在 +1 和 −1 之间变化。这样，联系的方向（正向或负向）和强度（与 1 的接近程度）都可以表示。对于行数和列数不等的长方形表格，可以使用 $\tau_c$。使用 $\gamma$ 则不需对变量间的关系和表格的大小进行调整，$\gamma$ 值也在 +1 和 −1 之间变化，且数字通常大于 $\tau_b$，$\tau_c$。表 15-3 数据中性别为定类变量，不适于计算定序的统计量。所有这些统计量均可通过适当的计算机程序计算。其他衡量相关性强弱的统计量，如积矩相关系数、非定量相关系数，将在第 17 章中讨论。

## 15.7 交叉列联表的实际应用

交叉列联表的实际应用通常包括以下步骤：

1. 运用卡方统计量对变量间不存在相关关系的零假设进行检验。如果接受了零假设，则说明变量间无联系。

2. 如果拒绝了零假设，则通过适当的统计量确定相关关系的强弱（$\phi$ 系数、列联系数、Cramer's $V$、$\lambda$ 系数或其他统计量）。

3. 如果拒绝了零假设，通过沿自变量方向计算百分比来解释两者关系的模式。

4. 若变量为定序变量而非定类变量，则用 $\tau_b$，$\tau_c$ 或 $\gamma$ 作为检验统计量。如果拒绝了零假设，则通过检验统计量的数值来确定关系的强度，通过检验统计量的符号来确定关系的方向。

5. 将假设检验、相关性强弱和关系模式的分析结果转化为有实际意义的管理建议。

## 15.8 差异性假设检验

上文讨论的是关于相关关系的假设检验，下面继续讨论差异性假设检验。差异性假设检验的分类如图 15-9 所示。请注意图 15-9 与图 14-6 中对一元统计技术的分类是一致的，主要区别在于图 14-6 同样适用于两个以上样本的情况，包括单因子方差检验、K-W 方差检验（见第 14 章）；而图 15-9 仅适用于两个或两个以下变量的情况。同样，不涉及统计检验的单样本统计技术如频数分布也不包括在图 15-9 中。根据变量采用的量度尺度，假设检验可以划分为参数检验和非参数检验。**参数检验**（parametric test）假设变量至少是以定距尺度量度的；**非参数检验**（nonparametric test）假设变量是定类变量或定序变量。根据涉及的是单变量、双变量还是多变量，这些检验还可以进一步分类。如第 14 章所述，样本数是由分析中如何处理数据而非由数据是如何收集决定的。若从不同总体中随机抽取而得，则为独立样本。分析中，分别属于不同类别（如男性和女性）的被调查者一般也被视为独立样本。相反，若两组样本均与同一组被调查者相关，则称其为配对样本。

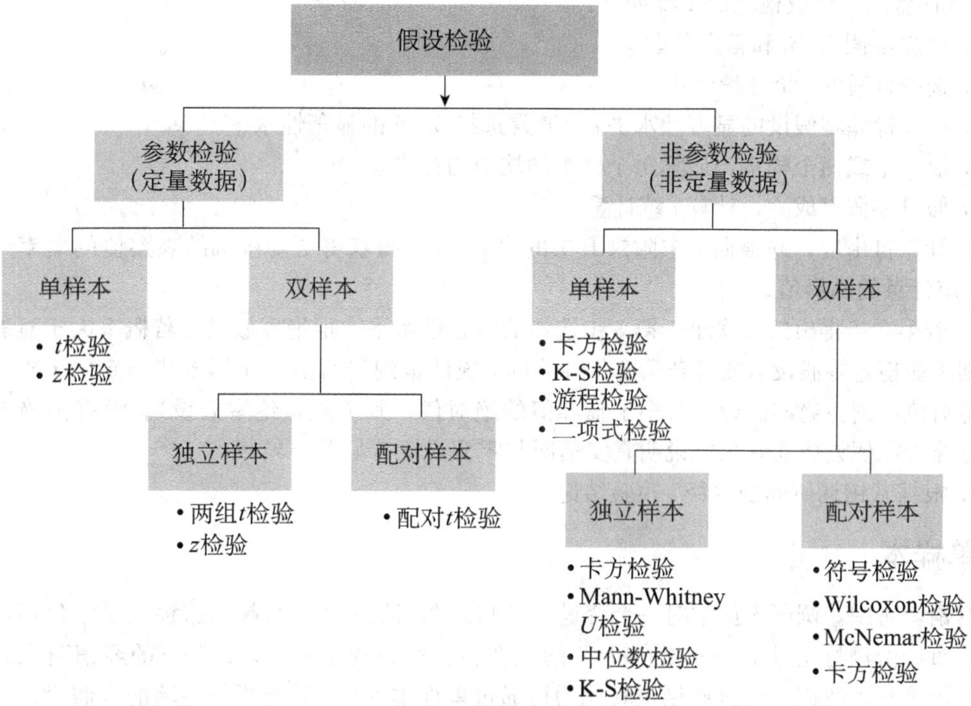


**图 15-9　差异性假设检验**

最常用的参数检验为关于均值的 $t$ 检验。$t$ 检验可用于检验一个观测样本或两个观测样本的均值。当存在两个样本时，样本之间可能是独立的也可能是配对的。单样本非参数检验包括 K-S 检验、卡方检验、游程检验和二项式检验。当存在两独立样本时，可以使用 Mann-Whitney $U$ 检验、中位数检验和 K-S 双样本检验。这些非参数检验与双样本 $t$ 检验相对应。此时还可以进行卡方检验。当存在配对样本时，非参数检验包括 Wilcoxon 配对样本符号秩检验和符号检验等。这些检验与配对 $t$ 检验相对应。另外，还可以应用 McNemar 检验和卡方检验。参数检验和非参数检验都可用于两个以上样本的假设检验，这些检验将在以后各章介绍。

## 15.9　参数检验

参数检验为我们提供关于总体均值的信息。***t* 检验**（$t$ test）是一种常见的方法，以学生氏 $t$ 统计量为基础。***t* 统计量**（$t$ statistic）假设变量服从正态分布，均值已知，而方差则需根据样本估计。假设随机变量 $X$ 服从均值为 $\mu$ 的正态分布，方差 $\sigma^2$ 未知，根据样本方差 $s^2$ 估计。样本均值 $\overline{X}$ 的标准差的估计值 $s_{\overline{X}} = s/\sqrt{n}$ 。$t = (\overline{X} - \mu)/s_{\overline{X}}$ 服从自由度为 $n-1$ 的 $t$ 分布。

***t* 分布**（$t$ distribution）形状与正态分布相似，均为对称的钟形分布。然而，与正态分布相比，$t$ 分布两尾更长，中间区域更小。这是因为总体方差 $\sigma^2$ 未知，需根据样本方差 $s^2$ 进行估计。考虑到 $s^2$ 的不确定性，$t$ 的观察值与 $z$ 相比变化更大。这样，$t$ 分布的标准差比正态分布更大。然而，随着自由度的增加，$t$ 分布趋向于正态分布。事实上，对于大于 120 的样本，$t$ 分布与正态分布几乎没有差异。书末附录 B 中的表 B-4 列出了 $t$ 分布的一些百分比。尽管假设其正态

性，$t$ 分布偏离正态性的情况较为稳定。

$t$ 统计量用于假设检验的步骤如下：

1. 建立零假设 $H_0$ 和备择假设 $H_1$。

2. 选择合适的 $t$ 统计量公式。

3. 选择检验零假设的显著性水平 $\alpha$，通常选择 0.05 的显著性水平。[10]

4. 取一个或两个样本，计算每个样本的均值与标准差。

5. 假设零假设成立，计算 $t$ 统计量。

6. 计算自由度，并根据书末附录 B 中的表 B-4 查得获得更为极端的观察值的概率（或者计算 $t$ 统计量的临界值）。

7. 若第 6 步得出的概率小于第 3 步选择的显著性水平，拒绝零假设；若概率大于显著性水平，则不能拒绝零假设（或者若第 5 步计算的 $t$ 统计量的绝对值大于第 6 步确定的 $t$ 统计量临界值绝对值，则拒绝零假设；若小于临界值的绝对值，则不能拒绝零假设）。没有拒绝零假设并不意味着零假设成立，只能说明真实情况与零假设没有显著差异。[11]

8. 根据营销调研问题解释 $t$ 检验结论。

## 单样本

营销调研中，调研人员常对一个变量与已知标准间的关系感兴趣。这种关系常包括：某新产品的市场份额将超过 15%；至少 65%的顾客会喜欢新的包装设计；80%的经销商愿意接受新的定价策略。我们可将这些结论转化为可通过单样本 $t$ 或 $z$ 检验进行检验的零假设。在单样本均值的 $t$ 检验中，调研人员对总体均值是否与一个给定的假设 $H_0$ 一致感兴趣。对于表 15-1 的数据，假设要检验平均熟悉程度超过 4（7 级量表的中值），选择 0.05 的显著性水平。假设检验过程如下：

$$H_0: \mu \leqslant 4.0$$

$$H_1: \mu > 4.0$$

$$t = \frac{(\overline{X} - \mu)}{s_{\overline{X}}}$$

$$s_{\overline{X}} = \frac{s}{\sqrt{n}}$$

$$s_{\overline{X}} = \frac{1.579}{\sqrt{29}} = \frac{1.579}{5.385} = 0.293$$

$$t = \frac{(4.724 - 4)}{0.293} = \frac{0.724}{0.293} = 2.471$$

单样本均值检验中 $t$ 统计量的自由度为 $n-1$。本例中，$n-1=29-1=28$。由书末附录 B 中的表 B-4 查得，大于 2.471 的概率小于 0.05（或者，0.05 的显著性水平下，自由度为 28 的 $t$ 分布临界值为 1.701 1，小于计算值）。因此，拒绝零假设，熟悉程度的确超过 4。

请注意如果假设总体标准差已知为 1.5，而不是根据样本进行估计，此时应运用 **$z$ 检验**（z test）。此时，$z$ 统计量的计算方法如下：

$$z = \frac{(\overline{X} - \mu)}{\sigma_{\overline{X}}}$$

这里

$$\sigma_{\overline{X}} = \frac{1.5}{\sqrt{29}} = \frac{1.5}{5.385} = 0.279$$

因此

$$z=\frac{(4.724-4)}{0.279}=2.595$$

由书末附录 B 中的表 B-2 可知，获得大于 2.595 的 $z$ 值的概率小于 0.05（或者说，0.05 的显著性水平下，单尾检验 $z$ 统计量的临界值为 1.645，小于计算值）。因此，拒绝零假设，得出与之前 $t$ 检验相同的结论。

## 两个独立样本

市场营销中还有一些与两个不同总体参数相关的假设，例如，某品牌用户和非用户在品牌认知方面的差异、高收入群体比低收入群体娱乐花费更多，或者细分市场Ⅰ中品牌忠诚用户的比例大于细分市场Ⅱ。从不同总体随机抽取的样本称为**独立样本**（independent sample）。与单样本相同，独立样本参数检验包括均值与比例的检验。

**均值** 对于两个独立样本均值，提出的一对假设形式为：

$$H_0: \mu_1=\mu_2$$

$$H_1: \mu_1\neq\mu_2$$

对两个总体进行抽样，并根据样本容量 $n_1$ 和 $n_2$ 计算均值和方差。如果发现两个总体方差相同，则根据两个样本方差计算共同方差估计值的方法如下：

$$s^2=\frac{\sum_{i=1}^{n_1}(X_{i1}-\overline{X}_1)^2+\sum_{i=1}^{n_2}(X_{i2}-\overline{X}_2)^2}{n_1+n_2-2}$$

或

$$s^2=\frac{(n_1-1)s_1^2+(n_2-1)s_2^2}{n_1+n_2-2}$$

检验统计量标准差的估计值为：

$$s_{\overline{X}_1-\overline{X}_2}=\sqrt{s^2\left(\frac{1}{n_1}+\frac{1}{n_2}\right)}$$

相应的 $t$ 值计算如下：

$$t=\frac{(\overline{X}_1-\overline{X}_2)-(\mu_1-\mu_2)}{s_{\overline{X}_1-\overline{X}_2}}$$

自由度为（$n_1+n_2-2$）。

若两总体方差不等，无法计算出样本均值差的确切的 $t$ 值，则要计算一个近似 $t$ 值作为替代。此时自由度也通常不是整数，然而通过四舍五入也可以获得一个较为精确的概率。[12]

若不知两总体方差是否相等，可以进行样本方差的 ***F* 检验**（*F* test）。此时，提出的一对假设是：

$$H_0: \sigma_1^2=\sigma_2^2$$

$$H_1: \sigma_1^2\neq\sigma_2^2$$

根据样本方差计算 ***F* 统计量**（*F* statistic）的方法如下：

$$F_{(n_1-1),(n_2-1)}=\frac{s_1^2}{s_2^2}$$

式中，$n_1$ 为样本 1 容量；$n_2$ 为样本 2 容量；$n_1-1$ 为样本 1 自由度；$n_2-1$ 为样本 2 自由度；$s_1^2$ 为样本 1 方差；$s_2^2$ 为样本 2 方差。

易见，***F* 分布**（*F* distribution）的临界值取决于两组自由度——分子的自由度和分母的自由度。不同自由度下 $F$ 分布的临界值如书末附录 B 中的表 B-5 所示。若 $F$ 的概率大于显著性水平 $\alpha$，接受零假设，从而可以使用基于共同方差的 $t$ 检验；相反，若 $F$ 的概率小于等于显著性水平 $\alpha$，拒绝零假设，这时应用基于不同方差的 $t$ 检验。

根据表15-1的数据，假设我们希望肯定男性和女性的互联网使用率不同，则需进行两独立样本$t$检验，检验结果如表15-14所示。表中数字显示样本方差的$F$检验的概率小于0.05，因此，拒绝零假设，应用基于不同方差的$t$检验。$t$值为$-4.492$，自由度18.014，对应的概率接近0.000，小于显著性水平$\alpha$（0.05）。因此，拒绝总体均值相等的零假设。由于男性（性别=1）的平均使用率为9.333，女性（性别=2）为3.867，我们得出男性在互联网使用方面显著多于女性的结论。我们同样给出了基于共同方差的$t$检验，因为绝大多数电脑软件会自动进行这两种$t$检验。如果样本容量不是30，而是一个大的具有代表性的样本，这个结论对大型互联网服务提供商（如美国在线、EarthLink）、各种通信公司（如威瑞森）和有线电视网（如康卡斯特）有深远影响。这些公司应聚焦于男性用户来瞄准互联网重度使用者的目标市场。因此，广告花费更多地用于男性杂志。

**表15-14　两独立样本$t$检验**

| 描述统计 | | | | | |
|---|---|---|---|---|---|
| | 样本数 | | 均值 | | 标准误 |
| 男性 | 15 | | 9.333 | | 1.137 |
| 女性 | 15 | | 3.867 | | 0.435 |
| 方差相等的$F$检验 | | | | | |
| $F$值 | | | 双尾概率 | | |
| 15.507 | | | 0.000 | | |
| $t$检验 | | | | | |
| 方差相等 | | | 方差不等 | | |
| $t$值 | 自由度 | 双尾概率 | $t$值 | 自由度 | 双尾概率 |
| $-4.492$ | 28 | 0.000 | $-4.492$ | 18.014 | 0.000 |

**调研实例**

## 老年人消费者店铺选择中的$t$检验

一项基于789个年龄在65岁以上的调查对象的全国性样本的调研，希望确定消费行为的影响因素。一个重要的调研问题是依赖性强和自理能力强的老人在到达卖场前和进入卖场后的要求是否存在差异。通过两独立样本$t$检验（如表15-15所示）进行更详细地分析，发现依赖性强的老人更喜欢提供送货上门、电话订购服务和交通便利的店铺。他们也更可能寻找店铺集中的商圈。现在，零售商比任何时候都意识到了老年人市场的巨大潜力。2010年后，婴儿潮一代相继退休，沃尔玛、Coldwater Creek和Williams-Sonoma更是感受到了老年人市场的诱惑力。老年消费者一般会花费更高，且更可能频繁光顾一家店铺。为吸引他们，店铺应提供送货上门、电话订购服务并且在选址时更注重交通便利因素。[13]

**表15-15　依赖性强和自理能力强的老年人要求的差异性**

| 要求项目 | 均值[a] | | |
|---|---|---|---|
| | 自理能力强 | 依赖性强 | $t$检验对应概率 |
| 送货上门 | 1.787 | 2.000 | 0.023 |
| 电话订购 | 2.030 | 2.335 | 0.003 |
| 交通便利 | 2.188 | 3.098 | 0.000 |
| 停车方便 | 4.001 | 4.095 | 0.305 |
| 距离较近 | 3.177 | 3.325 | 0.137 |
| 店铺集中 | 3.456 | 3.681 | 0.023 |

说明：运用不重要（1）到非常重要（5）的5级量表进行度量。

本例中，我们检验了均值间的差异。与之相似，也可以对两独立样本的比例差异进行检验。

**比例**　我们仍然利用表 15-1 中男性和女性使用网上购物的人数的数据来讲解检验两独立样本比例的情况。男性和女性使用网上购物的比例是否相同？零假设和备择假设分别为：

$$H_0: \pi_1 = \pi_2$$

$$H_1: \pi_1 \neq \pi_2$$

对单样本的比例进行检验可以用 $z$ 检验，$z$ 值的计算如下：

$$z = \frac{p_1 - p_2}{s_{p_1-p_2}}$$

检验统计量中，分子为两个样本比例之差 $p_1 - p_2$。分母为两个样本比例之差的标准误

$$s_{p_1-p_2} = \sqrt{p(1-p)[\frac{1}{n_1} + \frac{1}{n_2}]}$$

式中

$$p = \frac{n_1 p_1 + n_2 p_2}{n_1 + n_2}$$

显著性水平选择为 $\alpha=0.05$。根据表 15-1 中的数据，检验统计量的计算如下：

$$p_1 - p_2 = \frac{11}{15} - \frac{6}{15}$$

$$= 0.333$$

$$p = \frac{(15 \times 0.733 + 15 \times 0.4)}{(15 + 15)}$$

$$= 0.567$$

$$s_{p_1-p_2} = \sqrt{0.567 \times 0.433(\frac{1}{15} + \frac{1}{15})} = 0.181$$

$$z = \frac{0.333}{0.181} = 1.84$$

双尾检验中，临界值右侧面积为 $\alpha/2$ 即 0.025。因此，检验统计量的临界值为 1.96。由于计算值小于临界值，不能拒绝零假设。这样，男性样本比例（0.733）和女性样本比例（0.400）不存在显著性差异。虽然存在差异，但由于样本容量过小（每组为 15）并不显著。

## 配对样本

在市场营销调研实践中，许多情况下两组样本的观察值并不是从独立样本中抽取的。若两组观察值都与同一调查对象相关，这种样本称为**配对样本**（paired sample）。一个被调查者可以评价两个相互竞争的品牌、评价一个产品两个属性的相对重要性或者在两个不同的时间评估一个品牌。这种情况下的差异性通过**配对 $t$ 检验**（paired sample $t$ test）进行考察。为计算配对 $t$ 统计量，以 $D$ 表示配对差异变量，并计算其样本均值和方差。此时自由度为 $n-1$，$n$ 为配对的对数。提出的一对假设和 $t$ 统计量的表达式为：

$$H_0: \mu_D = 0$$

$$H_1: \mu_D \neq 0$$

$$t_{n-1} = \frac{\overline{D} - \mu_D}{\frac{s_D}{\sqrt{n}}}$$

式中

$$\overline{D}=\frac{\sum_{i=1}^{n}D_i}{n}$$

$$s_D=\sqrt{\frac{\sum_{i=1}^{n}(D_i-\overline{D})^2}{n-1}}$$

$$s_{\overline{D}}=\frac{s_D}{\sqrt{n}}$$

在互联网使用情况例子（见表15-1）中，配对 $t$ 检验可用于分析被调查者对互联网和对科技的态度之间是否存在差异，结果见表15-16。被调查者对互联网态度的均值为5.167，对科技态度的均值为4.100。两个变量的均值之差为1.067，标准差为0.828，标准误为0.151 1，$t$ 值为7.059（=1.067/0.151 1），自由度为30－1＝29，对应概率小于0.001。因此，被调查者对互联网的态度比对科技的态度在总体上更为积极。如果样本足够大并具有代表性，那么调研结果对互联网提供商的启示是，要毫不犹豫地向对科技不持积极态度的消费者推销它们的服务，不要让他们自己去领悟。下面的对15秒和30秒电视广告相对作用的分析可以给我们带来其他启示。

**表15-16　配对 $t$ 检验**

| 变量 | 样本数 | 均值 | 标准差 | 标准误 |
|---|---|---|---|---|
| 对互联网的态度 | 30 | 5.167 | 1.234 | 0.225 |
| 对科技的态度 | 30 | 4.100 | 1.398 | 0.255 |

差异＝互联网－科技

| 均值之差 | 标准差 | 标准误 | 相关系数 | 双尾概率 | $t$ 值 | 自由度 | 双尾概率 |
|---|---|---|---|---|---|---|---|
| 1.067 | 0.828 | 0.151 1 | 0.809 | 0.000 | 7.059 | 29 | 0.000 |

**调研实例**

## 广告时长的重要性

某项目对83位加拿大广告代理公司的媒体总监进行了调查，来确定15秒和30秒的电视广告的相对作用。运用5级量表（1为极好，5为极差），让每位被调查者从品牌认知、主要内容回忆、说服力和情感故事叙述四个方面对15秒电视广告和30秒电视广告分别打分。表15-17说明，30秒电视广告在四个方面的评分均高于15秒电视广告。配对 $t$ 检验表明这些差异十分显著，15秒电视广告作用较差。因此，15秒电视广告不是营销人员寻求的答案。在今天，问题已经不是电视广告的有效性了，而是消费者是否观看了广告。通用汽车这类频繁投放广告的企业需要更有效和更有创意的方式来展现自我。[14]

**表15-17　15秒和30秒广告四个维度的平均得分**

| 品牌认知 | | 主要内容回忆 | | 说服力 | | 情感故事叙述 | |
|---|---|---|---|---|---|---|---|
| **15秒广告** | **30秒广告** | **15秒广告** | **30秒广告** | **15秒广告** | **30秒广告** | **15秒广告** | **30秒广告** |
| 2.5 | 1.9 | 2.7 | 2.0 | 3.7 | 2.1 | 4.3 | 1.9 |

在下面的非参数检验中，我们讲述涉及配对样本比例差异性的McNemar检验和卡方检验。

# 15.10　非参数检验

非参数检验用于自变量为定性变量的情况。与参数检验类似，非参数检验包括单样本、两个独立样本和两个相关样本的检验。

## 单样本

有时，调研人员需要检验某个变量的观察值是否来源于一个特定的分布，如正态分布、均匀分布和泊松分布。想要得到与给定变量值对应的概率或给定概率对应的变量值，首先需要了解关于各种分布的知识。**K-S 单样本检验**（K-S one-sample test）就是一种拟合优度检验方法，它将一个变量的累积分布函数与特定分布进行比较。用 $A_i$ 表示理论（假定）分布每个类别的累积相对频数，$O_i$ 表示相应的样本频数值。K-S 单样本检验以 $A_i$ 和 $O_i$ 差的绝对值的最大值为基础。检验统计量为：

$$K=\max|A_i-O_i|$$

是否拒绝零假设取决于 $K$ 值，$K$ 值越大，就越有把握判断零假设为错误。对于 $\alpha=0.05$ 的显著性水平，在大样本的情况下，$K$ 值由 $1.36/\sqrt{n}$ 确定。[15] 或者，也可以将 $K$ 值转化为正态分布 $z$ 统计量及对应概率。

在互联网使用情况的例子中，假设需要检验互联网使用情况是否服从正态分布，使用 K-S 单样本检验，结果见表 15-18。观察值与正态分布相应值差的绝对值最大值 $K=0.222$，尽管样本容量只有 30，我们仍然采用近似公式，$K$ 的临界值为 $1.36/\sqrt{30}=0.248$，由于 $K$ 的计算值小于临界值，不能拒绝零假设。或者说，表 15-18 显示由正态 $z$ 统计量决定的 $K$ 的观察值为 0.222 的概率为 0.103，大于 0.05 的显著性水平，因此不能拒绝零假设，结论相同。所以，互联网使用时间的分布没有显著偏离正态分布。这表明，我们可以放心使用假设变量服从正态分布的检验统计量（$z$ 检验）和检验方法。

**表 15-18　互联网使用时间正态性的 K-S 单样本检验**

| 检验分布——正态分布 | | | | |
|---|---|---|---|---|
| 均值 | | 6.600 | | |
| 标准差 | | 4.296 | | |
| 样本数 | | 30 | | |
| 差的最大值 | | | | |
| 绝对值 | 正向 | 负向 | K-S $z$ 值 | 双尾检验 $p$ 值 |
| 0.222 | 0.222 | −0.142 | 1.217 | 0.103 |

如上所述，卡方检验也可以用于单样本中的单变量检验。这里的卡方检验为拟合优度检验，可以检验每个变量类别中观察到的样本数与预期样本数是否存在显著差异。其他单样本非参数检验包括游程检验和二项式检验。**游程检验**（run test）是对二分变量随机性的检验，通过确定观察值的顺序是否随机来进行。**二项式检验**（binomial test）是对二分变量的拟合优度的检验，检验每个类别中观察值的数量与特定二项式分布下预期数量的拟合优度。欲获得关于这些检验的详细信息，请参考标准统计类文献。[16]

## 两个独立样本

当对来自两个独立样本的观察值进行比较从而判断两个总体位势差异，且变量是以定序尺度量度时，可以使用 **Mann-Whitney *U* 检验**（Mann-Whitney *U* test）。[17]这个检验与假设两个定距变量总体方差相等时的两个独立样本 $t$ 检验相对应。

Mann-Whitney *U* 检验中，将两组样本进行合并，并将所有个体以升序排列。检验统计量 $U$ 是样本 1 或组 1 的个体的排序大于样本 2 或组 2 中相应个体排序的次数。如果两个样本来自同一总体，那么由两组样本在顺序表上排序确定的得分分布就应为随机的。$U$ 值很大说明两组数据不是以随机形式获取的，并且由此形成了二者的不等。对于小于 30 的样本，可以计算出确切显著性水平下的 $U$ 值。对于大样本，$U$ 需要转化为正态分布的 $z$ 统计量，并可以根据排序相等的情况进行修正。

运用 Mann-Whitney *U* 检验再次考察男性和女性互联网使用率的差异，结果见表 15－19。结果同样发现两个组别有显著差异，与之前的两个独立样本 $t$ 检验结果相同。将观察值由小到大排序，男性的平均排名（20.93）越大，说明男性比女性（平均排名为 10.07）的互联网使用率高。

**表 15－19　Mann-Whitney *U* 检验**

| 性别与互联网使用 | | | |
|---|---|---|---|
| 性别 | 排序均值 | | 样本数 |
| 男性 | 20.93 | | 15 |
| 女性 | 10.07 | | 15 |
| 总体 | | | 30 |
| $U$ | $W$ | $z$ | 相等情况经调整的双尾 $p$ 值 |
| 31.000 | 151.000 | −3.406 | 0.001 |

说明：$U$=Mann-Whitney *U* 检验统计量；$W$=Wilcoxon 检验统计量；$z$=$U$ 标准化后的值。

调研人员通常还需要检验两个独立样本的比例是否存在差异。除了之前的参数 $z$ 检验，还可以使用列联分析进行卡方检验。[18]本例中，我们可以得到一个 2×2 的表格，其中一个变量用来表示样本来源，取值为 1 代表来自样本 1，取值为 2 代表来自样本 2；另一个变量则是需要检验的二元变量。

另外两个独立样本非参数检验为中位数检验和 K-S 检验。**双样本中位数检验**（two-sample median test）判断两组样本是否来自中位数相同的总体，它不如 Mann-Whitney *U* 检验有力度，因为其只利用每个观测值与中位数的相对位置信息，而没有应用排序信息。**K-S 双样本检验**（Kolmogorov-Smirnov two-sample test）判断两个分布是否相同，如下面的例子所示，需要考虑到两个分布的中位数、离差和偏度等所有方面的不同。

**调研实例**

### 调研改变决定

营销调研总监和其《财富》制造业 500 强企业客户如何看待营销调研在发起营销变革形成策略方面的作用？调研发现营销调研总监比其客户更支持变革反对保持现状。对“无论何时只要可能就发起变革”这个问题的回答比例见表 15－20。运用 K-S 检验，如表 15－20 中所示，在 0.05 的显著性水平下存在角色定义的差异。

在充满不确定性的经济环境下，营销调研的客户更加不愿意推行营销策略变革。今天的商业大环境下，委托营销调研的客户必须克服这种阻力，并对当前市场的购买力有更深刻的理解。因此，营销调研公司应尽更大努力来使其客户（通常是营销经理）明白营销调研的价值。[19]

**表 15-20　营销调研在策略形成中的角色**

| | 比例 | | | | | |
|---|---|---|---|---|---|---|
| 样本 | 样本数 | 绝对需要 | 应该需要 | 没关系 | 应该不需要 | 绝对不需要 |
| D | 77 | 7 | 26 | 43 | 19 | 5 |
| U | 68 | 2 | 15 | 32 | 35 | 16 |

说明：K-S 显著性水平＝0.05。D＝营销调研总监；U＝客户。

本例中，营销调研总监和客户组成两个独立样本。然而，不同的样本并不总是独立的，在配对样本情况下，应采用不同的检验方法。

## 配对样本

**Wilcoxon 配对样本符号秩检验**（Wilcoxon matched-paired signed-ranks test）是一种十分重要的根据配对样本观察值检验两个总体位势差异的非参数检验。这个检验分析配对观察值的差异以及差异的大小。计算出配对值的差后，按大小将其进行排序，然后加总正差值和负差值的序数。检验统计量 $z$ 就是根据正负差值的序数计算的。零假设成立时，组间无差异，大样本的 $z$ 值服从均值为 0，方差为 1 的标准正态分布。此检验与前面提到的配对 $t$ 检验相对应。[20]

我们继续使用配对 $t$ 检验所用的例子，检验调查对象对互联网与对技术态度的差异。假定这两个变量都为定序变量而不是定距变量，因此使用 Wilcoxon 配对样本符号秩检验，结果见表 15-21。变量之间再次显示出显著差异，结果与配对 $t$ 检验一致。此时，共有 23 个负差值（对互联网的态度优于科技），这些负差值的平均序数为 12.72；同时只有 1 个正差值（对科技的态度优于互联网），其平均序数为 7.50；二者相等的情况（对互联网与对科技的态度相同）有 6 个。这些数字说明调查对象对互联网的态度更为积极。另外，$z$ 统计量对应概率小于 0.05，说明二者的差异具有显著性。

**表 15-21　Wilcoxon 配对样本符号秩检验**

| 互联网与科技 | | |
|---|---|---|
| 科技一互联网 | 样本数 | 序数均值 |
| 一序数 | 23 | 12.72 |
| 十序数 | 1 | 7.50 |
| 相等 | 6 | |
| 合计 | 30 | |
| Z＝－4.207 | 双尾 $p$ 值＝0.000 0 | |

**调研决策**

### 通用磨坊公司的调研

#### 情境

通用磨坊公司首席执行官斯蒂芬·W. 撒格（Stephen W. Sanger）时刻面临消费者口味与偏好发生改变的挑战。近期通用磨坊公司进行了一项针对食品杂货店最重要的客户——女性的座谈会。食品杂货店的光顾者中 3/4 为女性，并且这些女性中大部分人都更注重自己的健康和食物的营养价值。尽管市场上有许多富含维生素和矿物质的谷类食物，如 Total 或家乐氏的 Smart Start，通用磨坊公司仍决定开发一种专为女性设计的产品。

营养师罗伯塔·杜夫（Roberta Duyff）指出女性每天摄取的钙质、叶酸等营养成分往往不够。杜夫说："如果只需每天早上的一杯麦片，就可以帮助女性提高营养物质的摄取量，那真是太好了。如果再添加一杯牛奶，牛奶中富含的维生素 D 可以帮助麦片和牛奶中钙质的吸收。"

这是通用磨坊公司看到的一个优势——方便快捷：只需早上喝杯奶就可以完成一天所需的微量元素的摄取。不光产品的便捷性是公司的开发动力，而且座谈会的结果也显示，女性希望拥有属于她们自己的产品。事实上，通用磨坊公司副营销经理梅甘·南丁格尔（Megan Nightingale）表示："我们的调研显示，女性正在寻找营养、快捷、方便并且口感好的产品。"

2007年，通用磨坊公司与Curves国际合作推出了Curves Cereal麦片。这款新产品口味微甜，谷香浓郁，包括全麦和蜂蜜两种口味。两种口味每单位产品所含热量都低于200卡路里，且包含建议谷物摄取量的33%和2克纤维，同时还含有几种重要维生素和矿物质。

公司进行了一项电话调查来确定营养、快捷、方便或口感好在影响女性对Curves Cereal麦片的偏好和消费决策中的相对重要性。

**营销调研决策**

1. 在女性购买Curves Cereal麦片的决策中营养、快捷、方便和口感好四个变量的相对重要性如何？应该进行哪种类型的分析？

(1) 四种因素重要性的频数分布。

(2) 四种因素重要性的平均水平。

(3) 产品购买与四种因素重要性的交叉列联表：卡方分析。

(4) 以上全部。

2. 讨论你建议的数据分析种类如何帮助撒格理解女性对Curves Cereal麦片的偏好和消费。

**营销管理决策**

1. Curves Cereal麦片的广告应强调哪个特质？

(1) 营养。

(2) 快捷。

(3) 方便。

(4) 口感好。

(5) 以上全部。

2. 你建议的数据分析方法和分析结论如何影响你提出的营销管理决策？讨论这一问题。[21]

---

另外一种配对样本非参数检验为**符号检验**（sign test）。[22]由于只比较配对样本差值的符号，而不考虑差值的大小，这种检验不如Wilcoxon配对样本符号秩检验有力度。在二元变量的特殊情况下，调研人员需要检验比例之间的差异，可以使用McNemar检验，或者也可以使用卡方检验。关于差异性检验的各种参数检验和非参数检验在表15-22中进行了总结。表15-22中的假设检验与图15-9相关，而表15-22将这些检验更细致地进行了分类，因为参数检验（基于定量数据）分为均值和比例的检验。同样，非参数检验（基于定性数据）也进一步分为分布和序数/中位数检验。下面的例子讲述国际品牌策略中假设检验的应用。

**表15-22　差异性假设检验总结**

| 样本 | 应用 | 数据类别 | 检验/注释 |
|---|---|---|---|
| 单样本 | | | |
| 单样本 | 分布 | 非定量数据 | 对拟合优度的K-S和卡方检验<br>随机性的游程检验<br>二分变量拟合优度的二项式检验 |
| 单样本 | 均值 | 定量数据 | 方差未知，$t$检验<br>方差已知，$z$检验 |
| 单样本 | 比例 | 定量数据 | $z$检验 |

续表

| 样本 | 应用 | 数据类别 | 检验/注释 |
|---|---|---|---|
| 两个独立样本 | | | |
| 两个独立样本 | 分布 | 非定量数据 | 考察两个分布相同的 K-S 双样本检验 |
| 两个独立样本 | 均值 | 定量数据 | 两组 $t$ 检验<br>考察方差相等的 $F$ 检验 |
| 两个独立样本 | 比例 | 定量数据 | $z$ 检验 |
| | | 非定量数据 | 卡方检验 |
| 两个独立样本 | 秩次/中位数 | 非定量数据 | Mann-Whitney $U$ 检验比中位数检验更有力度 |
| 配对样本 | | | |
| 配对样本 | 均值 | 定量数据 | 配对 $t$ 检验 |
| 配对样本 | 比例 | 非定量数据 | 二元变量的 McNemar 检验、卡方检验 |
| 配对样本 | 秩次/中位数 | 非定量数据 | Wilcoxon 配对样本符号秩检验比符号检验更有力度 |

**调研实例**

### 国际品牌资产

进入 21 世纪后，全球营销趋势越来越明显。营销人员应该如何向具有不同历史文化背景的消费者推销自己的产品？一般来说，一个企业的国际品牌结构包括企业特点、产品市场特点和市场动态性。德尔蒙公司（Del Monte）前总裁鲍勃·克罗尔（Bob Kroll）认为尽管迎合各国的不同偏好更重要，统一的包装也应该是国际产品营销的一种资产。近来一项关于国际产品营销的调研证实了这一点，营销管理人员相信当前全球化思维、本地化行动是最佳选择。这项调研的调查对象包括 100 个品牌经理和产品经理，以及美国国内最大的食品、药品和个人产品公司的营销人员，其中 39%的人表示在国外市场不应使用统一包装，38%的人对统一包装表示赞同。那些认为应根据目标市场进行本地化包装的人也提出要尽可能多地保持品牌资产和包装的一致性，但应根据不同市场的语言和法律法规进行调整。根据这些发现，可以提出调研问题：不同国家的消费者是否乐意购买根据他们的需要而进行不同包装的国际品牌产品？调研假设为：在其他条件保持不变的情况下，知名品牌产品采用标准化的品牌和本地化的包装能够获得更大的市场份额。具体表述如下：

$H_0$：知名品牌采用标准化的品牌和本地化的包装不会在国际市场上获得更大的市场份额。

$H_1$：其他条件相同的情况下，知名品牌采用标准化的品牌和本地化的包装可以获得更大的市场份额。

为检验零假设，可以选择采用混合策略的高露洁牙膏品牌，比较其在采用标准化品牌和包装的国家中的市场份额与采用标准化品牌和本地化包装的国家中的市场份额。在控制其他因素的影响之后，采用两个独立样本的 $t$ 检验。[23]

## 本章小结

基础数据分析可以提供有价值的信息，指导下一步的数据分析和对分析结果的解释。对数据中的每个变量都应进行频数分布分析，给出与该变量所有取值有关的频数、百分比和累积百分比的表格，并从中找出离群值、缺失值和极端值。均值、中位数和众数是数据集中趋势量度指标。数据离散趋势由极差、方差或标准差、变异系数和四分位差来表现。偏度和峰度可以提供对分布形状的基本认识。图 15－10 给出了频数分布的概念图。

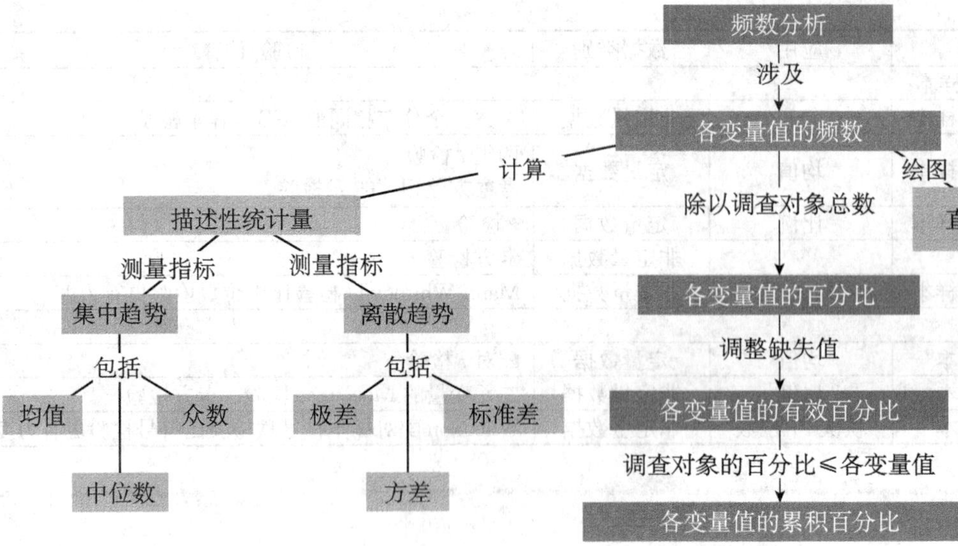


**图 15-10　频数分析概念图**

假设检验的一般步骤分为8步：建立零假设 $H_0$ 和备择假设 $H_1$；选择合适的检验统计量；确定显著性水平 $\alpha$；在零假设成立的条件下，计算检验统计量的值；确定与之对应的概率或临界值；比较检验统计量计算值对应概率与显著性水平，或者确定检验统计量是否落入拒绝域；做出相应决策；得出结论。

交叉列联表是反映两个或多个变量联合分布的表格。在交叉列联表中，可以计算以列合计为基数的列百分比和以行合计为基数的行百分比。通常是沿着自变量的方向来计算的。引入第三个变量常常会有其他的发现。卡方统计量提供对交叉列联表中观察到的相关关系的统计显著性的检验，$\varphi$ 系数、列联系数、Cramer's $V$ 和 $\lambda$ 系数则是衡量变量之间相关性强度的指标。图15-11为交叉列联表分析的概念图。

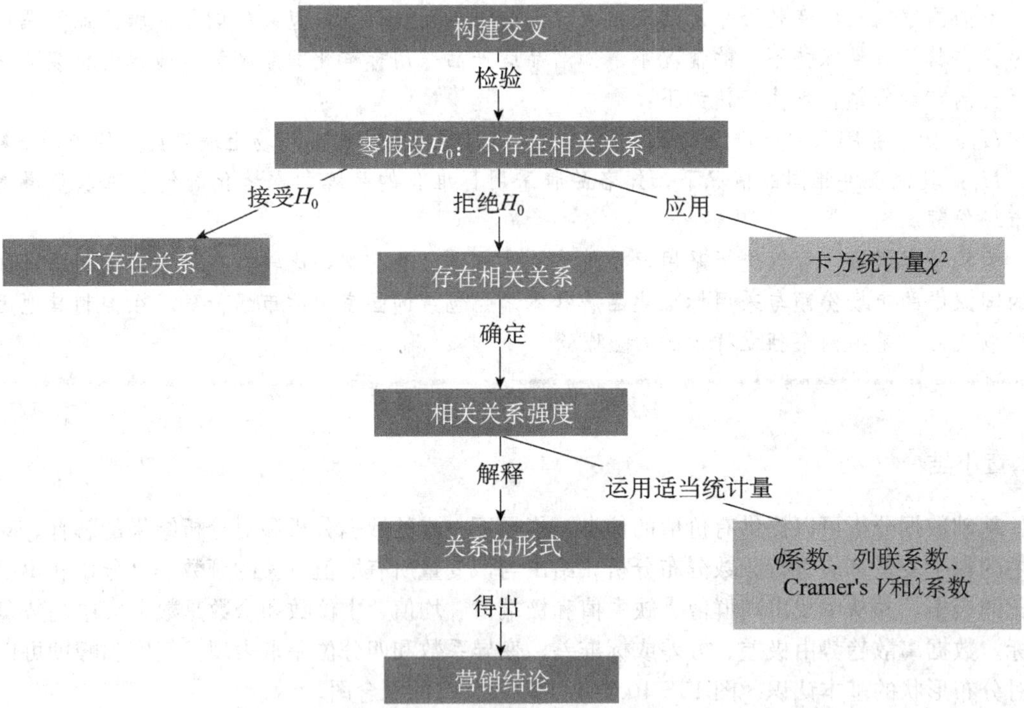


**图 15-11　交叉列联表分析的概念图**

差异性假设检验的方法有参数检验和非参数检验。在参数检验中，$t$ 检验用于考察与总体均值有关的假设，不同形式的 $t$ 检验分别适用于单样本、两个独立样本和配对样本的假设检验。图 15－12 是 $t$ 检验的概念图。在非参数检验中，常用的单样本检验包括 K-S 检验、卡方检验、游程检验和二项式检验。两个独立样本的非参数检验可使用 Mann-Whitney $U$ 检验、中位数检验和 K-S 检验。对于配对样本，Wilcoxon 配对样本符号秩检验可用于考察与位势测量相关的假设。

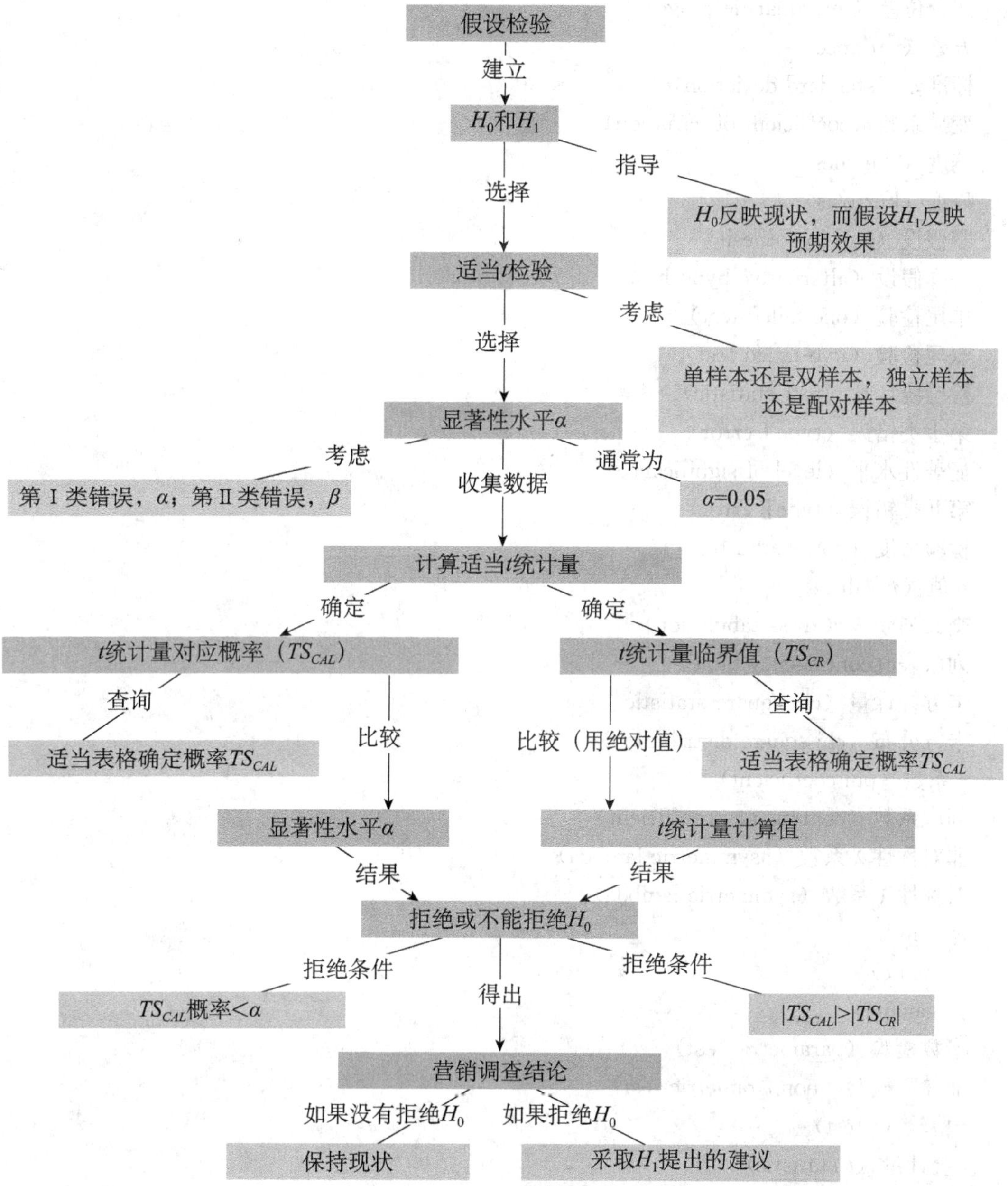


**图 15－12　$t$ 检验概念图**

## 关键术语与概念

频数分布（frequency distribution）

集中趋势量度指标（measures of location）
均值（mean）
众数（mode）
中位数（median）
离散趋势量度指标（measures of variability）
极差（range）
四分位差（interquartile range）
方差（variance）
标准差（standard deviation）
变异系数（coefficient of variation）
偏度（skewness）
峰度（kurtosis）
零假设（null hypothesis）
备择假设（alternative hypothesis）
单尾检验（one-tailed test）
双尾检验（two-tailed test）
检验统计量（test statistic）
第Ⅰ类错误（typeⅠerror）
显著性水平（level of significance）
第Ⅱ类错误（typeⅡerror）
检验力度（power of a test）
$p$ 值（$p$ value）
交叉列联表（cross-tabulation）
列联表（contingency table）
卡方统计量（chi-square statistic）
卡方分布（chi-square distribution）
$\varphi$ 系数（phi coefficient）
列联系数（contingency coefficient）
非对称性 $\lambda$ 系数（asymmetric lambda）
对称性 $\lambda$ 系数（symmetric lambda）
$\tau_b$（tau b）
$\tau_c$（tau c）
$\gamma$（gamma）
参数检验（parametric test）
非参数检验（nonparametric test）
$t$ 检验（$t$ test）
$t$ 统计量（$t$ statistic）
$t$ 分布（$t$ distribution）
$z$ 检验（$z$ test）
独立样本（independent sample）
$F$ 检验（$F$ test）
$F$ 统计量（$F$ statistic）

$F$ 分布（$F$ distribution）
配对样本（paired sample）
配对 $t$ 检验（paired sample $t$ test）
K-S 单样本检验（K-S one-sample test）
游程检验（run test）
二项式检验（binomial test）
Mann-Whitney $U$ 检验（Mann-Whitney $U$ test）
双样本中位数检验（two-sample median test）
K-S 双样本检验（Kolmogorov-Smirnov two-sample test）
Wilcoxon 配对样本符号秩检验（Wilcoxon matched-paired signed-ranks test）
符号检验（sign test）

## 练习

### 问答题

1. 描述计算频数的过程。
2. 常用的集中趋势量度指标有哪些？
3. 定义四分位差，它是用于测量什么的？
4. 变异系数的含义是什么？
5. 如何测量一个分布的相对平缓性或相对陡峭性？
6. 什么是偏态分布？它意味着什么？
7. 交叉列联表与频数分布表的主要区别是什么？
8. 计算交叉列联表百分比的一般原则是什么？
9. 定义有欺骗性的相关关系。
10. 隐藏的联系是指什么？如何揭示？
11. 讨论交叉列联表常用的原因，其局限性有哪些？
12. 对假设检验方法进行分类。
13. 描述进行 $t$ 检验的步骤。
14. 参数检验和非参数检验的主要区别是什么？
15. 与两个独立样本 $t$ 检验对应的非参数检验是什么？
16. 与配对样本 $t$ 检验对应的非参数检验是什么？

### 练习题

1. 说明以下情况下你可能进行的统计分析和选择的假设检验方法。

（1）用 11 级李克特量表测量消费者对卡玫尔香皂的偏好，然后向这些消费者播放一个卡玫尔的电视广告，之后再次测量消费者的偏好。电视广告在增加消费者对产品的偏好方面成功了吗？

（2）消费者对卡玫尔香皂的偏好变量是否服从正态分布？

（3）在一项对 1 000 个家庭进行的调查中，把调查对象分为重度使用者、一般使用者、轻度使用者和不使用者，同时还将调查对象按收入分为高收入、中等收入和低收入群体。冰激凌的消费量与收入水平相关吗？

（4）在一项由 Greenfield Online 提供的 2 000 个家庭为样本的调查中，要求调查对象对包括西尔斯在内的 10 家百货商店根据偏好程度进行排序。样本根据家庭规模被划分为大家庭和小家庭。在西尔斯购物的偏好会受到家庭规模的影响吗？

2. 如果低于30%的消费者喜欢一个软饮料品牌的电视广告，公司就会改变现有的广告策略。

（1）建立零假设和备择假设。

（2）讨论假设检验中可能出现的第Ⅰ类错误和第Ⅱ类错误。

（3）你会采用哪种统计检验？为什么？

（4）300个顾客的随机样本中有84个表示喜欢这个广告。这个广告是否应该进行改变，为什么？

3. 一家连锁百货商店正在进行冰箱的季末降价促销活动。10个样本商店售出的冰箱数分别为（单位：台）：80，110，0，40，70，80，100，50，80，30。

（1）这些数据可否说明这次促销活动中每家商店平均售出的冰箱多于50台？$\alpha=0.05$。

（2）进行检验之前的假设有哪些？

## 活动

**角色扮演**

假如你被一家大型工业品销售公司聘为营销调研分析员，你的上级——营销调研经理——一个很有能力的统计专家（由另一名同学扮演）不相信简单数据分析（频数分布、交叉列联表和简单 $t$ 检验），请说服他这些方法是有用的。

**实地调查**

设计一份问卷，从你所在学校的学生中收集下面的信息：

（1）每周在软饮料上的平均支出。

（2）每周在非酒精饮料（咖啡、牛奶、茶、果汁等）上的平均支出。

（3）每周软饮料消费的频数。利用下面问题将其作为分类变量进行测量：你消费软饮料有多频繁？a. 每周一次或更少；b. 每周2～3次；c. 每周4～6次；d. 每周多于6次。

（4）调查对象的性别。

对40名学生进行问卷调查，将数据进行编码、录入。与男同学相比，女同学在软饮料、非酒精饮料上的支出更多吗？她们是否每周消费更多次的软饮料？

**小组讨论**

1. 以小组的形式讨论如下陈述："因为交叉列联表具有一定局限性，商业营销调研中这项技术不应频繁使用。"

2. 以小组的形式讨论如下陈述："为什么在基本数据分析上浪费时间呢？为什么不直接进行复杂的多元统计分析呢？"

## 连续案例：戴尔

阅读书末附录A中戴尔的案例，以及提供的调查问卷，下载数据资料。

1. 计算数据资料中每个变量的频数分布，以获得对数据分布的整体感觉。

2. 根据人口统计学特征，将重新编码的Q4、Q5、Q6交叉列表，并解释结果。

3. 根据人口统计学特征，将重新编码的价格敏感性问题（Q9_5per 和 Q9_10per）交叉列表，并解释结果。

4. 对戴尔的平均评价（Q8_1～Q8_13）超过5（量表的中心刻度）了吗？

5. 对戴尔的评价（Q8 _ 1～Q8 _ 13）中哪一项是正态分布的？这一结果对数据分析有什么影响？

6. 第 14 章中分出的两组“总体满意度”，和本章基于对戴尔的评价（Q8 _ 1～Q8 _ 13）分出的两组“总体满意度”是否不同？如果对戴尔的评价（Q8 _ 1～Q8 _ 13）按定序尺度而不是定距尺度处理，结果会有什么不同？

7. 第 14 章中分出的两组“是否会提出建议”，和本章基于对戴尔的评价（Q8 _ 1～Q8 _ 13)分出的两组“是否会提出建议”是否不同？如果对戴尔的评价（Q8 _ 1～Q8 _ 13）按定序尺度而不是定距尺度处理，结果会有什么不同？

8. 第 14 章中分出的两组“选择戴尔的可能性”，和本章基于对戴尔的评价（Q8 _ 1～Q8 _ 13）分出的两组“选择戴尔的可能性”是否不同？如果对戴尔的评价（Q8 _ 1～Q8 _ 13）按定序尺度而不是定距尺度处理，结果会有什么不同？

9. 对 Q8 _ 1 的应答平均值和对 Q8 _ 2 的应答平均值是否不同？如果对戴尔的评价(Q8 _ 1 和 Q8 _ 2）按定序尺度而不是定距尺度处理，结果会有什么不同？

10. 对 Q8 _ 9 的应答平均值和对 Q8 _ 10 的应答平均值是否不同？如果对戴尔的评价(Q8 _ 9 和 Q8 _ 10）按定序尺度而不是定距尺度处理，结果会有什么不同？

11. 对 Q8 _ 6 的应答平均值和对 Q8 _ 7 的应答平均值是否不同？如果对戴尔的评价(Q8 _ 6 和 Q8 _ 7）按定序尺度而不是定距尺度处理，结果会有什么不同？

# 第16章 方差与协方差分析

如果要分析多于两组被调查者的定距和定比数据之间的差异，用方差分析是最直截了当的。

——Grapentine 公司特里·格拉鹏塔尼（Terry Grapentine）

## 学习目标

1. 了解方差分析技术的范畴，以及与 $t$ 检验和回归分析的关系。
2. 描述单因素方差分析，包括总方差分解、效果测量、显著性检验和结果解读。
3. 描述多因素方差分析，以及各因素总效应、交互效应和主效应的显著性检验。
4. 描述协方差分析，并阐明如何估计未控制的自变量的影响。
5. 阐释用于结果解读的关键因素，重点是交互效应、因素的相对重要性和多重比较。
6. 探讨营销所用的一些特殊方差分析技术，比如重复测量方差分析、非定量方差分析和多元方差分析。

## 本章概述

第 15 章探讨了如何检验两个均值或两个中位数的差异。本章考察了两个以上均值或中位数差异的检验方法，称为方差和协方差分析。虽然这些方法传统上用于分析实验数据，但也可用于对调查或观察数据的分析。

本章描述了方差和协方差分析方法，探讨了它们与其他统计方法的关系，然后讲述这些方法中最简单的单因素方差分析，接下来是多因素方差和协方差分析。特别关注对结果的解读，包括交互效应、因素的相对重要性和多重比较。最后，简要介绍了其他一些专题，如重复测量方差分析、非定量方差分析和多元方差分析。[1]

## 16.1 统计方法之间的关系

方差和协方差分析用于检验因变量在控制自变量作用下的均值差异，同时还考虑了非控制自变量的影响。从本质上讲，**方差分析**（analysis of variance，ANOVA）一般在两组或两组以上均值差异检验时使用。通常零假设为各组均值相等。例如，假如想要了解麦片的重度使用者、中度使用者、轻度使用者和不使用者对 Total 麦片的偏好（用 9 级李克特量表测量）是否存在差异，零假设即为四组使用者对 Total 麦片的偏好不存在差异，可以通过方差分析进行检验。

最简单的方差分析必须有一个定量（用定距或定比尺度测量）因变量（Total 麦片的偏好），以及一个或多个自变量（产品使用量：重度使用者、中度使用者、轻度使用者和不使用者）。所有自变量必须是定类的（非定量的），定类自变量又称**因素**（factor），因素水平或类别的特定组合称为一种**处理**（treatment）。**单因素方差分析**（one-way analysis of variance）只涉及一个定类变量或单一因素，重度使用者、中度使用者、轻度使用者和不使用者的差异可通过单因素方差分析来考察。在单因素方差分析中，一种处理就等同于一个因素水平（例如中度使用者便构成一种处理）。如果涉及两个或两个以上因素，就称为**多因素方差分析**（*n*-way analysis of variance）。如果除了产品使用量，调研人员还想了解忠诚消费者和非忠诚消费者对 Total 麦片的偏好差异，就可以进行多因素方差分析。

如果自变量既包含定类变量又包含定量变量，就要用**协方差分析**（analysis of variance，ANCOVA）。例如，在考虑被调查者对营养的态度与对早餐重要性的认识的前提下，调研人员希望考察各产品使用组和各忠诚度组的偏好时，就需要采用协方差分析，前两个变量用 9 级李克特量表测量。在本例中，定类自变量（产品使用量和品牌忠诚度）仍然作为因素，同时，定量自变量（对营养的态度与对早餐重要性的认识）作为**协变量**（covariate）。

方差分析与 $t$ 检验及回归分析（见第 17 章）等其他统计技术的关系如图 16－1 所示。这些统计技术都涉及一个定量因变量，方差分析和协方差分析可包含一个以上自变量（如产品使用量、品牌忠诚度、对营养的态度、对早餐重要性的认识），而且其中至少有一个是定类的，该定类变量可以有两个以上类别（本例中的产品使用量有四个类别）。但是，$t$ 检验只涉及一个二分自变量。例如，可以通 $t$ 检验来考察对品牌忠诚和非忠诚的被调查者的偏好差异。回归分析与方差分析和协方差分析一样，也可涉及一个以上自变量。尽管回归分析中的二分变量和定类变量可作为虚拟变量来处理，但所有自变量通常都是用定距尺度进行测量的。例如，对 Total 麦片的偏好与对营养的态度和对早餐重要性的认识之间的关系可用回归分析来研究，其中偏好为因变量，态度和认识为自变量。

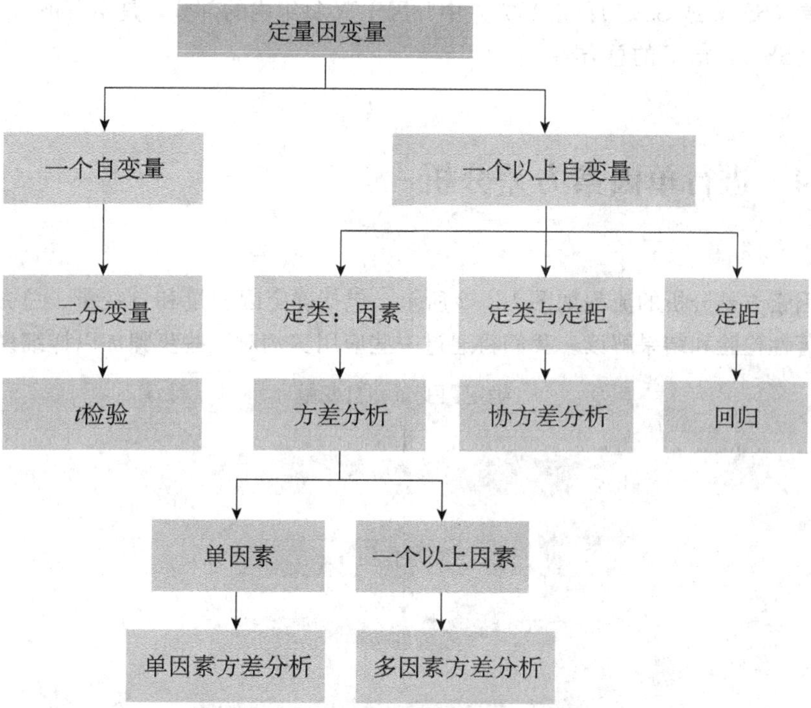


**图 16－1　$t$ 检验、方差分析、协方差分析和回归分析之间的关系**

## 16.2 单因素方差分析

营销调研人员经常需要考察因变量在单个自变量或因素的不同类别下的均值差异，例如：

- 各个细分市场的产品消费量存在差异吗？
- 接触不同电视广告的人群对品牌的评价有差别吗？
- 零售商、批发商、代理商对厂家的分销政策态度一致吗？
- 消费者对某品牌的购买意向如何随价格水平变化而变化？
- 消费者对商店的熟悉程度（高、中、低）对商店偏好有何影响？

单因素方差分析可为以上或类似问题提供答案。在描述分析过程之前，首先定义一些与单因素方差分析有关的重要统计量。[2]

## 16.3 与单因素方差分析相关的统计量

**eta²**（$\eta^2$）：用于测量 $X$（自变量或因素）对 $Y$（因变量）作用的强度，其值在 0~1 之间变动。

***F* 统计量**（$F$ statistic）：是 $X$ 均方和均方误差之比，用来检验总体的组均值相等的零假设。

**均方**（mean square）：是平方和除以适当的自由度。

**组间方差**（$SS_{between}$ 或 $SS_x$）：指与 $X$ 组均值方差有关的 $Y$ 方差，代表 $X$ 组间的方差或者 $Y$ 平方和中与 $X$ 有关的部分。

**组内方差**（$SS_{within}$ 或 $SS_{error}$）：指 $Y$ 方差中归因于 $X$ 每组内的部分，是不可被 $X$ 解释的部分。

**总方差**（$SS_Y$）：指 $Y$ 的总方差。

## 16.4 进行单因素方差分析

进行单因素方差分析的流程如图 16-2 所示，包括确定因变量和自变量、总方差分解、测量作用、显著性检验和结果解读。我们将通过一些应用实例对这些步骤加以详细说明。

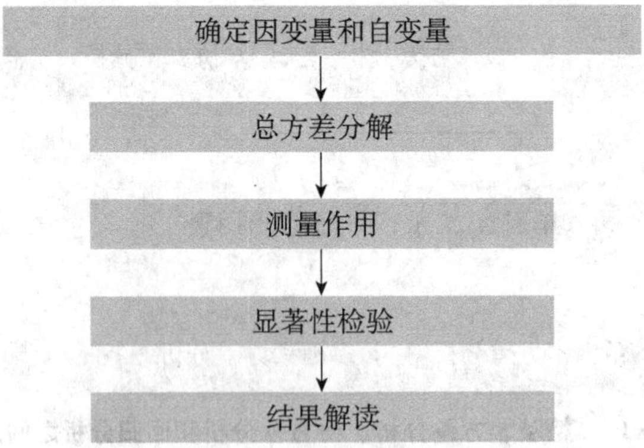


图 16-2 进行单因素方差分析

## 确定因变量和自变量

因变量以 $Y$ 表示，自变量以 $X$ 表示。$X$ 是定类变量，共有 $c$ 类，每类中有 $n$ 个 $Y$ 的观察值（见表 16-1）。所以，$X$ 每一类别的样本规模为 $n$，总样本规模为 $N=n\times c$。为了方便，假设 $X$ 各类别中的样本规模（组规模）相等，但这并非必须的。

**表 16-1**

| | 自变量 | | $X$ | | | |
|---|---|---|---|---|---|---|
| | 类 | | | | 总样本 | |
| | $X_1$ | $X_2$ | $X_3$ | … $X_c$ | | |
| 组内方差 $=SS_{within}$ | $Y_1$ | $Y_1$ | $Y_1$ | $Y_1$ | $Y_1$ | 总方差 $=SS_y$ |
| | $Y_2$ | $Y_2$ | $Y_2$ | $Y_2$ | $Y_2$ | |
| | ⋮ | | | | ⋮ | |
| | $Y_n$ | $Y_n$ | $Y_n$ | $Y_n$ | $Y_N$ | |
| 组均值 | $\overline{Y}_1$ | $\overline{Y}_2$ | $\overline{Y}_3$ | $\overline{Y}_c$ | $\overline{Y}$ | |
| | 组间方差 $=SS_{between}$ | | | | | |

## 总方差分解

为了考察组均值的差异，单因素方差分析需要对因变量中的观察值进行**总方差分解**（decomposition of the total variation），该方差由被均值调整的平方和（SS）测量。方差分析这一名字的由来是因为它考察样本（因变量）的差异性或方差，并且确定是否能相信总体的组均值存在差异。

$Y$ 的总方差由 $SS_y$ 表示，可分解为两部分：

$$SS_y = SS_{between} + SS_{within}$$

式中，下标 *between* 和 *within* 指 $X$ 的类别，$SS_{between}$ 是 $Y$ 方差中与 $X$ 的组均值方差有关的部分，代表 $X$ 的类别间方差。换言之，$SS_{between}$ 是 $Y$ 的平方和中与自变量或因素 $X$ 有关的部分，因此 $SS_{between}$ 也可以表示成 $SS_x$。$SS_{within}$ 是 $Y$ 的方差中与 $X$ 的组内方差有关的部分，不是由 $X$ 引起的，因此也称为 $SS_{error}$。$Y$ 的总方差可以被分解为：

$$SS_y = SS_{between} + SS_{error}$$

$$SS_y = \sum_{i=1}^{N}(Y_i - \overline{Y})^2$$

$$SS_x = \sum_{j=1}^{C} n(\overline{Y_j} - \overline{Y})^2$$

$$SS_{error} = \sum_{j=1}^{C}\sum_{i-1}^{n}(Y_{ij} - \overline{Y_j})^2$$

式中，$Y_i$ 为个别观察值；$\overline{Y_j}$ 为第 $j$ 类的均值；$\overline{Y}$ 为总样本均值，即总均值；$Y_{ij}$ 为第 $j$ 类的第 $i$ 个观察值。

通过将 $Y$ 的总方差 $SS_y$ 分解为 $SS_{between}$ 与 $SS_{within}$ 来考察组均值差异，这一逻辑很容易理解。回顾第 15 章，如果变量在样本中的方差已知或可估计，便可仅根据随机方差来估计组均值的变化范围。在方差分析中，存在 $n$ 个不同的组（如重度使用者、中度使用者、轻度使用者和不使用者）。如果零假设为真，表明样本中的各组均值相等，由此便可仅根据抽样（随机）方差来估计样本均值的变化范围。如果样本均值中观察到的方差大于根据抽样方差估计的值，则有理由认为这些额外差异与样本中的组均值差异有关。

方差分析需要估计两个方差：组内方差（$SS_{within}$）和组间方差（$SS_{between}$）。组内方差测量$Y$的观察值在同一组内的变化程度，用于估计总体中某一组内的方差。虽然假设总体中各组方差相同，可由于各组均值是否相等是未知的，无法计算所有观察值的总方差，只能分别计算每组的方差，然后合并为“平均”或“总体”方差。同样，也可以通过考察各组均值间的方差来估计$Y$的方差（这一过程是给定总体方差后确定组均值方差的反过程）。如果各组的总体均值相等，样本均值间的方差和样本组数可用于估计$Y$的方差。这一方差估计的合理性取决于零假设是否成立：如果零假设成立，总体组均值相等，则根据组间方差估计方差是正确的；相反，如果总体的各组均值不等，则用组间方差估计的方差将会过大。因此，通过比较组间方差和组内方差估计的$Y$方差，可以检验零假设。这种总方差分解也可测量$X$对$Y$的影响作用。

## 测量作用

$X$对$Y$的作用可以用$SS_x$来测量。由于$SS_x$与$X$组均值的方差有关，随着$Y$在$X$各组中均值变化的增大，$SS_x$也随之变大。$SS_x$也会随着$Y$在$X$各组内的方差减少而变大。$X$对$Y$的作用强度由以下公式衡量：

$$\eta^2 = \frac{SS_x}{SS_y} = \frac{SS_y - SS_{error}}{SS_y}$$

$\eta^2$的值在0～1之间变动：当各组均值相等时，其值为0，表示$X$对$Y$没有作用；当$X$组内无差异，而组间存在差异时，其值为1。因此，$\eta^2$测量的是由自变量$X$解释的$Y$的方差。我们不仅能够测量$X$对$Y$的作用，还可以检验其显著性。

## 显著性检验

单因素方差分析的目的就是检验组均值相等的零假设。[3] 即

$$H_0: \mu_1 = \mu_2 = \mu_3 = \cdots = \mu_c$$

在零假设下，$SS_x$与$SS_{error}$来源于同一方差，此时，$Y$的总体方差既可依据组间方差又可依据组内方差来估计。换言之，$Y$总体方差的估计值可以是：

$$S_y^2 = \frac{SS_x}{c-1}$$
$$= X\text{引起的均方}$$
$$= MS_x$$

或

$$S_y^2 = \frac{SS_{error}}{N-c}$$
$$= \text{误差引起的均方}$$
$$= MS_{error}$$

可用基于这两个估计量比值的$F$统计量来检验零假设：

$$F = \frac{\dfrac{SS_x}{c-1}}{\dfrac{SS_{error}}{N-c}} = \frac{MS_x}{MS_{error}}$$

这一统计量服从$F$分布，自由度分别为$c-1$和$N-c$。如在第15章提到的，$F$分布是指样本方差比值的概率分布，其自由度分别为分子和分母的自由度。[4]

## 结果解读

如果未拒绝组均值相等的零假设，那么自变量对因变量就没有显著影响。相反，如果零假

设被拒绝，那么自变量的作用就有显著作用。换言之，因变量均值在自变量的不同组中具有差异，通过比较组均值能够显示自变量作用的特点。在结果解读中还会遇到其他一些重要问题，例如对特定均值差异的考察，这将在后面讨论。

## 16.5 演示数据

我们用表 16－2 中的数据说明本章所讨论的概念。为演示方便，只考虑了少量观察值。方差分析在实践中可用于大样本，如戴尔案例及书中其他包含真实数据的例子。表 16－2 数据来源于一个百货商店为考察不同店内促销水平和优惠券对销售额的影响而进行的调研。店内促销分为三种水平：高（1)、中（2）和低（3)；优惠券分为两种状态，即向潜在顾客分发价值 20 美元的优惠券（用 1 表示）或者不分发（用 2 表示)。店内促销和优惠券的交叉结果是形成 3×2＝6 个单元格。随机选取 30 家店铺，并为每种处理随机分配 5 家店铺，如表 16－2 所示。实验共进行了两个月。测量了各店铺的销售额，并进行标准化处理以便排除其他因素（店铺大小、交通等）的影响，转化为 1～10 的尺度。此外，还对各店铺的相对客源进行了定性评估，也采用 1～10 的量表。这里，数值越高表示销售额越高或者客源越丰富。

**表 16－2 优惠券状态、店内促销、销售额和客源**

| 店铺编号 | 优惠券 | 店内促销 | 销售额 | 客源 |
|---|---|---|---|---|
| 1 | 1 | 1 | 10 | 9 |
| 2 | 1 | 1 | 9 | 10 |
| 3 | 1 | 1 | 10 | 8 |
| 4 | 1 | 1 | 8 | 4 |
| 5 | 1 | 1 | 9 | 6 |
| 6 | 1 | 2 | 8 | 8 |
| 7 | 1 | 2 | 8 | 4 |
| 8 | 1 | 2 | 7 | 10 |
| 9 | 1 | 2 | 9 | 6 |
| 10 | 1 | 2 | 6 | 9 |
| 11 | 1 | 3 | 5 | 8 |
| 12 | 1 | 3 | 7 | 9 |
| 13 | 1 | 3 | 6 | 6 |
| 14 | 1 | 3 | 4 | 10 |
| 15 | 1 | 3 | 5 | 4 |
| 16 | 2 | 1 | 8 | 10 |
| 17 | 2 | 1 | 9 | 6 |
| 18 | 2 | 1 | 7 | 8 |
| 19 | 2 | 1 | 7 | 4 |
| 20 | 2 | 1 | 6 | 9 |
| 21 | 2 | 2 | 4 | 6 |
| 22 | 2 | 2 | 5 | 8 |
| 23 | 2 | 2 | 5 | 10 |

续表

| 店铺编号 | 优惠券 | 店内促销 | 销售额 | 客源 |
|---|---|---|---|---|
| 24 | 2 | 2 | 6 | 4 |
| 25 | 2 | 2 | 4 | 9 |
| 26 | 2 | 3 | 2 | 4 |
| 27 | 2 | 3 | 3 | 6 |
| 28 | 2 | 3 | 2 | 10 |
| 29 | 2 | 3 | 1 | 9 |
| 30 | 2 | 3 | 2 | 8 |

## 16.6 单因素方差分析的应用演示

我们首先用手工计算，然后用计算机进行单因素方差分析。为了演示方便，假设仅有一个操控因素，即店内促销，而忽略优惠券。百货商店试图确定店内促销（$X$）对销售额（$Y$）的作用。为了便于手工计算，表16-2的数据转化为表16-3的数据，后者显示了每一促销水平下的店铺销售额，销售额进行了标准化处理。

**表16-3　店内促销对于销售额的影响**

| 店铺编号 | 高促销水平下的销售额 | 中促销水平下的销售额 | 低促销水平下的销售额 |
|---|---|---|---|
| 1 | 10 | 8 | 5 |
| 2 | 9 | 8 | 7 |
| 3 | 10 | 7 | 6 |
| 4 | 8 | 9 | 4 |
| 5 | 9 | 6 | 5 |
| 6 | 8 | 4 | 2 |
| 7 | 9 | 5 | 3 |
| 8 | 7 | 5 | 2 |
| 9 | 7 | 6 | 1 |
| 10 | 6 | 4 | 2 |
| 列合计 | 83 | 62 | 37 |
| 组均值 $\overline{Y}_j$ | $\frac{83}{10}=8.3$ | $\frac{62}{10}=6.2$ | $\frac{37}{10}=3.7$ |
| 总均值 $\overline{Y}$ | $\frac{83+62+37}{30}=6.067$ | | |

零假设是各组均值相等：

$$H_0: \mu_1=\mu_2=\mu_3$$

为了检验零假设，计算各种平方和，如下：

$$\begin{aligned}SS_y=&(10-6.067)^2+(9-6.067)^2+(10-6.067)^2+(8-6.067)^2+(9-6.067)^2\\&+(8-6.067)^2+(9-6.067)^2+(7-6.067)^2+(7-6.067)^2+(6-6.067)^2\\&+(8-6.067)^2+(8-6.067)^2+(7-6.067)^2+(9-6.067)^2+(6-6.067)^2\\&+(4-6.067)^2+(5-6.067)^2+(5-6.067)^2+(6-6.067)^2+(4-6.067)^2\end{aligned}$$

$$
\begin{aligned}
&+(5-6.067)^2+(7-6.067)^2+(6-6.067)^2+(4-6.067)^2+(5-6.067)^2\\
&+(2-6.067)^2+(3-6.067)^2+(2-6.067)^2+(1-6.067)^2+(2-6.067)^2\\
=&(3.933)^2+(2.933)^2+(3.933)^2+(1.933)^2+(2.933)^2\\
&+(1.933)^2+(2.933)^2+(0.933)^2+(0.933)^2+(-0.067)^2\\
&+(1.933)^2+(1.933)^2+(0.933)^2+(2.933)^2+(-0.067)^2\\
&+(-2.067)^2+(-1.067)^2+(-1.067)^2+(-0.067)^2+(-2.067)^2\\
&+(-1.067)^2+(0.933)^2+(-0.067)^2+(-2.067)^2+(-1.067)^2\\
&+(-4.067)^2+(-3.067)^2+(-4.067)^2+(-5.067)^2+(-4.067)^2\\
=&185.867
\end{aligned}
$$

$$
\begin{aligned}
SS_x&=10\times(8.3-6.067)^2+10\times(6.2-6.067)^2+10\times(3.7-6.067)^2\\
&=10\times(2.233)^2+10\times(0.133)^2+10\times(-2.367)^2\\
&=106.067
\end{aligned}
$$

$$
\begin{aligned}
SS_{error}&=(10-8.3)^2+(9-8.3)^2+(10-8.3)^2+(8-8.3)^2+(9-8.3)^2\\
&\quad+(8-8.3)^2+(9-8.3)^2+(7-8.3)^2+(7-8.3)^2+(6-8.3)^2\\
&\quad+(8-6.2)^2+(8-6.2)^2+(7-6.2)^2+(9-6.2)^2+(6-6.2)^2\\
&\quad+(4-6.2)^2+(5-6.2)^2+(5-6.2)^2+(6-6.2)^2+(4-6.2)^2\\
&\quad+(5-3.7)^2+(7-3.7)^2+(6-3.7)^2+(4-3.7)^2+(5-3.7)^2\\
&\quad+(2-3.7)^2+(3-3.7)^2+(2-3.7)^2+(1-3.7)^2+(2-3.7)^2\\
&=(1.7)^2+(0.7)^2+(1.7)^2+(-0.3)^2+(0.7)^2\\
&\quad+(-0.3)^2+(0.7)^2+(-1.3)^2+(-1.3)^2+(-2.3)^2\\
&\quad+(1.8)^2+(1.8)^2+(0.8)^2+(2.8)^2+(-0.2)^2\\
&\quad+(-2.2)^2+(-1.2)^2+(-1.2)^2+(-0.2)^2+(-2.2)^2\\
&\quad+(1.3)^2+(3.3)^2+(2.3)^2+(0.3)^2+(1.3)^2\\
&\quad+(-1.7)^2+(-0.7)^2+(-1.7)^2+(-2.7)^2+(-1.7)^2\\
&=79.80
\end{aligned}
$$

这些计算可以确认：

$$SS_y = SS_x + SS_{error}$$

因为：

$$185.867=106.067+79.80$$

$X$ 对 $Y$ 的作用强度可用下式衡量：

$$
\begin{aligned}
\eta^2 &= \frac{SS_X}{SS_Y}\\
&=\frac{106.067}{185.867}\\
&=0.571
\end{aligned}
$$

换言之，57.1%的销售额（$Y$）方差由店内促销（$X$）解释，$X$ 的影响作用中等。现在可以检验零假设：

$$F=\frac{\dfrac{SS_x}{c-1}}{\dfrac{SS_{error}}{N-c}}=\frac{MS_x}{MS_{error}}$$

$$F=\frac{106.067/(3-1)}{79.800/(30-3)}$$

$=17.944$

根据书末附录B中的表B-5，当自由度为2和27时，$a=0.05$ 的 $F$ 临界值为3.35。由于计算值大于临界值，因此拒绝零假设，结论为3种店内促销水平下销售额的总体均值确实不同。3组的组内均值相对大小显示出高店内促销水平能带来显著的高销售额。

现在用计算机程序来演示方差分析过程。以销售额为因变量、店内促销为自变量的单因素方差分析结果见表16-4。表示组间效应的 $SS_x$ 值为106.067，自由度为2；表示组内效应的 $SS_{error}$ 值为79.80，自由度为27。因此，$MS_x=106.067/2=53.033$，$MS_{error}=79.80/27=2.956$，$F$ 值$=53.033/2.956=17.944$，自由度分别为2和27，相应的概率为0.000。由于相应的概率低于0.05的显著性水平，所以样本均值相等的零假设被拒绝。另外一种办法是，从书末附录B中的表B-5中得出，对于2和27的自由度，$F$ 临界值为3.35，小于计算值17.944，因此拒绝零假设。如表16-4所示，3组样本均值分别为8.3、6.2、3.7，存在较大差异。具体地，高店内促销水平的店铺平均销售额最高（8.3）；低店内促销水平的店铺平均销售额最低（3.7）；中等店内促销水平的店铺平均销售额居中（6.2）。结果看来是可信的。假如这是一个有代表性的大样本，那么该结果的管理意义在于，如果店铺想增加销售额，就必须重视店内促销。

**表16-4 单因素方差分析：店内促销对于销售额的作用**

| 方差来源 | 平方和 | 自由度 | 均方 | $F$ 值 | $F$ 概率 |
|---|---|---|---|---|---|
| 组间（店内促销） | 106.067 | 2 | 53.033 | 17.944 | 0.000 |
| 组内（误差） | 79.800 | 27 | 2.956 | | |
| 合计 | 185.867 | 29 | 6.409 | | |
| 组均值 | | | | | |
| 店内促销 | 计数 | 均值 | | | |
| 高（1） | 10 | 8.300 | | | |
| 中（2） | 10 | 6.200 | | | |
| 低（3） | 10 | 3.700 | | | |
| 合计 | 30 | 6.067 | | | |

进行方差分析的步骤以及应用演示有助于我们理解方差分析所涉及的一些假设。

## 16.7 方差分析中的假设

方差分析中的假设可概括如下：

1. 自变量的类别通常是固定的，因此只能对所固定的特定类别做出推论，这种情况称为固定效应模型（fixed-effect model）。此外还有其他模型。对于随机效应模型（random-effect model），样本随机分布于不同的类别或各处理组，因此可对分析中未涉及的类别做出推论。如果有些处理是固定的，而有些处理是随机的，则称为混合效应模型（mixed-effect model）。[5]

2. 误差项呈正态分布，均值为0，方差固定，而且误差与 $X$ 的任何一种类别都无关。但对这些假设的适度偏离不会对分析的有效性产生严重影响。此外，也可对数据进行转化以满足正态分布和均方差的假设。

3. 误差项不相关。如果误差是相关的（即观察值彼此不独立），$F$ 值可能被严重扭曲。对很多数据分析情形，这些假设都能大致满足，因此方差分析是一个很常用的方法。

## 16.8 多因素方差分析

在营销调研中，经常需要同时研究一个以上的因素。[6] 例如：

● 在不同价格和分销水平下，消费者对某品牌的购买意愿存在什么差异？

● 广告水平（高、中、低）和价格水平（高、中、低）如何交互作用于品牌的销售额？

● 受教育水平（高中以下、高中、专科、大学）和年龄（35 岁以下、35～55 岁、55 岁以上）会影响对某品牌的消费吗？

● 消费者对百货商店的熟悉度（高、中、低）和品牌形象（积极、中立、消极）如何影响他们对店铺的偏好？

多因素方差分析可用来考察上述作用，其主要优点在于可以考察因素之间的交互效应。**交互效应**（interactions）指一个因素对因变量的作用与另一个因素的水平（类别）有关。多因素方差分析与单因素方差分析类似，相关统计量的定义也类似。考虑这样一种简单情形，有两个因素 $X_1$ 和 $X_2$，分别有 $c_1$ 和 $c_2$ 个类别。样本的总方差可做如下分解：

$$SS_{total}=X_1\text{引起的 }SS+X_2\text{引起的 }SS+X_1\text{和 }X_2\text{交互作用引起的 }SS+SS_{within}$$

或

$$SS_y=SS_{x_1}+SS_{x_2}+SS_{x_1x_2}+SS_{error}$$

如果 $X_1$ 作用强，将体现为 $X_1$ 不同水平之间的均值差异大，$SS_{x_1}$ 也大。$X_2$ 亦如此。$X_1$ 与 $X_2$ 交互作用越强，$SS_{x_1x_2}$ 越大。另一方面，如果 $X_1$ 与 $X_2$ 相互独立，$SS_{x_1x_2}$ 的值接近零。[7]

两个因素的联合作用强度称为总效应，或者**多重 $\eta^2$**（multiple $\eta^2$），用下式计算：

$$\text{多重 }\eta^2=\frac{SS_{x_1}+SS_{x_2}+SS_{x_1x_2}}{SS_y}$$

**总效应的显著性**（significance of the overall effect）也可以用 $F$ 检验，如下：

$$F=\frac{(SS_{x_1}+SS_{x_2}+SS_{x_1x_2})/df_n}{SS_{error}/df_d}$$

$$=\frac{SS_{x_1,x_2,x_1x_2}/df_n}{SS_{error}/df_d}$$

$$=\frac{MS_{x_1,x_2,x_1x_2}}{MS_{error}}$$

式中，

$df_n$＝分子自由度

$=(c_1-1)+(c_2-1)+(c_1-1)(c_2-1)$

$=c_1c_2-1$

$df_d$＝分母自由度

$=N-c_1c_2$

$MS$＝均方

如果总效应显著，下一步就是考察**交互效应的显著性**（significance of the interaction effect）。零假设为没有交互效应，恰当的 $F$ 检验为：

$$F=\frac{SS_{x_1x_2}/df_n}{SS_{error}/df_d}$$

$$= \frac{MS_{x_1x_2}}{MS_{error}}$$

式中，

$$df_n = (c_1-1)(c_2-1)$$

$$df_d = N - c_1c_2$$

如果交互效应显著，那么 $X_1$ 的作用取决于 $X_2$ 的水平，反之亦然。由于此时一个因素的作用并非一定，而取决于另一个因素，那么通常检验主效应就没有很大的意义。但是，如果交互效应不显著，那么检验每个因素的主效应就是有意义的。[8]

以 $X_1$ 为例，各因素**主效应的显著性**（significance of the main effect）可以检验如下：

$$F = \frac{SS_{x_1}/df_n}{SS_{error}/df_d}$$

$$= \frac{MS_{x_1}}{MS_{error}}$$

式中，

$$df_n = c_1 - 1$$

$$df_d = N - c_1c_2$$

以上分析假设调研为正交设计，或者平衡设计，即各组内的样本数相等。如果数目不等，分析就会更复杂。

## 16.9 多因素方差分析的应用演示

仍然用表 16-2 中的数据，考察店内促销与优惠券两个因素对销售额的作用。3×2 方差分析的结果如表 16-5 所示。促销水平的主效应 $SS_{xp}$、自由度和均方 $MS_{xp}$ 与表 16-4 相同。优惠券的平方和 $SS_{xc}=53.333$，自由度为1，均方 $MS_{xc}$ 与平方和相等。合并主效应通过由两个主效应引起的平方和相加（$SS_{xp}+SS_{xc}=106.067+53.333=159.400$）来计算，自由度为 2+1=3。对于店内促销和优惠券的交互效应，平方和 $SS_{xpxc}=3.267$，自由度为（3－1）×（2－1）=2，$MS_{xpxc}=3.267/2=1.633$。总（模型）效应的平方和是店内促销主效应、优惠券主效应和交互效应的平方和相加=106.067+53.333+3.267=162.667，自由度为 2+1+2=5，因此均方为 162.667/5=32.533。注意此处的误差统计量与表 16-4 中的不同，原因是我们现在讨论两个因素，而不是一个，$SS_{error}=23.2$，自由度为 30－3×2=24，均方 $MS_{error}=23.2/24=0.967$。

**表 16-5 多因素方差分析**

| 变差来源 | 平方和 | 自由度 | 均方 | $F$ 值 | F 显著性 | $\omega^2$ |
|---|---|---|---|---|---|---|
| 主效应 | | | | | | |
| 店内促销 | 106.067 | 2 | 53.033 | 54.862 | 0.000 | 0.557 |
| 优惠券 | 53.333 | 1 | 53.333 | 55.172 | 0.000 | 0.280 |
| 合并 | 159.400 | 3 | 53.133 | 54.966 | 0.000 | |
| 交互效应 | 3.267 | 2 | 1.633 | 1.690 | 0.206 | |
| 模型 | 162.667 | 5 | 32.533 | 33.655 | 0.000 | |
| 残差（误差） | 23.200 | 24 | 0.967 | | | |
| 合计 | 185.867 | 29 | 6.409 | | | |

续表

| 变差来源 | 平方和 | 自由度 | 均方 | *F* 值 | F 显著性 | $\omega^2$ |
|---|---|---|---|---|---|---|
| 组均值 | | | | | | |
| 店内促销 | 优惠券 | 计数 | 均值 | | | |
| 高 | 是 | 5 | 9.200 | | | |
| 高 | 否 | 5 | 7.400 | | | |
| 中 | 是 | 5 | 7.600 | | | |
| 中 | 否 | 5 | 4.800 | | | |
| 低 | 是 | 5 | 5.400 | | | |
| 低 | 否 | 5 | 2.000 | | | |
| 因素水平均值 | | | | | | |
| 店内促销 | 优惠券 | 计数 | 均值 | | | |
| 高 | | 10 | 8.300 | | | |
| 中 | | 10 | 6.200 | | | |
| 低 | | 10 | 3.700 | | | |
| | 是 | 15 | 7.400 | | | |
| | 否 | 15 | 4.733 | | | |
| 总均值 | | 30 | 6.067 | | | |

总效应显著性检验统计量为：

$$F = 32.533/0.967 = 33.655$$

其自由度为5和24，在0.05的显著性水平下显著。

交互效应显著性检验统计量为：

$$F = 1.633/0.967 = 1.690$$

其自由度为2和24，在0.05的显著性水平下显著。

由于交互作用不显著，因此可以评估主效应的显著性。店内促销的主效应显著性检验统计量为：

$$F = 53.033/0.967 = 54.862$$

其自由度为2和24，在0.05的显著性水平下显著。

优惠券的主效应显著性检验统计量为：

$$F = 53.333/0.967 = 55.172$$

其自由度为1和24，在0.05显著性的水平下显著。因此，高店内促销水平带来高销售额，商店内派发优惠券也能提高销售额。各因素效应相互独立。如果样本更大，而且有代表性，那么从中可得到的管理启示为：管理者可通过提高店内促销水平和优惠券使用来提高销售额，而且二者的作用独立。

## 16.10　协方差分析

当考察与控制变量作用有关的因变量均值差异时，通常有必要考虑非控制自变量的影响。

例如：

● 研究不同价格水平下消费者对一个品牌的购买意愿时，可能也需要考虑对该品牌的态度。

● 研究收看不同电视广告的组别对品牌的评价时，可能必须控制对于该品牌的已有知识。

● 研究不同价格水平如何影响家庭麦片的消费量时，重要的一点可能是将家庭规模也纳入考虑。

在这些情况下，可以使用协方差分析。协方差分析至少包括一个定类自变量和一个定量自变量，前者称为因素，后者称为协变量（covariate）。协变量通常用于去掉因变量的额外方差，因为我们主要关心的是因素的作用。可以通过调整因变量在每种处理条件下的均值去掉由协变量所产生的因变量方差，然后针对调整后的数据进行方差分析。[9] 适当的 $F$ 检验可用来检验协变量联合效应以及单个协变量作用的显著性。协变量的系数可用来判断协变量对因变量的作用。当协变量与因变量线性相关而与因素无关时，协方差分析最有用。[10]

我们继续利用表16-2中的数据来说明协方差分析。假设在控制客源的影响后研究店内促销和优惠券对销售额的作用，因为通常认为客源多少对销售额也会有影响。因变量是店铺销售额，店内促销仍分为三种水平，优惠券有两种状态，客源多少作为协变量用定距尺度来测量。据表16-6，协变量造成的平方和很小（0.838），自由度是1，均方也等于0.838。相关的 $F$ 值为0.838/0.972=0.862，自由度为1和23，在0.05的水平下不显著。因此，结论是客源多少对百货商店的销售额没有影响。如果协变量的作用是显著的，原始系数的符号就可表明协变量对因变量的作用方向。

**表16-6　协方差分析**

| 变差来源 | 平方和 | 自由度 | 均方 | $F$ 值 | $F$ 显著性 |
|---|---|---|---|---|---|
| 协变量 | | | | | |
| 客源多少 | 0.838 | 1 | 0.838 | 0.862 | 0.363 |
| 主效应 | | | | | |
| 店内促销 | 106.067 | 2 | 53.033 | 54.546 | 0.000 |
| 优惠券 | 53.333 | 1 | 53.333 | 54.855 | 0.000 |
| 合并 | 159.400 | 3 | 53.133 | 54.649 | 0.000 |
| 交互效应 | | | | | |
| 店内促销×优惠券 | 3.267 | 2 | 1.633 | 1.680 | 0.208 |
| 模型 | 163.505 | 6 | 27.251 | 28.028 | 0.000 |
| 残差（误差） | 22.362 | 23 | 0.972 | | |
| 合计 | 185.867 | 29 | 6.409 | | |
| 协变量 | 原始系数 | | | | |
| 客源多少 | −0.078 | | | | |

## 16.11　结果解读

方差分析的结果解读可能涉及一些重要问题，包括交互效应、因素的相对重要性和多重比较。

## 交互效应

对两个或两个以上因素进行方差分析，交互效应的情况不同，如图 16－3 所示。变量间可能无交互效应（交互效应不显著），或交互效应显著。当一个自变量对因变量的作用随另一个自变量的类别或水平变化时，就存在交互效应（interaction effect）。交互效应可能是同序的，也可能是非同序的。在**同序交互效应**（ordinal interaction）中，一个因素发生作用的排序不随另一个因素变化；相反，在**非同序交互效应**（disordinal interaction）中，一个因素发生作用的排序会因另一个因素的不同水平而变化，既可能非交叉，也可能交叉。[11]

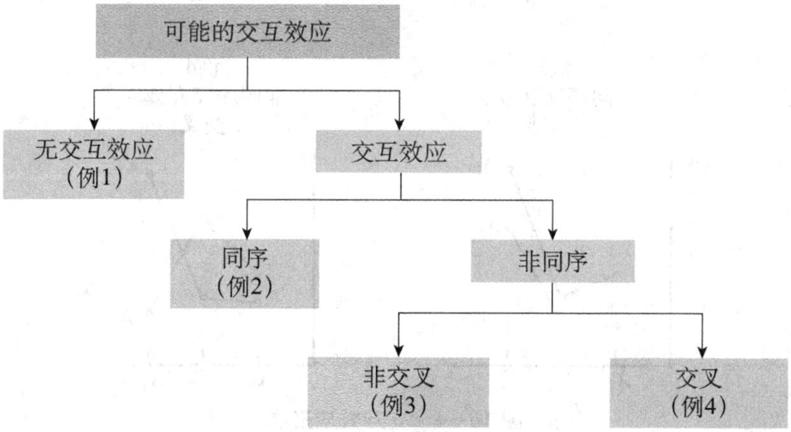


**图 16－3　交互效应分类**

这些不同交互效应如图 16－4 所示。假设有两个因素 $X_1$ 和 $X_2$，$X_1$ 有三种状态（$X_{11}$，$X_{12}$，$X_{13}$），$X_2$ 有两种状态（$X_{21}$，$X_{22}$）。例 1 显示无交互效应，$X_1$ 对于 $Y$ 的作用在 $X_2$ 的两种状态下是平行的，虽然这些平行存在微小偏差，但幅度不超过偶然所致。平行表明 $X_{22}$ 比 $X_{21}$ 多出的净作用在 $X_1$ 的三种状态下是相同的。在没有交互效应时，$X_1$ 和 $X_2$ 的联合作用就是二者各自主效应的简单相加。

例 2 表示同序交互效应。表示 $X_1$ 和 $X_2$ 作用的线段不是平行的，$X_{22}$ 和 $X_{21}$ 间的差异从 $X_{11}$ 到 $X_{12}$，再到 $X_{13}$ 逐渐增加，但 $X_1$ 作用的排序在 $X_2$ 的两种状态下相同。本例中的排序为升序，是 $X_{11}$，$X_{12}$，$X_{13}$，这一排序从 $X_{21}$ 到 $X_{22}$ 保持不变。

例 3 中显示的是非交叉的非同序交互效应。在 $X_{21}$ 状态下考察 $X_1$ 的作用，$X_{11}$ 最低，作用排序为 $X_{11}$，$X_{12}$，$X_{13}$；但是，在 $X_{22}$ 状态下，$X_{12}$ 最低，作用排序为 $X_{12}$，$X_{11}$，$X_{13}$。由于排序发生了变化，非同序交互效应比同序交互效应更强。

在交叉的非同序交互效应中，两条线段相互交叉，如图 16－4 中的例 4。图中一个因素不同水平的相对作用大小随着另一个因素的不同水平而变化。注意当 $X_1$ 为 $X_{11}$ 和 $X_{12}$ 时，$X_{22}$ 要比 $X_{21}$ 的作用大；当 $X_1$ 为 $X_{13}$ 时，情况相反，$X_{21}$ 比 $X_{22}$ 的作用大。可是，在前面例 1、例 2 和例 3 中 $X_{22}$ 在 $X_1$ 的全部三种状态下都比 $X_{21}$ 的作用大。因此，交叉的非同序交互效应代表最强的交互效应。[12]

## 因素的相对重要性

实验设计通常是平衡的，每个单元中包含相同数量的调查对象，这样形成正交设计，即因素之间不相关。因此，就有可能清晰地确定各因素在解释因变量方差方面的相对重要性。方差分析中最常用的测量指标是 **omega 平方**（omega square），即 $\omega^2$，该指标能够表明因变量方差中

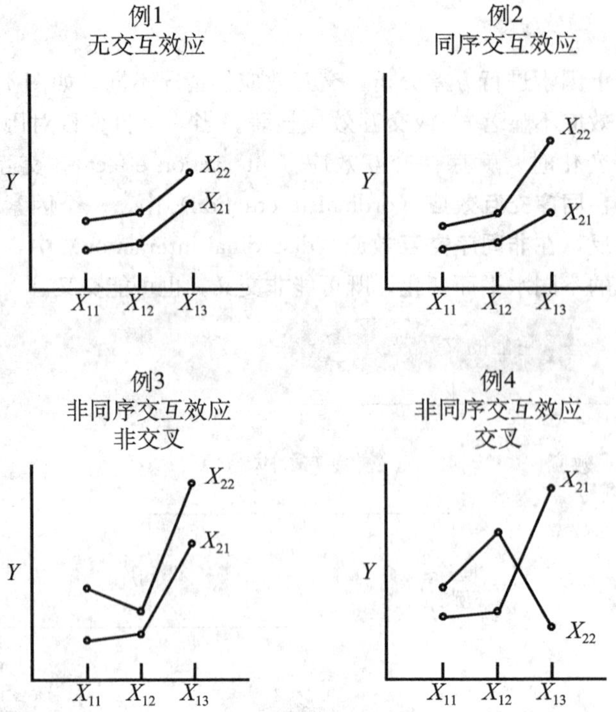


**图 16-4　交互效应形态**

有多大比例与特定自变量或因素有关。因素 $X$ 的相对贡献计算如下[13]：

$$\omega^2 = \frac{SS_x - df_x \times MS_{error}}{SS_{total} + MS_{error}}$$

通常，$\omega^2$ 只用于解释统计上显著的那些作用。[14]表 16-5 中与店内促销有关的 $\omega^2$ 计算如下：

$$\omega^2 = \frac{106.067 - 2 \times 0.967}{185.867 + 0.967} = \frac{104.133}{186.834} = 0.557$$

注意，表 16-5 中，

$$SS_{total} = 106.067 + 53.333 + 3.267 + 23.2 = 185.867$$

同样，与优惠券有关的 $\omega^2$ 为：

$$\omega^2 = \frac{53.333 - 1 \times 0.967}{185.867 + 0.967} = \frac{52.366}{186.834} = 0.280$$

$\omega^2$ 的一般解读原则是：大于 0.15 表示实验作用很大，0.06 左右表示产生中等作用，0.01 则表示作用很小。[15]表 16-5 中店内促销和优惠券的作用都很大，其中店内促销的作用更大。因此，店内促销对提高销售额比优惠券更为有效。

## 多重比较

方差分析中的 $F$ 检验只能考察均值的总体差异。拒绝均值相等的零假设，只能认为并非所有组的均值都相等。但是，可能仅有部分组的均值存在统计差异，而且有时我们需要考察特定组均值之间的差异，为此要设定适当的**对照**（contrasts）或比较来确定哪些均值存在统计差异。对照可分为事前和事后两种。**事前对照**（priori contrasts）是在分析之前依据调研人员的理论框架确定的。一般而言，事前对照用于代替方差分析的 $F$ 检验，而且选出的对照应该是不相关的（在统计上独立）。

**事后对照**（posteriori contrasts）在分析之后进行，通常是**多重对比检验**（multiple comparison tests），这能够使调研人员建立对各处理组均值进行配对对比的置信区间。这些检验如果按照检验功效降序排列，有最小显著差异（least significant difference test）、邓肯多重范围检验、纽曼-科伊尔斯检验、Tukey 交替过程、真实显著差异、修正的最小显著差异以及 Scheffe 检验。在这些检验中，最小显著差异是最有力的检验，而 Scheffe 检验最为保守。关于事前和事后对照的更深入探讨请参考有关文献。[16]

到目前为止，我们都假设每个被试只处于一种处理或实验条件下，但实际上被试有时可能处于一种以上的实验条件下，这时就需要使用重复测量方差分析。

## 16.12　重复测量方差分析

在营销调研中，被调查者的背景和个体特征往往有很大差异。如果源自个体的差异能够与处理作用（即自变量作用）和实验误差有效区分的话，实验的灵敏度就会大大提高。要控制被调查者的差异，方法之一是对每个对象在各种实验条件下进行观察（见表 16－7）。此时，每个对象以自我为对照组。例如，在针对不同航空公司评价差异的一项调查中，要求每个被调查者评估相互竞争的所有的大型航空公司。由于从每个被调查者中可获得重复的评价，这种设计称为被试内设计或**重复测量方差分析**（repeated measures analysis of variance）。而之前假设每个调查对象只处于一种处理下，称为被试间设计（between-subjects design），二者截然不同。[17] 重复测量方差分析也可看作两个以上相关样本 $t$ 检验的一种延伸。

**表 16－7　总方差分解：重复测量方差分析**

| | 自变量 | | | $X$ | | | | |
|---|---|---|---|---|---|---|---|---|
| | 被试编号 | | 类别 | | | | 总样本 | |
| | 1 | $X_1$ | $X_2$ | $X_3$ | … | $X_c$ | | |
| | 2 | $Y_{11}$ | $Y_{12}$ | $Y_{13}$ | | $Y_{1c}$ | $Y_1$ | |
| 被试间方差 $= SS_{between\ people}$ | | $Y_{22}$ | $Y_{22}$ | $Y_{23}$ | | $Y_{2c}$ | $Y_2$ | 总方差 $= SS_y$ |
| | | ⋮ | | | | | ⋮ | |
| | $n$ | $Y_{n1}$ | $Y_{n2}$ | $Y_{n3}$ | | $Y_{nc}$ | $Y_N$ | |
| 组均值 | | $\bar{Y}_1$ | $\bar{Y}_2$ | $\bar{Y}_3$ | | $\bar{Y}_c$ | $\bar{Y}$ | |
| | | | 被试内方差 $= SS_{within\ people}$ | | | | | |

若只有一个因素重复测量，总方差可以分为被试间（between-people）和被试内（within-people）方差两类，自由度为 $nc-1$。

$$SS_{total} = SS_{between\ people} + SS_{within\ people}$$

被试间方差是指和人与人之间均值差异有关的方差，其自由度为 $n-1$，而被试内方差的自由度为 $n(c-1)$。被试内方差可进一步分为两个来源的变差：其一源于处理之间的均值差

异，其二源于残差或误差变差。处理方差的自由度为 $c-1$，残差方差的自由度为 $(n-1)(c-1)$，即

$$SS_{within\ people}=SS_x+SS_{error}$$

对于组均值相等的零假设，检验方法如下：

$$F=\frac{SS_x/(c-1)}{SS_{error}/(n-1)(c-1)}=\frac{MS_x}{MS_{error}}$$

到目前为止，都假设因变量由定距或定比尺度测量。如果因变量是非定量的，则应该使用其他方差分析方法。

**调研决策**

**吸引商务旅行者**

**情境**

万豪国际是一家全球领先的酒店集团，其历史可以追溯到1927年由威拉德·玛里奥特和爱丽丝·玛里奥特在华盛顿哥伦比亚特区开的一家根汁汽水小店。万豪酒店的常客为商务旅行者。多年来，商旅人士遇到了一个基本问题，即如何在缺乏专门工作空间的酒店房间里找到一种舒服而便捷的方法来完成工作。尽管很多办法不是很有效率，但他们还是磨练出了一些很重要的技巧，比如在被子上写出清晰的字，尽最大可能伸长胳膊来够到藏在家具后面或下面的插座，以及使劲眯着眼睛阅读材料。

万豪发现了商旅人士的这些需求，希望为他们做点什么。万豪的品牌经理委托进行一项调查来确定商旅人士的酒店偏好，以及他们在选择酒店时要考虑哪些因素。问卷中有一部分集中调查酒店房间的属性。每个被调查者要对以下因素的相对重要性按7级量表进行评分（1=根本不重要，7=非常重要）：房间装修、房间光线、房间家具、隔音效果和数据接口以及每晚房价。

**营销调研决策**

1. 万豪希望确定商旅人士选择酒店时最看重房间的哪些属性，每种属性可能有几种不同水平，如房间光线分为明亮、中等和朦胧三类。为此应该做什么调研？
2. 讨论为使万豪理解商旅人士对酒店房间的偏好，你上面建议的数据分析有什么作用？

**营销管理决策**

1. 万豪应该怎样吸引商旅人士？应该强调房间的什么属性？
2. 你推荐的数据分析和结果如何影响你建议的营销管理决策？讨论这一问题。[18]

## 16.13 非定量方差分析

**非定量方差分析**（nonmetric analysis of variance）用于在因变量为定序变量的情况下，检验两个以上组别的集中趋势。一种方法是 ***k* 样本中位数检验**（k-sample median test），由字面可知，这是第15章中双样本中位数检验的延伸。零假设为 $k$ 组的总体中位数相等。检验涉及 $k$ 个样本组的共同中位数，然后根据各组中观察值高于或低于这个共同中位数的情况建立一个具有 $2\times k$ 个单元的表格。之后计算卡方统计量，并根据其显著性判断是否

拒绝零假设。

另一种更有力的检验是 **Kruskal-Wallis 单因素方差分析**（Kruskal-Wallis one-way analysis of variance），这是对 Mann-Whitney $U$ 检验（见第 15 章）的拓展。该检验也考察中位数的差异，其零假设和 $k$ 样本中位数检验一样。但是，检验过程不同。其先把来自 $k$ 组的所有样本按照一定次序排列，如果 $k$ 组总体是相同的，那么每组内的排序也应该是类似的。计算每组的序数之和，并据此算出服从卡方分布的 Kruskal-Wallis $H$ 统计量。

Kruskal-Wallis 检验比 $k$ 样本中位数检验更为有力，原因在于前者利用了每个观察样本的排序值，而不仅仅是中位数的相对位置。但是，如果数据中出现大量序数相同的情况，$k$ 样本中位数检验可能更加合适。

非定量方差分析在商业营销调研中不是很常用，另一个也很少用到的方法是多元方差分析。

## 16.14　多元方差分析

**多元方差分析**（multivariate analysis of variance，MANOVA）与方差分析类似，只不过有两个或两个以上的定量因变量。二者目的相同，多元方差分析也是为了检验组间差异。方差分析检验的是一个因变量的组间差别，多元方差分析是同时检验多个因变量的组间差别。在方差分析中，零假设是因变量的各组均值相等，而多元方差分析的零假设是多个因变量的组均值向量相等。多元方差分析的适用情况是有两个或两个以上彼此相关的因变量。如果各个因变量不相关或正交，那么对每个因变量进行方差分析比进行多元方差分析更加适合。[19]

假设有 4 个组，各组包括 100 个随机抽取的样本，分别观看四个不同的汰渍洗衣粉广告。每人看完广告后，就自己对汰渍、宝洁（生产汰渍的公司）和广告本身的偏好进行评分。由于这三种偏好变量是相关的，则可以进行多元方差分析来确定哪个广告最有效（对三种偏好变量产生最高的偏好）。

### 本章小结

方差分析与协方差分析的因变量是定量的，自变量或者全部是定类，或者既有定类变量又有定量变量。图 16－5 是进行单因素方差分析的概念图。单因素方差分析只涉及一个定类自变量，目的是检验组均值在总体中相等的零假设是否成立。因变量的总方差分解为两个部分：与自变量有关的方差和与误差有关的方差，利用均值修正的平方和（$SS$）测量。通过用 $SS$ 除以相关的自由度（$df$）可得到均方。均值相等的零假设用 $F$ 统计量检验，$F$ 统计量等于与自变量有关的均方和与误差有关的均方之比。

多因素方差分析涉及同时考察两个或两个以上的定类自变量，其优点之一是能够考察自变量之间的交互效应。总效应、交互效应和单因素的主效应显著性均可采用适当的 $F$ 检验来进行检验。只有当因素间的交互效应不显著时，主效应的显著性检验才是有意义的。

协方差分析包含至少一个定类自变量和至少一个定距或定量自变量。定量自变量即协变量，通常用来去掉因变量中的额外方差。

当对两个或两个以上的因素进行方差分析时，便可能产生交互效应。交互效应指一个自变量对因变量的作用随另一个自变量的类别和水平的变化而变化。对于显著的交互效应，它既可

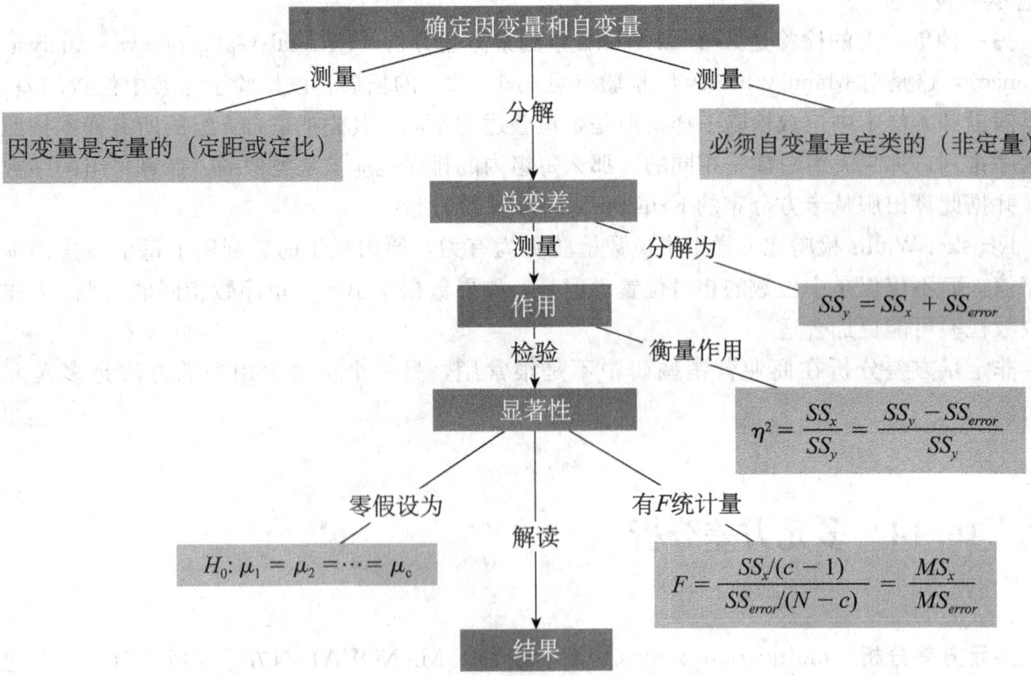


**图 16-5　单因素方差分析概念图**

能同序，也可能非同序，后者又分为交叉和非交叉两类。在平衡的实验设计中，每个因素对因变量方差解释的相对重要性可用 $\omega^2$ 测量。事前或事后对照的多重比较可用于检验特定组均值之间的差异。

重复测量方差分析要在各种处理条件下观察各个被试，这种设计有助于控制被试在实验之前就存在的差异。非定量方差分析涉及当因变量是定序变量时，考察两个或两个以上组在集中趋势上的差异。多元方差分析则涉及两个或两个以上定量的因变量。

## 关键术语与概念

方差分析（analysis of variance，ANOVA）
因素（factor）
处理（treatment）
单因素方差分析（one-way analysis of variance）
多因素方差分析（$n$-way analysis of variance）
协方差分析（analysis of variance，ANCOVA）
协变量（covariate）
eta$^2$（$\eta^2$）
$F$ 统计量（$F$ statistic）
均方（mean square）
组间方差（$SS_{between}/SS_x$）
组内方差（$SS_{within}/SS_{error}$）
总方差（$SS_Y$）
总方差分解（decomposition of the total variation）
交互效应（interactions）

多重 $\eta^2$（multiple $\eta^2$）
总效应的显著性（significance of the overall effect）
交互效应的显著性（significance of the interaction effect）
主效应的显著性（significance of the main effect）
同序交互效应（ordinal interaction）
非同序交互效应（disordinal interaction）
omega 平方（omega square）
对照（contrasts）
事前对照（priori contrasts）
事后对照（posteriori contrasts）
多重对比检验（multiple comparison tests）
重复测量方差分析（repeated measures analysis of variance）
非定量方差分析（nonmetric analysis of variance）
$k$ 样本中位数检验（$k$-sample median test）
Kruskal-Wallis 单因素方差分析（Kruskal-Wallis one-way analysis of variance）
多元方差分析（multivariate analysis of variance，MANOVA）

## 练习

**问答题**

1. 讨论方差分析和协方差分析的异同。
2. 方差分析和 $t$ 检验之间有怎样的关系？
3. 总变差是什么？单因素方差分析中如何分解总方差？
4. 单因素方差分析中的零假设是什么？用于检验单因素方差分析的基本统计量是什么？如何计算？
5. 多因素方差分析与单因素方差分析过程有哪些差异？
6. 多因素方差分析中如何分解总方差？
7. 在协方差分析中最常用的协变量是什么？
8. 定义交互效应。
9. 同序和非同序交互效应的差异是什么？
10. 在平衡实验设计中，如何测量因素的相对重要性？
11. 什么是事前对照？
12. 对进行事后对照最有力的检验是什么？最保守的检验是什么？
13. 重复测量方差分析意味着什么？描述重复测量方差分析中的方差分解。
14. 定量和非定量方差分析的差别是什么？
15. 描述用于考察非定量方差分析集中趋势的两个检验。
16. 什么是多元方差分析？何时适用？

**练习题**

1. 你所在学校的校报收到了一些读者抱怨，因此决定重新设计头版。为此，提出两种编排格式 B 和 C，并且与现在的格式 A 进行对比测试。随机选出 75 个学生参加该测试，并为每种编排版式随机分配了 25 名同学。要求参与测试的学生用 11 级量表评价该编排格式（1＝最差，11＝最好）。

（1）建立零假设。

（2）应使用什么检验统计量？

（3）和检验统计量相关的自由度是多少？

2. 某营销调研人员要检验这样一个假设，即购物重要性对住在美国北部、南部、东部和西部的人没有差异。为此进行了一项调研，用方差分析进行数据分析，结果如下：

| 来源 | 自由度 | 平方和 | 均方 | $F$值 | $F$概率 |
|---|---|---|---|---|---|
| 组间 | 3 | 70.212 | 23.404 | 1.12 | 0.3 |
| 组内 | 996 | 2 082.416 | 20.896 | | |

（1）是否有充足理由拒绝零假设？

（2）从表中能得出什么结论？

（3）如果要计算每组的均值，你预计组均值彼此相似还是差别很大？

（4）这项调研中的总样本规模有多大？

3. 在考察三个电视广告（A、B和C）效果的一项探索性调研中，调研人员分别选取了10名消费者来观看三个广告，并且用9级李克特量表进行打分，得到如下数据：

| 电视广告 | | | 电视广告 | | |
|---|---|---|---|---|---|
| A | B | C | A | B | C |
| 4 | 7 | 8 | 4 | 6 | 7 |
| 5 | 4 | 7 | 4 | 5 | 8 |
| 3 | 6 | 7 | 3 | 5 | 8 |
| 4 | 5 | 6 | 5 | 4 | 5 |
| 3 | 4 | 8 | 5 | 4 | 6 |

（1）计算组均值和总均值。

（2）计算 $SS_y$、$SS_x$ 和 $SS_{error}$。

（3）计算 $\eta^2$。

（4）计算 $F$ 值。

（5）这三个电视广告的效果相同吗？

4. 有一项实验来检验包装设计和货架摆放对 Product 19 麦片购买可能性的影响。包装设计和货架摆放都分为两个类别，形成 2×2 实验设计，并用 7 级李克特量表来测量购买可能性。部分结果如下表所示：

| 变差来源 | 平方和 | 自由度 | 均方 | $F$值 | $F$显著性 | $\omega^2$ |
|---|---|---|---|---|---|---|
| 包装设计 | 68.76 | 1 | | | | |
| 货架摆放 | 320.19 | 1 | | | | |
| 双因素交互效应 | 55.05 | 1 | | | | |
| 残差 | 176.00 | 40 | | | | |

（1）计算均方、$F$值、$F$显著性和$\omega^2$，完成上表。

（2）如何解释主效应？

## 活动

**角色扮演**

你受雇担任一家大型消费品营销公司的调研分析师，项目经理是你的上司（由另一名同学扮演），其所受统计训练有限，不了解如果一系列 $t$ 检验能解决问题的话，为何必须做单因素方差分析。请让你的上司相信单因素方差分析的作用。

**实地调查**

联系你校园内的校报，为练习题 1 所描述的实验收集数据。这对于一名学生而言工作量太大，可由三名学生组成小组来完成。

**小组讨论**

方差分析和协方差分析，哪一种方法在营销调研中更有用？组成一个小组讨论这个问题。

## 连续案例：戴尔

阅读书末附录 A 中戴尔的案例，以及提供的调查问卷。下载数据资料。

1. 第 14 章所得基于 Q9a 的三个价格敏感组在戴尔的各方面评价上（Q8 _ 1～Q8 _ 13）是否存在差异？解读结果。

2. 第 14 章所得基于 Q9b 的三个价格敏感组在戴尔的各方面评价上（Q8 _ 1～Q8 _ 13）是否存在差异？解读结果。

3. 第 14 章重新编码的 Q11、Q12、Q13 以及 Q14 所形成的不同人口统计学特征组在戴尔总体满意度上是否存在差异？解读结果。

4. 第 14 章重新编码的 Q11、Q12、Q13 以及 Q14 所形成的不同人口统计学特征组在推荐戴尔可能性上是否存在差异？解读结果。

5. 第 14 章重新编码的 Q11、Q12、Q13 以及 Q14 所形成的不同人口统计学特征组在选择戴尔的可能性上是否存在差异？解读结果。

# 第17章 相关分析与回归分析

对于两个变量之间的线性关系，相关分析是最简单有效的方法。而多元回归拓展了这一概念，使得调研人员可以发现一个变量和其他几个变量之间的关系。

——Global Mapping International 公司任务研究专家吉姆·麦基（Jim McGee）

## 学习目标

1. 讨论积矩相关系数、偏相关系数和部分相关系数的概念，并阐明为何它们是多元回归分析的基础。

2. 理解二元回归分析的特点和方法，描述一般模型、参量估计、标准化回归系数、显著性验证、预测精度、残差分析和模型交叉验证。

3. 理解多元回归分析的特点和方法，以及偏相关系数的含义。

4. 描述多元回归分析中运用的特殊方法，特别是逐步回归、虚拟变量回归和与回归分析有关的方差和协方差分析。

5. 探讨非定量相关分析及其测量指标。

## 本章概述

第16章研究了 $t$ 检验、方差和协方差分析与回归之间的关系。本章主要讲述回归分析，回归分析经常用于理解由广告、价格、分销和产品质量等营销管理变量造成的营销结果差异，包括市场份额、销售额和品牌偏好等。在讨论回归分析之前，首先描述了积矩相关系数与偏相关系数，这是回归分析的概念基础。

介绍回归分析时，首先讨论了简单双变量的情况，包括回归系数的估计和标准化、变量间相关关系强度的确定、显著性的检验和考察、预测精度和回归模型的前提假设等。接下来探讨了多元回归模型，重点在于参数解释、关联强度、显著性检验和对残差的考察。

最后我们讨论了一些回归分析中的特殊内容，如逐步回归、多重共线性、自变量的相对重要性和交叉验证。还描述了含虚拟变量的回归分析，以及如何利用这一方法进行方差和协方差分析。

## 17.1 积矩相关

在营销调研中，经常需要概括两个定量变量之间关系的强度，例如：

- 销售额与广告支出的关系有多强？
- 市场份额与销售队伍的规模是否有联系？
- 消费者对质量的认知和对价格的认知是否有关？

在这些情况下，**积矩相关系数**（product moment correlation，$r$）是应用最广泛的概括两个定量变量（定距或定比尺度）$X$ 和 $Y$ 之间关系强度的统计量，也是确定 $X$ 和 $Y$ 是否存在线性关系的指标，能够表明 $X$ 变差和 $Y$ 变差的相关程度。这一指标最早由卡尔·皮尔逊（Karl Pearson）提出，因此也称为皮尔逊相关系数（Pearson correlation coefficient），同时也叫简单相关系数（simple correlation）、双变量相关系数（bivariate correlation），或直接叫相关系数（correlation coefficient）。对于具有 $n$ 个观测值的样本，变量为 $X$ 和 $Y$，积矩相关系数 $r$ 的计算公式如下：

$$r=\frac{\sum_{i=1}^{n}(X_i-\overline{X})(Y_i-\overline{Y})}{\sqrt{\sum_{i=1}^{n}(X_i-\overline{X})^2\sum_{i=1}^{n}(Y_i-\overline{Y})^2}}$$

分子、分母同时除以 $n-1$，则为：

$$r=\frac{\sum_{i=1}^{n}\frac{(X_i-\overline{X})(Y_i-\overline{Y})}{n-1}}{\sqrt{\sum_{i=1}^{n}\frac{(X_i-\overline{X})^2}{n-1}\times\sum_{i=1}^{n}\frac{(Y_i-\overline{Y})^2}{n-1}}}$$

$$=\frac{COV_{XY}}{S_XS_Y}$$

式中，$\overline{X}$ 和 $\overline{Y}$ 为样本均值；$S_X$ 和 $S_Y$ 为标准差；$COV_{XY}$ 为 $X$ 和 $Y$ 的**协方差**（covariance），测量 $X$ 和 $Y$ 相关的程度。协方差可能为正，也可能为负，除以 $S_XS_Y$ 即对其进行了标准化，这使得 $r$ 值在 $-1.0\sim+1.0$ 之间变动。因此，相关系数是协方差的一种特殊形式，是用标准化的数据得到的。注意相关系数是个绝对数值，不用任何测量单位表示。不管两个变量各自的测量单位是什么，其相关系数都保持不变。

例如，某研究希望用居住年限来解释被调查者对其居住城市的评价。用被调查者在该城市居住的年数来衡量居住年限，评价测量采用 11 级量表（1＝非常不喜欢，11＝非常喜欢）。共有 12 个被调查者，数据如表 17－1 所示。为了便于说明，只用了一个小样本，实际中的相关和回归分析所用的样本要大得多，如本书中有真实数据的戴尔连续案例和其他案例那样。

**表 17－1 解释居民对居住城市的评价**

| 被调查者编号 | 对城市的评价 | 居住年限 | 天气重要性 | 被调查者编号 | 对城市的评价 | 居住年限 | 天气重要性 |
|---|---|---|---|---|---|---|---|
| 1 | 6 | 10 | 3 | 7 | 5 | 8 | 7 |
| 2 | 9 | 12 | 11 | 8 | 2 | 2 | 4 |
| 3 | 8 | 12 | 4 | 9 | 11 | 18 | 8 |
| 4 | 3 | 4 | 1 | 10 | 9 | 9 | 10 |
| 5 | 10 | 12 | 11 | 11 | 10 | 17 | 8 |
| 6 | 4 | 6 | 1 | 12 | 2 | 2 | 5 |

相关系数可按下式计算：

$$\overline{X}=\frac{10+12+12+4+12+6+8+2+18+9+17+2}{12}=9.33$$

$$\overline{Y}=\frac{6+9+8+3+10+4+5+2+11+9+10+2}{12}=6.58$$

$$\begin{aligned}\sum_{i=1}^{n}(X_i-\overline{X})(Y_i-\overline{Y})&=(10-9.33)(6-6.58)+(12-9.33)(9-6.58)\\&\quad+(12-9.33)(8-6.58)+(4-9.33)(3-6.58)\\&\quad+(12-9.33)(10-6.58)+(6-9.33)(4-6.58)\\&\quad+(8-9.33)(5-6.58)+(2-9.33)(2-6.58)\\&\quad+(18-9.33)(11-6.58)+(9-9.33)(9-6.58)\\&\quad+(17-9.33)(10-6.58)+(2-9.33)(2-6.58)\\&=-0.3886+6.4614+3.7914+19.0814+9.1314\\&\quad+8.5914+2.1014+33.4714+38.3214-0.7986\\&\quad+26.2314+33.5714\\&=179.6668\end{aligned}$$

$$\begin{aligned}\sum_{i=1}^{n}(X_i-\overline{X})^2&=(10-9.33)^2+(12-9.33)^2+(12-9.33)^2+(4-9.33)^2\\&\quad+(12-9.33)^2+(6-9.33)^2+(8-9.33)^2+(2-9.33)^2\\&\quad+(18-9.33)^2+(9-9.33)^2+(17-9.33)^2+(2-9.33)^2\\&=0.4489+7.1289+7.1289+28.4089+7.1289+11.0889\\&\quad+1.7689+53.7289+75.1689+0.1089+52.8289+53.7289\\&=304.6668\end{aligned}$$

$$\begin{aligned}\sum_{i=1}^{n}(Y_i-\overline{Y})^2&=(6-6.58)^2+(9-6.58)^2+(8-6.58)^2+(3-6.58)^2\\&\quad+(10-6.58)^2+(4-6.58)^2+(5-6.58)^2+(2-6.58)^2\\&\quad+(11-6.58)^2+(9-6.58)^2+(10-6.58)^2+(2-6.58)^2\\&=0.3364+5.8564+2.0164+12.8164+11.6964+6.6564\\&\quad+2.4964+20.9764+19.5364+5.8564+11.6964+20.9764\\&=120.9168\end{aligned}$$

因此，

$$r=\frac{179.6668}{\sqrt{304.6668\times120.9168}}=0.9361$$

此例中，$r=0.9361$，接近1.0，表明被调查者在某城市的居住年限与其对该城市的评价密切相关。另外，$r$的符号为正，说明关系是正向的，即居住年限越长，对城市越有好感，反之亦然。

由于$r$表明了一个变量的方差与另一个变量的方差的相关度，因此也可用总方差的分解表示（见第16章），即：

$$\begin{aligned}r^2&=\frac{\text{可解释方差}}{\text{总方差}}\\&=\frac{SS_X}{SS_Y}\\&=\frac{\text{总变差}-\text{误差方差}}{\text{总方差}}\end{aligned}$$

$$= \frac{SS_Y - SS_{error}}{SS_Y}$$

因此，$r^2$测量的是一个变量方差能够被另一个变量解释的比例。$r$ 和 $r^2$ 都是测量二者联系的对称性指标，即 $X$ 和 $Y$ 的相关性与 $Y$ 和 $X$ 的相关性完全一样，与哪个是因变量、哪个是自变量无关。不过积矩相关系数测量的是线性相关的强度，不能测量非线性关系。因此，$r=0$ 只能说明 $X$ 和 $Y$ 不存在线性相关，却不能说明 $X$ 和 $Y$ 不相关，因为二者之间有可能存在 $r$ 无法测出的强烈的非线性相关（见图 17－1）。

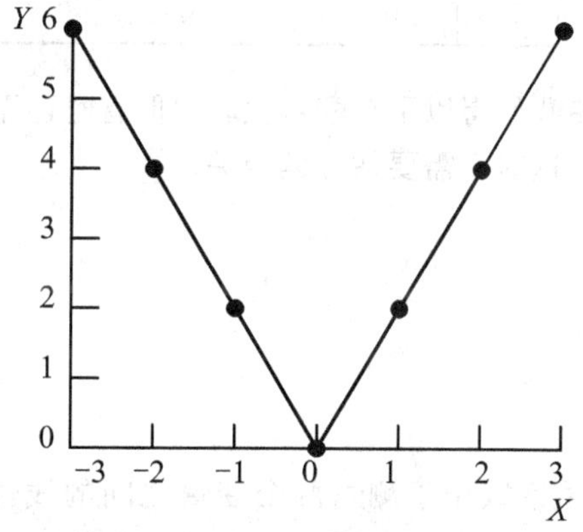


**图 17－1　$r=0$ 时的非线性关系**

当对总体而不是样本计算积矩相关系数时，积矩相关系数用 $\rho$ 表示。相关系数 $r$ 是对 $\rho$ 的估计值。注意计算 $r$ 时，假设条件是 $X$ 和 $Y$ 为定量变量并且分布相同。倘若这些假设不成立，$r$ 值便偏小，导致 $\rho$ 值被低估。对于营销调研中以评分量表形式获得的数据，如果量表中类别不太多的话，可能并非严格意义上的定距数据，从而使得 $r$ 值偏小，并低估 $\rho$。[1]

很容易检验 $r$ 测量的两变量间关系的统计显著性。假设为：

$H_0$：$\rho=0$

$H_1$：$\rho\neq0$

检验统计量为：

$$t = r\left[\frac{n-2}{1-r^2}\right]^{1/2}$$

它服从自由度为 $n-2$ 的 $t$ 分布。[2] 对于根据表 17－1 数据计算出的相关系数：

$$t = 0.936\,1\times\left[\frac{12-2}{1-(0.936\,1)^2}\right]^{1/2}$$

$$=8.414$$

自由度为 12－2＝10。从书末附录 B 中的表 B－4 可得，$\alpha=0.05$ 时双尾 $t$ 检验的临界值为 2.228。因此，零假设（$X$ 和 $Y$ 没有关系）被拒绝。$r$ 符号为正，表明对城市的评价与在该城市居住的年限正相关，而且 $r$ 值很高，表示二者关系很强。倘若这是一个有代表性的大样本，上述关系就能提供如下启示：管理者、市政官员、政治家若想接触那些对城市有好感的居民，就应该以长期住在该城市的居民为目标人群。

进行多变量数据分析时，考察每对变量之间的简单相关通常很有用。这些结果用相关系数矩阵表示，矩阵反映了每对变量之间的相关系数。通常，只考虑矩阵的下半个三角即可。对角线上的元素都等于 1.0，因为变量与自身总是完全相关的。矩阵的上半个三角与下半部分完全对应，因为 $r$ 本身是一个对称性指标。含 $V_1\sim V_5$ 5 个变量的相关系数矩阵表示如表 17－2：

表 17-2 相关系数矩阵

| | $V_1$ | $V_2$ | $V_3$ | $V_4$ | $V_5$ |
|---|---|---|---|---|---|
| $V_1$ | | | | | |
| $V_2$ | 0.5 | | | | |
| $V_3$ | 0.3 | 0.4 | | | |
| $V_4$ | 0.1 | 0.3 | 0.6 | | |
| $V_5$ | 0.2 | 0.5 | 0.3 | 0.7 | |

尽管简单相关系数矩阵使我们得以了解配对关联，但有时还需要考察两个变量在控制了一个或多个其他变量时的关系，这时就需要估计偏相关。

## 17.2 偏相关

积矩相关系数或简单相关系数用于测量两个变量之间的线性相关，**偏相关系数**（partial correlation）则用于测量两个变量在控制或调整一个或多个其他变量作用时的关系。该统计量可用于分析如下问题：

- 在控制了价格的影响后，销售额与广告支出的相关性有多强？
- 在考虑了促销的作用后，市场份额与销售队伍的规模是否相关？
- 在控制了品牌形象的作用后，消费者对价格的认知与对质量的认知是否相关？

如上所述，假设调研人员需要计算在控制了第3个变量 $Z$ 的前提下 $X$ 和 $Y$ 的关系。从理论角度，需要首先从 $X$ 中去除 $Z$ 的影响。为此，需要依据 $X$ 与 $Z$ 的积矩相关系数 $r_{xz}$，利用 $Z$ 预测 $X$ 的值，然后将 $X$ 的预测值与 $X$ 的实际值相减，所得差值为 $X$ 的调整值。用同一方法，可得到 $Y$ 去除 $Z$ 影响后的调整值。$X$ 的调整值与 $Y$ 的调整值的积矩相关系数就是控制了 $Z$ 的影响后 $X$ 与 $Y$ 的偏相关系数，表示为 $r_{xy.z}$。从统计上看，由于两个变量之间的简单相关系数完全描述了二者的线性关系，因此偏相关系数也可根据简单相关系数计算出来，而不必考虑个体观察值。

$$r_{xy.z}=\frac{r_{xy}-(r_{xz})(r_{yz})}{\sqrt{1-r_{xz}^2}\sqrt{1-r_{yz}^2}}$$

前例中，假设调研人员需要计算在控制第三个变量天气重要性 $X_2$ 的影响下，居民对城市的评价 $Y$ 与居住年限 $X_1$ 之间的相关性，数据如表 17-1 所示。变量间的简单相关系数为：

$$r_{yx_1}=0.936\ 1$$
$$r_{yx_2}=0.733\ 4$$
$$r_{x_1x_2}=0.549\ 5$$

偏相关系数则计算如下：

$$r_{yx_1.x_2}=\frac{0.936\ 1-0.549\ 5\times 0.733\ 4}{\sqrt{1-0.549\ 5^2}\sqrt{1-0.733\ 4^2}}$$
$$=0.938\ 6$$

可以看出，在控制了天气重要性的影响下，居民对城市的评价和居住年限之间的关系没发生多大变化。因此，不管居民认为天气重要性如何，他们居住时间越长，就越喜欢所在城市。

计算偏相关系数时需要考虑阶数（order)，这种阶数表明有多少变量被调整或控制。简单相关系数 $r$ 是零阶的，因为测量两个变量之间关系时不需要控制任何其他变量。偏相关系数 $r_{xy.z}$ 是一阶的，因为需要控制一个额外变量 $Z$ 的作用，二阶偏相关系数需要控制两个变量的作用，三阶偏相关系数需要控制三个变量的作用，依此类推。高阶偏相关系数的计算方法类似，第（$n+1$）阶偏相关系数可通过将上述方程式右端的简单相关系数替换为 $n$ 阶偏相关系数来计算。

偏相关系数有助于发现变量之间的欺骗性关系（见第 15 章)。如果 $X$ 与 $Y$ 之间的关系仅仅是由于事实上 $X$ 与 $Z$ 之间有关联，而 $Z$ 才是 $Y$ 的真实自变量，那么 $X$ 与 $Y$ 之间就是欺骗性关系。在这种情况下，如果控制 $Z$ 的影响，$X$ 与 $Y$ 之间的关系就会消失。比如，某品牌麦片的消费量（$C$）与收入（$I$）正相关，$r_{ci}=0.28$。因为这个品牌价格比较大众化，收入对消费量应该没有显著影响，因此调研人员怀疑这种关系是欺骗性的。样本结果也显示收入与家庭规模（$H$）成正相关，且 $r_{hi}=0.48$，并且家庭规模与麦片消费量有关，且 $r_{ch}=0.56$。这些数字似乎说明，麦片消费量的真正自变量是家庭规模而不是收入。为了检验这个论断，计算了控制家庭规模后麦片消费量与收入之间的一阶偏相关系数，$r_{ci,h}=0.02$，说明在控制了家庭规模的前提下麦片消费和收入之间的最初关系大幅减弱。因此，收入和麦片消费量之间的关系是欺骗性的。有一种特殊情况是偏相关系数大于各自零阶相关系数，此时涉及抑制效应（见第 15 章)。[3]

另一个有用的相关系数是**部分相关系数**（part correlation coefficient），它代表从 $X$ 中，但不从 $Y$ 中去除其他自变量的线性影响之后，$X$ 和 $Y$ 之间的相关性。部分相关关系 $r_{y(x,z)}$ 的计算公式如下：

$$r_{y(x,z)}=\frac{r_{xy}-r_{xz}r_{yz}}{\sqrt{1-r_{xz}^2}}$$

在去除居住年限中天气重要性的线性影响后，居民对城市的评价与居住年限之间的部分相关系数为：

$$r_{y(x_1,x_2)}=\frac{0.936\ 1-0.549\ 5\times 0.733\ 4}{\sqrt{1-0.549\ 5^2}}$$
$$=0.638\ 06$$

由于偏相关系数能用来确定虚假效应和抑制效应，因此通常认为比部分相关系数更为重要。积矩相关、偏相关和部分相关都假定数据为定距或定比数据。如果数据不满足该要求，就要考虑用非定量相关。

## 17.3 非定量相关

当调研人员需要计算两个非定量变量之间的相关系数时，就要意识到非定量变量不具有定距或定比尺度的特征，也无正态分布假定。如果非定量变量是定序的，而且是用数值表示的，则可使用斯皮尔曼秩相关系数（Spearman's rho，$\rho_s$）与肯德尔秩相关系数（Kendall's tau，$\tau$），二者均可用于考察变量之间的**非定量相关**（nonmetric correlation）。这两个指标均采用变量的排序而非绝对值，二者隐含的基本概念十分相似，取值都在$-0.1\sim+0.1$之间（见第 15 章)。

若排序后没有结（tie），$\rho_s$ 比 $\tau$ 更接近皮尔逊积矩相关系数 $\rho$，而 $\tau$ 的绝对值往往小于皮尔逊积矩相关系数 $\rho$。相反，当数据包含大量结的情况下，$\tau$ 更合适。按照经验，$\tau$ 更适用于大样本而且类别少（因此有很多结）的情况；相反，$\rho_s$ 更适合于类别较多（因此结较少）的数据。[4]

积矩相关系数、偏相关系数和部分相关系数构成了二元或多元回归分析的概念基础。

## 17.4 回归分析

**回归分析**（regression analysis）是分析定量因变量与一个或多个自变量之间相关关系的有效且易用的方法，可用于以下方面：

1. 确定自变量能否解释因变量中的重要方差，即二者是否存在关系。
2. 确定因变量中多大比例的方差可由自变量解释，即关系强度有多大。
3. 确定二者关系的结构或形式，即关联自变量和因变量的数学方程式。
4. 预测因变量的值。
5. 在评估特定变量的贡献时，控制其他自变量的作用。

尽管自变量可以解释因变量的方差，但这并不一定暗示着二者存在因果关系。因变量（dependent）或标准变量（criterion）及自变量（independent）或预测变量（predictor），回归分析所使用的这些术语取决于变量之间的数学关系，这些术语不能表明因变量在因果关系上依赖于自变量。回归分析关注变量之间关系的性质和强度，并不暗示或假定二者之间有任何因果关系。

## 17.5 二元回归

**二元回归**（bivariate regression）也称简单回归，是在一个定量因变量（或标准变量）与一个定量自变量（或预测变量）之间建立数学关系等式的方法。二元回归与确定两个变量间的简单相关十分相似，只是由于需要建立一个等式，必须确定一个变量为因变量，另一个变量为自变量。之前提到的关于简单相关的例子也可用于回归分析。

- 可以用广告支出的方差解释销售额的方差吗？二者关系的结构和形式如何，可以用线性方程建立数学模型吗？
- 可以用销售队伍的规模解释市场份额的方差吗？
- 消费者的质量认知是由价格认知决定的吗？

在讨论二元回归之前，首先定义一些重要的统计量。

## 17.6 与二元回归分析相关的统计量

**二元回归模型**（bivariate regression model）：基本的回归等式是 $Y_i=\beta_0+\beta_1 X_1+e_i$，其中 $Y$ 为因变量或标准变量，$X_1$ 为自变量或预测变量，$\beta_0$ 为直线截距，$\beta_1$ 为直线斜率，$e_i$ 为第 $i$ 个观察值的误差。

**决定系数**（coefficient of determination）：变量之间联系的强度用决定系数 $r^2$ 表示，其值在

0～1 之间，表示 $Y$ 的总方差中能被 $X$ 方差解释的比例。

**估计值或预测值**（estimated or predicted value）：$Y_i$的估计值或者预测值为$\hat{Y}_i=a+bX_i$，$\hat{Y}_i$为 $Y_i$的预测值，$a$ 和 $b$ 分别为 $\beta_0$ 和 $\beta_1$ 的估计值。

**回归系数**（regression coefficient）：估计的参数 $b$ 通常指的是非标准化回归系数。

**散点图**（scatter diagram）：根据两个变量的所有观察值绘制的图。

**估计标准误**（standard error of estimate，SEE）：这一统计量表示 $Y$ 的实际值与其预测值$\hat{Y}$之间的标准差。

**标准误**（standard error）：$b$ 的标准差 $SE_b$称为标准误。

**标准化回归系数**（standardized regression coefficient）：又叫 $\beta$ 系数（beta coefficient）或 $\beta$ 权数（beta weight），是 $X$ 与 $Y$ 均为标准化数据时的斜率。

**误差平方和**（sum of squared errors）：将所有偏离回归拟合线的点的距离平方相加就得到误差平方和，用来测量总误差，表示为 $\sum e_j^2$。

***t* 统计量**（$t$ statistic）：自由度为 $n-2$ 的 $t$ 统计量可用于检验 $X$ 和 $Y$ 不存在线性关系的零假设（$H_0$：$\beta_1=0$），$t=b/SE_b$。

## 17.7　进行二元回归分析

进行二元回归分析的步骤如图 17 - 2 所示。假设调研人员想用居住年限来解释对城市的评价（见表 17 - 1）。在研究类似关系时，首先考察散点图往往是有用的。

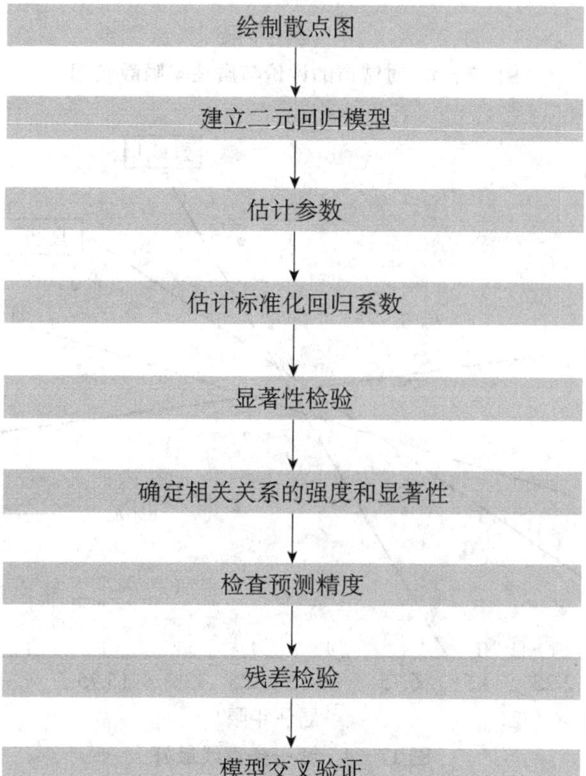


**图 17 - 2　进行二元回归分析**

## 绘制散点图

散点图是依据两个变量的所有观察值绘制的图表，通常以因变量为纵轴，以自变量为横轴。散点图有助于确定变量之间关系的形式，提示关于数据形态、可能存在的问题等信息，同时也很容易发现两个变量之间的任何不正常组合。根据 $Y$（对城市的评价）和 $X$（居住年限）所绘制的散点图如图 17－3 所示。图中的点看上去似乎是从左下端到右上端呈带状分布，规律是：当一个变量增加时，另一个变量也会增加。从散点图能看出 $X$ 与 $Y$ 之间的关系是线性的，基本上可以表示为一条直线。但是，如图 17－4 所示，从数据中可以得到若干条不同的直线。应该怎样画直线才能最好地描述数据特征呢？

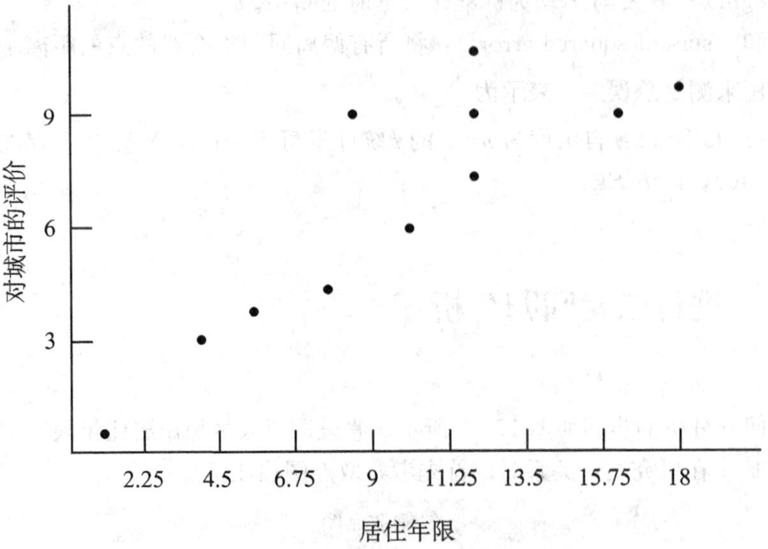


**图 17－3　对城市的评价与居住年限散点图**

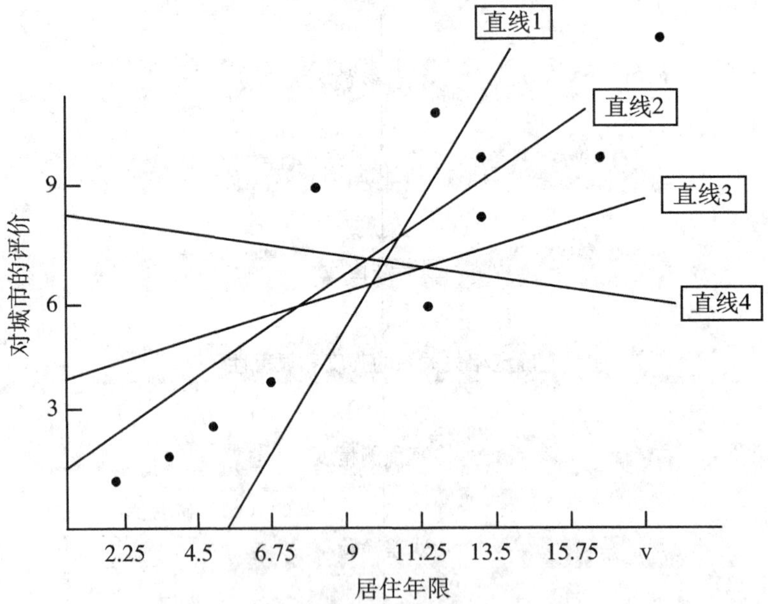


**图 17－4　哪一条直线最好**

用一条直线对散点图进行拟合的最常用方法是**最小二乘法**（least - squares procedure），它通过使所有点到直线的垂直距离平方最小化来确定最佳拟合直线，称为普通最小二乘法（OLS）。最佳拟合直线叫回归线（regression line）。任何一个未落在回归线上的点都未能完全解释。点与直线间的垂直距离称为误差，用 $e_i$ 表示（见图17-5）。将所有点与直线之间垂直距离的平方相加就得到误差平方和，即总误差的测量指标 $\sum e_j^2$ 。最小二乘法令误差平方和最小化，从而得到最佳拟合直线。如果 $Y$ 为纵轴，$X$ 为横轴，如图17-5所示，最佳拟合线即是 $Y$ 对 $X$ 的回归线，因为垂直距离已经最小化。散点图显示 $Y$ 与 $X$ 之间的关系可否表示为一条直线，以及相应的二元回归模型是否恰当。

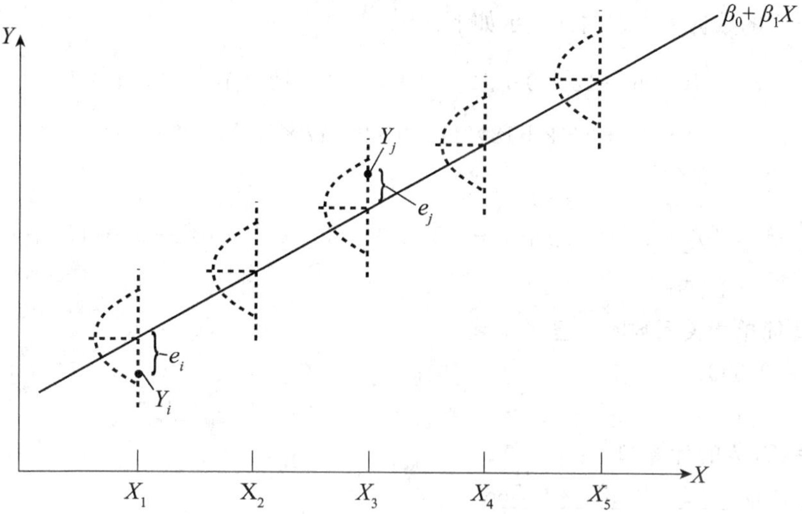


**图17-5　二元回归**

## 建立二元回归模型

在二元回归模型中，直线的一般形式为：

$$Y_i=\beta_0+\beta_1X_1$$

式中，$Y$ 是因变量或标准变量；$X$ 是自变量或预测变量；$\beta_0$ 是直线截距；$\beta_1$ 是直线斜率。

这个模型隐含一种确定性关系，因为 $Y$ 完全取决于 $X$。如果 $\beta_0$ 和 $\beta_1$ 已知，$Y$ 的值便完全可以预测。但是，在营销调研中，几乎没有确定性关系的情况。因此，回归分析中需要加上误差项，以便考察变量之间关系的或然性或随机性，基本回归等式如下：

$$Y_i=\beta_0+\beta_1X_1+e_i$$

式中，$e_i$ 是第 $i$ 个观察值的误差项。[5] 回归参数 $\beta_0$ 和 $\beta_1$ 的估计相对比较简单。

## 估计参数

在大多数情况下，$\beta_0$ 和 $\beta_1$ 未知，需要用以下方程根据样本观察值估计：

$$\hat{Y}_i=\alpha+bX_i$$

式中，$\hat{Y}_i$ 为 $Y_i$ 的估计值或预测值；$\alpha$ 和 $b$ 分别为 $\beta_0$ 和 $\beta_1$ 的估计值；常数 $b$ 为非标准化回归系数，是回归线的斜率，表示 $X$ 变动一个单位而引起的 $Y$ 的预期变动。计算 $\alpha$ 和 $b$ 的公式很简单，[6] 斜率 $b$ 可根据 $X$ 与 $Y$ 的协方差（$COV_{xy}$）与 $X$ 的方差计算，公式如下：

$$b=\frac{COV_{xy}}{s_x^2}$$

$$= \frac{\sum_{i=1}^{n}(X_i-\overline{X})(Y_i-\overline{Y})}{\sum_{i=1}^{n}(X_i-\overline{X})^2}$$

$$= \frac{\sum_{i=1}^{n}X_iY_i-n\overline{X}\overline{Y}}{\sum_{i=1}^{n}X_i^2-n\overline{X}^2}$$

截距 $a$ 可根据下式计算：

$$a=\overline{Y}-b\overline{X}$$

对表 17-1 的数据，参数估计演示如下：

$$\sum_{i=1}^{12}X_iY_i = 10\times6+12\times9+12\times8+4\times3+12\times10+6\times4$$
$$+8\times5+2\times2+18\times11+9\times9+17\times10+2\times2$$
$$=917$$

$$\sum_{i=1}^{12}X_i^2 = 10^2+12^2+12^2+4^2+12^2+6^2+8^2+2^2+18^2+9^2+17^2+2^2$$
$$=1\,350$$

之前计算简单相关系数时，已经得到：

$$\overline{X}=9.333$$

$$\overline{Y}=6.583$$

由于 $n=12$，$b$ 的计算如下：

$$b=\frac{917-12\times9.333\times6.583}{1\,350-12\times9.333^2}$$
$$=0.589\,7$$

$$a=\overline{Y}-b\overline{X}$$
$$=6.583-0.589\,7\times9.333$$
$$=1.079\,3$$

注意这些系数是根据原始（未转化）数据计算出来的。如果认为标准化数据更好，计算标准化系数也非常简单。

## 估计标准化回归系数

标准化（standardization）就是把原始数据转换为均值为 0、方差为 1 的新变量的过程（见第 14 章）。当数据被标准化后，截距等于 0，$\beta$ 系数用来表示标准化回归系数。此时，$Y$ 对 $X$ 的回归斜率 $B_{yx}$ 与 $X$ 对 $Y$ 的回归斜率 $B_{xy}$ 相同，它们也等于 $X$ 和 $Y$ 之间的简单相关系数。

$$B_{yx}=B_{xy}=r_{xy}$$

标准化和非标准化回归系数之间的关系可简单表述如下：

$$B_{xy}=b_{yx}(S_x/S_y)$$

表 17-3 展示了回归结果，$\beta$ 系数的估计值为 0.936 1，注意这也是本章前面计算的 $r$ 值。

表 17-3 二元回归

| | | |
|---|---|---|
| 多元 $R$ | 0.936 08 | |
| $R^2$ | 0.876 24 | |
| 调整的 $R^2$ | 0.863 87 | |

| 标准误 | 1.223 29 | | | | |
|---|---|---|---|---|---|
| 方差分析 | | | | | |
| | 自由度 | | 平方和 | | 均方 |
| 回归方程 | 1 | | 105.952 22 | | 105.952 22 |
| 残差 | 10 | | 14.964 44 | | 1.496 44 |
| $F$=70.802 66 | $F$ 显著性=0.000 0 | | | | |
| 等式中的变量 | | | | | |
| 变量 | $b$ | $SE_b$ | $\beta$ | $t$ | $t$ 的显著性 |
| 居住年限 | 0.589 72 | 0.070 08 | 0.936 08 | 8.414 | 0.000 0 |
| 常数项 | 1.079 32 | 0.743 35 | | 1.452 | 0.177 2 |

计算出参数的估计值后，下一步就是对参数进行显著性检验。

## 显著性检验

$X$ 与 $Y$ 之间线性关系的统计显著性可通过以下假设进行检验：

$H_0$：$\beta_1=0$

$H_1$：$\beta_1\neq 0$

零假设是 $X$ 与 $Y$ 没有线性关系，备择假设是 $X$ 与 $Y$ 之间存在正向或负向线性关系。通常采用双尾检验。自由度为 $n-2$ 的 $t$ 统计量公式如下：

$$t=\frac{b}{SE_b}$$

式中，$SE_b$ 表示 $b$ 的标准差，称作标准误（standard error）。[7] $t$ 分布在第 15 章中已有讨论。

用某个计算机程序，利用表 17－1 中的数据，可以建立对城市的评价与居住年限之间的回归方程。其中截距 $\alpha=1.079\,3$，斜率 $b=0.589\,7$，估计的方程为：

$$\text{对城市的评价}(\hat{Y}_i)=1.079\,3+0.598\,7\times\text{居住年限}$$

$b$ 的标准误或标准差估计为 0.070 08，统计量 $t=0.589\,7/0.070\,08=8.414$，自由度为 $n-2=10$。从书末附录 B 中的表 B－4 中，可以找到自由度为 10，$\alpha=0.05$ 时双尾检验的 $t$ 临界值为 2.228。由于 $t$ 的计算值大于临界值，零假设被拒绝，因此居民对城市的评价与居住年限之间存在显著的线性关系。斜率为正表示两者之间呈正向关系，换言之，居住年限越长，对城市的评价就越好。只要样本具有代表性，该结果对于管理者、市政官员和政治家的启示与之前简单相关中所讲的相同。

## 确定相关关系的强度和显著性

在确定 $Y$ 与 $X$ 关系的强度和显著性时涉及一个有关的推论。关联强度用决定系数 $r^2$ 表示。在一元回归中，$r^2$ 是两变量简单相关系数的平方，取值在 0～1 之间，表明 $Y$ 全部方差中被 $X$ 方差解释的比例。$Y$ 总方差的分解与方差分析（见第 16 章）类似。如图 17－6 所示，总方差 $SS_y$ 可以分解为由回归线所解释部分 $SS_{reg}$ 和由误差方差 $SS_{error}$ 或残差方差 $SS_{res}$ 所导致部分，如下：

$$SS_y=SS_{reg}+SS_{res}$$

式中，

$$SS_y=\sum_{i=1}^{n}(Y_i-\overline{Y})^2$$

$$SS_{reg} = \sum_{i=1}^{n} (\hat{Y}_i - \bar{Y})^2$$

$$SS_{res} = \sum_{i=1}^{n} (Y_i - \hat{Y}_i)^2$$

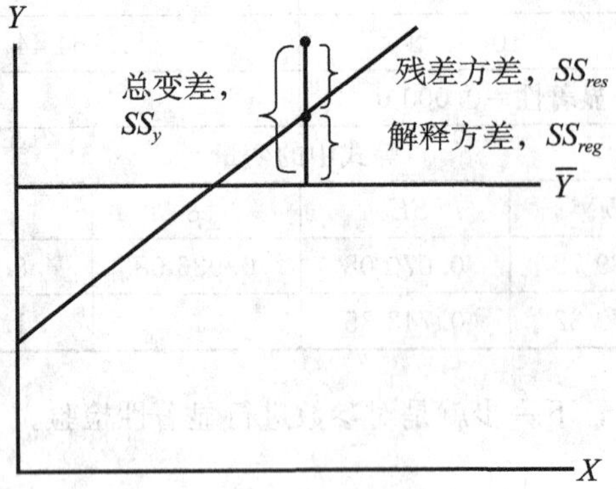


**图 17-6　二元回归的总方差分解**

关联强度可用下式计算：

$$r^2 = \frac{SS_{reg}}{SS_y} = \frac{SS_y - SS_{res}}{SS_y}$$

为了演示如何计算 $r^2$，我们再次考虑居民对城市的评价对居住年限的回归。之前计算简单相关系数时，已经获得：

$$SS_y = \sum_{i=1}^{n} (Y_i - \bar{Y})^2 = 120.916\,8$$

预测值（$\hat{Y}$）可用以下回归方程进行估计：

对城市的评价（$\hat{Y}_i$）＝1.079 3＋0.589 7×居住年限

对于表 17-1 的第一个观察样本，该值为：

$(\hat{Y}_i)$＝1.079 3＋0.589 7×10＝6.976 3

对于其后的每个观察样本，预测值依次为：8.155 7，8.155 7，3.438 1，8.155 7，4.617 5，5.796 9，2.258 7，11.693 9，6.386 6，11.104 2，2.258 7。

因此，

$$\begin{aligned}SS_{reg} = \sum_{i=1}^{n} (\hat{Y}_i - \bar{Y})^2 &= (6.976\,3 - 6.583\,3)^2 + (8.155\,7 - 6.583\,3)^2 \\ &+ (8.155\,7 - 6.583\,3)^2 + (3.438\,1 - 6.583\,3)^2 + (8.155\,7 - 6.583\,3)^2 \\ &+ (4.617\,5 - 6.583\,3)^2 + (5.796\,9 - 6.583\,3)^2 + (2.258\,7 - 6.583\,3)^2 \\ &+ (11.693\,9 - 6.583\,3)^2 + (6.386\,6 - 6.583\,3)^2 + (11.104\,2 - 6.583\,3)^2 \\ &+ (2.258\,7 - 6.583\,3)^2 \\ &= 0.154\,4 + 2.472\,4 + 2.472\,4 + 9.892\,2 + 2.472\,4 + 3.864\,3 + 0.618\,4 \\ &+ 18.702\,1 + 26.118\,2 + 0.038\,7 + 20.438\,5 + 18.702\,1 \\ &= 105.952\,4\end{aligned}$$

$$SS_{res} = \sum_{i=1}^{n} (Y_i - \hat{Y}_i)^2 = (6 - 6.976\,3)^2 + (9 - 8.155\,7)^2 + (8 - 8.155\,7)^2$$

$$+(3-3.438\,1)^2+(10-8.155\,7)^2+(4-4.617\,5)^2+(5-5.796\,9)^2+(2-2.258\,7)^2$$
$$+(11-11.693\,9)^2+(9-6.386\,6)^2+(10-11.104\,2)^2+(2-2.258\,7)^2$$
$$=14.964\,4$$

由此可见，$SS_y=SS_{reg}+SS_{res}$，而且：

$$r^2=\frac{SS_{reg}}{SS_y}=\frac{105.952\,4}{120.916\,8}=0.876\,2$$

另外一个考察 $X$ 与 $Y$ 之间线性关系显著程度（即 $b$ 的显著性）的等价检验，是检验决定系数的显著性。此时，假设如下：

$H_0$：$R^2_{pop}=0$

$H_1$：$R^2_{pop}>0$

$F$ 统计量是适当的统计检验量，公式为：

$$F=\frac{SS_{reg}}{SS_{res}/(n-2)}$$

它服从自由度为1和 $n-2$ 的 $F$ 分布。$F$ 检验是 $t$ 检验的一般形式（见第15章），如果某随机变量服从自由度为 $n$ 的 $t$ 分布，则 $t^2$ 就服从自由度为1和 $n$ 的 $F$ 分布。因此，决定系数显著性的 $F$ 检验就等同于检验以下假设：

$H_0$：$\beta_1=0$

$H_1$：$\beta_1\neq 0$

或

$H_0$：$\rho=0$

$H_1$：$\rho\neq 0$

从表17-3可以看出：

$$r^2=\frac{105.952\,4}{105.952\,4+14.964\,4}=0.876\,2$$

此值等同于前面的计算结果。$F$ 统计量的值为：

$$F=\frac{105.952\,4}{14.964\,4/10}=70.802\,7$$

自由度为1和10，$F$ 的计算值超过书末附录 $B$ 中的表B-5查到的临界值4.96，因此，该关系在 $\alpha=0.05$ 的显著性水平上显著，证实了 $t$ 检验的结果。如果 $X$ 与 $Y$ 之间关系显著，那么以 $X$ 值预测 $Y$ 值，以及估计预测精度就是有意义的。

## 检查预测精度

为估计预测值 $\hat{Y}$ 的精度，有必要计算估计的 $SEE$，这一统计量表示 $Y$ 实际值与预测值之间的标准差。

$$SEE=\sqrt{\frac{\sum_{i=1}^{n}(Y_i-\hat{Y})^2}{n-2}}$$

或

$$SEE=\sqrt{\frac{SS_{res}}{n-2}}$$

或者更一般地，若有 $k$ 个自变量，则

$$SEE=\sqrt{\frac{SS_{res}}{n-k-1}}$$

$SEE$ 可以理解为通过回归方程预测 $Y$ 时的平均残差或误差。[8]

调研人员希望在给定的 $X$ 值如 $X_0$ 情况下，预测所有样本的 $Y$ 的平均值，或者预测某一个例样本的 $Y$ 值，这是预测的两种可能情况。两种情况下的预测值一样，都是：

$$\hat{Y}=a+bX_0$$

但是，尽管两种情况下标准误都取决于 $SEE$，但它们却是不同的。对于大样本来说，$Y$ 的预测平均值的标准误为 $SEE/\sqrt{n}$，而预测单个 $Y$ 值时则为 $SEE$。因此，预测值的置信区间（见第12章）也因预测均值或单个值而不同。

利用表17-3中的数据，$SEE$ 估计如下：

$$SEE=\sqrt{\frac{14.9644}{12-2}}=1.22329$$

二元回归分析的最后两个步骤为残差检验和模型交叉验证，以后将进行探讨。现在集中讨论回归模型中的前提假设。

### 假设

回归模型在参数估计和显著性检验中有许多假设。

1. 误差项呈正态分布，对每个 $X$ 的固定值，$Y$ 均呈正态分布。[9]
2. 对于给定的 $X$，所有正态分布的 $Y$ 的均值都位于一条斜率为 $b$ 的直线上。
3. 误差项的均值为0。
4. 误差项的方差固定，方差不随 $X$ 值变化。
5. 误差项彼此不相关，即观察值是相互独立的。

通过残差检验可以更深入地理解对这些假设的满足程度，这将在下面多元回归部分进行讨论。[10]

## 17.8 多元回归

**多元回归**（multiple regression）涉及一个因变量与两个或两个以上的自变量。二元回归中提出的问题也可以通过增加自变量构建多元回归来回答：

- 销售额的差异能否用广告支出、价格和分销层次来解释？
- 市场份额的差异能否用销售队伍规模、广告支出和促销预算来解释？
- 消费者对质量的认知是否取决于他们对价格、品牌形象和品牌属性的认知？

此外，多元回归还能回答以下问题：

- 销售额差异有多大比例能够用广告支出、价格和分销层次来解释？
- 在控制价格水平和分销的情况下，广告支出对解释销售额差异的作用有多大？
- 对于既定的广告支出、价格和分销层次，预计能实现的销售额是多少？

**多元回归模型**（multiple regression model）的一般形式如下：

$$Y=\beta_0+\beta_1X_1+\beta_2X_2+\beta_3X_3+\cdots+\beta_kX_k+e$$

该模型通过以下公式进行估计：

$$\hat{Y} = a + b_1X_1 + b_2X_2 + b_3X_3 + \cdots + b_kX_k$$

系数 $\alpha$ 与前面一样，仍然代表截距，但 $b$ 现在是偏回归系数。估计参数的最小二乘法原理是使总误差 $SS_{res}$ 最小化，同时使 $Y$ 的实际值与其预测值 $\hat{Y}$ 之间的相关性最大化。二元回归的基本假设对于多元回归同样适用。我们来定义一些相关统计量，然后描述多元回归分析过程。[11]

## 17.9　与多元回归相关的统计量

二元回归中的大部分统计量和统计术语也适用于多元回归。此外，多元回归还会用到以下统计量：

**调整的 $R^2$**（adjusted $R^2$）：考虑到贡献递减，对多元决定系数 $R^2$ 根据自变量个数和样本规模进行调整，在前几个自变量之后的新增变量贡献不大。

**多元决定系数**（coefficient of multiple determination）：多元回归中变量之间关系的强度由多元相关系数的平方来衡量，即 $R^2$。

**$F$ 检验**（$F$ test）：$F$ 检验用于检验样本总体多元决定系数 $R^2_{pop}$ 为 0 的零假设，这相当于检验零假设 $H_0: \beta_1 = \beta_2 = \beta_3 = \cdots = \beta_k = 0$。检验统计量服从 $F$ 分布，自由度为 $k$ 和 $(n-k-1)$。

**偏 $F$ 检验**（partial $F$ test）：指增量 $F$ 统计量对 $X_i$ 的偏回归系数 $\beta_i$ 进行显著性检验，基础是当所有其他自变量都包含在模型中时，向回归方程引入新自变量时引起的解释平方和的增量。

**偏回归系数**（partial regression coefficient）：偏回归系数 $b_1$ 表示当 $X_2$ 到 $X_k$ 均固定为常数时，改变一个单位的 $X_1$ 所引起的预测值 $\hat{Y}$ 的变化。

## 17.10　进行多元回归分析

进行多元回归分析的步骤与二元回归分析类似，这里重点讨论偏回归系数、联系的强度、显著性检验和残差检验。

### 偏回归系数

为了理解偏回归系数的意义，假设有两个自变量，构成如下方程：

$$\hat{Y} = \alpha + b_1X_1 + b_2X_2$$

首先需要注意的是，一个自变量的偏回归系数的相对大小总体上不如二元回归系数。换言之，偏回归系数 $b_1$ 与 $Y$ 对 $X_1$ 单独回归得到的回归系数 $b$ 不同，原因在于 $X_1$ 和 $X_2$ 二者往往是相关的。但在二元回归中，$X_2$ 没有纳入考虑，因此 $X_1$ 和 $X_2$ 共同影响的 $Y$ 的方差全都归于 $X_1$。在有多个自变量的情况下，这一点就不再成立。

偏回归系数 $b_1$ 所代表的意义是，在 $X_2$ 被固定为常量或被控制时，$X_1$ 变化一个单位所引起的 $Y$ 的预期变化。同样，$b_2$ 代表在 $X_1$ 不变时，$X_2$ 变化一个单位所引起的 $Y$ 的预期变化。因此，将 $b_1$ 和 $b_2$ 称为偏回归系数很合适。还可以看出，$X_1$ 和 $X_2$ 对 $Y$ 的合并作用是累加的，即如果 $X_1$ 和 $X_2$ 都改变一个单位，$Y$ 的预期变化就等于 $b_1 + b_2$。

从概念上，二元回归系数和偏回归系数的关系可解释如下。假设要从 $X_1$ 中去除 $X_2$ 的影响，办法是 $X_1$ 对 $X_2$ 回归，即估计方程 $\hat{X}_1=a+bX_2$，并计算残差 $X_r=(X_1-\hat{X}_1)$，偏回归系数 $b_1$ 就相当于方程 $\hat{Y}=a+b_rX_r$ 得到的二元回归系数 $b_r$。换言之，偏回归系数 $b_1$ 等于 $Y$ 与去除 $X_2$ 作用后 $X_1$ 的残差之间的回归系数 $b_r$。偏回归系数 $b_2$ 的解释与 $b_1$ 类似。

若延伸到 $k$ 个自变量，道理也同样简单。偏回归系数 $b_1$ 代表当 $X_2\sim X_k$ 固定不变时，$X_1$ 变动一个单位所引起的 $Y$ 的预期变化，也可理解为 $Y$ 对去除 $X_2\sim X_k$ 影响后的 $X_1$ 的残差回归所得的二元回归系数 $b$。

$\beta$ 系数代表的偏回归系数是在估计回归方程之前，对所有变量（$Y$，$X_1$，$X_2$，…，$X_k$）进行了均值为 0、方差为 1 的标准化。标准化和非标准化系数之间的关系与之前的一样，即

$$B_1=b_1\left(\frac{s_{x_1}}{s_y}\right)$$

$$\vdots$$

$$B_k=b_k\left(\frac{s_{x_k}}{s_y}\right)$$

截距和偏回归系数的估计方法是为一组联立方程求解，这些方程区分不同的偏导函数并指定其等于零。因为各种计算机程序都会自动估计这些系数，因此不赘述。但有必要注意，以下两种情况会导致方程无解：其一，样本规模 $n$ 小于或等于自变量数目 $k$；其二，一个自变量与另一个完全相关。

假设为解释居民对城市的评价，引入一个新变量天气重要性。表 17-1 提供了 12 名被调查者对城市的评价、居住年限和天气重要性的预调查数据。表 17-4 展示了多元回归结果：年限（$X_1$）的偏回归系数为 0.481 08，与二元回归的系数不同，相应的标准化系数为 0.763 6；天气重要性的偏回归系数为 0.288 65，标准化系数为 0.313 8。估计的回归方程如下：

$$\hat{Y}=0.33732+0.48108X_1+0.28865X_2$$

或

对城市的评价 = 0.337 32 + 0.481 08 × 居住年限 + 0.288 65 × 天气重要性

方程有很多用途，包括在已知居民居住年限和天气重要性的情况下预测他们对城市的评价。注意居住年限和天气重要性二者都是显著的，都可用于对城市的评价的预测。

**表 17-4 多元回归**

| | | | |
|---|---|---|---|
| 多元相关 | 0.972 10 | | |
| $R^2$ | 0.944 98 | | |
| 调整的 $R^2$ | 0.932 76 | | |
| 标准误 | 0.859 74 | | |
| | 自由度 | 方差分析平方和 | 均方 |
| 回归 | 2 | 114.264 25 | 57.132 13 |
| 残差 | 9 | 6.652 41 | 0.739 16 |
| $F$=77.293 64 | 显著性=0.000 0 | | |

回归中的变量

| 变量 | $b$ | $SE_b$ | $\beta$ | $t$ | 显著性 |
|---|---|---|---|---|---|
| 天气重要性 | 0.288 65 | 0.086 08 | 0.313 82 | 3.353 | 0.008 5 |
| 居住年限 | 0.481 08 | 0.058 95 | 0.763 63 | 8.160 | 0.000 0 |
| 常项 | 0.337 32 | 0.567 36 | | 0.595 | 0.566 8 |

## 联系的强度

回归方程中联系的强度可用适当的联系指标来确定。总方差可以分解为：

$$SS_y = SS_{reg} + SS_{res}$$

式中，

$$SS_y = \sum_{i=1}^{n}(Y_i - \overline{Y})^2$$

$$SS_{reg} = \sum_{i=1}^{n}(\hat{Y}_i - \overline{Y})^2$$

$$SS_{res} = \sum_{i=1}^{n}(Y_i - \hat{Y}_i)^2$$

变量之间的联系强度可用多元相关系数的平方 $R^2$ 来测量，也称为多元决定系数。

$$R^2 = \frac{SS_{reg}}{SS_y}$$

多元相关系数 $R$ 还可看作 $Y$ 和 $\hat{Y}$ 的简单相关系数。需要注意 $R^2$ 有以下一些特性：$R^2$ 不会小于单个自变量与因变量之间最高的二元决定系数 $r^2$；当自变量之间相关性较小时，$R^2$ 就会较大；如果自变量在统计上是独立的（不相关），那么 $R^2$ 就等于每个自变量与因变量之间二元决定系数 $r^2$ 之和；向回归方程引入新的自变量不会降低 $R^2$，但除了前几个变量，其他自变量的贡献不大。[12] 因此，$R^2$ 可以根据自变量个数和样本规模按照如下公式进行调整：

$$\text{调整的 } R^2 = R^2 - \frac{k(1-R^2)}{n-k-1}$$

对于表 17－4 的回归结果，$R^2$ 的值为：

$$R^2 = \frac{114.2643}{114.2643 + 6.6524} = 0.9450$$

在二元回归中，该值大于 $r^2$，后者是对城市的评价和居住年限之间的简单（积矩）相关系数平方，多元回归中的 $R^2$ 同样也大于对城市的评价与天气重要性之间的简单相关系数（估计值为 0.537 9）的平方。调整后的 $R^2$ 为：

$$\text{调整后的 } R^2 = 0.9450 - \frac{2\times(1.0-0.9450)}{12-2-1} = 0.9328$$

注意调整后的 $R^2$ 值与 $R^2$ 值很接近，且都大于二元回归的 $r^2$。这表明第二个变量天气重要性的加入，对解释对城市的评价的方差有贡献。

## 显著性检验

显著性检验既涉及对整体回归方程的检验，也涉及对特定偏回归系数的检验。整体检验的零假设是总体多元决定系数 $R^2_{pop}$ 为 0。

$$H_0: R^2_{pop} = 0$$

这等同于以下零假设：

$$H_0: \beta_1 = \beta_2 = \beta_3 = \cdots = \beta_k = 0$$

整体检验用 $F$ 统计量，公式为：

$$F = \frac{SS_{reg}/k}{SS_{res}/(n-k-1)}$$

$$= \frac{R^2/k}{(1-R^2)/(n-k-1)}$$

该统计量服从自由度为 $k$ 和 $n-k-1$ 的 $F$ 分布。[13]对于表 17-4 的回归结果，$F$ 值为：

$$F = \frac{114.264\ 3/2}{6.652\ 4/9} = 77.293\ 6$$

在 $a=0.05$ 的水平下显著。

如果整体零假设被拒绝，就表明有一个或一个以上的总体偏回归系数的值不等于零。为了确定哪一个系数非零，需要做更多检验。一种方法是用 $t$ 检验，与二元回归类似。例如，天气重要性偏回归系数的显著性可用下式检验：

$$t = \frac{b}{SE_b}$$

$$= \frac{0.288\ 7}{0.086\ 08} = 3.353$$

依据自由度为 $n-k-1$ 的 $t$ 检验，系数在 $a=0.05$ 的显著性水平下显著。居住年限系数的显著性采用同样的方法来检验，也是显著的。因此，天气重要性和居住年限都是解释对城市的评价的重要变量。

某些计算机程序提供一种等价的 $F$ 检验，通常称为偏 $F$ 检验（partial $F$ test）。这涉及将总回归平方和 $SS_{reg}$ 分解为与每个自变量相关的部分。根据标准的做法，假定每个自变量都是在所有其他自变量加入方程后添加的，由此得到的解释平方和增量就成为该变量引起的方差，表示为 $SS_{xi}$。[14]该变量的偏回归系数 $b_i$ 用增量 $F$ 统计量检验，如下：

$$F = \frac{SS_{x_i}/1}{SS_{res}/(n-k-1)}$$

服从自由度为 1 和 $n-k-1$ 的 $F$ 分布。

尽管 $R^2$ 值较高和偏回归系数显著能一定程度上表明回归模型的效果，但还需进一步进行残差检验。

## 残差检验

**残差**（residual）是观察值 $Y_i$ 与回归方程预测值 $\hat{Y}_i$ 之间的差，可用于计算与回归有关的一些统计量。此外，将残差与预测值 $\hat{Y}_i$、时间或自变量绘图，所得残差散点图有助于考察基本假设及拟合的回归模型是否恰当。[15]

误差项呈正态分布的假设可以通过标准化残差的直方图进行检验，从视觉上就可判断分布是否为正态。考察标准化残差的正态概率图也是有用的，该图显示观察的标准化残差与正态分布所期望的标准化残差相比如何，如果观察残差是正态分布，那它们就应当落在 45°线上。此外，考察残差统计表，从中发现那些落在±1 和±2 个标准差之内的标准化预测值或标准化残差的百分比，并将其与正态分布下的百分比（分别为 68%和 95%）进行对比。更为正式的检验方法是 K-S 单样本检验。

误差项方差固定的假设可以通过为标准化残差和因变量的标准化预测值 $\hat{Y}_i$ 绘图，考察所得散点图，如果散点图表明残差项不是随机的，那么就说明误差项的方差并非固定的。图 17-7显示的就是方差随 $\hat{Y}_i$ 值变化的情况。

对误差项相互独立的假设，残差与时间或观察序列的散点图能提供一些启示。倘若假设成立，散点图就应当呈现随机形式。图 17-8 所示为残差与时间存在线性关系的情况。检验误差项相关更正规的方法是 Durbin-Watson 检验。[16]

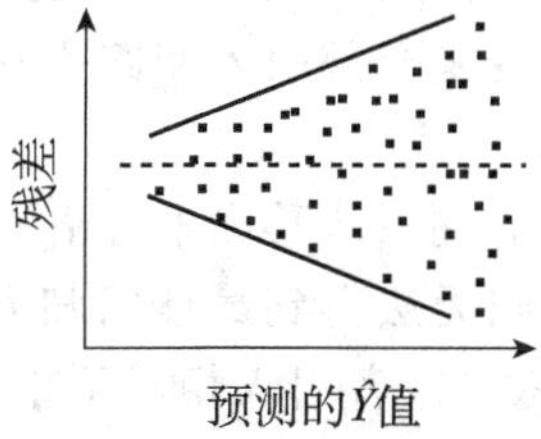


**图 17－7　显示误差方差不固定的残差图**

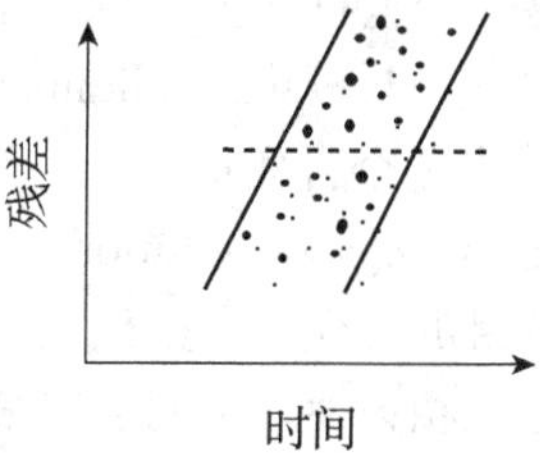


**图 17－8　显示残差和时间有线性关系的散点图**

残差与自变量的散点图能够表明使用线性模型是否恰当。此时，散点图也应当呈随机形式。残差应该随机分布，相对于 0 的上下偏离度基本相等，不应呈现出任何正向或负向趋势。

为了检验新引入的变量是否应该纳入回归方程，可以用该变量对残差进行回归，如果变量能够有效解释残差，则应考虑纳入。同时，调研人员还需为新纳入的变量找到强有力的理论支持。因此，残差检验能够为假设及模型的恰当性提供有价值的启示。图 17－9 中的情况表明，基本假设得到满足，线性模型是合适的。如果残差检验显示线性回归的基本假设未得到满足，那么调研人员可以对变量进行转换，以尽量满足这些假设。比如，取对数、平方根或倒数能够稳定方差，得到正态分布，或使关系线性化。

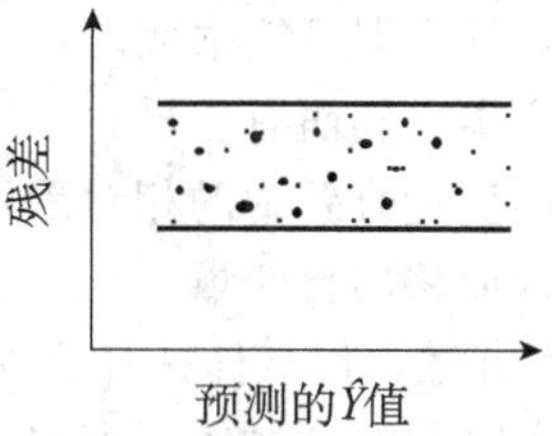


**图 17－9　显示线性模型比较合适的散点图**

用 SPSS 运行回归时，可以要求输出散点图和残差表。用表 17－1 数据进行多元回归分析。从直方图中可以看出，5 个残差为正，7 个残差为负，将频率分布与图中的正态分布相比，可知正态假设很可能不满足，但是偏离正态也不太严重。当然，必要时也可进行更为正式的正态检验。所有标准化残差都落在$\pm 2$ 个标准差之内。此外，许多残差值较小，意味着大多数预测很不错。

正态概率图显示残差距离 45°线很近，观察标准化残差与标准化预测值散点图，看不出残差散点具有任何系统性的规律。最后，残差统计表显示所有标准化预测值和标准化残差落在$\pm 2$ 个标准差内。因此，可以得出结论，对表 17－1 数据的多元回归看来没有严重违反假设，表明我们试图预测的关系是线性的，误差项差不多满足正态分布。

当存在很多自变量时，研究人员会假设它们作用都不显著，然后使用逐步回归法。

## 17.11　逐步回归

**逐步回归**（stepwise regression）目的是从大量自变量中挑选出能够解释因变量或标准变量大部分方差的少数几个变量。在此过程中，每次向回归方程中引入或移出一个自变量。[17] 逐步回归中包含以下几种方法。

1. 前向引入（forward inclusion）。开始时，回归方程没有自变量，随后每次引入一个自变量，条件是这个变量符合 $F$ 值的特定标准，变量引入的顺序由其对解释方差的贡献来决定。

2. 后向移出（backward elimination）。开始时，将所有自变量全部引入回归方程，随后根据 $F$ 值每次移出一个自变量。

3. 逐步法（stepwise solution）。前向引入并根据特定标准在每一步移出不合格的自变量。

从给定数目的自变量产生最大 $R^2$ 的意义上来讲，逐步回归无法得到最佳回归方程。由于自变量之间存在相关性，可能造成某个重要变量一直不被引入，或者引入相对不重要的变量。为获得最佳回归方程，调研人员不得不考虑各种组合的可能性，计算各种组合的结果。然而，当样本规模远大于自变量数时，逐步回归就很有用。

## 17.12 多重共线性

多重共线性使逐步回归和多元回归变得复杂。实际上，营销调研中涉及的所有多元回归其预测变量或自变量之间都会相关。但是，**多重共线性**（multicollinearity）指的是自变量之间高度相关。多重共线性可能导致若干问题，包括：

1. 偏回归系数可能估计不精确，标准误可能很大。
2. 偏回归系数的大小和符号随样本不同而有差异。
3. 难以评估各个自变量在解释因变量方差中的相对重要性。
4. 逐步回归中可能不正确地引入或移出自变量。

虽然文献提出了一些经验规则和办法，但具体是什么原因造成严重的多重共线性问题，这并不总是很清楚。文献还提出了解决这一问题的若干复杂程度不等的方法。[18] 最简单的办法是从高度相关的变量中仅选其一引入回归方程中，另一种办法是将一组自变量通过主成分分析（第19章）等统计技术转化成新的自变量。此外，还可使用一些特殊方法，如岭回归（ridge regression）和特征根回归（latent root regression）。[19]

## 17.13 自变量的相对重要性

存在多重共线性时，评估自变量的相对重要性也需格外注意。评估自变量的相对重要性（relative importance of the predictor），即每个自变量在解释标准变量或因变量方差时的重要性有多大，这在营销调研中非常必要。[20] 遗憾的是，由于自变量相关，回归分析中对自变量的相对重要性没有一个非常明确的指标来衡量。[21] 不过，人们常用以下一些办法来评估自变量的相对重要性。

1. 统计显著性（statistical significance）。如果增量 $F$ 统计量确定某个变量的偏回归系数不显著，则说明这个变量不重要，只有存在强有力的理论支持时才能推翻这种判断。

2. 简单相关系数平方（square of the simple correlation coefficient）。$r^2$ 这一测量指标指在二元回归中，因变量方差的多大比例可由自变量来解释。

3. 偏相关系数平方（square of the partial correlation coefficient）。$R^2_{yxi.x_jx_k}$ 这一测量指标指当控制了其他自变量的作用时，因变量和自变量之间的决定系数。

4. 部分相关系数平方（square of the part correlation coefficient）。这个系数表示向已包含

若干自变量的回归方程引入一个新的自变量后，$R^2$ 的增加。

5. 以标准化系数或 $\beta$ 权数为基础的衡量指标（measures based on standardized coefficients or beta weights）。最常用的测量指标是系数的绝对值 $|B_i|$ 或平方 $B_i^2$，二者均为偏系数，考虑到了其他自变量的影响。当自变量之间相关性增大（即多重共线性增大）时，这些测量指标变得越来越不可靠。

6. 逐步回归（stepwise regression）。回归方程引入或移出自变量的顺序可用来推断它们的相对重要性。

几乎在所有的回归分析中，自变量之间至少在一定程度上是相关的，因此上述指标无一令人满意，而且不同指标还可能显示不同的重要性排序结果。[22]但是，如果将所有指标结合使用，就可能获得关于自变量相对重要性的有用信息。

**调研决策**

### 西密歇根白帽队：激发球迷忠诚

**情境**

大急流城的小联盟棒球队西密歇根白帽队（West Michigan Whitecaps）（www.whitecaps-baseball.com）正琢磨如何提高球迷的忠诚度。怎样才能最好地留住球迷，增加球迷，以及运用球迷优势？总经理斯科特·莱恩（Scott Lane）请求 Message Factors（www.messagefactors.com），一家位于田纳西州孟菲斯的调研公司，来帮助自己确定如何在有限预算范围内有效地维持球迷的忠诚度。Message Factors 公司设计了一项调研，采用一种专有的价值分析技术来考察总体感知价值和特定满意属性之间的关系进而确定忠诚动因。这种技术有助于明确顾客想要告诉你的四件事：基本期望，即顾客希望从公司获得什么；价值议题，即顾客看重公司的什么方面；生气，即顾客不喜欢公司什么方面；无关紧要，即顾客所不在乎的方面。

通过定性调研，识别出影响球迷忠诚度的 71 种属性。之后，根据这些属性，在白帽队比赛时对 1 010 名球迷进行了问卷调查。调研公司从中可以找到所要寻找的信息。在基本方面，包括体育场安全、洗手间干净、食品丰富等。白帽队不仅需要满足这些基本期望，而且需要超出预期，才能留住球迷，并保持他们的忠诚。价值议题是能真正帮助球队获取球迷忠诚的办法，包括售票处人员乐于提供帮助、门票购买方便、停车便利和提供签名机会等。生气则涉及纪念品价格、质量和种类单调等问题。但是，调研还显示，球迷并非真的预期在运动场会很愉快。本次调研还发现没有无关紧要的方面。

**营销调研决策**

1. 为了确定价值动因的相对重要性，Message Factors 公司需要进行什么样的数据分析？

2. 讨论为使斯科特·莱恩确定四种价值动因的相对重要性，你所建议的数据分析有什么作用？

**营销管理决策**

1. 为了提高白帽队的球赛对球迷的价值，斯科特·莱恩应该做什么？

2. 你建议的数据分析类型和结果如何影响你对斯科特·莱恩提出的营销管理决策？讨论这一问题。[23]

## 17.14 交叉验证

在评估自变量相对重要性或得出任何其他推论之前，有必要对回归模型进行交叉验证。回归分析等多元分析方法往往利用了数据中的偶然变异，但这可能导致回归分析模型或方程对于建模的特定数据过分敏感。就这一问题，以及其他与回归有关的问题对模型进行评估时，可以采用交叉验证。**交叉验证**（cross-validation）考察回归模型对于未用于估计的其他类似数据是否仍然成立。在营销调研中，典型的交叉验证步骤如下：

1. 采用整个数据集来估计回归模型。

2. 将现有样本分为估计样本（estimation sample）和验证样本（validation sample）两部分，前者一般占总样本的50%～90%。

3. 单独使用估计样本来估计回归模型，将此模型与由整个样本估计的模型进行比较，确定偏回归系数的符号和大小是否一致。

4. 将估计模型应用于验证样本，依据验证样本中的观察值来预测因变量的值$\hat{Y}_i$。

5. 对验证样本中的观察值$Y_i$与预测值$\hat{Y}_i$进行相关分析，计算简单相关系数$r^2$，将这一指标与整体样本的决定系数$R^2$和估计样本的决定系数$R^2$进行比较，估计收缩程度。

另外，还有一种特殊形式的验证，称为**双重交叉验证**（double cross-validation），样本被分为估计样本和用于交叉验证的验证样本，执行完典型步骤后将估计样本和验证样本互换，再进行一次交叉验证。

## 17.15 有虚拟变量的回归

交叉验证可广泛应用于多种回归中，甚至包括一些特殊的类型，如含虚拟变量的回归。定性或分类变量编码为虚拟变量，作为预测变量或自变量进入回归方程。第14章中已介绍了虚拟变量的概念，解释了如何将含有4个类别的变量（重度使用者、一般使用者、轻度使用者和不使用者）编码成3个虚拟变量$D_1$、$D_2$、$D_3$，如表17-5所示。

**表17-5**

| 产品使用类别 | 原始变量编码 | 虚拟变量编码 | | |
|---|---|---|---|---|
| | | $D_1$ | $D_2$ | $D_3$ |
| 不使用者 | 1 | 1 | 0 | 0 |
| 轻度使用者 | 2 | 0 | 1 | 0 |
| 一般使用者 | 3 | 0 | 0 | 1 |
| 重度使用者 | 4 | 0 | 0 | 0 |

假设调研人员希望用回归分析了解品牌态度如何影响产品使用，虚拟变量$D_1$、$D_2$、$D_3$可作为自变量。含有虚拟变量的回归（regression with dummy variables）模型如下：

$$\hat{Y}_i = a + b_1 D_1 + b_2 D_2 + b_3 D_3$$

上例中，“重度使用者”作为参照类未直接出现在回归方程中。注意对重度使用者，为

$D_1$、$D_2$、$D_3$的值均为 0 时的情形，此时回归方程变为：

$$\hat{Y}_i = a$$

对于不使用者，$D_1=1$ 且 $D_2=D_3=0$，回归方程变为：

$$\hat{Y}_i = a + b_1$$

因此，系数 $b_1$是不使用者的预测值与重度使用者的预测值之差，系数 $b_2$ 和 $b_3$ 也有类似含义。虽然这里“重度使用者”作为参考类别，但其他 3 类也可以有同样的用途。[24]

## 17.16　回归中的方差与协方差分析

有虚拟变量的回归为方差和协方差分析提供了理解框架。虽然有虚拟变量的回归所提供的是方差和协方差分析的一般方法，这里只显示其与一元方差分析等同的情况。在有虚拟变量的回归中，每一类别的预测值$\hat{Y}$是类平均值。我们用前面的对产品使用类别进行虚拟变量编码的例子来说明，每一类别的预测值$\hat{Y}$和平均值 $\bar{Y}$ 如表 17－6 所示：

**表 17－6**

| 产品使用类别 | 预测值$\hat{Y}$ | 平均值 $\bar{Y}$ |
|---|---|---|
| 不使用者 | $a+b_1$ | $a+b_1$ |
| 轻度使用者 | $a+b_2$ | $a+b_2$ |
| 一般使用者 | $a+b_3$ | $a+b_3$ |
| 重度使用者 | $a$ | $a$ |

由于二者相等，不难看出有虚拟变量的回归和一元方差分析之间的进一步关系，如表 17－7 所示。[25]

**表 17－7**

| 有虚拟变量的回归 | 一元方差分析 |
|---|---|
| $SS_{res} = \sum_{i=1}^{n}(Y_i - \hat{Y}_i)^2$ | $= SS_{within} = SS_{error}$ |
| $SS_{reg} = \sum_{i=1}^{n}(\hat{Y}_i - \bar{Y})^2$ | $= SS_{between} = SS_x$ |
| $R^2$ | $=\eta^2$ |
| 整体 $F$ 检验 | $=F$ 检验 |

因此，可以看出，含有 $c$ 个类别的某单个自变量编码为 $c-1$ 个虚拟变量，等同于一元方差分析。同理，也可解释如何用有虚拟变量的回归进行 $n$ 元方差和协方差分析。

回归分析的类型多样，应用也很广泛。

### 本章小结

积矩相关系数 $r$ 测量两个定量变量（定距或定比尺度）间的线性关系，其平方 $r^2$ 测量一个变量方差中多大比例能被另一个变量所解释。图 17－10 提供了积矩相关的概念图。偏相关系数测量当控制了一个或多个其他变量的作用后，两个变量之间的关系。偏相关系数的阶数表明有几个变量被控制或调整。偏相关系数对于发现变量间的虚假关系非常有用。

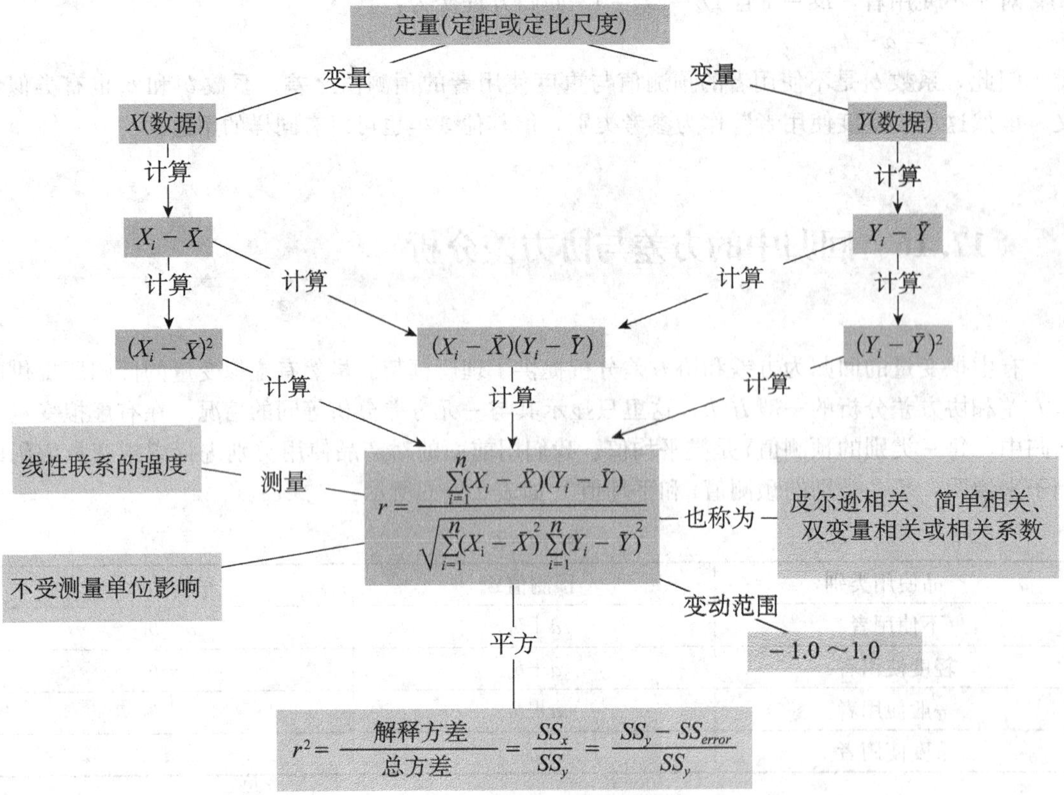


**图 17-10 积矩相关概念图**

二元回归是在一个定量因变量和一个定量自变量之间建立数学方程，方法是通过最小二乘法得到直线方程。对标准化数据进行回归分析时，截距假定为 0，回归系数则称为$\beta$权数。变量之间的联系强度用$SS_{reg}$与$SS_y$之比计算出的决定系数$r^2$来衡量。估计的标准误用来评价预测的精度，而且也可以解释为回归方程在预测 $Y$ 时的一种平均误差。图 17-11 展示了二元回归的概念图。

多元回归包含一个因变量和两个或两个以上自变量。偏回归系数$b_1$表示当$X_2\sim X_k$不变时，改变$X_1$一个单位所引起的 $Y$ 的变化。多元决定系数$R^2$用来测量变量间联系的强度。总回归方程的显著性用总体 $F$ 检验来考察，单个的偏回归系数可用 $t$ 检验或增量 $F$ 统计量来考察。残差散点图显示残差随预测值$\hat{Y}_i$、时间或自变量的变化的变化，有助于考察隐含假设和拟合的回归模型是否适当。同时，考察标准化残差的直方图、正态概率图和残差统计表也是非常有用的。

在逐步回归中，每次向方程增加或移出一个自变量，目的是用尽可能少的自变量解释尽可能多的因变量方差。多重共线性或自变量之间的高度内部相关性可能导致一些问题。由于自变量间相关，回归分析无法明确测量自变量之间的相对重要性。交叉验证检查回归模型对其他未用于估计中的数据是否同样适用，有助于评估回归模型。

定类或分类变量可以编码为虚拟变量再作为回归分析的自变量。有虚拟变量的多元回归提供了方差和协方差分析的一般方法。

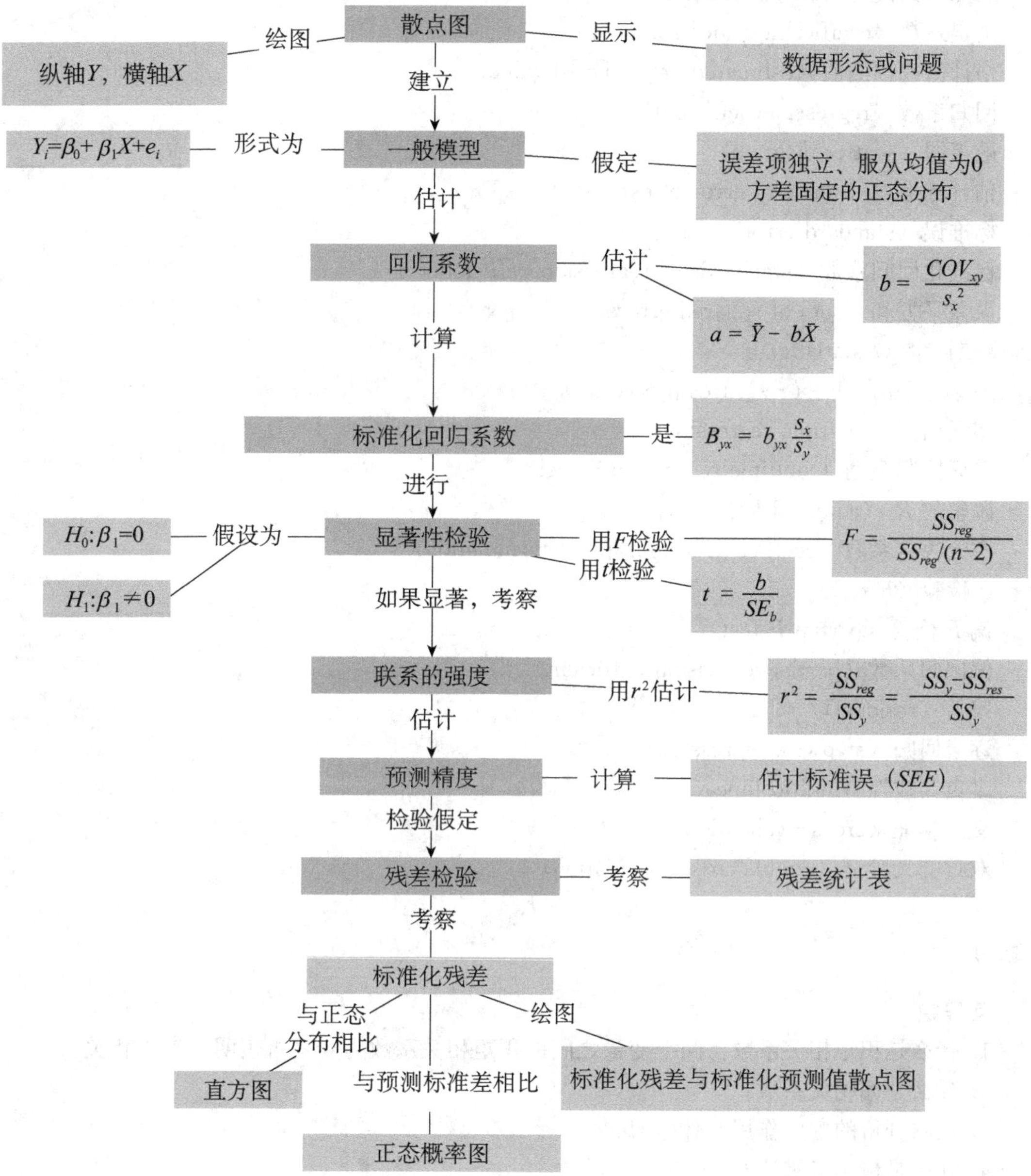


**图 17-11　进行二元回归概念图**

## 关键术语与概念

积矩相关系数 $r$（product moment correlation，$r$）

协方差（covariance）

偏相关系数（partial correlation）

部分相关系数（part correlation coefficient）

非定量相关（nonmetric correlation）

回归分析（regression analysis）

二元回归（bivariate regression）

二元回归模型（bivariate regression model）
决定系数（coefficient of determination）
估计值或预测值（estimated or predicted value）
回归系数（regressioncoefficient）
散点图（scatter diagram）
估计标准误（standard error of estimate）
标准误（standard error）
标准化回归系数（standardized regressioncoefficient）
误差平方和（sum of squared errors）
$t$ 统计量（$t$ statistic）
最小二乘法（least - squares procedure）
多元回归（multiple regression）
多元回归模型（multiple regression model）
调整的 $R^2$（adjusted $R^2$）
多元决定系数（coefficient of multiple determination）
$F$ 检验（$F$ test）
偏 $F$ 检验（partial $F$ test）
偏回归系数（partial regressioncoefficient）
残差（residual）
逐步回归（stepwise regression）
多重共线性（multicollinearity）
交叉验证（cross - validation）
双重交叉验证（double cross - validation）

## 练习

### 问答题

1. 什么是积矩相关系数？两个变量之间的积矩相关系数为 0 是否表明二者不相关？
2. 什么是偏相关系数？
3. 回归分析的主要作用是什么？
4. 什么是最小二乘法？
5. 解释回归系数标准化的意义。
6. 二元回归中如何测量变量之间联系的强度？在多元回归中呢？
7. 预测精度说明什么？
8. 什么是估计的标准误？
9. 二元回归中基本的假设是什么？
10. 什么是多元回归？与二元回归有何差异？
11. 解释偏回归系数的意义及其名称的由来。
12. 列出整体多元回归显著性检验中的零假设，如何检验这个零假设？
13. 残差检验能得到什么结果？
14. 解释逐步回归的步骤，其目的是什么？
15. 什么是多重共线性？多重共线性会导致什么问题？

16. 在多元回归中用于评估自变量的相对重要性的测量指标有哪些？

17. 描述交叉验证和双重交叉验证的过程。

18. 论证有虚拟变量的回归等同于一元方差分析。

**练习题**

1. 美国一家大型连锁超市想要调研促销对相对竞争力的影响，为此收集了在 15 个州与竞争对手相比的相对促销费用数据（竞争对手费用＝100）和相对销售额数据（竞争对手销售额＝100）。

| 州编号 | 相对促销费用 | 相对销售额 |
|---|---|---|
| 1 | 95 | 98 |
| 2 | 92 | 94 |
| 3 | 103 | 110 |
| 4 | 115 | 125 |
| 5 | 77 | 82 |
| 6 | 79 | 84 |
| 7 | 105 | 112 |
| 8 | 94 | 99 |
| 9 | 85 | 93 |
| 10 | 101 | 107 |
| 11 | 106 | 114 |
| 12 | 120 | 132 |
| 13 | 118 | 129 |
| 14 | 75 | 79 |
| 15 | 99 | 105 |

你的任务是告诉管理人员相对促销费用和相对销售额之间是否有关系。

（1）绘制相对销售额（$Y$ 轴）和相对促销费用（$X$ 轴）的关系图，并解释其含义。

（2）哪个指标可用来测量二者之间是否存在关系？为什么？

（3）对相对销售额和相对促销费用进行二元回归分析。

（4）解释所得到的回归系数的含义。

（5）回归关系是否显著？

（6）如果公司与竞争对手的促销费用相当（即其相对促销费用也是 100），那么公司的相对销售额是多少？

（7）解释结果中的 $r^2$。

2. 为了解质量和价格对药店光顾率的影响，调研人员对一个大城市中 14 个大药店根据药店偏好、质量和价格进行排序。所有序列都用 11 级量表测量，数字越大表示越好。

| 店铺编号 | 药店偏好 | 质量 | 价格 |
|---|---|---|---|
| 1 | 6 | 5 | 3 |
| 2 | 9 | 6 | 11 |
| 3 | 8 | 6 | 4 |
| 4 | 3 | 2 | 1 |
| 5 | 10 | 6 | 11 |
| 6 | 4 | 3 | 1 |
| 7 | 5 | 4 | 7 |

续表

| 店铺编号 | 药店偏好 | 质量 | 价格 |
|---|---|---|---|
| 8 | 2 | 1 | 4 |
| 9 | 11 | 9 | 8 |
| 10 | 9 | 5 | 10 |
| 11 | 10 | 8 | 8 |
| 12 | 2 | 1 | 5 |
| 13 | 9 | 8 | 5 |
| 14 | 5 | 3 | 2 |

（1）运用多元回归分析来解释质量和价格对药店偏好的影响。

（2）解释偏回归系数的意义。

（3）确定整体回归的显著性。

（4）确定偏回归系数的显著性。

（5）本例中是否存在多重共线性问题？为什么？

3. 假如你读到了一篇杂志上的文章，认为每年在预制食品上的花费（$PD$）与年收入（$INC$）存在以下关系：

$$PD = 23.4 + 0.003INC$$

式中，$INC$ 的系数显著。

（1）这一关系是否合理？是否有可能回归系数的数值很小，但是显著？

（2）从给定的信息，你能否判断估计模型的拟合优度？

（3）对于年收入 30 000 美元的家庭而言，每年在预制食品上的花费是多少？

（4）如果一个年收入 40 000 美元的家庭每年在预制食品上的花费为 130 美元，那么残差为多少？

（5）残差为负意味着什么？

## 活动

**角色扮演**

1. 你受雇担任汉堡王的营销调研分析师。你的上级，即营销经理（由另一名同学扮演）正在琢磨应该用什么统计方法分析顾客对汉堡王在评价标准上的打分与顾客的光顾情况之间的关系。请向你的上司解释你将要做的分析。

**实地调查**

访问你所在地区的 10 家药店，对每家药店的总体形象和店内服务质量用 11 级量表进行评价（1＝极差，11＝极好）。对你收集到的数据做如下分析：

（1）对总体形象（$Y$ 轴）和店内服务质量（$X$ 轴）绘制散点图并解释。

（2）你将采取什么指标来确定两个变量之间存在的关系？为什么？

（3）运行总体形象对店内服务质量的二元回归。

（4）解释回归系数。

（5）回归关系是否显著？

（6）解释所得到的 $r^2$。

**小组讨论**

1. 组成一个小组，讨论如下陈述：“回归是十分基础的方法，在数据分析中总应当用到。”

2. 组成一个小组，讨论二元相关、二元回归、多元回归和方差分析的关系。

## 连续案例：戴尔

阅读书末附录 A 中戴尔的案例，以及提供的调查问卷，下载数据资料。

1. 当同时考虑对戴尔的全部 13 个评价（Q8 _ 1～Q8 _ 13）时，总体满意度（Q4）能否被这些评价解释？解读结果。

2. 当同时考虑对戴尔的全部 13 个评价（Q8 _ 1～Q8 _ 13）时，选择戴尔的可能性（Q6）能否被这些评价解释？解读结果。

3. 当同时考虑对戴尔的全部 13 个评价（Q8 _ 1～Q8 _ 13）时，价格敏感度（Q9a）能否被这些评价解释？解读结果。

4. 当同时考虑对戴尔的全部 13 个评价（Q8 _ 1～Q8 _ 13）时，价格敏感度（Q9b）能否被这些评价解释？解读结果。

# 第18章 判别分析与 logit 分析

当你要测量多组被调查者的多个定量变量时，判别分析就很适合回答这样的问题：这些组之间有差别吗？在哪个变量上它们的差别最大？用这些变量能否预测出某人属于哪一组？

——Burke 公司高级副总裁/科学决策总监吉米·贝科-普雷特（Jamie Baker-Prewitt）

## 学习目标

1. 描述判别分析的概念、目的及其在营销调研中的应用。
2. 概括进行判别分析的步骤，包括定义问题、估计判别函数系数、确定判别函数的显著性、解读结果和评估判别分析的效度。
3. 讨论多组判别分析，以及两组与多组判别分析的区别。
4. 解释逐步判别分析并描述 Mahalanobis 方法。
5. 描述二项 logit 模型及其相较于判别分析和回归分析的优点。

## 本章概述

本章讨论了判别分析与 logit 分析。首先考察了判别分析和 logit 分析与方差分析和回归分析的关系，然后提出了一个模型并描述判别分析的一般步骤，重点是定义问题、估计判别函数系数、判断显著性、解读和验证结果。我们依次通过两组判别分析、多组（三组）判别分析的例子说明这一过程。之后讨论了逐步判别分析。当因变量为二元变量时，可采用二项 logit 模型分析，而非两组判别分析。我们对二项 logit 模型分析进行了解释并且说明其相对于判别分析和回归分析的优点。

## 18.1 判别分析的基本概念

**判别分析**（discriminant analysis）技术适用于标准变量或因变量为定类数据，预测变量或自变量为定量数据（即至少为定距尺度）的情况。[1] 例如，因变量可能是个人电脑的品牌选择（品牌 A、B、C），自变量是对个人电脑属性的 7 级评分。判别分析有如下目标：

1. 建立**判别函数**（discriminant function），即能对标准变量或因变量的类别进行最佳区别的预测变量或自变量的线性组合。

2. 检验不同组之间在自变量上是否具有显著差异。

3. 确定哪些自变量对于组间差异贡献较大。

4. 基于自变量的值将样本分类。

5. 评估分类的精确度。

判别分析用因变量的类别数目进行描述。如果因变量有两类，则称为**两组判别分析**（two-group discriminant analysis）；如果有三个以上的类别，则称为多组判别分析（multiple discriminant analysis）。两者的主要区别在于，两组判别分析可能只需用到一个判别函数，而多组判别分析可能需要计算一个以上的判别函数。[2]

营销调研中有大量判别分析的例子，该技术可用来回答以下一些问题：

- 对商店忠诚的顾客与不忠诚的顾客在人口统计学特征方面有何区别？
- 软饮料的重度、一般和轻度使用者在消费冷冻食品方面是否有差异？
- 哪些心理特征有助于区分日常用品的价格敏感型和非价格敏感型顾客？
- 不同细分市场在媒体消费习惯方面是否具有差异？
- 经常光顾地方性百货连锁店与经常光顾全国性连锁店的消费者相比，生活方式有何差异？
- 对直邮广告有回应的消费者的显著特征是什么？

## 18.2　判别分析与方差分析和回归分析的关系

判别分析与方差分析和回归分析的关系如表 18-1 所示。举例来说，调研人员试图用年龄和收入来解释人们购买人寿保险数量的差异。三种分析方法都只涉及一个标准变量或因变量，以及多个预测变量或自变量。但是，这些变量的性质不同。在方差分析和回归分析中，因变量是定量或定距变量（人寿保险购买数量以美元计）；但在判别分析中，因变量是定类变量（人寿保险购买数量分为高、中、低 3 类）。方差分析中自变量是定类变量（年龄和收入划分为高、中、低），而回归分析和判别分析中自变量是定量变量（年龄以年表示，收入以美元表示等，都是定比尺度）。

**表 18-1　方差分析、回归分析和判别分析的异同**

| | 方差分析 | 回归分析 | 判别分析 |
|---|---|---|---|
| 相同点 | | | |
| 因变量数目 | 一个 | 一个 | 一个 |
| 自变量数目 | 多个 | 多个 | 多个 |
| 不同点 | | | |
| 因变量性质 | 定量 | 定量 | 定类 |
| 自变量性质 | 定类 | 定量 | 定量 |

因变量只有两类的两组判别分析与多元回归分析的联系很密切。这种情况下，多元回归的因变量是赋值为 0，1 的虚拟变量，得到的回归系数与判别函数系数（见以下的判别分析模型）成比例。二项 logit 模型中自变量和因变量的性质与两组判别分析类似。

## 18.3 判别分析模型

**判别分析模型**（discriminant analysis model）体现为以下的线性组合：

$$D = b_0 + b_1X_1 + b_2X_2 + b_3X_3 + \cdots + b_kX_k$$

式中，$D$ 为判别分；$b$ 为判别系数或权重；$X$ 为预测变量或自变量。

估计的判别系数或权重（$b$）应当使组与组之间的判别函数值差异最大化。要实现这一点，判别分的组间平方和与组内平方和的比值要最大化，对于自变量的任何其他线性组合，这一比值都更小。

我们对两组判别分析做一简单的几何图示。假如有 $G1$ 和 $G2$ 两个组，每个组的组员用 $X_1$ 和 $X_2$ 两个变量来测量。图 18-1 是以 $X_1$ 和 $X_2$ 为两轴绘制的散点图，$G1$ 组员用 1 表示，$G2$ 组员用 2 表示。得到的椭圆假设包含各组中 93%的点（组员）。从两个椭圆的交点引一直线，并将椭圆投射到新轴 $D$ 上面，单变量分布 $G1'$ 和 $G2'$ 的重合部分体现为图中阴影，这一阴影小于从两个椭圆引出的其他任何直线所得的阴影。因此，在 $D$ 轴上组间差异最大。

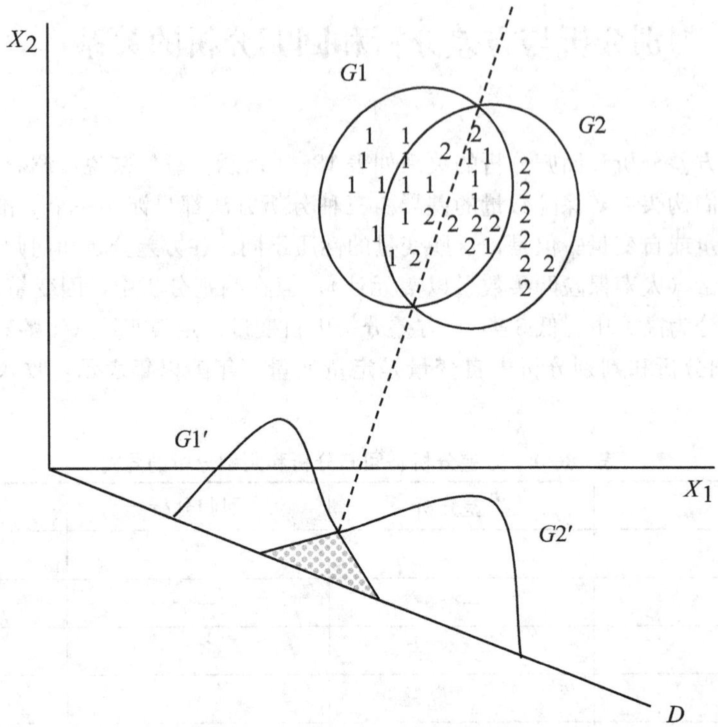


图 18-1 两组判别分析的几何图示

## 18.4 与判别分析相关的统计量

与判别分析有关的重要统计量如下。

**典型相关系数**（canonical correlation）：典型相关系数衡量判别分与组别之间的关联程度，是测量单个判别函数与界定分组的一组虚拟变量之间关联度的指标。

**重心**（centroid）：重心是某一特定组的判别分的均值。每个组有一个重心，因此有多少组就有多少重心。各判别函数在一个组的均值称为组重心。

**分类矩阵**（classification matrix）：分类矩阵有时也称为模糊或预测矩阵（confusion or prediction matrix），包含正确分类和错误分类的样本数。正确分类样本位于对角线上，因为预测的和实际组别相同。对角线以外是未能正确分类的样本。对角线上的元素之和除以总样本得到命中率。

**判别函数系数**（discriminant function coefficients）：当变量以原有单位测量时，判别函数系数（非标准化）等于变量的乘积。

**判别分**（discriminant scores）：非标准化系数乘以变量值，乘积加上常量就是判别分。

**特征值**（eigenvalue）：每一判别函数的特征值等于组间平方和与组内平方和的比值，特征值越大，表明函数区分度越好。

***F* 值及其显著性**（*F* value and their significance）：这些值从单因素方差分析计算得到，其中分组变量为定类自变量，每个自变量轮流作为定量因变量。

**组均值和组标准差**（group means and group standard deviations）：这些值根据各组的每个自变量进行计算。

**组内相关系数矩阵**（pooled within-group correlation matrix）：将所有组的各自协方差矩阵进行平均而得。

**标准化判别函数系数**（standardized discriminant function coefficients）：当变量经均值为 0、方差为 1 的标准化处理后作为乘数的判别函数系数。

**结构相关系数**（structured correlation）：也称为判别载荷（discriminant loadings），代表自变量和判别函数之间的简单相关系数。

**总相关系数矩阵**（total correlation matrix）：这个矩阵指的是对象被视为来自单一样本而计算的相关系数矩阵。

**Wilks'λ**：有时也称为 $U$ 统计量，每个预测变量的 Wilks'λ 是组内平方和与总平方和的比值。Wilks'λ 的值在 0～1 之间波动，值越大（接近 1）表明组均值没有区别，值越小（接近 0）表明组均值差别越大。

判别分析的假设是各组都来自同一个多元正态分布的总体，而且所有样本总体的协方差矩阵相同。通过考察以下的判别分析过程，可以更好地理解这些假设及上述统计量的作用。

## 18.5　进行判别分析

判别分析的步骤包括定义问题、估计判别函数系数、确定判别函数的显著性、解读结果、评估判别分析的效度，见图 18－2。我们用两组判别分析来讨论和说明这些步骤，两组以上的判别分析在本章后面部分进行讨论。

### 定义问题

判别分析的第 1 步是通过明确分析目标、因变量和自变量来定义问题。因变量必须包含两个或两个以上互相排斥并覆盖所有情况的类别。若因变量是定距或定比尺度，则首先要转化为

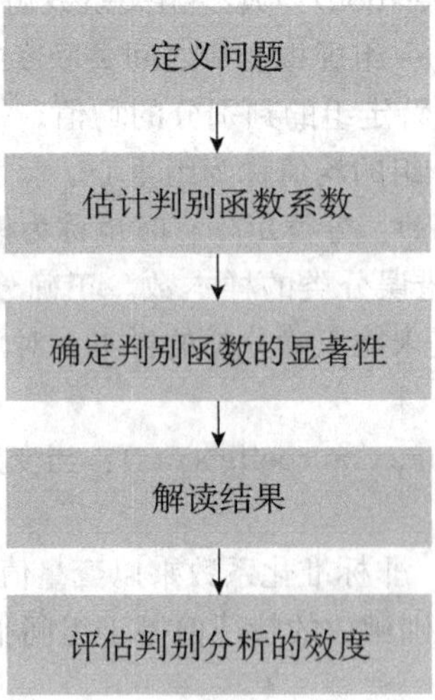


图 18-2 判别分析的步骤

定类尺度。例如，用7级量表测量的品牌态度，可以归纳为3类：不喜欢（1、2、3）、中立（4）和喜欢（5、6、7）。此外，也可根据因变量的取值分布图确定每一类别的恰当分界点，使各类别的样本规模相同。调研人员应当根据理论或已有研究来选择自变量，在进行探索性调研时也可根据自己的经验来选择。

下一步是将样本分为两个部分：一部分叫作估计或**分析样本**（analysis sample），用来估计判别函数；另一部分叫作保留或**验证样本**（validation sample），用来验证判别函数。如果样本足够大，可以拆分为二，一半用来分析，一半用来验证。然后将两部分互换，重新分析。这一方法叫作双重交叉验证（double cross-validation），与回归分析所讨论的类似（见第17章）。

通常分析样本和验证样本的结构要遵循总样本的结构。例如，若总样本包含50%的忠诚消费者和50%的非忠诚消费者，那么分析样本和验证样本中都要包含50%的忠诚消费者和50%的非忠诚消费者。相反，如果样本中包含25%的忠诚者和75%的不忠诚者，那么选择分析和验证样本时也必须反映相同的分布。

最后，建议重复进行判别函数的验证，每次样本分为不同的分析和验证样本，进行判别函数估计和验证分析。因此，效度的评估基于多次试验。可能的话建议采用一些更为严格的方法。[3]

为了更好地说明两组判别分析，我们来看一个例子——确定过去2年去过度假胜地的家庭所具有的显著特征。数据来自42个家庭构成的预测试样本。其中，表18-2中的30个样本用来分析，表18-3中的其余12个样本用来验证。为了方便说明，本例只考虑了少量样本。但在实际分析中，判别分析涉及的样本规模要大得多，比如戴尔连续案例或者书中的其他案例。过去2年去过度假胜地的家庭编码为1，没有去过的编码为2（变量为“是否去过”），分析样本和验证样本中二者数量相当。可以看出，分析样本中去过与没去过的家庭各15个，验证样本中各6个。数据还包括家庭年收入（“收入”）、对旅行的态度（“态度”，用9级量表测量）、对家庭度假的重视程度（“重视程度”，用9级量表测量）、家庭规模（“家庭规模”）和户主年龄（“年龄”）。

表 18-2 关于度假的信息：分析样本

| 编号 | 是否去过 | 收入（千美元） | 态度 | 重视程度 | 家庭规模 | 年龄 | 家庭度假花费 |
|---|---|---|---|---|---|---|---|
| 1 | 1 | 50.2 | 5 | 8 | 3 | 43 | M (2) |
| 2 | 1 | 70.3 | 6 | 7 | 4 | 61 | H (3) |
| 3 | 1 | 62.9 | 7 | 5 | 6 | 52 | H (3) |

续表

| 编号 | 是否去过 | 收入（千美元） | 态度 | 重视程度 | 家庭规模 | 年龄 | 家庭度假花费 |
|---|---|---|---|---|---|---|---|
| 4 | 1 | 48.5 | 7 | 5 | 5 | 36 | L (1) |
| 5 | 1 | 52.7 | 6 | 6 | 4 | 55 | H (3) |
| 6 | 1 | 75.0 | 8 | 7 | 5 | 68 | H (3) |
| 7 | 1 | 46.2 | 5 | 3 | 3 | 62 | M (2) |
| 8 | 1 | 57.0 | 2 | 4 | 6 | 51 | M (2) |
| 9 | 1 | 64.1 | 7 | 5 | 4 | 57 | H (3) |
| 10 | 1 | 68.1 | 7 | 6 | 5 | 45 | H (3) |
| 11 | 1 | 73.4 | 6 | 7 | 5 | 44 | H (3) |
| 12 | 1 | 71.9 | 5 | 8 | 4 | 64 | H (3) |
| 13 | 1 | 56.2 | 1 | 8 | 6 | 54 | M (2) |
| 14 | 1 | 49.3 | 4 | 2 | 3 | 56 | H (3) |
| 15 | 1 | 62.0 | 5 | 6 | 2 | 58 | H (3) |
| 16 | 2 | 32.1 | 5 | 4 | 3 | 58 | L (1) |
| 17 | 2 | 36.2 | 4 | 3 | 2 | 55 | L (1) |
| 18 | 2 | 43.2 | 2 | 5 | 2 | 57 | M (2) |
| 19 | 2 | 50.4 | 5 | 2 | 4 | 37 | M (2) |
| 20 | 2 | 44.1 | 6 | 6 | 3 | 42 | M (2) |
| 21 | 2 | 38.3 | 6 | 6 | 2 | 45 | L (1) |
| 22 | 2 | 55.0 | 1 | 2 | 2 | 57 | M (2) |
| 23 | 2 | 46.1 | 3 | 5 | 3 | 51 | L (1) |
| 24 | 2 | 35.0 | 6 | 4 | 5 | 64 | L (1) |
| 25 | 2 | 37.3 | 2 | 7 | 4 | 54 | L (1) |
| 26 | 2 | 41.8 | 5 | 1 | 3 | 56 | M (2) |
| 27 | 2 | 57.0 | 8 | 3 | 2 | 36 | M (2) |
| 28 | 2 | 33.4 | 6 | 8 | 2 | 50 | L (1) |
| 29 | 2 | 37.5 | 3 | 2 | 3 | 48 | L (1) |
| 30 | 2 | 41.3 | 3 | 3 | 2 | 42 | L (1) |

**表 18-3　关于度假的信息：验证样本**

| 编号 | 是否去过 | 收入（千美元） | 态度 | 重视程度 | 家庭规模 | 年龄 | 家庭度假花费 |
|---|---|---|---|---|---|---|---|
| 1 | 1 | 50.8 | 4 | 7 | 3 | 45 | M (2) |
| 2 | 1 | 63.6 | 7 | 4 | 7 | 55 | H (3) |
| 3 | 1 | 54.0 | 6 | 7 | 4 | 58 | M (2) |
| 4 | 1 | 45.0 | 5 | 4 | 3 | 60 | M (2) |
| 5 | 1 | 68.0 | 6 | 6 | 6 | 46 | H (3) |
| 6 | 1 | 62.1 | 5 | 6 | 3 | 56 | H (3) |
| 7 | 2 | 35.0 | 4 | 3 | 4 | 54 | L (1) |
| 8 | 2 | 49.6 | 5 | 3 | 5 | 39 | L (1) |
| 9 | 2 | 39.4 | 6 | 5 | 3 | 44 | H (3) |
| 10 | 2 | 37.0 | 2 | 6 | 5 | 51 | L (1) |
| 11 | 2 | 54.5 | 7 | 3 | 3 | 37 | M (2) |
| 12 | 2 | 38.2 | 2 | 2 | 3 | 49 | L (1) |

## 估计判别函数系数

一旦确认了分析样本，如表 18-2 所示，就可以估计判别函数系数。有直接法和逐步法两大类方法。**直接法**（direct method）是将所有自变量同时纳入判别函数的估计，因此不管判别能力大小每个自变量都被包括进去。当分析是基于理论或者以往调研时，这一方法是恰当的。另一类方法是**逐步判别分析**（stepwise discriminant analysis），自变量根据判别能力依次进入模型。这一方法适用于调研人员希望选择一部分自变量纳入判别函数的情况，后面还将详细讨论。

用某一常用的计算机程序对表 18-2 数据进行两组判别分析，结果如表 18-4 所示。考察组均值和组标准差就可获得一些直观的结论：两组在收入方面似乎比在其他变量上差别更大；在重视程度上的差别大于态度上的差别；在年龄方面差别很小，而且这一变量的标准误差较大。

**表 18-4　两组判别分析结果**

组均值

| 是否去过 | 收入 | 态度 | 重视程度 | 家庭规模 | 年龄 |
|---|---|---|---|---|---|
| 1 | 60.520 00 | 5.400 00 | 5.800 00 | 4.333 33 | 53.733 33 |
| 2 | 41.913 33 | 4.333 33 | 4.066 67 | 2.800 00 | 50.133 33 |
| 合计 | 51.216 67 | 4.866 67 | 4.933 33 | 3.566 67 | 51.933 33 |

组标准差

| | | | | | |
|---|---|---|---|---|---|
| 1 | 9.830 65 | 1.919 82 | 1.820 52 | 1.234 43 | 8.770 62 |
| 2 | 7.551 15 | 1.951 80 | 2.051 71 | 0.941 12 | 8.271 01 |
| 合计 | 12.795 23 | 1.978 04 | 2.099 81 | 1.330 89 | 8.573 95 |

组内相关系数矩阵

| | 收入 | 态度 | 重视程度 | 家庭规模 | 年龄 |
|---|---|---|---|---|---|
| 收入 | 1.000 00 | | | | |
| 态度 | 0.197 45 | 1.000 00 | | | |
| 重视程度 | 0.091 48 | 0.084 34 | 1.000 00 | | |
| 家庭规模 | 0.088 87 | −0.016 81 | 0.070 46 | 1.000 00 | |
| 年龄 | −0.014 31 | −0.197 09 | 0.017 42 | −0.043 01 | 1.000 00 |

自由度为 1 和 28 的 *F* 值和 Wilk'λ（*U* 统计量）

| 变量 | Wilk'λ | *F* 值 | 显著性 |
|---|---|---|---|
| 收入 | 0.453 10 | 33.80 | 0.000 0 |
| 态度 | 0.924 79 | 2.277 | 0.142 5 |
| 重视程度 | 0.823 77 | 5.990 | 0.020 9 |
| 家庭规模 | 0.656 72 | 14.64 | 0.000 7 |
| 年龄 | 0.954 41 | 1.338 | 0.257 2 |

典型判别函数

| 函数 | 特征值 | 方差百分比 | 累积百分比 | 典型相关系数 | 函数后 | Wilk'λ | 卡方 | 自由度 | 显著性 |
|---|---|---|---|---|---|---|---|---|---|
| | | | | | 0 | 0.358 9 | 26.130 | 5 | 0.000 1 |
| 1* | 1.786 2 | 100.00 | 100.00 | 0.800 7 | | | | | |

* 表示分析中第一个典型判别函数

标准典型判别函数系数

| | 函数 1 |
|---|---|
| 收入 | 0.743 01 |
| 态度 | 0.096 11 |

续表

| | |
|---|---|
| 重视程度 | 0.233 29 |
| 家庭规模 | 0.469 11 |
| 年龄 | 0.209 22 |

结构矩阵

判别变量和典型判别函数之间的组内相关系数（变量按照函数相关系数排列）

| | 函数 1 |
|---|---|
| 收入 | 0.822 02 |
| 家庭规模 | 0.540 96 |
| 重视程度 | 0.346 07 |
| 态度 | 0.213 37 |
| 年龄 | 0.163 54 |

非标准化典型判别函数系数

| | 函数 1 |
|---|---|
| 收入 | 0.847 671 0E−01 |
| 态度 | 0.496 445 5E−01 |
| 重视程度 | 0.120 281 3 |
| 家庭规模 | 0.427 389 3 |
| 年龄 | 0.245 438 0E−01 |
| 常量 | −7.975 476 |

组均值估计的典型判别函数（组重心）

| 组 | 函数 1 |
|---|---|
| 1 | 1.291 18 |
| 2 | −1.291 18 |

分类结果

| | | 预测分类 | | | |
|---|---|---|---|---|---|
| | | 是否去过 | 组 1 | 组 2 | 合计 |
| 原始分类 | 样本数 | 1 | 12 | 3 | 15 |
| | | 2 | 0 | 15 | 15 |
| | 百分比 | 1 | 80.0 | 20.0 | 100.0 |
| | | 2 | 0.0 | 100.0 | 100.0 |
| 交叉验证 | 样本数 | 1 | 11 | 4 | 15 |
| | | 2 | 2 | 13 | 15 |
| | 百分比 | 1 | 73.3 | 26.7 | 100.0 |
| | | 2 | 13.3 | 86.7 | 100.0 |

原始分类的正确率为 90%；
交叉验证的正确分类比率为 80%。

验证（保留）样本的分类结果

| | 实际组别 | 样本数 | 预测分类 | |
|---|---|---|---|---|
| | | | 组 1 | 组 2 |
| 组 | 1 | 6 | 4 | 2 |
| | | | 66.7% | 33.3% |
| 组 | 2 | 6 | 0 | 6 |
| | | | 0.0% | 100.0% |

正确分类的样本百分比：83.33%

组内相关系数矩阵显示，自变量之间相关度很低，而且不存在多重共线性问题。单变量 $F$ 值的显著性表明，当单独考虑各自变量时，只有收入、重视程度和家庭规模在两组之间呈现显著差异。

由于只有两个组别，因此只估计了一个判别函数。该函数的特征值为 1.786 2，代表了全部的被解释方差。与函数相关的典型相关系数是 0.800 7，系数平方为 $0.8007^2$（约等于 0.64），表明模型解释了因变量 64%的方差。

## 确定判别函数的显著性

如果估计的判别函数不显著，那么解读分析结果就毫无意义。可对判别分析的零假设，即总体的各组判别函数均值相等进行统计检验。在 SPSS 中可根据 Wilk'λ 进行该检验。如果同时检验多个函数（如多组判别分析），则 Wilk'λ 统计量是各函数单变量 λ 的乘积。通过将统计量转化为卡方来估计显著性水平。在度假实例的显著性检验中（见表 18-4），可看到与函数相关的 Wilk'λ 值为 0.358 9，转化为 5 个自由度的卡方值 26.13，显著性水平超过了 0.05。在 SAS 软件中，要根据似然比分布的近似值计算近似的 $F$ 统计量。MINITAB 不提供显著性检验。如果零假设被拒绝，说明各组有显著差别，可以对结果进行解读。[4]

## 解读结果

对判别权重或判别函数系数的解读与多元回归类似。特定自变量的系数大小取决于包含在判别函数中的其他自变量。系数的符号可以是正的或负的，但系数值能表明每个变量对于函数值影响的大小以及与特定组的关系。

由于自变量之间存在多重共线性，它们用于区分不同组的相对重要性并无十分明确的指标。[5] 尽管如此，通过考察标准化判别函数系数的绝对值大小，我们仍然可以大概了解自变量的相对重要性。一般而言，标准化判别函数系数较大的自变量对于函数的判别能力有较大贡献，因而更为重要。

另外，通过结构相关系数，即典型载荷（canonical loadings）或判别载荷也能大概知道自变量的相对重要性。每个自变量与判别函数之间的简单相关系数代表自变量与函数的共享方差部分。结构相关系数的绝对值越大，相应的自变量就越重要。与标准化判别函数系数类似，解读这些相关系数时也需慎重。

度假实例可用来说明如何考察标准化判别函数系数。由于自变量之间相关性低，我们可以谨慎地使用标准化判别函数系数的大小进行推测，可以看出，收入是影响组间差距的最重要自变量，其次是家庭规模和重视程度。考察结构化相关系数可以得到相同的结论。这些自变量与判别函数之间的简单相关系数是按照数值大小排列的。

分析结果也包括非标准化判别函数系数，它们可应用于样本中的变量原始值，对样本进行分类。给出的还有组重心，即根据组均值估计的判别函数值。去过度假胜地的，即组 1，其组重心为正值，1.291 18；没有去过度假胜地的，即组 2，其组重心为负值，且大小与组 1 相等。所有自变量的系数都为正数，表明收入越高、家庭规模越大、重视程度越高、态度越积极、年龄越大，那么全家去过度假胜地的可能性就越大。根据收入、家庭规模和重视程度这 3 个最重要的自变量来刻画两个组的轮廓，这样更为合理。表 18-4 的开头给出了这 3 个变量在两组的取值。

在解读判别分析结果时还可对每个组进行**特征描述**（characteristic profile），即用自变量的组均值来描述各组的特征。如果已识别出重要的自变量，那么比较这些变量上的组均值有助于理解组与组之间的差异。但是，需要首先对结果进行验证，这样对结果进行解读才更有信心。

### 评估判别分析的效度

SPSS 等许多电脑程序都包含去掉一个样本的交叉验证（leave-one-out cross-validation）选项。这时，对判别模型进行重新估计的次数就等于样本数。每个重新估计的模型去除一个样本，然后用模型来预测去除的那个样本。如果不可能有大的验证样本，这一方法将每个对象作为验证样本，从而能对估计的稳定性进行大致判断。

如前所述，应当尽可能将数据随机分为两个子样本：分析样本和验证样本。分析样本用于估计判别函数，而验证样本用来形成分类矩阵。可以用分析样本估计判别权重，然后乘以验证样本中的自变量值，来获得验证样本的判别分。将每个样本按照判别分并根据适当的原则进行分组。例如，在两组判别分析中，原则是将样本分到离组重心最近的组。**命中率**（hit ratio）或正确分类的样本百分比，就是分类矩阵对角线元素之和与总样本数的比例。[6]

还应当比较判别分析的命中分类百分比与随机命中分类百分比。当各组规模相同时，随机分组的正确率是 1 除以组数。判别分析的正确率应该提高多少，对此并无一般原则。有些调研人员建议判别分析的分组精确度应当至少比随机分组高 25%。[8]

大部分判别分析程序还会根据分析样本计算一个分类矩阵，由于所使用的是数据中的随机方差，因此结果无一例外要好于去掉一个样本的交叉验证或根据验证样本计算的分类矩阵。

表 18－4 所示的度假实例也提供了基于分析样本的分类结果。命中率或样本分类的正确百分比为（12＋15）/30＝0.90 或 90%。因为同一组数据既用于估计也用于验证，这个命中率有人为放大之嫌。去掉一个样本的交叉验证的命中率只有（11＋13）/30＝0.80 或 80%。用独立的验证样本数据集进行分类分析，所得分类矩阵的命中率为（4＋6）/12＝0.833 或 83.3%（见表 18－4）。对于规模相同的两个组，随机分类的命中率为 1/2＝0.50 或 50%。因此，判别分析的命中率与随机分类相比提高了 25%以上，证明了判别分析的效度令人满意。

可将两组判别分析延伸至多组判别分析，步骤一样。

## 18.6　多组判别分析

### 定义问题

表 18－2 和表 18－3 的数据也可用来说明多组判别分析。根据表格最后一栏的家庭度假花费将所有家庭分为高、中、低 3 类，每组包含 10 个家庭。我们希望了解家庭度假花费分属高、中、低 3 类的家庭在家庭年收入（“收入”）、对旅行的态度（“态度”）、对家庭度假的重视程度（“重视程度”）、家庭规模（“家庭规模”）和户主年龄（“年龄”）方面是否存在显著差异。[8]

### 估计判别函数系数

表 18－5 展示了三组判别分析的结果。考察组均值，能看出三组在收入上比其他变量差别更大，在态度和度假上也有所区别。组 1 和组 2 在家庭规模和年龄方面非常接近，年龄的标准差较大。组内相关系数矩阵表明，重视程度和家庭规模都与收入有一定正相关关系，年龄与态度有一定负相关关系。但这些相关系数都比较小，表明虽然或许存在一定的多重共线性问题，但并不严重。单变量 $F$ 比值的显著性说明当单独考虑各自变量时，只有收入和态度能显著区分各组。

**表 18-5 三组判别分析结果**

组均值

| 组序 | 收入 | 态度 | 重视程度 | 家庭规模 | 年龄 |
|---|---|---|---|---|---|
| 1 | 38.570 00 | 4.500 00 | 4.700 00 | 3.100 00 | 50.300 00 |
| 2 | 50.110 00 | 4.000 00 | 4.200 00 | 3.400 00 | 49.500 00 |
| 3 | 64.970 00 | 6.100 00 | 5.900 00 | 4.200 00 | 56.000 00 |
| 合计 | 51.216 67 | 4.866 67 | 4.933 33 | 3.566 67 | 51.933 33 |

组标准差

| | | | | | |
|---|---|---|---|---|---|
| 1 | 5.297 18 | 1.715 94 | 1.888 56 | 1.197 22 | 8.097 32 |
| 2 | 6.002 31 | 2.357 02 | 2.485 51 | 1.505 55 | 9.252 63 |
| 3 | 8.614 34 | 1.197 22 | 1.663 33 | 1.135 29 | 7.601 17 |
| 合计 | 12.795 23 | 1.978 04 | 2.099 81 | 1.330 89 | 8.573 95 |

组内相关系数矩阵

| | 收入 | 态度 | 重视程度 | 家庭规模 | 年龄 |
|---|---|---|---|---|---|
| 收入 | 1.000 00 | | | | |
| 态度 | 0.051 20 | 1.000 00 | | | |
| 度假 | 0.306 81 | 0.035 88 | 1.000 00 | | |
| 家庭规模 | 0.380 50 | 0.004 74 | 0.220 80 | 1.000 00 | |
| 年龄 | −0.209 39 | −0.340 22 | −0.013 26 | −0.025 12 | 1.000 00 |

自由度为 2 和 27 的 $F$ 值和 Wilk'λ（$U$ 统计量）

| 变量 | Wilk'λ | $F$ 值 | 显著性 |
|---|---|---|---|
| 收入 | 0.262 15 | 38.000 | 0.000 0 |
| 态度 | 0.787 90 | 3.634 | 0.040 0 |
| 重视程度 | 0.880 60 | 1.830 | 0.179 7 |
| 家庭规模 | 0.874 11 | 1.944 | 0.162 6 |
| 年龄 | 0.882 14 | 1.804 | 0.184 0 |

**典型判别函数**

| 函数 | 特征值 | 方差百分比 | 累积百分比 | 典型相关系数 | 函数后 | Wilk'λ | 卡方 | 自由度 | 显著性 |
|---|---|---|---|---|---|---|---|---|---|
| | | | | | 0 | 0.166 4 | 44.831 | 10 | 0.00 |
| 1* | 3.819 0 | 93.93 | 93.93 | 0.890 2 | 1 | 0.802 0 | 5.517 | 4 | 0.24 |
| 2* | 0.246 9 | 6.07 | 100.00 | 0.445 0 | | | | | |

*表示分析中第一个典型判别函数。

标准典型判别函数系数

| | 函数 1 | 函数 2 |
|---|---|---|
| 收入 | 1.047 40 | −0.420 76 |
| 态度 | 0.339 91 | 0.768 51 |
| 重视程度 | −0.141 98 | 0.533 54 |
| 家庭规模 | −0.163 17 | 0.129 32 |
| 年龄 | 0.494 74 | 0.524 47 |

结构矩阵

判别变量和典型判别函数之间的组内相关系数（变量按照函数相关系数排列）

| | 函数 1 | 函数 2 |
|---|---|---|
| 收入 | 0.855 56* | −0.278 33 |
| 家庭规模 | 0.193 19* | 0.077 49 |
| 重视程度 | 0.219 35 | 0.588 29* |
| 态度 | 0.148 99 | 0.453 62* |
| 年龄 | 0.165 76 | 0.340 79* |

续表

| 非标准化典型判别函数系数 | | |
|---|---|---|
| | 函数 1 | 函数 2 |
| 收入 | 0.154 265 8 | −0.619 714 8E−01 |
| 态度 | 0.186 797 7 | 0.422 343 0 |
| 重视程度 | −0.695 226 4E−01 | 0.261 265 2 |
| 家庭规模 | −0.126 533 4 | 0.100 279 6 |
| 年龄 | 0.592 805 5E−01 | 0.628 420 6E−01 |
| 常量 | −11.094 42 | −3.791 600 |

| 组均值估计的典型判别函数（组重心） | | |
|---|---|---|
| 组 | 函数 1 | 函数 2 |
| 1 | −2.041 00 | 0.418 47 |
| 2 | −0.404 79 | −0.658 67 |
| 3 | 2.445 78 | 0.240 20 |

分类结果

| | | | 预测分类 | | | |
|---|---|---|---|---|---|---|
| | | 实际组 | 组 1 | 组 2 | 组 3 | 合计 |
| 原始分类 | 样本数 | 1 | 9 | 1 | 0 | 10 |
| | | 2 | 1 | 9 | 0 | 10 |
| | | 3 | 0 | 2 | 8 | 10 |
| | 百分比 | 1 | 90.0 | 10.0 | 0.0 | 100.0 |
| | | 2 | 10.0 | 90.0 | 0.0 | 100.0 |
| | | 3 | 0.0 | 20.0 | 80.0 | 100.0 |
| 交叉验证 | 样本数 | 1 | 7 | 3 | 0 | 10 |
| | | 2 | 4 | 5 | 1 | 10 |
| | | 3 | 0 | 2 | 8 | 10 |
| | 百分比 | 1 | 70.0 | 30.0 | 0.0 | 100.0 |
| | | 2 | 40.0 | 50.0 | 10.0 | 100.0 |
| | | 3 | 0.0 | 20.0 | 80.0 | 100.0 |

a. 交叉验证只针对分析中的样本，每个样本通过除该样本外所有其他样本所得出的方程进行分类。
b. 原始分类的正确率为 86.7%；
c. 交叉验证的正确分类比率为 66.7%。

验证（保留）样本的分类结果

| | 实际组别 | 样本数 | 预测分类 | | |
|---|---|---|---|---|---|
| | | | 组 1 | 组 2 | 组 3 |
| 组 | 1 | 4 | 3 | 1 | 0 |
| | | | 75.0% | 25.0% | 0.0% |
| 组 | 2 | 4 | 0 | 3 | 1 |
| | | | 0.0% | 75.0% | 25.0% |
| 组 | 3 | 4 | 1 | 0 | 3 |
| | | | 25.0% | 0.0% | 75.0% |

正确分类的样本百分为 75.0%。

在多组判别分析中，如果有 $G$ 个组，那么在预测变量数目大于 $G$ 时能估计 $G-1$ 个判别函数。一般而言，对于 $G$ 个组和 $k$ 个变量，可以估计出 $G-1$ 和 $k$ 二者中较小数那么多个判别函数。第一个函数的组间平方和与组内平方和比率最高，第 2 个函数与第 1 个函数无关，该比率次高，如此继续下去。但是，有可能并非所有函数都具有统计显著性。

由于有三组，最多可以提取两个函数。第一个判别函数的特征值是 3.819 0，代表解释方差的93.93%，由于特征值大，第一个判别函数很可能更优。第二个函数的特征值较小，为0.246 9，仅代表解释方差的6.07%。

## 确定判别函数的显著性

在检验各组重心相等的零假设时，必须同时考察两个函数。可以首先同时检验全部均值，然后依次检验函数均值。每次排除一个函数，逐步检验剩余函数的均值。在表18-5中，“函数后”下面的0说明没有函数被去除。Wilk's λ值为0.166 4，转化为卡方为44.831，自由度为10，在0.05的水平下显著。因此，两个函数共同对三个组进行了显著区分。但是，当第1个函数被去除，第2个函数的Wilk's λ值为0.802 0，在0.05的水平下不显著。因此，第2个函数对于组间差距没有显著贡献。

## 解读结果

考察标准化判别函数系数、结构相关系数和相应图表有助于对结果进行解读。函数1中收入的标准化判别函数系数很大，函数2中重视程度、态度和年龄的标准化判别函数系数相对较大。考察表18-5中的结构矩阵能得到类似结论。为了便于解读函数，特定函数中系数较大的变量汇总在一起，并标以“*”。因此，函数1中收入和家庭规模加上了“*”，表明它们在第一个函数中的值大于第二个函数。这些变量主要与函数1有关。此外，态度、重视程度和年龄主要与函数2有关，也标以“*”。

函数1和函数2中各组情况的散点图见图18-3。可以看出组3在函数1上取值最大，组1最小。由于函数1主要与收入和家庭规模有关，我们可以预测3个组是按照这两个变量进行排序的：收入较高、规模较大的家庭可能有较高的家庭度假花费；相反，收入较低、规模较小的家庭在家庭度假上花费可能较少。考察各组在收入和规模上的均值，可进一步强化这一解读。

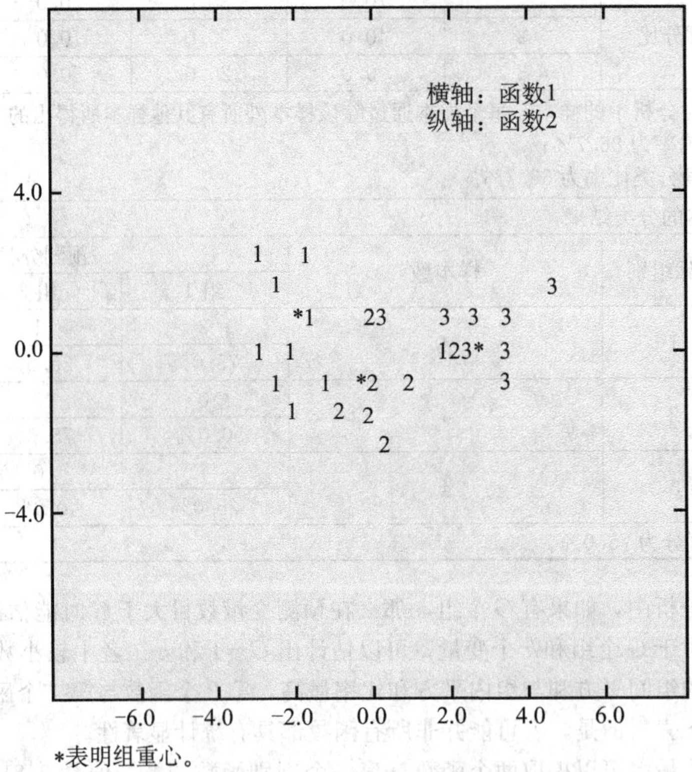


*表明组重心。

**图18-3 各组散点图**

图 18－3 进一步表明函数 2 可用来区分组 1（函数值最高）与组 2（函数值最低）。这一函数主要与重视程度、态度和年龄有关。由于这些变量与函数 2 在结构矩阵上体现为正相关，我们可以估计组 1 与组 2 相比，在重视程度、态度和年龄方面有较大值。对于前 2 个变量，组均值显示确实如此。如果组 1 中的家庭比组 2 的家庭更重视家庭旅行而且对旅行的态度更积极的话，那为何花费更少呢？可能他们希望多支出一些度假花费，但因收入低而无法实现。

图 18－4 所示的**分组区域图**（territorial map）也表明了类似结果。在区域图中，每个组重心用星号表示，组边界用组号来表示。因此，组 1 的重心以数字 1 为边界，组 2 的重心以数字 2 为边界，组 3 的重心则以数字 3 为边界。

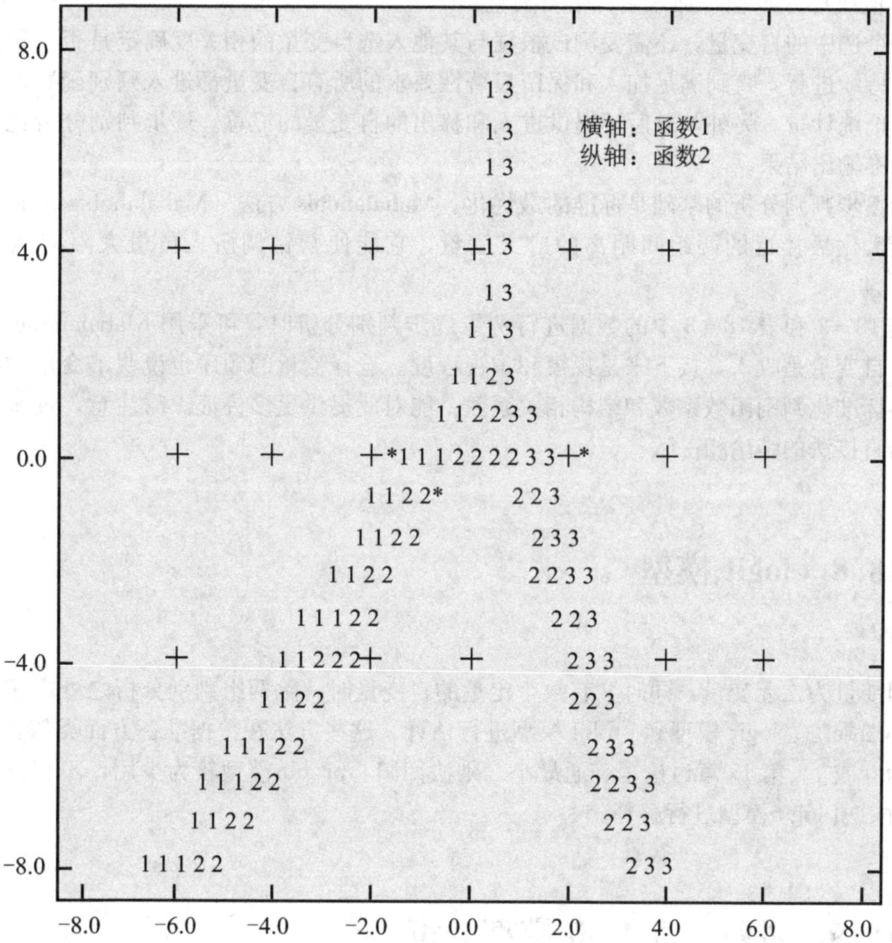


*表明组重心。

**图 18－4　分组区域图**

## 评估判别分析的效度

分析样本的分类结果表明，(9＋9＋8)/30＝86.7%的样本被正确分类。采用去掉一个样本的交叉验证，正确分类的比例只有 (7＋5＋8)/30＝0.667 或 66.7%。如果针对表 18－3 中的独立保留样本进行分类，命中率为 (3＋3＋3)/12＝75%。由于三组规模相同，可估计随机分类的命中率为 1/3＝0.333 或 33.3%。因此，判别分析的正确率提高了 25%以上，表明其有效性至少令人满意。

## 18.7 逐步判别分析

逐步判别分析是根据自变量的判别能力逐步加入模型，这一点类似于逐步回归（见第17章）。对每个自变量用单变量方差分析计算 $F$ 值，其中组作为类别变量，自变量作为标准变量。在满足特定的显著性和容许标准前提下，$F$ 值最高的自变量首先进入判别函数。然后根据最高的调整 $F$ 值或部分 $F$ 值，加入第二个自变量。

对每个选中的自变量，还需要测试根据与其他入选自变量的相关度确定是否保留。选择和保留过程持续进行，直到满足加入和保留显著性要求的所有自变量都进入判别函数。每一步都要计算若干统计量。另外，最后还提供进入和移出的自变量的汇总。逐步判别分析也可得到直接法的标准输出结果。

选择逐步判别分析的基础是标准的最优化。**Mahalanobis 方法**（Mahalanobis procedure）就是基于最大化最接近的两组间距离的广义度量，它能使营销调研人员最大限度地利用现有信息。[9]

对表 18-2 和表 18-3 中的数据进行两组逐步判别分析时，可采用 Mahalanobis 方法。首先进入的自变量是收入，接下来是规模和重视程度。选择变量的顺序也说明了变量的判别重要性。考察标准化判别函数系数和结构相关系数，能对此提供更多佐证。需注意，逐步判别分析的结论与直接法的结论相一致。

## 18.8 logit 模型

当因变量为二元变量，同时又有数个定量的自变量时，除两组判别分析之外，还可以采用普通最小二乘法、logit 模型和 probit 模型进行估计。这些方法在数据准备方面类似，因变量都被编码为 0 或 1。第 17 章讨论了普通最小二乘法回归，probit 模型较为少用，不在此讨论。下面我们对二项 logit 模型进行解释。

## 18.9 进行二项 logit 模型分析

进行二项 logit 模型分析的步骤如图 18-5 所示。[10]

### 确定问题

如前面的判别分析基本概念部分所述，在营销中有时需要用定量的自变量来解释一个二元因变量（注意，logit 模型也可处理虚拟变量编码后的定类自变量，如第 14 章和第 17 章所讨论的）。判别分析研究某个观测对象可能归入哪一组。相反，**二项 logit 模型**（binary logit model）通常涉及某个观测对象多大可能归入每一组，估计的是观测对象属于某一特定组的概率，因此在应用上介于回归分析和判别分析之间。二项 logit 模型也称为 logistic 回归（logistic regres-

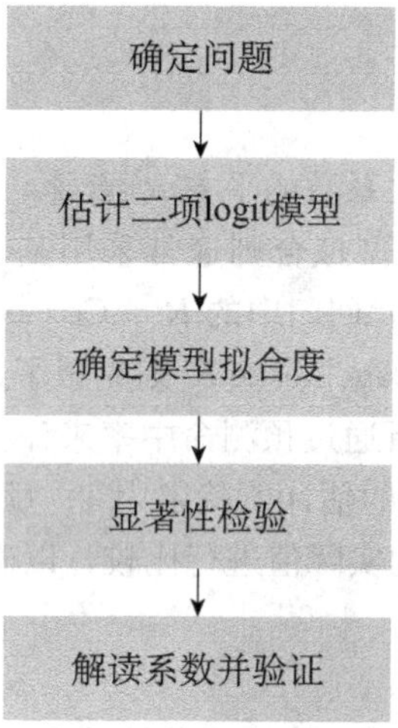


**图 18-5　进行二项 logit 模型分析**

sion)，可进行二项事件发生的概率估计。假设某一事件有两种可能结果：成功和失败，成功的概率可以用二项 logit 模型表示为：

$$\log_e\left(\frac{p}{1-p}\right)=\alpha_0+\alpha_1X_1+\alpha_2X_2+\cdots+\alpha_kX_k$$

或

$$\log_e\left(\frac{p}{1-p}\right)=\sum_{i=0}^{k}\alpha_iX_i$$

或

$$p=\frac{\exp\left(\sum_{i=0}^{k}\alpha_iX_i\right)}{1+\exp\left(\sum_{i=0}^{k}\alpha_iX_i\right)}$$

式中，$p$ 是成功的概率；$X_i$是自变量 $i$；$\alpha_i$是估计参数。

从第 3 个公式可以看出，$X_i$的取值范围可以从$-\infty$至$\infty$，$p$ 被限制在 0～1 之间。当 $X_i$接近$-\infty$，$p$ 接近 0；当 $X_i$接近$\infty$，$p$ 接近 1。这正是我们所希望看到的，因为 $p$ 指的是概率，必然处于0～1 之间。相反，使用普通最小二乘法回归时，估计模型为：

$$p=\sum_{i=0}^{n}\alpha_iX_i$$

由此，当使用普通最小二乘法回归时，$p$ 的取值未被限定在 0～1 之间，$p$ 的估计值可能$<0$或$>1$。这些值从概念上和直觉上来看当然都不理想，示例应用会显示这一点。与判别分析相同，调研人员必须明确调研目标，并清楚地界定分析中的二项因变量和自变量；再者，样本也需要划分为分析样本和验证样本。

## 估计二项 logit 模型

第 17 章所讨论的线性回归模型是用普通最小二乘法估计的。在普通最小二乘法回归中，所估计的参数使预测误差的平方和最小。回归中的误差项可以取任意值，并假设呈正态分布。相反，在二项 logit 模型中，各误差只有 2 个值：若 $Y=0$，误差为 $p$；若 $Y=1$，则误差为 $1-p$。参数估计的原则是，当 $Y=0$ 时 $p$ 的估计值接近 0；当 $Y=1$ 时，$p$ 接近 1。能达到这一要求的二项 logit 模型参数估计方法称为极大似然法（maximum likelihood method），因为该方法使观测到实际数据的概率最大化。

## 确定模型拟合度

多元回归中的模型拟合用复相关系数的平方 $R^2$ 衡量，$R^2$ 也称多元决定系数（见第 17 章）。logistic 回归（二项 logit 模型）的模型拟合则通常采用基于似然函数的指标，如 Cox & Snell $R^2$ 和 Nagelkerke $R^2$。它们类似于多元回归中的 $R^2$。Cox & Snell $R^2$ 被限定为不等于 1，即使模型与数据达到完美拟合也是如此。Nagelkerke $R^2$ 则克服了这一缺点。

如本章前面所讨论的，判别分析通过预测命中率来评估模型拟合。类似方法也可用于二项 logit 模型。如果估计概率>0.5，$Y$ 的估计值就定为 1；反之，若估计概率<0.5，$Y$ 的估计值就定为 0。然后将 $Y$ 估计值与对应的实际值进行比较，以确定预测正确的比率。

## 显著性检验

二项 logit 模型中单个估计参数或系数的显著性检验与多元回归相似。估计参数显著性检验基于 Wald 统计量，该统计量建立在极大似然估计的近似正态分布基础上，估算公式为：

$$\text{Wald}=(\alpha_i/SE\alpha_i)^2$$

式中，$\alpha_i$ 为某个预测变量的二项 logit 模型回归系数；$SE\alpha_i$ 是二项 logit 模型回归系数的标准误差。

Wald 统计量服从卡方分布，如果是定量变量，自由度为 1；如果是非定量变量，自由度为类别数减 1。

显著性用通常的办法进行解读。实际上，也可用 $t$ 检验对零假设（二项 logit 模型回归系数 =0）进行检验。此时，自由度等于样本数减去估计参数的数目，计算系数与标准误差之比与 $t$ 临界值对比即可。对于大样本，可用 $z$ 检验。

## 解读系数并验证

对系数或估计参数的解读与多元回归类似，但还要考虑到二者的因变量性质不同。在二项 logit 模型回归中，对数概率即 $\log_e\left(\frac{p}{1-p}\right)$ 是估计参数的线性组合。因此，如果 $X_i$ 增加一个单位，其他自变量不变，那么因变量事件的对数概率增加 $\alpha_i$ 个单位。$\alpha_i$ 的符号决定概率增加（符号为正时）或减少（符号为负时）。

验证过程与判别分析非常相似。分析样本用于估计模型系数，而验证样本用于生成分类矩阵，命中率为正确分类的样本百分比。

## 二项 logit 模型回归示例

我们通过分析表 18-6 中的数据来说明二项 logit 模型。该表包含 30 位被调查者的资料，其中 15 个是品牌忠诚者（标记为 1），15 个是非忠诚者（标记为 0）。还测量了品牌态度、产品态度和购物态度，都用 7 级量表测量（1=很不喜欢，7=很喜欢）。调研目的在于用消费者对品牌、产品和购物的态度函数来估计属于忠诚顾客的概率。

**表 18-6　解释品牌忠诚**

| 编号 | 品牌忠诚度 | 品牌态度 | 产品态度 | 购物态度 |
|---|---|---|---|---|
| 1 | 1 | 4 | 3 | 5 |
| 2 | 1 | 6 | 4 | 4 |
| 3 | 1 | 5 | 2 | 4 |

续表

| 编号 | 品牌忠诚度 | 品牌态度 | 产品态度 | 购物态度 |
|---|---|---|---|---|
| 4 | 1 | 7 | 5 | 5 |
| 5 | 1 | 6 | 3 | 4 |
| 6 | 1 | 3 | 4 | 5 |
| 7 | 1 | 5 | 5 | 5 |
| 8 | 1 | 5 | 4 | 2 |
| 9 | 1 | 7 | 5 | 4 |
| 10 | 1 | 7 | 6 | 4 |
| 11 | 1 | 6 | 7 | 2 |
| 12 | 1 | 5 | 6 | 4 |
| 13 | 1 | 7 | 3 | 3 |
| 14 | 1 | 5 | 1 | 4 |
| 15 | 1 | 7 | 5 | 5 |
| 16 | 0 | 3 | 1 | 3 |
| 17 | 0 | 4 | 6 | 2 |
| 18 | 0 | 2 | 5 | 2 |
| 19 | 0 | 5 | 2 | 4 |
| 20 | 0 | 4 | 1 | 3 |
| 21 | 0 | 3 | 3 | 4 |
| 22 | 0 | 3 | 4 | 5 |
| 23 | 0 | 3 | 6 | 3 |
| 24 | 0 | 4 | 4 | 2 |
| 25 | 0 | 6 | 3 | 6 |
| 26 | 0 | 3 | 6 | 3 |
| 27 | 0 | 4 | 3 | 2 |
| 28 | 0 | 3 | 5 | 2 |
| 29 | 0 | 5 | 5 | 3 |
| 30 | 0 | 1 | 3 | 2 |

首先用表 18－6 的数据进行普通最小二乘法回归分析，说明这一方法在分析二元数据时的局限性。估计方程为：

$$p=-0.684+0.183\times \text{品牌态度}+0.020\times \text{产品态度}+0.074\times \text{购物态度}$$

式中，$p$ 为消费者为品牌忠诚者的概率。

上式中只有常数项和品牌态度在 0.05 水平下显著，从估计的回归模型可以看出，当自变量的值较小时（例如，当品牌、产品和购物态度取值为 1 时，或者品牌态度取 1，2，3 等许多其他值时），$p$ 的估计值为负数；当自变量取值变大时（例如，品牌、产品和购物态度都等于 7），$p$ 的估计值则$>1$。这从直观上和概念上都不理想，因为 $p$ 是概率，取值应当在 0～1 之间。

二项 logit 模型回归克服了以上回归的不足。对表 18－6 的数据进行二项 logit 模型回归分析结果如表 18－7 所示。Nagelkerke $R^2$ 和 Cox & Snell $R^2$ 值表明模型与数据拟合不错。这一点从分类表可得到进一步证实，由表 18－7 可知 30 个样本中有 24 个，即 80%的样本被正确分类。根据 Wald 统计量继续进行系数的显著性检验。发现只有品牌态度能显著解释品牌忠诚。与判别分析不同，二项 logit 模型回归提供估计系数的标准误差估计值，因此可判断显著性。品牌态度的符号为正，表明正面的品牌态度能提高品牌忠诚度；产品态度和购物态度不影响品牌忠诚度。因此，管理人员要想提高品牌忠诚度，应当集中于提升消费者正面的品牌态度，无须担心产品或购物态度如何。

**表 18－7 二项 Logit 模型回归结果**

因变量

| 原始值 | 变量值 |
|---|---|
| 非忠诚者 | 0 |
| 忠诚者 | 1 |

模型汇总

| 步骤 | －2log 似然值 | Cox & Snell $R^2$ | Nagelkerke $R^2$ |
|---|---|---|---|
| 1 | 23.471* | 0.453 | 0.604 |

* 在第 6 步终止了运算，因为参数估计的变化小于 0.001。

分类表**

| | | | 预测值 | | |
|---|---|---|---|---|---|
| | | | 品牌忠诚度 | | |
| 观察值 | | | 非忠诚者 | 忠诚者 | 正确比 |
| 步骤 1 | 品牌忠诚度 | 非忠诚者 | 12 | 3 | 80.0 |
| | | 忠诚者 | 3 | 12 | 80.0 |
| | 总比例 | | | | 80.0 |

** 临界值为 0.500。

方程中的变量

| | | $B$ | 标准误差 | Wald | 自由度 | 显著性 | Exp($B$) |
|---|---|---|---|---|---|---|---|
| 步骤 1*** | 品牌态度 | 1.274 | 0.479 | 7.075 | 1 | 0.008 | 3.575 |
| | 产品态度 | 0.186 | 0.322 | 0.335 | 1 | 0.563 | 1.205 |
| | 购物态度 | 0.590 | 0.491 | 1.442 | 1 | 0.230 | 1.804 |
| | 常量 | －8.642 | 3.346 | 6.672 | 1 | 0.010 | 0.000 |

*** 步骤 1 进入的变量：品牌态度、产品态度、购物态度。

二项 logit 模型可用于因变量有两个以上类别的情况，此时称多项 logit 模型（multinomial logit）。

**调研决策**

## 波士顿市场公司：瞄准 HMR 市场

据辛迪加数据显示，家用便餐（home meal replacement，HMR）将成为 21 世纪主要的家庭餐饮业务，波士顿市场公司（Boston Market）的总裁和首席执行官理查德·阿拉斯（Richard Arras）完全明白这一事实。HMR 是便携式高质量外卖食品，是当今食品业最重要的、增长迅速的市场机会。根据尼尔森消费者固定样本组数据，55％的被调查者一个月内会有几次购买外卖回家吃。而且，77％的被调查者偏好外卖食品。

NPD 集团的一项调研预测，食品销售业的增长几乎全部来自食品服务，即预先做好至少是半成品的食品。对 HMR 市场规模及未来潜力的估计不尽相同。萨拉·李（Sara Lee）的调研显示，HMR 在食品行业增长所占的比重高达 80％。麦肯锡公司的发现也从两个方面对此提供了支持：第一，事实上，食品销售增长将全部来自食品服务；第二，许多美国人将不再从最初的步骤开始做饭。自冷冻食品出现以来，HMR 将是食品业最重要的趋势。

波士顿市场公司目前是 HMR 方面的领先企业，在美国 28 个州有 600 家餐厅。理查德·阿拉斯希望利用 HMR 的趋势，并希望确定哪些人是 HMR 的重度使用者，以及他们与其他轻度使用者和不使用者有何不同。

**营销调研决策**

1. 为了确定 HMR 重度使用者的特征，并识别重度使用者、轻度使用者和不使用者的差异，需要进行什么数据分析？

2. 讨论为使理查德·阿拉斯明确 HMR 市场规模，并确定波士顿市场公司应当推出什么新产品和新服务，你建议进行什么调研？有什么作用？

**营销管理决策**

1. 理查德·阿拉斯应该为 HMR 重度使用者推出什么新产品和新服务？

2. 你建议的调研类型如何影响你推荐给理查德·阿拉斯的营销管理决策？讨论这一问题。

## 本章小结

判别分析用于分析标准变量或因变量为定类变量，而自变量为定距变量的数据。当因变量为二元变量时，称为两组判别分析；当涉及三个或三个以上的类别时，则称为多组判别分析。

如图 18-6 的概念图所示，判别分析分五个步骤进行。

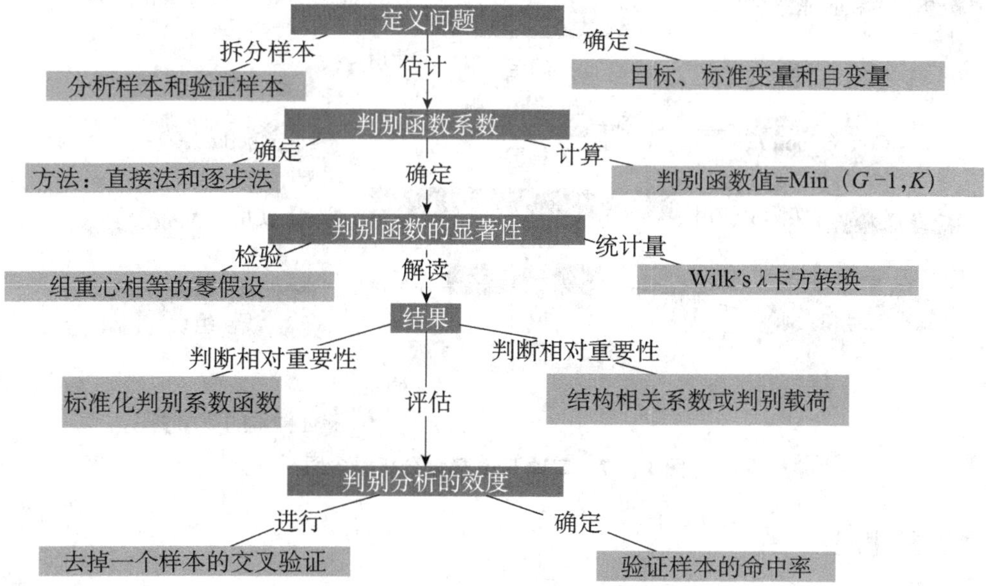


**图 18-6　进行判别分析的概念图**

第 1 步是定义问题，这需要明确调研目标、因变量和自变量。样本分为两个部分：一部分称为分析样本，用来估计判别函数；另一部分是验证样本，用来验证结果。

第 2 步是估计判别函数系数，即建立使自变量组间差异最大化的判别函数，判别函数是自变量的一个线性组合。

第 3 步是确定判别函数的显著性，对各组判别函数均值相等的零假设进行检验，如果零假设被拒绝，对结果的解读就是有意义的。

第 4 步是解读结果。与多元回归分析类似，由于自变量存在多重共线性，因此自变量对分组的相对重要性并没有一个十分明确的判断。但是，通过考察标准化判别函数系数的绝对值大小，以及结构相关系数或判别载荷，还是可以大概了解变量的相对重要程度。每个自变量与判别函数之间的简单相关系数代表自变量与函数的共享方差。另外，基于自变量的各组均值刻画各组特征，也有助于解读判别分析结果。

第5部是评估判别分析的效度，涉及建立分类矩阵。分析样本得到的判别权重与验证样本中的自变量值相乘，就能得到验证样本的判别分。根据判别分和分类规则将验证样本分配至各组，确定正确分类的百分比，并与随机分类的命中率进行对比。

有两大类估计系数的方法，直接法将所有自变量同时纳入来估计判别函数，逐步法根据自变量的判别能力逐步进入模型。

在多组判别分析中，如果有 $G$ 个组和 $k$ 个自变量，就可以估计出 $G-1$ 和 $k$ 二者中较小数目那么多个判别函数。第一个函数的组间平方和与组内平方和比率最大，第二个函数与第一个函数无关，该比率为次大，以此类推。

当因变量为二元变量时，二项 logit 模型分析即 logistic 回归也可以代替两组判别分析。二项 logit 模型估计一个二项事件的发生概率。与普通最小二乘法回归不同，二项 logit 模型将概率限制在 0～1 之间。与判别分析不同，二项 logit 模型回归输出估计参数的标准误，因此可以判断显著性。图 18-7 给出了二项 logit 模型分析的概念图。

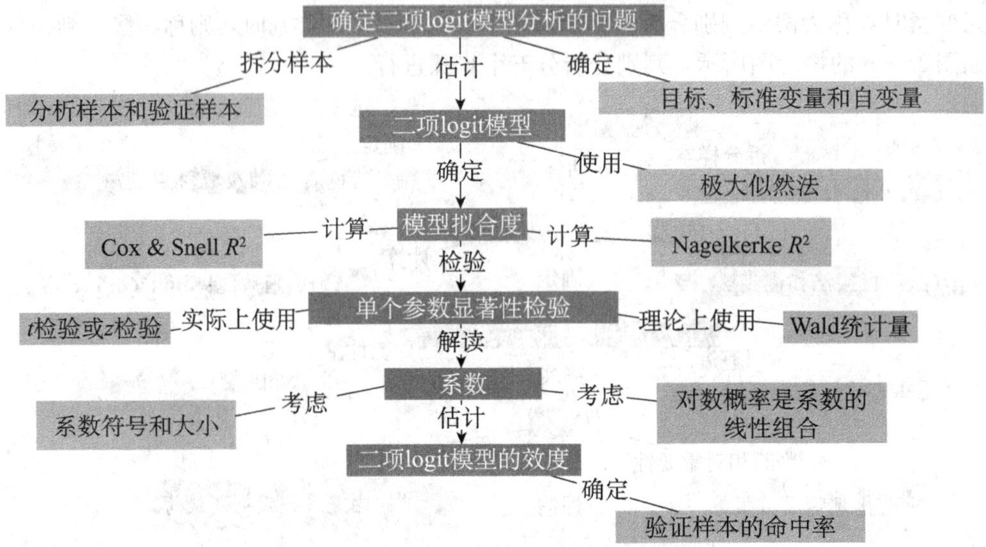


图 18-7　二项 logit 模型分析概念图

## 关键术语与概念

判别分析（discriminant analysis）
判别函数（discriminant function）
两组判别分析（two-group discriminant analysis）
多组判别分析（multiple discriminant analysis）
判别分析模型（discriminant analysis model）
典型相关系数（canonical correlation）
重心（centroid）
分类矩阵（classification matrix）
判别函数系数（discriminant function coefficients）

判别分（discriminant scores）
特征值（eigenvalue）
*F* 值及其显著性（F value and their significance）
组均值和组标准差（group means and group standard deviations）
组内相关系数矩阵（pooled within－group correlation matrix）
标准化判别函数系数（standardized discriminant function coefficients）
结构相关系数（structured correlation）
总相关系数矩阵（total correlation matrix）
分析样本（analysis sample）
验证样本（validation sample）
直接法（direct method）
逐步判别分析（stepwise discriminant analysis）
特征描述（characteristic profile）
命中率（hit ratio）
分组区域图（territorial map）
Mahalanobis 方法（Mahalanobis procedure）
二项 logit 模型（binary logit model）

## 练习

**问答题**

1. 判别分析的目的是什么？
2. 两组和多组判别分析的主要区别是什么？
3. 描述判别分析与回归分析和方差分析的关系。
4. 进行判别分析有哪些步骤？
5. 总样本如何分为分析样本和验证样本？
6. 什么是 Wilk's $\lambda$？有何用途？
7. 定义判别分析。
8. 请解释特征值的含义。
9. 什么是分类矩阵？
10. 请解释结构相关系数的概念。
11. 如何确定判别分析的统计显著性？
12. 描述用来确定判别分析效度的一种常用方法。
13. 如何确定组规模相等时随机分组的命中率？
14. 逐步判别分析与直接法的区别是什么？

**练习题**

1. 在研究冷冻食品的重度使用者、轻度使用者和不使用者之间的差异时，调研人员发现标准化判别函数系数最大的两项是便利导向（0.97）和收入（0.61）。是否可以认为在单独考虑各变量时，便利导向比收入更重要？

2. 根据下表的信息，计算各样本的判别分。常量值为 2.04。

**非标准化判别函数系数**

| | | | | |
|---|---|---|---|---|
| 年龄 | 0.38 | | | |
| 收入 | 0.44 | | | |
| 风险承受能力 | −0.39 | | | |
| 乐观性 | 1.26 | | | |
| 调查对象 ID | 年龄 | 收入风险 | 承受能力 | 乐观性 |
| 0246 | 36 | 43.7 | 21 | 65 |
| 1337 | 44 | 62.5 | 28 | 56 |
| 2375 | 57 | 33.5 | 25 | 40 |
| 2454 | 63 | 38.7 | 16 | 36 |

## 活动

**角色扮演**

你受雇美国航空公司担任营销调研分析师，你的上级，即营销经理（由另外一名同学扮演）正在琢磨，如果想通过5级李克特量表来确定飞行常客和偶尔飞行旅客的区别，应当做什么统计分析。请向你的上级解释你要做的分析。

**实地调查**

调查15名研究生和15名本科生，测量他们对于以下事项的态度：大学教育（获得大学学位是值得的）、享受生活（让生活有乐趣很重要）、所在大学（我选择来这所学校并不十分开心）和工作道德（总体而言，大学校园缺乏工作道德）。用7级评分量表（1＝不同意，7＝同意）对上述态度进行衡量。

**小组讨论**

确定自变量在不同分组间的相对重要性有意义吗？为什么？以小组的形式进行讨论。

## 连续案例：戴尔

阅读书末附录A中戴尔的案例，以及提供的调查问卷，下载数据资料。

1. 用Q4重新编码（见第14章的说明），得到总体满意度不同的两个组。以此为因变量、以全部13个戴尔评价变量（Q8_1～Q8_13）为自变量进行两组判别分析，并解读结果。再用二项logit模型做类似分析，将结果与两组判别分析进行比较。

2. 用Q6重新编码（见第14章的说明），得到选择戴尔可能性不同的两个组。以此为因变量、以全部13个戴尔评价变量（Q8_1～Q8_13）为自变量进行两组判别分析，并解读结果。再用二项logit模型做类似分析，将结果与两组判别分析进行比较。

3. 用Q9a重新编码（见第14章的说明），得到价格敏感度不同的三个组。以此为因变量、以全部13个戴尔评价变量（Q8_1～Q8_13）为自变量进行三组判别分析，并解读结果。

4. 用Q9b重新编码（见第14章的说明），得到价格敏感度不同的三个组。以此为因变量、以全部13个戴尔评价变量（Q8_1～Q8_13）为自变量进行三组判别分析，并解读结果。

# 第19章 因子分析

因子分析让我们能够发现相互关联的成组的变量，并且找到可以解释这种关联的潜在维度。

——SNR 咨询公司高级合伙人威廉·尼尔（William D. Neal）

## 学习目标

1. 描述因子分析的概念，并解释因子分析与方差分析、多元回归和判别分析有何不同。
2. 讨论进行因子分析的过程，包括定义问题、构建相关矩阵、选择恰当的方法、确定因子数目、旋转和解释因子含义。
3. 理解主成分因子分析和公因子分析两种方法的区别。
4. 解释如何选择及应用替代变量，重点是如何用于后续的分析。
5. 描述如何根据相关系数的观察值和预测值来判定因子分析模型的拟合度。

## 本章概述

在方差分析、回归分析和判别分析中，都有一个变量被清晰地定义为因变量。本章所讨论的因子分析不区分变量是自变量还是因变量，而是考察变量之间全部的相互依存关系。首先讨论了因子分析的概念和因子分析模型，然后描述了因子分析步骤，并以主成分分析为例加以说明，最后提供了一个公因子分析的应用实例。

## 19.1 基本概念

**因子分析**（factor analysis）是一组主要用于数据缩减与概括的分析方法的统称。在营销调研中，可能涉及非常多的变量，而且其中大多是相关的，数目繁多的变量必须被缩减到一个合理的水平，以便用于后续的分析和解释。因子分析考察多组相互关联变量之间的关系，并表述为若干个潜在因子。例如，衡量商店形象时，可以让调查对象就语义差异量表上的一系列指标进行评分，评分可用来做因子分析，从而确定影响商店形象的主要因子。

在方差分析、回归分析和判别分析中，一个变量被视为因变量或标准变量，其他为自变量或预测变量。但是，因子分析不做此类划分，它是考察全体变量之间互依关系的一种**互依性技术**（interdependence technique）。[1]

因子分析用于下列情况：

1. 识别能够用来解释一组变量之间相关关系的潜在维度，也即**因子**（factor）。例如，一组关于生活方式的陈述句可用来衡量消费者的心理特征。对这些陈述句可做因子分析，识别出潜在的心理因子。图 19-1 展示了这一点，基于实证研究，7 个心理变量可用 2 个因子来表示。在此图中，因子 1 可解释为居家（与社交相对），因子 2 可解释为运动（与电影和戏剧相对）。

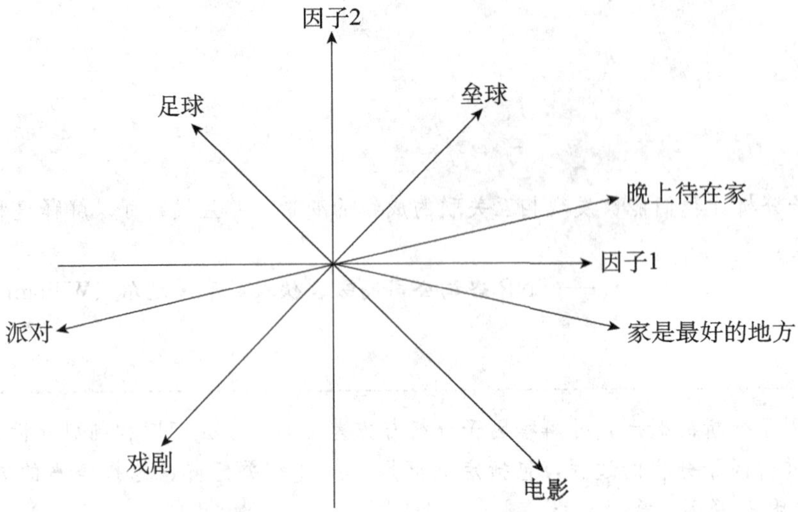


**图 19-1　心理和生活方式的因子构成**

2. 识别出一组新的、数目较少的互不相关的变量来代替原先互相相关的变量，用于后续的多元分析（回归分析或判别分析）。例如，上述心理因子可作为解释忠诚和非忠诚顾客差异的自变量。如此，我们在进一步分析中可以用图 19-1 中的 2 个互不相关的因子，即居家（与社交相对）和运动（与电影和戏剧相对），而不是 7 个互相相关的心理变量。

3. 从一大组变量中找出数量较少的一组主要变量用于后续多元分析。例如，与所识别出的因子高度相关的一些生活方式原始陈述句可以作为解释忠诚和非忠诚顾客差异的自变量。具体地，以理论和实证结果为基础（见图 19-1），我们可以选择“家是最好的地方”和“足球”作为自变量，去掉其他 5 个变量，从而避免多重共线性问题。

以上所有用法本质上都是探索性的，因此因子分析也称探索性因子分析。因子分析在营销调研中的用途十分广泛，例如：

- 因子分析能识别出可以区分顾客的潜变量，用于市场细分。例如，可以根据新车购买者对燃油经济性、使用便捷性、驾驶性能、舒适度和奢侈度的重视程度，将他们划分为 5 个细分市场，即分别追求经济、便捷、性能、舒适和奢侈的消费者。
- 在产品调研中，因子分析可用来确定影响顾客选择的品牌属性。例如，可通过防止蛀牙、洁齿、口味、清新口气和价格来评价牙膏品牌。
- 在广告调研中，因子分析有助于理解目标市场的媒体消费习惯。例如，冷冻食品用户可能经常看有线电视、看电影、听乡村音乐。
- 在定价调研中，因子分析能发现价格敏感顾客的特征。例如，这些顾客可能有条理、注意节约、以家庭为中心。

## 19.2　因子分析模型

从数学角度来看，因子分析与多元回归有点类似，每个变量可表述为潜在因子的线性组合。每个变量与分析中所含其他所有变量共有的方差称为共同度。变量之间的协方差用数量较少的一组公因子加上每一变量的一个特殊因子组成。这些因子无法直接观察到。经标准化后的变量，其因子模型可用下式表示：

$$X_i = A_{i1}F_1 + A_{i2}F_2 + A_{i3}F_3 + \cdots + A_{im}F_m + V_iU_i$$

式中，$X_i$为第$i$个标准化变量；$A_{ij}$为第$i$个变量对第$j$个公因子的标准化多元回归系数；$F$为公因子；$V_i$为第$i$个变量对第$i$个特殊因子的标准化回归系数；$U_i$为第$i$个变量的特殊因子；$m$为公因子个数。

特殊因子之间，以及特殊因子与公因子之间是独立的。[2] 公因子也可以用观察变量的线性组合表示：

$$F_i = W_{i1}X_1 + W_{i2}X_2 + W_{i3}X_3 + \cdots + W_{ik}X_k$$

式中，$F_i$为第$i$个因子的估计值；$W_i$为权重，或因子得分系数；$k$为变量个数。

可以选择权重或因子得分系数，从而使得第1个因子解释的总方差比例最大；然后选择第2组权重，使得第2个因子对剩余方差的解释比例最大，且与第1个因子相互独立；以此类推，继续选择权重，获得更多因子。由此，得到一组因子，且因子得分与原始变量值不同，它们彼此独立。不仅如此，第1个因子解释的数据方差最大，第2个次之，以此类推。图19－2展示了针对两个变量的因子分析。

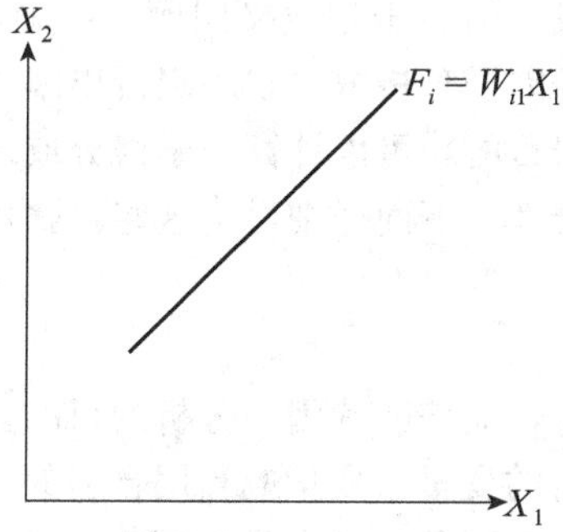


**图19－2　因子分析图示**

## 19.3　与因子分析相关的统计量

与因子分析有关的重要统计量如下：

**Bartlett球形检验**（Bartlett's test of sphericity）：检验各变量总体独立，换言之，总体相关系数矩阵是单位矩阵，每个变量与自己完全相关（$r=1$），与别的变量完全不相关（$r=0$）。

**相关系数矩阵**（correlation matrix）：所有变量中任一对变量之间简单相关系数（$r$）构成的下三角形矩阵。对角线上的值都是1，因此通常省略掉。

**共同度**（communality）：一个变量与其他所有变量共有的方差，也是变量被公因子解释的方差比例。

**特征值**（eigenvalue）：每个因子所解释的总方差。

**因子载荷**（factor loading）：变量与因子之间的简单相关系数。

**因子载荷图**（factor loading plot）：原始变量以因子载荷为坐标的散点图。

**因子矩阵**（factor matrix）：全体变量在所有析出因子上的载荷所构成的矩阵。

**因子得分**（factor scores）：对每一调查对象在析出因子上的组合得分估计。

**因子得分系数矩阵**（factor scores coefficient matrix）：包含权重或因子得分系数，可将标准化变量合并为因子得分。

**KMO 抽样充足性测量**（Kaiser－Meyer－Olkin measure of sampling adequacy）：KMO 值用来考察因子分析是否合适，值越大（0.5～1），表示因子分析越合适，小于 0.5 表示因子分析可能不合适。

**方差百分比**（percentage of variance）：每个因子所解释的总方差比例。

**残差**（residual）：进入分析的相关系数矩阵所给出的相关系数观察值，与因子矩阵所估计的相关系数预测值之间的差异。

**碎石图**（scree plot）：特征值与顺次提取的因子所做的散点图。

下面结合因子分析的具体步骤来描述各项指标的使用。

## 19.4 进行因子分析

图 19－3 展示了因子分析的步骤。第一步是定义问题，明确进行因子分析的变量。然后，建构这些变量的相关系数矩阵，选择因子分析方法，决定析出因子的个数和旋转方法。接下来需要解释旋转后所得因子。根据调研目的，可以计算因子得分或选择替代变量进入后续多元分析。最后，判断因子分析模型的拟合度。下面详细讨论这些步骤。[3]

### 定义问题

定义问题涉及几方面工作。首先，应该明确因子分析的目的，并根据以往研究、相关理论和调研人员的判断选择进入因子分析的变量。变量应当用合适的定距或定比尺度测量，这一点很重要。样本量大小要适宜，大概的原则是，样本量应当至少是变量数的 4～5 倍。[4] 营销调研经常遇到样本量偏小的情况，使得样本量与变量数的比例偏低。此时，对结果进行阐释就需要十分谨慎。

我们以确定消费者购买牙膏所追求的潜在利益为例来说明因子分析。通过商场拦截调查，调查了 30 名被调查者，让他们标记对于以下说法的同意程度（1＝完全不同意，7＝完全同意）：

$V_1$：购买能预防蛀牙的牙膏是重要的。

$V_2$：我喜欢能够使牙齿光洁的牙膏。

$V_3$：牙膏应当保护牙龈。

$V_4$：我更喜欢使口气清新的牙膏。

$V_5$：预防蛀牙不是牙膏所提供的一项重要功效。

$V_6$：购买牙膏时最重要的考虑是使牙齿富有魅力。

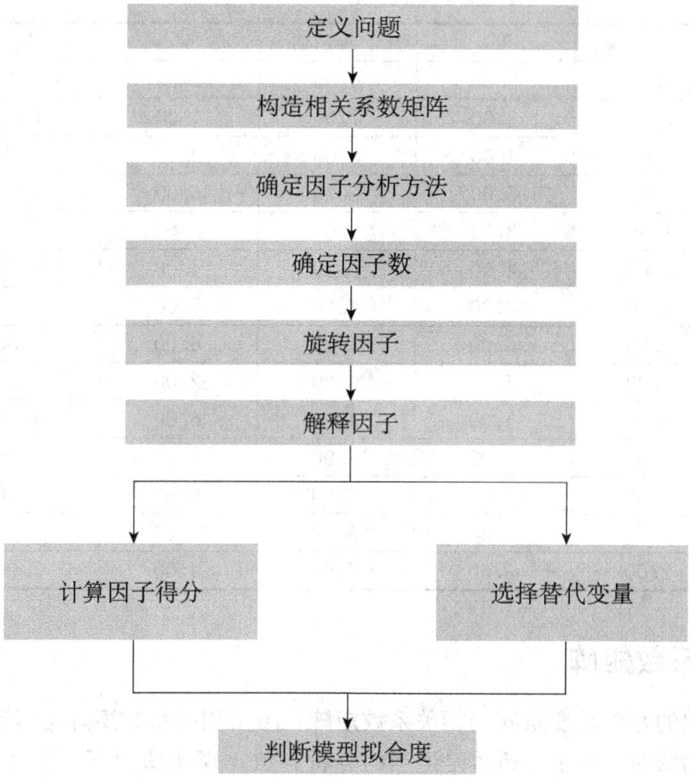


**图 19－3　因子分析的步骤**

表 19－1 列出了所获数据。为方便说明，仅选择了少量数据。而在实际应用中，因子分析涉及大得多的样本，比如本书中戴尔连续案例及其他有真实数据的案例。根据这些评分数据构造相关系数矩阵。

**表 19－1　牙膏属性评分**

| 调查对象编号 | $V_1$ | $V_2$ | $V_3$ | $V_4$ | $V_5$ | $V_6$ |
|---|---|---|---|---|---|---|
| 1 | 7.00 | 3.00 | 6.00 | 4.00 | 2.00 | 4.00 |
| 2 | 1.00 | 3.00 | 2.00 | 4.00 | 5.00 | 4.00 |
| 3 | 6.00 | 2.00 | 7.00 | 4.00 | 1.00 | 3.00 |
| 4 | 4.00 | 5.00 | 4.00 | 6.00 | 2.00 | 5.00 |
| 5 | 1.00 | 2.00 | 2.00 | 3.00 | 6.00 | 2.00 |
| 6 | 6.00 | 3.00 | 6.00 | 4.00 | 2.00 | 4.00 |
| 7 | 5.00 | 3.00 | 6.00 | 3.00 | 4.00 | 3.00 |
| 8 | 6.00 | 4.00 | 7.00 | 4.00 | 1.00 | 4.00 |
| 9 | 3.00 | 4.00 | 2.00 | 3.00 | 6.00 | 3.00 |
| 10 | 2.00 | 6.00 | 2.00 | 6.00 | 7.00 | 6.00 |
| 11 | 6.00 | 4.00 | 7.00 | 3.00 | 2.00 | 3.00 |
| 12 | 2.00 | 3.00 | 1.00 | 4.00 | 5.00 | 4.00 |
| 13 | 7.00 | 2.00 | 6.00 | 4.00 | 1.00 | 3.00 |
| 14 | 4.00 | 6.00 | 4.00 | 5.00 | 3.00 | 6.00 |
| 15 | 1.00 | 3.00 | 2.00 | 2.00 | 6.00 | 4.00 |
| 16 | 6.00 | 4.00 | 6.00 | 3.00 | 3.00 | 4.00 |

续表

| 调查对象编号 | $V_1$ | $V_2$ | $V_3$ | $V_4$ | $V_5$ | $V_6$ |
|---|---|---|---|---|---|---|
| 17 | 5.00 | 3.00 | 6.00 | 3.00 | 3.00 | 4.00 |
| 18 | 7.00 | 3.00 | 7.00 | 4.00 | 1.00 | 4.00 |
| 19 | 2.00 | 4.00 | 3.00 | 3.00 | 6.00 | 3.00 |
| 20 | 3.00 | 5.00 | 3.00 | 6.00 | 4.00 | 6.00 |
| 21 | 1.00 | 3.00 | 2.00 | 3.00 | 5.00 | 3.00 |
| 22 | 5.00 | 4.00 | 5.00 | 4.00 | 2.00 | 4.00 |
| 23 | 2.00 | 2.00 | 1.00 | 5.00 | 4.00 | 4.00 |
| 24 | 4.00 | 6.00 | 4.00 | 6.00 | 4.00 | 7.00 |
| 25 | 6.00 | 5.00 | 4.00 | 2.00 | 1.00 | 4.00 |
| 26 | 3.00 | 5.00 | 4.00 | 6.00 | 4.00 | 7.00 |
| 27 | 4.00 | 4.00 | 7.00 | 2.00 | 2.00 | 5.00 |
| 28 | 3.00 | 7.00 | 2.00 | 6.00 | 4.00 | 3.00 |
| 29 | 4.00 | 6.00 | 3.00 | 7.00 | 2.00 | 7.00 |
| 30 | 2.00 | 3.00 | 2.00 | 4.00 | 7.00 | 2.00 |

## 构造相关系数矩阵

因子分析过程的基础是变量间的相关系数矩阵，考察相关系数矩阵可以获得很有价值的见解。只有当变量相关时，因子分析才是适当的分析方法。现实情况下，变量也往往是相关的。如果所有变量间相关系数很小，就不一定适合做因子分析。还可以预期，彼此高度相关的变量也与一个或几个因子高度相关。

有正规的统计量来检验数据是否适合进行因子分析。Bartlett 球形检验可用来检验变量不相关，即总体相关系数矩阵为单位矩阵这一原假设。在单位矩阵中，对角线上的所有元素为1，而其他元素均为0。Bartlett 球形检验统计量是根据相关系数矩阵行列式的卡方转换计算出来的，较大的值表示拒绝原假设。当不能拒绝原假设时，因子分析的恰当性就值得怀疑。另一个有用的统计量是 KMO 值，该值比较观察变量之间简单相关系数与偏相关系数的相对大小，如果 KMO 值比较小，表明成对变量之间的相关性无法被其他变量解释，因子分析可能不合适。一般而言，KMO 值要求大于 0.5。

根据牙膏属性数据（见表 19－1）所构造的相关系数矩阵如表 19－2 所示。$V_1$（预防蛀牙）、$V_3$（保护牙龈）和 $V_5$（预防蛀牙）相关系数较高。预计这些变量会与同一组因子相关。类似地，$V_2$（牙齿光洁）、$V_4$（口气清新）和 $V_6$（牙齿富有魅力）相关系数较高，这些变量也有可能与同一组因子相关。[5]

**表 19－2　相关系数矩阵**

| 变量 | $V_1$ | $V_2$ | $V_3$ | $V_4$ | $V_5$ | $V_6$ |
|---|---|---|---|---|---|---|
| $V_1$ | 1.00 | | | | | |
| $V_2$ | −0.053 | 1.00 | | | | |
| $V_3$ | 0.873 | −0.155 | 1.00 | | | |
| $V_4$ | −0.086 | 0.572 | −0.248 | 1.00 | | |
| $V_5$ | −0.858 | 0.020 | −0.778 | −0.007 | 1.00 | |
| $V_6$ | 0.004 | 0.640 | −0.018 | 0.640 | −0.136 | 1.00 |

表 19－3 展示了主成分分析结果。Bartlett 球形检验拒绝了总体相关系数矩阵为单位矩阵

的原假设。卡方近似值为 111.314，自由度为 15，在 0.05 水平下显著。KMO 值为 0.660，大于 0.5。因此，可以认为因子分析适于分析表 19－2 中的相关系数矩阵。

**表 19－3　主成分分析结果**

Bartlett 球形检验

卡方近似值＝111.314，$df$＝15，显著性概率＝0.000 00

KMO 值＝0.660

共同度

| 变量 | 初始值 | 提取值 | |
|---|---|---|---|
| $V_1$ | 1.000 | 0.926 | |
| $V_2$ | 1.000 | 0.723 | |
| $V_3$ | 1.000 | 0.894 | |
| $V_4$ | 1.000 | 0.739 | |
| $V_5$ | 1.000 | 0.878 | |
| $V_6$ | 1.000 | 0.790 | |

初始特征值

| 因子 | 特征值 | 方差百分比 | 累计百分比 |
|---|---|---|---|
| 1 | 2.731 | 45.520 | 45.520 |
| 2 | 2.218 | 36.969 | 82.488 |
| 3 | 0.442 | 7.360 | 89.848 |
| 4 | 0.341 | 5.688 | 95.536 |
| 5 | 0.183 | 3.044 | 98.580 |
| 6 | 0.085 | 1.420 | 100.00 |

提取的载荷平方和

| 因子 | 特征值 | 方差百分比 | 累计百分比 |
|---|---|---|---|
| 1 | 2.731 | 45.520 | 45.520 |
| 2 | 2.218 | 36.969 | 82.488 |

| 因子矩阵 | 因子 1 | 因子 2 | |
|---|---|---|---|
| $V_1$ | 0.928 | 0.253 | |
| $V_2$ | −0.301 | 0.795 | |
| $V_3$ | 0.936 | 0.131 | |
| $V_4$ | −0.342 | 0.789 | |
| $V_5$ | −0.869 | −0.351 | |
| $V_6$ | −0.177 | 0.871 | |

旋转后的载荷平方和

| 因子 | 特征值 | 方差百分比 | 累计百分比 |
|---|---|---|---|
| 1 | 2.688 | 44.802 | 44.802 |
| 2 | 2.261 | 37.687 | 82.488 |

旋转后的因子矩阵

| | 因子 1 | 因子 2 | |
|---|---|---|---|
| $V_1$ | 0.962 | −0.027 | |
| $V_2$ | −0.057 | 0.848 | |
| $V_3$ | 0.934 | −0.146 | |
| $V_4$ | −0.098 | 0.854 | |
| $V_5$ | −0.933 | −0.084 | |
| $V_6$ | 0.083 | 0.885 | |

续表

因子得分系数矩阵

| | 因子1 | 因子2 |
|---|---|---|
| $V_1$ | 0.358 | 0.011 |
| $V_2$ | −0.001 | 0.375 |
| $V_3$ | 0.345 | −0.043 |
| $V_4$ | −0.017 | 0.377 |
| $V_5$ | −0.350 | −0.059 |
| $V_6$ | 0.052 | 0.395 |

重构的相关系数矩阵

| | $V_1$ | $V_2$ | $V_3$ | $V_4$ | $V_5$ | $V_6$ |
|---|---|---|---|---|---|---|
| $V_1$ | 0.926* | 0.024 | −0.029 | 0.031 | 0.038 | −0.053 |
| $V_2$ | −0.078 | 0.723* | 0.022 | −0.158 | 0.038 | −0.105 |
| $V_3$ | 0.902 | −0.177 | 0.894* | −0.031 | 0.081 | 0.033 |
| $V_4$ | −0.117 | 0.730 | −0.217 | 0.739* | −0.027 | −0.107 |
| $V_5$ | −0.895 | −0.018 | −0.859 | 0.020 | 0.878* | 0.016 |
| $V_6$ | 0.057 | 0.746 | −0.051 | 0.748 | −0.152 | 0.790* |

*左下三角为重构的相关系数矩阵，对角线为共同度，右上三角为观察相关系数与预测相关系数之间的残差。

## 确定因子分析方法

一旦明确因子分析是适当的数据分析方法，接下来就需要选择一种恰当的因子分析方法。不同因子分析方法的区别在于对权重或因子得分系数的估算法不同。主成分分析和公因子分析是两种基本方法。**主成分分析**（principle component analysis）考虑数据的总方差，相关系数矩阵对角线上是1，全部方差进入因子矩阵。当调研人员希望用最少的因子来最大限度地解释数据方差，且将这些因子用于后续多元分析时，就应当尽量使用主成分分析。因子被称为主成分（principle components）。

**公因子分析**（common factor analysis）仅根据公方差估计因子，共同度位于相关系数矩阵的对角线上。当调研的主要目的是发现潜在维度和公方差时，就建议采用这种方法。该方法也称为主轴因子法（principle axis factoring）。

还有一些其他方法来估计公因子，包括未加权最小二乘法、广义最小二乘法、极大似然法、$\alpha$法、映像因子法。不过，这些方法比较复杂，不建议经验不足的人使用。[6]

表19-3以牙膏属性数据为例展示了对主成分分析法的应用。在“共同度”的“初始值”栏目下，可以看到$V_1$～$V_6$每个变量的共同度都是1，因为相关矩阵对角线上的元素都设为1。“初始特征值”下给出了特征值。正如预期的那样，从因子1到因子6，因子的特征值由大变小。某一因子的特征值表示该因子所解释的总体方差。6个因子合计解释的总方差为6，与变量数相等。因子1解释的方差是2.731，占总方差的45.52%（2.731÷6）。类似地，因子2解释了36.97%（2.218÷6）的方差。前2个因子合计解释了总方差的82.49%。调研人员在决定分析中应当使用几个因子时，需要考虑若干因素。

## 确定因子数

主成分的数目可以和变量一样多，但如此一来，就无法实现精简数据的目的。只有提取出数目较少的因子，才可以精要概括原始变量中所包含的信息。问题是，多少因子合适？确定因子数有几种办法，包括事先确定，以及根据特征值、碎石图、方差百分比、折半信度和显著性检验来确定。

**事先确定** 调研人员有时依据以往知识知道应当提取几个因子，因此可以事先确定因子数。当提取出预计数目的因子后，提取过程就停止了。大多数计算机软件允许用户指定因子数，因此这一方法很容易实施。

**根据特征值确定** 这种方法只保留特征值大于1的因子，其余因子不包含在模型中。特征值代表与某一因子有关的方差量，因此模型只包括那些特征值大于1的因子。因子的特征值小于1，表明因子不比某个变量更好，因为标准化后的变量其方差等于1。如果变量数小于20，采用这一方法得出的因子数相对保守。

**根据碎石图确定** 碎石图是根据特征值与顺次提取的因子所做的散点图，其形状可用来确定因子数目。对于典型的碎石图，特征值大的因子的陡峭斜率与其余因子所处的平缓尾部——碎石（scree）之间会有一个明显的转折点。经验证据显示，碎石开始之处所对应的数字即为真正的因子数。一般而言，用碎石图确定的因子数会比用特征值确定的因子数多1个或多几个。

**根据方差百分比确定** 这一方法确定因子数的标准是，提取因子的累计方差所解释的百分比要达到一个满意水平。满意水平取决于所调研的问题。但是，建议提取因子应当解释至少60％的方差。

**根据折半信度确定** 样本分作两半，分别做因子分析，只保留那些在两个子样本中因子载荷高度一致的因子。

**根据显著性检验确定** 可以检验各特征值的显著性并保留那些特征值显著的因子。其不足是如果样本量大（大于200），许多因子都可能呈统计显著性，但从实际角度，其中不少因子只能解释很小比例的方差。表19-3中，按照特征值大于1（缺省选项）能提取2个因子。先验知识告诉我们买牙膏有两个主要原因。因子分析对应的碎石图如图19-4所示。碎石图在3个因子处显示出明显转折点。最后，依据累计解释方差百分比，前2个因子解释了82.49％的方差，若增加1个因子方差解释比例提高不大。此外，折半信度也显示2个因子是合适的。因此，在此例中，提取2个因子看来是合理的。

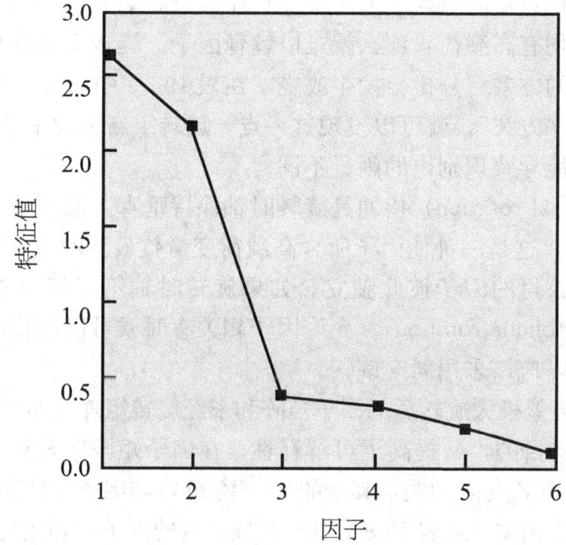


**图19-4 碎石图**

表19-3“共同度”下第2列给出了提取出希望的因子数后的有关信息。“提取值”下的变量共同度与“初始值”下的不同，因为除非保留所有因子，否则不可能解释变量的全部方差。

“提取的载荷平方和”提供了保留因子所解释的方差。注意在主成分分析中这些值与它们的初始特征值总是相同。某个因子所解释的方差百分比等于其特征值除以因子或变量总数，再乘以100。因此，第1个因子解释45.52%的方差，即2.731÷6 × 100%；类似地，第2个因子解释36.967%的方差，即2.218÷6×100%。

## 旋转因子

因子分析的一项输出结果是因子矩阵，也叫作因子形态矩阵（factor pattern matrix)。因子矩阵中的系数显示标准化变量如何用因子来表达。这些系数叫作因子载荷，代表了因子和变量之间的相关系数，绝对值大的系数表明因子和变量密切相关。因子矩阵中的系数可用来解释因子。

尽管初始的或未经旋转的因子矩阵能够显示因子与变量之间的关系，但所得因子很难理解，因为一个因子与很多变量相关。例如，在表19-3中，在“因子矩阵”下，因子1至少与5～6个变量有某种程度的相关（因子载荷的绝对值大于0.3)，因子2至少与6个变量中的4个有某种相关。此外，变量2和变量5在2个因子上都有一定载荷（见表19-4（a))。如何解释这些因子？如此复杂的因子矩阵令人难以理解因子的含义。因此，通过旋转可获得更加简单、更容易理解的因子矩阵。

**表19-4 旋转前后的因子矩阵**

| 变量 | 因子1 | 因子2 |
|---|---|---|
| 1 | × | |
| 2 | × | × |
| 3 | × | |
| 4 | × | × |
| 5 | × | × |
| 6 | | × |

(a) 旋转前的高载荷

| 变量 | 因子1 | 因子2 |
|---|---|---|
| 1 | × | |
| 2 | | × |
| 3 | × | |
| 4 | | × |
| 5 | × | |
| 6 | | × |

(b) 旋转后的高载荷

在旋转因子时，我们希望对每个因子，只有部分变量的载荷或系数不等于0，或显著。同理，我们也希望每个变量只在部分因子上，最好只在一个因子上有不等于0的显著载荷。如果几个因子在相同变量上均有高载荷，那么就难以解释因子。旋转不影响共同度和总方差解释比例，但每个因子所解释的方差百分比会发生改变。在表19-3中，通过比较“提取的载荷平方和”与“旋转后的载荷平方和”，就可以发现这一点。旋转重新分配了单个因子所解释的方差。因此，旋转方法不同可能导致识别出的因子不同。

**正交旋转**（orthogonal rotation）指的是旋转时轴保持垂直。最常用的旋转方法是**方差极大法**（varimax procedure)，这是一种使因子所含高载荷变量数最少的正交旋转方法，能使因子解释变得容易。[7]正交旋转获得的因子彼此独立。如果旋转时轴不保持垂直，那么因子就可能相关，这称为**斜交旋转**（oblique rotation)。允许因子相关有时候可以简化因子形态矩阵。当因子在总体中可能强相关时，应该采用斜交旋转。

比较表19-3中的方差极大旋转后的因子矩阵和未经旋转矩阵（即“因子矩阵”)，我们可以看到旋转既实现了简化的目的，又提高了可解释性。在因子矩阵中，有5个变量都与因子1相关，旋转后只有$V_1$、$V_3$和$V_5$与之相关，其余的$V_2$、$V_4$和$V_6$与因子2高度相关。此外，没有任何变量同时与2个因子高度相关（见表19-4（b))。旋转后的因子矩阵成为解释因子的基础。

## 解释因子

识别出在同一因子上具有高荷载的那些变量对解释因子很有帮助，因为这样一来因子就可以通过高载荷变量来解读。另外，将变量以因子载荷为坐标作图，也有助于解释因子。位于轴末端的变量仅在这一因子上具有高载荷，因此能够用来描述该因子。接近原点的变量在两个因子上的载荷都比较小。那些与任一轴都不接近的变量与两个因子都相关。如果无法用原始变量清晰地定义某一因子，那么该因子应当标记为无定义因子或一般因子。

表19-3中旋转后的因子矩阵显示，因子1在$V_1$（预防蛀牙）和$V_3$（保护牙龈）上系数很大，在$V_5$（预防蛀牙不重要）上系数为负。因此，这一因子可以标记为保健利益因子。注意一个负变量（$V_5$）的负系数使得解读为正，即预防蛀牙是重要的。因子2与$V_2$（牙齿光洁）、$V_4$（口气清新）和$V_6$（牙齿富有魅力）高度相关，因此可标记为社交利益因子。图19-5给出的因子载荷图证实了这些解释。变量$V_1$、$V_3$和$V_5$位于横轴（因子1）的末端，而变量$V_2$、$V_4$和$V_6$位于纵轴（因子2）末端。我们可以据此对数据进行概括：消费者购买牙膏主要是为了获得两类利益，即保健利益和社交利益。

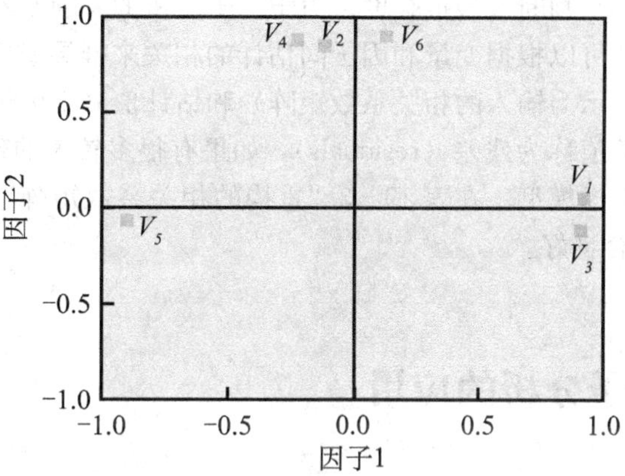


**图19-5 因子载荷图**

## 计算因子得分

解释因子之后，必要时可计算因子得分。因子分析本身有价值，但若进行因子分析的目的在于将原始变量缩减为数目更小的组合变量（因子）用于后续的多元分析，那么计算每一名被调查者的因子得分就有用处了。因子就是原始变量的线性组合。第$i$个因子的因子得分（factor scores）可用下式来估计：

$$F_i = W_{i1}X_1 + W_{i2}X_2 + W_{i3}X_3 + \cdots + W_{ik}X_k$$

式中，符号的定义见本章前面部分。

可从因子得分系数矩阵中获得将标准化变量组合起来的权重或因子得分系数。大多数计算机程序可应用户要求计算因子得分。仅在主成分分析中，才有可能计算精确的因子得分，而且它们是不相关的。公因子分析能得到这些得分的估计值，但无法保证因子间彼此独立。在进一步的多元分析中可以用因子得分代替原始变量。例如，用表19-3中的“因子得分系数矩阵”就可以计算每一被调查者的两个因子得分。标准化变量值与相应的因子得分系数相乘，就是因子得分。

## 选择替代变量

有时研究人员不计算因子得分，而是选择替代变量（surrogate variable），即用于后续分析的若干原始变量。如此一来，研究人员可做进一步分析，而且可通过原始变量而非因子得分来解释结果。考察因子矩阵，选择在各因子上载荷最高的某变量，该变量则成为相关因子的替代变量。当一个变量的因子载荷明显高于所有其他因子载荷时，宜采用这种方法。但是，如果两个或两个以上变量都有相似的高载荷，选择替代变量就不太容易了。此时，选择哪个变量为替代变量应当基于理论和测量方面的考虑。例如，从理论角度，可能某个载荷略低的变量比另一个载荷略高的变量更为重要。此外，如果某个变量载荷略低，但测量起来更为精确，那么该变量就应当选为替代变量。在表19-3中，变量$V_1$、$V_3$和$V_5$都在因子1上有高载荷，而且载荷大小相差无几。尽管$V_1$相对而言载荷最高，似乎应作为替代变量，但若已往理论认为预防蛀牙是牙膏的一项重要利益，就应当选择$V_5$作为因子1的替代变量。因子2的替代变量也不太好选，$V_2$、$V_4$和$V_6$均有高载荷。倘若以往理论认为使牙齿富有魅力是牙膏最重要的利益，那么应当选择$V_6$。

### 判断模型拟合度

因子分析的最后一步是判断模型拟合度。由于因子分析的一项基本假设是公因子导致了观察变量间的相关，那么就可以根据变量和因子间估计的相关来推导或重构变量之间的相关。检验相关系数的观察值（显示为输入的相关系数矩阵）和估计值（由因子矩阵估计）之差，就可判断模型拟合程度。该差值称为残差（residuals），如果有很多较大的残差就表明因子模型与数据拟合不好，应该重新考虑模型。在表19-3“重构的相关系数矩阵”的右上三角，只有5个残差大于0.05，表明拟合良好。

## 19.5 公因子分析的应用

用公因子分析模型来分析表19-1的数据时，对角线上不是1，而是共同度。输出结果如表19-5所示，该结果与表19-3展示的主成分分析输出结果类似。“共同度”的“初始值”不再等于1。按照特征值标准，也析出2个因子。因子析出后，方差与初始特征值不同。因子1解释42.84%的方差，因子2解释31.13%的方差，都略低于主成分分析中的数值。

**表19-5 公因子分析结果**

Bartlett 球形检验

卡方近似值=111.314，df=15，显著性概率=0.000 00

KMO 值=0.660

共同度

| 变量 | 初始值 | 提取值 | |
|---|---|---|---|
| $V_1$ | 0.859 | 0.928 | |
| $V_2$ | 0.480 | 0.562 | |
| $V_3$ | 0.814 | 0.836 | |
| $V_4$ | 0.543 | 0.600 | |
| $V_5$ | 0.763 | 0.789 | |
| $V_6$ | 0.587 | 0.723 | |

初始特征值

| 因子 | 特征值 | 方差百分比 | 累计百分比 |
|---|---|---|---|
| 1 | 2.731 | 45.520 | 45.520 |
| 2 | 2.218 | 36.969 | 82.488 |
| 3 | 0.442 | 7.360 | 89.848 |

续表

| 因子 | 特征值 | 方差百分比 | 累计百分比 |
|---|---|---|---|
| 4 | 0.341 | 5.688 | 95.536 |
| 5 | 0.183 | 3.044 | 98.580 |
| 6 | 0.085 | 1.420 | 100.000 |

提取的载荷平方和

| 因子 | 特征值 | 方差百分比 | 累计百分比 |
|---|---|---|---|
| 1 | 2.570 | 42.837 | 42.837 |
| 2 | 1.868 | 31.126 | 73.964 |

| 因子矩阵 | 因子 1 | 因子 2 | |
|---|---|---|---|
| $V_1$ | 0.949 | 0.168 | |
| $V_2$ | −0.206 | 0.720 | |
| $V_3$ | 0.914 | 0.038 | |
| $V_4$ | −0.246 | 0.734 | |
| $V_5$ | −0.850 | −0.259 | |
| $V_6$ | −0.101 | 0.844 | |

旋转后的载荷平方和

| 因子 | 特征值 | 方差百分比 | 累计百分比 |
|---|---|---|---|
| 1 | 2.541 | 42.343 | 42.343 |
| 2 | 1.897 | 31.621 | 73.964 |

旋转后的因子矩阵

| | 因子 1 | 因子 2 | |
|---|---|---|---|
| $V_1$ | 0.963 | −0.030 | |
| $V_2$ | −0.054 | 0.747 | |
| $V_3$ | 0.902 | −0.150 | |
| $V_4$ | −0.090 | 0.769 | |
| $V_5$ | −0.885 | −0.079 | |
| $V_6$ | 0.075 | 0.847 | |

因子得分系数矩阵

| | 因子 1 | 因子 2 | |
|---|---|---|---|
| $V_1$ | 0.628 | 0.101 | |
| $V_2$ | −0.024 | 0.253 | |
| $V_3$ | 0.217 | −0.169 | |
| $V_4$ | −0.023 | 0.271 | |
| $V_5$ | −0.166 | −0.059 | |
| $V_6$ | 0.083 | 0.500 | |

重构的相关系数矩阵

| | $V_1$ | $V_2$ | $V_3$ | $V_4$ | $V_5$ | $V_6$ |
|---|---|---|---|---|---|---|
| $V_1$ | 0.928* | 0.022 | −0.000 | 0.024 | −0.008 | −0.042 |
| $V_2$ | −0.075 | 0.562* | 0.006 | −0.008 | 0.031 | 0.021 |
| $V_3$ | 0.873 | −0.161 | 0.836* | −0.051 | 0.008 | 0.042 |
| $V_4$ | −0.110 | 0.580 | −0.197 | 0.600* | −0.025 | −0.004 |
| $V_5$ | −0.850 | −0.012 | −0.786 | 0.019 | 0.789* | −0.003 |
| $V_6$ | 0.046 | 0.629 | −0.060 | 0.645 | −0.133 | 0.723* |

*左下三角为重构的相关系数矩阵，对角线为共同度，右上三角为观察相关系数与预测相关系数之间的残差。

表 19-4 中未经旋转的因子矩阵的值与表 19-3 略有不同，虽然系数的形态是相似的。有时候，公因子分析的载荷模式也可能与主成分分析不同，有些变量所属的因子会不同。旋转后的因子矩阵与表 19-3 中的形态相同，因此因子解读是相似的。

**调研实例**

## 可预测不道德营销调研行为的因子

人们发现员工不道德行为是造成 2008—2009 年全球银行业和金融业动荡的根源。公司如果希望员工坚守道德，公司本身就应该符合较高的伦理标准。对于营销调研行业也是如此。为了明确哪些组织变量导致了不道德营销调研行为，一项研究调查了 420 名营销专业人士。被调查者需要回答几个量表中的问题，并就业已发现可能引起伦理问题的 15 种调研行为做出评价。

其中一个量表包含了 11 个项目，这些项目涉及组织在多大程度上被伦理问题困扰，以及有哪些顶层措施来促进道德行为。带方差极大旋转的主成分分析表明，数据可由 2 个因子代表，然后它们与其他 4 个自变量一起用于多元回归，结果发现这 2 个因子是不道德营销调研行为的最佳自变量，如表 19-6 所示。[8]

**表 19-6　关于伦理问题和顶层管理措施量表的因子分析**

| 项目 | 组织内部伦理问题的严重性（因子 1） | 商业伦理方面的顶层管理措施（因子 2） |
|---|---|---|
| 1. 在公司重要人物眼里成功的高管让竞争对手看起来很糟糕 | 0.66 | |
| 2. 高管常常卷入我认为不道德的行为 | 0.68 | |
| 3. 高管有很多机会涉足不道德行为 | 0.43 | |
| 4. 成功的高管把别人的观点和成果归为己用 | 0.81 | |
| 5. 要想成功的话，往往需要让道德打折扣 | 0.66 | |
| 6. 成功的高管通常比不成功的更不道德 | 0.64 | |
| 7. 高管感到可能失败时，会找一个替罪羊 | 0.78 | |
| 8. 成功的高管掩盖对自己不利的消息 | 0.68 | |
| 9. 顶层管理者用明确的条款告诉员工，不会容忍任何不道德行为 | | 0.73 |
| 10. 如果高管被发现涉足不道德行为，而且由此获得主要是个人方面而非公司方面的利益，那么他将很快被严加斥责 | | 0.80 |
| 11. 如果高管被发现涉足不道德行为，而且由此获得主要是公司方面而非个人方面的利益，那么他将很快被严加斥责 | | 0.78 |
| 特征值 | 5.06 | 1.17 |
| 解释方差百分比 | 46% | 11% |
| $a$ 系数 | 0.87 | 0.75 |

说明：为了简便，该表只报告了方差极大旋转后大于 0.4 的载荷，每个测量项目采用 5 级量表，1=完全同意，5=完全不同意。

## 调研决策

### 蒂芙尼：聚焦核心

**情境**

蒂芙尼公司（Tiffany & Co.）（www. tiffany. com）是全球知名的珠宝、钟表、纯银器、瓷器、水晶、文具、香水和饰品零售商、设计商、生产商和分销商。1837年查尔斯·路易斯（Charles Lewis）成立了蒂芙尼公司，目前其主要发展战略包括在全球主要市场拓展分销渠道，用积极的产品开发规划来补充现有产品，提高顾客对其产品设计、质量和价值的认可，并用高水准的顾客服务来保证绝佳的购物体验。

蒂芙尼缓慢而不易察觉地将市场瞄准中产阶级，然而这一举动有潜在的风险。过去十年，这一奢侈珠宝零售商在美国的门店数量几乎增长了3倍，还改变了促销策略以突出更多的较低价产品。目前它在美国有70家店，海外还有114家。蒂芙尼新的5 000平方英尺（约合464.52平方米）店面设计使其得以向更小的市场扩张，并在较大的城镇实现数量的成倍增长。但在开拓更多市场的进程中，蒂芙尼也可能失去一些核心顾客。尽管蒂芙尼距离平价品牌还很远，但在出演《律政俏佳人》的女星瑞茜·威瑟斯彭（Reese Witherspoon）及周围伙伴等不少人看来，蒂芙尼Heart系列银手镯已流于大众品。公司总裁詹姆士·E. 奎恩（James E. Quinn）开始担心，什么是蒂芙尼核心顾客的心理特征？为了维持和建立核心顾客忠诚，公司应该做些什么？这对未来的成功至关重要。

**营销调研决策**

1. 为了描绘蒂芙尼核心顾客的心理特征，应该收集什么数据？应该如何分析？

2. 你推荐什么调研帮助詹姆士·E. 奎恩建立和维持核心顾客忠诚？讨论一下这个调研的作用。

**营销管理决策**

1. 詹姆士·E. 奎恩应当采取什么新战略来瞄准核心顾客？

2. 你建议的数据分析及可能结果如何影响你推荐的营销管理决策？讨论这一问题。[9]

## 本章小结

因子分析是一组用于缩减和概括数据的方法，也称探索性因子分析。每个变量可表示为潜在因子的线性组合。与之类似，每个因子也可表示为观察变量的线性组合。因子提取的原则是，第1个因子对数据方差解释比例最大，第2个因子次之，以此类推。此外，还可以使提取的因子彼此独立，如主成分分析那样。图19-6提供了因子分析概念图。

在确定因子分析问题时，应当根据以往调研、理论或调研人员的判断来设定分析所用变量。这些变量要用定距或定比尺度测量。因子分析基于变量之间的相关系数矩阵，用统计检验可以表明该矩阵是否适于因子分析。

因子分析的两种主要方法是主成分分析和公因子分析，前者考虑数据的总方差，当主要目的是以最小数目的因子最大限度地解释方差，并用于后续多元分析时，建议使用；后者仅基于公方差来估算因子，当主要目的是识别潜在维度和发现公方差时比较适用，也称为主轴因子法。

应提取的因子数目可根据事先判断、特征值、碎石图、方差百分比、折半信度或显著性检

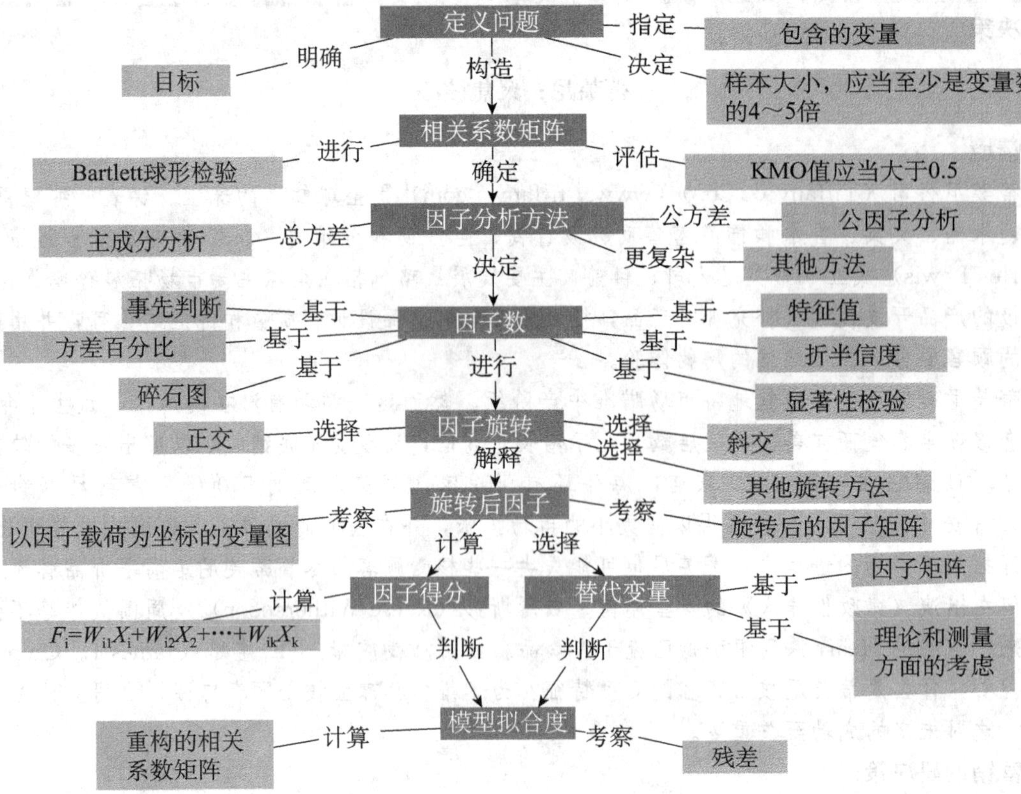


**图 19-6　因子分析概念图**

验决定。尽管初始的或未经旋转的因子矩阵能表明因子和单个变量之间的关系，但这些因子往往很难解释。因此，通过旋转对因子矩阵进行转化，因子矩阵会变得更简单、更容易解释。最常用的旋转方法是方差极大法，可得到正交因子。倘若在总体中因子高度相关，则可采用斜交旋转法。旋转后的因子矩阵是因子解释的基础。

对每个调查都可计算一个因子得分，也可根据因子矩阵为各因子选择载荷最高或接近最高的一个变量作为替代变量。通过考察所观察的相关矩阵和据因子矩阵重构的相关矩阵二者之差，可判断模型拟合度。

## 关键术语与概念

因子分析（factor analysis）
互依性技术（interdependence technique）
因子（factor）
Bartlett 球形检验（Bartlett's test of sphericity）
相关系数矩阵（correlation matrix）
共同度（communality）
特征值（eigenvalue）
因子载荷（factor loading）
因子载荷图（factor loading plot）
因子矩阵（factor matrix）
因子得分（factor scores）

因子得分系数矩阵（factor scores coefficient matrix）
KMO 抽样充足性测量（Kaiser-Meyer-Olkin measure of sampling adequacy）
方差百分比（percentage of variance）
残差（residual）
碎石图（scree plot）
主成分分析（principle component analysis）
公因子分析（common factor analysis）
正交旋转（orthogonal rotation）
方差极大法（varimax procedure）
斜交旋转（oblique rotation）

## 练习

**问答题**

1. 因子分析与多元回归和判别分析有何区别？
2. 因子分析的主要用途是什么？
3. 描述因子分析模型。
4. Bartlett 球形检验所检验的假设是什么？使用这一检验的目的是什么？
5. 变量共同度的含义是什么？
6. 给出特征值、因子载荷、因子矩阵和因子得分的简略定义。
7. KMO 抽样充足性测量的用途是什么？
8. 主成分分析和公因子分析的主要区别是什么？
9. 解释如何通过特征值来确定因子数。
10. 什么是碎石图？它有什么用途？
11. 为什么要进行因子旋转？最常用的旋转方法是什么？
12. 解释因子有哪些指导原则？
13. 何时需要计算因子得分？
14. 什么是替代变量？如何确定替代变量？
15. 怎样考察因子分析模型的拟合度？

**练习题**

1. 下面是主成分分析输出结果的一部分，请完成。

| 变量 | 共同度 | 特征值 | 方差 | 百分比 |
|---|---|---|---|---|
| $V_1$ | 1.0 | 1 | 3.25 | |
| $V_2$ | 1.0 | 2 | 1.78 | |
| $V_3$ | 1.0 | 3 | 1.23 | |
| $V_4$ | 1.0 | 4 | 0.78 | |
| $V_5$ | 1.0 | 5 | 0.35 | |
| $V_6$ | 1.0 | 6 | 0.30 | |
| $V_7$ | 1.0 | 7 | 0.19 | |
| $V_8$ | 1.0 | 8 | 0.12 | |

2. 根据上一题中的数据绘制碎石图。
3. 在第一题中，应当提取几个因子？说明理由。

## 活动

**角色扮演**

你受雇于克罗格这家大型超级市场，负责营销调研分析。你的上级，即营销经理（由另一位同学扮演）正在琢磨能否更简洁地表述克罗格顾客在15项生活方式陈述上的评分。请向你的上级解释你将要采用的分析方法。

**实地调查**

1. 你是一家休闲服装制造商的营销调研分析人员，现在需要你开发10个陈述来测量学生的心理特征和生活方式，因为这可能与穿休闲服装有关。要求被调查者在7级量表上表明他们对于这些陈述的同意程度，1=完全不同意，7=完全同意。在校园里调查40名学生。

2. 你受一家运动品制造商的委托确定学生对于休闲行为的态度，请为此构建一个包含8个项目的量表，并在校园里找35名学生填写。

**小组讨论**

组成一个小组，明确因子分析在以下主要营销决策领域的应用。

（1）市场细分。

（2）产品决策。

（3）促销决策。

（4）定价决策。

（5）分销决策。

## 连续案例：戴尔

阅读书末附录A中戴尔的案例，以及提供的调查问卷，下载数据资料。

1. 是否可以将对戴尔自主评分（Q8_1～Q8_13）用数目更少的一组因子来表示？若可以，如何解释这些因子？（提示：做主成分分析，并用方差极大法旋转。）

2. 市场行家、创新精神和意见领袖测试项目（Q10_1～Q10_13）是否可用数目更少的一组因子来表示？如果可以，如何解释这些因子？（提示：做主成分分析，并用方差极大法旋转。）

# 第20章 聚类分析

聚类分析帮助我们找到组或者群，使得这些组或者群内成员很相似，而与其他组或者群不那么相似。

——Burke公司高级副总裁、客户服务经理汤姆·迈尔斯（Tom Myers）

## 学习目标

1. 描述聚类分析的基本概念和范畴，及其在营销调研中的重要性。
2. 讨论与聚类分析有关的统计量。
3. 解释聚类分析的步骤，包括定义研究问题、选择距离指标、选择聚类方法、确定群组数目、解释并描述各群组、评估信度与效度。
4. 描述评价聚类分析结果质量的目的与方法，评估聚类分析的信度与效度。
5. 讨论非分层聚类和对变量进行聚类的应用。

## 本章概述

与第19章的因子分析一样，聚类分析考察一组相互依存关系。聚类分析不区分因变量与自变量，而是研究整组变量之间的依存关系。聚类分析的主要目的是根据一组聚类变量将对象划分为相对同质的组。在这些变量方面，组内对象彼此相似，组间对象相互不同。聚类分析的这一用途与因子分析是相反的，因为聚类分析通过将对象聚为数目更少的群组来减少对象数目，而不是减少变量的数目。

本章描述聚类分析的基本概念，讨论聚类分析的步骤并展示如何用一个流行的电脑程序来进行分层聚类分析，然后介绍了非分层聚类的应用，最后是两步聚类程序及对变量的聚类。

## 20.1 基本概念

**聚类分析**（cluster analysis）是一组将研究对象划分为相对同质的群组（cluster）的技术。每一群组内部的对象类似，但与其他群组的对象不同。聚类分析也叫分类分析（classification analysis）或数值分类（numerical taxonomy）。[1] 我们关注的是将每个对象归入且仅仅归入一组的聚类过程。[2] 图20－1显示了一种理想的聚类情形，根据质量意识（变量1）和价格敏感性（变量2）将群组完全分开，每个消费者都属于一个群组，没有相互重叠之处。与之相反，图20－2所展示的情形在实际中更为常见，某些群组之间的边界并不清晰，某些消费者的归属并不明确。

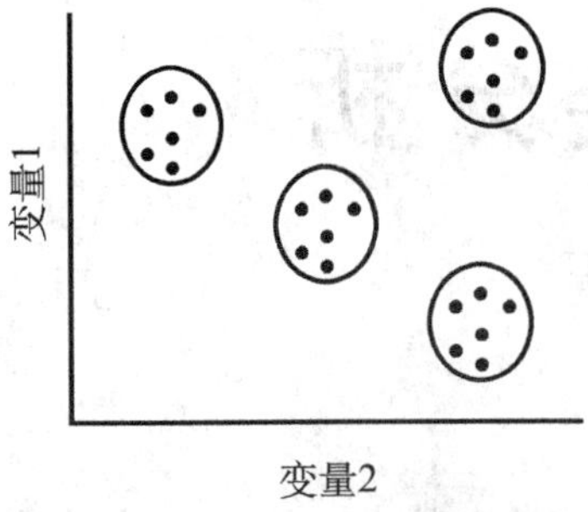


**图 20-1　理想的聚类情形**

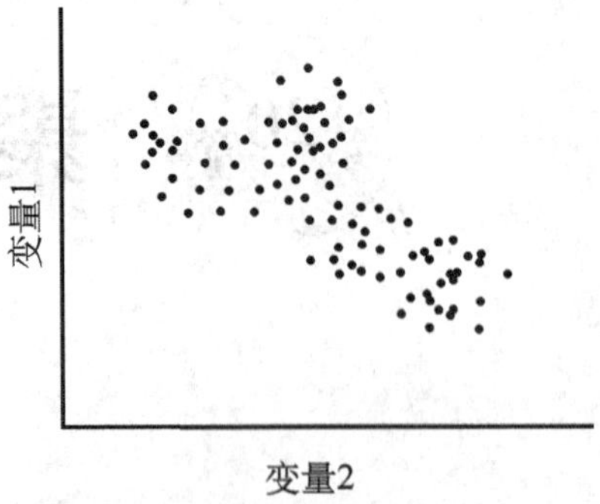


**图 20-2　实际的聚类情形**

聚类分析和判别分析都涉及分类问题。但是，判别分析要求事先知道对象的组别以便制定分类规则。但是，聚类分析事先并不知道任何一个对象的所属组别，群组由数据得出，而非事先确定。[3]

聚类分析在营销中用途很多，包括[4]：

- 细分市场。例如，可以根据从产品购买中所寻求的利益不同将消费者进行分组，每个群组包括相对同质的消费者，他们在购买中寻求的利益基本相同。[5] 这一方法称为利益细分（benefit segmentation）。
- 了解购买者行为。聚类分析能用来识别同质的购买者群组，然后分别研究各组的购买行为。正如在百货商店项目中，可以根据被调查者自我报告的选择标准的权重进行聚类。聚类分析也已经用于识别汽车购买者不同的外部信息获取策略。
- 发现新产品机会。聚类品牌和产品可以确定市场上的竞争组，同组内的品牌与不同组品牌相比，竞争更为激烈，公司可以对比考察自己与竞争对手的产品以发现潜在的新产品机会。
- 选择试销市场。通过将城市聚为同质群组，企业就可能选择相似的城市测试各种营销策略。
- 减少数据。聚类分析可视为一种常用的数据缩减工具，数据借此被聚为群组，比个别观测对象更容易管理。后续的多元分析就可以基于群组而非观测个体进行。例如，为了描述消费者产品使用方面的差异，可以首先将他们进行聚类，然后再通过判别分析考察群组之间的差别。

## 20.2　与聚类分析相关的统计量

在讨论与聚类分析有关的统计量之前，应当指出，大多数聚类方法是相对简单的，没有复杂的统计推断支持。实际上，大多数聚类方法都是探索性的，以算法为基础。在这一点上，聚类分析与方差分析、回归分析、判别分析和因子分析形成了鲜明的对照。虽然许多聚类方法有着重要的统计特性，但必须认识到其本质上的简单性。[6] 以下是与聚类分析相关的统计量和概念。

**聚合过程表**（agglomeration schedule）：提供分层聚类过程中每一步聚合的对象的信息。

**群重心**（cluster centroid）：某一特定群中所有对象的变量均值。

**群中心**（cluster centers）：非分层聚类中的初始出发点，群围绕这些中心或种子而形成。

**群组归属**（cluster membership）：每个对象所属的群。

**树状图**（dendrogram）：对聚类结果的图形展示。垂直线代表合在一起的群，线在水平尺度上的位置代表群聚合时的距离。树状图由左向右读。

**群中心间距离**（distances between cluster centers）：表明每一对群组之间的分离程度，距离越大，群组越易区分，也更加理想。

**冰柱图**（icicle plot）：一种表示聚类结果的示意图，因为类似房子屋檐下悬挂的一排冰柱而得名。其中，列代表被聚类的对象，行代表群的数目。冰柱图由下往上读。

**相似度/距离系数矩阵**（similarity/distance coefficient matrix）：包含每对对象之间距离的下三角形矩阵。

## 20.3 进行聚类分析

图 20－3 列出了聚类分析的步骤。第 1 步是确定聚类变量，定义研究问题。第 2 步是选择一个恰当的距离指标，距离决定了对象之间的相似和相异程度。第 3 步是选择最适合所研究问题的一种聚类方法。第 4 步是调研人员通过判断来确定群组数目。第 5 步是用聚类变量解释聚类结果，并结合其他的重要变量描述各群组。第 6 步是调研人员评估聚类过程的有效性。

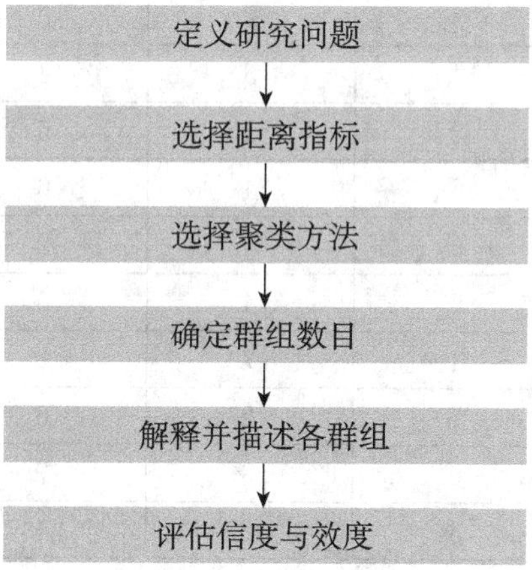


**图 20－3　进行聚类分析**

### 定义研究问题

定义问题，最重要的是选择聚类变量。加入一两个无关的变量就可能扭曲原本有用的聚类结果。所选变量原则上应当能够描述研究对象之间的相似性，这些相似性要与营销调研问题有关。变量选择还应当基于以往的调研、理论或要检验的假设。在探索性调研中，调研人员应当依据判断和直觉选取变量。

为了说明问题，我们以将消费者按照购物态度进行聚类为例。根据以往调研确定了 6 个态度变量。消费者要用 7 级李克特量表表达对下列陈述的同意程度（1=不同意，7=同意）。

$V_1$：购物是有趣的。

$V_2$：购物可能导致超支。

$V_3$：我在外出就餐时购物。

$V_4$：我购物时争取得到最合算的交易。

$V_5$：我不在乎购物。

$V_6$：我可以通过比较不同价格节省许多钱。

表20－1提供了20个预调查样本的数据。小样本用来说明聚类过程，在实际调研中，聚类分析的样本通常大得多。

**表20－1 对态度数据进行聚类**

| 样本编号 | $V_1$ | $V_2$ | $V_3$ | $V_4$ | $V_5$ | $V_6$ |
|---|---|---|---|---|---|---|
| 1 | 6 | 4 | 7 | 3 | 2 | 3 |
| 2 | 2 | 3 | 1 | 4 | 5 | 4 |
| 3 | 7 | 2 | 6 | 4 | 1 | 3 |
| 4 | 4 | 6 | 4 | 5 | 3 | 6 |
| 5 | 1 | 3 | 2 | 2 | 6 | 4 |
| 6 | 6 | 4 | 6 | 3 | 3 | 4 |
| 7 | 5 | 3 | 6 | 3 | 3 | 4 |
| 8 | 7 | 3 | 7 | 4 | 1 | 4 |
| 9 | 2 | 4 | 3 | 3 | 6 | 3 |
| 10 | 3 | 5 | 3 | 6 | 4 | 6 |
| 11 | 1 | 3 | 2 | 3 | 5 | 3 |
| 12 | 5 | 4 | 5 | 4 | 2 | 4 |
| 13 | 2 | 2 | 1 | 5 | 4 | 4 |
| 14 | 4 | 6 | 4 | 6 | 4 | 7 |
| 15 | 6 | 5 | 4 | 2 | 1 | 4 |
| 16 | 3 | 5 | 4 | 6 | 4 | 7 |
| 17 | 4 | 4 | 7 | 2 | 2 | 5 |
| 18 | 3 | 7 | 2 | 6 | 4 | 3 |
| 19 | 4 | 6 | 3 | 7 | 2 | 7 |
| 20 | 2 | 3 | 2 | 4 | 7 | 2 |

## 选择距离指标

由于聚类分析的目的是将类似对象进行组合，自然就需要采用某种指标来估计对象之间的相似或相异程度。最常用的方法是用每组对象之间的距离来衡量相似性。距离短，表明二者相似；反之，则二者不同。有多种方法计算两个对象之间的距离。[7]

最常用的相似性测量指标是欧氏距离或其平方。**欧氏距离**（euclidean distance）指的是每一变量的差值平方和的平方根。此外，还有一些其他的距离指标，如两个对象之间的马氏距离（city-block or Manhattan distance）是每一变量绝对差值之和，而切氏距离（Chebychev distance）是每个变量绝对差值中的极大值。本例采用欧氏距离的平方作为相似性测量指标。

如果变量的测量单位差异甚大，聚类结果将受到影响。在一项关于超市购物的调研中，用9级李克特量表测量态度，用每月去超市的频率和消费金额来衡量惠顾情况，用在所偏好超市采购日常用品的比例来测量品牌忠诚。此时，必须对数据进行均值为0、标准差为1的标准化处理。尽管标准化可以排除测量单位的影响，但也可能降低群组在某些变量上的差异性，而这些变量或许正是最佳判别变量。此外，最好排除极端样本（有特殊变量值的样本）。[8]

采用不同距离指标，可能得到不同的聚类结果。因此，建议用不同指标聚类并比较其结果。在选择距离或相似性测量指标后，接下来就可以选择聚类方法。

## 选择聚类方法

图20-4展示了聚类分析方法的分类，有分层聚类、非分层聚类及其他方法。**分层聚类**（hierarchical clustering）的特点是建立一个层级或树状结构。分层方法可能是聚合法或分解法。**聚合聚类**（agglomerative clustering）开始时每个对象都是一个单独的群，之后对象被组合为越来越大的群组。这一过程不断进行，直到所有对象都归属于同一组。**分解聚类**（divisive clustering）开始时所有对象都属于一个群，该群不断分解直到每一对象都构成一群。

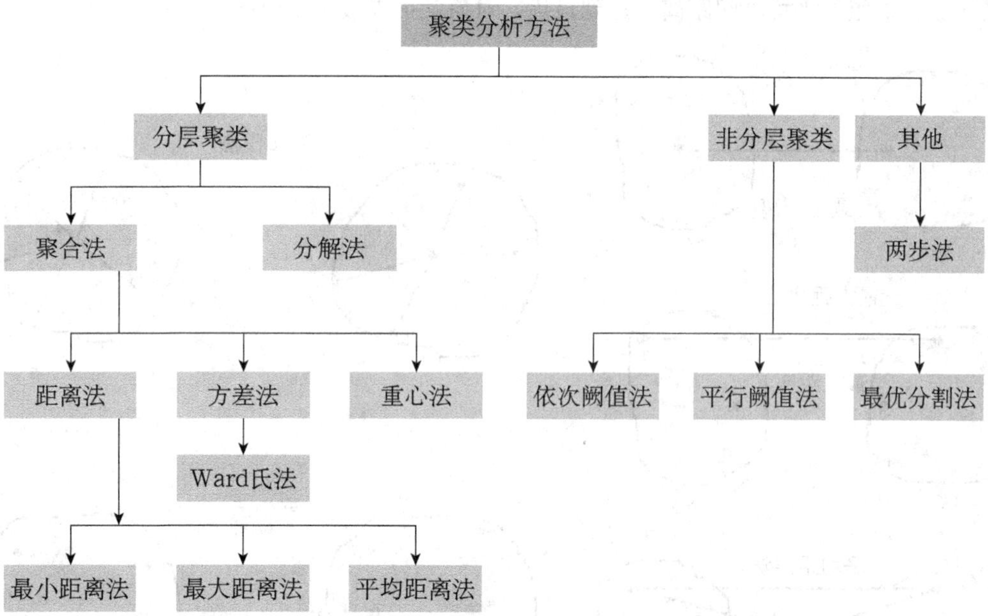


**图20-4 聚类分析方法的分类**

营销调研通常采用聚合法。聚合法包括距离法、误差平方和法（即方差法）和重心法。**距离法**（linkage methods）有最小距离法、最大距离法和平均距离法。**最小距离法**（single linkage method）基于最小距离或最邻近原则。首先聚为一群的两个对象之间距离最短，然后找到下一个最短距离，第三个对象或者与前两个对象聚合为一群，或者形成一个新的由两个对象组成的群。在每一步，两群之间的距离就是两群最近两点之间的距离（见图20-5）。根据最小距离将两群合并。这一过程不断进行，直到所有对象都成为一组。如果群定义不明，最小距离法不一定合适。**最大距离法**（complete linkage method）与最小距离法类似，不同之处是采用最大距离聚类，两群之间的距离是根据最远的两点之间的距离确定。**平均距离法**（average linkage method）的原理也类似，但两群的距离定义为两组每对对象间距离的平均值（见图20-5），因此平均距离法用到所有成对对象之间的距离信息，不仅是最小或最大距离。所以，平均距离法通常比最小和最大距离法更为常用。

**方差法**（variance methods）使所得群组的群内方差最小化。**Ward氏法**（Ward's procedure）是一种常用的方差法。首先，要计算每个群中所有变量的均值，然后计算每个对象与群均值之间的欧氏距离的平方（见图20－6）并加总。在每一阶段，群内距离平方和增幅最小的两个组被合并。在**重心法**（centroid methods）中，群间距是两群重心（即所有变量均值）之间的距离，如图20－6所示。群是通过群组之间中心或重心之间距离的最大化而形成的。每次有对象加入组，就计算一个新的重心。事实证明，在分层聚类中平均距离法和Ward氏法好于其他方法。[9]

第二种聚类方法称为**非分层聚类**（nonhierarchical clustering），通常也称为$k$均值法，具体有依次阈值法、平行阈值法和最优分割法。**依次阈值法**（sequential threshold method）首先选择一个群中心，所有与中心距离在事先确定的阈值范围内的对象均归为一组；然后再选择一个新的群中心或种子，并在还未分群的对象中重复这一过程。一旦对象与种子聚为一群，就不会再考虑与以后的其他种子进行聚类。**平行阈值法**（parallel threshold method）的过程与依次阈值法类似，区别在于要同时选择若干群中心，阈值范围内的对象与距离最近的中心聚为一类。**最优分割法**（optimizing partitioning method）与上述两类方法不同，因为只要使一个总体标准（如既定数目群组的平均群间距离）达到最优，对象就可以被重新分配。

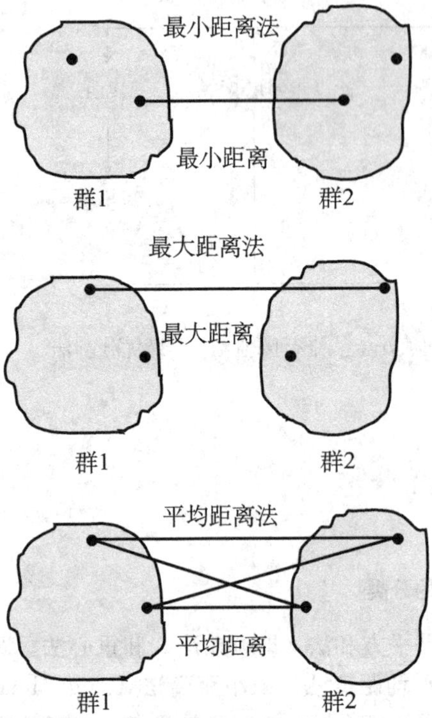


**图20－5　距离聚类法**

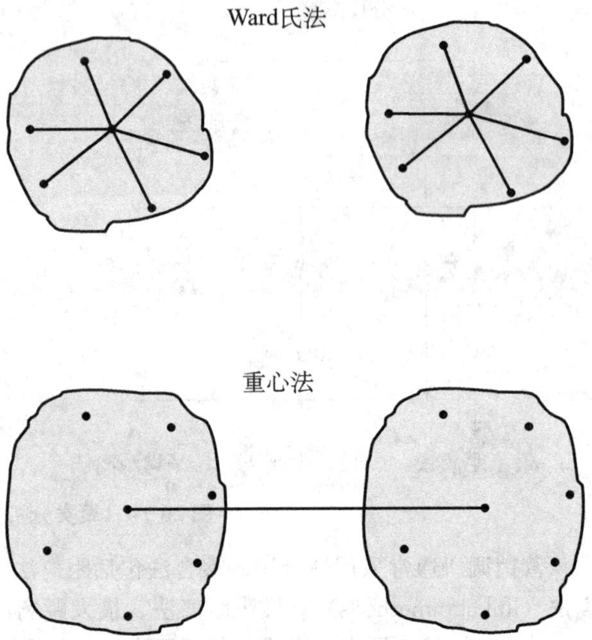


**图20－6　其他聚合聚类法**

非分层聚类有两个主要不足：第一，群组数目必须事先确定；第二，群中心的选择具有任意性。另外，聚类结果还可能取决于群中心的确定方法。许多非分层聚类程序选择将前$k$个无缺失值的样本作为初始群中心（$k$=群数）。因此，聚类结果可能取决于数据中观测样本的顺序。可是，非分层聚类比分层聚类速度快，对大样本而言具有一定优势。可以将分层聚类和非分层聚类结合起来使用，即首先用平均距离或Ward氏法进行分层聚类，然后将所获得的群数和群中心作为最优分割法的输入值。[10]

还有一些其他聚类方法，其中特别值得一提的是两步聚类分析（two-step cluster analysis）。该方法可以通过比较不同聚类结果的指标差异来自动确定最佳群数，还能够根据分类变量和连续变量建立聚类模型。除了欧氏距离，两步聚类分析还使用似然函数指标，该指标提供变量的概率分布。它还能处理两类聚类标准：Schwartz 贝叶斯信息标准（BIC）和 Akaike 信息标准（AIC）。

聚类方法选择和距离指标选择二者具有关联性。例如，欧氏距离平方就应该与 Ward 氏法和重心法一起使用。一些非分层方法也使用欧氏距离的平方。在两步法中，只有当所有变量为连续变量时才能使用欧氏距离指标。

我们以 Ward 氏法说明如何进行分层聚类。表 20－2 是对表 20－1 的数据进行聚类所得的结果。聚合过程表中提供了有用的信息，说明了每一步所聚合的对象或群。第一行代表了第一步，有 19 个组。“合并的群”列表明对象 14 和对象 16 在这一步合并，“系数”列显示了二者的欧氏距离平方和，“群首次出现的步骤”则说明群是在哪一步首次形成的。为了说明问题，可以看第 6 步，在此数字 1 表示对象 14 是在第 1 步首次被分入群中。最后一列“下一步”说明下一个对象或群加入的步骤，首行数字为 6，表明在第 6 步，对象 10 加入了由对象 14 和 16 构成的群。同样，第二行代表第二个阶段，有 18 组，对象 6 与 7 合并为一群。

**表 20－2　分层聚类结果**

Ward 氏法
聚合过程表

| 步骤 | 合并的群 | | 系数 | 群首次出现的步骤 | | 下一步 |
|---|---|---|---|---|---|---|
| | 群 1 | 群 2 | | 群 1 | 群 2 | |
| 1 | 14 | 16 | 1.000 | 0 | 0 | 6 |
| 2 | 6 | 7 | 2.000 | 0 | 0 | 7 |
| 3 | 2 | 13 | 3.500 | 0 | 0 | 15 |
| 4 | 5 | 11 | 5.000 | 0 | 0 | 11 |
| 5 | 3 | 8 | 6.500 | 0 | 0 | 16 |
| 6 | 10 | 14 | 8.167 | 0 | 1 | 9 |
| 7 | 6 | 12 | 10.500 | 2 | 0 | 10 |
| 8 | 9 | 20 | 13.000 | 0 | 0 | 11 |
| 9 | 4 | 10 | 15.583 | 0 | 6 | 12 |
| 10 | 1 | 6 | 18.500 | 0 | 7 | 13 |
| 11 | 5 | 9 | 23.000 | 4 | 8 | 15 |
| 12 | 4 | 19 | 27.750 | 9 | 0 | 17 |
| 13 | 1 | 17 | 33.100 | 10 | 0 | 14 |
| 14 | 1 | 15 | 41.333 | 13 | 0 | 16 |
| 15 | 2 | 5 | 51.833 | 3 | 11 | 18 |
| 16 | 1 | 3 | 64.500 | 14 | 5 | 19 |
| 17 | 4 | 18 | 79.667 | 12 | 0 | 18 |
| 18 | 2 | 4 | 172.667 | 15 | 17 | 19 |
| 19 | 1 | 2 | 328.600 | 16 | 18 | 0 |

群组归属

| 样本编号 | 4 个群 | 3 个群 | 2 个群 |
|---|---|---|---|
| 1 | 1 | 1 | 1 |

续表

| 样本编号 | 4个群 | 3个群 | 2个群 |
|---|---|---|---|
| 2 | 2 | 2 | 2 |
| 3 | 1 | 1 | 1 |
| 4 | 3 | 3 | 2 |
| 5 | 2 | 2 | 2 |
| 6 | 1 | 1 | 1 |
| 7 | 1 | 1 | 1 |
| 8 | 1 | 1 | 1 |
| 9 | 2 | 2 | 2 |
| 10 | 3 | 3 | 2 |
| 11 | 2 | 2 | 2 |
| 12 | 1 | 1 | 1 |
| 13 | 2 | 2 | 2 |
| 14 | 3 | 3 | 2 |
| 15 | 1 | 1 | 1 |
| 16 | 3 | 3 | 2 |
| 17 | 1 | 1 | 1 |
| 18 | 4 | 3 | 2 |
| 19 | 3 | 3 | 2 |
| 20 | 2 | 2 | 2 |

另一部分重要的输出结果包含在冰柱图中（见图20-7)。列代表被聚群的对象，此例中是1～20；行代表群数。该图从下往上读。首先所有对象被视为单独的群，20个对象就有20个群。第一步，最近的两个对象被合并，得到19个群。图20-7的末行显示了这19个群。这一步合并的2个对象——对象14和16之间在1～19行中没有空白将它们隔开。第18行代表了下一步。在这一步，对象6和7合并，二者在第19行中还是用空白隔开的，这一步形成18个群。其中16个群只包含1个对象，另2个群各含2个对象。之后每一步都以下述3种方式之一形成新群：(1) 2个独立的对象被合并；(2) 1个对象加入已有群；(3) 2个群合并。

若指定了群组数，就可以获得各群的成员信息。尽管该信息可从冰柱图上得到，但成员列表还是有用的。表20-2中有表明样本归属的"群组归属"信息，具体取决于最终的群数是2、3还是4。对于任何群数，都可获得群组归属信息。这一信息也有助于确定群组数目。

## 确定群组数目

聚类分析的一个重要问题是确定群组数目。虽无固定规律可循，但还是有以下一些规律：

1. 理论、概念和实际的考虑能够对群组数目提供指导。例如，若聚类分析的目的是识别细分市场，那么实际管理者可能希望获得某一特定数目的群组。

2. 在分层聚类中，可用群组合并的距离作为确定群数的标准。从聚合过程表中可获得此信息。在本例中，我们可以从表20-2的聚合过程表中看到，系数值在第17步（3群）与第18步（2群）之间突然增加了一倍以上。类似地，图20-8的树状图中至少有两步是将距离较大的群组合并。因此，聚为3类是适当的。

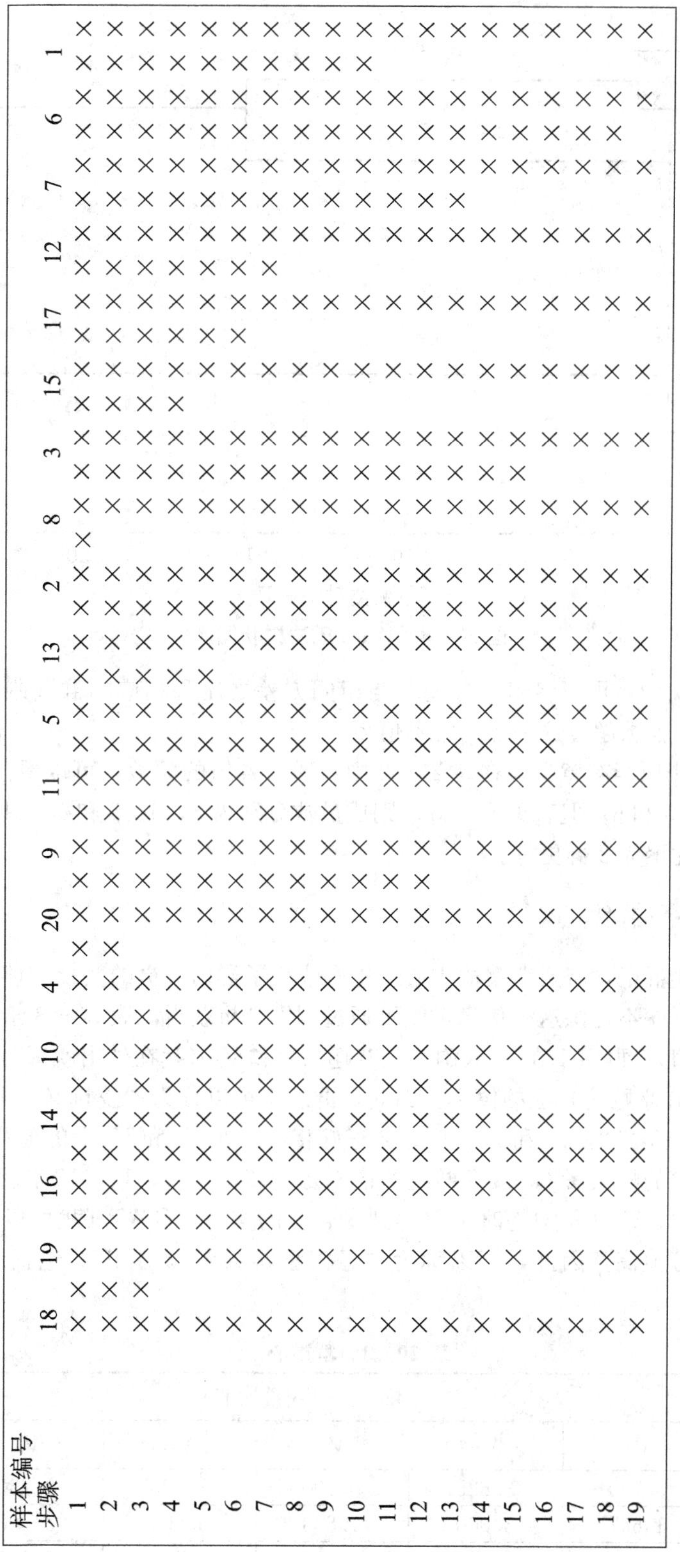

**图20－7　Ward氏法垂直冰柱图**

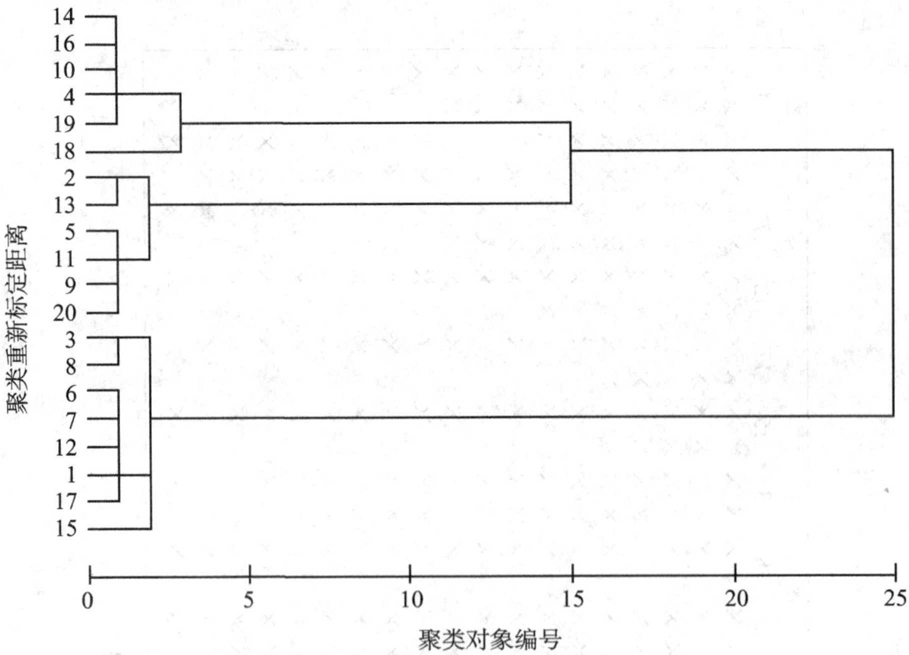


**图 20－8 Ward 氏法树状图**

3. 在非分层聚类中，可以将组内方差和与组间方差之比和相应的群数制图，明显折点处就表明合适的群数，群数超过这一点通常不值得。

4. 群的相对大小应当有意义。在表 20－2 中，通过各组的频数，可以看出如果聚为 3 群，则成员数分别为 8、6 和 6；但若聚为 4 群，则成员数分别为 8，6，5 和 1。只含一个对象的群是没有意义的，因此聚为 3 群更好。

## 解释并描述各群组

为了解释和描述群组，需要考察群重心。重心代表了群内成员的变量均值，可以据此为群组命名。如果聚类程序不提供这一信息，则可通过判别分析获得。表 20－3 给出了本例中每一群组的重心（即均值）。群组 1 在 $V_1$（购物是有趣的）和 $V_3$（我在外出就餐时购物）上的值较大，而在 $V_5$（我不在乎购物）上的值小。因此，群组 1 可以称为“爱玩又认真的购买者”，包括对象 1，3，6，7，8，12，15 和 17。群组 2 正好相反，在 $V_1$ 和 $V_3$ 上的值小，而在 $V_5$ 上的值大，可称为“淡漠的购买者”。属于群组 2 的对象有 2，5，9，11，13 和 20。群组 3 在 $V_2$（购物可能导致超支）、$V_4$（我购物时争取得到最合算的交易）和 $V_6$（我可以通过比较不同价格节省许多钱）上分值高，因此，可以称为“经济型购买者”。群组 3 包括对象 4，10，14，16，18 和 19。

**表 20－3 群重心**

| 群编号 | 变量均值 | | | | | |
|---|---|---|---|---|---|---|
| | $V_1$ | $V_2$ | $V_3$ | $V_4$ | $V_5$ | $V_6$ |
| 1 | 5.750 | 3.625 | 6.000 | 3.125 | 1.750 | 3.875 |
| 2 | 1.667 | 3.000 | 1.833 | 3.500 | 5.500 | 3.333 |
| 3 | 3.500 | 5.833 | 3.333 | 6.000 | 3.500 | 6.000 |

通常还需要用聚类时没用到的变量来描述各群组，包括人口统计学变量、心理特征变量、

产品使用和媒体使用等。例如，可基于寻求的利益进行聚类，然后用人口统计学和心理特征变量来进一步刻画群组，从而使营销活动更具针对性。可以通过判别分析和单因素方差分析来确认能将各群组进行显著区分的变量。

### 评估信度与效度

由于聚类分析涉及若干主观判断，因此在接受聚类分析结果之前必须评估其信度和效度。正式的评估方法十分复杂，也并非没有缺陷。[11]这里不予介绍。但是，用以下方法足以对聚类结果的质量进行审核：

- 采用不同距离指标对同一数据进行聚类分析，比较结果，以确认其稳定性。
- 采用不同聚类方法并比较聚类结果。
- 将数据随机分为两半，分别进行聚类，比较两个子样本的群重心。
- 随机删除一些变量，以数目更少的变量为基础进行聚类，将其结果与基于所有变量的聚类结果进行对比。
- 非分层聚类的结果可能与数据中的样本顺序有关，改变顺序多次运行，直到结果稳定。

## 20.4　非分层聚类的应用

我们用表 20－1 中的数据和最优分割法来说明非分层聚类方法。根据分层聚类的结果，先将对象分为 3 群。结果展示在表 20－4 中。“初始群中心”是 3 个随机选择对象的值。有些程序选择前 3 个对象。“初始群中心”是用于分配对象的临时中心。每个对象分配到距离最近的群，分类中心不断更新直至达到停止运行的标准。“最终群中心”代表对象在最终群的变量均值。

**表 20－4　非分层聚类结果**

初始群中心

| | 群 | | |
|---|---|---|---|
| | 1 | 2 | 3 |
| $V_1$ | 4 | 2 | 7 |
| $V_2$ | 6 | 3 | 2 |
| $V_3$ | 3 | 2 | 6 |
| $V_4$ | 7 | 4 | 4 |
| $V_5$ | 2 | 7 | 1 |
| $V_6$ | 7 | 2 | 3 |

迭代过程*

| 迭代 | 群中心变化 | | |
|---|---|---|---|
| | 1 | 2 | 3 |
| 1 | 2.154 | 2.102 | 2.550 |
| 2 | 0.000 | 0.000 | 0.000 |

*由于无变化或者变化小，很快实现汇聚。中心变化的最大距离为 0.000，当前迭代为 2，初始群中心的最小距离为 7.746。

续表

群组归属

| 样本编号 | 群 | 距离 |
|---|---|---|
| 1 | 3 | 1.414 |
| 2 | 2 | 1.323 |
| 3 | 3 | 2.550 |
| 4 | 1 | 1.404 |
| 5 | 2 | 1.848 |
| 6 | 3 | 1.225 |
| 7 | 3 | 1.500 |
| 8 | 3 | 2.121 |
| 9 | 2 | 1.756 |
| 10 | 1 | 1.143 |
| 11 | 2 | 1.041 |
| 12 | 3 | 1.581 |
| 13 | 2 | 2.598 |
| 14 | 1 | 1.404 |
| 15 | 3 | 2.828 |
| 16 | 1 | 1.624 |
| 17 | 3 | 2.598 |
| 18 | 1 | 3.555 |
| 19 | 1 | 2.154 |
| 20 | 2 | 2.102 |

最终群中心

| | 群 | | |
|---|---|---|---|
| | 1 | 2 | 3 |
| $V_1$ | 4 | 2 | 6 |
| $V_2$ | 6 | 3 | 4 |
| $V_3$ | 3 | 2 | 6 |
| $V_4$ | 6 | 4 | 3 |
| $V_5$ | 4 | 6 | 2 |
| $V_6$ | 6 | 3 | 4 |

最终群中心间距离

| 群 | 1 | 2 | 3 |
|---|---|---|---|
| 1 | | 5.568 | 5.698 |
| 2 | 5.568 | | 6.928 |
| 3 | 5.698 | 6.928 | |

方差

| | 群 | | 误差 | | F值 | 显著性 |
|---|---|---|---|---|---|---|
| | 均方（MS） | 自由度（df） | 均方（MS） | 自由度（df） | | |
| $V_1$ | 29.108 | 2 | 0.608 | 17 | 47.888 | 0.000 |
| $V_2$ | 13.546 | 2 | 0.630 | 17 | 21.505 | 0.000 |
| $V_3$ | 31.392 | 2 | 0.833 | 17 | 37.670 | 0.000 |
| $V_4$ | 15.713 | 2 | 0.728 | 17 | 21.585 | 0.000 |
| $V_5$ | 22.537 | 2 | 0.816 | 17 | 27.614 | 0.000 |
| $V_6$ | 12.171 | 2 | 1.071 | 17 | 11.363 | 0.001 |

*F*检验应仅用于描述，因为群已使得不同群里的对象差别最大化。观测到的显著性水平未据此修正，因此不能作为群均值相等的假设检验。

续表

| 各群样本数 | | |
|---|---|---|
| 群 1 | 6.000 | |
| 2 | 6.000 | |
| 3 | 8.000 | |
| 有效值 | 20.000 | |
| 缺失值 | 0.000 | |

表 20－4 还展示了“群组归属”和各对象与其分类中心的距离，注意表 20－2 分层聚类分析结果中的群组归属与此相同，只是表 20－2 中的群 1 变成了群 3，群 3 变成了群 1。“最终群中心间距离”表明群两两分开。表中也涉及每个聚类变量的单变量 *F* 检验结果，但仅是描述性的。因为对象被系统地分配给某个群，以便使聚类变量的群间差异最大化，因此所得概率不能解释为检验群相等这一零假设。

## 20.5　两步聚类的应用

下面用 SPSS 中的两步聚类分析表 20－1 的数据。由于所有变量都是连续变量，因此用欧氏距离。聚类标准为 AIC，群数自动确定。结果如表 20－5 所示。可见，对象分为了 3 个群，与分层聚类和非分层聚类的结果相同。注意分为 3 个群时 AIC 值最小，为 97.594。比较表 20－5 与表 20－3 的群重心，发现前者的 2 群是后者的 3 群，前者的 3 群是后者的 1 群。结果解释和意义与前面讨论的一样。此例中，全部 3 种方法（分层聚类、非分层聚类和两步聚类）的结果一致。有些情况下，不同方法得到的结果可能不同。因此，对给定数据用不同方法进行分析是一个好注意，因为这样可以检验聚类结果的稳健性。

**表 20－5　两步聚类结果**

自动聚类

| 聚类数目 | AIC | AIC 变动* | AIC 变动率** | 距离测量的比率*** |
|---|---|---|---|---|
| 1 | 104.140 | | | |
| 2 | 101.171 | −2.969 | 1.000 | 0.847 |
| 3 | 97.594 | −3.577 | 1.205 | 1.583 |
| 4 | 116.896 | 19.302 | −6.502 | 2.115 |
| 5 | 138.230 | 21.335 | −7.187 | 1.222 |
| 6 | 158.586 | 20.355 | −6.857 | 1.021 |
| 7 | 179.340 | 20.755 | −6.991 | 1.224 |
| 8 | 201.628 | 22.288 | −7.508 | 1.006 |
| 9 | 224.055 | 22.426 | −7.555 | 1.111 |
| 10 | 246.522 | 22.467 | −7.568 | 1.588 |
| 11 | 269.570 | 23.048 | −7.764 | 1.001 |
| 12 | 292.718 | 23.148 | −7.798 | 1.055 |
| 13 | 316.120 | 23.402 | −7.883 | 1.002 |
| 14 | 339.223 | 23.103 | −7.782 | 1.044 |
| 15 | 362.650 | 23.427 | −7.892 | 1.004 |

* AIC 变动来自表中以前聚类的群的数量。
**AIC 变动率与两个聚类解决方案的变化有关。
***距离测量的比率是当前聚类数量与以前聚类数量的比值。

续表

| 聚类分布 | | | | |
|---|---|---|---|---|
| | 数量 | 占聚类的百分比 | 占总体的百分比 | |
| 群1 | 6 | 30.0% | 30.0% | |
| 群2 | 6 | 30.0% | 30.0% | |
| 群3 | 8 | 40.0% | 40.0% | |
| 综合 | 20 | 100.0% | 100.0% | |
| 总体 | 20 | | 100.0% | |

群重心

| | $V_1$ | | $V_2$ | |
|---|---|---|---|---|
| | 均值 | 标准差 | 均值 | 标准差 |
| 群1 | 1.67 | 0.516 | 3.00 | 0.632 |
| 群2 | 3.50 | 0.548 | 5.83 | 0.753 |
| 群3 | 5.75 | 1.035 | 3.63 | 0.916 |
| 综合 | 3.85 | 1.899 | 4.10 | 1.410 |

群重心

| | $V_3$ | | $V_4$ | |
|---|---|---|---|---|
| | 均值 | 标准差 | 均值 | 标准差 |
| 群1 | 1.83 | 0.753 | 3.50 | 1.049 |
| 群2 | 3.33 | 0.816 | 6.00 | 0.632 |
| 群3 | 6.00 | 1.089 | 3.13 | 0.835 |
| 综合 | 3.95 | 2.012 | 4.10 | 1.518 |

群重心

| | $V_5$ | | $V_6$ | |
|---|---|---|---|---|
| | 均值 | 标准差 | 均值 | 标准差 |
| 群1 | 5.50 | 1.049 | 3.33 | 0.816 |
| 群2 | 3.50 | 0.837 | 6.00 | 1.549 |
| 群3 | 1.80 | 0.835 | 3.88 | 0.641 |
| 综合 | 3.45 | 1.761 | 4.35 | 1.496 |

## 调研决策

### 索尼：用细分市场进攻细分市场

#### 情境

总部位于日本东京的索尼公司是音像、视频、传媒和信息技术产品的领先制造商，服务于消费者和专业市场。索尼在美国的主要企业包括索尼电子、索尼影视娱乐、索尼BMG音像娱乐和索尼计算机娱乐（美国）。

索尼营销策略的核心聚焦于贴近顾客。索尼电子的首席执行官中钵良治（Ryoji Chubachi）说："现在很难区分产品……但差异化是我们的宗旨。我们必须以顾客为先，通过恰当的零售渠道向特定顾客销售尽可能多的产品。"为了实施差异化，索尼将目标市场划分为以下子市场：富有的领导者（早期使用者）、摄影达人（55岁以上）、小办公室/家庭办公室、年轻的专业人士（25～34岁）、热爱家庭者和Y一代（30岁以下）。

索尼为这6个子市场制定了钻石计划。虽然产品都由产品经理负责，但索尼计划为这些人口统计学特征不同的子市场设定专门经理。这一营销新举措将影响产品开发和设计、零售店展销、广告和顾客忠诚计划，还将调整媒体预算以便有效地瞄准新的子市场。但是，在钻石计划全面执行之前，中钵良治希望确定还有没有更好的办法细分美国电子产品市场并提升销量和市场份额，比如消费心态和生活方式。[12]

**营销调研决策**

1. 为了根据消费心理和生活方式细分美国电子产品市场，需要收集什么数据？怎样进行分析？

2. 讨论为帮助中钵良治提升销量和市场份额，你建议进行什么调研？有什么作用？

**营销管理决策**

1. 中钵良治应该制定什么新策略来提高销量和市场份额？

2. 你前面建议的数据分析及可能结果会对你推荐的营销管理决策产生什么影响？讨论这个问题。

## 20.6 对变量进行聚类

有时聚类分析也用于对变量进行聚类以识别出同质群体，此时变量成为分析单位，要计算每一对变量之间的距离。例如，相关系数，不管是绝对值还是有正负号，都可以用来衡量变量间的相似度。相似度与距离的含义相反。

变量的分层聚类有助于识别出独特变量，或对数据有特殊贡献的变量。聚类也可用来减少变量的数目。群内变量的线性组合称为群成分（cluster component）。若变量数目很多则可用一组群成分来代替，而且损失的信息很少。可是，既定数目的群成分所解释的方差不及相同数目的主成分。那么，为何还要进行变量聚类呢？因为群成分往往比主成分（即使经过旋转）更易解释。[13]

**调研实例**

**基于道德评价聚类营销专业人士**

聚类分析可用来解释人们在伦理认知上的差异，具体方法是采用多项目、多维度的大型量表来测量多种不同情形是否符合伦理。赖登巴赫（Reidenbach）和罗宾（Robin）就开发了这样一个量表，包含29个项目和5个维度，测量被调查者如何评价特定行为。例如，某个被调查者将阅读一段话，所讲的是营销调研人员将一名客户的专属信息提供给另一名客户，然后要求完成29个项目的伦理量表，如回答这种行为是：

正当的 __ : __ : __ : __ : __ : __ : __ : 不正当的
传统上可接受的 __ : __ : __ : __ : __ : __ : __ : 不可接受的
违反了 __ : __ : __ : __ : __ : __ : __ : 不违反不成文的合约

可以让营销专业人士完成该量表。使用29个项目聚类被调查者时，应当考察两个重要问题：第一，不同群组在5个伦理维度上（正当、相对论、自我、功利主义和义务论）有何不同？第二，什么类型的公司构成这些群组？群组可通过北美产业分类系统进行描述，包括工业类型、企业规模和企业盈利性。这两个问题的答案可为不同公司采用什么维度评价伦理情形提供参考。例如，是否大公司与小公司处于不同的群？是否盈利好的比盈利差的企业更能接受一些可疑的情形？

## 本章小结

聚类分析用于将对象，有时候是变量，分为相对同质的组。群组由数据中得来，而非事先确定。图 20-9 显示了聚类分析的概念图。

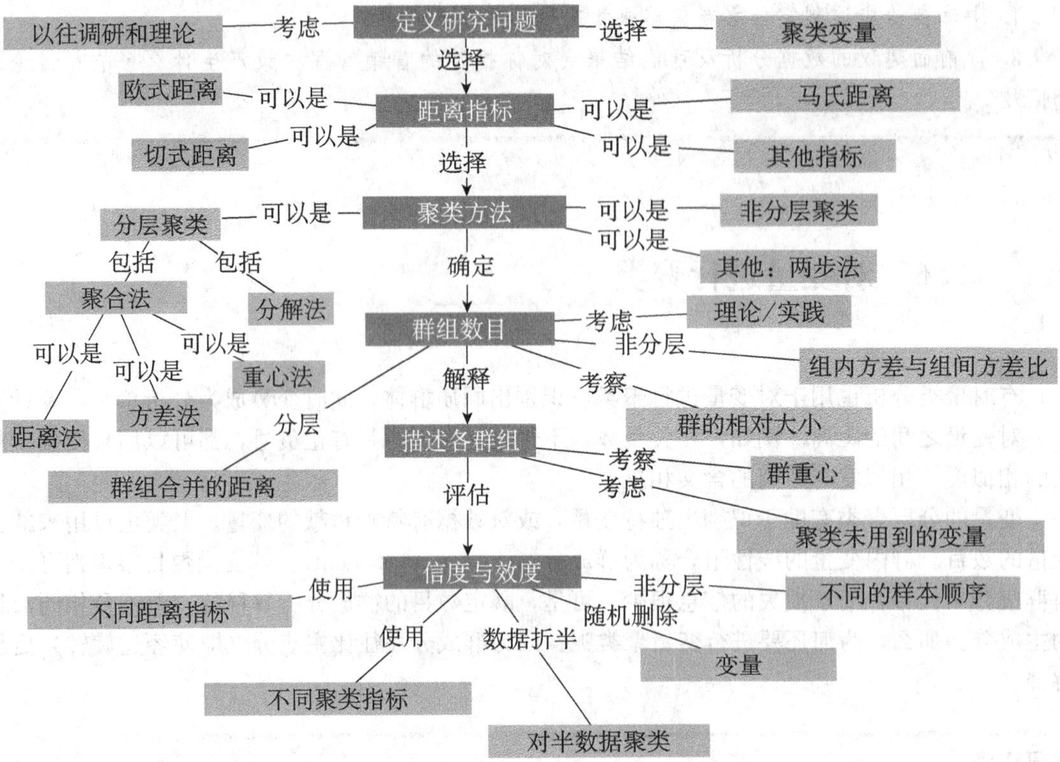


**图 20-9　聚类分析概念图**

聚类变量的选择是基于以往的调研、理论、要检验的假设或调研人员的判断。还要选择一个恰当的距离或相似度指标，最常用的距离指标是欧氏距离或其平方。

聚类方法包括分层聚类和非分层聚类。分层聚类的特点是形成一个层级或树状图，有聚合法和分解法两种。聚合法包括距离法、方差法和重心法。距离法又分为最小距离法、最大距离法和平均距离法。一种常用的方差法叫作 Ward 氏法。非分层聚类常常指的是 $k$ 均值法，分为依次阙值法、平行阙值法和最优分割法。分层和非分层聚类可以结合使用。两步法能够自动确定最佳群数，办法是比较不同聚类结果的模型选择标准值。聚类方法和距离指标的选择是互相关联的。

群数可以以理论、概念或实践为基础。在分层聚类中，群合并的距离是一个重要指标，群的相对大小应该合适。应当通过群重心来解释群。用聚类变量以外的变量来描述群往往是有益的。聚类结果的信度和效度可以通过不同方法进行评估。

## 关键术语与概念

聚合过程表（agglomeration schedule）

群重心（cluster centroid）
群中心（cluster centers）
群组归属（cluster membership）
树状图（dendrogram）
群中心间距离（distances between cluster centers）
冰柱图（icicle plot）
相似度/距离系数矩阵（similarity/distance coefficient matrix）
欧氏距离（euclidean distance）
分层聚类（hierarchical clustering）
聚合聚类（agglomerative clustering）
分解聚类（divisive clustering）
距离法（linkage methods）
最小距离法（single linkage method）
最大距离法（complete linkage method）
平均距离法（average linkage method）
方差法（variance methods）
Ward 氏法（Ward's procedure）
重心法（centroid methods）
非分层聚类（nonhierarchical clustering）
依次阙值法（sequential threshold method）
平行阙值法（parallel threshold method）
最优分割法（optimizing partitioning method）

## 练习

**问答题**

1. 聚类分析和判别分析有何异同？
2. 聚类分析在营销当中有什么用途？
3. 简要定义以下术语：树状图、冰柱图、聚合过程表、群组归属。
4. 聚类分析中最常用的相似度指标是什么？
5. 谈谈聚类方法的分类。
6. 为什么平均距离法优于最小距离法和最大距离法？
7. 非分层聚类的两大不足是什么？
8. 确定群组数目有哪些规律？
9. 解释群组涉及什么？
10. 描述群组还能用到些什么变量？
11. 描述评估聚类结果质量的一些办法。
12. 如何用聚类分析对变量分组？

**练习题**

以下陈述是否正确？

（1）分层和非分层聚类的结果总是不同的。

（2）聚类分析前必须对数据标准化。

（3）聚合过程表中的距离系数小说明不相似的对象被聚在一起。

（4）采用何种距离指标并不重要，聚合结果基本类似。

（5）建议用不同的聚类方法对同一组数据进行分析。

## 活动

**角色扮演**

你受雇于宝洁，负责营销调研分析。你的上司即营销经理（由另一位同学扮演）正在琢磨牙膏市场能否基于消费者购买牙膏所寻求的利益进行细分。请向你的上司解释你将采取的分析方法。

**实地调查**

作为一家大型航空公司的营销调研咨询师，你必须确定消费者对航空公司和飞行的态度。请为此构建一个含15个项目的量表。5名学生组成小组，让社区50名男性或女性户主回答此量表以及一些人口统计学方面的标准问题。每个学生负责收集10份调查问卷。数据用于对被调查者聚类，以及对测量消费者对航空公司和飞行态度的15个变量进行聚类。

**小组讨论**

组成一个小组，讨论聚类分析在分析营销调研数据中的作用，重点是聚类分析如何与其他数据分析方法结合使用。

## 连续案例：戴尔

阅读书末附录A中戴尔的案例，以及提供的调查问卷，下载数据资料。

1. 你将如何根据戴尔评价（Q8 _ 1～Q8 _ 13）对被调查者进行聚类？解读所得群组。

2. 你将如何根据市场行家、创新精神和意见领袖测试项目（Q10 _ 1～Q10 _ 13）对被调查者进行聚类？解读所得群组。

# 第21章 多维标度分析与联合分析

如果我们能够画一幅显示关系的图，通常就更容易看清楚这些关系，而这正是多维标度分析的目的。另外，当一个人在由众多属性构成的不同选择之间进行选择时，联合分析可以帮助我们发现哪些属性的贡献最大。

——Burke公司副董事长、科学决策部高级咨询顾问库纳尔·古普塔（Kunal Gupta）

## 学习目标

1. 讨论多维标度分析的基本概念和范畴，以及其在营销调研中的应用。
2. 描述对感知数据的多维标度分析步骤，包括定义问题、获取输入数据、选择多维标度分析方法、确定维数、命名各维度并解读结构、评估信度和效度。
3. 解释偏好数据的多维标度分析，以及内部偏好分析和外部偏好分析的区别。
4. 解释对应分析及其优缺点。
5. 理解多维标度分析、因子分析和判别分析之间的区别。
6. 讨论联合分析的基本概念，与多维标度分析进行比较，并且讨论其不同的应用。
7. 描述进行联合分析的步骤，包括确定问题、构建刺激物、决定输入数据的形式、选择联合分析方法、解读结果、评估信度和效度。
8. 定义混合联合分析的概念，并解释其如何简化数据收集。

## 本章概述

本章介绍了与消费者感知与偏好相关的两种数据分析技术——多维标度分析与联合分析。我们列出并解释了进行多维标度分析的步骤，讨论了多维标度分析与因子分析和判别分析的关系，最后介绍了联合分析并说明了其具体步骤。

## 21.1 多维标度的基本概念

**多维标度分析**（multidimensional scaling，MDS）是一组以直观图示方式反映调查对象感知和偏好的分析方法。对刺激的感知或心理关系体现为一张多维图上点之间的几何关系，这种几何表达方式通常称为**空间图**（spatial map）。空间图的轴表示被调查者对刺激形成感知和偏好时的心理基础或潜在维度。[1] 多维标度在营销调研中用来识别：

（1）消费者对市场上不同品牌感知维度的数目和性质。

（2）现有品牌在这些维度上的定位。

（3）消费者理想品牌在这些维度上的定位。

多维标度提供的信息已经应用于营销的多个方面，包括：

● 形象测量，即比较顾客和非顾客对公司的感知与公司自身感知的差别，从而识别出感知距离。

● 市场细分，即研究品牌和消费者在同一张空间图上的位置，从而识别出具有相对同质感知的消费者群体。

● 新产品开发，即在空间图上寻找空隙，空隙意味着新产品定位的潜在机会；还可以基于测试对现有品牌和新产品概念进行评价，以确定消费者对新概念感知如何，每一种新产品的顾客偏好比例是其成功的一项指标。

● 评估广告效果，即空间图可用来确定广告是否成功地实现了期望的产品定位。

● 定价分析，即对分别在标价和不标价情况下建立的空间图进行比较，就可以确定价格的影响。

● 渠道决策，即对品牌和不同零售类型匹配程度的判断可产生有助于渠道决策的空间图。

● 态度量表建构，即多维标度技术可用作建立态度空间的恰当维度和形态。

## 21.2 与多维标度分析相关的统计量和术语

与多维标度分析相关的重要统计量和术语包括：

**相似度判断**（similarity judgement）：用李克特量表对所有可能的成对品牌或其他刺激物的相似度进行评分。

**偏好排序**（preference ranking）：从最喜欢到最不喜欢对品牌或其他刺激物进行排序，通常从调查对象那里获得。

**应力**（stress）：反映模型拟合不良的指标，取值大表示拟合度差。

$R^2$（$R$ square）：是相关系数的平方，表明最优化标度数据的方差多大比例可以被多维标度分析所解释，属于拟合优度指标。

**空间图**：用多维图上点之间的几何关系来体现品牌或其他刺激物之间感知关系的一种图。

**坐标**（coordinates）：表明某品牌或刺激物在空间图中的位置。

**展开**（unfolding）：品牌和调查对象用同一空间图中的点来展示。

## 21.3 进行多维标度分析

图 21－1 列出了多维标度分析的步骤。由于有很多不同数据可作为多维标度分析的输入数据，调研人员在定义多维标度分析问题时应当十分认真。调研人员还必须确定获取数据的正确方式，并选择用于数据分析的多维标度分析方法。在处理分析结果时，确定空间图维度是一个重要方面。此外，还要命名空间图的各坐标轴并解释相应的图形结构。最后，调研人员必须对调研结果的质量进行评估。下面从定义问题开始依次描述每个步骤。[2]

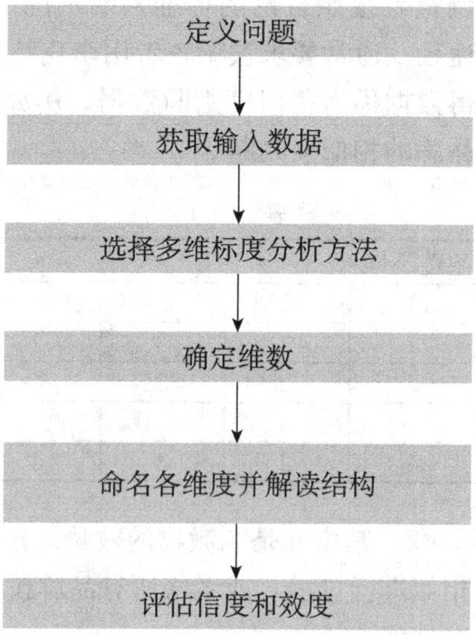


**图 21-1　多维标度分析步骤**

## 定义问题

定义问题时，调研人员需要明确多维标度分析结果的用途，选择纳入分析的品牌等刺激物。品牌等刺激物的数量以及具体包括哪些品牌将决定空间图的维度和结构。为了获得定义良好的空间图，调研中至少要包括 8 个品牌或刺激物。但是，品牌数目达 25 个以上，又会使数据收集工作过于繁重，并使被调查者感到疲倦。

调研人员要认真选择纳入分析的品牌或其他刺激物。假设调研人员希望了解消费者对于汽车的感知，但其中没有包括豪华车品牌，那么结果将不会出现豪华这一维度。应该根据营销问题、理论以及调研人员的判断来确定品牌等刺激物的数目和具体所包含的品牌。

下面用 10 个牙膏品牌为例说明多维标度分析，它们是：Aqua-Fresh、佳洁士、高露洁、Aim、Gleem、Plus White、Ultra Brite、Close-Up、Pepsodent 和舒适达。选好品牌之后，接下来的问题是如何获得这 10 个品牌的数据。

## 获取输入数据

如图 21-2 所示，输入数据可能是感知数据，也可能是偏好数据。我们首先讨论感知数据，此类数据可以通过直接和间接两种途径获取。

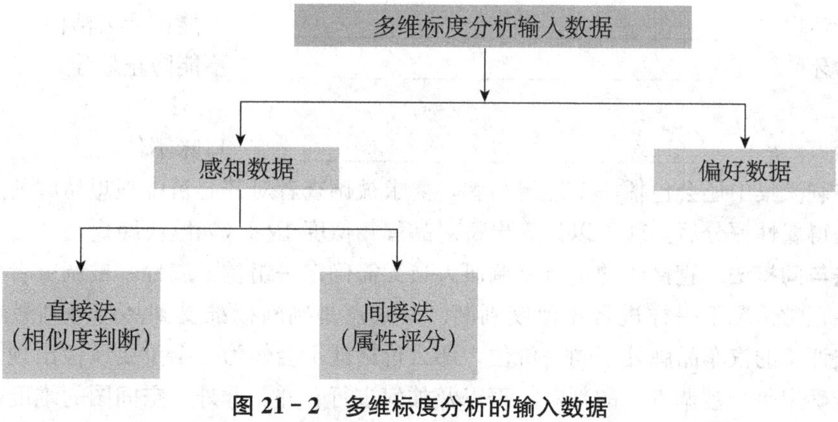


**图 21-2　多维标度分析的输入数据**

**感知数据：直接法** 让被调查者按照自己的标准判断不同品牌或刺激物的相似或相异程度，这是获得感知数据的直接途径。通常要求被调查者用李克特量表对所有成对品牌或其他刺激物的相似程度进行评分，所得数据称为相似度判断数据。例如，通过以下方式（如表21－1所示）就可获得所有成对牙膏品牌的相似度判断。

**表21－1**

| | 截然不同 | | | | | 非常相似 |
|---|---|---|---|---|---|---|
| 佳洁士 vs. 高露洁 | 1 | 2 | 3 | 4 | 5 | 6 | 7 |
| Aqua-Fresh vs. 佳洁士 | 1 | 2 | 3 | 4 | 5 | 6 | 7 |
| 佳洁士 vs. Aim | 1 | 2 | 3 | 4 | 5 | 6 | 7 |
| …… | | | | | | | |
| 高露洁 vs. Aqua-Fresh | 1 | 2 | 3 | 4 | 5 | 6 | 7 |

需要评估的对数为$n(n-1)/2$，其中$n$是刺激物的数量。还有其他方法，比如要求被调查者将所有对数从最相似到最不相似进行排序，或者将所有品牌按照与一个标准品牌的相似程度进行排序，各品牌依次作为标准品牌。

本例采用直接法，要求被调查者对全部45对（10 × 9÷2）牙膏品牌用7级李克特量表进行相似度判断，所获数据如表21－2所示。[3]

**表21－2 牙膏品牌的相似度评分**

| | Aqua-Fresh | 佳洁士 | 高露洁 | Aim | Gleem | Plus White | Ultra Brite | Close-up | Pepsodent | 舒适达 |
|---|---|---|---|---|---|---|---|---|---|---|
| Aqua-Fresh | | | | | | | | | | |
| 佳洁士 | 5 | | | | | | | | | |
| 高露洁 | 6 | 7 | | | | | | | | |
| Aim | 4 | 6 | 6 | | | | | | | |
| Gleem | 2 | 3 | 4 | 5 | | | | | | |
| Plus White | 3 | 3 | 4 | 4 | 5 | | | | | |
| Utra Brite | 2 | 2 | 2 | 3 | 5 | 5 | | | | |
| Close-up | 2 | 2 | 2 | 2 | 6 | 5 | 6 | | | |
| Pepsodent | 2 | 2 | 2 | 2 | 6 | 6 | 7 | 6 | | |
| 舒适达 | 1 | 2 | 4 | 2 | 4 | 3 | 3 | 4 | 3 | |

**感知数据：间接法** 收集感知数据的**间接法**（derived approach）是以产品属性为基础，要求被调查者用语义差异量表或李克特量表对调研人员识别出的品牌或刺激物的某些属性打分。例如，可以对不同牙膏品牌的以下属性进行打分：

使牙齿洁白 ____ ____ ____ ____ ____ ____ ____ 不能使牙齿洁白
防止蛀牙 ____ ____ ____ ____ ____ ____ ____ 不能防止蛀牙
⋮ ⋮
口味怡人 ____ ____ ____ ____ ____ ____ ____ 口味不佳

有时在刺激集中还会包括一个理想品牌，要求被调查者对其心目中理想品牌的上述属性进行评价。获得属性评分后，就可以计算出每对品牌相似度指标（如欧氏距离）。

**直接法与间接法** 直接法的优点是调研人员无需确定一组重要属性，被调查者按照自己的标准如同在正常情况下一样进行相似度判断。其缺点是判断标准受到品牌等刺激物本身的影响。如果被评价的汽车品牌处于同一价位，那么价格就不会作为一个重要属性出现。而且在分析之前很难确定每个被调查者的判断能否以及如何进行合并。此外，空间图的维度也可能难以命名。

以属性为基础的间接法，其优点是易于识别具有同质感知的被调查者，可以根据属性评分对被调查者进行聚类。同时，空间图的维度命名也更为容易。其缺点在于调研人员必须识别出所有的重要属性，这是一项艰巨任务。得到什么样的空间图，也取决于属性的确定。

直接法比间接法更为常用，但最好同时采用两种方法，以便相互补充。直接的相似度判断用来获得空间图，而属性打分有助于对空间图维度的解释。类似的做法也可用于偏好数据。

**偏好数据**　偏好数据是按照被调查者对某些特性的偏好对品牌等刺激物进行排序。获得此类数据的一个常用办法是偏好排序，要求被调查者对品牌从最喜欢到最不喜欢排序。另外，也可以要求被调查者进行成对品牌的比较，说明喜欢其中的哪一个，或者对不同品牌进行偏好打分。第8～9章的量表技术部分讨论了顺序、配对比较和打分量表的内容。如果空间图基于偏好数据，则距离就表明偏好的差距。根据偏好数据得到的图形结构可能与基于感知数据得到的图形结构大不相同。两个品牌在偏好图上可能十分相似，但在感知图上相差甚远，反之亦然。例如，一组被调查者可能感觉佳洁士和Pepsodent十分不同，因此在感知图上相距遥远。但是，他们对这两个品牌的偏好程度相同，因而在偏好图上又很接近。以下将继续使用牙膏的感知数据来说明多维标度分析方法，之后再考虑偏好数据的标度。

## 选择多维标度分析方法

具体的多维标度分析方法的选择取决于使用的是感知数据还是偏好数据，以及分析中是否两类数据都需要。输入数据的性质也是一个决定因素。**非定量多维标度**（nonmetric MDS）假设输入数据是定序的，而输出结果是定量的，所得空间图上的距离可假设为定距量表。非定量多维标度法使得在给定的维度结构下，空间图上品牌等刺激物间的估计距离的顺序能最好地保存或复制输入数据的顺序。相反，**定量多维标度**（metric MDS）假设输入数据是定量的，由于输出也是定量的，输入与输出数据之间的关系更强，而且输入数据的定量（定距或定比）特征也得以保持。非定量多维标度分析和定量多维标度分析产生的结果类似。[4]

影响多维标度分析方法选择的另一因素是在个体层面还是集合层面进行分析。个体层面分析是对每个被调查者进行分析，为每个被调查者生成一个空间图。尽管从调研角度，个体层面分析是有用的，但从管理者角度来看则缺乏吸引力，因为营销决策大都基于细分或集合的层面，而非个体层面。但是，如果进行集合层面的分析，必须就个体数据的汇总提出一些假设。通常会假设，所有被调查者都用相同维度来评价品牌等刺激物，但他们对这些维度赋予了不同的权重。

表21-2中的数据被视为等级序列数据，因而采用非定量多维标度分析。这些数据由一个被调查者提供，所以是在个体层面上进行分析。首先生成1～4维的空间图，然后再决定合适的维数。维数的确定对于多维标度分析十分关键，以下将进行详细讨论。

## 确定维数

进行多维标度分析的目的是生成一个用尽量少的维度对输入数据进行最佳拟合的空间图。但随着维数的增加，空间图的拟合优度也相应提高，因此需要平衡维数和拟合优度。拟合优度通常用应力衡量，这是一个拟合不佳的指标，数值越大表示拟合越差。确定维数时，建议参考以下原则：

1. 先验知识。理论或以往调研可能表明合适的维数。

2. 空间图的可解释程度。一般而言，难以解读3个以上维度的空间图。

3. **拐点**（elbow criterion）。考察应力对维数的点图。如图21-3所示，图中的点形成一个凹形线，出现一个大弯的点即拐点，拐点就表明恰当的维数。超过此点对应的维数，通常不会使拟合优度提高。

4. 使用的便利。一般二维图比多维图更便于使用。

5. 统计方法。有一些确定维数的统计方法，可供对统计掌握较好的用户采用。[5]

根据应力维数图（见图21－3）、空间图的可解读性以及使用便利的原则，决定保留二维结果，如图21－4所示。

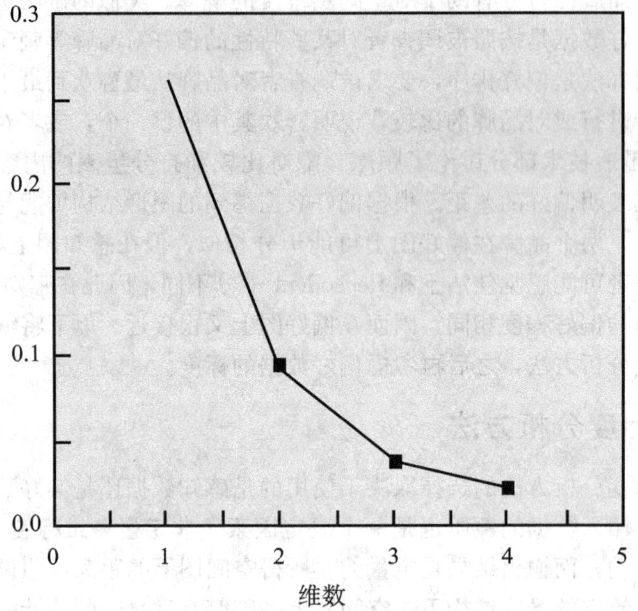


图21－3 应力维数图

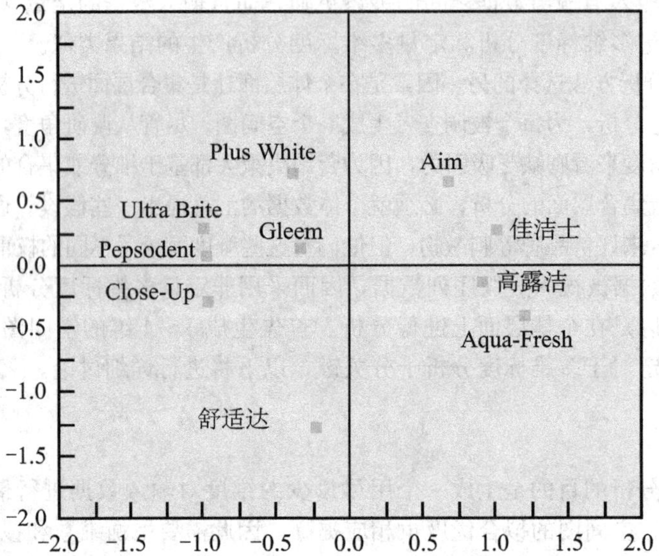


图21－4 牙膏品牌的空间图

## 命名各维度并解读结构

一旦生成空间图，就必须给维度命名并对结构进行解读。维度命名要求调研人员做出主观判断，以下一些原则可供参考：

1. 即使获得了直接相似度判断，就调研人员提供的属性对品牌进行评分也会有用。采用回归等统计方法，对这些属性矢量在空间图上进行拟合（见图 21-5），就可以用最近的属性对坐标轴即维度命名。

2. 在被调查者提供直接相似度或偏好数据后，调研人员还可向其询问其评价标准是什么，然后将这些标准与空间图主观地联系在一起，用于维度命名。

3. 如果可能，可以向被调查者展示空间图，请他们进行解读并命名维度。

4. 如果有品牌的客观特性（如汽车马力、每加仑汽油行驶里程），可用这些特性来解读空间图的主观维度。

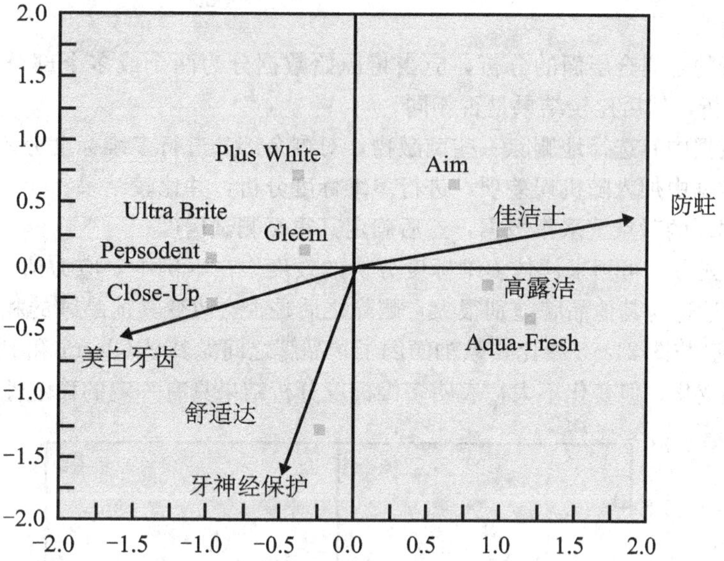


**图 21-5　用属性矢量命名维度**

通常空间图的各维度代表一个以上的属性，可以通过坐标轴和品牌的相对位置来解读空间图的结构。例如，位置靠近的品牌之间竞争更为激烈，孤立的品牌具有独特的品牌形象，位于坐标轴末端的品牌在相应属性上的表现更为突出。由此可以了解品牌的相对强弱关系，而空间图上的空隙则可能代表新产品的潜在机会。

在图 21-5 中，横轴可以命名为防蛀与美白牙齿。在该坐标轴上，有较大正值的品牌包括 Aqua-Fresh、佳洁士、高露洁和 Aim，它们的防蛀功能突出；有较大负值的品牌包括 Ultra Brite、Close-up 和 Pepsodent，表明它们在美白牙齿方面有明显功效。纵轴可以解读为牙神经保护的强弱。注意以牙神经保护著名的舒适达在纵轴上有较大负值。空间图上的空隙代表同时具有防蛀和牙神经保护功能的某个品牌的潜在机会。

## 评估信度和效度

输入数据和多维标度分析的结果，无一例外都有很大的随机波动。因此，有必要评估多维标度分析结果的信度和效度，评估时建议遵循以下原则：

1. 考察拟合指数 $R^2$，这是相关系数的平方，表示多维标度分析能在多大程度上解释最优标度数据的方差，即多维标度分析模型对输入数据的拟合优度。尽管 $R^2$ 越大越好，但 0.6 以上就可接受。

2. 应力值也能反映多维标度分析结果的质量。$R^2$ 是反映拟合良好的指标，应力值则是拟合不佳的指标，即最优标度的数据其方差有多少未被多维标度分析解释。应力值的大小因多维标度分析的方法及分析的数据而异。对于 Kruskal 应力值，建议采用以下评价标准[6]，如表 21－3 所示。

**表 21－3　应力值评价标准**

| 应力值（%） | 拟合优度 |
| --- | --- |
| 20 | 差 |
| 10 | 一般 |
| 5 | 好 |
| 2.5 | 很好 |
| 0 | 完美 |

3. 如果进行的是集合层面的分析，应当将原始数据分为两个或多个部分，并对每一部分进行多维标度分析，然后比较结果是否相同。

4. 从输入数据中有选择地删除一些刺激物，对剩余部分进行多维标度分析。

5. 在输入数据中加入随机误差项，进行多维标度分析，并比较结果。

6. 在两个不同的时点上采集数据，然后确定其重复测试信度。

还有一些正式方法可用来评估多维标度分析的效度。在本例中，应力值为 0.095，说明拟合情况一般。舒适达与其他品牌差别很大，删除之后是否会改变其他品牌的相对位置呢？结果如图 21－6 所示。与图 21－5 相比，纵轴颠倒了，品牌之间尤其是 Gleem 和 Plus White 的相对位置发生了一些变化，但变化不大，表明多维标度分析结果具有一定的稳定性。[7]

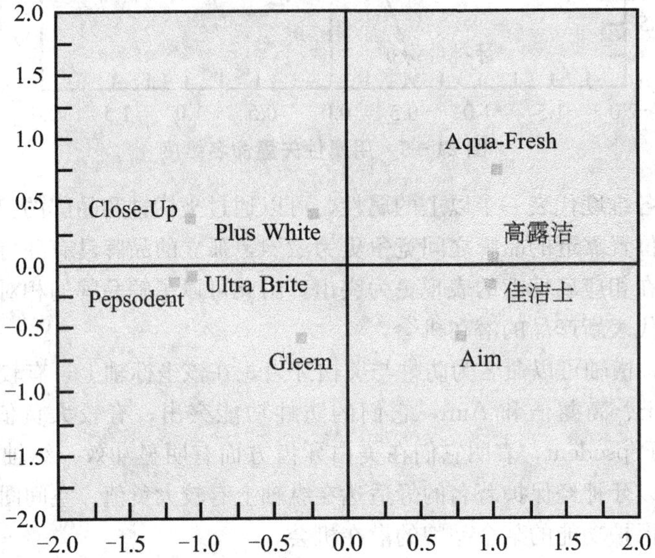


**图 21－6　通过删除一个品牌进行稳定性评估**

## 21.4　多维标度分析的假设和局限性

多维标度分析的一些假设和局限性值得注意。多维标度分析假设刺激物 A 与刺激物 B 的相似度等于 B 与 A 的相似度。情况并不总是如此，比如，一般认为墨西哥与美国的相似度大于美国与墨西哥的相似度。多维标度分析还假设两个刺激物之间的距离（相似度）是二者在几个感知维度上部分相似度的某个函数，但几乎没什么研究检验此假设。获取空间图后，一般假设图中点与点之间的距离为定比尺度，坐标轴是多维的定距尺度。多维标度分析的一个局限就在于，将品牌等刺激物的实际变化与在空间图上的位置变化联系在一起用维度来解释，这非常困难，甚至完全不可能。这一局限性在对偏好数据的标度分析中同样存在。

## 21.5　对偏好数据进行标度分析

对于偏好数据，可进行内部或外部分析。**内部偏好分析**（internal analysis of preference）完全根据偏好数据生成代表品牌等刺激物及被调查者的点或矢量的空间图。因此，通过收集偏好数据，一张空间图就可同时代表品牌和被调查者。**外部偏好分析**（external analysis of preference）将基于偏好数据得到的理想点或矢量拟合进入由相似度等感知数据生成的空间图中。采用内部或外部偏好分析将品牌与被调查者置于同一空间图内，这种展示方式称为展开。

外部偏好分析比内部偏好分析的使用更为广泛，后者容易将感知差异与偏好差异混淆。感知空间图和偏好空间图维度的性质和相对重要性可能不同，两个在感知空间图上相邻因而被认为相似的品牌，可能在偏好程度上大相径庭，因此在偏好空间图上就会相距很远。内部偏好分析不能解决这一问题。另外，内部偏好分析的计算也十分困难。[8]

我们将被调查者的偏好标度放入空间图来说明外部偏好分析。被调查者对于牙膏品牌的偏好程度由高到低依次为：高露洁、佳洁士、Aim、Aqua-Fresh、Gleem、Pepsodent、Ultra Brite、Plus White、Close-up和舒适达。这些偏好排序，连同图21－5中的坐标轴作为偏好标度的输入数据，就可得到图21－7。注意理想点的位置，它靠近高露洁、佳洁士、Aim和Aqua-Fresh这四个偏好度最高的品牌，而离最不被喜欢的Close-up和舒适达远。如果在该图上定位一个新品牌，其偏好程度将取决于它相对其他品牌而言距离理想点的远近。

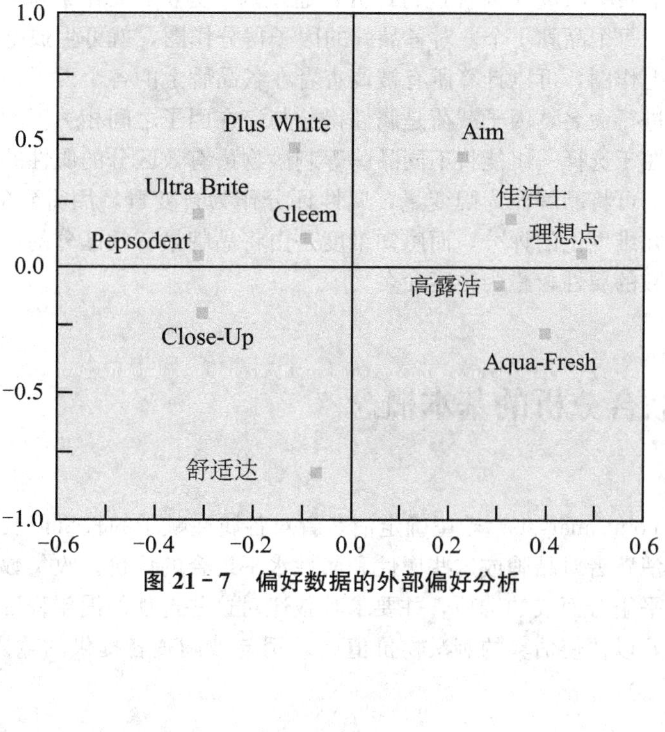


**图21－7　偏好数据的外部偏好分析**

## 21.6 对应分析

**对应分析**（correspondence analysis）是一种营销调研中用于定性资料的多维标度分析技术。对应分析的输入数据是反映行与列定性关联的交叉表，通过标度相应单元的行与列，每个单元都可在同一个低维空间上进行图示。这些空间图能表明：（1）不同行内某一列的类别异同；（2）不同列内某一行的类别异同；（3）行与列的关系。[9]

由于算法相似，对应分析的结果解读与主成分分析类似。对应分析将交叉表中的类别（活动、品牌等刺激物）进行组合，主成分分析则是将变量进行分组。对应分析的结果依据交叉表中行与列的接近程度进行解读，相互接近的类别在潜在结构上更为相似。

与其他多维标度分析方法相比，对应分析的优点在于减少了被调查者提供数据的负担，因为数据类型是二分或定类数据。被调查者只需要回答某属性是否适用于某品牌，每个品牌就每种属性回答"是"的频数作为输入数据，然后在同一多维空间上展示品牌和属性。对应分析的缺点是很难就行与列的距离给出有意义的解释。对应分析属于探索性调研数据分析技术，不宜用于假设检验。[10]

多维标度分析，包括对应分析，并非获取感知空间图的唯一可用的方法。前面讨论的判别分析和因子分析，也可用于这一目的。

## 21.7 多维标度分析、因子分析和判别分析之间的关系

对于基于属性的输入数据，空间图也可通过因子分析或判别分析来生成。在因子分析中，每个被调查者对 $n$ 个品牌的 $m$ 个属性进行评分，通过因子分析，每个被调查者在每个因子上都会有 $n$ 个因子得分，每个品牌 1 个。对各品牌的因子得分作图，就可生成空间图。若要在集合层面而非个体层面上作图，可以计算所有被调查者在各品牌上的各个因子得分的均值。应当根据因子载荷对维度进行命名，因子载荷是属性得分与潜在因子之间相关度的估计值。

判别分析目的在于选择一组能将不同品牌等刺激物最有效区分的属性的线性回归。通过判别分析制作空间图，可将品牌作为因变量，属性评分作为自变量，用得到的品牌判别分作图。判别分是品牌在感知维度上的评分，而感知维度是由将品牌最有效区分的那些属性形成的。可以根据形成判别函数的属性权重为维度命名。[11]

## 21.8 联合分析的基本概念

**联合分析**（conjoint analysis）希望确定消费者对各属性赋予的权重以及不同属性水平的效用，这些信息来自消费者对品牌或这些属性和属性水平组合的评价。收集数据时，向被调查者展示由不同属性水平组合而成的选项，并要求其叙述对这些选项的渴望程度。联合分析对各属性的不同水平赋值，以便使估算的刺激物价值或效用与被调查者提供的输入数据尽可能相符。

联合分析暗含的假设是，任何刺激物，包括产品、品牌或商店均作为一组属性的组合加以评价。[12]

与多维标度分析类似，联合分析也依赖于被调查者的主观评价。但多维标度分析中的刺激物是产品或品牌，而联合分析中的刺激物是调研人员所确定的不同属性水平的组合。多维标度分析的目的是生成一个描述刺激物的多维感知或偏好的空间图；而联合分析的目的是建立一个描述各属性不同水平的消费者效用的效用函数。两种方法相互补充。

在市场营销中，联合分析已有广泛应用，包括：

● 确定消费者选择过程中各属性的相对重要性。在联合分析的标准输出中，包含用于构造刺激物的所有属性的相对重要性权重估计值，该权重显示对消费者选择有重要影响的属性。

● 估计具有不同属性水平的品牌的市场份额。联合分析所估算的效用可作为模拟选择的输入来确定不同品牌的被选择比例，并推算市场份额。

● 确定最受欢迎品牌的构成。可以根据属性水平以及相应的效用来调整品牌特性，能产生最大效用的品牌特性代表最受欢迎品牌的构成。

● 根据属性水平偏好的相似性进行市场细分。联合分析估算的属性效用可以作为被调查者的聚类基础，以此得到具有同质偏好的细分人群。[13]

联合分析已用于消费品、工业品、金融以及其他服务，而且其应用已涵盖营销的各个领域。最近关于联合分析的一项调查报告了这一方法在新产品/新概念的识别、竞争分析、定价、市场细分、广告和分销方面的应用。[14]

## 21.9 与联合分析相关的统计量和术语

与联合分析有关的重要统计量和术语包括：

**部分值函数**（part-worth functions）：部分值函数或者效用函数描述了消费者赋予每一属性不同水平的效用。

**相对重要性权重**（relative importance weights）：反映哪些属性对消费者选择产生重要影响，这些权重是估算的。

**属性水平**（attribute levels）：属性的各个假设值。

**完整轮廓**（full profile）：根据所有属性和调研设计指定的属性水平构造的品牌完整属性组合。

**结对表**（pairwise tables）：被调查者一次评估两个属性，直到所有需评估的属性对都评估完毕。

**循环设计**（cyclical design）：为减少比较对的数目所采用的设计。

**部分析因设计**（fractional factorial analysis）：用于减少完整轮廓方法中刺激物组合数目所采用的设计。

**正交组合**（orthogonal arrays）：一种特殊的部分析因设计，能对所有主效应进行有效估计。

**内部效度**（internal validity）：对保留（用于检验）刺激物的评价预测与被调查者报告值之间的相关分析。

## 21.10 进行联合分析

图 21-8 列出了联合分析的步骤。定义问题涉及明确重要属性及其水平，这些属性和水平用于构建联合评价的刺激物。被调查者用合适的量表对刺激物进行评分或排序，然后进行数据分析。最后对结果进行解读，并评估其信度和效度。

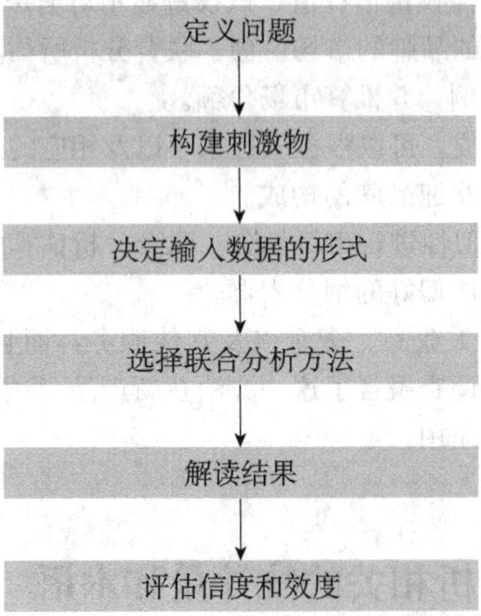


**图 21-8 联合分析的步骤**

### 定义问题

在定义联合分析的问题时，调研人员必须确定用哪些属性和水平来构建刺激物。属性水平指的是属性的不同假设值。从理论角度，所选属性应当对消费者的偏好和选择产生重要影响。例如，在选择汽车品牌时，应当包括价格、耗油量和内部空间等因素。从管理的角度，属性及其水平应当是可操作的。仅告诉管理者与外形保守的车相比，消费者偏好更具运动感的汽车，是没有意义的，除非运动感和保守程度能用管理者可控的属性和水平进行定义。确定属性有多种途径，例如，与管理人员和行业专业人士进行讨论、分析二手数据、开展定性调研以及预调查。典型的联合分析涉及 6～7 个属性。

一旦确定了重要属性，就要选择其恰当的水平。属性水平数目决定了估计参数的数目，也影响被调查者需要评价的刺激物数目。为了尽量减轻被调查者的评价任务，并使参数估计有一定精确度，最好能限制属性水平的数目。属性水平的效用函数可能是非线性的。例如，消费者可能喜欢中型车，而不是小型车或大型车。同样，价格的效用也可能是非线性的。从低价到中等价格所损失的效用，可能比从中等价格到高价要小得多。在这些情况下，至少需要 3 个价格水平。当然，有些属性本身就是二元的，因此只需 2 个水平，比如，一辆车有没有天窗。

属性水平的选择会影响消费者评价。如果一辆汽车的价格水平是 10 000 美元、12 000 美元和 14 000 美元，价格就相对不重要；相反，如果价格在 10 000 美元、20 000 美元和 30 000 美元水平上变动，那么价格就会成为一个重要因素。因此，调研人员应当考虑某个属性在市场上普遍有哪些水平，以及调研的目的。如果使用的属性水平超出了市场范围，评价任务的信度就会降低，但会提高估计参数的精确度。一般的原则是选择变动范围稍大于市场流行范围的属性水平，但又不至于大到对评价任务的信度造成不利影响。

下面以学生对运动鞋的评价来说明联合分析方法。定性调研识别出 3 个重要属性：鞋底、鞋面和价格。[15] 每个属性都有 3 个水平，如表 21－4 所示。这些属性和水平用来构建联合分析的刺激物。需要注意的是，为了便于说明，这里只使用了为数很少的属性，即 3 个。有人认为，当消费者选择受产品式样影响很大，因而选择在很大程度上依赖于对实际产品或产品图片的观察时，应当采用图形刺激物。[16]

**表 21－4　运动鞋的属性及其水平**

| 属性 | 水平编号 | 水平描述 |
| --- | --- | --- |
| 鞋底 | 3 | 橡胶 |
| | 2 | 合成树脂 |
| | 1 | 塑料 |
| 鞋面 | 3 | 真皮 |
| | 2 | 帆布 |
| | 1 | 锦纶 |
| 价格 | 3 | 30 美元 |
| | 2 | 60 美元 |
| | 1 | 90 美元 |

## 构建刺激物

构建联合分析的刺激物有两大类方法：结对法和完整轮廓法。结对法也称双因素评价法（two-factor evaluations），被调查者每次评估一对属性，直到所有的属性对都评价完毕。图 21－9 以运动鞋为例对这一方法加以说明。被调查者就每一对属性，评价矩阵形式所表示的各种水平组合。完整轮廓法也称为多因素评价法（multiple-factor evaluations），该方法用所有属性构造品牌的完整组合，通常用单独的索引卡来表示各组合。表 21－5 以运动鞋为例说明这一方法。

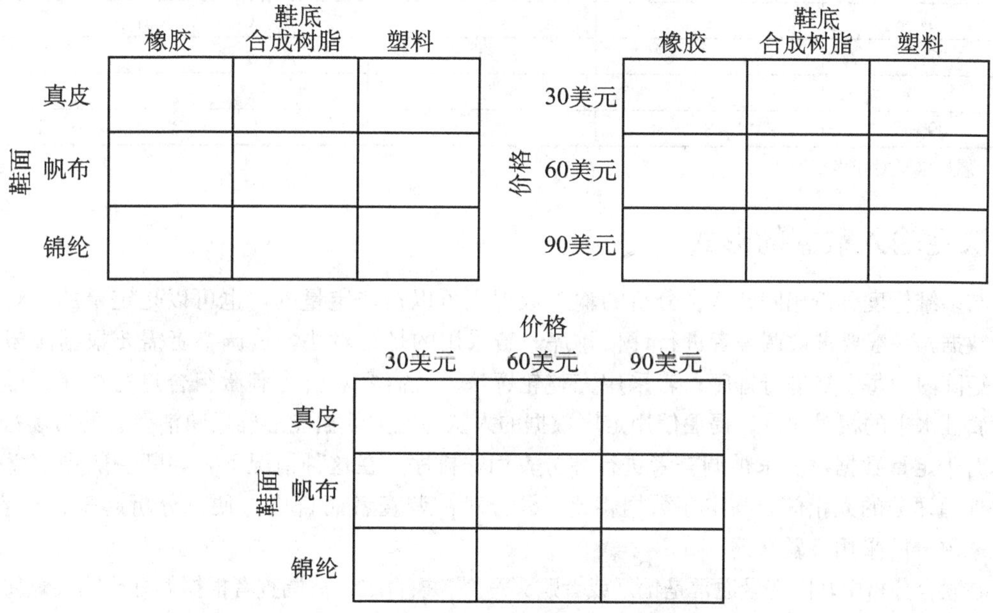


**图 21－9　联合分析数据的收集：结对法**

**表 21-5 联合分析数据的收集：完整轮廓法**

| 运动鞋属性组合举例 | |
|---|---|
| 鞋底 | 橡胶 |
| 鞋面 | 锦纶 |
| 价格 | 30 美元 |

对所有可能组合进行评价没有必要，也并非总是可行的。在结对法中，可以通过循环设计来降低成对比较的数目。同样，在完整轮廓法中，部分析因设计可以大幅降低刺激物组合的数目。正交组合是析因设计中的一个特殊类别，可用来对所有主效应进行有效的估计。正交组合允许在不相关基础上测量所有感兴趣的主效应，并假设所有的交互作用都可忽略不计。[17]一般而言需要收集两组数据：一组为估算集，用来计算属性水平的效用函数；另一组为保留集，用来评估信度和效度。

结对法的优点在于被调查者易于进行判断，相对不足是需要评估的次数比完整轮廓法更多。同时，每次只评价一对属性也不够真实。有些研究比较了两种方法，指出二者所得的效用函数接近，但完整轮廓法更为常用。

若在运动鞋的例子中采用完整轮廓法，则由于有 3 个属性，每个属性有 3 个水平，可以构建 3×3×3=27 种组合方式。为了减轻被调查者的评价负担，采用部分析因设计，构建 9 个组合作为评价的估算集（见表 21-6），另外又构建 9 个组合作为检验集，并收集了估算集和检验集的输入数据。但是，在数据收集之前，有必要决定输入数据的形式。

**表 21-6 运动鞋属性组合和评分**

| 编号 | 属性水平* | | | 偏好评分 |
|---|---|---|---|---|
| | 鞋底 | 鞋面 | 价格 | |
| 1 | 1 | 1 | 1 | 9 |
| 2 | 1 | 2 | 2 | 7 |
| 3 | 1 | 3 | 3 | 5 |
| 4 | 2 | 1 | 2 | 6 |
| 5 | 2 | 2 | 3 | 5 |
| 6 | 2 | 3 | 1 | 6 |
| 7 | 3 | 1 | 3 | 5 |
| 8 | 3 | 2 | 1 | 7 |
| 9 | 3 | 3 | 2 | 6 |

* 属性水平对应表 21-4。

## 决定输入数据的形式

与多维标度分析相同，联合分析的输入数据既可以是非定量的，也可以是定量的。对于非定量数据，一般要求被调查者进行评估排序。若采用的是结对法，被调查者需要根据渴望程度对各矩阵内的每个格进行排序；若采用完整轮廓法，就需要对所有刺激组合进行排序。排序涉及对属性水平的相对评价。提倡使用定序数据的人认为此类数据能准确反映消费者的市场行为。

对于定量数据，要求被调查者进行评分，而非排序。在这种情况下，判断一般是独立做出的。提倡评分的人相信，与定序数据相比，评分对被调查者而言更方便，分析起来也更容易。近年来评分的采用日益普遍。

在联合分析中，因变量通常是偏好或者购买意愿。换言之，被调查者根据偏好或购买意愿进行评分或排序。但是，联合分析方法十分灵活，允许实际购买或选择等许多其他变量作为因变量。

在运动鞋属性组合的评价中，要求被调查者用 9 级李克特量表（1＝不喜欢，9＝很喜欢）对估算集中的 9 种属性组合所描述的运动鞋给予偏好评分。表 21 - 6 展示了某一被调查者提供的评分。

## 选择联合分析方法

基本的**联合分析模型**（conjoint analysis model）可用以下公式表示[18]：

$$U(X)=\sum_{i=1}^{m}\sum_{j=1}^{k_i}\alpha_{ij}\chi_{ij}$$

式中，$U(X)$ 为某一选择的总效用；$\alpha_{ij}$ 为属性 $i$（$i=1, 2, \cdots, m$）的第 $j$ 个水平（$j=1, 2, \cdots, k_i$）所贡献的部分效用；$k_i$ 为属性 $i$ 的水平数；$\chi_{ij}=1$，如果属性 $i$ 的水平 $j$ 存在，否则 $\chi_{ij}=0$。

属性 $i$ 的重要性 $I_i$ 定义为部分效用 $\alpha_{ij}$ 在该属性的各个水平的取值范围。具体对每一个 $i$：

$$I_j=\{\max(\alpha_{ij})-\min(\alpha_{ij})\}$$

正态化的属性重要性 $W_i$ 明确某一属性相对于其他属性的重要性，公式为：

$$W_i=\frac{I_i}{\sum_{i=1}^{m}I_i}$$

这样可使

$$\sum_{i=1}^{m}W_i=1$$

有多种方法可用来估算基本模型。虚拟变量回归是一种简单的方法，但其使用日益广泛。该模型的预测变量由表示属性水平的虚拟变量构成。如果某属性有 $k$ 个水平，则编码为 $k-1$ 个虚拟变量。收集的评分定量数据可视为定距尺度数据，作为因变量。如果收集的是非定量数据，品牌间成对比较的排序可以转化为 0 或 1，这时自变量表示比较品牌属性水平的差值。其他适用于非定量数据的方法还有 LINMAP 和二项 logit 模型。[19]

调研人员还要决定在个体还是集合层面进行数据分析。在个体层面分析中，需要对每一被调查者的数据进行单独分析；如果进行集合层面的分析，则必须考虑如何将被调查者并组。常用的办法是首先估计个体层面上的部分值或效用函数，然后将被调查者基于部分值的相似度进行聚类，再对每一群进行集合分析。应当界定一个合适的参数估计模型。[20]

用带虚拟变量的普通最小二乘法对表 21 - 6 中的数据进行分析。因变量是偏好评分，自变量或预测变量是 6 个虚拟变量，其中每个变量有 2 个值。转化后的数据如表 21 - 7 所示，属性的效用函数以及相对重要性如表 21 - 8 所示。[21]

**表 21 - 7　运动鞋数据：为虚拟变量回归编码**

| 偏好评分 | 鞋底 | | 鞋面 | | 价格 | |
|---|---|---|---|---|---|---|
| $Y$ | $X_1$ | $X_2$ | $X_3$ | $X_4$ | $X_5$ | $X_6$ |
| 9 | 1 | 0 | 1 | 0 | 1 | 0 |
| 7 | 1 | 0 | 0 | 1 | 0 | 1 |
| 5 | 1 | 0 | 0 | 0 | 0 | 0 |
| 6 | 0 | 1 | 1 | 0 | 0 | 1 |
| 5 | 0 | 1 | 0 | 1 | 0 | 0 |
| 6 | 0 | 1 | 0 | 0 | 1 | 0 |
| 5 | 0 | 0 | 1 | 0 | 0 | 0 |
| 7 | 0 | 0 | 0 | 1 | 1 | 0 |
| 6 | 0 | 0 | 0 | 0 | 0 | 1 |

表 21-8　联合分析结果

| 属性 | 水平编号 | 水平描述 | 效用 | 重要性 |
|---|---|---|---|---|
| 鞋底 | 3 | 橡胶 | 0.778 | 0.286 |
| | 2 | 合成树脂 | −0.556 | |
| | 1 | 塑料 | −0.222 | |
| 鞋面 | 3 | 真皮 | 0.445 | 0.214 |
| | 2 | 帆布 | 0.111 | |
| | 1 | 锦纶 | −0.556 | |
| 价格 | 3 | 30美元 | 1.111 | 0.500 |
| | 2 | 60美元 | 0.111 | |
| | 1 | 90美元 | −1.222 | |

估计模型可表述为下式：

$$U = b_0 + b_1X_1 + b_2X_2 + b_3X_3 + b_4X_4 + b_5X_5 + b_6X_6$$

式中，$X_1$，$X_2$为代表鞋底的虚拟变量；$X_3$，$X_4$为代表鞋面的虚拟变量；$X_5$，$X_6$为代表价格的虚拟变量。

对于鞋底，属性水平的编码如下：

| | $X_1$ | $X_2$ |
|---|---|---|
| 水平 1 | 1 | 0 |
| 水平 2 | 0 | 1 |
| 水平 3 | 0 | 0 |

其他属性的编码与之类似，参数估计值为：

$b_0 = 4.222$

$b_1 = 1.000$

$b_2 = -0.333$

$b_3 = 1.000$

$b_4 = 0.667$

$b_5 = 2.333$

$b_6 = 1.333$

由于虚拟变量编码时将水平 3 作为基准，参数可能与部分值有关。如第 17 章所解释的，每个虚拟变量的参数代表相应水平部分值与基准水平部分值之差。对于鞋底，有以下等式：

$\alpha_{11} - \alpha_{13} = b_1$

$\alpha_{12} - \alpha_{13} = b_2$

为计算部分值，还需要一个条件。部分值用定距尺度估计，原点有主观任意性。因此，新增条件必须采取以下形式：

$\alpha_{11} + \alpha_{12} + \alpha_{13} = 0$

对于鞋底这一属性，即

$\alpha_{11} - \alpha_{13} = 1.000$

$\alpha_{12} - \alpha_{13} = -0.333$

$\alpha_{11} + \alpha_{12} + \alpha_{13} = 0$

求解，得到

$\alpha_{11} = 0.778$

$\alpha_{12}=-0.556$

$\alpha_{13}=-0.222$

表 21 - 8 所报告的其他属性部分值也可同样估计。对于鞋面，有以下等式：

$\alpha_{21}-\alpha_{23}=b_3$

$\alpha_{22}-\alpha_{23}=b_4$

$\alpha_{21}+\alpha_{22}+\alpha_{23}=0$

对于第三个属性价格，有以下等式：

$\alpha_{31}-\alpha_{33}=b_5$

$\alpha_{32}-\alpha_{33}=b_6$

$\alpha_{31}+\alpha_{32}+\alpha_{33}=0$

根据部分值取值范围，可以结算相对重要性权重，如下：

$$\text{部分值取值范围和}=[0.778-(-0.556)]+[0.445-(-0.556)]+[1.111-(-1.222)]=4.668$$

$$\text{鞋底的相对重要性}=\frac{0.778-(-0.556)}{4.668}=\frac{1.334}{4.668}=0.286$$

$$\text{鞋面的相对重要性}=\frac{0.445-(-0.556)}{4.668}=\frac{1.001}{4.668}=0.214$$

$$\text{价格的相对重要性}=\frac{1.111-(-1.222)}{4.668}=\frac{2.333}{4.668}=0.500$$

估计的部分值和相对重要性权重构成了解读结果的基础。

## 解读结果

将属性的效用函数绘图对于解读结果很有帮助。图 21 - 10 展示了表 21 - 8 中的部分值函数图。从中可知，被调查者在评价运动鞋时最喜欢橡胶鞋底，其次是塑料鞋底，最后是合成树脂鞋底；对于鞋面，最喜欢真皮面，然后是帆布面，最不喜欢锦纶面；至于价格，30 美元的价格效用最高，90 美元最低。表 21 - 8 中的效用值采用的是定距尺度，其原点是人为设定的。对于属性的相对重要性，可以看出价格最重要，其次是鞋底，鞋面最不重要。由于价格对于该被调查者的重要性远大于其他两个属性，可以将其界定为价格敏感型消费者。

## 评估信度和效度

以下方法可用来评估联合分析结果的信度和效度[22]：

1. 估算模型的拟合优度。例如，若采用虚拟变量回归，$R^2$ 值就表明模型在多大程度上与数据相吻合，拟合不佳的模型其信度和效度是有问题的。

2. 可以在收集数据时收集一些重复判断数据来评估重复测试信度。换言之，在调查后期，要求被调查者就若干挑出来的刺激物进行再评估。计算这些刺激物两次评估值的相关系数，就可以估计重复测试信度。

3. 可以根据估计的部分值函数来预测保留或检验集的评分，通过比较这些预测分值与被调查者评价来确定内部效度。

4. 对于集合层面的分析，可将估算样本用不同方法进行拆分，并就每一子样本集进行联合分析。比较子样本集的分析结果，以评估联合分析结果的稳定性。

对表 21 - 7 数据做回归分析，得到的 $R^2$ 值为 0.934，表明拟合良好。用表 21 - 8 所报告的效用函数预测 9 个检验属性组合的偏好评分，然后将其与被调查者评分进行相关分析，相关系

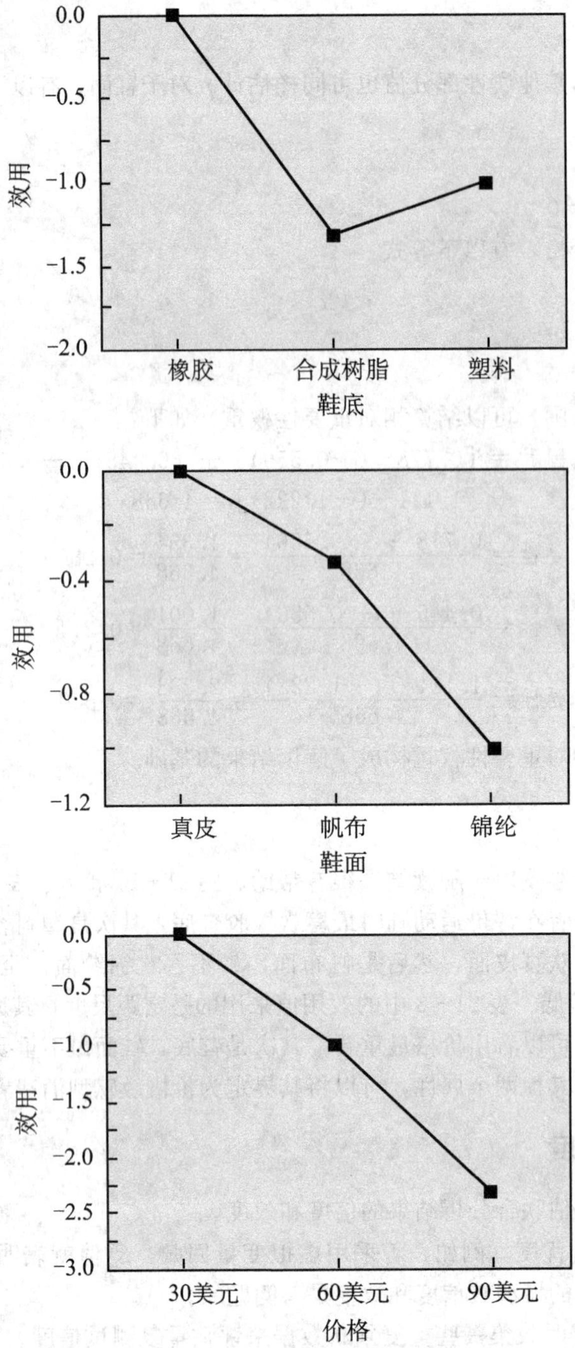


**图 21－10　部分值函数图**

数为 0.95，表明预测力良好。相关系数在 $\alpha=0.05$ 的水平上显著。

## 21.11　联合分析的假设和局限性

尽管联合分析与多维标度分析一样，是一种常用的技术，但它包含一些假设，并具有一定的局限性。联合分析假设产品的重要属性是可以识别的，还假设消费者基于这些属性对不同品牌进行评价并做出权衡。但在品牌形象或品牌名称很重要时，消费者并不依据属性进行品牌评价。即使消费者确实考虑属性，权衡模型也可能无法很好地代表消费者的决策过程。联合分析的另一局限性在于收集数据十分复杂，当涉及大量属性及模型必须在个体层面上估计时更是如此。交互性或适应性联合分析和混合联合分析可以部分解决这一问题。还应注意，部分值函数并不是唯一的。

## 21.12　混合联合分析

**混合联合分析**（hybrid conjoint analysis）试图简化传统联合分析中繁重的数据收集任务。在传统方法中，每名被调查者要评价很多属性组合，可通常只估算简单部分值，无任何交互作用。在简单部分值或主效应模型中，组合的效用仅仅是各个独立主效应（简单部分值）的加总。实际上，两个属性可能有交互作用，那么被调查者对于组合的评价可能大于两个独立部分的平均贡献。混合模型有两个主要目的：（1）减少每个被调查者的回答任务，简化数据收集；（2）允许估算个体层面的全部主效应（简单效应）以及亚组层面的部分交互效应。

在混合分析中，被调查者通常评价的联合刺激物（如完整轮廓）数目不超过 9 个，这些组合来自一个大型主设计，不同被调查者评价不同的组合，这样全部被调查者就能覆盖所有的属性组合。此外，被调查者还直接评价每一属性的相对重要性以及对每一属性不同水平的渴望程度，通过将直接评价与来自联合刺激物的间接评价结合起来，就可以在集合层面上进行模型估计的同时保留一些个体差异。[23]

多维标度分析与联合分析是互补的，可以结合使用。

### 本章小结

多维标度分析用来展示被调查者的感知和偏好。刺激物的感知或心理关系体现为一个多维图上点与点之间的几何关系。图 21 - 11 提供了多维标度分析的概念图。定义多维标度分析问题需要确定分析所包括的品牌或刺激物，品牌的数目和性质对分析结果产生影响。由于被调查者提供的输入数据与感知或偏好有关，感知数据可以通过直接法和间接法两种方法获得，直接法在营销调研中更为常用。

多维标度分析方法的选择取决于输入数据的性质（定量或非定量），以及分析的是感知还是偏好数据。另外一个决定因素是在个体层面还是集合层面进行分析。确定输出结果的维数应当基于先验知识、空间图的可解释程度、拐点和使用的方便的原则。对维度命名是一个艰巨的任务，需要进行主观判断。有一些原则可用于衡量多维标度分析结果的信度和效度。偏好数据可用来进行内部和外部偏好分析。如果输入数据是定性的，可进行对应分析。如果输入数据是以属性为基础的，那么也可通过因子分析和判别分析来生成空间图。

联合分析的基本假设是，可以根据消费者对各种刺激物组合的评价来确定各属性的相对重要性和不同属性水平的效用，这些刺激物组合是根据重要属性和属性水平构建的。图 21 - 12 是联合分析的概念图。定义问题时需要识别重要属性及其水平。通常用结对法和完整轮廓法来构建刺激物，有些统计设计可用来减少所评价的刺激物数目。输入数据既可以是非定量的（排序），也可以是定量的（评分）。因变量通常是偏好或购买意愿。

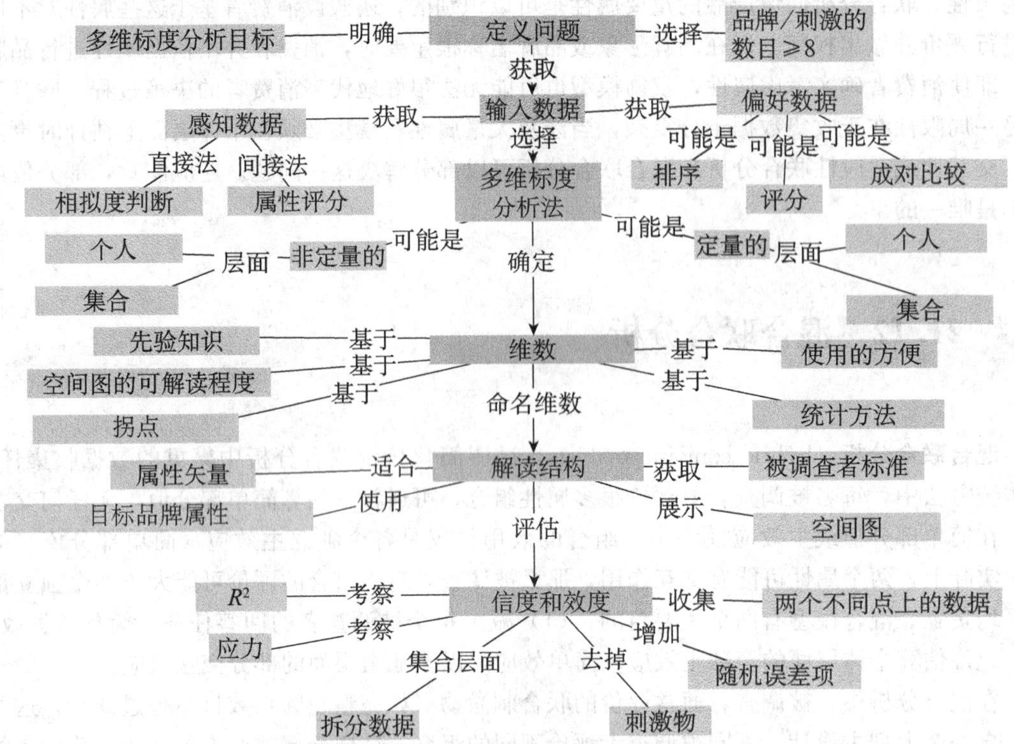


图 21-11　多维标度分析概念图

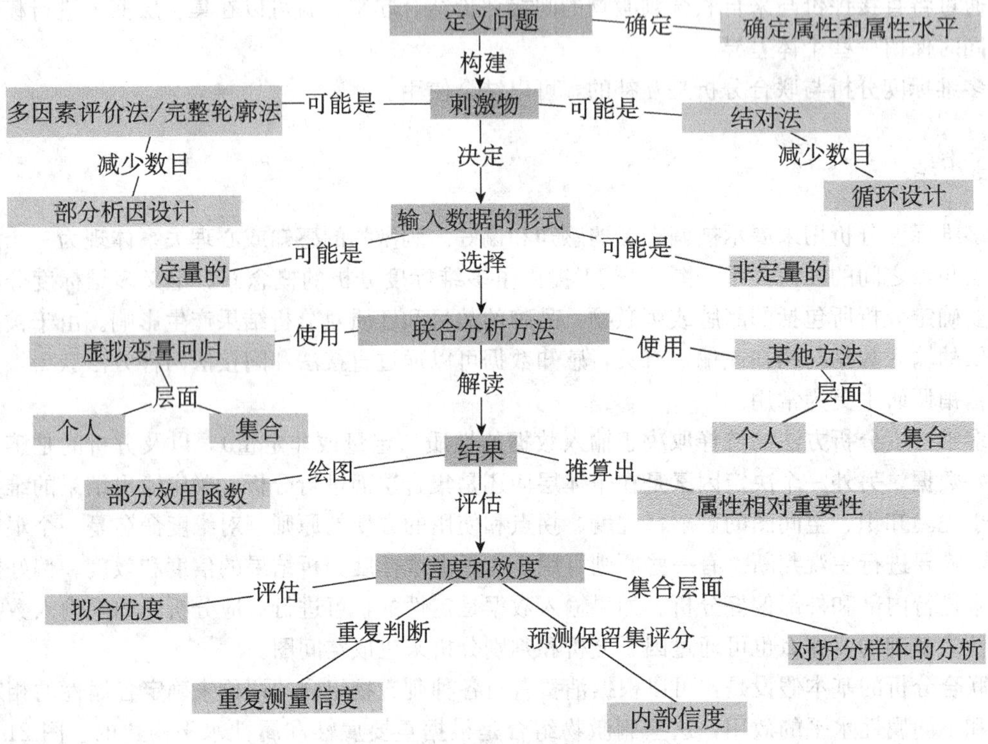


图 21-12　联合分析概念图

尽管有其他的联合分析方法，但虚拟变量回归正变得越来越重要。在解读结果时，需要考察部分值函数和相对重要性权重。有若干种方法可用来评估联合分析结果信度和效度。

## 关键术语与概念

多维标度分析（multidimensional scaling，MDS）
相似度判断（similarity judgement）
偏好排序（preference ranking）
应力（stress）
$R^2$（$R$ square）
空间图（spatial map）
坐标（coordinates）
展开（unfolding）
间接法（derived approach）
非定量多维标度（nonmetric MDS）
定量多维标度（metric MDS）
拐点（elbow criterion）
内部偏好分析（internal analysis of preference）
外部偏好分析（external analysis of preference）
对应分析（correspondence analysis）
联合分析（conjoint analysis）
部分值函数（part-worth functions）
相对重要性权重（relative importance weights）
属性水平（attribute level）
完整轮廓（full profile）
结对表（pairwise tables）
循环设计（cyclical design）
部分析因设计（fractional factorial analysis）
正交组合（orthogonal array）
内部效度（internal validity）
联合分析模型（conjoint analysis model）
混合联合分析（hybrid conjoint analysis）

## 练习

**问答题**

1. 多维标度分析方法的用途有哪些？
2. 空间图的含义是什么？
3. 描述进行多维标度分析的步骤。
4. 描述如何用直接法和间接法获得多维标度分析输入数据。
5. 影响多维标度分析方法选择的因素是什么？
6. 确定多维标度分析维数的指导原则是什么？
7. 描述如何评估多维标度分析结果的信度和效度。
8. 偏好数据的内部偏好分析和外部偏好分析有何不同？
9. 简要描述对应分析。

10. 确定联合分析的问题时需要考虑哪些方面？
11. 描述联合分析中用完整轮廓法构建估算集。
12. 描述联合分析中用结对法构建估算集。
13. 回归分析如何用于分析联合数据？
14. 用图示说明部分值函数的含义。
15. 什么方法可用来评估联合分析结果的信度和效度？
16. 简要描述混合联合分析。

**练习题**

1. 找出两个可以应用多维标度分析的营销调研问题，并解释你将如何应用多维标度分析。
2. 找出两个可以应用联合分析的营销调研问题，并解释你将如何应用联合分析。

## 活动

**角色扮演**

1. 你是梅西百货的营销调研总监。为本书中10个百货店的定位制作多维标度分析空间图，百货商店的名称参看第8章表8-2。请向你的领导（由另一位同学扮演）解释多维标度分析空间图，以及对于梅西百货竞争性定位的意义。

2. 作为耐克的资深营销调研经理，向最高管理层（由一组同学扮演）解释联合分析在设计优质运动鞋方面可以发挥什么作用。

**实地调查**

1. 考虑以下12个香皂品牌：Jergens、多芬、Zest、Dial、卡玫尔、Ivory、Palmolive、Irish Spring、力士、舒肤佳、Tone和Monchel。组合出全部可能的66个品牌对，用7级量表为每对品牌的相似度评分。

2. 构造表21-6中给出的9种运动鞋属性组合，用9级量表为你的偏好评分。

**小组讨论**

1. 组成一个小组，讨论多维标度分析和联合分析的异同。
2. 组成一个小组，讨论多维标度分析、因子分析和判别分析的异同。

## 连续案例：戴尔

阅读书末附录A中戴尔的案例，以及提供的调查问卷。讨论以下问题：

1. 针对以下电脑品牌：戴尔、惠普、捷威（Gateway）、索尼、东芝、宏碁、联想、苹果和松下（Panasonic），对所有可能的品牌对进行1～7点的相似度评分，制作二维多维标度分析空间图，解读维度和空间图。

2. 构造个人电脑的24个完整属性组合，属性及水平为：价格（1 000美元、1 500美元、2 000美元）、屏幕大小（17寸、24寸）、显示器最大分辨率（1 280×1 024、1 689×1 050）和质保延伸服务（无、4年）。将24个属性组合按照偏好进行7级评分，1=非常不喜欢，7=非常喜欢，计算部分值函数以及属性的相对重要性。

# 第22章 结构方程模型与路径分析

结构方程模型正在迅速成为检验测量理论和结构理论的常用技术。

——Burke 公司副董事长查尔斯·艾登（Charles Eden）

## 学习目标

1. 明确结构方程模型的性质和独有特征。
2. 解释结构方程模型中的基本概念，如理论、模型、路径图、外生和内生构念、模型拟合和模型识别。
3. 讨论与结构方程模型有关的基本统计量。
4. 描述结构方程模型的运用过程，并解释其中的各个步骤。
5. 掌握如何设定测量模型，并评估其效度。
6. 解释模型拟合概念，及绝对拟合指数、递增拟合指数和简约拟合指数的区别。
7. 掌握如何设定结构模型，并评估其效度。
8. 讨论结构方程模型与其他多元分析技术的关系。
9. 解释路径分析，并讨论路径分析与结构方程模型的关系。

## 本章概述

本章简要介绍了结构方程模型，这种方法可用来估计由多个测量变量代表，并纳入一个整合模型（见第 2 章）的一组概念或构念间的一系列依存关系。第 17 章的回归分析和第 19 章的因子分析是理解结构方程模型的基础。首先讨论结构方程模型的基本概念，接下来解释其中的关键统计量和术语，然后描述结构方程模型的运用过程。此外，还介绍了二阶验证性因子分析，展示了结构方程模型的应用，并描述了路径分析的有关技术。

## 22.1 基本概念

在许多情况下，营销调研人员必须回答相互关联的一组问题。例如，一家服务型企业可能对下列问题感兴趣：哪些变量决定服务质量？服务质量如何影响顾客对服务的态度和满意度？服务满意度如何导致光顾意向？对服务的态度和其他变量如何共同影响光顾意向？这些相互关联的问题，不可能依靠之前第 14～21 章所讨论的任何单一统计工具来解决。为了以统一的、整合的方式来解决这些问题，调研人员必须利用**结构方程模型**（structural equation modeling）。

结构方程模型用一个工具就可以估计测量量表性质，并对假设的理论关系进行检验。[1] 例如，根据理论和以往研究，可以假设服务质量具有5个维度或因子：有形性、可靠性、响应性、保障性和移情性。服务质量可以看作一个无法直接观察或测量的潜在构念，但可通过这5个可观察和测量的维度来体现。结构方程模型能够确定各个维度在代表服务质量方面的贡献度，并评估用于测量这些维度的一组观察变量能否很好地代表服务质量，即各构念的可靠性。然后可将这些信息纳入服务质量和其他构念的关系中并进行估计。服务质量对于顾客对服务的态度和满意度均有直接的正向影响，而服务态度和满意度又对光顾意向产生影响。因此，在我们的理论中，服务态度和满意度既是因变量，也是自变量。一个假设的因变量（态度或满意度）在其后的依存关系（解释光顾意向）中又成为自变量。

结构方程模型考察由一系列结构方程所表述的这些相互关系，概念上类似于估计一组多元回归方程。这些方程表达构念之间的所有关系，不管构念是自变量还是因变量。在结构方程模型中，**构念**（construct）是由多个变量所代表的不可观察的或潜在的因子构成，其类似于因子分析中变量所代表的因子，但结构方程模型明确地将测量误差纳入考虑。**测量误差**（measurement error）指在多大程度上观察变量不能描述结构方程模型中的潜在构念。与第14～21章中的其他多元统计分析技术相比，结构方程模型有以下特点[2]：

1. 构念在依存关系中被表述为不可观察的或潜在的因子。

2. 多个依存关系被纳入一个整合模型中进行估计。

3. 明确包含测量误差。结构方程模型能够明确考虑到观察变量不是完全可靠的，能对由测量误差引起的衰减和估计偏差进行分析。

4. 解释观察变量之间的协方差。结构方程模型能发现由假设潜在模型定义的少量结构参数，并试图通过结构参数来代表观察数据均值、方差和协方差的有关假设。

结构方程模型也称协方差结构分析（covariance structure analysis）、潜变量分析（latent variable analysis）、因果模型（causal modeling）等。但需要指出，结构方程模型本身不能用于确立因果关系，只能对这一过程提供帮助。为了建立因果推断，必须满足第7章讨论的因果关系的全部三个条件，而结构方程模型很少能满足这些条件，因为这类模型通常在一个时点上利用调查法、用横截面数据进行估计。结构方程模型可为系统共变性提供证据。[3]

结构方程模型主要是一种验证性而非探索性技术。总体而言，结构方程模型用于证明某个模型是否有效，而不是用来“发现”合适的模型。当然，结构方程模型也经常涉及探索性分析。

## 22.2 与结构方程模型相关的统计量

**绝对拟合指数**（absolute fit indices）：这些指数衡量测量模型和结构模型的总体拟合程度，拟合优度值越高，拟合劣度值越低，说明拟合越好。

**平均析出方差**（average variance extracted，AVE）：用于衡量聚合效度和判别效度，指潜在构念在多大程度上解释观察变量的方差。

**卡方差值统计量**（chi-square difference statistic，$\Delta\chi^2$）：用于比较两个嵌套结构方程模型的优劣，计算时采用的卡方值与自由度分别为两模型的卡方值之差与自由度之差。

**组合信度**（composite reliability，CR）：定义为真分数方差与总分数方差之比，相当于经典测量理论中的可靠性。

**验证性因子分析**（confirmatory factor analysis，CFA）：用于估计测量模型，验证因子（或构念）的个数和观察变量（或指标）的因子载荷与理论预计是否相符合。指标的选择以理论为基础，结构方程模型则用来验证指标是否负载于预计的若干因子上。

**内生构念**（endogenous construct）：是多指标的、潜在的因变量，由模型中的构念或变量决定，因而依赖于其他构念。

**估计的协方差矩阵**（estated covariance matrix）：表示为 $\Sigma_k$，以结构方程模型所估计的方程为基础，是全部观察变量之间的估计协方差。

**外生构念**（exogenous construct）：是多指标的潜变量，相当于传统多元分析中的自变量，由模型之外的因素决定，不能被模型中的任何构念或变量解释。

**一阶因子分析**（first-order factor analysis）：由一层潜在因子或构念解释观察变量的协方差。

**递增拟合指数**（incremental fit indices）：用来衡量调研人员建构的模型与基准模型相比时的拟合程度，典型的基准模型是所有观察变量互不相关的零模型（null model）。

**测量模型**（measurement model）：是结构方程模型所估计的第一类模型，以理论为基础构建各构念的测量量表并进行效度检验。

**修正指数**（modification index）：是针对任一限定的非自由估计的可能关系进行计算所得的指数，表明该路径若自由估计，模型的总体卡方值将如何改进。

**嵌套模型**（nested model）：若某一模型与另一模型的构念和变量个数一致，并且可以通过增减变量关系的方式由另一模型发展而来，则称该模型嵌套于另一模型。

**非递归模型**（nonrecursive model）：包含反馈环或双向依存关系的结构模型。

**简约拟合指数**（parsimony fit indices）：根据复杂性评价模型拟合度比较竞争性模型的指数，属于拟合优度指数，拟合得好表明估计参数少，模型更简约。

**简约率**（parsimony ratio）：模型自由度与所有可用自由度之比。

**路径分析**（path analysis）：因果模型中每个变量都只包含一个指标的一种特殊结构方程模型，换言之，路径分析只包含结构方程模型中的结构模型，无测量模型。

**路径图**（path diagram）：对反映构念之间全部关系的模型的图示，依存关系用直箭头表示，相关关系用弯箭头表示。

**递归模型**（recursive model）：不包含任何反馈环或双向依存关系的结构模型。

**样本协方差矩阵**（sample covariance matrix）：用 $S$ 表示，包含观察变量的方差和协方差。

**二阶因子模型**（second-order factor model）：有两个层次，二阶潜变量引起多个一阶潜变量，后者又引起观察变量，因而一阶潜变量相当于二阶潜变量的指标或观察变量。

**复相关系数平方**（squared multiple correlations）：与共同度类似，该指标反映观察变量方差在多大程度上被某个潜在构念或因子解释。

**结构误差**（structural error）：类似回归分析中的误差项，在完全标准化估计中，某观察变量的复相关系数平方＝1－结构误差。

**结构模型**（structural model）：结构方程模型所估计的第二类模型，反映根据理论所构建的潜变量间的彼此关系。

**结构关系**（structural relationship）：内生构念和外生构念，或内生构念之间的依存关系。

**单维性**（unidimensionality）：一组观察变量仅反映一个潜在构念，所有交叉载荷均为零。

## 22.3 结构方程模型的基础

### 理论、模型和路径图

第2章讨论了理论和模型在解决问题中所起的作用。理论被定义为以假定正确的基本陈述或公理为基础的概念图式，它是建立模型的概念基础。结构方程模型正是以理论为基础，这一点非常重要，结构方程模型在估计前必须明确指定所有关系。在结构方程模型中，模型通常用来检验由理论所提出的假设。每个结构方程模型都包括两个模型：测量模型和结构模型。[4] 测量模型描述观察变量如何代表构念，其中所反映的理论是各构念对应哪些观察变量。测量模型可用来检验潜变量效度。观察变量由调研人员进行测量，也称为测量变量（measured variables）、显变量（manifest variables）、指标（indicator）或构念的项目（item）。一般认为观察变量依赖于构念[5]，因此直箭头从构念出发，指向观察变量，即构念的指标（见图22-1）。任何单个指标都无法完全代表某个构念，仅是后者的反映。测量模型用验证性因子分析进行估计，调研人员指定哪些变量解释哪个构念（因子），试图验证因子（或构念）个数以及观察变量（指标）的因子载荷是否与理论基础相吻合。因此，验证性因子分析可检验一组观察变量的因子结构，检验观察变量与隐含潜变量之间的关系假设是否正确。调研人员利用理论知识或实证研究，或组合利用二者，提出先验的关系模式，然后用统计方法进行假设检验。以理论为依据选择指标，用验证性因子分析检验指标是否负载于预计的若干因子上。构念和因子这两个术语通常交替使用。可以认为，在检验测量模型时，各构念由哪些指标反映完全由调研人员来定。此外，结构模型显示了构念之间的相互关系，通常是多重依存关系。结构模型指定某个关系是否存在，如果理论上假定存在，那就在二者间画上箭头，否则没有。

结构方程模型的图示称为路径图。为测量模型建立路径图时，要遵守以下规范：构念用圆或者椭圆表示；观察变量用正方形表示；直箭头由潜变量指向观察变量（见图22-1a）；依存关系用直箭头表示（见图22-1a），而相关关系则为弯箭头（见图22-1b）。

### 外生构念与内生构念

如前所述，在结构方程模型中，构念指不可观察的潜变量，可用概念术语解释，但无法通过回答调查问卷中问题等方式直接测量，而且其测量必然存在误差。因此，构念通过考察多个观察变量的一致性进行近似的间接测量。

外生构念对应传统多元分析中的自变量，不同在于前者是多指标的、潜在的变量。外生构念用多个观察变量或项目来反映，是结构模型中的自变量，取决于模型以外的因素因而不能被模型中任何构念或变量解释。体现在图形中，只有始于外生构念的路径（单向箭头），而没有任何路径（单向箭头）从其他构念或变量指向外生构念。在测量模型中，外生构念的指标或观察变量称为$X$。因此，图22-1a中的潜变量$C_1$是一个外生构念。

相反，内生构念对应因变量，只不过是多指标的潜在因变量。内生构念由模型中的构念或变量所决定，路径图中通常包含从一个或多个外生构念或其他内生构念指向某个内生构念的一条或多条路径（单向箭头）。在测量模型中，内生构念的指标或观察变量称为$Y$，如图22-1a中的构念$C_2$。

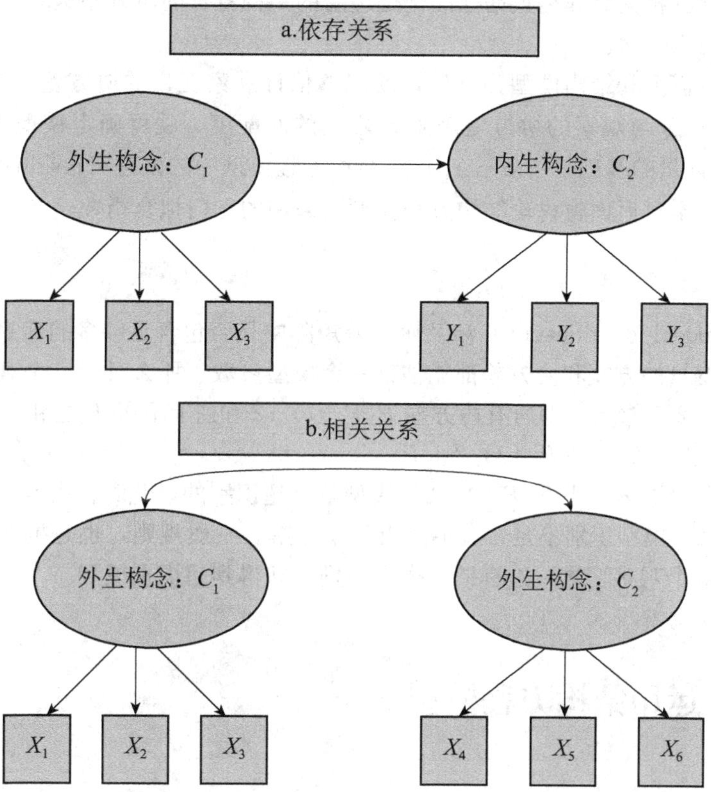


**图 22－1　结构方程模型中的依存与相关关系**

## 依存和相关关系

依存关系用直箭头表示，箭头由前因（自变量）指向后果（因变量），后果可能是测量变量或潜在构念。在测量模型中，直箭头从构念出发指向其测量变量；在结构模型中，构念之间有依存关系，因而直箭头也画在构念间（见图 22－1a）。如前所述，构建依存关系也需考虑构念属于外生变量或内生变量，图中构念 $C_2$ 属于内生变量。需要指出，某一内生变量也可能是其他内生变量的前置因素。

相关关系也称协方差关系（covariance relationship），表明外生变量之间存在简单相关。一般是有理论依据的相关，但不假定有依存关系。相关关系用双向弯箭头表示，如图 22－1b 所示。注意，其中的 $C_1$ 和 $C_2$ 都是外生构念。

路径图一般会涉及内生和外生构念之间的依存及相关关系，这些关系是根据理论来设定的。

## 模型拟合

结构方程模型要检验多元方程所代表的一系列关系，因此必须确定整个模型而非任何一元关系的拟合程度或预测精度。第 16 章的方差和协方差分析以及第 17 章的多元回归分析等多元分析技术会涉及方差分解，与之相反，结构方程模型分析的是相关或协方差，确定提出的理论能否解释观察变量的相关矩阵或协方差矩阵。结构方程模型的数据分析基础主要是项目（测量的或者观察的）相关或协方差矩阵，因此数据准备阶段的任务就是生成这类矩阵。现在，大多数结构方程模型的计算机程序都能自动生成后续分析所需的相关或协方差矩阵，所以这一步骤对大部分软件用户而言似乎不明显。不过，结构方程模型分析的基础是相关或协方差矩阵，而非原始数据，指出这一点非常重要。两种矩阵相比而言，建议用协方差矩阵而非相关矩阵进行结构方程模型估计。相关矩阵是数据标准化处理后的一种特殊的协方差矩阵，协方差矩阵包含的信息更多，也更为灵活。

以设定的测量模型和结构模型为基础，就能够估计观察变量的协方差矩阵 $\Sigma_k$ 。通过比较估计的协方差矩阵 $\Sigma_k$ 与观察的协方差矩阵 $S$ 之间的匹配度，就可确定**模型的拟合度**（model fit），即拟合度统计量的基础是 $|S-\Sigma_k|$ 。结构方程模型中的**残差**（residual）指协方差观察值和估计值之差。本章后面将讨论结构方程模型所采用的专门拟合指数。[6]

### 模型识别

**模型识别**（model identification）涉及协方差矩阵中是否包含足够多的信息来估计一组结构方程。每个观察变量的方差和协方差都能估计一个模型参数，那么对于 $p$ 个观察变量，最多可以估计 $P(P+1)/2$ 个参数，即所有协方差 $P(P-1)/2$ 和所有方差 $P$ 之和。因此，

$$[P(P+1)]/2=P(P-1)/2+P$$

如果估计参数个数 $k$ 小于 $P(P+1)/2$，模型就是超识别的，此时自由度为正。相反，如果 $k$ 大于 $P(P+1)/2$，模型识别不足，就不能得到单一解。一般规则，也是推荐的做法是，每个潜变量包含至少 3 个观察变量，这有助于模型识别，即得到超识别模型。

## 22.4 运用结构方程模型

运用结构方程模型的步骤如图 22-2 所示，包括：(1) 定义每一个构念；(2) 确定测量模型；(3) 评估测量模型的信度和效度；(4) 如果测量模型有效，确定结构模型；(5) 评估结构模型的效度；(6) 如果结构模型有效，得出结论并提出建议。以下将具体描述每一步骤及相关问题。

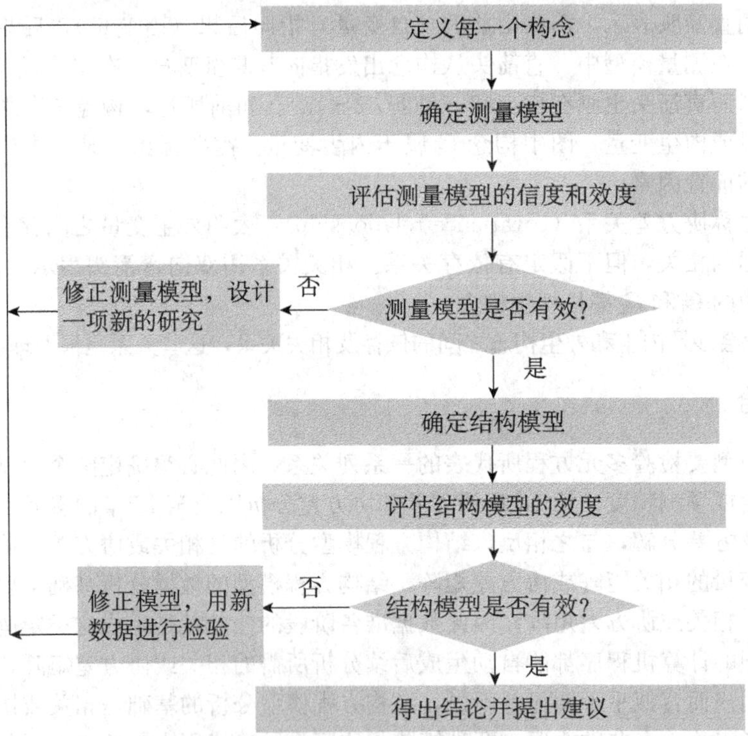


图 22-2 结构方程模型的运用步骤

## 22.5　定义每一个构念

如前所述，结构方程模型分析必须以理论为基础，这一点很重要。构念的选取、定义和测量以及构念间相互关系的设定，都必须基于理论。一般而言，对于结构方程理论，既要检验测量理论，也要检验结构理论。用测量理论设定潜变量的代表方式，用结构理论提出构念之间如何相互关联。由理论支持的结构关系转化为假设，然后接受结构方程模型的检验。只有当确定构念测量方式的潜在测量模型效度令人满意时，这些假设检验才是有效的。因此，应当十分小心地对理论识别和定义的相关变量进行操作化、测量和量表化。测量和量表化问题，包括开发多项量表，在第 8 章和第 9 章讨论过。由此可得到用来测量观察变量或指标的量表。

## 22.6　确定测量模型

一旦定义了构念，并测量了它们的观察变量或指标，接下来就要设定测量模型，即将相关测量变量分配给各潜在构念。测量模型通常由图形表示，见图 22－3。图 22－3 代表了一个由 2 个相互关联的构念组成的简单测量模型，每个构念由 3 个指标或测量变量反映。将相关测量变量分配给各潜在构念，在图形上即指从各构念出发向代表该变量的测量变量画箭头。各测量变量与其对应构念的关联程度反映为变量载荷，如图 22－3 所示。只估计由箭头设定的连接测量变量与相关潜在构念的载荷，其他载荷指定为零。此外，由于潜在因子不能全部解释测量变量，还增加了测量误差项。在测量模型中，不区分外生与内生构念，二者被视为同一类型，与因子分析类似。

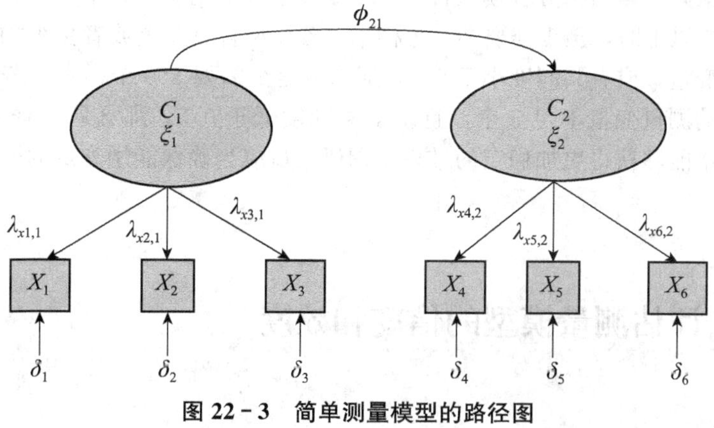


**图 22－3　简单测量模型的路径图**

测量模型通常用希腊字母表示构念，用英文字母表示测量变量。常用的符号如下：

$\xi$＝潜在因子

$X$＝测量变量

$\lambda_\chi$＝因子载荷

$\delta$＝误差

$\varphi$=构念间的相关关系

可以看出，图 22－3 与图 22－2（b）类似，仅仅是加上了符号。测量模型可用方程表示为：

$$X_1 = \lambda_{\chi 1,1}\xi_1 + \delta_1$$

在图 22－3 所示的模型中，总计需要估计 13 个参数，包括 6 个载荷、6 个测量误差和 1 个构念间相关关系。其他路径均未设定，即未显示任何箭头。这些路径将被固定为 0，即不进行估计。对模型中的任何参数，调研人员都应当设定是否要估计。自由参数指需要估计的参数；对于固定参数，结构方程模型不估计，其值由调研人员设置。通常，固定参数赋值为 0，表明不估计某些关系。

为每个潜在构念确定观察变量或指标，这实际上要求为潜变量“设置量表”，由于潜在构念不可被观察，没有定量量表或数值范围，因此就需要提供一些数值。下面两种方法可任选其一：

1. 固定某个因子的载荷，通常为 1。
2. 固定潜变量方差，通常为 1，此时潜变量间关系用相关系数矩阵表示。

### 样本量要求

结构方程模型的样本量取决于模型复杂程度、估计方法、缺失值多少、指标或测量变量平均误差方差大小、数据的多元分布等多方面因素。就复杂程度而言，包含较多构念或测量变量的模型需要较大的样本。如果每个构念的测量变量少于 3 个，也需要大样本。也要考虑估计方法，极大似然估计需要 200～400 个样本，具体数量取决于其他一些因素。[7] 如果缺失值比例大于 10%，就可能有问题，也需要大样本。指标的平均误差方差可通过**共同度**（communality）来理解。与因子分析中的共同度概念相似，这里共同度指测量变量的方差多大程度上由其负载的构念解释。研究发现，当共同度变小时，就要求用大样本。这一问题在构念的测量变量不足 3 个时会进一步加剧。最后，数据越偏离多元正态分布的前提，就越需要大样本。为了使偏离正态分布带来的问题最小化，建议模型中的各个估计参数，应当至少有 15 个样本。[8]

有一些简化法则：当结构方程模型含有 5 个或 5 个以下构念、每个构念有 3 个以上测量变量、共同度为 0.5 以上时，至少需要 200 个样本；若模型含有 5 个或者更少构念，但其中有的含不到 3 个测量变量，或者共同度小于 0.5，那么就至少需要 300 个样本；若模型包含 5 个以上构念，其中有的测量变量不足 3 个，且多个共同度低于 0.5，那么所需样本量至少为 400。总体而言，大样本能够获得更加稳定的结果，调研人员应当确保能用充足的样本运行结构方程模型。[9]

## 22.7 评估测量模型的信度和效度

测量模型的效度取决于拟合度值、可靠性和构念效度，特别是聚合效度和判别效度。

### 评估测量模型拟合度

如前所述，拟合度指所设定的模型能否很好地重构指标项目的协方差矩阵，即估计的指标变量的协方差（$\Sigma_k$）与观察样本的协方差（$S$）的相似程度。二者的值越接近，模型拟合越好。如图 22－4 所示，评估拟合度的指标包括绝对拟合指数、递增拟合指数和简约拟合指数。

绝对拟合指数只衡量模型本身，不考虑其他可能模型，直接测算所设定模型与观察样本的数据之间的吻合度。该类指数既可测量拟合优度，也可测量拟合劣度，前者指设定模型与观察的样本数据在多大程度上相符，数值越大表示拟合越好，常用的有拟合优度指数（goodness-of-fix index，GFI）和调整的拟合优度指数（adjusted goodness-of-fix index，AGFI）；后者指某种形式的误差或偏差，因此数值越小越好，常用的有卡方值（$\chi^2$）、残差均方根（root mean square residual，RMSR）、标准化残差均方根（standardized root mean square residual，SRMR）和近似误差均方根（root mean square of approximation，RMSEA）。

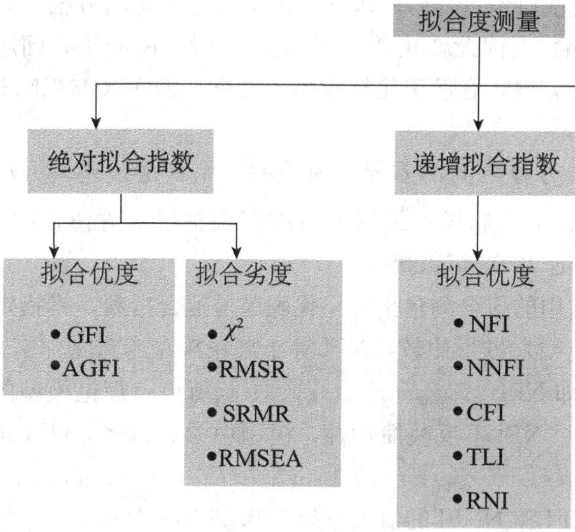


**图 22-4　拟合度测量分类**

与绝对拟合指数相反，递增拟合指数所衡量的设定模型与样本数据的拟合程度是相对于某个基准模型而言的。通常采用零模型，即假设变量互不相关的模型为基准模型。递增拟合指数测量的是拟合优度，常用的有规范拟合指数（normed fit index，NFI）、非规范拟合指数（non-normed fit index，NNFI）、相对拟合指数（comparative fit index，CFI）、Tucker Lewis 指数（Tucker Lewis Index，TLI）和相对非中心指数（relative noncentrality index，RNI）。

简约拟合指数用来评估与模型复杂程度有关的拟合，在比较竞争模型时十分有用，也属于拟合优度测量。拟合更好或者模型更简单（估计参数更少），都有助于改进简约拟合指数。简约拟合指数的基础是简约率，即模型所用自由度与全体可用自由度之比。常用的简约拟合指数有简约拟合优度指数（parsimony goodness-of-fit index，PGFI）和简约正态拟合指数（parsimony normed fit index，PNFI）。我们简要介绍一下这些指数，并提出使用规则。首先讨论卡方值（$\chi^2$），因为它最为基础，接下来是其他指数。[10]

**卡方值（$\chi^2$）**　卡方检验是用来检验协方差矩阵差异的一种统计检验方法，$\chi^2=(n-1)$（观察样本的协方差矩阵－估计的协方差矩阵），$n$ 代表样本量，即

$$\chi^2=(n-1)(S-\Sigma_k)$$

由于特定自由度对应的卡方分布临界值已知，因此可得到观察样本协方差等于总体估计协方差的概率水平。概率越低（$p<0.05$），两个矩阵不相等的可能性越大，这与第 15 章讨论的卡方检验类似。结构方程模型的自由度（$df$）由下式计算：

$$df=1/2\ [(p)(p+1)]-k$$

式中，$p$ 代表全部观察变量数；$k$ 代表估计参数的个数。

虽然卡方检验是唯一以统计量为基础的拟合测量，但也有局限性，即随着样本规模和观察

变量数而增大，模型拟合会出现偏差。因此应当考察其他模型拟合指标。

**其他绝对拟合指数：拟合优度指数** GFI衡量绝对拟合，AGFI考虑模型自由度。如果$F_k$代表估计模型的最小拟合函数，$F_0$是自由度为0的基准模型的拟合函数，那么$GFI=1-F_k/F_0$。当模型拟合度提高时，$F_k/F_0$降低，GFI提高。AGFI用自由度调整GFI，在比较复杂度不同的模型时很有用。$AGFI=1-(p(p+1)/2df)(1-GFI)$，其中$p$为观察变量总数，$df$为自由度。GFI和AGFI在0.9左右时被认为可接受。但这些值受样本量的影响，而且可能那些设定不好的模型的值反而比较大，因此很少使用。

**其他绝对拟合指数：拟合劣度** 之前讨论过残差的概念。RMSR是残差均方根，即残差协方差的均值，是观察变量测量单位的函数。因此，比较不同模型的RMSR可能有问题，除非进行标准化。SRMR就是标准化残差均方根，有助于比较模型拟合度。SRMR与RMSR一样，值越低表示拟合越好，0.08以下比较理想。

RMSEA考察实际呈现的与预计协方差之间的差异，即残差，尤其是残差均方根。$RMSEA=\sqrt{(\chi^2/df-1)/(n-1)}$，它将自由度和样本量纳入考虑而调整了卡方值，RMSEA越低表示模型拟合越好，一般认为小于等于0.08可以接受。

**递增拟合指数** NFI和CFI也是常用的拟合测量指标，代表递增拟合指数，将指定模型与假定变量互不相关的零模型（即独立模型）进行比较。NFI等于理论模型卡方值（$\chi^2_{prop}$）与零模型卡方值（$\chi^2_{null}$）之差再除以后者，即$NFI=(\chi^2_{null}-\chi^2_{prop})/\chi^2_{null}$。当所设定理论模型的卡方值接近0时，NFI接近1，拟合接近完美。NFI不反映简约性，模型中参数越多，NFI越大，因此现在更多使用NNFI。$NNFI=(\chi^2_{null}/df_{null}-\chi^2_{prop}/df_{prop})/[(\chi^2_{null}/df_{null})-1]$，$df_{prop}$和$df_{null}$分别代表理论模型和零模型的自由度。NFI和NNFI的值大于等于0.09即可接受。

CFI与NFI有关，考虑影响模型复杂程度的自由度，计算公式为：$CFI=1-(\chi^2_{prop}-df_{prop})/(\chi^2_{null}-df_{null})$，$\chi^2_{prop}$和$df_{prop}$、$\chi^2_{null}$和$df_{null}$分别是理论设定模型和零模型的卡方值和自由度。CFI的取值为0~1，0.90以上通常视为拟合良好。CFI与NFI含义相似，只是样本量不同。

TLI在概念上与CFI类似，只是未进行标准化，因此值域可能在（0，1）以外。拟合良好的模型，其TLI接近1。RNI是另一个递增拟合指数，值通常位于（0，1）之间，0.90以上的值意味着拟合良好。

**简约拟合指数** 应当强调，简约拟合指数不适合评估某单个模型的拟合度，而适合用于比较复杂程度不同的模型。PGFI用前面定义过的简约率调整拟合优度指数，取值在（0，1）之间，较大的值表明拟合度和简约度良好。PNFI将NFI与简约率相乘来调整后者。与PGFI类似，PNFI越高表明模型在拟合度和简约度两方面表现越好。PGFI和PNFI只应当在相对意义上使用，即用于模型的比较。相比而言，PNFI用得更多。

以上我们讨论的指数中，CFI和RMSEA受样本量影响最小，因而使用广泛。强烈建议使用至少类型不同的3个指数，而且报告卡方值与有关自由度总是好的。此外，应当考虑至少使用1个绝对拟合优度指数、1个绝对拟合劣度指数和1个递增拟合指数。如果涉及比较复杂程度不同的模型，则还应当考虑简约拟合指数。

## 评估测量模型的信度和效度

第9章所讨论的多项目量表的准确度、信度、效度和可推论性也适用于结构方程模型，建议重温这些概念。这里讨论结构方程模型独具的信度、聚合效度和判别效度评估方法。

**信度** 构念若缺乏信度，则不可能有效度，因此首先评估测量模型中的构念信度。与第9章相同，信度可用$\alpha$系数来衡量。还可计算组合信度，即真分数方差总值与总分数方差的关系，如以下公式所示：

$$CR=\frac{(\sum_{i=1}^{p}\lambda_i)^2}{(\sum_{i=1}^{p}\lambda_i)^2+(\sum_{i=1}^{p}\delta_i)}$$

式中，$CR$=组合信度；$\lambda$ 为完全标准化因子载荷；$\delta$ 为误差方差；$p$ 为指标或观察变量数。

因此，组合信度相当于经典测量理论中的传统的信度概念。按一般规则，组合信度大于 0.7 即可认为信度良好。

**聚合效度**　如第 9 章所述，聚合效度衡量某一量表与同一构念的其他测量正相关的程度。因此，因子载荷大小就能反映聚合效度。高因子载荷表明多个观察变量聚合于同一个构念，最低要求是载荷必须具有统计显著性，而且大于 0.5，若大于 0.7 则更理想。值高于 0.7 的因子载荷表明构念解释观察变量 50%以上的方差，因为 $0.7^2\approx0.5$。有时 0.6 被视为临界值。[11]

衡量聚合效度的另一个指标是平均析出方差（AVE），定义为潜在构念所解释的指标或观察变量方差的比例。[12]计算 AVE 时采用完全标准化载荷，如下：

$$AVE=\frac{\sum_{i=1}^{p}\lambda_i{}^2}{\sum_{i=1}^{p}\lambda_i{}^2+\sum_{i=1}^{p}\delta_i}$$

式中，$AVE$ 为平均析出方差；$\lambda$ 为完全标准化因子载荷；$\delta$ 为误差方差；$p$ 为指标或观察变量数。

AVE 的取值范围为（0，1），代表了潜变量所引起的方差占总方差之比。依据前文所述，AVE 大于 0.5 代表聚合效度满意，即潜在构念平均解释了观察变量 50%以上的方差。倘若 AVE 小于 0.5，表明大多数方差是由测量误差而非构念引起的，那么指标以及构念都有问题。注意 AVE 比 CR 更为保守，只看 CR 的话可能聚合效度足够，但可能 50%以上方差归于误差。另外还需要解释标准化的估计参数，保证参数有意义，而且与理论相符。

**判别效度**　确定判别效度要求明确构念与其他构念不同，具有独特贡献。首先，每个观察变量应当只负载 1 个潜在构念，交叉负载说明缺乏区分，会影响判别效度。结构模型方程一般假定一组观察变量只代表 1 个潜在构念，称为单维性，所有交叉负载被指定或固定为 0。

显示区分性的正规方法是将任何 2 个构念的相关系数设定为 1，即设定测量 2 个构念的观察变量也可仅用 1 个构念代表。如果 2 个构念的模型的拟合显著优于 1 个构念的模型，就可证明判别效度。但是，这一检验不够强，因为拟合差异在 2 个构念高度相关时也会显示为显著。

另一检验方法的思想是某一构念能比其他任何构念更好地解释其观测变量，具体表现为平均析出方差大于相关系数平方。与此一致，如果平均析出方差的平方根大于相关系数，也认为构念具有判别效度。

## 诊断效度不足问题

如果对测量模型效度不满意，可以通过验证性因子分析提供的诊断信息进行恰当的修正，诊断线索包括：（1）路径估计或载荷；（2）标准化残差；（3）修正指数；（4）设定探求。

路径估计或载荷连接各构念与其指标或观察变量，应当考查完全标准化载荷，因为标准化考虑了不同指标所用的度量可能不同，排除了不同度量可能造成的影响。完全标准化载荷值在（−1，1）以外是不可行的，出现的话表明有问题，需要做进一步研究。载荷应当具有统计显著性，若不显著就应当删除相应的指标，除非保留指标得到强有力的理论支持。如之前所讨论的，载荷绝对值最好大于 0.7，至少也得大于 0.5。若载荷小于 0.5，即使显著，也应考虑删除相应指标。载荷的方向应当与理论假设一致，而且载荷应具有理论意义。评估复相关系数平方也有用。**复相关系数平方**（squared multiple correlation）代表在多大程度上观察变量的方差能被所关联的潜在构念解释。

前面提到，残差指样本数据协方差观察值与估计值之差。**标准化残差**（standardized residual）则指残差除以其标准误差。标准化残差的绝对值遵守以下规则：大于4.0有问题；在2.5～4.0之间，需认真检查，但若有关指标或观察变量没发现其他问题的话，也可能不需要修正模型。

结构方程模型还对任何固定的、非自由估计的参数计算**修正指数**（modification index）。修正指数指该路径自由估计总体模型的卡方值的改进。该指数一般应当小于4.0，若大于等于4.0，则表示自由估计该关系或路径可提高模型拟合度。

**设定探求**（specification search）是一种利用模型诊断值不断试错，以发现一个有更佳的拟合模型的实证方法，用结构方程模型软件很容易操作。但这一方法需谨慎使用，因为仅仅依据实际数据来确定最佳拟合模型是有问题的。经验不足的用户不建议使用。

必须指出，上述修正，不管基于路径估计、标准化残差、修正指数还是设定探求，都与验证性因子分析的内在验证性本质相悖。修正更符合探索性因子分析。尽管如此，倘若修正幅度不大（例如，只删除10%的观察变量），就可以在修正后继续运行模型；如果修正幅度很大，就必须修改测量理论，设定一个新的测量模型，并收集新数据来检验新模型。[13]

## 22.8 确定结构模型

一旦证明测量模型具有效度，就可以继续确定结构模型。由测量模型转向结构模型，重点也相应由潜在构念与观察变量间的关系转向构念之间关系的性质和大小。因此，测量模型会随潜在构念间的关系改变，当测量模型改变，估计的协方差矩阵也会改变，但以样本数据为基础的观察的协方差矩阵保持不变，因为其是用同一组数据估计结构模型。总体而言，拟合指数也会变化，即结构模型的拟合与测量模型的拟合不同。

图22-5所展示的是基于图22-3测量模型的结构模型，不同之处在于$C_1$和$C_2$在这里是依存关系，$C_2$取决于$C_1$，但在测量模型中两者是相关关系。注意图22-3中的双向弯箭头这里变成了单向直箭头，代表从$C_1$到$C_2$的路径。还有一些记号和标志变化。构念$C_2$这里用$\eta_1$表示，这有助于区分内生构念$C_2$和外生构念$C_1$。另外，还需注意，仅外生构念$C_1$的观察变量仍用$X$表示（$X_1$～$X_3$），内生构念$C_2$的观察变量改为用$Y$表示（$Y_1$～$Y_3$）。变量$Y$的误差方差表示为$\varepsilon$，而非$\delta$。内生和外生构念在载荷上也有区别，外生构念载荷仍如之前用$\lambda_x$表示，而内生构念载荷改作$\lambda_y$。结构模型的图示称为路径图，如图22-5所示。通过结构参数估计可以考察潜在构念之间的关系，这些关系在路径图中表示为单向直箭头。注意，只有自由参数才表示为单向直箭头；固定参数通常设为0，不予显示。有两组结构参数：其一为从外生构念（$\xi$）到内生构念（$\eta$）的关系$\gamma$，如图22-5所示；其二为内生构念之间的关系$\beta$。

只要是不含反馈环或双向依存关系的递归模型，且无交互项，如果测量模型可识别，则结构模型也可识别。此时，通常结构模型嵌套于测量模型中，包含更少的估计参数。当一个模型与另一个模型包含相同数目的构念和变量，而且能通过增、删关系从另一个变量衍生出来，则称其嵌套于另一个模型中。当$C_1$和$C_2$互相依存时，模型称为非递归模型。

在确定结构模型时，最好在估计结构参数的同时，对因子载荷和误差方差进行估计，然后将其与在测量模型中所得参数进行比较，找出不一致的地方（差异>0.05）。这也是使调

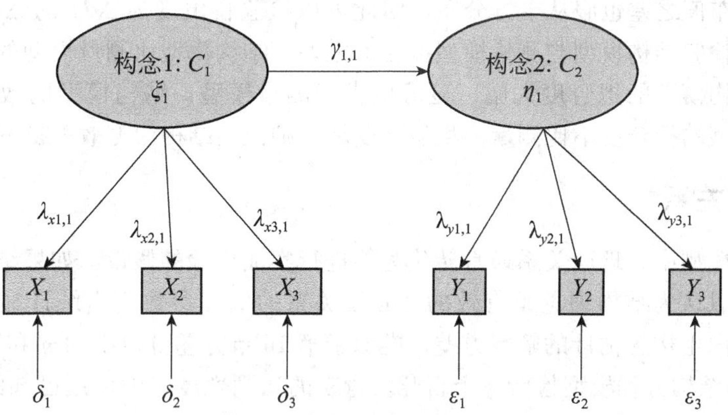


图 22-5　简单结构模型的路径图

研人员得以将测量模型拟合作为衡量结构模型拟合的基础。另一种方法用测量模型所得因子载荷和误差方差估计值作为结构模型的固定参数，但这种方法不推荐使用。因为，造成测量模型与结构模型之间存在拟合度差异的原因可能不在于结构理论方面的问题，而在于测量理论方面。

## 22.9　评估结构模型的效度

评估结构模型的效度包括：（1）评估拟合度；（2）比较所提出的理论模型与竞争模型；（3）检验结构关系和假设。

### 评估拟合度

结构模型拟合度检验与前面所讲的测量模型相同。通常一个递归的结构模型比相应的测量模型包含的关系少，最多相等，因此结构模型所估计的参数相对较少。因此，递归结构模型的卡方值不可能低于对应测量模型的卡方值。换言之，递归结构模型的拟合不可能更好。因此，测量模型的拟合构成了结构模型拟合优度的一个上限，结构模型的拟合越接近测量模型则越好。评估拟合度的其他统计量和规则与前面测量模型所讨论的类似，也使用相同的拟合指数。

### 与竞争模型比较

在确定结构模型拟合良好之外，最好还能证明所提模型比其他可能的竞争模型拟合更好。拟合良好不能证明所提理论或结构模型对样本数据（协方差）解释力最好，别的模型也可能有相同的甚至更好的拟合。因此，拟合不能证明理论模型会提供唯一的真实解释，但通过与竞争模型比较可使我们提高对理论模型的信心。理论模型（$M_1$）与竞争模型（$M_2$）可通过卡方值、递增或简约拟合指数（见图 22-4）来比较。

倘若模型属于嵌套模型，可通过估计卡方值之差（$\Delta\chi^2$）来比较，具体为用所提理论模型 $M_1$ 的卡方值减去一个限制更少的模型 $M_2$ 的卡方值。$M_2$ 与 $M_1$ 相比，路径增多了。卡方差值的自由度即 $M_1$ 和 $M_2$ 自由度之差。[14] 涉及的公式为：

$$\Delta\chi^2_{\Delta df}=\chi^2_{df(M_1)}-\chi^2_{df(M_2)}$$

$$\Delta df=df(M_1)-df(M_2)$$

两个卡方分布值之差也服从卡方分布，因此可以检验自由度为 $\Delta df$ 的 $\Delta\chi^2$ 的统计显著性。该方法也可用来检验结构模型与测量模型拟合度之差。结构模型比测量模型的限制更多，嵌套于后者。如果结构模型的拟合度大幅、显著地劣于测量模型，结构模型的效度值得怀疑；反之，如果结构模型的拟合度不比测量模型显著变坏，则证明结构模型效度良好。

### 检验假设关系

在结构方程模型中，理论关系通常转化为能进行实证检验的假设，如果结构方程模型分析支持假设，则可以认为结构理论是有效的。假设关系的估计参数应当统计显著，而且方向正确。还应该检验内生构念估计的解释方差，类似于第16章方差分析中的 $\eta^2$ 和第17章多元回归中的 $R^2$。如果用结构方程模型检验一个新开发量表的法则效度，则可用已知的关系代替假设，并用实际数据来考察这些关系从而为法则效度提供支持。

### 结构模型诊断

结构模型诊断类似于测量模型，可依据模型诊断信息做更多分析。例如，可新增原理论未曾假设的一条或多条路径。但应该强调，若修正后的结果缺乏理论基础，则不应当将其与基于结构理论的原有关系等同对待，即修正应具有理论意义并通过新的数据来验证修正模型。

## 22.10 得出结论并提出建议

如果测量模型和结构模型的效度令人满意，就可以做出结论。结论恰当的话，就可以向管理者提建议。结论可能关于以验证性因子分析为基础的关键构念测量，例如，某个新开发量表具有信度和效度，应当用于未来调研；也可能是结构参数估计显著而有意义，支持假设关系，此时就可讨论这些关系在理论、管理及公共政策方面的意义。以管理意义为基础就可以提出恰当的管理建议。[15]

## 22.11 高阶验证性因子分析

图22-3所示测量模型是一个一阶因子模型，即观察变量的协方差（$X$）只用一层潜在构念解释。高阶因子模型包含2个或更多层潜在构念。最常见的高阶因子模型是二阶因子模型，包含2个层次。其中，1个二阶潜在构念引起多个一阶潜在构念，后者继而引起观察变量。一阶潜在构念因此成为二阶因子的指标或观察变量。图22-6和图22-7显示了一阶因子和二阶因子测量模型的区别。这些图描述了互联网用户信息隐私忧虑（IUIPC）测量量表。IUIPC有3个维度，称为收集（COL）、控制（CON）和知晓（AWA），分别用4，3，3个观察变量测量。注意3个潜在构念COL，CON，AWA之间的协方差在一阶模型中是自由估计的，用双向弯箭头表示。与之不同，二阶模型解释这些协方差的方法是设定引起COL，CON，AWA这些一阶构念的一个二阶构念（IUIPC）。

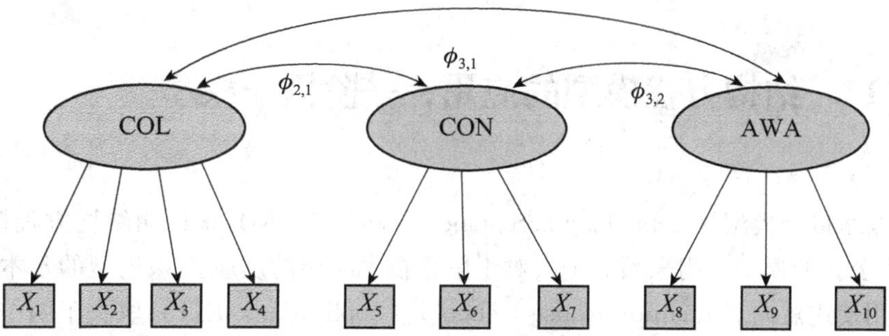


图 22-6　IUIPC 一阶模型

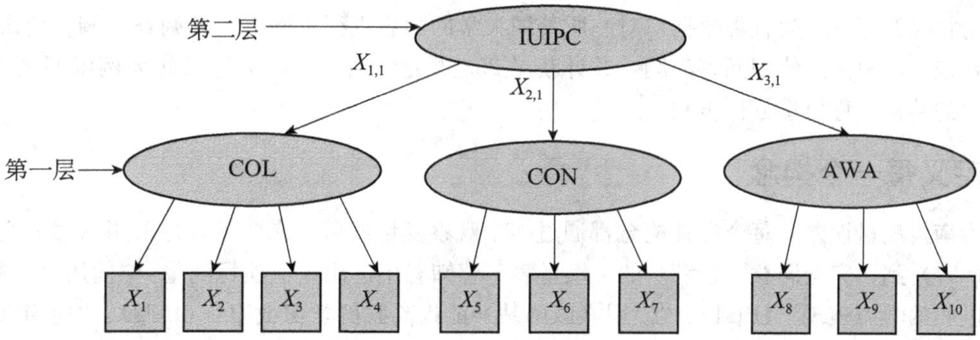


图 22-7　IUIPC 二阶模型

## 22.12　结构方程模型和其他多元分析方法的关系

结构方程模型需要同时分析多个变量，并用外生构念来预测内生构念，因此既属于一项多元分析技术，也属于一项依存技术，类似于第 17 章多元回归及其他多元相关技术。每个内生构念方程的构成类似于多元回归方程，其中内生构念是因变量，箭头指向它的那些构念是自变量。但是，结构方程模型与其他多元相关技术有两点主要区别：第一，某一关系中的因变量可以成为另一关系中的自变量；第二，所有方程同时进行估计。同理，当结构方程模型中用到类型变量时，就可认为与多因素方差分析类似。

结构方程模型中的测量模型与因子分析相似，二者均涉及变量的因子载荷，也都用到相关和协方差概念。但二者也存在一个主要区别。结构方程模型根据理论指定哪些变量与哪个构念相关，只针对这些指定关系进行载荷估计，其余载荷全部假设为零，因此估计目的在于验证测量理论。从这一角度看，结构方程模型是一种验证性技术，之前也已指出，用于估计测量模型的方法称为验证性因子分析。与此相反，第 19 章讨论的因子分析是一种探索性技术，通常称为探索性因子分析。探索性因子分析能识别解释一组变量之间相关性的潜在维度或因子，各变量在析出的各因子上都有载荷，因子载荷包含在因子矩阵中。因此，探索性因子分析不需要指定因子结构，而是通过数据来揭示潜在的结构。探索性因子分析的结果可用来建立某个理论，由理论引出假设的测量模型，然后用验证性因子分析进行验证。[16]

当结构方程模型用于检验结构理论时，其分析类似于一次性完成因子分析及一系列多元回归。

## 22.13 结构方程模型的应用：一阶因子模型

我们用技术接受模型（technology acceptance model，TAM）来说明结构方程模型的应用。TAM是一个公认的模型，用来预见个人对于信息技术应用的反应。[17]该模型的基本原理是，个人的技术应用使用意向（intention to use technology application，INT）取决于两个因素——感知有用性（perceived usefulness，PU）和感知易用性（perceived ease-of-use，PE），分别指个人对于技术用途和使用便利方面的感知。这一理论框架用来解释某高校大学生对教育门户网站的使用状况的评价。为收集数据，对一所美国大学的学生进行了网上问卷调查。调查要求被调查者就校园门户网站使用回答问题，共计获得253份完整问卷。以下将以此为例阐明图22-2所展示的结构方程模型分析步骤。

### 定义每一个构念

为衡量测量误差，每个潜在构念都通过多个观察变量或项目来测量，并采用从“完全不同意”（=1）到“完全同意”（=7）的7级量表。感知有用性用3个项目测量：“使用（该网站）能改进我的学习表现”（PU1）、“使用（该网站）能提高我的学习效率”（PU2）、“使用（该网站）能提升我的学习效果”（PU3）。感知易用性也包括3个指标：“（该网站）容易使用”（PE1）、“很容易熟练使用（该网站）”（PE2）和“很容易学会操作（该网站）”（PE3）。使用意向用以下3个项目测量：“未来3个月我计划使用（该网站）”（INT1）、“我预见到未来3个月内我会使用（该网站）”（INT2）、“未来3个月内我有意向使用（该网站）”（INT3）。基于所收集的数据，表22-1列出了上述9个变量的均值、标准差以及相关系数。

**表22-1 TAM模型：均值、标准差和相关系数**

| | | | 相关系数 | | | | | | | | |
|---|---|---|---|---|---|---|---|---|---|---|---|
| | ME | SD | 1 | 2 | 3 | 4 | 5 | 6 | 7 | 8 | 9 |
| 1. PU1 | 3.58 | 1.37 | 1 | | | | | | | | |
| 2. PU2 | 3.58 | 1.37 | 0.900* | 1 | | | | | | | |
| 3. PU3 | 3.58 | 1.36 | 0.886* | 0.941* | 1 | | | | | | |
| 4. PE1 | 4.70 | 1.35 | 0.357* | 0.403* | 0.392* | 1 | | | | | |
| 5. PE2 | 4.76 | 1.34 | 0.350* | 0.374* | 0.393* | 0.845* | 1 | | | | |
| 6. PE3 | 4.79 | 1.32 | 0.340* | 0.356* | 0.348* | 0.846* | 0.926* | 1 | | | |
| 7. INT1 | 3.72 | 2.10 | 0.520* | 0.545* | 0.532* | 0.442* | 0.419* | 0.425* | 1 | | |
| 8. INT2 | 3.84 | 2.12 | 0.513* | 0.537* | 0.540* | 0.456* | 0.433* | 0.432* | 0.958* | 1 | |
| 9. INT3 | 3.68 | 2.08 | 0.534* | 0.557* | 0.559* | 0.461* | 0.448* | 0.437* | 0.959* | 0.950* | 1 |

说明：ME=均值；SD=标准差。

* $p<0.05$。

### 确定测量模型

若无可靠有效的测量工具，对结构关系的估计很容易出现偏差。在本例中，测量模型含3

个因子，允许彼此相关，各因子只与事先设定的 3 个项目相关而与其他项目不相关。图 22－8 体现了该测量模型。数据分析结果包括模型拟合、项目载荷、项目测量误差和因子相关系数等多项参数估计。

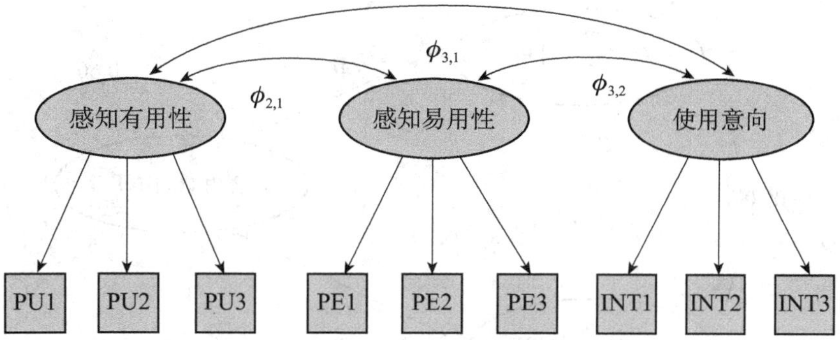


**图 22－8　TAM 测量模型**

## 评估测量模型的信度和效度

量表的有效性用 3 因子测量模型进行验证，具体采用验证性因子分析。模型拟合用 3 个拟合指标衡量：CFI、GFI 和 RMSEA。验证性因子分析的结果表明，模型与数据拟合良好（$\chi^2=43.32$，$p<0.01$，自由度＝24）。具体拟合指标值为：CFI＝0.99，GFI＝0.96，RMSEA＝0.057。

除了模型与数据的拟合度，还需检验量表的组合信度和效度等其他心理测量指标。如表 22－2 所示，在组合信度上，量表超过了推荐的临界值 0.70，可认为量表可靠。平均析出方差均大于 0.50，所有项目的载荷值均高于 0.80，显示量表具有聚合效度。

**表 22－2　TAM 模型：测量模型检验结果**

| 构念 | 项目 | 项目载荷 | 项目误差 | 组合效度 | 平均析出方差 |
|---|---|---|---|---|---|
| 感知有用性（PU） | | | | 0.97 | 0.91 |
| | PU1 | 0.92*** | 0.15*** | | |
| | PU2 | 0.98*** | 0.05*** | | |
| | PU3 | 0.96*** | 0.07*** | | |
| 感知易用性（PE） | | | | 0.95 | 0.87 |
| | PE1 | 0.88*** | 0.23*** | | |
| | PE2 | 0.96*** | 0.07*** | | |
| | PE3 | 0.96*** | 0.08*** | | |
| 使用意向（INT） | | | | 0.98 | 0.95 |
| | INT2 | 0.98*** | 0.03*** | | |
| | INT2 | 0.97*** | 0.05*** | | |
| | INT3 | 0.98*** | 0.05*** | | |

*** $p<0.001$（双尾检验）。

构念之间的相关系数和标准差的估计表明它们之间互不相同。一种更加正式的方法是，平均析出方差的平方根大于相关系数，显示量表具有判别效度。总体而言，根据模型拟合、可靠性、聚合效度和判别效度，可以相信测量模型是恰当的。

### 确定结构模型

结构模型的建构以TAM为理论基础，如图22-9所示。

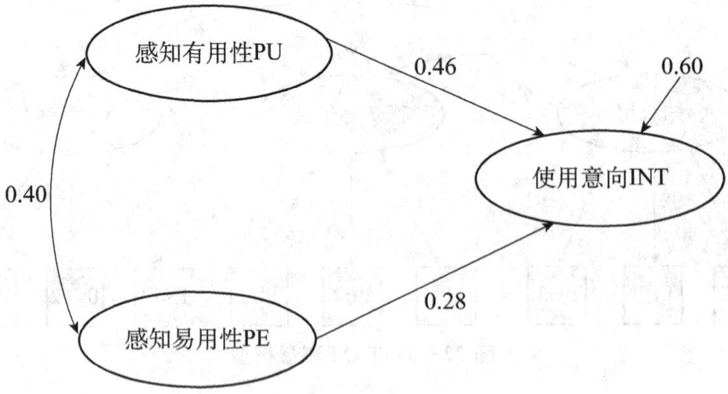


**图22-9 TAM结构模型**

### 评估结构模型的效度

图22-9还展示了数据分析结果。首先，与测量模型类似，结构模型与数据的拟合度令人满意，拟合指标都处于接受范围：$\chi^2(24)=43.32$，$p<0.01$，CFI=0.99，GFI=0.96，RMSEA=0.057。根据TAM模型，感知有用性和感知易用性对使用意向会产生显著影响。图22-9表明，感知有用性显著影响使用意向（路径系数=0.46，$p<0.001$）；同样，感知易用性也对使用意向有显著作用（路径系数=0.28，$p<0.001$）。使用意向的复相关系数平方是0.40，说明感知有用性和感知易用性两个预测变量共同解释了使用意向方差的40%。

### 得出结论并提出建议

总体上，结构方程模型分析结果表明，在教育这一调研情境下，TAM模型合理地表述了个人对于门户网站的使用。因此，为了提高学生对门户网站的使用率，大学应当提高其网站的感知有用性和感知易用性。对于前者，可以增加诸如查阅电子邮件、天气、校园时事、课程安排等功能；对于后者，应当使网站更易于浏览。

## 22.14 结构方程模型的应用：二阶因子模型

我们以银行服务为例说明结构方程模型的应用。数据通过个人调查获得，样本包括250名被调查者。本书网站可下载本分析所用数据。下面解释图22-2所示结构方程模型的运行步骤。

### 定义每一个构念

本调研目的在于用银行服务质量预测顾客对银行的光顾意愿，以往调研构成了调研的理论基础。服务质量的概念包括5个维度。[18]理论假定服务质量会影响顾客对服务的态度和服务满意度，后面两者继而影响光顾意愿。因此，本数据集包括8个构念和30个指标，每个构念由多个指标进行测量。其中，有 5 个服务质量构念，即有形性（4 个指标）、可靠性（4 个指标）、响应性（3 个指标）、保障性（4 个指标）和移情性（4 个指标），再加上 3 个结果构念，即态度（4 个指标）、满意度（4 个指标）和光顾意愿（3 个指标）。表 22－3 展示了这些指标，指标用 9 级量表衡量。总体态度测量包含 4 个指标，采用 7 级量表：有利的—不利的、好的—差的、正面的—负面的、愉快的—不愉快的。总体满意度测量包含 4 个指标，采用 9 级量表："我对这家银行的服务很满意"（完全不同意—完全同意）、"总体上这家银行的服务令我感到愉快"（完全不同意—完全同意）、"这家银行的服务通常带来满意体验"（完全不同意—完全同意）和"我对这家银行的服务感到……"（非常不满意—非常满意）。光顾意愿用 3 个指标衡量，用 9 点量表："下次如果朋友需要银行服务，我会推荐这家银行"（完全不同意—完全同意）、"我对过去选择这家银行毫不后悔"（完全不同意—完全同意）和"未来我将继续选择这家银行的服务"（完全不同意—完全同意）。

**表 22－3　服务质量模型：测量模型的心理测量特征**

| 涉及的问题 | 载荷 |
|---|---|
| TANG1：设备现代化 | 0.71 |
| TANG2：有形设施看起来很吸引人 | 0.80 |
| TANG3：服务人员着装整洁、专业 | 0.76 |
| TANG4：服务材料看起来很吸引人 | 0.72 |
| REL1：信守承诺 | 0.79 |
| REL2：第一时间提供服务 | 0.83 |
| REL3：在约定时间提供服务 | 0.91 |
| REL4：告诉顾客服务提供的准确时间 | 0.81 |
| RESP1：为顾客提供快捷服务 | 0.73 |
| RESP2：总乐于帮助顾客 | 0.89 |
| RESP3：即使忙碌时也对顾客要求做出响应 | 0.81 |
| ASSU1：雇员使顾客觉得有信心 | 0.81 |
| ASSU2：顾客在交易时觉得安全（在物质、资金和情感等方面） | 0.71 |
| ASSU3：一致对顾客保持礼貌 | 0.80 |
| ASSU4：雇员有回答顾客提问的相关知识 | 0.86 |
| EMP1：给予顾客个性化关注 | 0.80 |
| EMP2：认真对待顾客 | 0.84 |
| EMP3：将顾客利益放在心上 | 0.87 |
| EMP4：理解顾客的特殊需求 | 0.87 |
| 对银行的总体态度（项目反向编码） | |
| ATT1：有利的 1—2—3—4—5—6—7 不利的 | 0.95 |
| ATT2：好的 1—2—3—4—5—6—7 差的 | 0.95 |
| ATT3：正面的 1—2—3—4—5—6—7 负面的 | 0.95 |
| ATT4：愉快的 1—2—3—4—5—6—7 不愉快的 | 0.95 |
| SAT1：我对这家银行的服务很满意 | 0.93 |

续表

| 涉及的问题 | 载荷 |
|---|---|
| SAT2：总体上这家银行的服务令我感到愉快 | 0.93 |
| SAT3：这家银行的服务通常带来满意体验 | 0.88 |
| SAT4：我对这家银行的服务感到…… | 0.92 |
| PAT1：下次如果朋友需要银行服务，我会推荐这家银行 | 0.88 |
| PAT2：我对过去选择这家银行毫不后悔 | 0.89 |
| PAT3：未来我将继续选择这家银行的服务 | 0.88 |

说明：TANG=有形性，REL=可靠性，RESP=响应性，ASSU=保障性，EMP=移情性，ATT=态度，SAT=满意度，PAT=光顾意愿。

## 确定测量模型

首先检验测量模型，验证测量符合心理测量特征。在本例中，由于以往调研已经确立了5因子服务质量构念的信度和效度，我们采用验证性模型来检验测量特征。为此，我们让8个构念相关，每个构念中的1个指标因子载荷限定为1，所有测量指标只允许负载于1个构念上，误差项互不相关。图22-10描述了该测量模型。

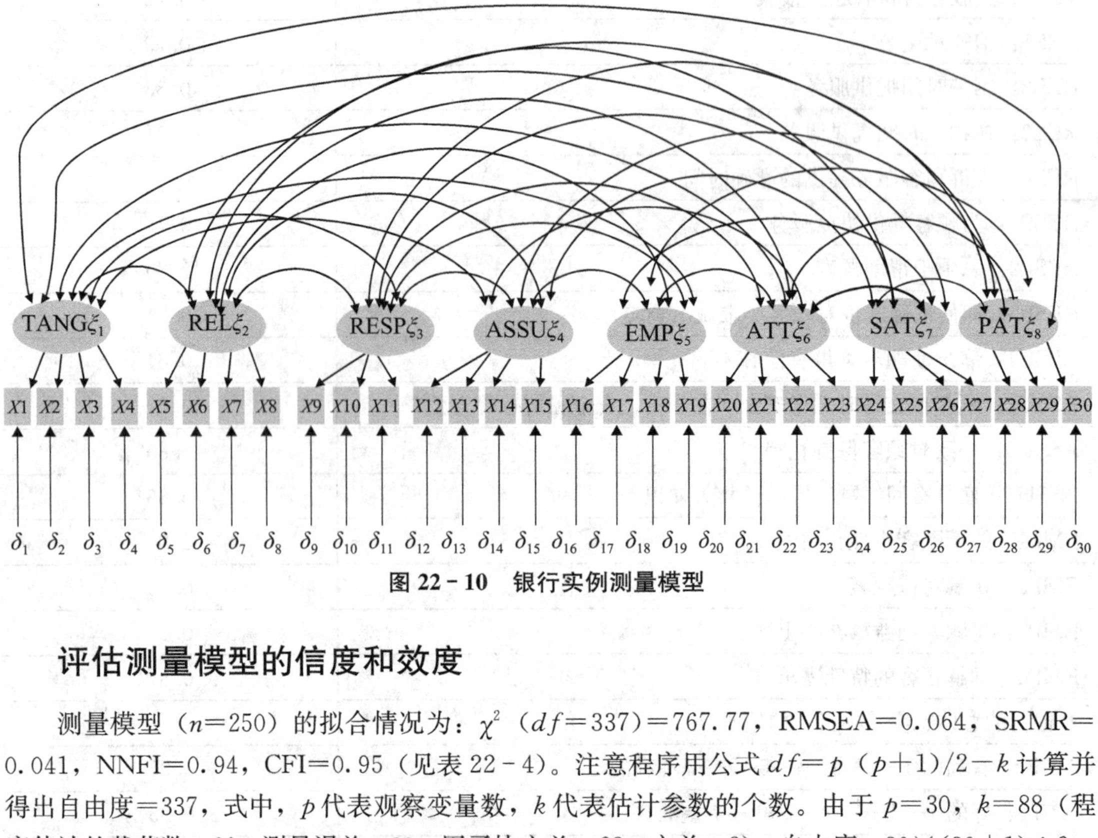


**图22-10 银行实例测量模型**

## 评估测量模型的信度和效度

测量模型（$n=250$）的拟合情况为：$\chi^2$（$df=337$）$=767.77$，RMSEA=0.064，SRMR=0.041，NNFI=0.94，CFI=0.95（见表22-4）。注意程序用公式$df=p(p+1)/2-k$计算并得出自由度=337，式中，$p$代表观察变量数，$k$代表估计参数的个数。由于$p=30$，$k=88$（程序估计的载荷数=22，测量误差=30，因子协方差=28，方差=8），自由度=30×(30+1)÷2−88=377。NNFI的计算公式为NNFI=$(\chi^2_{null}/df_{null}-\chi^2_{prop}/df_{prop})/[(\chi^2_{null}/df_{null})-1]$，$df_{prop}$和$df_{null}$分别代表理论模型和零模型的自由度。零模型的卡方值$\chi^2_{null}=7\ 780.15$，$df=435$；理论模型卡方值$\chi^2_{prop}=767.77$，$df=377$。因此，NNFI=(7 780.15÷435−767.77÷377)÷

[(7 780.15÷435)−1]=0.939，或近似为 0.94。CFI=$1-(\chi^2_{prop}-df_{prop})/(\chi^2_{null}-df_{null})$=1−(767.77 − 377) ÷ (7 780.15 − 435) = 0.947，或近似为 0.95。类似地，RMSEA = $\sqrt{(\chi^2/df-1)/(n-1)}=\sqrt{(767.77/377-1)/(250-1)}=0.064$。根据之前讨论的模型拟合标准，这些拟合指标均显示，测量模型的总体拟合度可以接受，接下来可评估信度和效度。

**表 22-4　拟合优度统计量（测量模型）**

自由度=377
最小拟合函数卡方值=767.77（$p$=0.0）
自由度为 435 的独立模型卡方值=7 780.15
RMSEA=0.064，SRMR=0.041，NFI=0.90，NNFI=0.94，CFI=0.95

**信度和效度评估**　测量模型的主要目的在于评估和证明各构念所用的指标或测量项目是可靠而有效的。首先，考察组合信度进行信度检验，表 22-3 报告了所有指标变量的因素载荷和测量误差。例如，有形性的组合信度=$[(0.71+0.80+0.76+0.72)^2]/[(0.71+0.80+0.76+0.72)^2+(0.49+0.36+0.42+0.48)]$=8.94/10.69=0.84。平均析出方差（AVE）反映潜在构念所解释的方差占总方差之比。有形性的 AVE= $[(0.71^2+0.80^2+0.76^2+0.72^2)]/[(0.71^2+0.80^2+0.76^2+0.72^2)+(0.49+0.36+0.42+0.48)]$=2.24/3.99=0.56。表 22-5 提供了各构念的组合信度和 AVE，分别超出 0.70 或 0.50 的临界值。由此确立了本调研测量量表的信度和聚合效度。

聚合效度还可通过所有项目载荷≥0.70 的临界值来体现。本样本包含 30 个测量项目，其中 8 个项目的载荷≥0.90，16 个项目的载荷≥0.80 但＜0.90，6 个项目的载荷≥0.70 但＜0.80（见表 22-3）。所有因子载荷均在 $p<0.05$ 水平上显著。因此，本调研中数据为模型的聚合效度提供了支持。判别效度可通过平均析出方差平方根大于相关系数来证明。本调研中涉及的全部 28 个相关系数中，只有 4 个不满足标准。由于 5 个构念用来衡量服务质量的不同方面，可以预见某种程度的相互关联。考虑到相关系数矩阵的规模（28 个估计值），有可能会发生一些不符合标准的情况。表 22-5 显示了判别效度检验情况。相关系数矩阵对角线上的值代表 AVE 平方根。例如，为检验有形性和响应性二者的判别效度，我们可比较二者相关系数和它们各自 AVE 平方根的大小。具体地，有形性和响应性的 AVE 平方根分别为 0.75 和 0.81，均大于它们的相关系数 0.65。总之，量表项目总体上具有信度和效度，可以进行结构模型检验。

**表 22-5　测量模型：构念信度、平均析出方差和相关系数矩阵**

| 构念 | 构念信度 | 平均析出方差 | 相关系数矩阵 | | | | | | | |
|---|---|---|---|---|---|---|---|---|---|---|
| | | | 1 | 2 | 3 | 4 | 5 | 6 | 7 | 8 |
| 1. TANG | 0.84 | 0.50 | 0.75 | | | | | | | |
| 2. REL | 0.90 | 0.70 | 0.77 | 0.84 | | | | | | |
| 3. RESP | 0.85 | 0.66 | 0.65 | 0.76 | 0.81 | | | | | |
| 4. ASSU | 0.87 | 0.63 | 0.73 | 0.80 | 0.92 | 0.80 | | | | |
| 5. EMP | 0.91 | 0.71 | 0.69 | 0.75 | 0.85 | 0.90 | 0.85 | | | |
| 6. ATT | 0.97 | 0.90 | 0.42 | 0.46 | 0.52 | 0.54 | 0.58 | 0.95 | | |
| 7. SAT | 0.85 | 0.83 | 0.53 | 0.56 | 0.66 | 0.67 | 0.69 | 0.72 | 0.91 | |
| 8. PAT | 0.92 | 0.78 | 0.50 | 0.55 | 0.57 | 0.62 | 0.62 | 0.66 | 0.89 | 0.89 |

说明：1. TANG=有形性，REL=可靠性，RESP=响应性，ASSU=保障性，EMP=移情性，ATT=态度，SAT=满意度，PAT=光顾意愿。

2. 相关系数矩阵对角线上的值为 AVE 平方根。

## 确定结构模型

基于理论，我们假设感知服务质量是一个高阶构念，包含5个一阶构念：有形性、可靠性、响应性、保障性和移情性。具体而言，服务质量模型成为一个二阶模型，包括上述5个一阶构念，或称这5个构念是服务质量的指标，允许箭头从服务质量指向它们（见图22-11）。在图22-11的右侧，二阶的服务质量与对服务的态度和服务满意度连在一起，后二者又与光顾意愿相连。包含8个构念的整体结构模型被同时检验，如图22-11所示。当检验结构模型时，结构关联自由估计，各构念的1个指标的载荷固定为1，所有观察项目只允许负载于1个构念上，误差项不允许相互关联。为了度量，还固定1个构念（如有形性）的二阶载荷为1。测量模型检验测量的信度和效度，而结构模型用来检验模型中的结构关系。

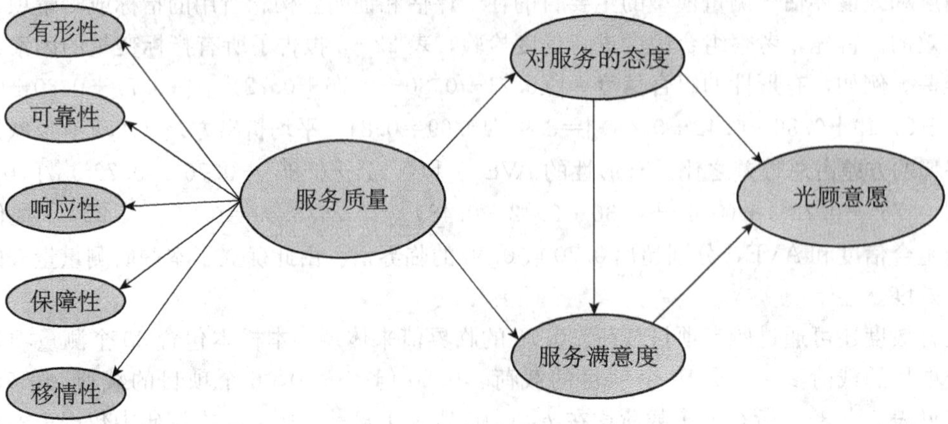


**图22-11 银行实例结构模型**

## 评估结构模型的效度

用同一样本（$n=250$）估计结构模型，用之前的公式，算得拟合指数值如下：$\chi^2$（$df=396$）$=817.16$，RMSEA＝0.065，SRMR＝0.096，NNFI＝0.94，CFI＝0.94（见表22-6）。例如，$CFI=1-(\chi^2_{prop}-df_{prop})/(\chi^2_{null}-df_{null})=1-(817.16-396)/(7\,780.15-435)=0.943$，近似为0.94。同样，$RMSEA=\sqrt{(\chi^2/df-1)/(n-1)}$ $\sqrt{(817.16/396-1)/(250-1)}=0.065$。CFI和NNFI≥0.90，RMSEA≤0.08。总体来看，这些指数表明结构模型是可接受的，即二阶感知服务质量模型是稳健的，而且在理论上解释了态度、满意度和光顾意愿的关系。联系5个构念与二阶服务质量的结构系数（即二阶载荷）都显著，而且方向符合预期。表22-7展示了结构系数及相应的$t$值。例如，有形性的载荷为0.82，表明服务质量解释有形性67%（$=0.82^2$）的方差。类似地，可靠性的载荷为0.85，这表明服务质量解释其72%（$=0.85^2$）的方差。在图22-11右侧，服务质量至态度的系数为0.60，服务质量至满意度的系数为0.45，态度至满意度为0.47，态度至光顾意愿为0.03，满意度至光顾意愿为0.88。除了态度至光顾意愿这条路径，其他所有系数都在$p<0.05$水平上显著。

**表22-6 拟合优度统计量（结构模型）**

| |
|---|
| 自由度＝396 |
| 最小拟合函数卡方值＝817.16（$p=0.0$） |
| 自由度为435的独立模型卡方值＝7 780.15 |
| RMSEA＝0.065，SRMR＝0.096，NFI＝0.89，NNFI＝0.94，CFI＝0.94 |

表 22-7　结构模型系数

| 服务质量维度 | | 二阶载荷估计 | $T$ 值 |
|---|---|---|---|
| 有形性 | $\gamma_{11}$ | 0.82 | $\lambda$ 固定为 1 |
| 可靠性 | $\gamma_{21}$ | 0.85 | 13.15 |
| 响应性 | $\gamma_{31}$ | 0.93 | 13.37 |
| 保障性 | $\gamma_{41}$ | 0.98 | 16.45 |
| 移情性 | $\gamma_{51}$ | 0.93 | 15.18 |
| 服务质量影响结果 | | 结构系数估计值 | |
| 服务质量→态度 | $\gamma_{61}$ | 0.60 | 10.25 |
| 服务质量→满意度 | $\gamma_{71}$ | 0.45 | 8.25 |
| 态度→满意度 | $\beta_{76}$ | 0.47 | 8.91 |
| 态度→光顾意愿 | $\beta_{86}$ | 0.03 | 0.48 |
| 满意度→光顾意愿 | $\beta_{87}$ | 0.88 | 13.75 |

### 得出结论并提出建议

估计载荷的大小和显著性显示，服务质量的 5 个构念都能够预测顾客对服务的态度和满意度。再者，服务质量对于态度和满意度有显著影响，因为这些路径的结构系数是显著的。服务满意度进而影响光顾意愿，而服务态度不直接影响光顾意愿，仅通过服务满意度施加间接影响。

如果样本在目标总体中具有代表性，我们可以对银行经理谨慎地提出以下营销建议：服务质量各方面都重要，都要强调，应当推出营销方案来提升顾客对有形性、可靠性、响应性、保障性和移情性的感知。各构念的指标提示了应如何通过管理行动来影响相应构念。而且，顾客满意度对于提升光顾意愿非常重要。因此，银行应当调查顾客满意度，并采取正确措施以保证顾客的高满意度。

## 22.15　路径分析

若因果模型中每个变量都只有一个指标，就可采用路径分析，它是结构方程模型的一种特殊形式。路径分析可视为结构方程模型中的结构模型，不包含测量模型，又称因果模型（causal modeling）、协方差结构分析（analysis of covariance structures）和潜变量模型（latent variable models）等。[19]

路径分析还可看作回归分析的延伸。路径分析模型用长方形和箭头进行图示，其中单向箭头表示因果关系。模型中各个因变量对其他设定为原因的变量进行回归，将模型估计的回归系数与观察到的变量相关矩阵进行比较，计算出拟合优度指数。路径分析只使用相关或协方差矩阵作为输入变量来计算关系强度。

## 路径分析实例展示

假如有以下 $Y_1$、$X_1$ 和 $X_2$ 的相关系数矩阵。

| | $X_1$ | $X_2$ | $Y_1$ |
|---|---|---|---|
| $X_1$ | 1.0 | | |
| $X_2$ | 0.40 | 1.0 | |
| $Y_1$ | 0.50 | 0.60 | 1.0 |

首先做一个如图 22－12 所示的路径分析图。该图与结构方程模型中的结构模型相似，也应当依据理论来确定。图 22－12 的模型包含两个外生构念 $X_1$ 和 $X_2$，都是内生构念 $Y_1$ 的原因。相关路径 A 表示 $X_1$ 和 $X_2$ 的相关关系。$Y_1$ 的值用下式表示：

$$Y_1=b_1X_1+b_2X_2$$

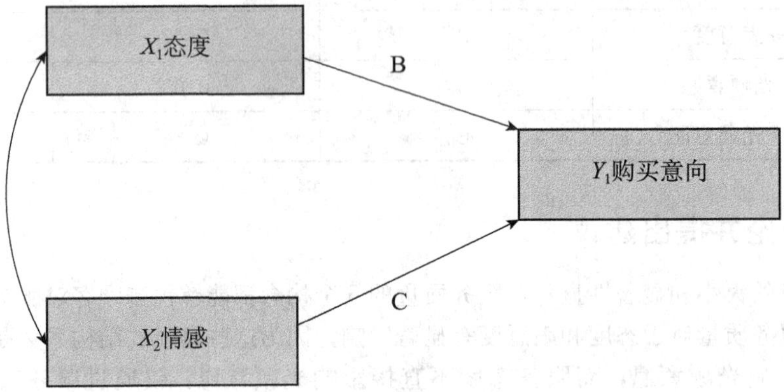


**图 22－12　路径分析图**

注意上式与回归方程类似。可识别出直接和间接路径如下：

直接路径
- A＝$X_1$ to $X_2$
- B＝$X_1$ to $Y_1$
- C＝$X_2$ to $Y_1$

间接路径
- AC＝$X_1$ to $Y_1$（经由 $X_2$）
- AB＝$X_2$ to $Y_1$（经由 $X_1$）

路径分析将两个变量之间的简单相关分解为连接它们的直接路径与间接路径之和。本例中，三个构念之间的相关包含直接和间接路径，如下：

$$Corr_{X_1,Y_2}=A$$
$$Corr_{X_1,Y_1}=B+AC$$
$$Corr_{X_2,Y_1}=C+AB$$

$X_1$ 和 $X_2$ 之间的相关就等于 A。$X_1$ 和 $Y_1$ 之间的相关（$Corr_{X_1,Y_1}$）用 B 和 AC 两条路径代表，B 是直接路径，AC 是由 $X_1$ 到 $X_2$，然后再到 $Y_1$ 的弯箭头所表示的组合路径。类似地，$X_2$ 和 $Y_1$ 相关包含两条因果路径：C 和 AB。根据观察的相关系数矩阵，上述方程可以写为：

$$0.40=A$$
$$0.50=B+AC$$
$$0.60=C+AB$$

将 A＝0.40 代入

$$0.50=B+0.40C$$
$$0.60=C+0.40B$$

得出 B 和 C 的值：

B＝0.310

C＝0.476

路径代表构念间的相关或因果关系，解释与结构模型方程中类似。

## 本章小结

结构方程模型是对一组概念或构念建立一系列依存关系的过程，这些概念或构念由多个观察变量所代表并纳入一个整合模型。结构方程模型主要作为一种验证性而非探索性技术。图 22－13 给出了结构方程模型的概念图。

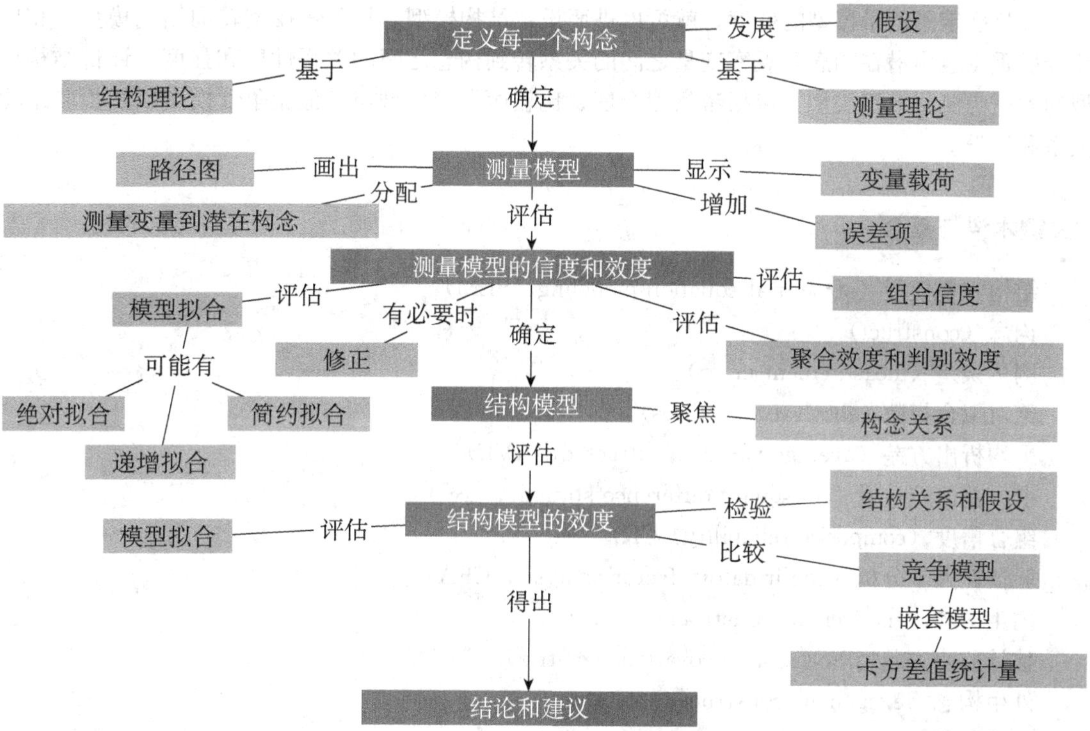


**图 22－13　结构方程模型概念图**

结构方程模型以理论为基础，这一点非常重要，因为在估计结构方程模型之前必须指定所有关系。构念是不可观察的潜变量，可以用概念术语进行定义但无法直接测量，只能通过考察多个观察变量的一致性进行近似的、间接的测量。建议每个构念用至少三个观察变量来测量。结构方程模型分析的步骤包括：(1) 定义每一个构念；(2) 确定测量模型；(3) 评估测量模型的信度和效度；(4) 如果测量模型有效，确定结构模型；(5) 评估结构模型的效度；(6) 如果结构模型有效，得出结论并提出建议。

通过比较估计的协方差矩阵 $\Sigma_k$ 与观察样本的协方差矩阵 $S$ 之间的匹配程度来确定模型的拟合度，即拟合度统计量的基础是 $|S-\Sigma_k|$。有各种不同指标衡量拟合度，包括绝对拟合指数、递增拟合指数和简约拟合指数。对于绝对拟合指数，模型的评价独立于其他可能的模型。递增拟合指数评价设定模型相比于作为基准模型的其他模型，在多大程度上与样本数据相吻合。通常采用的基准模型是零模型，即所有变量之间互不相关。简约拟合指数根据复杂性来评价模型拟合程度，多用于比较竞争模型，计算基础是模型所用自由度与全部可用自由度之比，

即简约率。

为了评估测量模型的效度，有必要考察组合信度、聚合效度和判别效度。组合信度定义为真分数方差总值与总分数方差之比。较高的因子载荷表明观察变量聚合于同一构念，衡量聚合效度的另一指标为平均析出方差，即指标或观察变量的方差被潜在构念所解释的百分比。交叉负载意味着缺乏差异，可能造成判别效度方面的问题。如果平均析出方差高于相关系数平方，则可以证明测量模型具有判别效度。

如果测量模型的效度不令人满意，那么可以采用验证性因子分析所提供的诊断信息来进行修正。可用来进行恰当修正的诊断线索包括：(1) 路径估计或载荷；(2) 标准化残差；(3) 修正指数；(4) 设定探求。如果修正幅度较大，那么必须修正测量理论并设定新的测量模型，还需收集新数据对模型进行检验。

一旦确定了测量模型的效度，就可以进而设定结构模型。从测量模型转向结构模型，相应地分析重点也由潜在构念和观察变量之间的关系转到构念之间的关系性质和强度。评价结构模型的效度与测量模型类似，包括考察拟合度、比较所设定模型与其他竞争性模型以及检验结构关系和假设。

## 关键术语与概念

结构方程模型（structural equation modeling，SEM）
构念（construct）
测量误差（measurement error）
绝对拟合指数（absolute fit indices）
平均析出方差（average variance extracted，AVE）
卡方差值统计量（chi-square difference statistic，$\Delta\chi^2$）
组合信度（composite reliability，CR）
验证性因子分析（confirmatory factor analysis，CFA）
内生构念（endogenous construct）
估计的协方差矩阵（estated covariance matrix）
外生构念（exogenous construct）
一阶因子分析（first-order factor analysis）
递增拟合指数（incremental fit indices）
测量模型（measurement model）
修正指数（modification index）
嵌套模型（nested model）
非递归模型（nonrecursive model）
简约拟合指数（parsimony fit indices）
简约率（parsimony ratio）
路径分析（path analysis）
路径图（path diagram）
递归模型（recursive model）
样本协方差矩阵（sample covariance matrix）
二阶因子模型（second-order factor model）
复相关系数平方（squared multiple correlation）

结构误差（structural error）
结构模型（structural model）
结构关系（structural relationship）
单维性（unidimensionality）
模型的拟合度（model fit）
残差（residual）
模型识别（model identification）
共同度（communality）
复相关系数平方（squared multiple correlation）
标准化残差（standardized residual）
修正指数（modification index）
设定探求（specification search）

## 练习

**问答题**

1. 结构方程模型区别于其他多元分析技术的特点是什么？
2. 理论在结构方程模型中起什么作用？
3. 什么是测量模型？为什么要估计测量模型？
4. 在结构方程模型中，怎样评估模型拟合度？
5. 绝对拟合指数和递增拟合指数有何异同？
6. 简约拟合指数和递增拟合指数有何异同？

**练习题**

画一个包含3个外生构念和1个内生构念的路径图。外生构念分别用5、4、3个变量测量，内生构念用4个指标测量。预计有2个外生构念与内生构念正相关，1个外生构念与内生构念负相关。计算测量模型的自由度。

## 活动

**角色扮演**

你是一家大型广告公司的资深营销调研分析师。根据相关理论可知，广告引起知晓，知晓引起理解，理解引起偏好，偏好引起购买意愿。画出路径图，向你的上级，即团队客户经理和公司副总裁（由另一名同学扮演）解释这个过程。

**实地调查**

拜访学校里的营销和其他专业的教授，请他们提供一些采用结构方程模型做数据分析的已发表论文。简要描述其中一篇论文所用的结构方程模型。

**小组讨论**

组成一个小组，讨论探索性因子分析和验证性因子分析之间的异同。哪种方法更有用？

## 连续案例：戴尔

阅读书末附录A中戴尔的案例，以及提供的调查问卷，下载数据资料。

建立一个结构方程模型，用在Q8前4个项目上的绩效评分来解释戴尔满意度和忠诚度

（用 Q4、Q5 和 Q6 测量）。

1. 确定测量模型，画出路径图。
2. 估计测量模型，评估其信度和效度。
3. 确定结构模型，画出路径图。
4. 估计结构模型，评估其效度。
5. 你能得出什么结论？你将向戴尔的管理人员提出什么建议？

# 第23章 报告的准备与演示

在任何报告或演示中，都应该开门见山地指出为什么这些结果对企业来说意义重大。无论是否相关，新手往往都倾向于报告所有的数据和结果。而分析师的作用是对其进行过滤和提纯，从而使受众能够获取精华。

——Decision Analyst 公司总裁兼首席执行官杰里·托马斯（Jerry Thomas）

## 学习目标

1. 讨论报告准备的基本要求，包括对报告的格式、撰写、图表的要求。
2. 讨论口头演示的本质和范围，并描述总分总原则和简洁明了原则。
3. 描述从客户角度准备营销调研报告的方法和阅读调研报告的指南。
4. 解释对客户进行追踪的原因，并描述应向客户提供的帮助和对调研项目的评估。
5. 理解国际营销调研中的报告准备和演示过程。
6. 识别与调研过程及结果的解释、报告和调研结果的使用等相关的伦理道德问题。

## 本章概述

报告的准备与演示构成了营销调研项目的第 6 步，亦是最后一步。前 5 步分别是定义调研问题、设计调研框架、进行调研设计、实地调查以及数据准备与分析。本章描述了报告的准备和演示作为最后一步的重要性及其过程；提供了包括报告撰写和图表设计等在内的报告准备准则；讨论了报告的口头演示；并描述了客户支持、研究过程评估等营销调研的后续工作；还讨论了国际营销调研中报告的准备和演示的特殊考虑，以及相关伦理道德问题的识别。

## 23.1 报告和演示的重要性

**营销调研报告**（rcport）是指为某 特定受众制作的书面或口头演示，其涵盖了调研的过程、结果、建议及结论。此报告以及报告的演示是营销调研项目的重要组成部分，具体理由如下：

1. 营销调研报告以及报告的演示是调研所付出的努力的有形产出。在完成调研项目、管理层做出决策之后，调研报告几乎是唯一的文件性质的证据，调研报告相当于营销调研项目的一份历史记录。

2. 营销调研报告及其演示可指导管理决策。如果认真完成了调研的前 5 步却没有给予第 6 步充分的关注，对于管理层来说，整个调研项目的价值将会大打折扣。

3. 许多营销管理人员仅通过最终撰写的报告和口头演示来认识整个营销调研项目，他们通常会根据报告和演示的质量来衡量整个项目的质量。

4. 管理层对报告和演示有用性的判断将影响今后是否进行营销调研以及是否再次选择某一特定营销调研公司的决策。

## 23.2 报告准备和演示过程

图23-1描绘了报告的准备和演示的过程，此过程始自根据调研问题、调研方法、调研设计和实地调查等对数据分析结果进行解释。调研人员不应仅仅总结统计结果，而应使调研的结果能够直接应用于决策中，只要条件允许，应该得出结论，并提出切实可行的建议。在撰写报告之前，调研人员应该与核心决策者一起讨论调研的主要结果、结论和建议。这些讨论在保证报告满足客户需要并最终得到认可的过程中扮演重要角色，并且在讨论中确定书面报告及其他数据的提交日期。

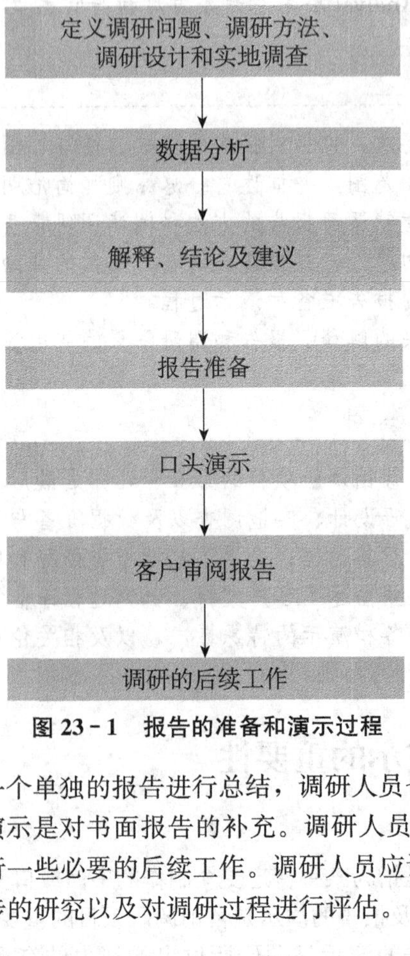


**图23-1 报告的准备和演示过程**

整个营销调研过程可由一个单独的报告进行总结，调研人员也可以分别撰写几份报告给不同的读者。一般来说，口头演示是对书面报告的补充。调研人员应该使客户有机会审阅报告，并且在此之后调研人员应进行一些必要的后续工作。调研人员应该协助客户理解报告，将调研结果付诸实施，并进行进一步的研究以及对调研过程进行评估。

## 23.3 报告准备

不同的调研人员准备调研报告的方法迥然不同。调研人员和决策制定者的个性、背景、专业和责任感相互作用，赋予每一份报告独一无二的特质。在短期或重复的调研项目中，也许无须准备我们所描述的正式书面报告，但是，在确定格式、撰写报告以及制作图表方面依然存在一些统一的规则。[1]

## 23.4　报告的格式

报告的格式会因为调研人员或实施调研项目的营销调研公司、调研项目的客户及项目本身性质的不同而有所不同，下列内容可以作为撰写调研报告的指南，调研人员可以借鉴此内容为具体调研项目的报告确定格式。大部分的正式调研报告包括下列要素：

前言部分：

1. 封面
2. 提交信
3. 授权信
4. 内容目录
5. 表目录
6. 图目录
7. 附件目录
8. 展示目录
9. 执行总结
    - 主要结果
    - 结论
    - 建议

主体部分：

10. 调研问题
    - 问题背景
    - 问题陈述
11. 调研方法
12. 调研设计
    - 调研设计的类型
    - 信息需求
    - 二手数据收集
    - 原始数据收集
    - 量表技术
    - 问卷设计和预测试
    - 抽样技术
    - 实地调查
13. 数据分析
    - 数据分析方法
    - 数据分析方案
14. 调研结果
15. 调研局限和声明
16. 结论和建议

17. 附件（附录部分）
- 问卷和图表
- 统计分析结果
- 清单

这一格式遵循营销调研的步骤，通过多个章节来展示调研结果。例如，在一个全国性调研中，可能先进行所有样本的数据分析，然后再对四个地区的数据分别加以分析，这样一来，调研结果就可能分五个章节而不是在一章中进行阐述。

## 封面

封面应该包括报告的题目、调研人员或调研公司的相关信息（姓名、地址和电话）、客户的名字以及报告的完成日期。报告的题目应指明调研项目的性质。

## 提交信

正式的报告一般包括提交信。提交信是为了将报告转给客户，并总结调研人员在完成项目中总的体会，但不提及调研结果。信中还应明确客户未来需要采取的行动，比如调研结果的实施或应当进行的进一步的调研。

## 授权信

授权信是客户在调研项目开始前写给调研人员的，其授权调研人员开始执行调研项目，并确定项目的范围和合同的期限。通常使用提交信便可以代替授权信，但有时在报告中有必要包括一份授权信的副本。

## 内容目录

内容目录应该列出标题和相应的页码，在大多数报告中一般只列出主要的标题和子标题。内容目录之后紧接着的是表目录、图目录、附件目录和展示目录。

## 执行总结

执行总结是报告中极其重要的部分，因为高层管理人员通常只阅读报告的这一部分。执行总结应准确地描述调研问题、调研方法和调研设计，该部分应包括主要结果、结论和建议。执行总结应在报告完成之后撰写。

## 调研问题

报告的这一部分提供所调研问题的背景，强调与决策者和行业专业人士进行的商讨，并讨论二手数据分析和定性分析的结果及被考虑的各个因素。另外，这一部分还应清楚地阐述管理决策问题和营销调研问题（见第2章）。

## 调研方法

这一部分应讨论解决所调研问题的概括性方法。这一部分还应包括对指导这一研究的理论基础、所采用的分析模型、调研问题、假设和影响调研设计的因素的描述。

## 调研设计

此部分应该详尽说明调研是如何进行的（见第3～13章），应包括所采用的调研设计的类型、信息需求、二手数据和原始数据的收集、量表技术、问卷设计和预测试、抽样技术和实地调查；应尽量采用一种非技术性的、易于理解的方式阐述这些内容，技术性的细节可包含在附录中。这一部分应证实所选择的特定方法是合理的。

## 数据分析

这一部分应描述数据分析方案并证实所采用的数据分析策略和技术是合理的，并且应使用简单、非技术性的语言对数据分析技术进行描述。

## 调研结果

调研结果部分通常是报告中篇幅最长的部分，可能由几章构成。一般来说，调研结果不仅会在总体层面上进行展示，还会在子群体（细分市场、地理区域等）的层面上进行展示。例如，一个医疗服务的营销调研报告用 4 章来阐述调研结果：第 1 章阐述整体结果，第 2 章检验不同地理区域之间的差异，第 3 章阐述营利性和非营利性医院的差异，第 4 章阐述床位数量不同的医院之间的差异。调研结果的阐述应与营销调研问题和所确认的信息需求直接相关。主要的成果在正文中讨论，细节则通过图表来阐明。

## 调研局限和声明

由于时间、预算和其他组织性约束，所有的营销调研项目都存在一定局限性。另外，调研设计可能由于各种误差的存在（见第 3 章）而有所局限，有些误差可能是很严重的，必须加以讨论。调研人员应带着认真的态度，以公正的视角撰写此部分内容。一方面，调研人员必须保证管理层不会完全依赖调研结果，或将结果应用于调研目的以外的领域，比如说把调研结果延伸到调研项目之外的人群；另一方面，这一部分不应损害调研结果的可信度或降低调研结果的重要性。

## 结论和建议

仅仅对统计分析结果进行总结是不够的。调研人员应根据所调研的问题，利用调研结果得出主要的结论。在调研结果和结论的基础上，调研人员可以向决策者提出建议。有时调研人员的研究只涉及一个领域而无法从客户的公司层面做出更全面的理解，在此情况下调研人员无须提出建议。当提出建议时，所提内容应该具有可行、实际、可操作，并可直接用到决策制定中等特点。在以下实例中可以看到撰写结论和建议的一些指导原则。

---

**调研实例**

### 撰写结论和建议的指南

**结论**

结论应包括不同方面，例如：

- 消费者行为。
- 顾客态度或感知。
- 被调研市场的特点。

通常在调研中，选取的样本可以代表整个被调研市场。应避免引人注目但与结论无关的结果。可以采用声明或段落的形式撰写。可以使用小标题来标明结论所涵盖的不同主体或细分市场。

**建议**

基于调研结果，应采纳或考虑的行动建议有：

- 增加/取消某一产品。
- 在广告中应传达的信息——广告定位。
- 选取哪些市场为目标细分市场。
- 如何进行产品定价。
- 未来应考虑的调研方向。

应该与提出的调研目的相关。

有时建议部分可被省略，例如：

- 客户想要亲自撰写建议。
- 调研只是为了使客户更熟悉市场。

尽管事实上我们可能并不是很熟悉公司内部的财务状况和其他内部影响因素，但大部分客户依然对我们提出的建议感兴趣。

## 23.5 报告撰写

### 读者

报告应该写给特定的读者，即那些使用调研结果的营销管理者，所以在撰写时应该考虑读者的技术水平、对调研项目的兴趣、在什么情况下阅读报告以及如何使用报告。

应该避免使用技术术语和行话。正如一个专家所说的："你的报告的读者都很忙，他们几乎不可能在看调研报告的同时去翻阅专业字典。"[2] 应采用叙述性的解释，而不是使用诸如最大似然、异方差、非参数之类的技术术语。如果技术术语的使用无法避免，应该在附录中对这些术语进行简明扼要的解释。进行营销调研时，人们往往宁愿接受一个不能解决的问题，也不愿接受一个他们无法理解的答案。

调研人员经常要迎合那些有不同技术水平和兴趣的读者的需要，为了满足这些相互冲突的需要，可以在一个报告中包括针对不同读者的不同部分，或直接准备几份不同的报告。

### 易于理解

报告应该易于理解。[3] 报告应该在结构上具有逻辑性并且叙述清楚。报告所包含的资料，尤其是报告的主体应该按逻辑关系排列，从而使读者能够很容易地看出其内在联系。报告中应该用标题标示主题，用子标题标示细分主题。

一个富有逻辑性的结构有利于报告的前后一致性。使用短小且切中要害的句子可以使报告更加明晰。所使用的词语应该正好能够表达调研人员希望传达的内容，应该避免使用晦涩的词语、术语和陈词滥调。一个检查报告明晰度很好的方法是让两三个不熟悉项目的人阅读报告，并提出批评意见。在最终报告定稿之前，进行几次修订是必要的。

### 美观且专业的外观

一份报告的外观也很重要。应该用高质量的纸张，进行高质量的印制和装订，从而得到专业的报告。字号的变化和空白的有效使用可以使报告更美观，可读性更强。

### 客观

客观性是报告撰写的重要准则。调研人员可能太过着迷于项目本身，以至于忽略了他们在调研中扮演的科学角色。报告应该准确地叙述调研项目所采用的方法、调研结果和结论，而不应该歪曲调研结果以迎合管理层的期望。虽然决策者不希望调研结果与他们的判断和行为相悖，但是调研人员应该有勇气客观地展示并维护调研结果，撰写报告的基本原则是实事求是。

### 用图表来强化正文内容

用图表、照片、地图等其他视觉工具来强化正文中的关键信息是非常重要的。视觉工具可以在很大程度上促进信息的传达并提高报告的明晰度和影响力。关于绘制图表的规则将在之后讨论。

### 简洁

报告应该简明扼要，任何不必要的内容都应该被省略。如果报告包含过多信息，重要的信息反而会被忽略。应该避免对常规性问题进行冗长的讨论，但是报告的简洁性不应该以损害报告的完整性为代价。

## 23.6 表格绘制指南

统计表格是报告中值得特别关注的重要组成部分。我们通过表 23－1 中美国汽车销售量的例子来说明制表的原则，下文中括号内的数字与表 23－1 中相应数字所指的部分对应。

(1a) 表 23－1 (2a) (4b) (1b) 美国汽车销售量 (3a) (4a) (5a) (4c)

| (5b) 制造商 | 销售量（辆） 20×3 年 | 20×4 年 | 20×5 年 | 20×6 年 | 20×7 年 |
|---|---|---|---|---|---|
| 通用汽车 | 4 756 403 | 4 707 416 | 4 517 730 | 4 124 645 | 3 866 620 |
| 福特 | 3 811 000 | 3 623 000 | 3 443 000 | 3 051 000 | 2 836 000 |
| 克莱斯勒 | 2 129 000 | 2 287 000 | 2 305 000 | 2 087 000 | 2 100 000 |
| 丰田 | 1 982 000 | 2 103 000 | 2 271 000 | 2 556 000 | 2 942 000 |
| 本田 | 1 558 000 | 1 575 000 | 1 575 000 | 1 682 000 | 1 788 000 |
| 日产 | 856 000 | 1 013 000 | 1 075 000 | 1 035 000 | 1 100 000 |
| 其他* | 1 907 597 | 1 991 584 | 1 800 345 | 2 016 193 | 1 467 380 |
| 总计 | 17 000 000 | 17 300 000 | 16 987 075 | 16 551 838 | 16 100 000 |

(5c) ＊包括所有其他厂商。

(6a) 资料来源：各公司网站。

### 编号和标题

每一个表格都应该有编号（1a）和标题（1b）。标题应该简短且清晰地叙述表格中所提供的信息。通常用阿拉伯数字对表格进行编号，以便在正文中引用。[4]

### 数据的排列

表格中数据的排列应强调数据最重要的方面。因此，当数据与时间相关时，应该按适当的时期进行排列；当数字的大小次序很重要时，数据应该按大小次序进行排列（2a）；如果查找项目的方便性很重要，就适合按照字母顺序排列。

### 基本度量单位

应该清楚注明基本量纲（3a）。

### 引导线、分隔线和空格

引导线、圆点或连字符可以指引阅读方向，使表格显得统一，增强可阅读性（4a）。最好用空白区（4b）而不是垂直或水平分割线来划分数据区域，在不同部分的数据之后所加的空行（4c）亦有助于阅读。标题之后通常加水平线。

### 解释与说明：列标题、行标题和脚注

可以用行标题、列标题和脚注的形式进行注解，从而使表格内容更加清晰。横在垂直列上的标题叫作标题（5a），位于表格左侧的标题叫行标题（5b），无法包含在表格内的信息应该使用脚注（5c）加以解释。脚注应该放在表格主体之后、数据来源之前。

### 数据来源

如果表中的数据是二手数据，则应注明数据来源（6a）。

## 23.7 绘图指南

总体来说，只要有实际需求就可以使用图表。信息的图形化描绘可以有效地对正文和表格进行补充，增加信息传达的清晰度和影响力。有时，一张图片胜过千言万语。绘图的规则与绘制表格的规则很相似，因此这里重点介绍图形的不同类型。[5] 我们根据表 23-1 中美国汽车销售量的数据来描述几种类型图的特点。

### 地理地图和其他地图

地理地图和其他地图，如产品定位图，可以传达相对位置和其他比较信息。地理地图可以按照国家、州、县、销售区域等进行划分。例如，假设调研人员想要展示美国每个州关于可口可乐、百事可乐和其他竞争者的相对销量信息，就可以用一张地图来传达。在这张图中，每一个州按可口可乐、百事可乐和其他品牌的销量被分成三个部分，每部分用不同的颜色或图案表示。

## 饼图

在**饼图**（pie chart）中，每个部分的面积占圆形总面积的百分比反映了与某一特定变量值相关的百分比。饼图不能用于表示跨时期或多个变量间的关系。总的来说，饼图不应被分成多于 7 个部分。[6] 图 23-2 是关于美国汽车销售量的饼图。

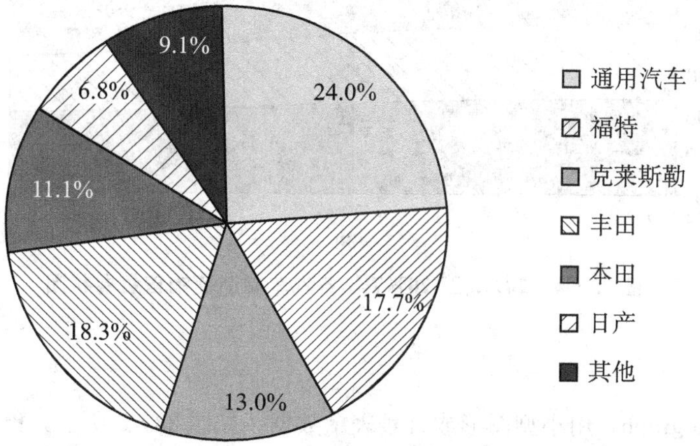


**图 23-2　20×7 年各汽车制造商销售量饼图**

## 折线图

**折线图**（line chart）是用连续的线段连接一连串的数据点。折线图适用于描绘跨时期的趋势和变化，几串数据可以在同一张图中进行比较，并从中得出预测、变化和推断。如果几串数据同时出现，则每条折线应该有不同的颜色或形式（见图 23-3）。[7]

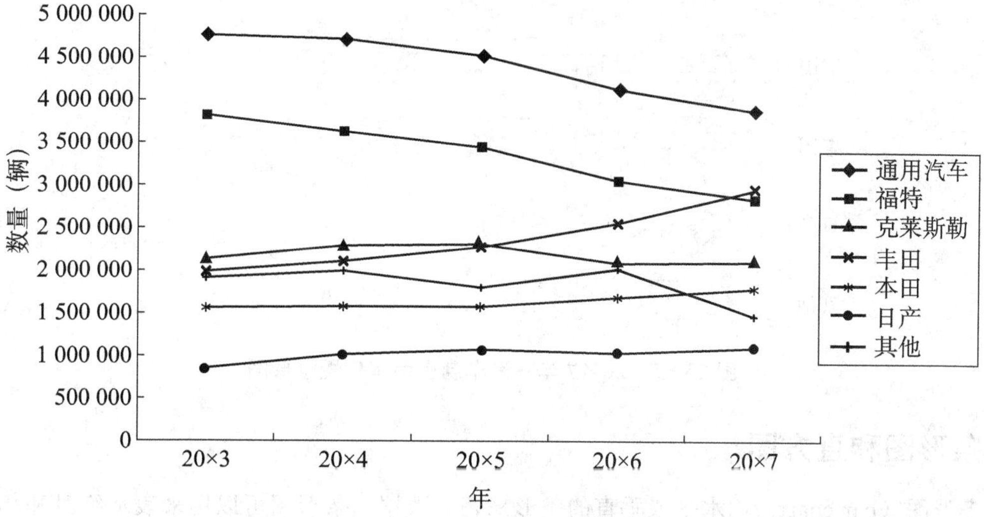


**图 23-3　20×3 至 20×7 年各汽车制造商销售量折线图**

**层状图**（stratum chart）是折线图的一种。在层状图中各条线之间的面积表示相对变量的大小（见图 23-4）。

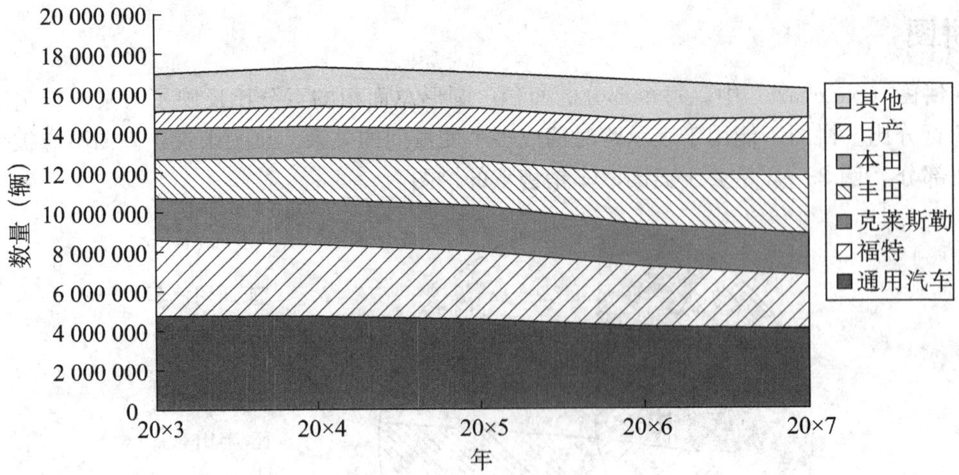


**图 23-4　20×3 至 20×7 年各汽车制造商销售量层状图**

## 象形图

**象形图**（pictograph）用小型图形或符号表示数据。如图 23-5 所示，象形图不能精确地展示结果，因此应谨慎使用。[8]

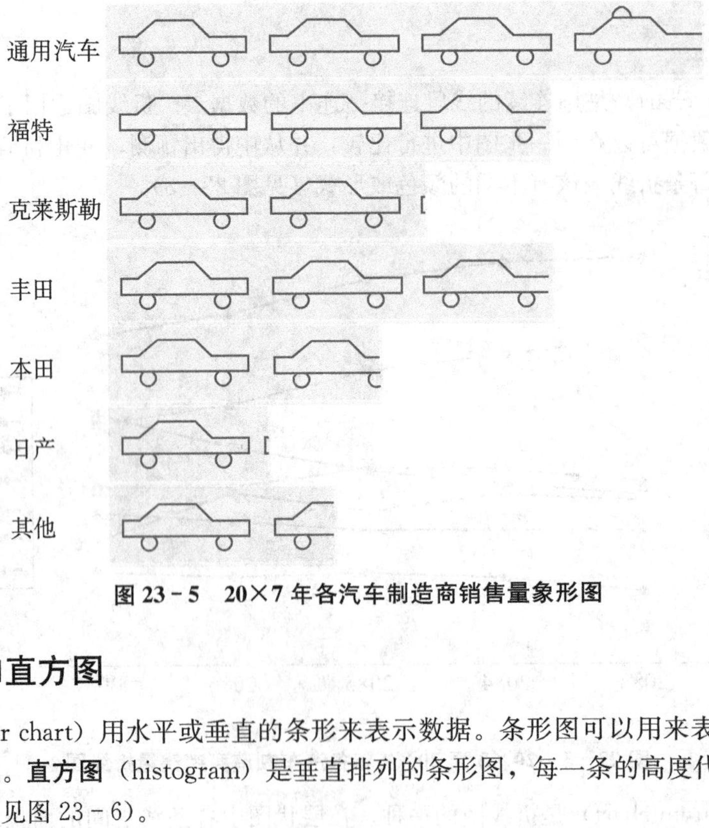


**图 23-5　20×7 年各汽车制造商销售量象形图**

## 条形图和直方图

**条形图**（bar chart）用水平或垂直的条形来表示数据。条形图可以用来表示绝对和相对数量、差异和变化。**直方图**（histogram）是垂直排列的条形图，每一条的高度代表某一变量的相对或累计频率（见图 23-6）。

## 示意图和流程图

示意图和流程图有多种形式。如图 23-1 所示，它们可以用来展示某一过程的步骤或组成部分。这类图的另一种常用形式为分类图，第 4 章提供了划分二手数据的分类图示例。在第 10

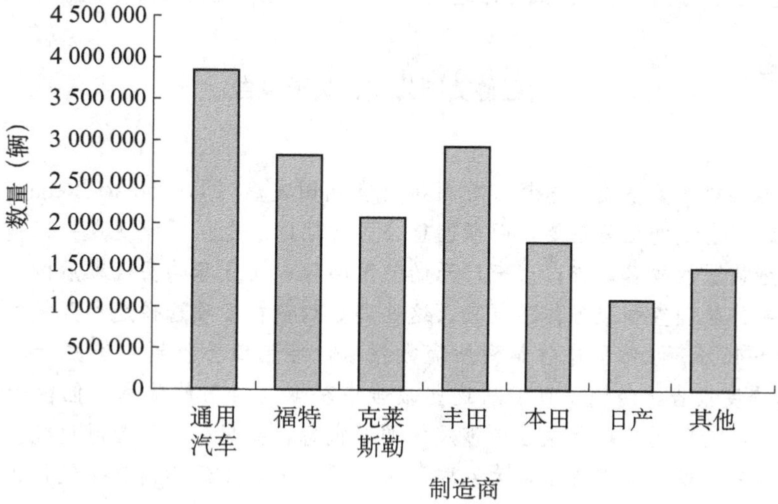


**图 23-6　20×7 年各汽车制造商销售量直方图**

章中展示了问卷设计流程图示例。[9]

---

**调研体验**

**宝洁调研**

访问 www.pg.com，查看宝洁公司最新的一期年度报告。

对宝洁公司最新一期的年度报告中的图表进行评价。你想要构建哪些额外的图表？

作为宝洁公司市场部的副总裁，你认为最新年度报告中的图表有多大用处？

---

## 23.8　报告的分发

营销调研报告应当分发给客户公司中合适的人员。报告可以通过纸质版或电子版等多种形式进行分发。现在越来越多的调研报告直接发布在网上，通常这些报告不会发布在公众所能接触到的地方，而是发布在有密码保护的地方或企业内部网中。各种文字处理、电子表格和演示软件能制作可直接发布在网络中的报告材料，使这一过程更加便捷。

在网上发布营销调研报告有很多优点：报告可以综合各种多媒体来演示，包括图表、照片、动画、音频和视频等；传播迅速，获得授权的人员可以在全球各地获得报告；还可以通过电子检索定位到需要的特定材料，例如，一位位于吉隆坡的通用汽车的经理可以找到与南亚有关的报告内容；存取和检索都十分高效便捷；很容易将网上的报告进行整合，从而使其成为决策支持系统的一部分。

在网上发布调研报告的一个好例子是 accutips.com。它在网上发布了很多营销调研报告，并且这些报告包含营销调研的诸多内容，包括案例研究、市场聚焦/趋势、销售与营销、数据选择和邮寄名单、直接邮寄广告、网上营销和电子营销等。登录其网站 www.accutips.com 可检索相关内容。不仅如此，新型的互联网应用程序使公司可以将信息分享给公司内的指定人员。

**决策研究**

## 斯巴鲁美国公司：关于报告

**情境**

斯巴鲁美国公司的董事长、总裁兼首席执行官池田友彦（Tomohiko Ikeda）认为，在现今的汽车行业，顾客忠诚度至关重要，而斯巴鲁公司长期以来也认同此观点。以前斯巴鲁公司非常重视传统的纸质版的顾客调查；后来，开始使用邮件，在顾客购买汽车后的7～14天内对顾客进行跟踪购买体验调查和服务体验调查。这些调查均包括多项选择题和开放式问题，邮件的回复率为30%～45%。从邮件中收集到所需数据后，经销商会收到一份关于斯巴鲁用户忠诚度（SOLI）的季度报告，经销商可以从这些报告中获取有价值的信息。但由于经销商一年只能收到四次报告，所以对于这些报告中涉及的顾客抱怨，要想解决已为时过晚。

为了解决这一问题，池田友彦认为互联网可以帮助公司为经销商、一线员工以及管理团队提供更快更灵活的服务。斯巴鲁公司聘请了位于明尼苏达州明尼阿波利斯的Data Recognition公司来建立设计一套专门的程序提供不间断的服务。整个过程起始于使用光学字符识别技术对顾客的调查表格进行扫描，获得顾客的评价并将其分类；然后，通过该公司开发的定制化程序，所有的调查信息将被自动推送至对应的经销商手中。整个过程由调研公司进行管理，因此，斯巴鲁公司可以专心于汽车销售。

基于网络的报告帮助前线管理者更加了解经销商所面临的问题，在与经销商会面之前，管理者可以获得某一特定经销商的最新报告。此方法切实可行，因为管理者可以在任何可以登录网络的地方获取信息。

经销商能够利用该方法保持它们在顾客满意度方面的良好表现。它们可以看到自己的顾客满意度得分并检查每个销售人员的表现。新系统使得经销商可以对顾客抱怨立刻做出反应，有利于其实现更好的管理，从长远来看，所有员工都能有更好的绩效表现。由于经销商越来越适应网络形式，它们开始寻求更详细更及时的报告。因此，斯巴鲁公司开发了"即时报告"，除季度排名外，还能从这些报告中获得即时的绩效排名。该报告成为帮助斯巴鲁提高销售量和业绩的又一工具。这项新技术以及顾客测量和顾客忠诚度目标的重新定位将有助于斯巴鲁公司在竞争中获得优势。

**营销调研决策**

1. 斯巴鲁公司的管理层认为报告十分有用，公司的经销商却持有不同的观点。该如何修改报告来增加对经销商的有用性？
2. 针对你推荐的报告，讨论其是如何帮助池田友彦来使经销商的销售工作更加有效的。

**营销管理决策**

1. 池田友彦应该采取什么措施来使其经销商的销售工作更加有效？
2. 你推荐的报告类型如何影响你向池田友彦提出的营销管理决策建议？讨论这一问题。[10]

## 23.9 口头演示

调研人员应该将整个营销调研项目向客户公司的管理层进行演示，这一演示有助于管理层理解和接受书面报告。管理层可能会有的任何问题都可以在演示过程中加以讨论。因为许多管理者对项目的第一印象和持久的印象都是建立在演示的基础上的，所以演示的重要性不容小觑。[11]

有效演示的关键在于准备，应该按所写报告的格式准备草稿或详细的提纲。演示必须适合特定的受众，因此需要确定受众的背景、兴趣、对项目的关注程度以及他们在多大程度上可能被报告影响。在向管理层演示之前，应进行预演。

诸如图表之类的视觉内容应该借助多种工具进行演示。黑板可用来演算，在回答技术性问题时该工具尤其有效。磁板和毛毡板尽管不够灵便，但可以迅速地展示事先准备好的资料。翻页纸板是一个挂在架上的大的空白硬纸簿，事先将图示放置在每一页上，演示时可逐页翻阅。投影仪可以在屏幕上展示简单的图表，亦可以展示复杂的、由于连续地添加新的图像而产生的重叠式图片。一些计算机程序可以用来制作有吸引力的展示内容。DVD 播放机、大屏幕投影仪在展示座谈会和其他动态的实地调查时特别有效。幻灯片和其他软件适用于进行视觉展示。配合个人电脑使用的电脑投影仪可以在屏幕上放映终端图像，它可以用于制作电脑控制的演示或展示，诸如分析模型等技术性信息。

在演示过程中保持与受众的目光交流和互动十分重要。在演示中和演示后应给受众足够的机会提问。应该借助恰当的故事、例子、体验和引语使演示有趣且可信。应该避免使用诸如“唔”“你知道的”“不错”之类的口头语。**总分总原则**（“Tell’ Em” principle）对于构筑一个演示是很有效的。这一原则是指：(1) 告诉受众你将要讲什么；(2) 讲给受众听；(3) 告诉受众你都讲了些什么。另一个有用的原则是**简洁明了原则**（“KISS’ Em” principle），它是指让演示变得简洁和直接。

演示过程中应该使用肢体语言。描述性的手势有助于使语言传达的信息更加清晰，强调性的手势可以用于强调所说的内容，建议性的手势是想法和情绪的标志，鼓励性的手势用于产生所期望的受众反映。演讲者在发言过程中应变换音量、音调、音质、发音方式和语速等，并且应以一个强有力的结尾结束演示。为了强调演示的重要性，演示应该得到客户公司的高层管理者的支持。

在演示之后，应给予客户公司的核心管理人员一定的时间详细地阅读报告。同样在审阅调研报告时，亦存在一些指导原则。

## 23.10　调研报告的审阅

美国广告研究基金会（Advertising Research Foundation）提出了一系列审阅报告和评估调研项目的指导原则。[12]

### 提出调研问题

读者应该关注报告是否明确提出了调研问题以及是否提供了相关背景信息。报告应清楚地说明调研项目的委托方和执行机构；不应假设读者了解有关的问题，而应该提供所有的相关信息。一份没有提供这些信息的报告错失了重点，也抓不住读者眼球。

### 调研设计

如果报告的目标读者不能理解调研设计流程，则是调研人员的失误。读者应该能够至少在非技术方面理解调研设计过程，并特别注意关于所需信息、数据收集方法、量表技术、问卷设计和预测试、抽样技术和实地调查等过程的讨论。报告中应证明所使用的调研方法的合理性。读者应该特别注意那些没有包含有关方法的细节或没有指明办法来源的报告。

## 调研程序的实施

读者应该特别注意调研程序的实施方式。调研项目的工作人员应该有资格承担这一工作，且接受过正规的培训。调研过程中应遵循适当的指导和可控制的程序，这对于数据收集、数据准备和统计分析是极其重要的。

## 数字和统计资料

读者应该认真地检查包含在表格和图表中的数字和统计资料。不正确的数字和统计资料具有很强的误导性，比如以小样本为基础的百分比或定序数据的均值计算。遗憾的是，在报告中这些误导性统计信息很常见。

## 解释和结论

读者应该评估调研结果，并评估报告是否以客观和真实的方式叙述调研结果。对基本结果的解释应区别于结果本身，解释结果时的任何假设都应该被清楚地确认。报告应该对调研的局限性加以讨论，提醒读者对于任何缺乏对重要假设或局限性具体说明的结论或建议应慎重对待。

## 可推论性

调研人员有责任证明调研结果的可靠性、有效性和可推论性。报告应该明确地指出调研结果所适用的目标群体，应该清楚地指明那些限制结果可推论性的因素，比如样本的特征和代表性、数据收集方法和时间，以及误差的多种来源等。读者不应在没有明确考虑这些因素的情况下推广调研的结果。

## 信息披露

最后，读者应该认真检查报告是否公正且完全地披露了调研程序和调研结果。对报告来说，尤为重要的是保证读者能了解到那些需要调研人员主观判断的程序，例如对缺失值和权重等的处理。此外即使获得了负面的或意料之外的结果也应该报告。读者应该能自由地询问未包含在报告之内的任何相关信息。

应用这些指导原则对报告进行认真的审阅将有助于客户有效地参与后续工作。

---

**调研项目**

**报告准备和演示**

在关于百货商店项目中，其正式报告是为客户的营销副总裁准备的。营销副总裁以及其他核心管理者的偏好会影响报告的撰写。报告的第1卷即报告的主体包括封面、内容目录、执行总结、调研问题、调研方法、调研设计、数据分析、调研结果、调研局限、结论和建议，此部分内容应是非技术导向的，并且易于理解。报告的第2卷包括封面、图目录以及所有的图表。最后，包括所有表格在内的全部详细的统计信息都在报告的第3卷中展示。除了书面报告，有时还需要向最高管理层做关于整个项目的口头演示。报告中向管理者提出的一些建议最终得以实施。

**调研活动**

阅读每章中关于西尔斯项目的描述，考虑你所做过的所有的分析，为西尔斯的管理层撰写一份执行总结。

## 23.11　调研的后续工作

调研人员的工作并没有随着口头演示而告终，还有其他两项任务需要完成：首先，调研人员应帮助客户理解和执行调研的结果并进行后续跟进工作；此外，应该在调研人员对项目的记忆仍清晰时，及时对整个营销调研项目进行评估。

### 帮助客户

客户在详细地审阅报告之后，可能会产生一些疑问。报告的某些部分，特别是有关技术方法的部分可能没有被理解，此时调研人员应该为客户提供所需的帮助。有时调研人员还帮助客户执行调研结果，客户经常聘请调研人员帮助他们选择新产品或广告代理商、制定定价策略、细分市场或进行其他营销活动。对客户进行后续跟进工作的一个重要方面是讨论今后的调研计划，例如，调研人员和管理人员可以协定在两年后重复此项调研项目。最后，正如第 1 章中所述，调研人员应该帮助客户将营销调研项目中所得到的信息转化为公司的营销（管理）信息系统或决策支持系统的一部分。

### 调研项目评估

尽管营销调研是科学的，但也涉及创造力、直觉和专业知识。因此，每一个营销调研项目都提供了一个学习的机会，调研人员应该批判地评估整个调研项目，从而获得新的洞察和见解。评估中重点关注的核心问题是："有没有可能更有效或更高效地完成这一项目？"当然，这个问题可以细分为更多具体的问题。是否可以通过定义与原来不同的调研问题来增加项目在客户心目中的价值或降低成本？是否有不同的调研方法可以带来更好的结果？是否使用了最合适的调研设计？使用的数据收集方法效果如何？是否应该使用商场拦截调查而不是电话调查？使用的抽样方法是不是最合适的？是否正确预计了可能的设计误差来源并且至少在质的方面加以控制？如果不是，可能做出何种改进？如何更好地甄选、培训和监管进行实地调查的工作人员以改进数据收集？数据分析策略在获取对于决策制定有用的信息方面是否有效？是否对客户提出了恰当且有用的结论和建议？报告是否被恰当地撰写和演示？项目是否按预期的时间和成本完成？如果不是，存在哪些错误？从这些评估中得到的启示有益于调研人员以及其以后要进行的调研项目。

**调研体验**

**简洁的报告撰写和演示**

益普索集团（Ipsos Group SA）是全球领先的营销调研公司。访问 www.ipsos-na.com/

news/results.cfm，回顾其历史新闻列表，选择一篇带有数据并且可以转化为一份简要报告的新闻。根据挑选出的报告，使用 Excel 制作一系列图表，并将这些图表导入到 PowerPoint。

你能做一次 3 分钟以内的引人注目的商业演示吗？从益普索发布的新闻中选取一个话题，在 3 分钟的演示中通过不多于 5 张幻灯片来解释：(1) 为什么这项调研结果对你所选择的行业中的某家公司至关重要；(2) 这家公司该如何利用这一调研结果。

在正式场合与同学分享你的最终演示。

1. 在准备、预演和正式演示过程中，你认为哪个部分是最具挑战性的？
2. 根据此次体验式调研练习中学到的东西，你在下一次演示中会做出哪些改变？

## 23.12 国际营销调研

尽管为不同国家和不同语言的管理人员准备报告较为复杂，但本章前面所述的指导原则同样适用于国际营销调研。在国际营销调研中，调研人员应该针对特定的读者准备不同版本的报告。不同的报告尽管格式可能不同，但应该是可比的。口头演示的规则也与之前给出的类似，只不过演讲人应该提高对文化规范的敏感度。例如，开玩笑这种在美国很常用的技巧并不是在所有文化中都适用。许多营销决策是借助营销调研所得到的事实和数据制定出来的，但是这些数据必须经过决策者的逻辑思维、主观体验和个人感受的检验并受其约束。不同国家的管理者的主观体验与个人感受可能有很大不同，因此为了使调研结果在不同的国家得以实施，有必要提出不同的建议。当提出诸如广告活动等革新性或创造性的建议时，这一点尤为重要。

## 23.13 营销调研中的商业伦理问题

报告的准备和演示涉及许多关于调研真实性方面的问题。这些问题包括为实现不可告人的目的而定义调研问题、违背调研设计、故意错用统计数据、伪造数据、更改调研结果、为了支持个人或公司的观点而曲解调研结果、隐瞒信息等。[13]一项对 254 名营销调研人员的调查显示：33%的被调查者认为他们面对的最难的道德问题是调研的真实性问题。调研人员在准备报告和演示结果时必须考虑这些问题，传达给客户和其他利益相关者的营销调研结果都必须诚实、准确且完整。

调研人员在整个营销调研过程中的每个阶段都应是客观的。有些调研步骤和分析可能未能产生任何新的重大发现，例如，判别分析不如随机分析的结果好。如果调研人员依旧试图从这样的分析中得出结论，则会出现道德困境。为了避免不道德的行为，必须抵制得出期望结论的诱惑。

同样，客户有责任完整准确地披露调研结果，并且应该有道德地使用这些结果。例如，一些委托方歪曲调研结果，开展不公平的广告活动，发布没有被营销调研所证实的有关品牌的说法，从而损害了公众的利益，这些活动会受到美国营销学会和其他专业研究协会的谴责。[14]当客户公司使用营销调研结果去制定可疑的营销计划时，也会产生伦理问题。

**调研体验**

## 盖洛普的调研报告

访问 www.gallup.com，查看此网站最近发布的调研报告，从这些报告中你能学到哪些关于报告撰写方面的知识？

从一名调研人员的角度出发，批判性地评价此网站发布的一篇报告的版式。

作为报告的受众——一名营销经理，你认为这篇报告对你有多大用处？

## 本章小结

图 23－7 展示了营销调研项目的最后一步，即报告的准备与演示的概念图。这一过程从解释数据分析结果开始，并由此产生结论和建议。接着，撰写正式的报告并做口头演示。在管理人员审阅报告之后，调研人员应进行后续工作的跟进，协助管理层工作并对营销调研项目进行全面的评估。

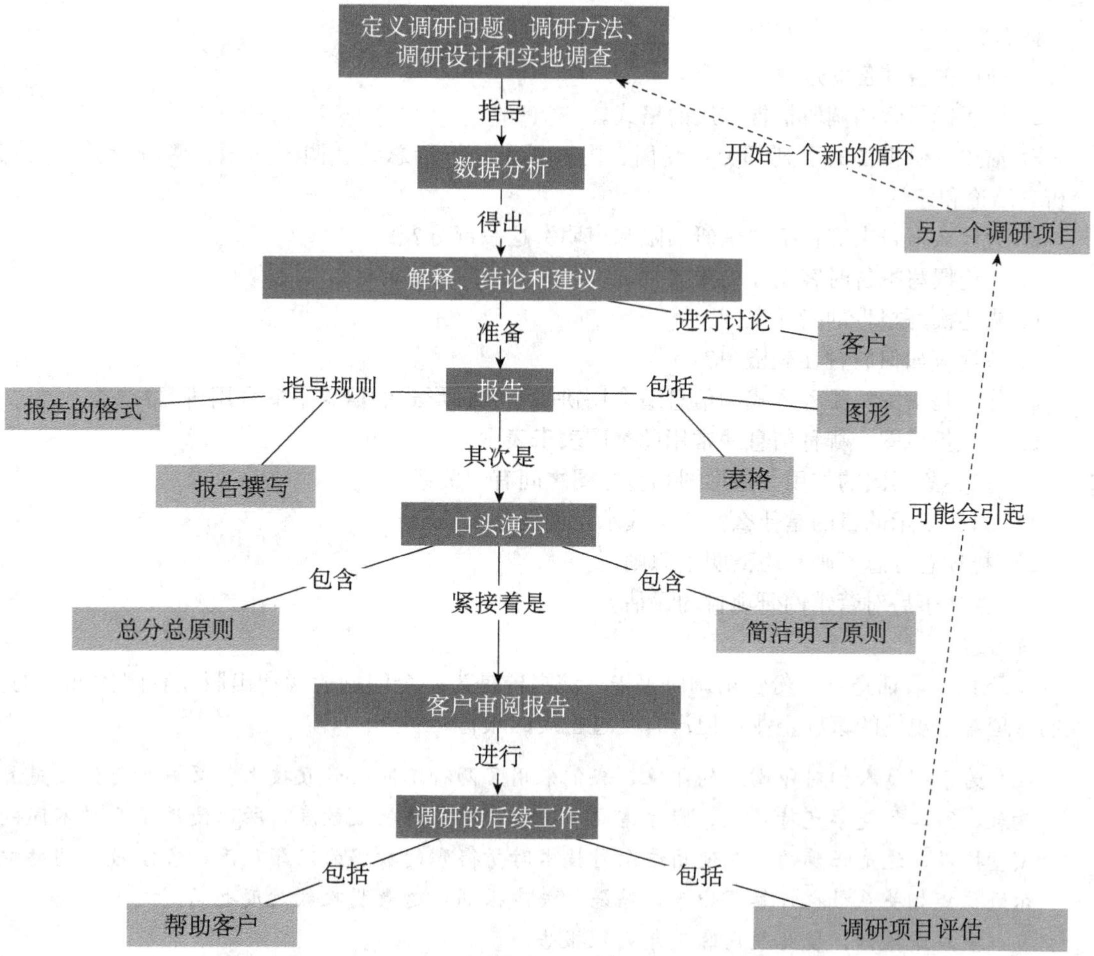


**图 23－7　报告准备和演示的概念图**

在国际营销调研中，由于需要为不同国家和说不同语言的管理者准备报告，报告准备工作变得较为复杂。在这一过程中，尤其在向客户报告和解释调研过程和结果，以及客户在对调研结果进行使用时，可能涉及一些伦理问题。

## 关键术语与概念

报告（report）
饼图（pie chart）
折线图（line chart）
层状图（stratum chart）
象形图（pictograph）
条形图（bar chart）
直方图（histogram）
总分总原则（“Tell’ Em” principle）
简洁明了原则（“KISS’ Em” principle）

## 练习

**问答题**

1. 描述报告准备的过程。
2. 描述撰写营销调研报告常用的格式。
3. 描述调研报告的下列部分：封面、内容目录、执行总结、调研问题、调研设计、数据分析、结论和建议。
4. 为什么报告中应包括“调研局限和声明”这一部分？
5. 讨论撰写报告时客观性的重要性。
6. 描述撰写报告的指导规则。
7. 数据应如何放置在表格中？
8. 什么是饼图？哪种形式的信息适合用饼图？哪种形式的信息不适合用饼图？
9. 描述折线图。哪种信息通常用此类图表来表示？
10. 描述象形图的作用。条形图和直方图之间有何关系？
11. 口头演示的目的是什么？口头演示应遵循什么原则？
12. 描述总分总原则和简洁明了原则。
13. 描述事后对营销调研项目的评估。

**练习题**

1. 下面这段话选自一份营销调研报告。该报告是为一个印刷业者和出版业者团体准备的。他们管理着小规模的家族企业，但没有受过正规的教育。

> 为了测量人们对印刷业的印象，我们采用了两种不同的量表技术。第一种是语义差异量表，第二种是李克特量表。因为需要评估调研结果的收敛效度，所以使用了两种不同的测量技术，这是正确的。在使用这两种技术时所得到的数据为定距尺度，各组数据间的皮尔逊积矩相关系数也计算了出来，结果相关度很高，这表明收敛效度也高。
>
> 重写这段话，使此段内容适于列入报告。

2. 用图表来描述下列一段话所描述的消费者决策过程：

> 消费者首先意识到某种需求，然后同时从几个来源寻找信息：零售商、广告、口碑和

独立出版物。在此之后，消费者确立评估市场上的品牌的标准，以评估结果为基础，挑选出最喜爱的品牌。

## 活动

**角色扮演**

1. 假设你是一位调研人员，正在为一家高科技公司准备一份有关“欧洲微型计算机的需求潜力”的报告，请设计报告的基本格式。此报告的格式与书中列出的有何不同？请与你的上级（由另一位同学扮演）讨论。

2. 在实地调查的第 2 题中，假设你是撰写报告的调研人员，请为高层管理人员准备该报告的口头演示，对同学进行演示并请他们提出意见。

**实地调查**

1. 阅读 3 家在营销方面很有建树的公司（例如可口可乐、宝洁、通用电气等公司）最近的年报，指出其报告中存在的优点和缺点。

2. 从图书馆或当地的营销调研公司获取一份营销调研报告（许多营销调研公司会出于教育目的发布一些历史报告），用批判的眼光对报告进行审阅。

**小组讨论**

1. 以小组的形式讨论如下陈述：“所有的图都很类似，因此用哪一种并不重要。”

2. 以小组的形式讨论如下陈述：“撰写一份简洁又完整的报告基本上是不可能的，因为这两个目标是相互冲突的。”

3. 以小组的形式讨论如下陈述：“撰写报告是一门艺术，演示报告是一门艺术，审阅报告同样是一门艺术，这都是关于艺术的问题。”

## 连续案例：戴尔

阅读书末附录 A 中戴尔的案例，以及提供的调查问卷，下载数据资料。

1. 总结你的分析结果，为戴尔的管理层撰写一份报告。使用 Excel 准备一系列图表。

2. 为戴尔的管理层提些建议。

3. 你可以进行不超过 10 分钟的令人信服的商业演示吗？用不超过 10 张 PPT 给戴尔的管理层进行 10 分钟以内的演示。

4. 在一个正式场合给同学（扮演戴尔的管理层）做最终的报告演示。

(1) 在进行准备、预演及演示过程中，哪一部分是你觉得最具挑战性的？

(2) 基于这次的经验，在下一次的演示中你会做出什么改变？

# 第24章 国际营销调研

在国际营销调研中，考虑我们所在国家的环境和文化是非常重要的。这不仅意味着要改变从我们的视角出发认为常规的事情，还有可能需要改变我们的视角。

——Burke公司高级副总裁贝蒂·弗拉利（Betty Fraley）

## 学习目标

1. 了解进行国际营销调研的基本框架。
2. 详细解释营销、政府、法律、经济、结构、信息技术和社会文化环境因素，及其对国际营销调研的影响。
3. 描述电话调查、个人调查和邮件调查在不同国家的使用情况。
4. 讨论如何建立测量和量表上的对等，其中包括构念对等、操作对等、尺度对等和语言对等。
5. 描述将一个问卷翻译成不同语言时逆向翻译和平行翻译的过程。
6. 讨论国际营销调研中的商业伦理问题。

## 本章概述

本章讨论了进行国际营销调研的环境条件，重点关注营销、政府、法律、经济、结构、信息技术以及社会文化环境。[1]前面的章节中已经讨论了如何在国际市场环境中实施营销调研的六个步骤，本章提出的则是调查方法、量表技术和问卷翻译方面的细节问题。我们还识别了国际营销调研中相关的商业伦理问题。

## 24.1 营销调研走向国际化

进入21世纪后，在美国之外的收入对美国顶级营销调研公司来说变得越来越重要。多家美国排名前50的营销调研公司通过在美国以外的子公司或分支机构获得收入。[2]

海外扩张是21世纪初的一个热门话题，许多营销人员开始把业务扩张到海外市场，这一扩张主要基于经济一体化和贸易壁垒的降低。海外扩张意味着美国内外的营销调研公司有更多的机会。美国以外的消费者进行消费时，更注意产品的价格和质量，而不是生产国。对于许多公司来说，地区市场代表着“现在的国际秩序”。[3]

尽管国外市场很有吸引力，但公司必须认识到在国外市场设立分公司并不能保证成功。许多经济学家警告说经济环境很不景气。其他一些经济学家认为：即使在对外国产品有兴趣的市场中，期望在不久的将来会出现普及性消费也是不切实际的。在许多国外市场面临的最大问题之一是官僚主义，许多政府实施法律和政策来保护本国企业。

美苏冷战结束后，世界经济已不再由美国、日本和德国三分天下，更加严酷的竞争迫使许多美国公司试图在美国之外的地区获得竞争优势。自冷战结束以来，三个大规模的市场已经发展起来，在进入其中一些市场之前需要大量的市场调研。这三个市场分别是美洲、欧洲和太平洋沿岸国家。

《北美自由贸易协定》（NAFTA）通过以后，墨西哥发生了真正意义上的自由市场改革。[4] 该协定的通过创造了世界上最大的市场。在其他拉美国家，贸易壁垒也开始降低。进军这些变化中的市场的公司将被迫改变从事商业的方式，质量标准将提高。而由于选择增多，价格将变成更加有竞争力的工具。随着产品选择范围的扩大，消费者的认知能力和老练程度将提高。拉美人将变成有经验的购物者，公司将不再躲在国家的保护壁垒背后，并将面临因为更多的市场选择而带来的更多的竞争。因此，营销调研人员将面临两个重大挑战：第一，由于产品制造和营销变得地区化，服务提供商将被迫采取同样的措施来实现一致的结果和质量。不管是产品经营部门内部的调研人员还是外部调研人员都必须遵循这一趋势，去寻求一种地区性的、高质量的调研方法。自上而下的营销调研方法意味着公司的执行官将越来越多地介入营销调研中。第二，营销调研人员在处理当地情况时，必须保持灵活性。[5]

随着美国目前在欧洲产品数量的增加，人们可以看到许多制造商和调研人员不必从根本上改变他们的营销计划和目标。欧盟也许是世界上最大的经济潜力的来源。西欧市场几乎同整个北美市场一样大，而整个欧洲市场更大。但公司必须认识到人们的可支配收入水平明显较低的事实，因此必须发现能解决这一特定问题的方法。中小公司在欧洲市场上的扩张潜力应该得到重视。

许多人认为太平洋沿岸地区是世界上发展最快的地方，这种增长是由投资的快速增长和丰富的训练有素的人力资本推动的。这一区域从澳大利亚到印度尼西亚，再一直延伸到中国和印度，这一地区每年平均的实际经济增长速度高于 5%，且预计在未来 10 年中将保持这一速度。中国被称作营销调研的下一个圣地，因为它拥有超过 14 亿人的消费群体。盖洛普公司成立了中国分公司（Gallup China），这是在中国的第一个外国调研公司。盖洛普中国分公司无疑面临很多挑战，比如说加剧的竞争，以及为了能够进行成功的调研与中国人民建立纽带的需求。在国内，中国的调研公司已经渐具规模。为了渗入中国市场，美国公司也已经开始与这些公司建立联盟。无疑，国际营销调研非常复杂，下面我们提出一个基本框架来理解和论述其中的复杂性。

## 24.2　国际营销调研的框架

国际营销调研比国内的营销调研更复杂。[6] 虽然国内营销调研的六步框架还是适用的，但所调研国家、文化单位或国际市场中普遍存在的环境会影响营销调研过程六个步骤的执行方式。图 24－1 显示了进行国际营销调研的框架。

### 营销环境

营销在经济发展中的作用在不同国家不尽相同。例如，发展中国家经常是产品导向的而不

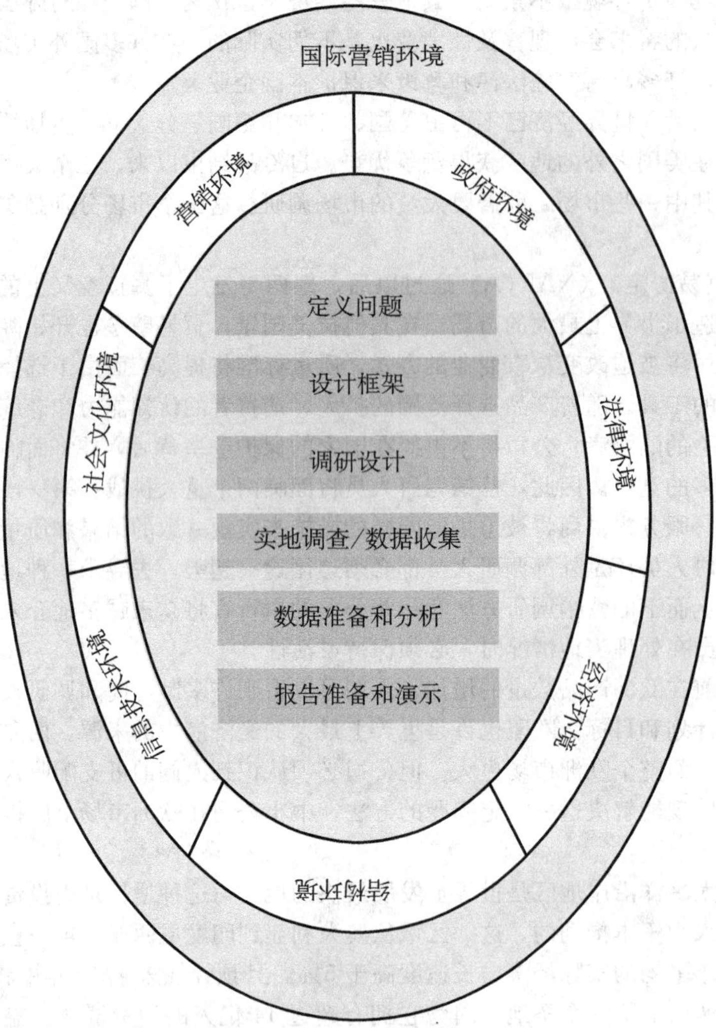


**图 24-1　国际营销调研的框架**

是营销导向的。需求通常超过供给，而且很少关心客户满意度，特别是在竞争水平低时。在评估营销环境时，调研人员应该考虑现有产品的种类和搭配、定价政策、政府对媒体的控制、公众对广告的态度、分销系统的效率、营销的力度以及未满足的需求和消费者的行为。例如，在美国进行的调查通常包括有关产品的种类和选择的问题，但这些问题在许多国家可能是不适合的，比如在经济落后的非洲。同样，关于定价，可能需要将讨价还价作为交易过程的一个组成部分。有关促销的问题也应该修改。电视广告在美国绝对是一个重要的促销工具，可是在许多国家是被限制或禁止的，在那些国家里，电视台归政府所有并由政府来运营。在美国使用的某些主题、词语和插图在某些国家是禁忌。可用的零售商和中介机构的类型以及这些机构提供的服务因国家而异。

## 政府环境

另一个相关的因素是政府环境。政府的类型关系到它对公众政策、监管机构、政府奖惩以及对国有企业投资的重视程度。某些政府，特别是发展中国家的政府不鼓励外来竞争，其高关税壁垒抑制了对营销调研方法的有效使用。政府在建立市场管制、基础设施中的作用以及政府的企业家行为等，都应认真评估。在许多发达国家中，例如日本和德国，政府的作用也很关键。政府有和行业一起制定共同的全国性行业政策的传统。在战术层面上，政府确定税收结构、关税和产品安全规则与条例，并经常对外国跨国公司和它们的营销实践施加特殊的规则和条例限制。在许多国家，政府可能是分销渠道的重要成员。政府大规模购买必需品，然后按配给制将它们卖给消费者。

## 法律环境

法律环境包括普通法、法典、国外法、国际法、贸易法、反垄断法、反贿赂法和税法等。从国际营销调研的角度来说，特别重要的是与营销组合中的元素相关的法律。产品法是涉及产品质量、包装、保证书、售后服务、专利权、商标和版权的法律。价格法涉及价格操纵、价格歧视、可变定价、价格控制和维持零售价格。分销法律与渠道类型以及经销商或批发商协议有关。同样，法律控制着可使用的促销方法的类型。尽管所有国家都有规范营销活动的法律，但一些国家法律的执行很松懈，而另一些国家有许多复杂的法律且执行很严格。在许多国家，法律渠道被堵塞，诉讼案件的解决时间很长。此外，在国外进行商业或营销调研时，本国法也可适用。例如，美国公民受制于某些美国法律，而不管其在哪个国家进行商业活动。这些法律与国家安全、反垄断和伦理道德有关。

## 经济环境

经济环境的要素包括经济规模（GDP）、经济发展水平、资源、收入的分配、增长趋势和不同产业的发展趋势。一国经济发展所处的阶段决定现代化以及市场标准化的规模和水平。随着经济发展和技术进步，消费者、工业和商业市场变得更加标准化，消费者的工作、休闲和生活方式变得更加同质化。

## 结构环境

结构因素与交通、通信、公共事业和基础设施有关。例如，邮件服务在许多发展中国家效率很低；与调查对象的个人接触很困难，因为城市人白天工作，农村居民无法接触；街区统计数据和地图不可用，或者很难获得。

## 信息技术环境

信息技术环境因素包括信息和通信系统、计算机化以及电子设备、能源、生产技术、科学和发明。例如，在印度、韩国和一些拉美国家，科技进步并没有对普通人特别是那些住在农村的人的生活方式产生相应的影响。计算机、互联网和电子信息传递系统还没有对农村地区产生影响。信息处理和记录保存以传统方式进行，这又对信息的类型以及如何从消费者、企业和其他组织获取信息产生影响。

## 社会文化环境

社会文化因素包括价值观、文化水平、语言、宗教、沟通方式、家庭和社会组织。应该考虑与时间、成就、工作、权力、财富、科学方法、风险、革新、变化和西方世界相关的价值观和态度。营销调研过程应该加以修改，以免与文化价值观相冲突。[7] 在许多发展中国家，差不多50%的人口目不识丁。在一些传统文化导向的欠发达国家，被调查者缺乏形成自己意见的能力，因此，很难从这些被调查者中得到信息。在美国采用的精密的评价量表在那些国家是没有用的。在某些国家或地区，会有几种不同的口语和方言，增加了调研的复杂性。

**调研项目**

**项目活动**

阅读每章中关于西尔斯项目的描述，回顾你所做过的所有分析。假如西尔斯想在国际上拓展其业务，请你选择一个国家（美国和你所在的国家除外），讨论应当考虑的环境因素及由此可能带来的机会。在你所选的国家开展营销调研时应当对调研过程做什么样的调整？

每个国家的环境都是独一无二的，所以国际营销调研必须考虑所涉及的国家或国外市场的环境特点。本书前面的章节讨论了如何使营销调研过程适应国际形势。在后文中，我们提供了在国际营销调研中的调查方法、量表技术和问卷翻译的更多细节。[8]

## 24.3 调查方法

以下将讨论在外国，特别是在欧洲和发展中国家，进行调研所面临的挑战，其中采用的调研方法主要是调查法。[9]

### 电话调查和电脑辅助电话调查

在美国和加拿大，电话几乎每家必备，因此，电话调查是问卷调查的主要方式。在一些欧洲国家也是如此。在瑞典，每千人拥有电话的数量超过900部，而在斯德哥尔摩，这一数字要更高。[10]电话的高普及率以及电话调查的低成本，使得电话调查的使用大幅增加。电话调查已经占全部调查的46%，成为最主要的调查方法。在其他国家，比如荷兰，电话调查的数量超过了人员调查。[11]但即使在这些国家，电话调查的抽样也暴露出了严重的问题（见第6章）。

在许多其他欧洲国家，电话尚未完全普及。英国的电话普及率仅为80%左右（手机的普及率反而更高），而且许多调研人员怀疑电话调查的价值，特别是对于投票意向的测量。在芬兰，只有15%的调查通过电话进行。在葡萄牙，电话普及率还不太高，因此只有17%的调查是电话调查。[12]

在发展中国家，只有少数家庭拥有电话。在非洲，电话的影响范围很小。印度是一个以农业为主的社会，农村的电话普及率低于10%。在巴西，拥有电话的家庭的比例也很小（在大城市低于50%）。[13]即使在诸如沙特阿拉伯等电话较普及的国家，电话号码簿也是不完整的或者是过时的。在许多发展中国家，电话调查甚至还涉及一些其他的问题。白天打电话到家里可能是徒劳的，因为社会习俗禁止家庭主妇与陌生人交谈。采用女性电话调查员可以在一定程度上缓解这一问题，但是在那些国家里，雇佣妇女又会遇到阻碍。在许多国家的文化中，面对面的接触占主导地位。这些因素都严重地限制了电话调查的使用。

电话调查对于习惯于通过电话进行商业交易的消费者或可以通过电话联系并轻松表达自己观点的消费者来说是最有用的。随着国际电话费用的下降，多国调研可以从一个地方进行。这大大减少了组织和控制多个国家调研项目的时间和成本。此外，国际电话获得了很高的应答率，并且发现结果是稳定的（即从前100次调查中所得的结果与从第200～500次调查中得到的结果是相同的）。找到口语流利的调查人员是很必要的，在大多数欧洲国家这不是问题。

电脑辅助电话调查设备在美国、加拿大以及德国等一些欧洲国家有很大的发展。随着电话调查使用越来越广泛，这些方式在其他国家也变得更加普遍。[14]

## 登门调查

登门调查要求有大量高素质的调查人员。调研机构与调查人员之间的契约关系是多种多样的。例如，在法国有3种调查人员：每年有固定时间的调查人员、每年有不固定时间的调查人员，以及自由调查人员。管理费用也是不同的。在法国，雇主和调查人员都要支付大量社会福利金；在比利时，调查人员属于自由职业者，自己支付自己的社会福利金；而在英国，尽管雇主和调查人员都要支付国家保险金，但保险金的数额很小。

由于登门调查的成本很高，因此在美国和加拿大这种方法的使用在减少。但是，在欧洲和发展中国家的许多地方这是一种主要的数据收集方法。在瑞士，登门调查是占主导地位的调查方法。[15]在葡萄牙，面对面调查占所有调查的大多数，大部分调查挨家挨户进行，但一些占用时间很短的、社会政治方面的问卷调查可在街头进行。登门调查在许多拉美国家同样很盛行。

## 商场拦截调查和电脑辅助人员调查

在北美，许多营销调研机构在购物中心拥有固定设施，配备了采访室、厨房、观察区和其他设备。商场拦截调查约占加拿大面对面调查的15%，在美国的比例则为20%。尽管瑞典等一些欧洲国家也使用商场拦截调查，但这种方式在欧洲和发展中国家并不普遍。相反，在法国和荷兰，在中心地点以及主要街道进行调查是收集调查数据的主要方法。

奇怪的是，一些关于电脑辅助人员调查的有趣发展是在欧洲发生的。荷兰出现了一种用于家用电脑的调查程序，用于固定样本组调查和在中心地点的电脑辅助人员调查。[16]

## 邮寄调查

由于邮寄调查的成本比较低，因此这种方法在许多发达国家使用。这些国家公民受教育水平很高，邮政系统发展较好。在加拿大，6.2%的调查属于邮寄调查，而在美国这一比例为7%。在人口受教育水平相当高的国家（如丹麦、芬兰、冰岛、挪威、瑞典和荷兰），邮寄调查很普遍。[17]在非洲、亚洲和南美洲，邮寄调查和邮寄式固定样本组很少见，因为这些地区受教育水平低，而且大部分人生活在农村。邮寄调查一般在行业性的国际营销调研中更有效。尽管很难找到适合每个公司的调查对象和个人的地址，邮寄调查在国际上还是被广泛使用。

## 邮寄和扫描仪固定样本组

邮寄式固定样本组在英国、法国、德国和荷兰被广泛使用，在芬兰、瑞典、意大利、西班牙和其他欧洲国家也有使用。由于新技术的出现，固定样本组的使用可能还会增多。例如，在德国，两家公司（尼尔森和GfK）都在美国的行为扫描模型基础上，建立了全电子扫描仪的测试市场。尼尔森公司使用无线电视，GfK公司使用有线电视。这种形式的固定样本组在大多数发展中国家还没有出现。邮寄固定样本组在世界上的许多地方正在被互联网固定样本组逐渐替代。[18]

## 电子调查

在美国和加拿大，电子邮件和互联网正在飞速发展。因此，使用这些方法进行的调查不仅在企业和机构被调查者中增长，在家庭调查中也在增长。这两种方法适用于产品种类很多、产品说明很长的调查。电子邮件和互联网调查在海外也逐渐盛行。在欧洲上网很方便，这两种方法在欧洲的应用都越来越广泛。但是，在一些发展中国家，收发电子邮件是受限制的，上网并不方便。因此，在这些国家里，这两种方法不适合对大众的调查。不过，在针对企业和机构被调查者时，不妨尝试一下这两种方法，特别是使用电子邮件。跨国公司正在使用电子邮件和互联网对全球员工进行调查。

在第6章中我们已经讨论过选择调查方法的标准。同在第6章中所讨论和描述的一样，选择问卷调查方法需要考虑的重要因素是保证各国之间具有对等性和可比性。对等的问题在测量和量表方面也很突出。

## 24.4 测量和量表

进行国际营销调研时，测量和量表对等很关键。如图24－2所示，这要求检验构念对等、操作对等、尺度对等和语言对等。[19]

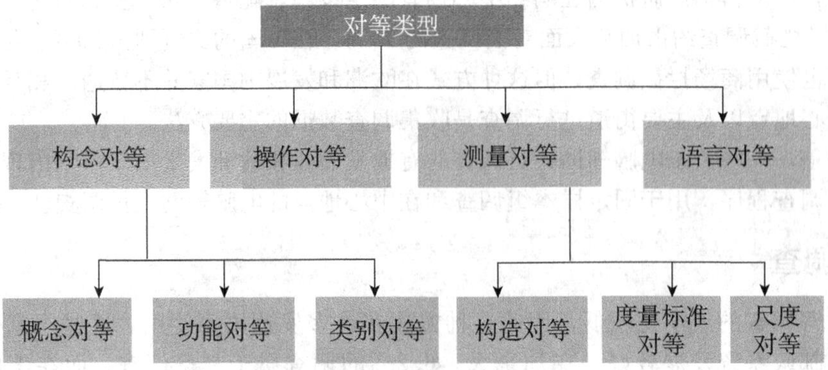


**图24－2 国际营销调研中的测量和量表对等**

**构念对等**（construct equivalence）指的是营销构念（例如意见领袖、多样化、品牌忠诚）在不同的国家是否具有同样的意义和作用。它关注潜在构念的基本概念定义。在许多国家，某个给定产品类别中可用的品牌数量是有限的。在一些国家，主导品牌已成为象征整个产品类别的通用标签。因此，在这些国家中可能不得不从不同的视角看品牌忠诚度。

构念对等由概念对等、功能对等和类别对等组成。**概念对等**（conceptual equivalence）涉及对品牌、产品、消费者行为和营销努力的表述。例如，促销活动是美国市场营销活动不可或缺的组成部分。然而，在经济不景气的国家，市场主要由卖家主导，消费者怀疑促销行为，因为他们认为被推销的产品质量差。**功能对等**（functional equivalence）是检验某一给定的概念或行为在不同的国家是否起到同样的作用。例如，在许多发展中国家，自行车是一种主要的交通工具，而不是娱乐工具。在这些国家里，与自行车使用相关的营销调研必须检验不同的动机、态度、行为，甚至不同的竞争性产品，这与在美国进行的这种调研是不同的。**类别对等**（category equivalence）涉及产品、品牌和行为等刺激物被分成的类别。在美国，家庭主要购物者的类别可以分为男性或女性户主。这个类别划分可能不适用于那些由佣人完成每天例行购物的国家。此外，“家庭”类别本身在各个国家也不相同。

**操作对等**（operational equivalence）指对特定的一个或一些事项的反应的相似性。在美国，休闲可以表现为打高尔夫球、网球或进行其他运动以及看电视和晒太阳。在人们不参加这些运动或没有全天候电视转播的国家，休闲的概念可能与此无关。在气候炎热的国家，躺在阳光下是不正常的行为。

**测量对等**（measurement equivalence）是指测量单元和因子载荷应该是相同的。测量对等包括构造（结构）对等、度量标准（测量单元）对等以及尺度对等。**构造对等**（configural equivalence）关注测量单元与潜在构念的联系。从技术上讲，构造对等指的是因子载荷的模式在不同国家和文化中都是相同的。**度量标准对等**（metric equivalence）认为调查手段（问卷）在不同的国家和文化中测量同样的构念应该用同样的标准。**尺度对等**（scalar equivalence）指的是在构念和测量构念的事项之间测量单元和方程式中的常数的对等。这样的划分是很重要的，因为对于某些目的（例如比较不同群组的结构关系）来说，测量不变性已足够，但是对于其他的目的（例如比较不同群组的财产）来说，度量标准对等和尺度对等都是需要的。

最后，**语言对等**（linguistic equivalence）涉及在量表、问卷和调查中所使用的语言形式。应该认真翻译量表和其他语言刺激物，使不同国家的被调查者都能很容易地理解它们，使它们在各个国家里都表示对等的意思。[20]

## 24.5 问卷翻译

为了在不同的文化中使用问卷，可能必须对问题进行翻译。直译很常用，即一个会两种语言的翻译者把问卷直接从原始语言翻译为被调查者的语言。但是，如果翻译者对这两种语言的掌握不够好，对这两种文化不够熟悉，那么对某个词或短语的直译可能在意义上是错误的。逆向翻译和平行翻译可以避免这类错误。进行**逆向翻译**（back translation）时，首先由一个会两种语言的翻译者对问卷进行翻译，问卷需要从所用的原始语言译成翻译者的母语。译完的问卷被另一个翻译者译回原始语言，第二个翻译者的母语是最初所用的原始语言，由此可以发现翻译错误。为了设计出对等的问卷，多次的重复翻译和逆向翻译是很必要的，但这个过程很烦琐，也很耗费时间。[21]

另外一个方法是**平行翻译**（parallel translation）。由一个翻译委员会对不同译本的问卷进行讨论并修正，直到达成共识。翻译委员会的每个成员都应该至少熟练掌握问卷所使用的两种语言。在同时使用好几种语言的国家，问卷应该被译成被调查者的每个子群体所用的语言。采取类似的方法对非语言类的刺激物（图画和广告）进行翻译也是很重要的。下面的例子强调了正确翻译的重要性。

**调研实例**

**在德国调研人员无法获得“自尊”**

常用来测量顾客价值的问卷是价值列表。在北美，它揭示了消费者持有的九种基本价值观。美国人最普遍的价值观是自尊、安全感和与他人的亲密关系。为了在德国进行对比调研，价值观列表必须要翻译成德文版本。通过翻译和逆向翻译创造出了恰当的版本，但还有一些不一致存在。例如，把“与他人的亲密关系”和“自尊”翻译成德语是很困难的。因此，数据显示，认为这两项是最重要的价值观的德国人比美国人少得多。调研人员得出的结论是，不精确的翻译比价值取向的实际差异更能引起这些结果。表24-1显示了每种文化的前三种价值观的分布，括号中为排名。

**表 24-1**

| 价值观 | 德国 | 美国 |
|---|---|---|
| 自尊 | 13%（3） | 21%（1） |
| 安全 | 24%（2） | 21%（2） |
| 友好关系 | 8%（4） | 16%（3） |
| 归属感 | 29%（1） | 8%（7） |

另一项调研考察了价值观在中国女性角色中的重要性。基于六个女性角色维度，可将中国女性划分为三个群体，分别是理论家、传统主义者和现代主义者，她们具有非常不同的人口统计学和态度特征。理论家主要以她们在家庭之外的表现为特征，她们还赞同服务国家和促进国家福利的理念。她们倾向于选择那些得到独立的测试机构或社会尊重的个人认可的品牌。传统主义者受儒家思想影响，重视家庭关系、忠诚与和谐。现代主义者渴望活在当下，而不关心社会或家庭可能强加给她们的更严格的价值观。她们更倾向于选择满足自己个人而不是家庭需求的产品。[22]

## 调研决策

### 拉夫·劳伦：渗透欧洲

**情境**

拉夫·劳伦公司（Polo Ralph Lauren Corporation）（www. polo. com）已经对美国方式和质量的感知方式进行了重新定义。该公司是设计、营销和分销四类高端生活类产品（服装、家居、配饰和香水）的领导者，并在国际市场上销售多种产品和多个品牌，包括 Polo，Polo by Ralph Lauren，Ralph Lauren Purple Label，Polo Sport，Ralph Lauren，RALPH，Lauren，Polo Jeans Co，RL，Chaps 和 Club Monaco。该公司在美国、欧洲和其他国家销售其产品。

为了继续成长并且拓展新视野，拉夫·劳伦公司遵从以下关键准则：

1. 扩展拉夫·劳伦品牌——在与当前品牌的国际形象保持一致的前提下，公司将会一边扩展现有品牌，一边创造新的品牌来开辟新兴市场和顾客群体。

2. 扩大拉夫·劳伦的地理覆盖范围——除了美国，还有一些国际市场（例如欧洲和日本）渗透不足，这为其美国设计和生活方式的扩张提供了机会。

3. 增加直接管理——为了继续增强品牌控制能力，拉夫·劳伦将会新开更多的专卖店，提高现有店铺的销售并且在战略上重视特许经营方式。

4. 增强操作——在操作层面上，还存在进一步大幅提高利润率的潜力。

拉夫·劳伦公司签订了一系列协议来增强它在日本的扩张。根据该协议，公司将获得日本特许经营50%的利润，并拥有日本的Polo男装、女装和Polo牛仔裤的18%的股份。拉夫·劳伦公司对此的总投资大约7 000万美元。公司总裁和首席执行官拉夫·劳伦想要更加努力地开拓国际市场，特别是进入欧洲市场。

**营销调研决策**

1. 拉夫·劳伦公司应该使用哪种类型的营销调研才能成功扩大它在欧洲市场的渗透？这种营销调研应该如何报告？

2. 讨论你推荐的调研类型在增加拉夫·劳伦公司欧洲市场份额的过程中扮演的角色。

**营销管理决策**

1. 拉夫·劳伦公司应该如何建立欧洲的进攻型营销策略？

2. 你建议的调研和调研成果如何影响你推荐给拉夫·劳伦公司的营销管理决策？讨论这一问题。

## 24.6　营销调研中的商业伦理问题

国际营销调研的伦理责任与在国内调研很类似。对于营销调研过程六步骤的每一步来说，都有四个相同的利益相关者（客户、调研人员、被调查者和公众）。这四个利益相关者必须体面地行事，尊重相互之间的责任。国际营销调研人员面临的伦理约束同国内营销调研人员非常相似。不过，有些伦理问题更加棘手。在外国开展营销调研可能很容易变成一个政治问题，调研人员必须谨慎地采用国内和东道国（国外）的伦理规范。

### 本章小结

随着市场全球化，国际营销调研正迅速兴起。被调研的国际市场中普遍存在的环境影响着市场调研过程的所有步骤，重要的环境因素包括营销环境、政府环境、法律环境、经济环境、结构环境、信息技术环境以及社会文化环境。

在不同的国家收集数据时，最好采用对等的、可靠的调研方法，而不是采用同一种方法。在构念对等、操作对等、测量对等和语言对等的基础上，建立测量和量表对等是非常重要的。图 24-3 给出了对等类型的概念图。问卷应该适合某一特定的文化环境，不应该偏向于任何一种文化或语言。逆向翻译和平行翻译对于辨识翻译错误很有用。

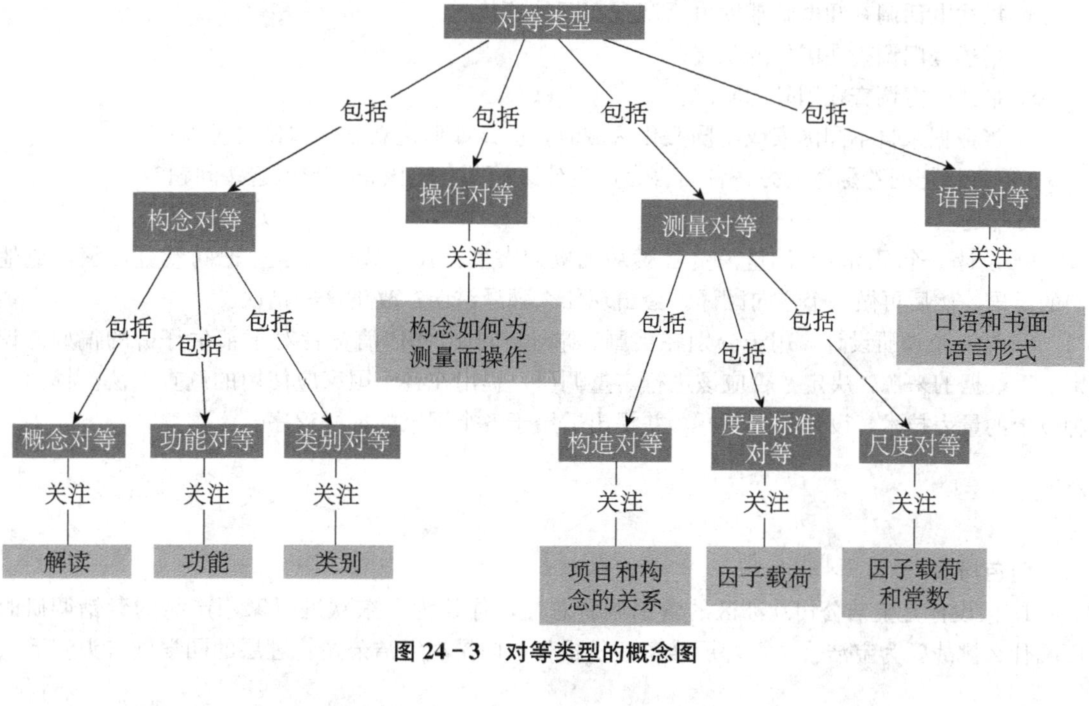


**图 24-3　对等类型的概念图**

国际营销调研中遇到的伦理问题与国内调研的许多方面都很相似。但是在国际范围内，调研人员的某些责任变得更加重大。

## 关键术语与概念

构念对等（construct equivalence）
概念对等（conceptual equivalence）
功能对等（functional equivalence）
类别对等（category equivalence）
操作对等（operational equivalence）
测量对等（measurement equivalence）
构造对等（configural equivalence）
度量标准对等（metric equivalence）
尺度对等（scalar equivalence）
语言对等（linguistic equivalence）
逆向翻译（back translation）
平行翻译（parallel translation）

## 练习

**问答题**

1. 描述在国际营销调研中应该考虑的每个国家的环境因素。
2. 描述进行国际营销调研时考虑营销环境的重要性。
3. 结构环境指的是什么？构成结构环境的变量是怎样影响国际营销调研的？
4. 信息技术环境指的是什么？构成信息技术环境的变量是怎样影响国际营销调研的？
5. 社会文化环境指的是什么？构成社会文化环境的变量是怎样影响国际营销调研的？
6. 描述电话调查和电脑辅助电话调查在国外的状况。
7. 描述登门调查在国外的状况。
8. 描述邮寄调查在国外的状况。
9. 当数据来自不同国家或不同文化区域时，应该如何建立测量和量表对等？
10. 直接把问卷翻译成另一种语言会产生什么问题？应该怎样辨识这些问题？

**练习题**

1. 设计一个短问卷来测量消费者对乘飞机的态度。让一些外国学生把问卷直接翻译成他们的母语，然后再做一个逆向翻译。会出现什么翻译错误？改正这些错误。

2. 做一个调研设计，用于分别在美国、瑞士和中国评估消费者对于某牛仔裤的偏好。识别二手数据的来源，决定是否应该进行定量调研，提出在各个国家应使用的调查方法。提出一种以上的量表技术，设计英文问卷，并提出适用于各个国家的抽样程序。

## 活动

**角色扮演**

1. 假设你是宝洁公司欧洲区的营销调研总监，你认为在东欧进行家用产品的营销调研时面临什么挑战？为宝洁公司管理层准备一份报告，向扮演宝洁公司管理层的同学做口头演示。

2. 假如你是可口可乐公司国际营销调研部的项目经理，你的上级，即国际营销调研部总监（由另一位同学扮演）让你负责一项测量美国、英国、中国和巴西的消费者对软饮料的偏好的项目，你现在需要马上完成的任务是建议在这个项目中采用的调查方法并与你的上级讨论。

**实地调查**

1. 从当地的一家市场营销调研公司获取一份营销调研报告，讨论如果这一项目在法国进行的话，会有什么不同。

2. 访问一家有国际业务的当地公司，讨论该公司可能进行的国际营销调研项目。

**小组讨论**

1. 有些学者认为在所有的国外市场可以采用同样的标准化营销策略。这是否意味着无论在哪里开展，营销调研过程也应当标准化？以小组为单位讨论这一问题。

2. 讨论市场全球化对营销调研的影响。

## 连续案例：戴尔

阅读书末附录 A 中戴尔的案例，以及提供的调查问卷，下载数据资料。

1. 如果这个调查在印度而不是在美国进行，该过程会有什么不同？

2. 如果这项调查在印度进行，你会使用什么调查方法？

3. 你会如何把问卷翻译成印地语？

4. 印度的抽样规模应该和美国的一样吗？抽样过程呢？

# 附录 A

## 戴尔的直销

戴尔公司是世界上排名第一的电脑直销商，在这个领域里一直跟惠普公司竞争。除了提供全系列的台式机和笔记本电脑外，戴尔公司还为企业客户提供网络服务器、工作站、存储系统以及以太网交换机。它也销售掌上电脑、第三方软件以及外接设备。戴尔公司日益增长的服务部门提供系统集成、支持和培训。

迈克尔·戴尔（Michael Dell）是戴尔公司的创始人和董事长。他是以新泽西大学的预科生身份开始大学学习的，但是他与 IBM 个人电脑部谈成了一项业务，即抽时间销售随机存储器芯片和磁盘驱动器。迈克尔·戴尔按成本价从 IBM 的经销商那里购买产品，然后再通过报纸或电脑杂志用低于零售价 10%～15%的价格转卖。到 1984 年 4 月，迈克尔·戴尔每个月的收入为 80 000 美元——足够说服他离开学校。不久，他就开始在 PC's 有限公司自己制造和销售 IBM 的复制品。迈克尔·戴尔将他的机器卖给消费者，而不是像大多数制造商那样通过零售店来进行销售。通过消除零售加价，迈克尔·戴尔可以将他的电脑以 IBM 价格的 40%出售。

后来迈克尔·戴尔将他的公司重新命名为戴尔电脑公司，并且在 1987 年增加了国际销售办事处。1988 年，公司开始向大型客户销售电脑，包括政府部门。在那一年，戴尔公司被公众所知。1996 年，戴尔公司开始通过网络销售个人电脑和笔记本电脑。这种订单确认和航运以及处理的渠道依旧是解决戴尔公司的消费者和企业客户的需求的主要手段。1997 年，戴尔公司进入工作站市场，并且通过将其分割为小的业务单位来巩固消费者业务，同时也对消费者发起了租赁业务。为了使其收入来源多样化，2001 年当它与 EMC 达成系统转售协议时，也扩展了其存储产品业务。为了发展其服务部门，戴尔公司在 2002 年收购了微软的软件支持专家 Plural。

尽管戴尔公司成功地抓住了个人电脑市场，但是它仍然在进军新的市场。现在它已经将重点放到了企业的电脑服务器和存储设备上，并将进一步推出个人电脑以外的产品，戴尔公司已经推出了掌上电脑、以太网交换机生产线和消费类电子产品，如数字音乐播放器和液晶电视。它与利盟公司（Lexmark）合作开发戴尔品牌的打印机，并与另外的合作商建立了合作关系来发展印刷生产线。在服务方面，戴尔公司在硬件的销售方面也采用直截了当的方法，即对例如数据迁移和存储系统采用固定价格模式。戴尔公司通过其国际销售收入，补充在美国饱和的个人电脑市场的销售收入。

向下的螺旋价格和商品化浪潮席卷整个个人电脑行业使得戴尔公司蓬勃发展，这些都对公司的客户有利，并且能够与竞争对手抗衡。有别于惠普和 IBM 之前通过建立专卖系统来争夺市场，戴尔公司用其低成本直销模式推动着潮流的发展。2008 年，戴尔公司宣布了 Parterdirect 计划，即在全球范围内购买它已有的合作伙伴的股权。为了更好地满足消费者的需求，2008 年戴尔开始在许多国家，包括美国、欧洲和亚洲在零售店提供产品选择。这些行动代表了公司零售战略的第一步，这也使得公司扩展了商业模式，从而接触到许多直销接触不到的消费者。

近来，随着品牌资产的建立，戴尔公司进入消费品市场。最近，它进入了宽屏电视的制造领域。与使用最新技术的电视相比，戴尔公司现在更进一步实现多样化。个人电脑业务最近的战役重点不是电脑而是打印机。目前，戴尔公司正在向惠普引以为傲的成像和打印部门发起进攻，这个部门的利润占惠普总利润的70%。在打印机广受好评情况下，打印机墨盒是惠普最大的利润来源，戴尔公司正在将重点放在渗透这个由惠普牢牢把握的市场。

在激烈争夺市场份额和消费者的过程中，戴尔公司对最近购买戴尔个人电脑和笔记本的顾客进行了调查。它想了解顾客用电脑上网的主要用途以及其他用途。在此基础上，戴尔公司想了解顾客对产品的满意度。同时，戴尔公司也想估计客户再次购买戴尔产品的概率，以及现在的顾客会将戴尔推荐给朋友或家庭的可能。最后，戴尔公司想要了解这些确定的用途因素与按人口统计学特征分类的潜在的客户的关系。

**问题**

此案例给出的问题包含在各章当中。

**参考文献**

1. www. gartner. com/it/page. jsp? id=777613，accessed November 18，2008.

2. www. dell. com/downloads/global/corporate/sec/proxy08. pdf，accessed November 18，2008.

**注意：**本案例是为课堂讨论的目的而准备的，不代表戴尔公司及其下属公司的观点。问题情境是虚构的，但是提供的调查问卷和数据是真实的。有些问题被删除了，有些问题的数据由于版权的问题没有提供。

## 戴尔电脑网络调查

感谢您参与我们的调查。

Burke是一家独立的市场营销调研公司，最近它受戴尔公司的委托对近期购买戴尔电脑的顾客进行调查，以获得他们对戴尔个人电脑的意见。请您提供对戴尔的意见，叙述您的上网用途。

这个调查只会花费您几分钟的时间。完成这个调查后，您会自动进入一个100美元优惠券抽奖系统，这个优惠券可以在许多在线零售店使用。如果没有完成调查，您可以通过输入邀请您参加该项目的邮件中的地址获得抽奖资格。

除非在调查的最后您允许我们公布您的回答和姓名，否则您的回答将一直保密。

## 网络用途

Q1. 您一周大约花费多少时间上网？您所有可能的上网时间总和是：

| | |
|---|---|
| 少于1小时 | □—1 |
| 1～5小时 | □—2 |
| 6～10小时 | □—3 |
| 11～20小时 | □—4 |
| 21～40小时 | □—5 |
| 多于等于41小时 | □—6 |

Q2a. 下述是一系列人们可能在网上做的事情，请标出您曾经在网上做过哪些。

不知道=0

| 首先提问 | | 是 | 否 |
|---|---|---|---|
| ______ | 通过论坛或聊天室与别人交流 | □—1 | □—2 |
| ______ | 找工作 | □—1 | □—2 |

| | | | |
|---|---|---|---|
| ______ | 计划或预定旅行 | □—1 | □—2 |
| ______ | 下载图片或图表 | □—1 | □—2 |
| ______ | 下载音频剪辑 | □—1 | □—2 |
| ______ | 浏览电视或电影的信息 | □—1 | □—2 |
| ______ | 下载视频剪辑 | □—1 | □—2 |

Q3. 您还会用网络做其他什么事情？______________________________

## 对戴尔的满意度和忠诚度

Q4. 总的来说，您对戴尔电脑的满意度如何？

| | |
|---|---|
| 非常满意 | □—1 |
| 有些满意 | □—2 |
| 有些不满意 | □—3 |
| 非常不满意 | □—4 |

Q5. 您可能向您的朋友或亲戚推荐戴尔吗？

| | |
|---|---|
| 确定会推荐 | □—1 |
| 可能会推荐 | □—2 |
| 可能会也可能不会推荐 | □—3 |
| 可能不会推荐 | □—4 |
| 确定不会推荐 | □—5 |

Q6. 如果您再做一次购买电脑的决定，您还会选择戴尔吗？

| | |
|---|---|
| 确定会 | □—1 |
| 可能会 | □—2 |
| 可能会也可能不会 | □—3 |
| 可能不会 | □—4 |
| 确定不会 | □—5 |

Q7. 删除（开放题）______________________________

## 电脑的重要性——功能评分

Q8. 下面一系列叙述涉及个人电脑制造商。对于每一项内容，请标出您认为戴尔电脑哪项内容达到了要求。

为了完成这个调查，我们使用1～9的评分范围，其中“1”表示您一点都不同意这个说法，“9”表示您完全同意。您可以使用1～9当中的任何一个数字来准确地描述您对每个说法的同意程度。不知道为0。

您对戴尔电脑________的同意程度。

（轮换提问）

| 首先提问 | | 评分 |
|---|---|---|
| ______ | 电脑订购系统简单 | ______ |
| ______ | 订购电脑时让客户自定义系统 | ______ |
| ______ | 邮寄产品快 | ______ |
| ______ | 价格具有竞争性 | ______ |
| ______ | 计算机系统组成部分的设计具有吸引力 | ______ |

______ 电脑能够快速运行程序 ______
______ 电脑质量高且没有技术问题 ______
______ 有高质量的外围设备（如，摄像头、键盘、鼠标、扬声器、磁盘驱动器） ______
______ 将恰当的软件与电脑“捆绑” ______
______ 将网络接口与电脑“捆绑” ______
______ 允许使用者能够轻易地组装零件 ______
______ 允许使用者能够逐渐更新电脑系统 ______
______ 提供简单的技术支持 ______

Q9a. 如果您要购买的戴尔电脑的价格上涨5%，其他个人电脑价格保持不变，您会购买戴尔电脑吗？

确定会购买 □—1
可能会购买 □—2
可能会也可能不会购买 □—3
可能不会购买 □—4
确定不会购买 □—5

Q9b. 如果您要购买的戴尔电脑的价格上涨10%，其他个人电脑价格保持不变，您会购买戴尔电脑吗？

确定会购买 □—1
可能会购买 □—2
可能会也可能不会购买 □—3
可能不会购买 □—4
确定不会购买 □—5

## 早期采用者的特征

Q10. 下列是一系列可能用来描述自己的语句。请标出您对这些描述的同意程度。为了完成这个调查，我们使用1～7的评分范围，其中“1”表示您一点都不同意这个说法，“7”表示您完全同意。您可以使用1～7当中的任何一个数字。

不知道为0。

1～7中哪个数字能准确地表示您对这句话的同意程度？

首先提问 评分

关于市场行家的问项

______ 我喜欢向朋友们介绍新品牌和新产品 ______
______ 我喜欢通过向人们提供关于各种商品的信息来帮助别人 ______
______ 人们向我询问关于产品、购物地点或打折的信息 ______
______ 朋友把我当成新产品或打折的信息来源 ______

关于创新精神的问项

______ 我喜欢尝试 ______
______ 购买一个还没有经市场检验的产品是浪费时间和金钱的行为 ______
______ 如果人们不再浪费时间去试验，我们会取得更多成就 ______
______ 我喜欢尝试新鲜的不同的东西 ______
______ 我经常在朋友和邻居之前使用新品牌 ______

______ 我喜欢试验新的方法来做事情 ______

关于意见领袖的问项

______ 当涉及电脑相关的产品时，朋友可能会向我征询意见 ______

______ 我经常被朋友和邻居当作电脑相关产品的意见来源 ______

______ 我经常告诉朋友我对电脑相关产品的看法 ______

## 人口统计学特征

Q11. 下面的问题是关于您和您的家人的，这些问题只是为了分组。您结束学习的最高学历是什么？

高中或以下 □—1

高中毕业 □—2

大学或技术学校 □—3

大学毕业或更高 □—4

Q12. 下面哪个选项对您年龄的描述最准确？

18～19 岁 □—1

20～24 岁 □—2

25～29 岁 □—3

30～34 岁 □—4

35～39 岁 □—5

40～44 岁 □—6

45～49 岁 □—7

50～54 岁 □—8

55～59 岁 □—9

60～64 岁 □—10

65～69 岁 □—11

70～74 岁 □—12

75～79 岁 □—13

80 岁以上 □—14

Q13. 下面哪个选项对您家庭每年的税前总收入的描述最准确？

20 000 美元以下 □—1

20 000～29 999 美元 □—2

30 000～49 999 美元 □—3

50 000～74 999 美元 □—4

75 000～99 999 美元 □—5

100 000 美元或以上 □—6

不回答 —0

Q14. 您的性别是________？

男 □—1

女 □—2

所有问题到此结束

非常感谢您对此次调查的帮助！

# 附录 B

表 B-1

| | (1) | (2) | (3) | (4) | (5) | (6) | (7) | (8) | (9) | (10) | (11) | (12) | (13) | (14) |
|---|---|---|---|---|---|---|---|---|---|---|---|---|---|---|
| 1 | 10480 | 15011 | 01536 | 02011 | 81647 | 91646 | 69179 | 14194 | 62590 | 36207 | 20969 | 99570 | 91291 | 90700 |
| 2 | 22368 | 46573 | 25595 | 85393 | 30995 | 89198 | 27982 | 53402 | 93965 | 34095 | 52666 | 19174 | 39615 | 99505 |
| 3 | 24130 | 48390 | 22527 | 97265 | 76393 | 64809 | 15179 | 24830 | 49340 | 32081 | 30680 | 19655 | 63348 | 58629 |
| 4 | 42167 | 93093 | 06243 | 61680 | 07856 | 16376 | 39440 | 53537 | 71341 | 57004 | 00849 | 74917 | 97758 | 16379 |
| 5 | 37570 | 39975 | 81837 | 16656 | 06121 | 91782 | 60468 | 81305 | 49684 | 60072 | 14110 | 06927 | 01263 | 54613 |
| 6 | 77921 | 06907 | 11008 | 42751 | 27756 | 53498 | 18602 | 70659 | 90655 | 15053 | 21916 | 81825 | 44394 | 42880 |
| 7 | 99562 | 72905 | 56420 | 69994 | 98872 | 31016 | 71194 | 18738 | 44013 | 48840 | 63213 | 21069 | 10634 | 12952 |
| 8 | 96301 | 91977 | 05463 | 07972 | 18876 | 20922 | 94595 | 56869 | 69014 | 60045 | 18425 | 84903 | 42508 | 32307 |
| 9 | 89579 | 14342 | 63661 | 10281 | 17453 | 18103 | 57740 | 84378 | 25331 | 12568 | 58678 | 44947 | 05585 | 56941 |
| 10 | 85475 | 36857 | 53342 | 53988 | 53060 | 59533 | 38867 | 62300 | 08158 | 17983 | 16439 | 11458 | 18593 | 64952 |
| 11 | 28918 | 69578 | 88231 | 33276 | 70997 | 79936 | 56865 | 05859 | 90106 | 31595 | 01547 | 85590 | 91610 | 78188 |
| 12 | 63553 | 40961 | 48235 | 03427 | 49626 | 69445 | 18663 | 72695 | 52180 | 20847 | 12234 | 90511 | 33703 | 90322 |
| 13 | 09429 | 93969 | 52636 | 92737 | 88974 | 33488 | 36320 | 17617 | 30015 | 08272 | 84115 | 27156 | 30613 | 74952 |
| 14 | 10365 | 61129 | 87529 | 85689 | 48237 | 52267 | 67689 | 93394 | 01511 | 26358 | 85104 | 20285 | 29975 | 89868 |
| 15 | 07119 | 97336 | 71048 | 08178 | 77233 | 13916 | 47564 | 81056 | 97735 | 85977 | 29372 | 74461 | 28551 | 90707 |
| 16 | 51085 | 12765 | 51821 | 51259 | 77452 | 16308 | 60756 | 92144 | 49442 | 53900 | 70960 | 63990 | 75601 | 40719 |
| 17 | 02368 | 21382 | 52404 | 60268 | 89368 | 19885 | 55322 | 44819 | 01188 | 65255 | 64835 | 44919 | 05944 | 55157 |
| 18 | 01011 | 54092 | 33362 | 94904 | 31273 | 04146 | 18594 | 29852 | 71685 | 85030 | 51132 | 01915 | 92747 | 64951 |
| 19 | 52162 | 53916 | 46369 | 58586 | 23216 | 14513 | 83149 | 98736 | 23495 | 64350 | 94738 | 17752 | 35156 | 35749 |
| 20 | 07056 | 97628 | 33787 | 09998 | 42698 | 06691 | 76988 | 13602 | 51851 | 46104 | 88916 | 19509 | 25625 | 58104 |
| 21 | 48663 | 91245 | 85828 | 14346 | 09172 | 30163 | 90229 | 04734 | 59193 | 22178 | 30421 | 61666 | 99904 | 32812 |
| 22 | 54164 | 58492 | 22421 | 74103 | 47070 | 25306 | 76468 | 26384 | 58151 | 06646 | 21524 | 15227 | 96909 | 44592 |
| 23 | 32639 | 32363 | 05597 | 24200 | 13363 | 38005 | 94342 | 28728 | 35806 | 06912 | 17012 | 64161 | 18296 | 22851 |
| 24 | 29334 | 27001 | 87637 | 87308 | 58731 | 00256 | 45834 | 15398 | 46557 | 41135 | 10307 | 07684 | 36188 | 18510 |
| 25 | 02488 | 33062 | 28834 | 07351 | 19731 | 92420 | 60952 | 61280 | 50001 | 67658 | 32586 | 86679 | 50720 | 94953 |
| 26 | 81525 | 72295 | 04839 | 96423 | 24878 | 82651 | 66566 | 14778 | 76797 | 14780 | 13300 | 87074 | 79666 | 95725 |
| 27 | 29676 | 20591 | 68086 | 26432 | 46901 | 20849 | 89768 | 81536 | 86645 | 12659 | 92259 | 57102 | 80428 | 25280 |
| 28 | 00742 | 57392 | 39064 | 66432 | 84673 | 40027 | 32832 | 61362 | 98947 | 96067 | 64760 | 64584 | 96096 | 98253 |
| 29 | 05366 | 04213 | 25669 | 26422 | 44407 | 44048 | 37937 | 63904 | 45766 | 66134 | 75470 | 66520 | 34693 | 90449 |
| 30 | 91921 | 26418 | 64117 | 94305 | 26766 | 25940 | 39972 | 22209 | 71500 | 64568 | 91402 | 42416 | 07844 | 69618 |
| 31 | 00582 | 04711 | 87917 | 77341 | 42206 | 35126 | 74087 | 99547 | 81817 | 42607 | 43808 | 76655 | 62028 | 76630 |
| 32 | 00725 | 69884 | 62797 | 56170 | 86324 | 88072 | 76222 | 36086 | 84637 | 93161 | 76038 | 65855 | 77919 | 88006 |
| 33 | 69011 | 65795 | 95876 | 55293 | 18988 | 27354 | 26575 | 08625 | 40801 | 59920 | 29841 | 80150 | 12777 | 48501 |
| 34 | 25976 | 57948 | 29888 | 88604 | 67917 | 48708 | 18912 | 82271 | 65424 | 69774 | 33611 | 54262 | 85963 | 03547 |

续表

| | (1) | (2) | (3) | (4) | (5) | (6) | (7) | (8) | (9) | (10) | (11) | (12) | (13) | (14) |
|---|---|---|---|---|---|---|---|---|---|---|---|---|---|---|
| 35 | 09763 | 83473 | 73577 | 12908 | 30883 | 18317 | 28290 | 35797 | 05998 | 41688 | 34952 | 37888 | 38917 | 88050 |
| 36 | 91567 | 42595 | 27958 | 30134 | 04024 | 86385 | 29880 | 99730 | 55536 | 84855 | 29088 | 09250 | 79656 | 73211 |
| 37 | 17955 | 56349 | 90999 | 49127 | 20044 | 59931 | 06115 | 20542 | 18059 | 02008 | 73708 | 83517 | 36103 | 42791 |
| 38 | 46503 | 18584 | 18845 | 49618 | 02304 | 51038 | 20655 | 58727 | 28168 | 15475 | 56942 | 53389 | 20562 | 87338 |
| 39 | 92157 | 89634 | 94824 | 78171 | 84610 | 82834 | 09922 | 25417 | 44137 | 48413 | 25555 | 21246 | 35509 | 20468 |
| 40 | 14577 | 62765 | 35605 | 81263 | 39667 | 47358 | 56873 | 56307 | 61607 | 49518 | 89656 | 20103 | 77490 | 18062 |
| 41 | 98427 | 07523 | 33362 | 64270 | 01638 | 92477 | 66969 | 98420 | 04880 | 45585 | 46565 | 04102 | 46880 | 45709 |
| 42 | 34914 | 63976 | 88720 | 82765 | 34476 | 17032 | 87589 | 40836 | 32427 | 70002 | 70663 | 88863 | 77775 | 69348 |
| 43 | 70060 | 28277 | 39475 | 46473 | 23219 | 53416 | 94970 | 25832 | 69975 | 94884 | 19661 | 72828 | 00102 | 66794 |
| 44 | 53976 | 54914 | 06990 | 67245 | 68350 | 82948 | 11398 | 42878 | 80287 | 88267 | 47363 | 46634 | 06541 | 97809 |
| 45 | 76072 | 29515 | 40980 | 07391 | 58745 | 25774 | 22987 | 80059 | 39911 | 96189 | 41151 | 14222 | 60697 | 59583 |
| 46 | 90725 | 52210 | 83974 | 29992 | 65831 | 38857 | 50490 | 83765 | 55657 | 14361 | 31720 | 57375 | 56228 | 41546 |
| 47 | 64364 | 67412 | 33339 | 31926 | 14883 | 24413 | 59744 | 92351 | 97473 | 89286 | 35931 | 04110 | 23726 | 51900 |
| 48 | 08962 | 00358 | 31662 | 25388 | 61642 | 34072 | 81249 | 35648 | 56891 | 69352 | 48373 | 45578 | 78547 | 81788 |
| 49 | 95012 | 68379 | 93526 | 70765 | 10592 | 04542 | 76463 | 54328 | 02349 | 17247 | 28865 | 14777 | 62730 | 92277 |
| 50 | 15664 | 10493 | 20492 | 38301 | 91132 | 21999 | 59516 | 81652 | 27195 | 48223 | 46751 | 22923 | 32261 | 85653 |
| 51 | 16408 | 81899 | 04153 | 53381 | 79401 | 21438 | 83035 | 92350 | 36693 | 31238 | 59649 | 91754 | 72772 | 02338 |
| 52 | 18629 | 81953 | 05520 | 91962 | 04739 | 13092 | 97662 | 24822 | 94730 | 06496 | 35090 | 04822 | 86774 | 98289 |
| 53 | 73115 | 35101 | 47498 | 87637 | 99016 | 71060 | 88824 | 71013 | 18735 | 20286 | 23153 | 72924 | 35165 | 43040 |
| 54 | 57491 | 16703 | 23167 | 49323 | 45021 | 33132 | 12544 | 41035 | 80780 | 45393 | 44812 | 12515 | 98931 | 91202 |
| 55 | 30405 | 83946 | 23792 | 14422 | 15059 | 45799 | 22716 | 19792 | 09983 | 74353 | 68668 | 30429 | 70735 | 25499 |
| 56 | 16631 | 35006 | 85900 | 98275 | 32388 | 52390 | 16815 | 69293 | 82732 | 38480 | 73817 | 32523 | 41961 | 44437 |
| 57 | 96773 | 20206 | 42559 | 78985 | 05300 | 22164 | 24369 | 54224 | 35083 | 19687 | 11052 | 91491 | 60383 | 19746 |
| 58 | 38935 | 64202 | 14349 | 82674 | 66523 | 44133 | 00697 | 35552 | 35970 | 19124 | 63318 | 29686 | 03387 | 59846 |
| 59 | 31624 | 76384 | 17403 | 53363 | 44167 | 64486 | 64758 | 75366 | 76554 | 31601 | 12614 | 33072 | 60332 | 92325 |
| 60 | 78919 | 19474 | 23632 | 27889 | 47914 | 02584 | 37680 | 20801 | 72152 | 39339 | 34806 | 08930 | 85001 | 87820 |
| 61 | 03931 | 33309 | 57047 | 74211 | 63445 | 17361 | 62825 | 39908 | 05607 | 91284 | 68833 | 25570 | 38818 | 46920 |
| 62 | 74426 | 33278 | 43972 | 10119 | 89917 | 15665 | 52872 | 73823 | 73144 | 88662 | 88970 | 74492 | 51805 | 99378 |
| 63 | 09066 | 00903 | 20795 | 95452 | 92648 | 45454 | 69552 | 88815 | 16553 | 51125 | 79375 | 97596 | 16296 | 66092 |
| 64 | 42238 | 12426 | 87025 | 14267 | 20979 | 04508 | 64535 | 31355 | 86064 | 29472 | 47689 | 05974 | 52468 | 16834 |
| 65 | 16153 | 08002 | 26504 | 41744 | 81959 | 65642 | 74240 | 56302 | 00033 | 67107 | 77510 | 70625 | 28725 | 34191 |
| 66 | 21457 | 40742 | 29820 | 96783 | 29400 | 21840 | 15035 | 34537 | 33310 | 06116 | 95240 | 15957 | 16572 | 06004 |
| 67 | 21581 | 57802 | 02050 | 89728 | 17937 | 37621 | 47075 | 42080 | 97403 | 48626 | 68995 | 43805 | 33386 | 21597 |
| 68 | 55612 | 78095 | 83197 | 33732 | 05810 | 24813 | 86902 | 60397 | 16489 | 03264 | 88525 | 42786 | 05269 | 92532 |
| 69 | 44657 | 66999 | 99324 | 51281 | 84463 | 60563 | 79312 | 93454 | 68876 | 25471 | 93911 | 25650 | 12682 | 73572 |
| 70 | 91340 | 84979 | 46949 | 81973 | 37949 | 61023 | 43997 | 15263 | 80644 | 43942 | 89203 | 71795 | 99533 | 50501 |
| 71 | 91227 | 21199 | 31935 | 27022 | 84067 | 05462 | 35216 | 14486 | 29891 | 68607 | 41867 | 14951 | 91696 | 85065 |
| 72 | 50001 | 38140 | 66321 | 19924 | 72163 | 09538 | 12151 | 06878 | 91903 | 18749 | 34405 | 56087 | 82790 | 70925 |
| 73 | 65390 | 05224 | 72958 | 28609 | 81406 | 39147 | 25549 | 48542 | 42627 | 45233 | 57202 | 94617 | 23772 | 07896 |
| 74 | 27504 | 96131 | 83944 | 41575 | 10573 | 03619 | 64482 | 73923 | 36152 | 05184 | 94142 | 25299 | 94387 | 34925 |
| 75 | 37169 | 94851 | 39117 | 89632 | 00959 | 16487 | 65536 | 49071 | 39782 | 17095 | 02330 | 74301 | 00275 | 48280 |
| 76 | 11508 | 70225 | 51111 | 38351 | 19444 | 66499 | 71945 | 05422 | 13442 | 78675 | 84031 | 66938 | 93654 | 59894 |
| 77 | 37449 | 30362 | 06694 | 54690 | 04052 | 53115 | 62757 | 95348 | 78662 | 11163 | 81651 | 50245 | 34971 | 52974 |
| 78 | 46515 | 70331 | 85922 | 38329 | 57015 | 15765 | 97161 | 17869 | 45349 | 61796 | 66345 | 81073 | 49106 | 79860 |
| 79 | 30986 | 81223 | 42416 | 58353 | 21532 | 30502 | 32305 | 86482 | 05174 | 07901 | 54339 | 58861 | 74818 | 46942 |

续表

| | (1) | (2) | (3) | (4) | (5) | (6) | (7) | (8) | (9) | (10) | (11) | (12) | (13) | (14) |
|---|---|---|---|---|---|---|---|---|---|---|---|---|---|---|
| 80 | 63798 | 64995 | 46583 | 09785 | 44160 | 78128 | 83991 | 42865 | 92520 | 83531 | 80377 | 35909 | 81250 | 54238 |
| 81 | 82486 | 84846 | 99254 | 67632 | 43218 | 50076 | 21361 | 64816 | 51202 | 88124 | 41870 | 52689 | 51275 | 83556 |
| 82 | 21885 | 32906 | 92431 | 09060 | 64297 | 51674 | 64126 | 62570 | 26123 | 05155 | 59194 | 52799 | 28225 | 85762 |
| 83 | 60336 | 98782 | 07408 | 53458 | 13564 | 59089 | 26445 | 29789 | 85205 | 41001 | 12535 | 12133 | 14645 | 23541 |
| 84 | 43937 | 46891 | 24010 | 25560 | 86355 | 33941 | 25786 | 54990 | 71899 | 15475 | 95434 | 98227 | 21824 | 19535 |
| 85 | 97656 | 63175 | 89303 | 16275 | 07100 | 92063 | 21942 | 18611 | 47348 | 20203 | 18534 | 03862 | 78095 | 50136 |
| 86 | 03299 | 01221 | 05418 | 38982 | 55758 | 92237 | 26759 | 86367 | 21216 | 98442 | 08303 | 56613 | 91511 | 75928 |
| 87 | 79626 | 06486 | 03574 | 17668 | 07785 | 76020 | 79924 | 25651 | 83325 | 88428 | 85076 | 72811 | 22717 | 50585 |
| 88 | 85636 | 68335 | 47539 | 03129 | 65651 | 11977 | 02510 | 26113 | 99447 | 68645 | 34327 | 15152 | 55230 | 93448 |
| 89 | 18039 | 14367 | 61337 | 06177 | 12143 | 46609 | 32989 | 74014 | 64708 | 00533 | 35398 | 58408 | 13261 | 47908 |
| 90 | 08362 | 15656 | 60627 | 36478 | 65648 | 16764 | 53412 | 09013 | 07832 | 41574 | 17639 | 82163 | 60859 | 75567 |
| 91 | 79556 | 29068 | 04142 | 16268 | 15387 | 12856 | 66227 | 38358 | 22478 | 73373 | 88732 | 09443 | 82558 | 05250 |
| 92 | 92608 | 82674 | 27072 | 32534 | 17075 | 27698 | 98204 | 63863 | 11951 | 34648 | 88022 | 56148 | 34925 | 57031 |
| 93 | 23982 | 25835 | 40055 | 67006 | 12293 | 02753 | 14827 | 23235 | 35071 | 99704 | 37543 | 11601 | 35503 | 85171 |
| 94 | 09915 | 96306 | 05908 | 97901 | 28395 | 14186 | 00821 | 80703 | 70426 | 75647 | 76310 | 88717 | 37890 | 40129 |
| 95 | 59037 | 33300 | 26695 | 62247 | 69927 | 76123 | 50842 | 43834 | 86654 | 70959 | 79725 | 93872 | 28117 | 19233 |
| 96 | 42488 | 78077 | 69882 | 61657 | 34136 | 79180 | 97526 | 43092 | 04098 | 73571 | 80799 | 76536 | 71255 | 64239 |
| 97 | 46764 | 86273 | 63003 | 93017 | 31204 | 36692 | 40202 | 35275 | 57306 | 55543 | 53203 | 18098 | 47625 | 88684 |
| 98 | 03237 | 45430 | 55417 | 63282 | 90816 | 17349 | 88298 | 90183 | 36600 | 78406 | 06216 | 95787 | 42579 | 90730 |
| 99 | 86591 | 81482 | 52667 | 61582 | 14972 | 90053 | 89534 | 76036 | 49199 | 43716 | 97548 | 04379 | 46370 | 28672 |
| 100 | 38534 | 01715 | 94964 | 87288 | 65680 | 43772 | 39560 | 12918 | 80537 | 62738 | 19636 | 51132 | 25739 | 56947 |

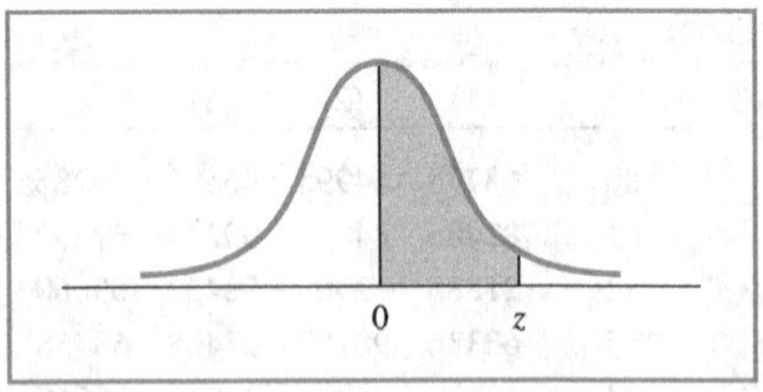


**表 B－2**

| Z | .00 | .01 | .02 | .03 | .04 | .05 | .06 | .07 | .08 | .09 |
|---|---|---|---|---|---|---|---|---|---|---|
| 0.0 | .0000 | .0040 | .0080 | .0120 | .0160 | .0199 | .0239 | .0279 | .0319 | .0359 |
| 0.1 | .0398 | .0438 | .0478 | .0517 | .0557 | .0596 | .0636 | .0675 | .0714 | .0753 |
| 0.2 | .0793 | .0832 | .0871 | .0910 | .0948 | .0987 | .1026 | .1064 | .1103 | .1141 |
| 0.3 | .1179 | .1217 | .1255 | .1293 | .1331 | .1368 | .1406 | .1443 | .1480 | .1517 |
| 0.4 | .1554 | .1591 | .1628 | .1664 | .1700 | .1736 | .1772 | .1808 | .1844 | .1879 |
| 0.5 | .1915 | .1950 | .1985 | .2019 | .2054 | .2088 | .2123 | .2157 | .2190 | .2224 |
| 0.6 | .2257 | .2291 | .2324 | .2357 | .2389 | .2422 | .2454 | .2486 | .2518 | .2549 |
| 0.7 | .2580 | .2612 | .2642 | .2673 | .2704 | .2734 | .2764 | .2794 | .2823 | .2852 |
| 0.8 | .2881 | .2910 | .2939 | .2967 | .2995 | .3023 | .3051 | .3078 | .3106 | .3133 |
| 0.9 | .3159 | .3186 | .3212 | .3238 | .3264 | .3289 | .3315 | .3340 | .3365 | .3389 |
| 1.0 | .3413 | .3438 | .3461 | .3485 | .3508 | .3531 | .3554 | .3577 | .3599 | .3621 |
| 1.1 | .3643 | .3665 | .3686 | .3708 | .3729 | .3749 | .3770 | .3790 | .3810 | .3830 |
| 1.2 | .3849 | .3869 | .3888 | .3907 | .3925 | .3944 | .3962 | .3980 | .3997 | .4015 |
| 1.3 | .4032 | .4049 | .4066 | .4082 | .4099 | .4115 | .4131 | .4147 | .4162 | .4177 |
| 1.4 | .4192 | .4207 | .4222 | .4236 | .4251 | .4265 | .4279 | .4292 | .4306 | .4319 |
| 1.5 | .4332 | .4345 | .4357 | .4370 | .4382 | .4394 | .4406 | .4418 | .4429 | .4441 |
| 1.6 | .4452 | .4463 | .4474 | .4484 | .4495 | .4505 | .4515 | .4525 | .4535 | .4545 |
| 1.7 | .4554 | .4564 | .4573 | .4582 | .4591 | .4599 | .4608 | .4616 | .4625 | .4633 |
| 1.8 | .4641 | .4649 | .4656 | .4664 | .4671 | .4678 | .4686 | .4693 | .4699 | .4706 |
| 1.9 | .4713 | .4719 | .4726 | .4732 | .4738 | .4744 | .4750 | .4756 | .4761 | .4767 |
| 2.0 | .4772 | .4778 | .4783 | .4788 | .4793 | .4798 | .4803 | .4808 | .4812 | .4817 |
| 2.1 | .4821 | .4826 | .4830 | .4834 | .4838 | .4842 | .4846 | .4850 | .4854 | .4857 |
| 2.2 | .4861 | .4864 | .4868 | .4871 | .4875 | .4878 | .4881 | .4884 | .4887 | .4890 |
| 2.3 | .4893 | .4896 | .4898 | .4901 | .4904 | .4906 | .4909 | .4911 | .4913 | .4916 |
| 2.4 | .4918 | .4920 | .4922 | .4925 | .4927 | .4929 | .4931 | .4932 | .4934 | .4936 |
| 2.5 | .4938 | .4940 | .4941 | .4943 | .4945 | .4946 | .4948 | .4949 | .4951 | .4952 |
| 2.6 | .4953 | .4955 | .4956 | .4957 | .4959 | .4960 | .4961 | .4962 | .4963 | .4964 |
| 2.7 | .4965 | .4966 | .4967 | .4968 | .4969 | .4970 | .4971 | .4972 | .4973 | .4974 |
| 2.8 | .4974 | .4975 | .4976 | .4977 | .4977 | .4978 | .4979 | .4979 | .4980 | .4981 |
| 2.9 | .4981 | .4982 | .4982 | .4983 | .4984 | .4984 | .4985 | .4985 | .4986 | .4986 |
| 3.0 | .49865 | .49869 | .49874 | .49878 | .49882 | .49886 | .49889 | .49893 | .49897 | .49900 |
| 3.1 | .49903 | .49906 | .49910 | .49913 | .49916 | .49918 | .49921 | .49924 | .49926 | .49929 |
| 3.2 | .49931 | .49934 | .49936 | .49938 | .49940 | .49942 | .49944 | .49946 | .49948 | .49950 |
| 3.3 | .49952 | .49953 | .49955 | .49957 | .49958 | .49960 | .49961 | .49962 | .49964 | .49965 |
| 3.4 | .49966 | .49968 | .49969 | .49970 | .49971 | .49972 | .49973 | .49974 | .49975 | .49976 |
| 3.5 | .49977 | .49978 | .49978 | .49979 | .49980 | .49981 | .49981 | .49982 | .49983 | .49983 |
| 3.6 | .49984 | .49985 | .49985 | .49986 | .49986 | .49987 | .49987 | .49988 | .49988 | .49989 |
| 3.7 | .49989 | .49990 | .49990 | .49990 | .49991 | .49991 | .49992 | .49992 | .49992 | .49992 |
| 3.8 | .49993 | .49993 | .49993 | .49994 | .49994 | .49994 | .49994 | .49995 | .49995 | .49995 |
| 3.9 | .49995 | .49995 | .49996 | .49996 | .49996 | .49996 | .49996 | .49996 | .49997 | .49997 |

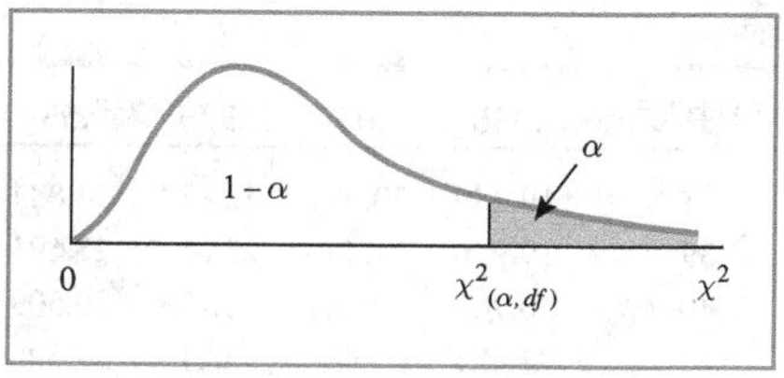


## 表 B－3

| 自由度 | .995 | .99 | .975 | .95 | .90 | .75 | .25 | .10 | .05 | .025 | .01 | .005 |
|---|---|---|---|---|---|---|---|---|---|---|---|---|
| 1 | — | — | 0.001 | 0.004 | 0.016 | 0.102 | 1.323 | 2.706 | 3.841 | 5.024 | 6.635 | 7.879 |
| 2 | 0.010 | 0.020 | 0.051 | 0.103 | 0.211 | 0.575 | 2.773 | 4.605 | 5.991 | 7.378 | 9.210 | 10.597 |
| 3 | 0.072 | 0.115 | 0.216 | 0.352 | 0.584 | 1.213 | 4.108 | 6.251 | 7.815 | 9.348 | 11.345 | 12.838 |
| 4 | 0.207 | 0.297 | 0.484 | 0.711 | 1.064 | 1.923 | 5.385 | 7.779 | 9.488 | 11.143 | 13.277 | 14.860 |
| 5 | 0.412 | 0.554 | 0.831 | 1.145 | 1.610 | 2.675 | 6.626 | 9.236 | 11.071 | 12.833 | 15.086 | 16.750 |
| 6 | 0.676 | 0.872 | 1.237 | 1.635 | 2.204 | 3.455 | 7.841 | 10.645 | 12.592 | 14.449 | 16.812 | 18.548 |
| 7 | 0.989 | 1.239 | 1.690 | 2.167 | 2.833 | 4.255 | 9.037 | 12.017 | 14.067 | 16.013 | 18.475 | 20.278 |
| 8 | 1.344 | 1.646 | 2.180 | 2.733 | 3.490 | 5.071 | 10.219 | 13.362 | 15.507 | 17.535 | 20.090 | 21.955 |
| 9 | 1.735 | 2.088 | 2.700 | 3.325 | 4.168 | 5.899 | 11.389 | 14.684 | 16.919 | 19.023 | 21.666 | 23.589 |
| 10 | 2.156 | 2.558 | 3.247 | 3.940 | 4.865 | 6.737 | 12.549 | 15.987 | 18.307 | 20.483 | 23.209 | 25.188 |
| 11 | 2.603 | 3.053 | 3.816 | 4.575 | 5.578 | 7.584 | 13.701 | 17.275 | 19.675 | 21.920 | 24.725 | 26.757 |
| 12 | 3.074 | 3.571 | 4.404 | 5.226 | 6.304 | 8.438 | 14.845 | 18.549 | 21.026 | 23.337 | 26.217 | 28.299 |
| 13 | 3.565 | 4.107 | 5.009 | 5.892 | 7.042 | 9.299 | 15.984 | 19.812 | 22.362 | 24.736 | 27.688 | 29.819 |
| 14 | 4.075 | 4.660 | 5.629 | 6.571 | 7.790 | 10.165 | 17.117 | 21.064 | 23.685 | 26.119 | 29.141 | 31.319 |
| 15 | 4.601 | 5.229 | 6.262 | 7.261 | 8.547 | 11.037 | 18.245 | 22.307 | 24.996 | 27.488 | 30.578 | 32.801 |
| 16 | 5.142 | 5.812 | 6.908 | 7.962 | 9.312 | 11.912 | 19.369 | 23.542 | 26.296 | 28.845 | 32.000 | 34.267 |
| 17 | 5.697 | 6.408 | 7.564 | 8.672 | 10.085 | 12.792 | 20.489 | 24.769 | 27.587 | 30.191 | 33.409 | 35.718 |
| 18 | 6.265 | 7.015 | 8.231 | 9.390 | 10.865 | 13.675 | 21.605 | 25.989 | 28.869 | 31.526 | 34.805 | 37.156 |
| 19 | 6.844 | 7.633 | 8.907 | 10.117 | 11.651 | 14.562 | 22.718 | 27.204 | 30.144 | 32.852 | 36.191 | 38.582 |
| 20 | 7.434 | 8.260 | 9.591 | 10.851 | 12.443 | 15.452 | 23.828 | 28.412 | 31.410 | 34.170 | 37.566 | 39.997 |
| 21 | 8.034 | 8.897 | 10.283 | 11.591 | 13.240 | 16.344 | 24.935 | 29.615 | 32.671 | 35.479 | 38.932 | 41.401 |
| 22 | 8.643 | 9.542 | 10.982 | 12.338 | 14.042 | 17.240 | 26.039 | 30.813 | 33.924 | 36.781 | 40.289 | 42.796 |
| 23 | 9.260 | 10.196 | 11.689 | 13.091 | 14.848 | 18.137 | 27.141 | 32.007 | 35.172 | 38.076 | 41.638 | 44.181 |
| 24 | 9.886 | 10.856 | 12.401 | 13.848 | 15.659 | 19.037 | 28.241 | 33.196 | 36.415 | 39.364 | 42.980 | 45.559 |
| 25 | 10.520 | 11.524 | 13.120 | 14.611 | 16.473 | 19.939 | 29.339 | 34.382 | 37.652 | 40.646 | 44.314 | 46.928 |
| 26 | 11.160 | 12.198 | 13.844 | 15.379 | 17.292 | 20.843 | 30.435 | 35.563 | 38.885 | 41.923 | 45.642 | 48.290 |
| 27 | 11.808 | 12.879 | 14.573 | 16.151 | 18.114 | 21.749 | 31.528 | 36.741 | 40.113 | 43.194 | 46.963 | 49.645 |
| 28 | 12.461 | 13.565 | 15.308 | 16.928 | 18.939 | 22.657 | 32.620 | 37.916 | 41.337 | 44.461 | 48.278 | 50.993 |
| 29 | 13.121 | 14.257 | 16.047 | 17.708 | 19.768 | 23.567 | 33.711 | 39.087 | 42.557 | 45.722 | 49.588 | 52.336 |
| 30 | 13.787 | 14.954 | 16.791 | 18.493 | 20.599 | 24.478 | 34.800 | 40.256 | 43.773 | 46.979 | 50.892 | 53.672 |
| 31 | 14.458 | 15.655 | 17.539 | 19.281 | 21.434 | 25.390 | 35.887 | 41.422 | 44.985 | 48.232 | 52.191 | 55.003 |
| 32 | 15.134 | 16.362 | 18.291 | 20.072 | 22.271 | 26.304 | 36.973 | 42.585 | 46.194 | 49.480 | 53.486 | 56.328 |
| 33 | 15.815 | 17.074 | 19.047 | 20.867 | 23.110 | 27.219 | 38.058 | 43.745 | 47.400 | 50.725 | 54.776 | 57.648 |
| 34 | 16.501 | 17.789 | 19.806 | 21.664 | 23.952 | 28.136 | 39.141 | 44.903 | 48.602 | 51.966 | 56.061 | 58.964 |
| 35 | 17.192 | 18.509 | 20.569 | 22.465 | 24.797 | 29.054 | 40.223 | 46.059 | 49.802 | 53.203 | 57.342 | 60.275 |
| 36 | 17.887 | 19.233 | 21.336 | 23.269 | 25.643 | 29.973 | 41.304 | 47.212 | 50.998 | 54.437 | 58.619 | 61.581 |
| 37 | 18.586 | 19.960 | 22.106 | 24.075 | 26.492 | 30.893 | 42.383 | 48.363 | 52.192 | 55.668 | 59.892 | 62.883 |

续表

| 自由度 | .995 | .99 | .975 | .95 | .90 | .75 | .25 | .10 | .05 | .025 | .01 | .005 |
|---|---|---|---|---|---|---|---|---|---|---|---|---|
| 38 | 19.289 | 20.691 | 22.878 | 24.884 | 27.343 | 31.815 | 43.462 | 49.513 | 53.384 | 56.896 | 61.162 | 64.181 |
| 39 | 19.996 | 21.426 | 23.654 | 25.695 | 28.196 | 32.737 | 44.539 | 50.660 | 54.572 | 58.120 | 62.428 | 65.476 |
| 40 | 20.707 | 22.164 | 24.433 | 26.509 | 29.051 | 33.660 | 45.616 | 51.805 | 55.758 | 59.342 | 63.691 | 66.766 |
| 41 | 21.421 | 22.906 | 25.215 | 27.326 | 29.907 | 34.585 | 46.692 | 52.949 | 56.942 | 60.561 | 64.950 | 68.053 |
| 42 | 22.138 | 23.650 | 25.999 | 28.144 | 30.765 | 35.510 | 47.766 | 54.090 | 58.124 | 61.777 | 66.206 | 69.336 |
| 43 | 22.859 | 24.398 | 26.785 | 28.965 | 31.625 | 36.436 | 48.840 | 55.230 | 59.304 | 62.990 | 67.459 | 70.616 |
| 44 | 23.584 | 25.148 | 27.575 | 29.787 | 32.487 | 37.363 | 49.913 | 56.369 | 60.481 | 64.201 | 68.710 | 71.893 |
| 45 | 24.311 | 25.901 | 28.366 | 30.612 | 33.350 | 38.291 | 50.985 | 57.505 | 61.656 | 65.410 | 69.957 | 73.166 |
| 46 | 25.041 | 26.657 | 29.160 | 31.439 | 34.215 | 39.220 | 52.056 | 58.641 | 62.830 | 66.617 | 71.201 | 74.437 |
| 47 | 25.775 | 27.416 | 29.956 | 32.268 | 35.081 | 40.149 | 53.127 | 59.774 | 64.001 | 67.821 | 72.443 | 75.704 |
| 48 | 26.511 | 28.177 | 30.755 | 33.098 | 35.949 | 41.079 | 54.196 | 60.907 | 65.171 | 69.023 | 73.683 | 76.969 |
| 49 | 27.249 | 28.941 | 31.555 | 33.930 | 36.818 | 42.010 | 55.265 | 62.038 | 66.339 | 70.222 | 74.919 | 78.231 |
| 50 | 27.991 | 29.707 | 32.357 | 34.764 | 37.689 | 42.942 | 56.334 | 63.167 | 67.505 | 71.420 | 76.154 | 79.490 |
| 51 | 28.735 | 30.475 | 33.162 | 35.600 | 38.560 | 43.874 | 57.401 | 64.295 | 68.669 | 72.616 | 77.386 | 80.747 |
| 52 | 29.481 | 31.246 | 33.968 | 36.437 | 39.433 | 44.808 | 58.468 | 65.422 | 69.832 | 73.810 | 78.616 | 82.001 |
| 53 | 30.230 | 32.018 | 34.776 | 37.276 | 40.308 | 45.741 | 59.534 | 66.548 | 70.993 | 75.002 | 79.843 | 83.253 |
| 54 | 30.981 | 32.793 | 35.586 | 38.116 | 41.183 | 46.676 | 60.600 | 67.673 | 72.153 | 76.192 | 81.069 | 84.502 |
| 55 | 31.735 | 33.570 | 36.398 | 38.958 | 42.060 | 47.610 | 61.665 | 68.796 | 73.311 | 77.380 | 82.292 | 85.749 |
| 56 | 32.490 | 34.350 | 37.212 | 39.801 | 42.937 | 48.546 | 62.729 | 69.919 | 74.468 | 78.567 | 83.513 | 86.994 |
| 57 | 33.248 | 35.131 | 38.027 | 40.646 | 43.816 | 49.482 | 63.793 | 71.040 | 75.624 | 79.752 | 84.733 | 88.236 |
| 58 | 34.008 | 35.913 | 38.844 | 41.492 | 44.696 | 50.419 | 64.857 | 72.160 | 76.778 | 80.936 | 85.950 | 89.477 |
| 59 | 34.770 | 36.698 | 39.662 | 42.339 | 45.577 | 51.356 | 65.919 | 73.279 | 77.931 | 82.117 | 87.166 | 90.715 |
| 60 | 35.534 | 37.485 | 40.482 | 43.188 | 46.459 | 52.294 | 66.981 | 74.397 | 79.082 | 83.298 | 88.379 | 91.952 |

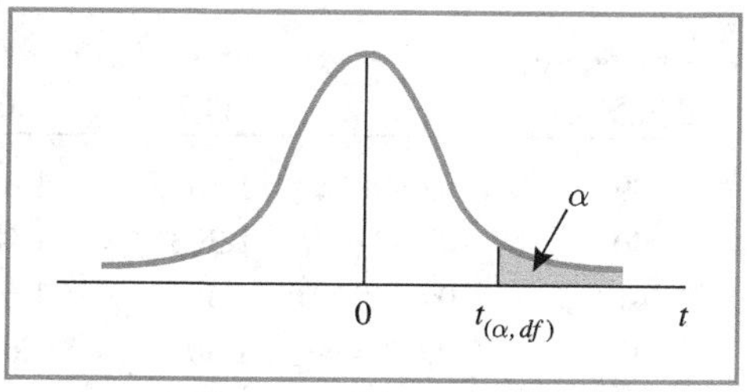


**表 B－4**

| 自由度 | .25 | .10 | .05 | .025 | .01 | .005 |
|---|---|---|---|---|---|---|
| 1 | 1.0000 | 3.0777 | 6.3138 | 12.7062 | 31.8207 | 63.6574 |
| 2 | 0.8165 | 1.8856 | 2.9200 | 4.3027 | 6.9646 | 9.9248 |
| 3 | 0.7649 | 1.6377 | 2.3534 | 3.1824 | 4.5407 | 5.8409 |
| 4 | 0.7407 | 1.5332 | 2.1318 | 2.7764 | 3.7469 | 4.6041 |
| 5 | 0.7267 | 1.4759 | 2.0150 | 2.5706 | 3.3649 | 4.0322 |
| 6 | 0.7176 | 1.4398 | 1.9432 | 2.4469 | 3.1427 | 3.7074 |
| 7 | 0.7111 | 1.4149 | 1.8946 | 2.3646 | 2.9980 | 3.4995 |
| 8 | 0.7064 | 1.3968 | 1.8595 | 2.3060 | 2.8965 | 3.3554 |
| 9 | 0.7027 | 1.3830 | 1.8331 | 2.2622 | 2.8214 | 3.2498 |
| 10 | 0.6998 | 1.3722 | 1.8125 | 2.2281 | 2.7638 | 3.1693 |
| 11 | 0.6974 | 1.3634 | 1.7959 | 2.2010 | 2.7181 | 3.1058 |
| 12 | 0.6955 | 1.3562 | 1.7823 | 2.1788 | 2.6810 | 3.0545 |
| 13 | 0.6938 | 1.3502 | 1.7709 | 2.1604 | 2.6503 | 3.0123 |
| 14 | 0.6924 | 1.3450 | 1.7613 | 2.1448 | 2.6245 | 2.9768 |
| 15 | 0.6912 | 1.3406 | 1.7531 | 2.1315 | 2.6025 | 2.9467 |
| 16 | 0.6901 | 1.3368 | 1.7459 | 2.1199 | 2.5835 | 2.9208 |
| 17 | 0.6892 | 1.3334 | 1.7396 | 2.1098 | 2.5669 | 2.8982 |
| 18 | 0.6884 | 1.3304 | 1.7341 | 2.1009 | 2.5524 | 2.8784 |
| 19 | 0.6876 | 1.3277 | 1.7291 | 2.0930 | 2.5395 | 2.8609 |
| 20 | 0.6870 | 1.3253 | 1.7247 | 2.0860 | 2.5280 | 2.8453 |
| 21 | 0.6864 | 1.3232 | 1.7207 | 2.0796 | 2.5177 | 2.8314 |
| 22 | 0.6858 | 1.3212 | 1.7171 | 2.0739 | 2.5083 | 2.8188 |
| 23 | 0.6853 | 1.3195 | 1.7139 | 2.0687 | 2.4999 | 2.8073 |
| 24 | 0.6848 | 1.3178 | 1.7109 | 2.0639 | 2.4922 | 2.7969 |
| 25 | 0.6844 | 1.3163 | 1.7081 | 2.0595 | 2.4851 | 2.7874 |
| 26 | 0.6840 | 1.3150 | 1.7056 | 2.0555 | 2.4786 | 2.7787 |
| 27 | 0.6837 | 1.3137 | 1.7033 | 2.0518 | 2.4727 | 2.7707 |
| 28 | 0.6834 | 1.3125 | 1.7011 | 2.0484 | 2.4671 | 2.7633 |
| 29 | 0.6830 | 1.3114 | 1.6991 | 2.0452 | 2.4620 | 2.7564 |
| 30 | 0.6828 | 1.3104 | 1.6973 | 2.0423 | 2.4573 | 2.7500 |
| 31 | 0.6825 | 1.3095 | 1.6955 | 2.0395 | 2.4528 | 2.7440 |
| 32 | 0.6822 | 1.3086 | 1.6939 | 2.0369 | 2.4487 | 2.7385 |
| 33 | 0.6820 | 1.3077 | 1.6924 | 2.0345 | 2.4448 | 2.7333 |
| 34 | 0.6818 | 1.3070 | 1.6909 | 2.0322 | 2.4411 | 2.7284 |
| 35 | 0.6816 | 1.3062 | 1.6896 | 2.0301 | 2.4377 | 2.7238 |
| 36 | 0.6814 | 1.3055 | 1.6883 | 2.0281 | 2.4345 | 2.7195 |
| 37 | 0.6812 | 1.3049 | 1.6871 | 2.0262 | 2.4314 | 2.7154 |
| 38 | 0.6810 | 1.3042 | 1.6860 | 2.0244 | 2.4286 | 2.7116 |

续表

| 自由度 | .25 | .10 | .05 | .025 | .01 | .005 |
|---|---|---|---|---|---|---|
| 39 | 0.6808 | 1.3036 | 1.6849 | 2.0227 | 2.4258 | 2.7079 |
| 40 | 0.6807 | 1.3031 | 1.6839 | 2.0211 | 2.4233 | 2.7045 |
| 41 | 0.6805 | 1.3025 | 1.6829 | 2.0195 | 2.4208 | 2.7012 |
| 42 | 0.6804 | 1.3020 | 1.6820 | 2.0181 | 2.4185 | 2.6981 |
| 43 | 0.6802 | 1.3016 | 1.6811 | 2.0167 | 2.4163 | 2.6951 |
| 44 | 0.6801 | 1.3011 | 1.6802 | 2.0154 | 2.4141 | 2.6923 |
| 45 | 0.6800 | 1.3006 | 1.6794 | 2.0141 | 2.4121 | 2.6896 |
| 46 | 0.6799 | 1.3002 | 1.6787 | 2.0129 | 2.4102 | 2.6870 |
| 47 | 0.6797 | 1.2998 | 1.6779 | 2.0117 | 2.4083 | 2.6846 |
| 48 | 0.6796 | 1.2994 | 1.6772 | 2.0106 | 2.4066 | 2.6822 |
| 49 | 0.6795 | 1.2991 | 1.6766 | 2.0096 | 2.4049 | 2.6800 |
| 50 | 0.6794 | 1.2987 | 1.6759 | 2.0086 | 2.4033 | 2.6778 |
| 51 | 0.6793 | 1.2984 | 1.6753 | 2.0076 | 2.4017 | 2.6757 |
| 52 | 0.6792 | 1.2980 | 1.6747 | 2.0066 | 2.4002 | 2.6737 |
| 53 | 0.6791 | 1.2977 | 1.6741 | 2.0057 | 2.3988 | 2.6718 |
| 54 | 0.6791 | 1.2974 | 1.6736 | 2.0049 | 2.3974 | 2.6700 |
| 55 | 0.6790 | 1.2971 | 1.6730 | 2.0040 | 2.3961 | 2.6682 |
| 56 | 0.6789 | 1.2969 | 1.6725 | 2.0032 | 2.3948 | 2.6665 |
| 57 | 0.6788 | 1.2966 | 1.6720 | 2.0025 | 2.3936 | 2.6649 |
| 58 | 0.6787 | 1.2963 | 1.6716 | 2.0017 | 2.3924 | 2.6633 |
| 59 | 0.6787 | 1.2961 | 1.6711 | 2.0010 | 2.3912 | 2.6618 |
| 60 | 0.6786 | 1.2958 | 1.6706 | 2.0003 | 2.3901 | 2.6603 |
| 61 | 0.6785 | 1.2956 | 1.6702 | 1.9996 | 2.3890 | 2.6589 |
| 62 | 0.6785 | 1.2954 | 1.6698 | 1.9990 | 2.3880 | 2.6575 |
| 63 | 0.6784 | 1.2951 | 1.6694 | 1.9983 | 2.3870 | 2.6561 |
| 64 | 0.6783 | 1.2949 | 1.6690 | 1.9977 | 2.3860 | 2.6549 |
| 65 | 0.6783 | 1.2947 | 1.6686 | 1.9971 | 2.3851 | 2.6536 |
| 66 | 0.6782 | 1.2945 | 1.6683 | 1.9966 | 2.3842 | 2.6524 |
| 67 | 0.6782 | 1.2943 | 1.6679 | 1.9960 | 2.3833 | 2.6512 |
| 68 | 0.6781 | 1.2941 | 1.6676 | 1.9955 | 2.3824 | 2.6501 |
| 69 | 0.6781 | 1.2939 | 1.6672 | 1.9949 | 2.3816 | 2.6490 |
| 70 | 0.6780 | 1.2938 | 1.6669 | 1.9944 | 2.3808 | 2.6479 |
| 71 | 0.6780 | 1.2936 | 1.6666 | 1.9939 | 2.3800 | 2.6469 |
| 72 | 0.6779 | 1.2934 | 1.6663 | 1.9935 | 2.3793 | 2.6459 |
| 73 | 0.6779 | 1.2933 | 1.6660 | 1.9930 | 2.3785 | 2.6449 |
| 74 | 0.6778 | 1.2931 | 1.6657 | 1.9925 | 2.3778 | 2.6439 |
| 75 | 0.6778 | 1.2929 | 1.6654 | 1.9921 | 2.3771 | 2.6430 |
| 76 | 0.6777 | 1.2928 | 1.6652 | 1.9917 | 2.3764 | 2.6421 |
| 77 | 0.6777 | 1.2926 | 1.6649 | 1.9913 | 2.3758 | 2.6412 |
| 78 | 0.6776 | 1.2925 | 1.6646 | 1.9908 | 2.3751 | 2.6403 |
| 79 | 0.6776 | 1.2924 | 1.6644 | 1.9905 | 2.3745 | 2.6395 |
| 80 | 0.6776 | 1.2922 | 1.6641 | 1.9901 | 2.3739 | 2.6387 |
| 81 | 0.6775 | 1.2921 | 1.6639 | 1.9897 | 2.3733 | 2.6379 |
| 82 | 0.6775 | 1.2920 | 1.6636 | 1.9893 | 2.3727 | 2.6371 |

续表

| 自由度 | .25 | .10 | .05 | .025 | .01 | .005 |
|---|---|---|---|---|---|---|
| 83 | 0.6775 | 1.2918 | 1.6634 | 1.9890 | 2.3721 | 2.6364 |
| 84 | 0.6774 | 1.2917 | 1.6632 | 1.9886 | 2.3716 | 2.6356 |
| 85 | 0.6774 | 1.2916 | 1.6630 | 1.9883 | 2.3710 | 2.6349 |
| 86 | 0.6774 | 1.2915 | 1.6628 | 1.9879 | 2.3705 | 2.6342 |
| 87 | 0.6773 | 1.2914 | 1.6626 | 1.9876 | 2.3700 | 2.6335 |
| 88 | 0.6773 | 1.2912 | 1.6624 | 1.9873 | 2.3695 | 2.6329 |
| 89 | 0.6773 | 1.2911 | 1.6622 | 1.9870 | 2.3690 | 2.6322 |
| 90 | 0.6772 | 1.2910 | 1.6620 | 1.9867 | 2.3685 | 2.6316 |
| 91 | 0.6772 | 1.2909 | 1.6618 | 1.9864 | 2.3680 | 2.6309 |
| 92 | 0.6772 | 1.2908 | 1.6616 | 1.9861 | 2.3676 | 2.6303 |
| 93 | 0.6771 | 1.2907 | 1.6614 | 1.9858 | 2.3671 | 2.6297 |
| 94 | 0.6771 | 1.2906 | 1.6612 | 1.9855 | 2.3667 | 2.6291 |
| 95 | 0.6771 | 1.2905 | 1.6611 | 1.9853 | 2.3662 | 2.6286 |
| 96 | 0.6771 | 1.2904 | 1.6609 | 1.9850 | 2.3658 | 2.6280 |
| 97 | 0.6770 | 1.2903 | 1.6607 | 1.9847 | 2.3654 | 2.6275 |
| 98 | 0.6770 | 1.2902 | 1.6606 | 1.9845 | 2.3650 | 2.6269 |
| 99 | 0.6770 | 1.2902 | 1.6604 | 1.9842 | 2.3646 | 2.6264 |
| 100 | 0.6770 | 1.2901 | 1.6602 | 1.9840 | 2.3642 | 2.6259 |
| 110 | 0.6767 | 1.2893 | 1.6588 | 1.9818 | 2.3607 | 2.6213 |
| 120 | 0.6765 | 1.2886 | 1.6577 | 1.9799 | 2.3578 | 2.6174 |
| 130 | 0.6764 | 1.2881 | 1.6567 | 1.9784 | 2.3554 | 2.6142 |
| 140 | 0.6762 | 1.2876 | 1.6558 | 1.9771 | 2.3533 | 2.6114 |
| 150 | 0.6761 | 1.2872 | 1.6551 | 1.9759 | 2.3515 | 2.6090 |
| $\infty$ | 0.6745 | 1.2816 | 1.6449 | 1.9600 | 2.3263 | 2.5758 |

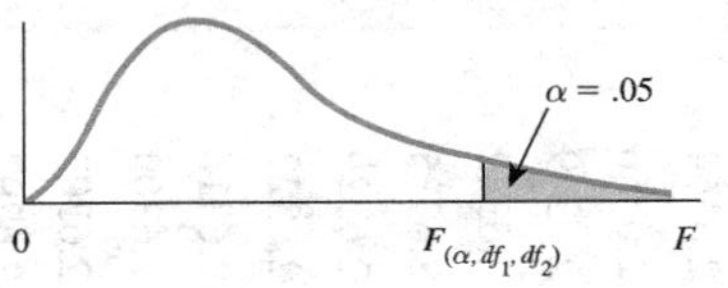


## 表 B－5

| $df_2$ \ $df_1$ | 1 | 2 | 3 | 4 | 5 | 6 | 7 | 8 | 9 | 10 | 12 | 15 | 20 | 24 | 30 | 40 | 60 | 120 | ∞ |
|---|---|---|---|---|---|---|---|---|---|---|---|---|---|---|---|---|---|---|---|
| 1 | 161.4 | 199.5 | 215.7 | 224.6 | 230.2 | 234.0 | 236.8 | 238.9 | 240.5 | 241.9 | 243.9 | 245.9 | 248.0 | 249.1 | 250.1 | 251.1 | 252.2 | 253.3 | 254.3 |
| 2 | 18.51 | 19.00 | 19.16 | 19.25 | 19.30 | 19.33 | 19.35 | 19.37 | 19.38 | 19.40 | 19.41 | 19.43 | 19.45 | 19.45 | 19.46 | 19.47 | 19.48 | 19.49 | 19.50 |
| 3 | 10.13 | 9.55 | 9.28 | 9.12 | 9.01 | 8.94 | 8.89 | 8.85 | 8.81 | 8.79 | 8.74 | 8.70 | 8.66 | 8.64 | 8.62 | 8.59 | 8.57 | 8.55 | 8.53 |
| 4 | 7.71 | 6.94 | 6.59 | 6.39 | 6.26 | 6.16 | 6.09 | 6.04 | 6.00 | 5.96 | 5.91 | 5.86 | 5.80 | 5.77 | 5.75 | 5.72 | 5.69 | 5.66 | 5.63 |
| 5 | 6.61 | 5.79 | 5.41 | 5.19 | 5.05 | 4.95 | 4.88 | 4.82 | 4.77 | 4.74 | 4.68 | 4.62 | 4.56 | 4.53 | 4.50 | 4.46 | 4.43 | 4.40 | 4.36 |
| 6 | 5.99 | 5.14 | 4.76 | 4.53 | 4.39 | 4.28 | 4.21 | 4.15 | 4.10 | 4.06 | 4.00 | 3.94 | 3.87 | 3.84 | 3.81 | 3.77 | 3.74 | 3.70 | 3.67 |
| 7 | 5.59 | 4.74 | 4.35 | 4.12 | 3.97 | 3.87 | 3.79 | 3.73 | 3.68 | 3.64 | 3.57 | 3.51 | 3.44 | 3.41 | 3.38 | 3.34 | 3.30 | 3.27 | 3.23 |
| 8 | 5.32 | 4.46 | 4.07 | 3.84 | 3.69 | 3.58 | 3.50 | 3.44 | 3.39 | 3.35 | 3.28 | 3.22 | 3.15 | 3.12 | 3.08 | 3.04 | 3.01 | 2.97 | 2.93 |
| 9 | 5.12 | 4.26 | 3.86 | 3.63 | 3.48 | 3.37 | 3.29 | 3.23 | 3.18 | 3.14 | 3.07 | 3.01 | 2.94 | 2.90 | 2.86 | 2.83 | 2.79 | 2.75 | 2.71 |
| 10 | 4.96 | 4.10 | 3.71 | 3.48 | 3.33 | 3.22 | 3.14 | 3.07 | 3.02 | 2.98 | 2.91 | 2.85 | 2.77 | 2.74 | 2.70 | 2.66 | 2.62 | 2.58 | 2.54 |
| 11 | 4.84 | 3.98 | 3.59 | 3.36 | 3.20 | 3.09 | 3.01 | 2.95 | 2.90 | 2.85 | 2.79 | 2.72 | 2.65 | 2.61 | 2.57 | 2.53 | 2.49 | 2.45 | 2.40 |
| 12 | 4.75 | 3.89 | 3.49 | 3.26 | 3.11 | 3.00 | 2.91 | 2.85 | 2.80 | 2.75 | 2.69 | 2.62 | 2.54 | 2.51 | 2.47 | 2.43 | 2.38 | 2.34 | 2.30 |
| 13 | 4.67 | 3.81 | 3.41 | 3.18 | 3.03 | 2.92 | 2.83 | 2.77 | 2.71 | 2.67 | 2.60 | 2.53 | 2.46 | 2.42 | 2.38 | 2.34 | 2.30 | 2.25 | 2.21 |
| 14 | 4.60 | 3.74 | 3.34 | 3.11 | 2.96 | 2.85 | 2.76 | 2.70 | 2.65 | 2.60 | 2.53 | 2.46 | 2.39 | 2.35 | 2.31 | 2.27 | 2.22 | 2.18 | 2.13 |
| 15 | 4.54 | 3.68 | 3.29 | 3.06 | 2.90 | 2.79 | 2.71 | 2.64 | 2.59 | 2.54 | 2.48 | 2.40 | 2.33 | 2.29 | 2.25 | 2.20 | 2.16 | 2.11 | 2.07 |
| 16 | 4.49 | 3.63 | 3.24 | 3.01 | 2.85 | 2.74 | 2.66 | 2.59 | 2.54 | 2.49 | 2.42 | 2.35 | 2.28 | 2.24 | 2.19 | 2.15 | 2.11 | 2.06 | 2.01 |
| 17 | 4.45 | 3.59 | 3.20 | 2.96 | 2.81 | 2.70 | 2.61 | 2.55 | 2.49 | 2.45 | 2.38 | 2.31 | 2.23 | 2.19 | 2.15 | 2.10 | 2.06 | 2.01 | 1.96 |
| 18 | 4.41 | 3.55 | 3.16 | 2.93 | 2.77 | 2.66 | 2.58 | 2.51 | 2.46 | 2.41 | 2.34 | 2.27 | 2.19 | 2.15 | 2.11 | 2.06 | 2.02 | 1.97 | 1.92 |
| 19 | 4.38 | 3.52 | 3.13 | 2.90 | 2.74 | 2.63 | 2.54 | 2.48 | 2.42 | 2.38 | 2.31 | 2.23 | 2.16 | 2.11 | 2.07 | 2.03 | 1.98 | 1.93 | 1.88 |
| 20 | 4.35 | 3.49 | 3.10 | 2.87 | 2.71 | 2.60 | 2.51 | 2.45 | 2.39 | 2.35 | 2.28 | 2.20 | 2.12 | 2.08 | 2.04 | 1.99 | 1.95 | 1.90 | 1.84 |
| 21 | 4.32 | 3.47 | 3.07 | 2.84 | 2.68 | 2.57 | 2.49 | 2.42 | 2.37 | 2.32 | 2.25 | 2.18 | 2.10 | 2.05 | 2.01 | 1.96 | 1.92 | 1.87 | 1.81 |
| 22 | 4.30 | 3.44 | 3.05 | 2.82 | 2.66 | 2.55 | 2.46 | 2.40 | 2.34 | 2.30 | 2.23 | 2.15 | 2.07 | 2.03 | 1.98 | 1.94 | 1.89 | 1.84 | 1.78 |
| 23 | 4.28 | 3.42 | 3.03 | 2.80 | 2.64 | 2.53 | 2.44 | 2.37 | 2.32 | 2.27 | 2.20 | 2.13 | 2.05 | 2.01 | 1.96 | 1.91 | 1.86 | 1.81 | 1.76 |
| 24 | 4.26 | 3.40 | 3.01 | 2.78 | 2.62 | 2.51 | 2.42 | 2.36 | 2.30 | 2.25 | 2.18 | 2.11 | 2.03 | 1.98 | 1.94 | 1.89 | 1.84 | 1.79 | 1.73 |
| 25 | 4.24 | 3.39 | 2.99 | 2.76 | 2.60 | 2.49 | 2.40 | 2.34 | 2.28 | 2.24 | 2.16 | 2.09 | 2.01 | 1.96 | 1.92 | 1.87 | 1.82 | 1.77 | 1.71 |
| 26 | 4.23 | 3.37 | 2.98 | 2.74 | 2.59 | 2.47 | 2.39 | 2.32 | 2.27 | 2.22 | 2.15 | 2.07 | 1.99 | 1.95 | 1.90 | 1.85 | 1.80 | 1.75 | 1.69 |
| 27 | 4.21 | 3.35 | 2.96 | 2.73 | 2.57 | 2.46 | 2.37 | 2.31 | 2.25 | 2.20 | 2.13 | 2.06 | 1.97 | 1.93 | 1.88 | 1.84 | 1.79 | 1.73 | 1.67 |
| 28 | 4.20 | 3.34 | 2.95 | 2.71 | 2.56 | 2.45 | 2.36 | 2.29 | 2.24 | 2.19 | 2.12 | 2.04 | 1.96 | 1.91 | 1.87 | 1.82 | 1.77 | 1.71 | 1.65 |
| 29 | 4.18 | 3.33 | 2.93 | 2.70 | 2.55 | 2.43 | 2.35 | 2.28 | 2.22 | 2.18 | 2.10 | 2.03 | 1.94 | 1.90 | 1.85 | 1.81 | 1.75 | 1.70 | 1.64 |
| 30 | 4.17 | 3.32 | 2.92 | 2.69 | 2.53 | 2.42 | 2.33 | 2.27 | 2.21 | 2.16 | 2.09 | 2.01 | 1.93 | 1.89 | 1.84 | 1.79 | 1.74 | 1.68 | 1.62 |
| 40 | 4.08 | 3.23 | 2.84 | 2.61 | 2.45 | 2.34 | 2.25 | 2.18 | 2.12 | 2.08 | 2.00 | 1.92 | 1.84 | 1.79 | 1.74 | 1.69 | 1.64 | 1.58 | 1.51 |
| 60 | 4.00 | 3.15 | 2.76 | 2.53 | 2.37 | 2.25 | 2.17 | 2.10 | 2.04 | 1.99 | 1.92 | 1.84 | 1.75 | 1.70 | 1.65 | 1.59 | 1.53 | 1.47 | 1.39 |
| 120 | 3.92 | 3.07 | 2.68 | 2.45 | 2.29 | 2.17 | 2.09 | 2.02 | 1.96 | 1.91 | 1.83 | 1.75 | 1.66 | 1.61 | 1.55 | 1.50 | 1.43 | 1.35 | 1.25 |
| ∞ | 3.84 | 3.00 | 2.60 | 2.37 | 2.21 | 2.10 | 2.01 | 1.94 | 1.88 | 1.83 | 1.75 | 1.67 | 1.57 | 1.52 | 1.46 | 1.39 | 1.32 | 1.22 | 1.00 |

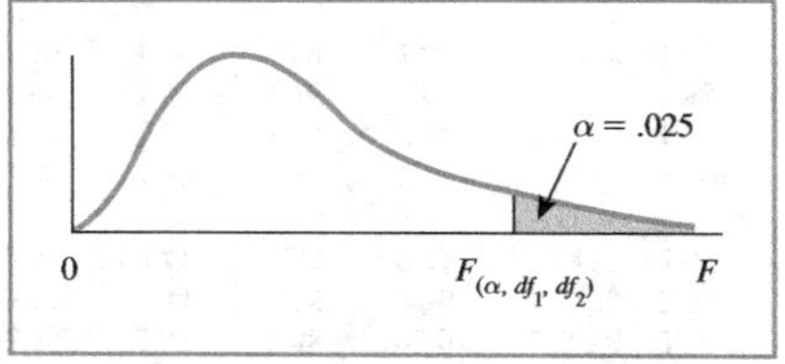


续表

| $df_2$ \ $df_1$ | 1 | 2 | 3 | 4 | 5 | 6 | 7 | 8 | 9 | 10 | 12 | 15 | 20 | 24 | 30 | 40 | 60 | 120 | ∞ |
|---|---|---|---|---|---|---|---|---|---|---|---|---|---|---|---|---|---|---|---|
| 1 | 647.8 | 799.5 | 864.2 | 899.6 | 921.8 | 937.1 | 948.2 | 956.7 | 963.3 | 968.6 | 976.7 | 984.9 | 993.1 | 997.2 | 1001 | 1006 | 1010 | 1014 | 1018 |
| 2 | 38.51 | 39.00 | 39.17 | 39.25 | 39.30 | 39.33 | 39.36 | 39.37 | 39.39 | 39.40 | 39.41 | 39.43 | 39.45 | 39.46 | 39.46 | 39.47 | 39.48 | 39.49 | 39.50 |
| 3 | 17.44 | 16.04 | 15.44 | 15.10 | 14.88 | 14.73 | 14.62 | 14.54 | 14.47 | 14.42 | 14.34 | 14.25 | 14.17 | 14.12 | 14.08 | 14.04 | 13.99 | 13.95 | 13.90 |
| 4 | 12.22 | 10.65 | 9.98 | 9.60 | 9.36 | 9.20 | 9.07 | 8.98 | 8.90 | 8.84 | 8.75 | 8.66 | 8.56 | 8.51 | 8.46 | 8.41 | 8.36 | 8.31 | 8.26 |
| 5 | 10.01 | 8.43 | 7.76 | 7.39 | 7.15 | 6.98 | 6.85 | 6.76 | 6.68 | 6.62 | 6.52 | 6.43 | 6.33 | 6.28 | 6.23 | 6.18 | 6.12 | 6.07 | 6.02 |
| 6 | 8.81 | 7.26 | 6.60 | 6.23 | 5.99 | 5.82 | 5.70 | 5.60 | 5.52 | 5.46 | 5.37 | 5.27 | 5.17 | 5.12 | 5.07 | 5.01 | 4.96 | 4.90 | 4.85 |
| 7 | 8.07 | 6.54 | 5.89 | 5.52 | 5.29 | 5.12 | 4.99 | 4.90 | 4.82 | 4.76 | 4.67 | 4.57 | 4.47 | 4.42 | 4.36 | 4.31 | 4.25 | 4.20 | 4.14 |
| 8 | 7.57 | 6.06 | 5.42 | 5.05 | 4.82 | 4.65 | 4.53 | 4.43 | 4.36 | 4.30 | 4.20 | 4.10 | 4.00 | 3.95 | 3.89 | 3.84 | 3.78 | 3.73 | 3.67 |
| 9 | 7.21 | 5.71 | 5.08 | 4.72 | 4.48 | 4.32 | 4.20 | 4.10 | 4.03 | 3.96 | 3.87 | 3.77 | 3.67 | 3.61 | 3.56 | 3.51 | 3.45 | 3.39 | 3.33 |
| 10 | 6.94 | 5.46 | 4.83 | 4.47 | 4.24 | 4.07 | 3.95 | 3.85 | 3.78 | 3.72 | 3.62 | 3.52 | 3.42 | 3.37 | 3.31 | 3.26 | 3.20 | 3.14 | 3.08 |
| 11 | 6.72 | 5.26 | 4.63 | 4.28 | 4.04 | 3.88 | 3.76 | 3.66 | 3.59 | 3.53 | 3.43 | 3.33 | 3.23 | 3.17 | 3.12 | 3.06 | 3.00 | 2.94 | 2.88 |
| 12 | 6.55 | 5.10 | 4.47 | 4.12 | 3.89 | 3.73 | 3.61 | 3.51 | 3.44 | 3.37 | 3.28 | 3.18 | 3.07 | 3.02 | 2.96 | 2.91 | 2.85 | 2.79 | 2.72 |
| 13 | 6.41 | 4.97 | 4.35 | 4.00 | 3.77 | 3.60 | 3.48 | 3.39 | 3.31 | 3.25 | 3.15 | 3.05 | 2.95 | 2.89 | 2.84 | 2.78 | 2.72 | 2.66 | 2.60 |
| 14 | 6.30 | 4.86 | 4.24 | 3.89 | 3.66 | 3.50 | 3.38 | 3.29 | 3.21 | 3.15 | 3.05 | 2.95 | 2.84 | 2.79 | 2.73 | 2.67 | 2.61 | 2.55 | 2.49 |
| 15 | 6.20 | 4.77 | 4.15 | 3.80 | 3.58 | 3.41 | 3.29 | 3.20 | 3.12 | 3.06 | 2.96 | 2.86 | 2.76 | 2.70 | 2.64 | 2.59 | 2.52 | 2.46 | 2.40 |
| 16 | 6.12 | 4.69 | 4.08 | 3.73 | 3.50 | 3.34 | 3.22 | 3.12 | 3.05 | 2.99 | 2.89 | 2.79 | 2.68 | 2.63 | 2.57 | 2.51 | 2.45 | 2.38 | 2.32 |
| 17 | 6.04 | 4.62 | 4.01 | 3.66 | 3.44 | 3.28 | 3.16 | 3.06 | 2.98 | 2.92 | 2.82 | 2.72 | 2.62 | 2.56 | 2.50 | 2.44 | 2.38 | 2.32 | 2.25 |
| 18 | 5.98 | 4.56 | 3.95 | 3.61 | 3.38 | 3.22 | 3.10 | 3.01 | 2.93 | 2.87 | 2.77 | 2.67 | 2.56 | 2.50 | 2.44 | 2.38 | 2.32 | 2.26 | 2.19 |
| 19 | 5.92 | 4.51 | 3.90 | 3.56 | 3.33 | 3.17 | 3.05 | 2.96 | 2.88 | 2.82 | 2.72 | 2.62 | 2.51 | 2.45 | 2.39 | 2.33 | 2.27 | 2.20 | 2.13 |
| 20 | 5.87 | 4.46 | 3.86 | 3.51 | 3.29 | 3.13 | 3.01 | 2.91 | 2.84 | 2.77 | 2.68 | 2.57 | 2.46 | 2.41 | 2.35 | 2.29 | 2.22 | 2.16 | 2.09 |
| 21 | 5.83 | 4.42 | 3.82 | 3.48 | 3.25 | 3.09 | 2.97 | 2.87 | 2.80 | 2.73 | 2.64 | 2.53 | 2.42 | 2.37 | 2.31 | 2.25 | 2.18 | 2.11 | 2.04 |
| 22 | 5.79 | 4.38 | 3.78 | 3.44 | 3.22 | 3.05 | 2.93 | 2.84 | 2.76 | 2.70 | 2.60 | 2.50 | 2.39 | 2.33 | 2.27 | 2.21 | 2.14 | 2.08 | 2.00 |
| 23 | 5.75 | 4.35 | 3.75 | 3.41 | 3.18 | 3.02 | 2.90 | 2.81 | 2.73 | 2.67 | 2.57 | 2.47 | 2.36 | 2.30 | 2.24 | 2.18 | 2.11 | 2.04 | 1.97 |
| 24 | 5.72 | 4.32 | 3.72 | 3.38 | 3.15 | 2.99 | 2.87 | 2.78 | 2.70 | 2.64 | 2.54 | 2.44 | 2.33 | 2.27 | 2.21 | 2.15 | 2.08 | 2.01 | 1.94 |
| 25 | 5.69 | 4.29 | 3.69 | 3.35 | 3.13 | 2.97 | 2.85 | 2.75 | 2.68 | 2.61 | 2.51 | 2.41 | 2.30 | 2.24 | 2.18 | 2.12 | 2.05 | 1.98 | 1.91 |
| 26 | 5.66 | 4.27 | 3.67 | 3.33 | 3.10 | 2.94 | 2.82 | 2.73 | 2.65 | 2.59 | 2.49 | 2.39 | 2.28 | 2.22 | 2.16 | 2.09 | 2.03 | 1.95 | 1.88 |
| 27 | 5.63 | 4.24 | 3.65 | 3.31 | 3.08 | 2.92 | 2.80 | 2.71 | 2.63 | 2.57 | 2.47 | 2.36 | 2.25 | 2.19 | 2.13 | 2.07 | 2.00 | 1.93 | 1.85 |
| 28 | 5.61 | 4.22 | 3.63 | 3.29 | 3.06 | 2.90 | 2.78 | 2.69 | 2.61 | 2.55 | 2.45 | 2.34 | 2.23 | 2.17 | 2.11 | 2.05 | 1.98 | 1.91 | 1.83 |
| 29 | 5.59 | 4.20 | 3.61 | 3.27 | 3.04 | 2.88 | 2.76 | 2.67 | 2.59 | 2.53 | 2.43 | 2.32 | 2.21 | 2.15 | 2.09 | 2.03 | 1.96 | 1.89 | 1.81 |
| 30 | 5.57 | 4.18 | 3.59 | 3.25 | 3.03 | 2.87 | 2.75 | 2.65 | 2.57 | 2.51 | 2.41 | 2.31 | 2.20 | 2.14 | 2.07 | 2.01 | 1.94 | 1.87 | 1.79 |
| 40 | 5.42 | 4.05 | 3.46 | 3.13 | 2.90 | 2.74 | 2.62 | 2.53 | 2.45 | 2.39 | 2.29 | 2.18 | 2.07 | 2.01 | 1.94 | 1.88 | 1.80 | 1.72 | 1.64 |
| 60 | 5.29 | 3.93 | 3.34 | 3.01 | 2.79 | 2.63 | 2.51 | 2.41 | 2.33 | 2.27 | 2.17 | 2.06 | 1.94 | 1.88 | 1.82 | 1.74 | 1.67 | 1.58 | 1.48 |
| 120 | 5.15 | 3.80 | 3.23 | 2.89 | 2.67 | 2.52 | 2.39 | 2.30 | 2.22 | 2.16 | 2.05 | 1.94 | 1.82 | 1.76 | 1.69 | 1.61 | 1.53 | 1.43 | 1.31 |
| ∞ | 5.02 | 3.69 | 3.12 | 2.79 | 2.57 | 2.41 | 2.29 | 2.19 | 2.11 | 2.05 | 1.94 | 1.83 | 1.71 | 1.64 | 1.57 | 1.48 | 1.39 | 1.27 | 1.00 |

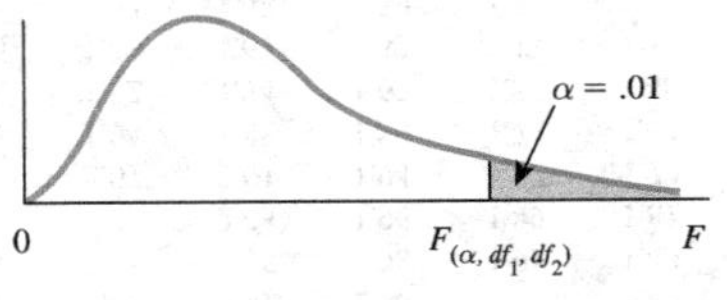


续表

| $df_2$ | $df_1$ 1 | 2 | 3 | 4 | 5 | 6 | 7 | 8 | 9 | 10 | 12 | 15 | 20 | 24 | 30 | 40 | 60 | 120 | ∞ |
|---|---|---|---|---|---|---|---|---|---|---|---|---|---|---|---|---|---|---|---|
| 1 | 4052 | 4999.5 | 5403 | 5625 | 5764 | 5859 | 5928 | 5982 | 6022 | 6056 | 6106 | 6157 | 6209 | 6235 | 6261 | 6287 | 6313 | 6339 | 6366 |
| 2 | 98.50 | 99.00 | 99.17 | 99.25 | 99.30 | 99.33 | 99.36 | 99.37 | 99.39 | 99.40 | 99.42 | 99.43 | 99.45 | 99.46 | 99.47 | 99.47 | 99.48 | 99.49 | 99.50 |
| 3 | 34.12 | 30.82 | 29.46 | 28.71 | 28.24 | 27.91 | 27.67 | 27.49 | 27.35 | 27.23 | 27.05 | 26.87 | 26.69 | 26.60 | 26.50 | 26.41 | 26.32 | 26.22 | 26.13 |
| 4 | 21.20 | 18.00 | 16.69 | 15.98 | 15.52 | 15.21 | 14.98 | 14.80 | 14.66 | 14.55 | 14.37 | 14.20 | 14.02 | 13.93 | 13.84 | 13.75 | 13.65 | 13.56 | 13.46 |
| 5 | 16.26 | 13.27 | 12.06 | 11.39 | 10.97 | 10.67 | 10.46 | 10.29 | 10.16 | 10.05 | 9.89 | 9.72 | 9.55 | 9.47 | 9.38 | 9.29 | 9.20 | 9.11 | 9.02 |
| 6 | 13.75 | 10.92 | 9.78 | 9.15 | 8.75 | 8.47 | 8.26 | 8.10 | 7.98 | 7.87 | 7.72 | 7.56 | 7.40 | 7.31 | 7.23 | 7.14 | 7.06 | 6.97 | 6.88 |
| 7 | 12.25 | 9.55 | 8.45 | 7.85 | 7.46 | 7.19 | 6.99 | 6.84 | 6.72 | 6.62 | 6.47 | 6.31 | 6.16 | 6.07 | 5.99 | 5.91 | 5.82 | 5.74 | 5.65 |
| 8 | 11.26 | 8.65 | 7.59 | 7.01 | 6.63 | 6.37 | 6.18 | 6.03 | 5.91 | 5.81 | 5.67 | 5.52 | 5.36 | 5.28 | 5.20 | 5.12 | 5.03 | 4.95 | 4.86 |
| 9 | 10.56 | 8.02 | 6.99 | 6.42 | 6.06 | 5.80 | 5.61 | 5.47 | 5.35 | 5.26 | 5.11 | 4.96 | 4.81 | 4.73 | 4.65 | 4.57 | 4.48 | 4.40 | 4.31 |
| 10 | 10.04 | 7.56 | 6.55 | 5.99 | 5.64 | 5.39 | 5.20 | 5.06 | 4.94 | 4.85 | 4.71 | 4.56 | 4.41 | 4.33 | 4.25 | 4.17 | 4.08 | 4.00 | 3.91 |
| 11 | 9.65 | 7.21 | 6.22 | 5.67 | 5.32 | 5.07 | 4.89 | 4.74 | 4.63 | 4.54 | 4.40 | 4.25 | 4.10 | 4.02 | 3.94 | 3.86 | 3.78 | 3.69 | 3.60 |
| 12 | 9.33 | 6.93 | 5.95 | 5.41 | 5.06 | 4.82 | 4.64 | 4.50 | 4.39 | 4.30 | 4.16 | 4.01 | 3.86 | 3.78 | 3.70 | 3.62 | 3.54 | 3.45 | 3.36 |
| 13 | 9.07 | 6.70 | 5.74 | 5.21 | 4.86 | 4.62 | 4.44 | 4.30 | 4.19 | 4.10 | 3.96 | 3.82 | 3.66 | 3.59 | 3.51 | 3.43 | 3.34 | 3.25 | 3.17 |
| 14 | 8.86 | 6.51 | 5.56 | 5.04 | 4.69 | 4.46 | 4.28 | 4.14 | 4.03 | 3.94 | 3.80 | 3.66 | 3.51 | 3.43 | 3.35 | 3.27 | 3.18 | 3.09 | 3.00 |
| 15 | 8.68 | 6.36 | 5.42 | 4.89 | 4.56 | 4.32 | 4.14 | 4.00 | 3.89 | 3.80 | 3.67 | 3.52 | 3.37 | 3.29 | 3.21 | 3.13 | 3.05 | 2.96 | 2.87 |
| 16 | 8.53 | 6.23 | 5.29 | 4.77 | 4.44 | 4.20 | 4.03 | 3.89 | 3.78 | 3.69 | 3.55 | 3.41 | 3.26 | 3.18 | 3.10 | 3.02 | 2.93 | 2.84 | 2.75 |
| 17 | 8.40 | 6.11 | 5.18 | 4.67 | 4.34 | 4.10 | 3.93 | 3.79 | 3.68 | 3.59 | 3.46 | 3.31 | 3.16 | 3.08 | 3.00 | 2.92 | 2.83 | 2.75 | 2.65 |
| 18 | 8.29 | 6.01 | 5.09 | 4.58 | 4.25 | 4.01 | 3.84 | 3.71 | 3.60 | 3.51 | 3.37 | 3.23 | 3.08 | 3.00 | 2.92 | 2.84 | 2.75 | 2.66 | 2.57 |
| 19 | 8.18 | 5.93 | 5.01 | 4.50 | 4.17 | 3.94 | 3.77 | 3.63 | 3.52 | 3.43 | 3.30 | 3.15 | 3.00 | 2.92 | 2.84 | 2.76 | 2.67 | 2.58 | 2.49 |
| 20 | 8.10 | 5.85 | 4.94 | 4.43 | 4.10 | 3.87 | 3.70 | 3.56 | 3.46 | 3.37 | 3.23 | 3.09 | 2.94 | 2.86 | 2.78 | 2.69 | 2.61 | 2.52 | 2.42 |
| 21 | 8.02 | 5.78 | 4.87 | 4.37 | 4.04 | 3.81 | 3.64 | 3.51 | 3.40 | 3.31 | 3.17 | 3.03 | 2.88 | 2.80 | 2.72 | 2.64 | 2.55 | 2.46 | 2.36 |
| 22 | 7.95 | 5.72 | 4.82 | 4.31 | 3.99 | 3.76 | 3.59 | 3.45 | 3.35 | 3.26 | 3.12 | 2.98 | 2.83 | 2.75 | 2.67 | 2.58 | 2.50 | 2.40 | 2.31 |
| 23 | 7.88 | 5.66 | 4.76 | 4.26 | 3.94 | 3.71 | 3.54 | 3.41 | 3.30 | 3.21 | 3.07 | 2.93 | 2.78 | 2.70 | 2.62 | 2.54 | 2.45 | 2.35 | 2.26 |
| 24 | 7.82 | 5.61 | 4.72 | 4.22 | 3.90 | 3.67 | 3.50 | 3.36 | 3.26 | 3.17 | 3.03 | 2.89 | 2.74 | 2.66 | 2.58 | 2.49 | 2.40 | 2.31 | 2.21 |
| 25 | 7.77 | 5.57 | 4.68 | 4.18 | 3.85 | 3.63 | 3.46 | 3.32 | 3.22 | 3.13 | 2.99 | 2.85 | 2.70 | 2.62 | 2.54 | 2.45 | 2.36 | 2.27 | 2.17 |
| 26 | 7.72 | 5.53 | 4.64 | 4.14 | 3.82 | 3.59 | 3.42 | 3.29 | 3.18 | 3.09 | 2.96 | 2.81 | 2.66 | 2.58 | 2.50 | 2.42 | 2.33 | 2.23 | 2.13 |
| 27 | 7.68 | 5.49 | 4.60 | 4.11 | 3.78 | 3.56 | 3.39 | 3.26 | 3.15 | 3.06 | 2.93 | 2.78 | 2.63 | 2.55 | 2.47 | 2.38 | 2.29 | 2.20 | 2.10 |
| 28 | 7.64 | 5.45 | 4.57 | 4.07 | 3.75 | 3.53 | 3.36 | 3.23 | 3.12 | 3.03 | 2.90 | 2.75 | 2.60 | 2.52 | 2.44 | 2.35 | 2.26 | 2.17 | 2.06 |
| 29 | 7.60 | 5.42 | 4.54 | 4.04 | 3.73 | 3.50 | 3.33 | 3.20 | 3.09 | 3.00 | 2.87 | 2.73 | 2.57 | 2.49 | 2.41 | 2.33 | 2.23 | 2.14 | 2.03 |
| 30 | 7.56 | 5.39 | 4.51 | 4.02 | 3.70 | 3.47 | 3.30 | 3.17 | 3.07 | 2.98 | 2.84 | 2.70 | 2.55 | 2.47 | 2.39 | 2.30 | 2.21 | 2.11 | 2.01 |
| 40 | 7.31 | 5.18 | 4.31 | 3.83 | 3.51 | 3.29 | 3.12 | 2.99 | 2.89 | 2.80 | 2.66 | 2.52 | 2.37 | 2.29 | 2.20 | 2.11 | 2.02 | 1.92 | 1.80 |
| 60 | 7.08 | 4.98 | 4.13 | 3.65 | 3.34 | 3.12 | 2.95 | 2.82 | 2.72 | 2.63 | 2.50 | 2.35 | 2.20 | 2.12 | 2.03 | 1.94 | 1.84 | 1.73 | 1.60 |
| 120 | 6.85 | 4.79 | 3.95 | 3.48 | 3.17 | 2.96 | 2.79 | 2.66 | 2.56 | 2.47 | 2.34 | 2.19 | 2.03 | 1.95 | 1.86 | 1.76 | 1.66 | 1.53 | 1.38 |
| ∞ | 6.63 | 4.61 | 3.78 | 3.32 | 3.02 | 2.80 | 2.64 | 2.51 | 2.41 | 2.32 | 2.18 | 2.04 | 1.88 | 1.79 | 1.70 | 1.59 | 1.47 | 1.32 | 1.00 |

**图书在版编目（CIP）数据**

营销调研：应用导向：第6版/纳雷希·马尔霍特拉著；熊伟，郭晓凌译．--北京：中国人民大学出版社，2020.10

（工商管理经典译丛．市场营销系列）

ISBN 978-7-300-27752-3

Ⅰ.①营… Ⅱ.①纳… ②熊… ③郭… Ⅲ.①市场调查 Ⅳ.①F713.52

中国版本图书馆CIP数据核字（2020）第039356号

工商管理经典译丛·市场营销系列

**营销调研：应用导向（第6版）**

纳雷希·马尔霍特拉 著

熊 伟 郭晓凌 译

Yingxiao Diaoyan：Yingyong Daoxiang

| | | | |
|---|---|---|---|
| **出版发行** | 中国人民大学出版社 | | |
| **社　　址** | 北京中关村大街31号 | **邮政编码** | 100080 |
| **电　　话** | 010－62511242（总编室） | | 010－62511770（质管部） |
| | 010－82501766（邮购部） | | 010－62514148（门市部） |
| | 010－62515195（发行公司） | | 010－62515275（盗版举报） |
| **网　　址** | http://www.crup.com.cn | | |
| **经　　销** | 新华书店 | | |
| **印　　刷** | 固安县铭成印刷有限公司 | | |
| **开　　本** | 787 mm×1092 mm　1/16 | **版　　次** | 2020年10月第1版 |
| **印　　张** | 37.75 插页1 | **印　　次** | 2024年3月第2次印刷 |
| **字　　数** | 1 019 000 | **定　　价** | 95.00元 |

Pearson

尊敬的老师：

您好！

为了确保您及时有效地申请培生整体教学资源，请您务必完整填写如下表格，加盖学院的公章后以电子扫描件等形式发我们，我们将会在2～3个工作日内为您处理。

**请填写所需教辅的信息：**

| | | | |
|---|---|---|---|
| 采用教材 | | | □ 中文版 □ 英文版 □ 双语版 |
| 作　者 | | 出版社 | |
| 版　次 | | ISBN | |
| 课程时间 | 始于　　年　月　日 | 学生人数 | |
| | 止于　　年　月　日 | 学生年级 | □ 专科 □ 本科1/2年级<br>□ 研究生 □ 本科3/4年级 |

**请填写您的个人信息：**

| | | | |
|---|---|---|---|
| 学　校 | | | |
| 院系/专业 | | | |
| 姓　名 | | 职　称 | □ 助教 □ 讲师 □ 副教授 □ 教授 |
| 通信地址/邮编 | | | |
| 手　机 | | 电　话 | |
| 传　真 | | | |
| official email（必填）<br>（eg：×××@ruc.edu.cn） | | email<br>（eg：×××@163.com） | |
| 是否愿意接受我们定期的新书讯息通知：　□ 是　□ 否 | | | |

系/院主任：＿＿＿＿＿＿＿＿（签字）

（系 / 院办公室章）

＿＿年＿＿月＿＿日

资源介绍：

——教材、常规教辅资源（PPT、教师手册、题库等）：请访问 www.pearsonhighered.com/educator。（免费）

——MyLabs/Mastering 系列在线平台：适合老师和学生共同使用；访问需要 Access Code。（付费）

地址：北京市东城区北三环东路36号环球贸易中心D座1208室（100013）

Please send this form to：copub.hed@pearson.com

Website：www.pearson.com

中国人民大学出版社　管理分社

# 教师教学服务说明

中国人民大学出版社管理分社以出版工商管理和公共管理类精品图书为宗旨。为更好地服务一线教师，我们着力建设了一批数字化、立体化的网络教学资源。教师可以通过以下方式获得免费下载教学资源的权限：

★ 在中国人民大学出版社网站 www.crup.com.cn 进行注册，注册后进入“会员中心”，在左侧点击“我的教师认证”，填写相关信息，提交后等待审核。我们将在一个工作日内为您开通相关资源的下载权限。

★ 如您急需教学资源或需要其他帮助，请加入教师 QQ 群或在工作时间与我们联络。


中国人民大学出版社　管理分社

**教师 QQ 群：** 648333426(工商管理)　114970332(财会)　648117133(公共管理)
教师群仅限教师加入，入群请备注（学校+姓名）

**联系电话：** 010-62515735，62515987，62515782，82501048，62514760

**电子邮箱：** glcbfs@crup.com.cn

**通讯地址：** 北京市海淀区中关村大街甲 59 号文化大厦 1501 室（100872）


管理书社　　人大社财会　　公共管理与政治学悦读坊